Este livro foi finalizado em maio de 2023. Há 50 anos, surgia o KISS, banda que revolucionou o mundo do rock com suas maquiagens e figurinos extravagantes, performances teatrais e uma música poderosa. Dois de seus integrantes estão na banda desde sua fundação. Gene Simmons esta completando 74 anos em agosto, e Paul Stanley fez 71 em janeiro. Em 1975, o KISS lançou o clássico "Rock and Roll All Nite", o grande hino da banda. No mesmo ano, gravaram *Alive!*, seu primeiro álbum ao vivo, com grande sucesso. A clássica formação da banda com Paul Stanley, Gene Simmons, Ace Frehley e Peter Criss foi introduzida ao Rock and Roll Hall of Fame 9 anos atrás. O livro *KISS: por trás da máscara* foi lançado originalmente há 20 anos, e a banda continua movimentando legiões de fãs de várias gerações.

DAVID LEAF E KEN SHARP

KISS
POR TRÁS DA MÁSCARA
A BIOGRAFIA OFICIAL AUTORIZADA

Tradução
Áurea Akemi Arata
Marina Petroff Garcia

Belas Letras

Copyright © 2003 David Leaf e Ken Sharp; e KISS CATALOG LTD.
Esta tradução de *KISS: Behind the Mask—Official Authorized Biography* foi publicada mediante acordo com Grand Central Publishing, New York, New York, USA.
Todos os direitos reservados.

Nenhuma parte desta publicação pode ser reproduzida, armazenada ou transmitida para fins comerciais sem a permissão do editor. Você não precisa pedir nenhuma autorização, no entanto, para compartilhar pequenos trechos ou reproduções das páginas nas suas redes sociais, para divulgar a capa, nem para contar para seus amigos como este livro é incrível (e como somos modestos).

Este livro é o resultado de um trabalho feito com muito amor, diversão e gente finice pelas seguintes pessoas:
Gustavo Guertler (*publisher***)**, **Áurea Akemi Arata e Marina Petroff Garcia (tradução)**, **Germano Weirich (edição)**, **Maristela Deves (preparação)**, **Lucas Mendes Kater (revisão) e Celso Orlandin Jr. (capa e projeto gráfico)**.
Obrigado, amigos.

2023
Todos os direitos desta edição reservados à
Editora Belas Letras Ltda.
Rua Visconde de Mauá, 473/301 – Bairro São Pelegrino
CEP 95010-070 – Caxias do Sul – RS
www.belasletras.com.br

Dados Internacionais de Catalogação na Fonte (CIP)
Biblioteca Pública Municipal Dr. Demetrio Niederauer
Caxias do Sul, RS

L434k	Leaf, David
	KISS: por trás da máscara / David Leaf e Ken Sharp; Tradutor(es): Áurea Akemi Arata e Marina Petroff Garcia. - Caxias do Sul, RS: Belas Letras, 2023.
	608 p.: il.
	Contém caderno de fotografias.
	Título original: KISS: behind the mask
	ISBN: 978-65-5537-215-1
	ISBN: 978-65-5537-139-0
	1. Rock (Música). 2. Músicos de rock - Estados Unidos - Biografia. 3. Kiss (Conjunto musical). 4. Heavy Metal (Música). I. Sharp, Ken. II. Arata, Áurea Akemi. III. Garcia, Marina Petroff. IV. Título.
23/14	CDU 784.4(73)

Catalogação elaborada por Vanessa Pinent, CRB-10/1297

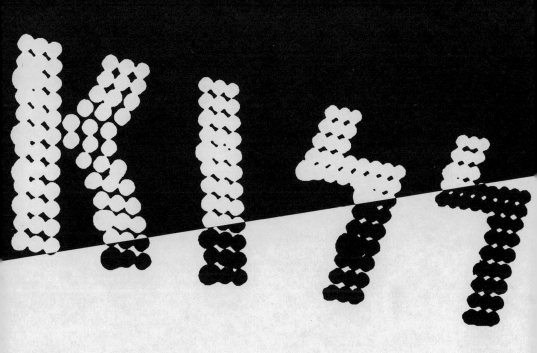

DAVID GOSTARIA DE DEDICAR ESTE LIVRO A UMA ROQUEIRA DE VERDADE, MICHELE MYER, E A KEN SHARP, SEM O QUAL ESTE LIVRO CONTINUARIA A SER APENAS UM MANUSCRITO NÃO PUBLICADO.

KEN GOSTARIA DE DEDICAR ESTE LIVRO A SUA MÃE, POR TER SEMPRE ACREDITADO...

SUMÁRIO

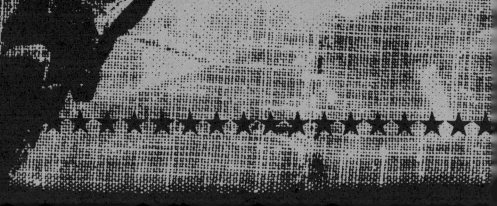

PREFÁCIO   09

PARTE 1 – RUMO AO TOPO   19
POR DAVID LEAF

INTRODUÇÃO: 1979   21

CAPÍTULO 1: LÍNGUA PRESA: O LAGARTO-MORCEGO   24
CAPÍTULO 2: O HOMEM TOTALMENTE NORTE-AMERICANO: O STARCHILD   34
CAPÍTULO 3: O MUNDO DOS REIS DA NOITE: A BUSCA   42
CAPÍTULO 4: FÚRIA FELINA: O CATMAN   48
CAPÍTULO 5: NADA A PERDER: O CAMINHO PARA A FAMA   61
CAPÍTULO 6: DA TERRA PARA O PLANETA JENDELL: O SPACE ACE   66
CAPÍTULO 7: O PRIMEIRO KISS: ROCK PESADO   75
CAPÍTULO 8: OS MAIS VELHOS: BILL AUCOIN E NEIL BOGART   86
CAPÍTULO 9: ALIVE!   99
CAPÍTULO 10: MAIOR QUE O MUNDO   119
CAPÍTULO 11: POR TRÁS DA MÁSCARA   127

PARTE 2 – E POR FALAR EM LÍNGUAS...   151
POR KEN SHARP

CAPÍTULO 12: CRIATURAS DA NOITE: AS CONSEQUÊNCIAS   153
CAPÍTULO 13: VIVOS NOVAMENTE: A ENTREVISTA DA TURNÊ DE REENCONTRO   165
CAPÍTULO 14: BEM-VINDO AO SHOW: VOCÊ ESTÁ NO PSYCHO CIRCUS   170
CAPÍTULO 15: FANFARE: A DESPEDIDA FINAL   177
CAPÍTULO 16: E POR FALAR EM LÍNGUAS...   191

PARTE 3: GRITE BEM ALTO   279
POR KEN SHARP

CAPÍTULO 17: GRITE BEM ALTO: ÁLBUM A ÁLBUM, MÚSICA A MÚSICA   281

AGRADECIMENTOS   602

SE VOCÊ NÃO É FÃ DO KISS, LARGUE JÁ ESTE LIVRO

PREFÁCIO

**ÓTIMO. TODOS JÁ SE FORAM?
SÓ ESTOU VERIFICANDO PARA TER CERTEZA
DE QUE NOS LIVRAMOS DOS DESCRENTES.
ESTE LIVRO NÃO É PARA ELES.**

Bem, já que você obviamente é fã do KISS, leve este livro para casa, coloque um CD (*Dressed to Kill* ou *Alive!* ou *Destroyer* ou ainda *Love Gun* – escolha seu predileto) no seu tocador de CDs, aperte o botão, recoste-se e leia a biografia mais detalhada e abrangente já escrita a respeito de seu grupo predileto.

Agora, como você está prestes a descobrir, este livro é uma compilação apresentada em duas partes; como um filme em DVD, vem com muitos extras à filmagem original. Um detalhe é que este livro não foi editado quando supostamente deveria ter sido, em 1980.

O texto narrativo que escrevi em 1979 (o primeiro terço deste livro) foi o resultado literal, como o KISS relaxando e curtindo, do que deveria ser a biografia autorizada, a história pessoal do grupo, de como eles se tornaram o KISS. O resto do livro é um apanhado do único compêndio no gênero que conta com informações de Ken Sharp sobre a música e a carreira deles e compilações das centenas de entrevistas exclusivas feitas por Ken no decorrer dos anos.

A verdade é que este livro está em suas mãos por causa da paixão que o KISS inspira em Ken. Vou contar essa história em breve. Inicialmente, deixe-me narrar o meu encontro íntimo com o grupo e o que aquilo significou para mim.

Embora o tempo passado a sós com o grupo tenha sido bastante breve, foi certamente inesquecível. Naquela época – quando os encontrei pela primeira vez –, provavelmente eu passava a impressão de ser mais um escritor esperto de rock de Nova York. (Eu era/sou esperto; apesar de ter escrito anteriormente biografias de Brian Wilson e dos Bee Gees, nunca tinha me considerado um escritor de rock.) Se eu era alguém que respeitava o que eles tinham conseguido? Eles não precisavam se preocupar. Meu passado era jornalístico e sabia que eles teriam muito a contar. Não tinha as mãos atadas. Como repórter, estava pronto a ouvir suas histórias; estava fascinado para ver, de seu ponto de vista, o nascimento do KISS e sua jornada rumo ao status de ícone.

Minha jornada ao centro dos Estados Unidos começou com o voo que partiu de Nova York para encontrar o grupo em Des Moines, Iowa. Lembro-me de, na época, ter pensado a respeito da estranha intersecção entre a minha viagem e o itinerário do Papa, de passagem pelos Estados Unidos. Lá estava eu, escrevendo a história do grupo que é considerado pelos críticos radicais os Knights In Satan's Service (Cavaleiros a Serviço de Satã), e parecia que em cada aeroporto ao qual chegava ou do qual partia (O'Hare em Chicago, Des Moines, e assim por diante) meu voo era retardado pelo avião do Papa.

Devo admitir que, naquele turbilhão todo, em relação às andanças do Papa e ao KISS, era um agnóstico. Não acreditava neles, tampouco achava que houvesse algo de errado em quem o fizesse. Na realidade, o que sabia a respeito do KISS fora compilado de um dos meus primeiros trabalhos em Los Angeles: uma curta estada na sala de correspondência da Casablanca Records, onde preparava envelopes para o KISSarmy (como é conhecido o fã-clube do KISS). Assim, sabia que eles contavam com um grupo vasto e leal de seguidores. Além disso, não sabia o que esperar enquanto estava a caminho para juntos trabalharmos na biografia autorizada. Encontrei quatro homens muito diferentes, imersos numa estranha bolha de astros do rock'n'roll.

Estávamos no início do outono de 1979 quando peguei a estrada. Chegando a Des Moines, peguei um táxi do aeroporto ao Holiday Inn, registrei-me e subi ao quarto para esperar a chegada do KISS, para começar o trabalho. Logo compreendi que viagens podem ser realmente monótonas. Acreditem, não há nada de fascinante em ficar às duas da tarde num quarto de hotel esperando o telefonema do gerente de turnê.

Não se passaram nem quinze minutos depois de chegar ao quarto quando comecei a sentir a intensa claustrofobia de estar no meio de lugar nenhum. Naquele universo pré-TV a cabo, minha TV só tinha três canais locais e todos eles faziam a cobertura da missa rezada pelo Papa. Considerando o circo típico do rock ao qual iria me juntar, provavelmente deveria estar pedindo absolvição de antemão. Entretanto, ouvir a missa, que era em latim, não era o tipo de diversão que eu procurava. Embora tivesse estudado a língua durante três anos no Ensino Médio, não me lembrava muito além do *Veni, vidi, vinci. Porto, portare, ad nauseam*.

Como as paredes do Holiday Inn pareciam estar me sufocando, me dirigi ao saguão do hotel desejando que o grupo tivesse chegado, que eu pudesse me apresentar ao gerente de turnê e me encontrar com o pessoal. Sentados junto a mim, na entrada, se encontravam diversos fãs do KISS. Tinham a esperança de conseguir um autógrafo e dar uma espiada em Gene, Paul, Ace e Peter sem as maquiagens.

Naquele momento, contentei-me em observar. Vi quando, primeiro Gene, então Paul, Ace e Pete, entraram, cumprimentaram os fãs, assinando os álbuns que lhes eram oferecidos. Fiquei curioso e surpreso. Pensara erroneamente, é claro, que ninguém conhecia suas aparências sem maquiagem. Aqueles fãs, entretanto, não apenas os reconheceram como também ficaram encantados em encontrar seus heróis. Quanto ao KISS, é claro que pareciam astros do rock, e se comportavam como eles, mas também eram pessoas que claramente apreciavam os fãs.

Pouco depois de terem se registrado, comecei as entrevistas. Como expliquei ao grupo, minha tarefa consistia em registrar – colocaria totalmente de lado meus gostos musicais, me afastaria do caminho e deixaria que o KISS falasse diretamente aos fãs, revelando do ponto de vista da banda o relato de como esses quatro garotos de Nova York criaram essa incrível instituição do rock'n'roll.

Eles tinham todos os motivos para desconfiar de mim. Já esperava que estivessem cansados de tanto falar sobre si mesmos. Mais um engano de minha parte. Não poderiam ser mais abertos ou simpáticos. Já tinham tanta experiência anterior com "pessoas de fora", que aparentemente aprenderam a reconhecer de pronto se o recém-chegado era confiável ou não. Para mim, não tinha tanta importância, já que pertencia ao time deles. Tinha sido enviado para ajudá-los a contar as histórias deles, não a minha versão da história. Este livro deveria conter suas palavras. Ainda assim, quando se conta às pessoas sonhos e segredos, em algum momento se faz a escolha de ter confiança. Posso então dizer sem alguma hesitação que os quatro membros do KISS não poderiam ter sido mais abertos às minhas indagações.

Acho que entrevistei Peter primeiro. Contou-me despreocupadamente sua história em Nova York, embora fôssemos interrompidos frequentemente pelo jogo das finais de beisebol que passava ao fundo. Sua bonita namorada da época, prestes a se tornar esposa (agora ex-esposa), era do sul da Califórnia e torcia ardorosamente para que os Angels conquistassem a primeira World Series (o que finalmente aconteceu em 2002).

Após algumas horas com Peter, era a vez de Paul, que não poderia ter sido mais simpático ou mais prestativo. Não me lembro de ter entrevistado Gene antes do show em Des Moines. Não tenho certeza. Do que estou certo é da lembrança predileta que guardo de Gene me mostrando a enorme quantidade de álbuns de fotos. Em meio ao primeiro romance "adulto" (com Cher), essas fotos eram companheiras inseparáveis durante a turnê. Aquela famosa coleção de suvenires de um metro de altura era uma fantasia do rock de que todos se lembram.

Depois de encontrar o grupo, estava na hora de me dirigir à arena. Fui com eles até os camarins, compartilhei da refeição antes do espetáculo, observando a rotina, e os acompanhei até um pouco antes de seguirem para a maquiagem. Enquanto se preparavam para o show, vaguei pelo palco, tentando sentir a crescente ansiedade. Finalmente, quando as luzes diminuíram, os gritos de satisfação (*Nossos heróis estão aqui! Em Des Moines!*) deixaram claro que aquilo que estava prestes a ocorrer era de vital importância para os dez mil fãs lá reunidos. Um grande marco.

Na lembrança, o show não passa de um borrão. Sei que presenciei os momentos lendários da grife do grupo, desde a subida da bateria com Peter, passando pelo cospe fogo de Gene, pelas fantásticas manobras com a língua, até a guitarra que solta fumaça de Ace e os saltos mortais de Paul. Não me lembro de muita coisa além disso. A não ser da festa depois do concerto.

Na realidade, antes de qualquer festa, havia muito trabalho a ser feito. Precisava falar com Ace. E, para ele, o bar do hotel era o local óbvio. Portanto, enquanto ele me recebia, eu educadamente bebia algo que para mim representava muito álcool (três taças de vinho); e ele contou-me sua história. Quando o bar fechou, Ace me disse (e a todos que estavam ao redor) que, embora a entrevista tivesse terminado, estava na hora de a festa mudar-se para cima. Todos foram convidados, mas o que aconteceu na festa definitivamente não foi registrado.

A festa se prolongou até a madrugada e, tão rápido como começou, meu tempo com o KISS, chegou ao fim. Despedi-me no dia seguinte e subi no avião para voltar para casa e começar a escrever. A verdade é que acredito ter conseguido muito mais do que esperava na minha breve estada com o KISS. Creio que tenha sido através do KISS que entendi aquela irresistível atração exercida pelo rock – o porquê de o KISS não ter nada a ver com as críticas nem com os prêmios, mas sim com os jovens (em sua maioria garotos pré-adolescentes e adolescentes), para quem o KISS representava o sonho definitivo.

Em críticas de rock de merda, poderia ter sido escrito que "nos Estados Unidos antes da Segunda Guerra Mundial, os garotos das cidades pequenas sonhavam em fugir de casa e se juntar ao circo. Durante os últimos quarenta anos, o sonho foi substituído pelo objetivo de escapar do mundo do trabalho tradicional, juntando-se a um grupo de rock. Para todos os jovens, assistir ao KISS realizava ambos os sonhos". Não sei bem se aquilo era verdade, mas estou certo de que o sonho que o KISS realizou, por mais breve que tenha sido, foi a fantasia de estar em turnê com um grupo de rock.

Curti meu encontro com o grupo, reuni as histórias e então estava na hora de voltar ao apartamento no sul da Califórnia e transformar os relatos na forma de um livro que se chamaria *KISS: por trás da máscara*. E, assim, pus-me a trabalhar. A ideia do "por trás" contida no título era a de que aquilo que disseram nas entrevistas revelaria quem eram por baixo da maquiagem. Não seria tanto um livro a respeito das músicas, mas sim de como os quatro se reuniram para embarcar nessa jornada incrível.

No início dos anos de 1980, após a entrega do manuscrito, fiquei sabendo que a biografia que vocês vão ler a seguir não seria publicada. Nunca me contaram qual foi o problema. Guardei a pilha de páginas numa caixa e fui empurrando-a mais e mais para o fundo da minha vida. E foi onde ela ficou por um bom tempo.

Então, mais ou menos há uma década, o destino resolveu intervir. Certo dia, Ken Sharp visitava Los Angeles. Elliot Kendall, músico e amigo em comum, nos apresentou num almoço. Naquele dia, conversando sobre experiências com o rock, mencionei ter escrito um livro a respeito do KISS. Ken respondeu: "Não, não escreveu, não". E eu repliquei: "Escrevi, sim". Ken argumentou: "Isto é impossível. Li tudo que foi escrito sobre o grupo".

Quando informei que se tratava de um manuscrito que não fora publicado, foi como se um raio tivesse caído. Os olhos de Ken brilharam de emoção, a chama de alguém que realmente acredita nas coisas. Contou-me que era um grande fã do KISS e que tinha de ler o livro. Disse-lhe que estava enterrado num arquivo, mas que, se me ajudasse a procurar, poderia lê-lo. Ken não hesitou e insistiu em passar a tarde remexendo pilhas de caixas para achá-lo. Não podia esperar. Precisava lê-lo. Naquele momento.

Após uma breve procura, achamos as páginas amassadas, que levamos até uma copiadora da redondeza. Ken levou o manuscrito de volta à Filadélfia e me ligou no dia seguinte, cheio de entusiasmo. Disse: "Temos de publicar isto". E assim começou nossa odisseia para publicar o livro que você tem nas mãos agora; foi assim que esta edição ampliada começou.

Ken me convenceu de que os fãs do KISS adorariam ler o que escrevi porque: "Não há nada igual a isso a respeito do KISS. Eles nunca falaram com tantos detalhes publicamente sobre o passado. Nada igual jamais foi escrito". Perguntei o que estava querendo dizer e Ken explicou que todo o resto que havia sido escrito a respeito do grupo se centrava nas canções ou no circo ou, ainda, no que havia de maquinações de negócios por trás das cortinas. Mas, em lugar algum, Ken insistia, em nenhuma entrevista ou livro, os membros do KISS falaram tão profundamente sobre as raízes, a vida pessoal, os sonhos, sobre como se conheceram... a história de como vieram a ser o KISS.

Mais do que tudo, foi a determinação de Ken que resgatou o manuscrito da pilha de lixo, portanto é a ele que devem agradecer. Estou pessoalmente em débito com ele, por ter me ajudado a salvar uma parte fascinante de minha vida. Há pouco tempo, enquanto redigitava, li meu manuscrito pela primeira vez em vinte anos. E tive o prazer de reviver uma experiência que parece ter ocorrido há dez vidas passadas.

Mas vocês devem saber que, embora todas essas lembranças surjam tão rapidamente, a única coisa que não fiz foi reescrever o manuscrito original. Segui o conselho de Ken (que é meu guru no que diz respeito ao KISS), já que o que escrevi em 1979 pertencia a uma cápsula de tempo especial na KISStória e deveria ser publicado como tal. Sim, mudei um pouquinho a gramática e verifiquei a ortografia. Expliquei melhor (espero eu) algumas coisas. E Ken (e alguns KISStoriadores muito devotados) ajudaram-me na tarefa de corrigir algumas informações equivocadas. Sim, pois não há nenhuma virtude em ser ignorante de propósito. Mas o manuscrito, tal qual publicado neste livro, virtualmente não foi modificado. Não foi censurado. Está inalterado em relação àquilo que teria sido em 1980.

O que vocês vão ler é a história do KISS, da maneira que foi contada há mais de vinte anos. Espero que a apreciem tanto quanto o Ken. Mas antes de chegarem lá, é a vez do Ken. Como Paul Harvey teria dito: "Aqui está o resto da história...".

- DAVID LEAF

Fui apresentado ao KISS na primavera de 1975 por Dennis Martin, um vizinho guitarrista cabeludo, e fui magicamente transportado pelos sons rústicos e primitivos das músicas e pelo show apresentado no palco, que poderia rivalizar-se com os Ringling Bros e o Barnum & Bailey Circus.

No entanto, o batismo de fogo no mundo do KISS ocorreria em 24 de março de 1976 – o dia em que fui ao meu primeiro concerto do KISS no Civic Center da Filadélfia. Era a turnê *Alive!* O senhor Ackler, meu professor da sexta série do Ensino Fundamental da Three Tuns Junior, me levou ao concerto junto com alguns colegas. Era um homem corajoso.

A mistura com milhares de demônios do rock que permeavam o palco, encharcados de cerveja e recendendo a maconha, claramente fazia do senhor Ackler um peixe fora d'água; aquela certamente foi uma visita ao inferno. Ficou sentado com o rosto petrificado durante o show inteiro, como se estivesse grudado na cadeira com Super Bonder. Com uma expressão indefesa no rosto, como se fosse um refém num asilo para loucos, ou alguém que tivesse passado um mês no motel Bates, o senhor Ackler ficou assombrado, claramente imobilizado pela loucura e pelos decibéis ensurdecedores daquela festa do rock. Uma coisa é certa. O professor não via a hora dos acordes finais de "Let Me Go, Rock'n'Roll" se dissiparem, para poder deixar o lugar e retornar tão rápido quanto possível para o aconchego tépido do subúrbio. Enquanto isso, eu me divertia às pampas.

Lembro de ter permanecido hipnotizado quando o palco finalmente escureceu e um arco-íris de luzes tremulantes em cascata cobriu tudo, refletido num globo espelhado gigante pendurado no teto. Enquanto uma densa névoa engolfava o palco, uma explosão ensurdecedora de flashes e bombas assinalou a aparição do KISS. Para um rapaz impressionável de treze anos de idade, fiquei profundamente impressionado pela presença daqueles super-heróis que brandiam os instrumentos musicais como se fossem metralhadoras alienígenas. Momentaneamente cego pelo imenso sinal de luzes faiscantes do KISS, os tímpanos quase explodindo, gostei de tudo. Cantando a plenos pulmões enquanto tocava uma guitarra imaginária, aquela sinfonia crua e rebelde era tudo o que eu precisava, sendo o estopim da minha duradoura paixão pelo grupo. Eu nunca mais seria o mesmo.

Esqueça a escola. O que a álgebra, as ciências e a história norte-americana tinham em comum com a preciosidade flamejante do KISS? Li religiosamente todas as revistas de rock – *Creem*, *Circus*, *Circus Raves*, *Hit Parader* e *Rock Scene* – procurando as últimas notícias a respeito do meu grupo predileto. Como membro leal de carteirinha do fã-clube, atualizava-me em relação às atividades da banda através do boletim do KISSarmy e do *Flash*, talvez o mais antigo fanzine do KISS. Houve também alguns livros escritos às pressas, publicados nos idos de 1970. O mais impressionante era o *KISS*, escrito por Robert Duncan, que colocava a carreira do grupo em crônicas com doses equivalentes de humor irreverente e sólida informação histórica. Entretanto, eu, como outros fãs, ansiava pela história real, um livro que pudesse me levar para mais próximo da banda mais quente do mundo.

Voltemos para o início dos anos 1990. Mal sabia eu que teria de esperar tanto para poder encontrar *aquele* livro. Mas tenho de admitir que, no momento em que comecei a lê-lo, literalmente não conseguia parar. E, como o livro foi escrito em 1979, lembranças que vão sendo esquecidas e a tentação, de membros do grupo, de reescrever a KISStória não eram problema. Sim, pois só haviam se passado seis anos desde o momento que esses quatro músicos batalhadores ensaiavam num salão gelado no n° 10 da rua 23 Leste, comendo sanduíches de peru no Dia de Ação de Graças.

Mais ou menos na mesma época do primeiro encontro com David, eu embarcara num projeto próprio, tentando montar um livro com a história oral do KISS. O projeto compreendia entrevistas extensas com o grupo, com o círculo mais próximo e com os músicos contemporâneos, que iam de Pete Townshend a Alice Cooper. Logo depois de ter iniciado a pesquisa, uma lâmpada acendeu em minha mente, tal qual a que aparecia na boca do tio Funéreo[1]. Por que não juntar as forças com David e compilar nosso livro sobre o KISS? Treze anos de pesquisa exaustiva se passaram, com o acúmulo de mais de quinhentas páginas de entrevistas originais com o grupo e membros do círculo de amigos.

Agora, em 2003, aqui estão os frutos de nosso trabalho: o manuscrito original de David, sem modificações, como foi escrito em 1979, completado com o meu vasto arquivo de entrevistas originais. Esperamos que concordem conosco que esta história oral íntima, como foi contada pelo grupo, tenha valido a espera. Aproveitem!

- KEN SHARP

---

[1] Personagem do filme *A família Addams*. (N.T.)

PARTE 1

RUMO AO TOPO

POR DAVID LEAF

Este manuscrito nunca antes publicado foi terminado em 1979, não tendo sido reescrito para este livro. Ele mostra entrevistas exclusivas com o KISS. Em retrospectiva, pode-se dizer que se trata de um instantâneo do KISS na primavera de 1979, quando passei alguns dias em turnê com eles. Se as entrevistas tivessem ocorrido em 1976 ou 1982, ou 1989 ou 1999, este livro teria se desdobrado de uma perspectiva totalmente diferente. Acredito que o que faz que esta versão da KISStória seja especial é o fato de mostrar como eles se sentiam e o que pensavam na época em que começavam a desfrutar a sua primeira onda de sucesso... antes da primeira separação. Por causa da natureza dessas memórias, se Gene, Paul, Peter e Ace lessem isto em 2003, tenho certeza de que algumas coisas que disseram os fariam rir e outras os fariam balançar a cabeça em sinal de descrença. Certamente haverá coisas que eles esqueceram totalmente e talvez até haja algumas que eles desejarão não ter dito. Espero que, assim como eu, acreditem que o charme deste manuscrito original repousa na relativa inocência em que todos nós nos encontrávamos na época em que foi criado.

Desde 1979, os quatro membros originais do KISS terão sobrevivido a alguns baques pelo caminho, alguns altos e baixos. Mas, em 1979, quando tive o prazer de ajudá-los a escrever suas histórias com suas próprias palavras, foi este o resultado. Como fãs do grupo, desejo apenas que vocês encontrem uma visão especial e inspiração naquilo que eles disseram e que esta leitura só venha a aumentar o amor e a devoção por seu grupo predileto.

★★★★★★★★ INTRODUÇÃO: 1979

As luzes se apagam em resposta ao rugido da multidão impaciente. Um acorde poderoso ecoa pela arena, enquanto nuvens de fumaça preenchem o palco. O KISS surge de dentro da névoa; super-heróis impressionantes, fazem pose ao serem elevados ao topo do cenário. Sua chegada é saudada com fervor messiânico. Eles estão aqui!

Então, soa a primeira nota e, no decorrer dos próximos noventa minutos, ninguém permanece imóvel. Os três homens da frente se movem continuamente, instigando os fãs, levando a plateia ao frenesi, brincando uns com os outros, executando acrobacias incríveis ao som do rock'n'roll. Gene, o demônio que cospe sangue e expira fogo, pavoneia pelo palco com sua língua de lagarto, vestindo botas que lhe chegam às coxas... Paul alterna saltos com passadas arrogantes pelo palco, o Starchild androginamente sensual, o objeto de desejo de todos, o foco de toda a tensão sexual criada pelos outros... Ace, o homem do espaço, com sua máscara e botas prateadas, disparando à estratosfera frases musicais roucas na guitarra, como um Flash Gordon... e, ao fundo, Peter, empoleirado em sua bateria que levita, cercado por seus gatos gigantes, com bigode e poderoso, o baterista Catman, pulsando a batida inflamada.

É claro, não se pode assimilar tudo isso de uma só vez. A primeira coisa que nos chama a atenção é o imenso logo cintilante: KISS. Em néon reluzente e arrojado, o nome salta aos olhos, forte e sexy, como um luminoso na Times Square. As bombas explodem, as luzes faíscam, os fogos de artifício lançam-se rumo ao céu. Para os não iniciados, uma apresentação do KISS agride os sentidos, é uma blitz de decibéis e uma invasão visual. Para os fãs, um show do KISS é uma celebração solene cantada, e a grande maioria dos que assistem à apresentação do KISS pela primeira vez se converte. A sedução do carnaval é irresistível. Uma apresentação do KISS é uma combinação de Halloween, 4 de julho, uma visita ao circo, e contém tantas surpresas maravilhosas quanto uma manhã de Natal.

Muito antes do que os fiéis gostariam, a noite está para acabar quando a banda (e a multidão) canta o primeiro hino nacional do KISS, a música que resume sua filosofia e sedução: "Rock and Roll All Nite".

Então, de repente, tudo acaba, e Gene, Paul, Peter e Ace fogem do palco, deixando para trás milhares de fãs satisfeitos.

Quando iniciei este projeto pela primeira vez, não tinha ainda visto uma apresentação do KISS e suas músicas não faziam parte de minha coleção de discos. Minhas imagens do KISS eram estereotipadas – pensava que era um grupo de rock barulhento, nada discreto, detestável e antiquado, que usava maquiagem horrorosa e fazia todo tipo de barbaridade no palco. Do pouco que sabia, eles não tinham sido talhados da mesma maneira que meus heróis dos anos 1960, como os Beatles e Muhammad Ali. Entretanto, eu viria a descobrir em breve que o KISS era uma religião para milhões de fãs.

Então, sentia que uma tarefa difícil me havia sido confiada. Gene, Paul, Peter e Ace eram heróis para milhões de jovens que só os conheciam maquiados. Minha tarefa era penetrar por trás da máscara, ir abaixo da superfície, descobrir o que eles eram na realidade.

Mas será que era uma boa ideia?

Enquanto assistia à minha primeira apresentação do KISS, comecei a me sentir um pouco como o Totó do Mágico de Oz. Lembram-se da cena, quase no final do filme, em que a ira do Mágico recai sobre a Dorothy, o Espantalho, o Homem de Lata e o Leão Covarde? Enquanto o Mágico repreende severamente os quatro heróis, o pequenino cão Totó percebe uma cortina em um dos cantos, lança-se e a puxa, revelando um senhor idoso que manipulava um mecanismo complicado. E, logo em seguida, descobrimos que este homem de aparência comum disfarçava-se no grande e poderoso Oz.

Quando encontrei o KISS pela primeira vez sem suas fantasias elaboradas e maquiagem esquisita, me perguntei se eles também não seriam nada excepcionais. Afinal de contas, no palco, eles são tão majestosos. Será que isso seria comparável a encontrar o Clark Kent, mas não o Super-Homem?

A resposta surgiria rapidamente. Não havia nada nesses homens que pudesse ser considerado comum e, como ficou claro, assim como seus personagens de palco, fora dele eles eram tão diferentes uns dos outros quanto se poderia imaginar. Mas, de maneira similar aos seus personagens, os membros do KISS eram quatro pessoas distintas e poderosas, diferentes umas das outras, embora compartilhassem o elo único comum do KISS.

O que colocou esses homens no palco como KISS é uma história de esforço, determinação e ambição inigualáveis. Eles lutaram separadamente, mas, uma vez que se encontraram, seus talentos se fundiram para criar o KISS. Esta, então, é a KISStória pessoal de uma das mais populares bandas da história do rock'n'roll.

Por uma razão qualquer, estou escrevendo demais a respeito de cachorros nesta introdução. Em *Rocky and His Friends*, um desenho animado de TV popular na época em que eu era criança, havia esse cachorro esperto chamado Mr. Peabody, que passava os dias "viajando pelo tempo". Posso ouvi-lo agora. Ouçam. "Sherman, entre na Máquina de Retorno", diz ele para o seu fiel companheiro humano. "Ajuste os controles para 1950. Cidade de Nova York. Vamos encontrar quatro crianças que, futuramente, vão se tornar mundialmente famosas. Seus nomes são Chaim Witz, Stanley Eisen, Peter Criscuola e Paul Frehley. Juntos, chamam-se KISS."

- DAVID LEAF, LOS ANGELES, 1979

CAPÍTULO 1

LÍNGUA PRESA:
O LAGARTO-MORCEGO

Completou-se a magia. A máquina do tempo nos depositou às margens do mar Mediterrâneo, a milhares de quilômetros das origens nova-iorquinas do KISS. Chaim Witz, que virá a ser Gene Simmons, narra a herança com detalhes: "Meus pais nasceram na Hungria, em Jantz, uma pequena cidade às margens do rio Danúbio. Durante a Segunda Guerra Mundial, minha mãe ficou num campo de concentração e a mãe dela, o irmão, a avó e a maior parte da família foram mortos. Após a guerra, meus pais se encontraram num acampamento de imigrantes, casaram-se e fugiram para Israel. Não voltaram para a Hungria porque esta, como muitos outros países, não tinha interesse em receber de volta os judeus que ainda estivessem vivos. Eu nasci no dia 25 de agosto de 1949, na cidade portuária de Haifa".

"Quando era muito jovem, nos mudamos para o vilarejo de Carmel, onde as Escrituras de Carmel foram descobertas. Quando pequeno, lembro-me de brincar numa montanha que tinha essas pequenas grutas. Sempre havia um monte de coisas por lá, mas nunca dei muita importância a elas. No fim das contas, os espécimes mais antigos de seres humanos foram descobertos lá. Todos nos Estados Unidos têm a impressão de que Israel é a terra do kibutz, mas isso não é verdade. Israel é o país mais moderno do Oriente Médio. É muito americanizado. Lembro que em 1955 e 1956 assistia aos filmes de Jeff Chandler, nos quais ele atuava como Cochise[2]. Minha primeira exposição à cultura norte-americana foi assistir aos índios naqueles filmes. A linguagem parecia muito estranha, com um palavreado incoerente, e os índios pareciam ter vindo de outro planeta."

Em Israel, Gene foi "campeão de bolinhas de gude". "As bolinhas de gude eram um passatempo nacional e eu era *o Bom*. Eu era bastante bom no jogo de pião, mas nas bolas de gude eu arrasava." Gene não tem recordações musicais daqueles dias, mas se lembra de "algo que me fez começar a usar todas aquelas bijuterias de aranha. Começou com o fato de que, em Israel, quando se vai a um lugar público, você usa um solidéu. Certo dia, eu tentei colocar o meu antes de sair, mas, por algum motivo, ele não parava na cabeça. Aí eu o tirei e um baita monstro de pernas longas engatinhou para fora do chapéu. Sem exageros, devia ter uns cinco centímetros de tamanho. Quase morri de susto, tive pesadelos. Quando vim para os Estados Unidos, de repente me dei conta de que uma maneira de superar o medo era confrontá-lo. Daí, comecei a usar bijuterias em forma de aranha. Agora, uso todo tipo dessas coisas, presentes de fãs. Em casa, tenho uma baita coleção de aranhas".

Em 1955, os pais de Gene divorciaram-se e Gene e a mãe, que tinha dois irmãos vivendo nos Estados Unidos, emigraram para lá em junho de 1958. Foi nos Estados Unidos que Chaim passou a ser conhecido como Gene Klein. "Primeiro moramos na área Williamsburg do Brooklyn. Era um gueto logo após a divisa de Bedford Stuyvesant, que hoje em dia é todo de negros, mas que, na época, estava se tornando um bairro de latinos. O aluguel era de 36 dólares por mês e minha mãe conseguiu um serviço, no Bronx, de tirar fiapos de tecidos de roupas, no qual recebia 24 dólares por semana. Ela ia de metrô, era bem longe de casa. Então, eu ficava sozinho a maior parte do dia."

A cultura americana era tão estranha que quase tudo que Gene via parecia bizarro. "Havia alguns cartazes que tinham sobrado do Natal, uma pro-

---

[2] Cochise foi um dos principais líderes dos índios apaches que viviam entre o norte do México e os estados do Arizona e do Novo México nos Estados Unidos. (N. T.)

paganda da Coca-Cola, com o Papai Noel tomando esse refrigerante. Não conseguia acreditar no que via. Primeiro, nunca ouvira falar em Papai Noel; por causa da barba, pensei que fosse um rabino. Para mim, o mundo se dividia em judeus e árabes, e era isso. Em Israel jamais tínhamos ouvido falar em católicos ou cristãos. Jamais tínhamos ouvido falar em Jesus Cristo."

Nessa terra nova e estranha, os dias de Gene dividiam-se em duas partes. Todo dia, durante dez horas, frequentava a *yeshiva*, escola particular judaica. Em todos os outros momentos livres, sua atenção concentrava-se em seus novos dois amores: televisão e monstros. Para Gene nunca foi fácil fazer amigos, e a barreira do idioma fez com que isso piorasse ainda mais: "Minha dificuldade em aprender inglês deixou um efeito definitivo em mim. Tive problemas em me ajustar com os garotos do bairro. Fui um solitário durante algum tempo, parcialmente pelo fato de que estava sempre querendo provar que era melhor que os outros. Já que no início não falava uma palavra sequer em inglês, toda vez que abria a boca o pessoal começava a rir. Então, jogávamos bolinhas de gude. Podiam rir, mas, no final, eu ia embora com um montão de bolinhas de gude. Ainda as conservo".

Aqueles primeiros anos nos Estados Unidos foram solitários para Gene. "Dos nove aos onze anos, estava ocupado demais para fazer amigos, assistia à TV. Essa era a única maneira de eu aprender a língua. Por causa do forte sotaque nova-iorquino, não conseguia entender nada que as pessoas me diziam, embora tivesse boa dicção, pois imitava o que ouvia na televisão."

Revistas como *Famous Monsters of Filmland* e os quadrinhos de super-heróis (como Super-Homem) tornaram-se a paixão de Gene, em parte por serem mídia visual, algo que podia ser entendido sem se saber muito inglês. "O conceito de alguém vestir roupas estranhas simplesmente me atraía. Acho que realmente queria que as pessoas olhassem para mim. Tudo era tão diferente e estranho para mim; eu queria ultrapassar a barreira da língua. Queria me enquadrar."

Uma das lembranças mais esquisitas para Gene era "o tilintar das moedas norte-americanas. Era muito estranho para mim. Soavam falsas, como ferro. Não conseguia compreender por que as moedas faziam tanto barulho quando as pessoas as sacudiam nos bolsos. Pensava que era um hábito".

De acordo com Gene, seus dias na *yeshiva*, segundo sua mãe, "estavam dentro das expectativas dela quanto ao que deveria aprender em termos de história e cultura. Mas [depois da escola] assistia à TV o tempo todo, desde *The Mickey Mouse Club* até *Yancy Derringer* e outros programas fantásticos e (agora) desconhecidos. O que me atraía em programas como *Super-Homem* era que neles as pessoas eram super. O único lugar onde ouvira falar em supercriaturas e pessoas que podiam fazer maravilhas havia sido em livros religiosos. Mas aqueles caras da TV eram super e legais, não ficavam falando para ninguém o que fazer ou pensar. O Super-Homem nunca mandou em ninguém. Ele só voava por toda parte e fazia aquelas coisas todas que aqueles caras religiosos faziam, sem ser um pé no saco".

"Esse foi meu primeiro encontro com o antiestablishment. Caras como o Tarzan e o Yancy Derringer não tinham superpoderes, podendo, entretanto, fazer coisas que eu não conseguia fazer. E não eram chatos. Eram o que eram, não mandavam ninguém se vestir ou pensar assim ou assado. E também eram totalmente diferentes de todas as outras pessoas. Quando o Super-Homem entrava numa sala, dava para notar. Ninguém mais se vestia daquela maneira. Acredito que há uma ligação forte disso com o que o KISS faz hoje."

Em 1961, Gene e a mãe se mudaram para a área de Jackson Heights do Queens, na cidade de Nova York, e Gene foi transferido para uma escola pública. Essa atmosfera escolar menos exigente propiciou-lhe um tempo maior para os passatempos, inclusive as primeiras incursões ao mundo da fantasia. "Assim que aprendi a datilografar, aos treze anos, comecei a escrever minhas próprias histórias. Criei um personagem pré-histórico, o Omar: o Habitante das Cavernas, e escrevia histórias a seu respeito, mimeografava e distribuía na escola. Uma delas era uma redação na qual tirei a nota máxima."

"Eu me lembro de que, na quinta série, pensava que os dinossauros eram especiais. Numa feira de ciências fiquei em segundo lugar por ter feito dinossauros de argila, mostrando a cadeia alimentar. O interessante é que Paul começou a desenhar dinossauros quando tinha cinco anos. Às vezes, durante uma turnê, Paul e eu testamos um ao outro em relação aos dinossauros. Um dos meus prediletos era o pterodátilo, que, com a estrutura óssea no final da cabeça, costumava deixar as vítimas inconscientes. Em termos de imagem no palco, com minha língua comprida e o coque no alto da cabeça, acredito que haja uma similaridade interessante."

O interesse de Gene por fatos científicos e ficção científica data da época em que assistia à TV. "Estava cheio do *The Hardy Boys Go Eat Lunch*. E daí? Eu fazia coisas mais emocionantes do que aquilo. O que era realmente emocionante era quando o Super-Homem ia ao planeta X para lutar contra algum personagem malvado."

No início da adolescência, a fascinação de Gene pelos super-heróis o levou a fazer "publicações de ficção científica amadora, chamadas fanzines, que falavam de filmes de terror, quadrinhos e também de ficção científica. Essas revistas continham comentários, contos e pequenas tiras de quadrinhos. Eu escrevia a maior parte desses artigos e havia algumas contribuições de terceiros. Alguns dos colegas colaboradores da época tornaram-se editores das revistas Marvel e escritores profissionais". Segundo Gene, "os fanzines propiciavam uma espécie de saciedade intelectual. Também me trouxeram um pouco de dinheiro, com o qual comprei um mimeógrafo por 35 dólares".

Ganhar dinheiro sempre foi algo importante para Gene, que, desde o início da adolescência até os primeiros tempos do KISS, sempre teve vários empregos. Foi esse esforço que lhe propiciou uma educação sexual antecipada. "Na sétima série, entregava jornais. Os pais de uma garota da minha rota de entrega estavam viajando de férias. Ela era da oitava série. Eu passava uma vez por semana para cobrar e numa semana ela me pagou. Ela me seduziu. Perdi minha virgindade na véspera do Natal de 1963."

"Foi também naquela época que minha língua começou a saltar fora da boca. Numa festa no início de 1964, estava dançando uma música lenta com Irene Wouters. Algum brincalhão apagou a luz e começamos a nos beijar com tesão, e ela enfiou a língua em minha boca. Quase vomitei. Mas aí passei a fazer o mesmo com as garotas. Primeiro elas diziam: 'Eca!'. Depois, começávamos a comparar as línguas." Gene acrescenta, com a língua atrás da bochecha: "Nunca tive que rodar muito para encontrar esse tipo de coisa".

Ao analisar a própria personalidade, Gene acha que o fato de "nunca ter tido medo de falhar" é a chave para a maquiagem dele. "Não me importo em falhar. Nunca tive medo de pedir qualquer coisa para qualquer pessoa, pois, mesmo que essa pessoa diga não, há sempre alguém que dirá sim."

"No final da adolescência, pesava cem quilos. Aí consegui uma cinta especial. Tinha uma pança, barba que se alongava abaixo do queixo e bigode. Eu era horrível, mas aquilo não parecia incomodar. O problema dos gordos é o que a gordura causa às mentes. Mas não comigo. Fui gordo durante os dois primeiros anos na faculdade. Quando estava com vinte anos, morei com uma garota por pouco tempo e fui tratado como o rei Tut, isto é, tinha bolo todo dia. E eu comia todos. É que o problema com os tímidos ou gordos é que essas pessoas têm medo da rejeição. Assim que as pessoas percebem que é perfeitamente normal que alguns não gostem de você, tudo fica melhor."

A carreira artística de Gene é consequência direta dessa filosofia. Conforme ele mesmo explica: "Continue, não tenha medo de dar o primeiro passo achando que vai falhar; caso contrário, ficará parado. Sempre tive interesse em estar à frente das pessoas. Acho que isso é classificado como ter um grande ego. Participei de peças escolares nos anos iniciais do Ensino Médio e da faculdade. Na quinta série, fui o João Pequeno em *Robin Hood*. Atuei como Curly em *Oklahoma!* Na faculdade, participei do *The Stork Who Married a Dumb Wife*, de James Thurber. Era o médico francês que operava as mulheres".

Gene sente que, se não fosse capaz de atuar, "se não tivesse conseguido satisfazer o ego, provavelmente teria feito algo muito radical para consegui-lo. Comecei a me envolver com o rock porque percebi que se consegue satisfação instantânea quando se vê a plateia alucinada quando você aparece".

Os primeiros passos no rock foram dados em 1962. "Tornei-me grande fã do Chubby Checker e aprendi a dançar o twist (o sucesso 'The Twist', de Checker, foi o número 1 nos anos 1960 e 1961 e desencadeou imenso fenômeno social). Fui campeão de twist da Escola Pública 145, Joseph Pulitzer Junior High School, durante dois anos seguidos. Era uma ferramenta social, uma maneira de conquistar as garotas." "Num baile típico", lembra Gene, "os rapazes ficavam de um lado do salão, as garotas do outro e ninguém atravessava o corredor. Então eu costumava me aproximar e convidar as garotas negras, porque essas, sim, sabiam dançar o twist, as brancas, não. Mas nunca quis ser o Chubby Checker, pois podia ter tudo na pista de dança."

"Então, assisti àquele show a que todos assistiram e que mudou a vida de todos, os Beatles no *The Ed Sullivan Show*, em fevereiro de 1964. O que me saltou aos olhos era que eles eram como quatro Chubby Checkers, quatro rapazes que eram quatro homens de frente, cada qual igualmente importante para o grupo. Os quatro também pareciam pertencer ao mesmo grupo. Com certeza, não se pareciam com as pessoas comuns da rua. Eles não se pareciam com ninguém e, por isso, eram ridicularizados. No início, não dei muita atenção a eles. Pensei apenas que eram meio estranhos. Enquanto isso, minha mãe, que assistia comigo, não parava de repetir que eram terríveis. Não achei nem bom, nem ruim. Perguntei: 'Por que alguém gostaria de ter essa aparência? Não parecem bobos?'. Ela respondeu: 'Parecem macacos! Olhe os cabelos! Têm caras de gorilas'."

Em milhares de lares norte-americanos aquela reação dos pais, aquele desprezo ajudou os Beatles a se tornarem os heróis das crianças dos anos 1960. Não foi diferente com Gene: "Por algum motivo, gostei do fato de minha mãe não ter gostado. Daí, logo após o show, fui ao banheiro e penteei o cabelo para a frente. Lembro muito bem que minha mãe reagiu mal. E eu disse: 'Puxa, eu gostei!' De repente, as orelhas pareciam muito estranhas. As minhas eram para lá de salientes – se batesse um vento poderia alçar voo".

Frank Sinatra, Elvis Presley, os Beatles – esses três fenômenos culturais e musicais tinham algo em comum quando alcançaram sucesso pela primeira vez. Eram jovens. Os gritos que suas canções inspiravam eram cacofonias que os adultos não toleravam, e tornaram-se heróis, em parte, pela reação que causavam nos adultos. Cada "novidade" enlouquecia os pais, que por sua vez "enlouqueceram" seus próprios pais com os ídolos dos adolescentes da década anterior. Quando os adultos berravam: "Para! Chega de barulho!", os adolescentes agarravam o disco ainda mais, dizendo: "É meu!".

Gene acredita que a desaprovação dos pais foi essencial para o sucesso inicial do KISS através do excesso. "Os pais sempre avisavam os garotos para ficarem longe das influências e pessoas más. Mas os jovens não querem saber. O rock é a perseguição do lado errado dos caminhos."

Segundo Gene, o rock ainda era algo para se assistir. Embora cantasse no coro da escola, ele não tocava nenhum instrumento. Em 1965, iniciou sua carreira no rock ao aparecer numa reunião de Ensino Fundamental com o primeiro grupo, os Missing Links. Explicou: "Após os discursos, as pessoas normalmente se erguem e cantam. O Links era um trio. Apenas um cara tocava a guitarra Silverstone, o outro, uma Mustang, e eu cantava. Apresentamos 'There's a Place', dos Beatles, e 'Do You Love Me', dos Contours. Logo após, andando pelos corredores, percebi que todos falavam comigo: 'Oh, brother, você é um puta cantor!'. Eram os caras negros. Os brancos diziam: 'Muito bom!'. E todas as garotas queriam ficar perto, como abelhas no mel. De fato, uma das novas melodias que estou compondo se chama: 'Girls Love Money'. As garotas querem ser vistas e são atraídas por tudo que brilha, fama ou dinheiro. Querem ficar perto de um astro, agarrar um pouco do reflexo dos holofotes".

Aquele primeiro show também deu a Gene uma dica do que significa estar sob a luz dos holofotes. "Olhava à direita e à esquerda e aqueles caras suavam, perspiravam e se sacudiam. Mas eu não. Acho que parecia com o Sergio Franchi. Fiz coisas do tipo erguer uma sobrancelha mais alta que a outra ou algo assim. Na época, devo ter parecido completamente ridículo. Mas eu sabia que era para mim. Queria que olhassem para mim."

A primeira banda de verdade de Gene, o Long Island Sounds, incluía: "Steve Coronel, Seth Dogramajian e Alan Graph nas guitarras e Stan Singer na bateria. Eu era o cantor principal. Na época, tinha uma voz muito mais aguda, parecida com a de Paul McCartney. Naqueles tempos, todos ficaram nasalados e adquiriam um sotaque britânico. Os Beatles eram, de longe, o meu grupo predileto, sempre gostei daquilo que as massas gostavam".

"Em 1967, comprei um baixo Segova de cinquenta dólares, um modelo japonês do baixo de McCartney. E minha mãe me comprou a primeira guitarra, uma Kent. Aprendi a tocar porque o grupo a que pertencia precisava de um baixista e não queríamos pegar outro cara. A primeira canção que aprendi a tocar foi 'Hang on Sloopy', o sucesso dos McCoys. Também aprendi a tocar alguns acordes ao mesmo tempo, pois o baixo e a guitarra são muito parecidos. Só olhava as mãos do guitarrista e aí voltava para casa e fazia o mesmo. Obviamente, nas primeiras vezes você parece um bobo porque os dedos não fazem as coisas certas. Mas melhorei."

Gene passou algum tempo em grupos como o Missing Links e o Rising Suns, mas durante a maior parte da década de 1960 tocou no Long Island Sounds (que com o tempo abreviaram para Sounds). Era um típico grupo de rock de bar que cantava o Top 40 do momento. "Recebíamos cerca de 150 dólares por noite", lembra: "Portanto, cada um conseguia uns trinta dólares por fim de semana, o que significava uma semana de idas ao cinema, convidando garotas para sair ou algo assim. Normalmente, quando saía com uma garota, me assegurava de que ela pagaria a parte dela." Era o toque pessoal de Gene em relação à liberdade feminina. "Mas nem morto gastaria com garotas meu dinheirinho ganho arduamente só para conseguir um beijo no fim da noite. Se quisessem ficar comigo, elas teriam que pagar a própria entrada."

Em diferentes encarnações, o Sounds permaneceu junto durante quatro anos. Então, no outono de 1968, Gene saiu de casa, matriculando-se no Sullivan County Community College, em Catskill Mountains, Nova York. Ele se orgulha do fato de ter custeado a anuidade. "Na época, foram três mil dólares por ano, o que representava muito dinheiro. Quando tinha onze ou doze anos, trabalhei como garoto de entregas de um açougue. Quando aprendi a datilografar, conseguia quanta grana quisesse datilografando os trabalhos escolares de todos. Aos dezesseis anos, trabalhava para a agência de datilografia Kelly Girls. E conseguia muito serviço, já que toda executiva mulher queria ter um secretário homem. Com aquele dinheiro, pude custear minha educação e pude comprar alguns amplificadores Marshall. Aquilo me deu um poder real. Todos os grupos me queriam pelo fato de eu ter o melhor equipamento."

Na faculdade, Gene formou um grupo novo, que batizou de Bullfrog Bheer. Além do Top 40, esse grupo tocava alguns dos originais de Gene. "Compunha algumas esquisitices na época, algumas das quais apareceram em meus álbuns solo. Baladas do tipo de 'Please Please Me', aquele jeito-Beatle de dedilhar, muitos acordes em ré menor, mi menor e lá. Algumas dessas canções estão nos primeiros álbuns do KISS."

"Tocávamos em grandes festas as músicas mais famosas, coisas do tipo 'Whiter Shade of Pale' (do Procol Harum), 'Hitchcock Railway' (do Joe Cocker) e 'If 6 was 9', a música de Jimi Hendrix. Lá pelo fim da noite, quando todos estavam bêbados, podia tocar de fininho uns originais meus. E, se a música dava certo, alguém vinha e dizia: 'Toca aquela de novo'. Ficava com aquela e esquecia as outras. Parecia um processo de eliminação das piores." Pelo fato de o Bullfrog Bheer tocar material original, pessoas de toda Catskills vinham nos ouvir. Havia pequenas apresentações todo fim de semana. Não éramos muito importantes, embora tenhamos atraído a atenção de uma estação local de rádio".

De acordo com Gene, compor era uma habilidade que somente ele tinha. "Até então, nunca havia encontrado alguém que compunha. Nunca pensava muito nos astros da música, portanto achava que era o único que conseguia compor. Era convencido, pensava: 'Meu Deus! Sou o único que consegue compor coisas assim'."

No outono de 1970, o Bullfrog Bheer apresentava-se regularmente. O grupo era uma atração que trazia dinheiro; portanto, quando o guitarrista solo adoeceu, Gene precisou rapidamente preencher a lacuna, achar um substituto. "Entrei em contato com o antigo guitarrista solo do Long Island Sounds, Steve Coronel. Quando fui encontrá-lo, havia um cara na casa dele. Até então, esse cara era conhecido como Stanley Eisen. Mas, hoje em dia, seu nome é Paul Stanley."

CAPÍTULO 2

O HOMEM TOTALMENTE NORTE-AMERICANO:
O STARCHILD

Como os outros membros do KISS, Paul Stanley tem origem humilde e cresceu com a necessidade de provar ao mundo que era especial.

"Cresci na parte norte de Manhattan, na rua 211 com a Broadway. Era um bairro misto", Paul se lembra, "mas éramos a única família judia. Havia muitos imigrantes da Alemanha e da Hungria, mas a maioria das pessoas era de origem irlandesa. A minha mãe é alemã, meu pai nasceu nos Estados Unidos, mas os pais dele eram originários da Rússia, da Hungria e da Polônia."

O primogênito da família Eisen foi uma menina, Julia, dois anos mais velha que Paul. Paul nasceu em 20 de janeiro de 1952.

"Não me lembro de muitas coisas daquela época, pois só tinha oito anos quando nos mudamos. Minha família não tinha muito dinheiro. Quando eu tinha seis anos, meu pai comprou uma bicicleta para mim, que foi a única coisa de algum valor que ganhei. Não éramos muito ricos, mas sobrevivíamos. Houve época em que vivíamos realmente apertados. Nós quatro morávamos em um apartamento de um quarto em Manhattan. Meus pais dormiam na sala e eu e minha irmã dividíamos o quarto. Meu pai era vendedor de móveis e minha mãe, professora. No início ela era enfermeira registrada, depois foi professora de crianças especiais e, no fim, se tornou uma dona de casa em tempo integral."

Por crescer num bairro difícil de Manhattan, "minha mãe me ensinou que é muito importante você não deixar os outros te provocarem. Ninguém deve levar vantagem sobre você. Por eu ser judeu, eu me envolvia em muitas brigas e eu batia mesmo nas pessoas para que as coisas ficassem bem claras. Como eu era um garoto forte, ninguém realmente me machucava".

Em 1960, a família Eisen mudou-se para Kew Gardens, em Queens, não muito distante de onde a família Klein morava. Para Paul, "Queens era como o campo, pois havia árvores na frente da casa. Foi um choque cultural, pois eu nunca tinha visto grama crescendo na frente de uma casa. Eu andava de bicicleta pelos quarteirões, nunca me acostumava com a quantidade de árvores que havia por lá, e as casas só tinham dois andares!".

É interessante observar que, como Gene, Paul era um solitário na juventude: "Eu era um garoto quieto, não sei bem por quê. Quando eu estava no jardim de infância, decidi ser o líder da classe e me tornei! Mas, fora isso, tinha a tendência de ser calado e ficar na minha. Não era dos mais sociáveis. No entanto, eu sabia que seria alguém especial".

Para Paul, "o Ensino Fundamental era desagradável. Eu tinha a tendência de ser rebelde e meio que abri meu caminho à força. É por isso que agora entendo o que muitos garotos estão passando. Eu era infeliz só porque não queria a mesma coisa que as outras pessoas. E os pais dessas pessoas realmente os pressionavam para elas se conformarem. Meus pais não me pressionavam. Meus pais me deixavam fazer o que eu queria. Fui educado de uma maneira em que meus pais se preocupavam bastante comigo, mas não eram rígidos. Talvez eles tenham deixado muitas coisas para eu decidir por minha conta. Não sei bem se essa é a melhor maneira. Nunca me meti em encrenca séria, mas isso por causa da responsabilidade que era colocada sobre os meus ombros. Estava implícito que eu era um cara esperto que sabia cuidar de mim e que não ia me meter em encrenca. Mas se eu realmente saísse da linha, podia contar com eles".

"Por exemplo, numa tarde, na quarta série, fui até a casa de um amigo e o convenci a sair para brincar, embora os pais dele tivessem dito para ele ficar em casa estudando. Fomos empinar papagaio, acabamos caindo num brejo e ficamos molhados até a cintura. Voltamos muito tarde, totalmente sujos, e depois daquilo fui proibido de vê-lo. Telefonei para ele há alguns anos e soube que ele agora é um oculista. Quase todos os garotos da minha vizinhança em Queens cresceram e se tornaram aquilo que os pais deles queriam, principalmente advogados e médicos."

"Eu era uma influência negativa, e num bairro pequeno essas coisas se espalham rapidamente. Eu era o selvagem e os pais acreditavam que era melhor seus filhos me evitarem. Então, eu me divertia sozinho. Às vezes, eu tinha um cúmplice em algum crime, mas me acostumei a fazer as coisas sozinho. Fiquei bom nisso, e ainda sou melhor em lidar com as coisas sozinho do que quando estou com outras pessoas. De qualquer maneira, nunca me meti em nada muito sério que pudesse me trazer problemas, mas eu não me ajustava. Nunca fui a uma escola judaica, nunca fiz o *bar mitzvah*. Eu era o cara 'diferente'."

Na escola, Paul era, com frequência, o "queridinho" do professor, embora ele não fizesse exatamente o tipo. "Eles sabiam que eu era brilhante, mesmo não tirando boas notas. Eu realmente não tinha vontade de dar duro competindo por notas. Acho que eram os pais que competiam pelas crianças. Na minha classe, o cara que tirou 93 não era tão bom quanto o cara que tirou 95, e os pais do cara que tirou 95 eram muito melhores que os pais do cara que tirou 93."

"Quando eu me esforçava, me dava bem. Na maior parte do tempo, eu não fazia esforço. Minhas notas oscilavam entre 35 em Espanhol e 99 em Arte. Eu odiava competir por notas e, embora na época eu não conseguisse verbalizar isso, sabia que era errado competir só para fazer parte do grupo. É uma atitude incomum para uma criança, mas eu sabia que a maioria daquelas crianças não era feliz e não queria fazer parte daquilo. Achava que a maioria dos pais era um horror, e ainda acredito nisso. Eu sempre estava nas salas dos mais espertos, mas entre os piores da melhor classe."

"Meus pais queriam que eu obtivesse resultados melhores. Eles voltavam das reuniões de pais e mestres e diziam: 'O professor disse que você é tão brilhante e que você não está usando a cabeça'. E eu respondia: 'Vou começar a usar a cabeça amanhã' – e aquilo tudo durava só um dia. A culpa era uma coisa bastante utilizada nos bairros judeus, mas não funcionava comigo."

Apesar do desinteresse de Paul pela escola, foi o talento artístico desenvolvido lá que o salvou do problema de ser "o diferente". Paul acha que "ir para a Escola Secundária de Música e Artes foi uma bênção. Sem isso, eu provavelmente não teria terminado a escola. Quando se tem talento, as pessoas desculpam um pouco mais a sua loucura, temos permissão para ser diferentes. Quando fui para a Escola de Música e Artes, meu cabelo batia abaixo dos ombros e eu usava uma jaqueta de motoqueiro, mas tudo era perfeitamente aceitável porque eu era um artista excelente. É pena que seja preciso uma desculpa para ser diferente. Ser louco só é legal se você tiver talento. De qualquer maneira, não há motivo para deixar de ser louco, só há a liberdade. De qualquer modo, fui muito mais feliz indo à Escola de Música e Artes".

Embora Paul estudasse Artes na legendária escola de Nova York, foi a música que se tornou sua verdadeira alegria. "Eu ficava grudado no rádio e na televisão assistindo à *American Bandstand* e a um show que Alan Freed tinha em Nova York. Minhas primeiras recordações são de quando eu tinha cinco ou seis anos, assistia à *Bandstand* e sonhava em ter dezesseis anos para poder ir até a Filadélfia para dançar no programa. Quando cheguei lá e vi o primeiro show, quis ser um astro do rock. Para sempre."

"Comecei a cantar com a minha irmã e a amiga dela, quando tinha seis anos. A gente cantava sem instrumentos. Todos na minha família têm voz boa e costumávamos cantar juntos. Foi assim que aprendi harmonia."

Curiosamente, apesar desse interesse precoce por música, Paul não tinha nenhum herói do rock'n'roll. "Eu era um desses loucos, cheios de imaginação, e sempre me via montado num corcel branco, combatendo, como o Zorro. Quando era pequeno, sempre quis ser um super-herói. Eu me via como um tipo valentão de Errol Flynn, de camisas brancas soltas, calça justa e botas com os canos dobrados para baixo. Queria cabelos compridos e olhos que fizessem as pessoas pararem de me encarar. Gostava da ideia de salvar mocinhas com problemas e de vestir roupas bonitas. Isso é algo que sempre esteve na minha mente e agora não é mais uma fantasia. Agora posso ser assim. Claro que eu nunca discuti esses sonhos com meus pais. Eles só me viam como um garotinho de temperamento forte."

"Quanto mais crescia, mais interessado em música eu ficava. Achava Eddie Cochran legal. Gostava de Dion, the Drifters. E depois apareceram os Beatles e os Stones e eles se tornaram meus heróis. Meus pais me compraram o primeiro violão quando eu tinha sete anos, um pequeno violão de madeira de quinze dólares. Quando ganhei, nem sabia tocar, mas pensava que sabia por que estava muito dominado pelo rock'n'roll. Enquanto os outros garotos estavam fora brincando no terreno baldio lá perto, eu assistia à *American Bandstand*."

"Toda a minha percepção de música veio dos meus pais, que ouviam música clássica e ópera. Mesmo hoje, ainda gosto do que eles costumavam ouvir. Beethoven é o meu predileto. Hoje em dia não tenho muita oportunidade de ouvi-lo, mas o fato de gostar de música clássica era uma outra coisa que me distinguia do resto dos garotos."

Entretanto, mais que tudo, era a habilidade artística que o distinguia. "Eu era muito bom em artes e nunca entendi por que os outros garotos não conseguiam olhar para alguma coisa e depois desenhá-la no papel, sem olhar. Descobri esse dom quando tinha cinco anos. Comecei desenhando dinossauros. Parecia tão natural. Eu olhava para alguma coisa e começava a desenhar."

Os pais de Paul reconheciam esse talento, mas "no início, eles preferiam pensar que seria um médico. É engraçado, porque quando eles finalmente se acostumaram com a ideia de que eu me tornaria um artista e não um médico, virei o disco e disse: 'Não vou ser um artista, vou ser um astro do rock'".

Essa decisão de desistir da arte pelo rock foi baseada no desejo de evitar a competição. "Sempre fui muito talentoso em artes. No Ensino Fundamental, eu era o artista da escola. No Ensino Médio, eu era um dos dois artistas da escola. Percebi que, quanto mais seguia adiante, haveria mais pessoas para competir comigo. Quando cheguei à Escola de Música e Artes, havia toda uma escola cheia de pessoas que tinham sido as melhores dentro de suas escolas. Comecei a perceber que tinha mais chance com o rock. Mesmo antes de saber tocar, eu já assistia ao *The Ed Sullivan Show* e dizia: 'Eles são maravilhosos, mas eu também poderia fazer aquilo, não é nada impossível para mim'. Quanto mais crescia, menos pessoas eu via que conseguiam fazer rock e mais pessoas que conseguiam criar uma arte boa."

O fator mais importante pode ter sido a educação artística formal que destruiu as necessidades artísticas de Paul. "É possível que a escola tenha estragado tudo. Assim como os pais do meu bairro, os professores da escola de Música e Artes tentavam se realizar através dos alunos. Eles queriam que você fizesse por eles todas as coisas que eles não tinham conseguido fazer e que evitasse os erros da mesma maneira. Isso não é justo. A maioria dos meus professores falava do grande potencial que eu tinha e do que eles esperavam que eu fizesse. Se eles eram assim tão bons, por que eles ainda continuavam sendo professores de Arte?"

"Quando a situação chegou ao ponto de: 'Quero que vocês terminem essa peça até a próxima quarta-feira', a arte acabou para mim, pois perdi a motivação. Não acredito em prazo de qualquer tipo para a criatividade." Paul resume isso com perfeição quando explica: "Eu me envolvi com a música porque ninguém me dizia o que fazer".

Em 9 de fevereiro de 1964, os Beatles estavam no *The Ed Sullivan Show*. Como Gene, Paul também assistiu, vidrado. "Foi o argumento decisivo", Paul celebra. "Fiquei encantado em vê-los na televisão, como eles se saíam bem, o magnetismo que emanavam. Naquela época eu brigava com meus pais sobre o comprimento do meu cabelo. Se tivesse sorte, ele cobria minhas orelhas, e, se meus pais ganhassem, os lóbulos da orelha ficavam aparecendo. Eu assistia aos Beatles com eles e dizia: 'Vocês não entendem? Não posso cortar o cabelo'."

Seus pais devem ter compreendido, porque, no aniversário de treze anos de Paul, em 1965, lhe deram a primeira guitarra verdadeira, "embora", Paul revela, hesitante, "fosse um violão folk japonês bem barato, e o que eu realmente queria era uma guitarra elétrica de verdade. Durante alguns dias ela ficou embaixo da minha cama, eu a odiei. Depois resolvi que qualquer violão era melhor do que nenhum violão e comecei a ter aulas".

Os pais de Paul o matricularam com um professor de guitarra clássica. "Eu não sabia que havia estilos diferentes de tocar. Aquele cara me fazia apoiar a perna num banquinho e aquela era a posição. Não parecia com o George Harrison e, com certeza, o som não era o de Bob Dylan. Eu não conseguia imaginar quando ele me faria tocar acordes e, claro, ele não tinha a mínima intenção de me ensinar os acordes. Então, eu desisti e procurei outro professor para me ensinar os acordes. Logo consegui superar o mestre. Eles queriam me ensinar num certo ritmo, mas eu queria aprender com maior rapidez. Logo que consegui ter uma base, comecei a me desenvolver sozinho."

"Eu sempre saía do quarto com o violão e mostrava para todos o que conseguia tocar. Também tinha uma gaita pendurada no pescoço. Brincava de ser um cara ligado em folk à Dylan."

"Queria começar a aprender a tocar violão para compor música. Mal aprendi (o padrão comum folk) "Down in the Valley" e resolvi transformá-la numa música de protesto. Não me lembro da letra, mas era bem ambiciosa. Meus pais não me desencorajavam, mas, como sempre, eles não percebiam o quanto eu estava engajado. Mais tarde, eles começaram a ficar um pouco preocupados quando todos começaram a estudar em faculdades e eu ficava no meu quarto com uma guitarra Gibson e o amplificador."

Paul seguia as tendências daquela época fielmente, assim em 1965: "Eu estava totalmente dominado pelos Byrds. Copiava bastante aquela coisa de doze cordas. Minha primeira banda foi com um amigo, Harold Shiff. Na verdade, ele foi forçado a desistir porque a mãe o obrigava a fazer a lição de casa. Ele (também) é oculista agora".

"Alguns dos rapazes da banda continuaram nela. Tocávamos músicas do Lovin' Spoonful, Yardbirds, Kinks e dos Outsiders. Fizemos a versão rock para 'The Ballad of the Green Berets'. Foi punk! O grupo teve inúmeros nomes, um deles foi Incubus (um espírito que te 'fode' à noite). Tocávamos para amigos nas festas. Eu era o cantor, o guitarrista solo e controlava a organização da banda. Em geral, mesmo naquela época, eu sabia o que queria." Ainda não existiam as groupies, fanáticas que acompanham a banda, Paul se lembra, rindo. "Não tínhamos garotas. Especialmente eu. Era um cara meio gordinho que tocava guitarra e que queria ser bem magro. Emagreci aos dezoito anos."

Antes de Stanley Eisen se formar no Ensino Médio, ele teve um breve contato com o mundo profissional da música. De acordo com Paul: "Era a época do Jefferson Airplane. Eu tinha quinze anos e a maioria dos outros caras da banda tinha entre dezoito e dezenove. Embora eu fosse o mais novo, foi através de mim que a banda entrou num estúdio pela primeira vez. Aqueles caras só queriam ficar sentados e tocar música no porão. Mas eu dei um empurrão: 'Vamos lá. Vamos fazer um disco'. Nem sei bem como, mas consegui um produtor que se interessou por nós. Ele trabalhava na Columbia Records".

A banda se chamava Post War Baby e nunca chegou a lançar um disco, e essa história faz Paul rir até hoje. "Veja só, era aquele período do amor Haight-Ashbury[3]. O vocalista principal tomou ácido, pulou numa fonte, pegou um resfriado forte e não conseguia cantar, assim não conseguimos colocar os vocais na fita. A música era 'Never Loving, Never Living'. Uma das minhas."

Embora Paul tenha se formado na Escola Média de Música e Artes em 1970, ele já tinha perdido todo o interesse pela arte acadêmica naquela época. Como ele diz, as melhores matérias daquele tempo eram "almoço e os passeios criativos no metrô". Em setembro de 1970, Paul foi ao Bronx Community College "durante uma semana, só o suficiente para conseguir um empréstimo para estudante. Peguei o dinheiro, comprei um carro e larguei a escola. Não era possível estudar e passar 25 horas do dia sonhando em como me transformar em um astro do rock".

Depois de abandonar a escola, Paul concentrou as energias na banda Uncle Joe, de três componentes, que compensava a falta de um baixista tocando muito, mas muito alto. Paul e o outro guitarrista brigaram porque "eu queria tocar rock e ele queria tocar blues. Então ele abandonou o grupo. O baterista conhecia outro guitarrista e ele ficou conosco durante um tempo. O nome dele era Steve Coronel".

Como a maioria das bandas de Paul, esta nunca passou de uns poucos ensaios antes de romperem. "Não ia dar em nada", Paul se lembra. "Um dia, depois que esse grupo se desfez, eu estava na casa de Steve e apareceu um cara gordo de barba. Ele precisava que o Steve fosse para o norte do estado tocar com ele, porque o vocalista principal dele estava doente. E Steve disse para aquele cara. 'Este (referindo-se a Paul) é meu amigo Stanley. Ele também compõe'. Na verdade, aquele cara compunha umas músicas, mas eram ruins. Ele disse: 'Ah, é, você compõe? Toque qualquer coisa'. Como eu era um cara legal, eu me sentei e toquei. O cara pensava que só ele e Lennon e McCartney compunham. Depois de eu tocar, ele disse: 'Hum, nada mal!'. Ele ficou impressionado porque descobriu que não estava sozinho no mundo. Agora, ele sabia que havia quatro pessoas que compunham. E esse cara era Gene, e eu o odiei."

---

[3] Bairro de São Francisco, Califórnia, centro do movimento hippie dos anos 1960, cujo mote era "paz e amor". Lá moraram Janis Joplin e grupos como Jefferson Airplane e Grateful Dead. (N. T.)

CAPÍTULO 3

O MUNDO DOS REIS DA NOITE:
A BUSCA

No fim, Gene e Paul conseguiram superar as diferenças e respeitar-se mutuamente. Mas, naquele primeiro dia, Paul não sentiu nada além de desprezo por Gene. Na verdade, o sentimento não era mútuo, conforme Gene se lembra.

"A primeira música que ele dedilhou intitulou-se 'Sunday Driver', que acabou se tornando 'Let Me Know', do primeiro álbum do KISS. Fiquei bem impressionado, embora eu deva ter parecido muito esnobe e pretensioso. 'Isso é quase tão bom quanto o que faço', eu disse, acrescentando: 'Isso está muito bom'. Ele ficou realmente puto, como se dissesse: 'Quem é você para me dizer que isso é muito bom? Isso é fantástico!'."

O que Paul não poderia saber era que, para Gene, "dizer a alguém que ele era bom era o elogio mais eloquente que já tinha dado a alguém. Mas, para ele, claro, era como se tivesse dito: 'Ei, quem é você, palhaço?'".

O relacionamento entre Gene e Paul começou e terminou naquele dia. Steve Coronel foi com Gene juntar-se ao Bullfrog Bheer, mas permaneceu na banda de Gene somente algumas semanas. Steve logo voltou para Nova York para formar uma banda com Paul.

Entre 1970 e 1971, Steve e Paul ficavam brigando e a banda nova nunca chegou a se concretizar. Steve sugeriu convidar Gene para o grupo. Naquela época, Paul se lembra de ter dito: "Ou Gene, ou eu. Você pode ficar com um ou com outro".

Enquanto isso, Gene tinha largado o Sullivan Community College e ido para o Richmond College, em Staten Island, na cidade de Nova York. Antes de formar uma banda nova, Gene colocou um anúncio no *The Village Voice* (o famoso jornal quinzenal de Nova York), no qual oferecia o equipamento para alugar. Seriam os anúncios classificados que uniriam o grupo KISS.

A primeira banda que alugou o equipamento de Gene incluía Brooke Ostrander, um tecladista, que também era professor de música em Nova Jersey. Por volta do Natal de 1971, Gene se lembra, eles começaram a trabalhar juntos numa fita demo. "Brooke e eu usamos um gravador Sound bem velho. Uma das músicas depois se tornou 'Nothin' to Lose', do primeiro álbum do KISS. Depois de terminarmos a gravação, eu queria formar uma banda. No início de 1972, comecei a bater às portas das gravadoras fazendo as rondas. Como lia as revistas sobre os negócios de música, não queria me aproximar da CES ou da Warner Brothers ou de nenhuma das grandes gravadoras. Eu já tinha ouvido falar daquele selo pequeno, Janus Records, e havia só dois artistas, um deles era Lenny Bruce, que estava morto. Mas a Janus era distribuída pela Columbia. Calculei que ali estava a jogada séria; mesmo naquela época sabia que precisava de um selo pequeno, que contasse com uma distribuição grande, para as pessoas prestarem atenção na gente."

"A Janus Records mordeu a isca. Disseram: 'Montem uma banda e fechamos o negócio'. Assim, tivemos de formar a banda rapidamente. Coloquei um anúncio procurando um guitarrista e um dos primeiros caras a ligar foi Paul. Mas ele não quis vir até Nova Jersey só para tentar. Assim, chamei o meu velho guitarrista, Steve Coronel". Coronel concordou em dar uma força a Gene, e então ele perguntou: "Que tal Paul?".

Gene continua a história: "Eu disse: 'Claro, traga-o com você. Precisamos de um guitarrista que dê o ritmo. Eu toco baixo'. Assim, Paul dava o ritmo, Steve era o líder, Brooke, o tecladista, e Tony Zarrella ficava na bateria". No começo a banda se chamou Rainbow, porque eles tocavam vários tipos de música. Mais tarde eles trocaram o nome para Wicked Lester.

Apesar do mau começo, Gene e Paul logo se tornaram parceiros musicais. "Depois da reação inicial", Paul observou, "percebemos que cada um de nós acrescentava coisas ao outro. Acho que era mais isso do que qualquer outra coisa. Naquela época, não era fácil encontrar pessoas que compusessem e que cantassem bem."

"Acho que parei de odiar Gene quando percebi que ele era bom. Apesar do que eu pensava dele e da maneira com que ele tratava as pessoas, aos poucos, ele começou a agir de maneira diferente comigo porque me respeitava. É possível que Gene ainda estivesse tentando provar quem ele era, mas eu sabia que tínhamos de resolver as coisas, pois havia química entre nós. Eu sabia que o trabalho em grupo fortalece, traz equilíbrio para todos."

"Gene basicamente tinha a mesma garra que eu. Ele estava na faculdade e tinha a mesma ambição de ser alguém na vida. Ele tem um ego enorme, o que é legal. Ele só precisava aprender a domá-lo um pouco e amordaçá-lo para administrar em causa própria. Ele se achava especial e começou a ver que eu também era alguém especial. É isso que faz a banda funcionar até hoje. Depois daquele ódio mortal, Gene e eu nos tornamos uma equipe dentro do Wicked Lester, os líderes não oficiais."

No início de 1972, o Wicked Lester ensaiava com frequência e de vez em quando tocava em clubes. Gene continuava a buscar um contrato de gravação. A primeira decisão que tomou foi a de esquecer a Janus Records, pois achou que eles não conseguiriam administrar um grupo de rock. A banda também recebeu proposta da Buddah Records, mas "Paul e eu recusamos. Não queríamos assinar com a Buddah. Os outros rapazes do grupo queriam, mas, como éramos os compositores, dissemos: 'Se vocês querem, tudo bem. Vamos levar o nosso material para outro lugar'. Estávamos para desfazer a banda naquele exato momento, porque, como a Buddah não tinha artistas de rock, não queríamos assinar com uma gravadora que só tinha artistas banais". O chefe da Buddah Records na ocasião era um homem chamado Neil Bogart. Mais tarde, depois desse lance de quase perda, ele seria muito importante na história do KISS.

Enquanto isso, a falta de sucesso do Wicked Lester provocava muitas dificuldades na casa de Paul. "Meus pais ficavam perguntando: 'O que é que você está fazendo da sua vida?'. Eu não tinha resposta. Na verdade, o fato de eu conseguir trinta dólares a cada bimestre tocando música não ajudava muito. Foi a primeira vez que recebi pagamento para tocar, mas não progredíamos. Mas você tem de seguir o coração, fazer aquilo em que acredita. Assim o Wicked Lester continuava a pulsar."

Enfim, o destino interferiu. Paul se lembra de estar fazendo hora numa loja de roupas quando encontrou um cara que lhe disse: "Você se parece com um músico de uma banda". Quando Paul respondeu que era, o cara disse: "Meu nome é Ron. Eu trabalho no Electric Lady Studios. Se tiver uma fita, me ligue". Gene se recorda: "Da próxima vez em que o Wicked Lester ensaiou, Paul estava eufórico, dizia a todos que tínhamos de ligar para aquele cara". Paul realmente ligou e pediu para falar com Ron. Passaram a ligação para um cara chamado Ron Johnsen, um engenheiro de estúdio que não sabia nada de Paul e da banda dele. O cara que Paul encontrara na loja era o faxineiro do estúdio.

Ansioso, buscando uma oportunidade, Paul continuou a perturbar Ron Johnsen. De acordo com Paul, "eu devo ter ligado umas quinze vezes por dia, cada vez mais. Eu conversava com a secretária e tentava fazer com que ele nos ouvisse. Quando você passa fome e está desesperado, perde o orgulho. Eu ligava para o cara com frequência. Finalmente, Ron Johnsen atendeu o telefone e eu disse: 'É por causa de gente como você que minha banda vai se desfazer. Ninguém está disposto a nos ouvir. Quando você liga para uma gravadora, eles dizem que você precisa de um agente. Ligue para um agente e eles querem que você tenha um contrato para um disco. Vamos quebrar se você não aparecer para nos ouvir'".

O Wicked Lester tinha alugado um loft, perto das ruas Mott e Canal, em Chinatown, por quarenta dólares ao mês. O espaço costumava ser uma sala de ensaios, e foi nesse muquifo que Ron Johnsen finalmente apareceu. Gene lembra das promessas. "Este cara disse que éramos tão bons quanto qualquer outra banda que ele já tinha ouvido. Comentou que éramos tão bons como os Three Dog Night. Agora estávamos conversando sobre os dinossauros. E então ele disse: 'Vamos fazer uma fita no Electric Lady sem custo e, se vender, eu serei o seu produtor'."

"No início", Paul se lembra, "nada aconteceu. Ele disse: 'Vamos começar a fazer o nosso trabalho. Iniciar o trabalho'. Mas os meses se passaram e a banda acabou porque não podíamos esperar. Então, Ron Johnsen ligou e disse que estava pronto para ir ao estúdio conosco. Assim, tive de ligar para um bando de caras com os sentimentos feridos, que nem estavam se falando mais. E eu dizia: 'Esta é a nossa chance'. Nós nos reunimos e começamos a gravar. Levou quase um ano para fazer o álbum e foi muito ruim. Agora é engraçado... mas na época foi constrangedor."

Paul se lembra do disco como um pesadelo de modismos. "Se wah-wah estava na moda, colocávamos no álbum. Se os uqueleles estavam na onda, tínhamos uma trilha com uqueleles. Pense em alguma coisa, e ela estaria no álbum. A maior parte foi horrorosa, mas tinha duas músicas, 'She' e 'Love Her All I Can', que sobreviveram até os álbuns do KISS."

O álbum do Wicked Lester pronto foi comprado pela CBS, mas até agora nunca foi lançado. Gene conta essa história com grande alívio. Depois que eles se transformaram no KISS, Gene comenta: "Não queríamos que ele saísse, então recompramos os direitos da CBS". Se a CBS tivesse percebido que tinha esse disco nos arquivos, é quase certo que o teriam lançado, para lucrar com o sucesso do KISS. Gene ri: "Eles nunca souberam que éramos nós. Em 1979, usamos a capa do LP do Wicked Lester no *Laughing Dogs*".

Gene e Paul ficaram muito satisfeitos em passar a perna na CBS. Gene diz: "Don Ellis, o caça-talentos da CBS, ignorou o KISS. Ele chegou, ouviu a banda e disse: 'Não, não é nada disso'. É Ellis", e Gene soletra E-L-L-I-S.

Paul observou: "Gene e eu não estávamos contentes com a direção do Wicked Lester. Não havia direção. Parecíamos um grupo de pessoas que esperavam o ônibus. Queríamos fazer algo original e tivemos a ideia de incorporar personagens novos. No conceito original, eu pareceria um gângster, e Gene, um homem das cavernas. De fato, esse foi o começo da ideia do KISS, mas que não funcionava no Wicked Lester".

De acordo com Gene, a morte do Wicked Lester era inevitável. "Estávamos presos a Alan Miller, que depois trabalhou para Bill Aucoin (agente do KISS). Na época, Alan nos apresentou a Lew Linet, que agenciava J. F. Murphy and Salt, o qual estava sendo produzido por Eddie Kramer. Eddie gostou bastante do disco e da banda Wicked Lester, mas logo percebemos que não daria certo. Havia um cara alto e um cara baixo, um cara gordo e um cara magro. Sentamos e nos confrontamos. 'O que queremos fazer?'. Além de ficarmos ricos e famosos como todo mundo, sabíamos que tínhamos de ter a aparência de que pertencíamos a alguma banda: Precisávamos de uma unidade. Dissemos: 'Se formos fazer alguma coisa, tem de ser da forma correta'. Então decidimos desfazer o grupo."

Quando a Epic (um selo afiliado à CBS) decidiu não lançar o álbum do Wicked Lester, os cinco conseguiram manter o dinheiro do adiantamento. Gene e Paul usaram a parte deles para comprar equipamento novo. Paul se lembra: "Comprei uma máquina de lavar roupas para minha mãe e um amplificador para mim". Gene e Paul também alugaram um novo loft para ensaios localizado na esquina da Quinta Avenida com a Vigésima Terceira. Custava duzentos dólares por mês, um considerável passo adiante. O único problema era que os dois compositores não tinham uma banda.

Naquela época, Paul e Gene eram "galhos da mesma árvore" e juntos começaram a procurar as peças necessárias, os elos perdidos que os tornariam um grupo. Paul explica: "Despedimos os outros dois caras e estávamos pensando em substituir todos. Mas, nesse tempo, surgiu um conceito muito mais forte".

Gene se lembra do que aconteceu em seguida: "A primeira coisa que vi foi um anúncio na *Rolling Stone*: 'Baterista, onze anos de experiência, disposto a fazer qualquer coisa'; daí, liguei para ele. O baterista era Peter".

CAPÍTULO 4

FÚRIA FELINA:
O CATMAN

Peter Criss nasceu em Nova York, na parte do Brooklyn chamada Williamsburg, em 20 de dezembro de 1945. Ele era o filho mais velho de Loretta e Joseph Criscuola. Ele tem um irmão mais novo, Joey, e três irmãs, Nancy, Donna e Joanne, todas mais novas. Como Peter explica: "Sou o mais velho, mas sou tratado como o mais novo. Eu sempre serei o bebê da minha família. É a mesma coisa dentro do grupo. Sou o mais velho, mas sou o bebê do grupo".

"Cresci num bairro violento", Peter relembra, "e meus pais não tinham muito dinheiro. Financeiramente éramos de classe baixa e morávamos todos num apartamento de quatro cômodos. Não tínhamos muita coisa, mas sempre havia comida à mesa. Sempre havia lençóis e roupas limpas, a camisa estava sempre engomada. Era a mesma camisa todos os dias, mas mamãe a lavava todas as noites e passava antes de eu ir à escola. Meus pais sempre batalharam juntos."

Peter descreve o bairro como "muito italiano, polonês e irlandês. Muito pobre. Ninguém conseguia ter ar-condicionado e, em noites quentes de verão, as pessoas saíam e sentavam-se na varanda da frente, bebendo chá gelado e cerveja. Minha piscina era um hidrante aberto. Era fantástico".

Peter teve uma juventude complicada e, às vezes, as cicatrizes aparecem: "Eu frequentei uma escola católica chamada Transfiguration. Eles diziam que era uma escola, porém mais parecia um campo de concentração. As freiras que dirigiam o lugar eram muito cruéis e eu sempre era castigado. Aquilo acabava comigo. Assim, comecei a inventar desculpas em casa para não ir à escola. Fingia estar doente porque não queria ser torturado. Eu sempre dizia à minha mãe que as freiras batiam nos nós dos dedos com uma régua ou que me prendiam dentro de um armário escuro durante horas ou que me faziam sentar num cesto de lixo como castigo. Mas ela não acreditava em mim e dizia: 'Como é que uma freira pode fazer uma coisa dessas?'".

"Elas faziam coisas terríveis. Se eu tinha vontade de ir ao banheiro, elas não deixavam e eu acabava mijando na calça. Eu tinha de ficar sentado o dia todo na sala daquele jeito e as pessoas riam de mim. Eu não conseguia lidar com aquilo e desenvolvi um bloqueio mental contra a escola. Eu fazia de tudo para evitar a escola, mas nisso tudo eu só me tornei mais ignorante."

"Mamãe não entendia por que eu estava sempre doente, mas finalmente ela percebeu o que estava acontecendo e me colocou numa escola pública. Comecei a passar de ano e as minhas notas subiram para 89. Minha mãe perguntou: 'Por que isso não acontecia antes?'. Respondi: 'Você entende agora o que eu dizia sobre as freiras?'."

Assim como hoje em guetos por todo o país, crescer num bairro violento de Nova York nas décadas de 1950 e 1960 era uma experiência desafiadora; na verdade, é o equivalente humano da teoria da sobrevivência dos mais fortes. Para Peter, sobreviver significava pertencer a uma gangue: "Na oitava série, o bairro em que morava ficou pior e as gangues predominavam. Pertencer a uma gangue era a única maneira de sobreviver depois de um tempo, ou você apanhava todos os dias. Eu não queria entrar, mas não tive escolha. Se você não tivesse um bando de garotos ao seu redor, te espancavam pra valer". Entrar numa gangue incluía o terrível rito de iniciação. Peter disse: "Para entrar, você tem de fazer uma coisa que chamávamos de 'pancadaria'. Era uma iniciação de gangue, na qual você tinha de passar pela prova de ser o primeiro a provocar a outra gangue, que corria atrás de você com tacos de beisebol, tampas de lixeira e antenas de carro. Ganhei alguns cortes de facas e navalhas. Como você os enfrentou, era o primeiro a apanhar e, se reunisse coragem para tal, você estava dentro da gangue. Passei por isso. Foi uma loucura, mas, se tivesse coragem, seria um dos caras".

"Nossa gangue era chamada de Phantom Lords. Alugamos uma loja para sede do clube, colocamos algumas luzes vermelhas dentro, pintamos as janelas de preto e conseguimos uma vitrola automática. Havia entre duzentos e trezentos caras na gangue. Era uma gangue famosa, uma das maiores no Brooklyn. Dei duro para passar de um membro comum até me tornar o vice-presidente. Mesmo naquela época, eu não ficava feliz em ser somente membro de alguma coisa."

"O grande sucesso na televisão da época era *Os intocáveis*. Então todos se vestiam como gângsteres e carregávamos pistolas domésticas. Tínhamos até uniformes. Todos vestiam aqueles chapéus brancos, ternos risca-de-giz e suspensórios. Nos fins de semana, fazíamos atividades sociais, tocávamos a vitrola automática ao máximo e tínhamos muitas garotas. Na verdade, era um cenário decadente. Com muita classe, mas ao mesmo tempo muito doentio."

"Num outro nível, entretanto, era legal porque significava pertencer a um grupo. Era a coisa da moda. Você sempre podia conseguir mais garotas se estivesse numa gangue. Além disso, quando se está numa gangue, você cria a reputação de ser mais durão e ganha o respeito da comunidade. Quando as pessoas descobriam que você pertencia aos Phantom Lords, elas não o incomodavam. Assim, comecei a apanhar muito menos."

"Nossa gangue se envolveu em muita encrenca. Alguns foram presos por atirar em alguém e matar; e vários outros membros foram detidos. É estranho relembrar essas coisas, porque na época parecia legal. Mas havia diversos caras interessantes que se tornaram drogados e morreram de overdose. Era um cenário violento, com muita loucura."

"Toda vez que ocorria uma 'pancadaria', havia tiroteio e facadas por todo lugar. Nunca esfaqueei ninguém, mas bati em algumas pessoas com tacos e tijolos. Dava muito medo, tenho sorte de estar vivo. Eu tinha apenas treze ou catorze anos e andava por lá com uma pistola doméstica no bolso. Voltava para casa todo ensanguentado e meus pais ficavam muito chateados. Meu pai me dizia: 'Precisamos nos mudar daqui', mas nunca tínhamos dinheiro para sair daquele bairro."

Os instintos de sobrevivência de Peter, do mesmo modo que sua personalidade felina, eram muito fortes, mesmo na adolescência. Mas Peter explica que ele nunca teve instinto assassino. "Às vezes, meu pai era duro comigo, porque eu era do tipo que se envolvia em brigas, imobilizava o cara e depois deixava ele se levantar. Quando as pessoas me pegavam, nunca me deixavam levantar. Assim meu pai me dizia: 'Só há uma maneira de lutar, seja com os punhos ou com um taco. Você tem de lutar para vencer'."

"Meu pai e minha mãe são fantásticos, embora eu ainda seja a ovelha negra da família, o fora da lei. Uma regra que temos é: 'Nunca minta. Nunca roube'. Meu pai é muito italiano e minha mãe é muito irlandesa. É uma combinação estranha. Meu pai era muito rígido comigo. Ele não gostava de palavrões em casa. Se eu falasse palavrões à mesa, meu pai batia na minha boca com um pedaço de pano, ou algo assim."

"Pensei que eu fosse durão por pertencer a uma gangue. Depois de uma briga de rua, voltava para casa cheio de arranhões e, quando meu pai me perguntava por onde eu tinha andado, se eu respondesse: 'Estive numa briga de rua', ele me estapeava que nem um louco e dizia: 'Não me importa o que você faz lá fora, mas não traga os problemas para casa'. Embora me surrasse bastante, ele era extremamente gentil e carinhoso. Tenho a impressão de que me batia porque eu merecia."

"Nunca escondi nada do meu pai. Ele até preferia que eu fizesse isso na frente dele. Minha mãe e meu pai eram realmente antenados. Eu levava todos aqueles músicos loucos em casa enquanto participava das bandas. Estávamos mortos de fome, e minha mãe cozinhava para eles. Depois de um tempo, até iam à minha casa sem mim, só para passar o tempo, porque os meus pais eram muito antenados. Minha mãe é a minha maior fã. Ela adora quando lhe conto as histórias que acontecem quando estou numa turnê."

Da época em que tinha dez anos até o casamento, Peter ficou muito tempo morando com a avó. "Meus pais moravam a um quarteirão da minha avó materna. O marido dela a abandonara quando ela ainda era bastante jovem e não sei por que, mas me apeguei a ela. Ela me acolheu em suas asas. Ela era uma mulher fantástica, do tipo que tinha dois empregos e ainda ia aos bares nos fins de semana."

"Eu não possuía as mesmas coisas que os outros garotos do bairro, porque meus pais eram muito pobres. Se um garoto tivesse uma bicicleta Schwinn e eu não, minha avó fazia horas extras para me dar uma bicicleta igual. Ela me dava tudo que os outros garotos tinham. Eu realmente gostava muito dela. Quando morreu, não tínhamos dinheiro para gravar o nome dela na lápide. Então, comprei uma lápide bem grande com a primeira grana boa que ganhei. Levei minha mãe lá na véspera de Natal e disse: 'Mãe, feliz aniversário'. Era um presentinho para minha avó. Essa é uma das coisas legais do sucesso. Era algo que eu achava que lhe devia, pois ela odiava minhas longas sessões de ensaio na bateria. Era bem antiquada, queria que eu tivesse um emprego normal. E tive, trabalhei como protético, fazendo dentaduras. Eu sempre tinha empregos, mas comecei a trabalhar porque queria uma bateria."

Diferentemente dos outros membros do KISS, a ambição musical de Peter começou muito antes de os Beatles aparecerem. "Eu me lembro de ver Elvis no *The Jackie Gleason Show* (o substituto de Jackie no verão, os Dorsey Brothers, recebeu Elvis seis vezes), e fiquei impressionado. Saí e comprei uma pequena guitarra de plástico e ficava na frente do espelho, molhava o cabelo, dava uma escovada e cantava 'Hound Dog'. Minha mãe comprou esse disco e costumava pedir que eu repetisse a cena para os parentes. Eu vinha e imitava Elvis para a família. Mesmo naquela época, eu animava a plateia, fazia rock."

"Elvis foi um dos meus primeiros heróis. Também amava o Hopalong Cassidy e o Zorro. Quando criança, eu tinha um traje completo do Hopalong Cassidy, com duas pistolas de tambor para seis balas e tudo. Eu adorava todos os programas de caubóis, como *Maverick*, *O paladino*, *Cheyenne*, *Sugarfoot* e *Gunsmoke*. E ficava preparado, com batatas fritas e pipoca, para a hora de assistir à *Viagem ao fundo do mar*."

"Mas nunca quis ser um caubói. Desde o primeiro dia, que eu me lembro, era um baterista. Quando era criança, comecei a bater nas panelas e caçarolas, pegando algumas com sons diferentes. Meu pai tinha um conjunto velho de baquetas, porque ele costumava tocar caixa. Deixava os meus pais malucos batendo nas panelas, mas eles aguentavam."

O primeiro contato com a música veio com o rádio. "Todos os dias, meus pais ligavam o rádio. Nada além de música de orquestra. Cresci ouvindo Benny

Goodman, Tommy Dorsey e Glenn Miller. E adorava. Tocava junto com eles e sonhava em ser baterista, cantor e compor músicas um dia."

Uma das primeiras recordações de Peter é o Natal em que "meus pais me compraram um tambor do *Rootie Kazootie* (um personagem e programa da TV). Foi a primeira coisa que vi naquela manhã. Havia outros brinquedos, mas fui direto ao tambor. Assim que toquei, ele quebrou. Perfurou o couro. Era a primeira vez que eu usava baquetas".

"Quando eu tinha treze anos, escrevi minha primeira música. Era algo do tipo: 'Meu amor. Você sabe que eu te amo, querida'. Nessa época, me juntei a um grupo de *doo-wop* e cantava nos metrôs e nos corredores. Um cara do grupo me deu um velho tambor do exército. Fui para casa e meu pai fez uma caixa de madeira, colocou purpurina nela e escreveu Stars. Era o nome da minha banda. Pegamos duas latas vazias de tinta e tampas de lata de lixo, fizemos nelas uns furos para fazer um som de chiado. Foi a minha primeira bateria e eu a usava para fazer o som de fundo do grupo nos clubes sociais. Era o único instrumento, não havia guitarras. Eles cantavam coisas como Frankie Lymon and the Teenagers. Não ganhava nenhum dinheiro, mas tocava."

A bateria feita em casa era tudo que ele tinha até "quando ia ao colégio. Trabalhava como entregador num açougue nos fins de semana. Um dos açougueiros tinha uma bateria que era de madrepérola branca, uma réplica exata do instrumento do legendário baterista Gene Krupa, e ele me disse que a venderia por duzentos dólares. Custou muitos meses de entrega, gorjetas, suor e economia, mas, um dia, eu tinha o suficiente para comprá-la. Levei-a para casa e tocava acompanhando os discos. E, quando os amigos apareciam e chamavam: 'Venha jogar basquete' ou 'Vamos zoar por aí', eu dizia que não, que tinha de praticar. Tinha de praticar. Isso era o que eu fazia, ia para a escola, trabalhava e praticava".

"Um dia, quando tinha dezesseis anos, passei por um porão e ouvi aqueles rapazes tocando guitarra. Aquilo mexeu comigo. Fiquei lá, ouvindo do lado de fora e, de repente, um dos caras saiu. Perguntei se poderia entrar e assistir. Eles estavam despedindo o baterista e eu experimentei tocar com eles. Eu nunca tinha tocado numa banda com instrumentos verdadeiros, então não sabia como tocar com os caras e com amplificadores. Mas eles gostaram de mim, pois eu realmente gostava de tocar e porque eu cantava também."

"Eu me juntei a eles. Eles se autodenominavam The Barracudas; eram duas guitarras e eu ficava na bateria. Tocávamos em clubes pequenos nos fins de semana e eu recebia cerca de dez a quinze dólares por seis apresentações."

Peter tinha dezoito anos e estava no colegial quando ele trombou de frente com o destino tornando-se músico profissional. "Nunca vou esquecer aquela noite. Eu estava com alguns amigos e fomos ao Metropole Cafe (um famoso clube na Broadway, perto da Times Square) para beber, porque eu conhecia um dos rapazes da banda (Joey Green and the In Crowd). O baterista estava doente e eles estavam tocando sem ele. Quando fizeram um intervalo, Joey, o cara que eu conhecia, veio me procurar e disse: 'Peter, por que você não senta lá conosco?'".

"Havia umas cem pessoas lá dentro, além das dançarinas. Naquela época o Metropole era um lugar de eventos. E eu respondi: 'Estou com medo'. Os amigos que estavam comigo disseram para eu ir. Assim, toquei com eles, e foi tudo bem. Foi a primeira experiência de tocar em conjunto com um monte de gente olhando. Fiquei realmente apavorado e ao mesmo tempo exultante."

Depois do show daquela noite, Peter foi convidado a se juntar ao grupo. "Naquela época, eu tinha realmente me tornado um açougueiro. Estava terminando a escola e ainda tocava com o The Barracudas. Mas eles me disseram que eu conseguiria ganhar 125 dólares por semana. Aquilo me deixou louco. O baterista do grupo tinha quebrado o pé, então eu sabia que aquilo não duraria para sempre. Mas não importava. Era uma apresentação. E era no Metropole, um lugar onde Gene Krupa tinha tocado e que me encantava. Voltei para casa e larguei tudo: o trabalho, a banda e a escola – e acabei entrando nesse grupo."

Embora a família de Peter tivesse ficado chateada por ele não terminar a escola, 125 dólares por semana era um bom argumento para eles não reclamarem: "Eu disse a eles que, quando quisesse, poderia obter o diploma, mas nunca voltei à escola. Aprendi bastante sozinho, porque, quando você viaja, dispõe de muito tempo livre. Aperfeiçoei meus conhecimentos sozinho".

Não é de surpreender que aqueles dias no Metropole deram a Peter uma perspectiva romântica e legendária. Não era somente o primeiro emprego de verdade de Peter como músico; muito mais importante do que isso foi que, no Metropole, Peter conheceu Gene Krupa. Quando o baterista de Joey Green voltou à ativa, Peter juntou-se a uma nova banda, embora ele não consiga se lembrar do nome dela, o que é compreensível. "Toquei em cerca de oitenta bandas ao todo. De qualquer modo, Krupa tocava no Metropole o dia todo e às vezes aos fins de semana. Eu acordava cedo só para ir vê-lo tocar todos os dias. Um dia ele se dirigiu a mim e disse: 'Por que você vem aqui todos os dias?', e eu respondi: 'Sou o seu maior fã. Você é o melhor baterista do mundo'. E então ele disse: 'Você trabalha aqui, não é?', ao que respondi: 'Sim, sou baterista. Eu daria tudo para ser como você, tocar como você'. Ele respondeu: 'Venha e sente-se comigo'. Eu não acreditei e me sentei com ele. Gene Krupa me dava aulas todos os dias. Grátis. Foi o grande momento da minha vida, até ali."

"Quando disse a meu pai que estava tendo aulas com Gene Krupa, ele não acreditou em mim. Mas quando ele veio ao clube, eu o apresentei a Gene. Meu pai ficou pirado." Peter teve aulas com o legendário baterista até Krupa largar o trabalho no Metropole.

Daquele ponto em diante, a vida de Peter foi preenchida pela busca da banda certa. Foi um tempo longo e difícil para ele. "Da época em que tinha dezoito até os 24 anos, eu batalhei muito para conseguir alguma coisa. Foi quando mudei meu nome para Criss. No início, eu tinha de ter carteiras de identidade e cartões de sindicato falsos porque comecei a receber os primeiros pagamentos aos dezesseis anos de idade com o The Barracudas. Gene, Paul e Ace ainda estavam na escola quando eu já estava na estrada com Joey Dee." Em 1962, Dee tinha um sucesso que era o número 1 nas paradas, 'The Peppermint Twist', que recebeu esse nome por causa do Peppermint Lounge, um lugar da moda no início da década de 1960. Dee, que também conseguiu colocar um sucesso no Top 10 em 1962 com 'Shout', tinha uma banda chamada The Starliters. Peter ficou com eles durante dois meses.

"Eu queria acontecer", Peter explica, "e faria qualquer coisa. Entrava e saía das bandas o tempo todo. Qualquer chance com um grande nome, eu ia, esperando estabelecer um vínculo." Peter conhecia e era amigo de outros jovens músicos da moda, caras que no fim terminariam em grupos como Lovin' Spoonful ou os Blues Magoos. "Então", Peter se lembra, "se o baterista do Spoonful ficasse doente, eu instantaneamente abandonava o grupo em que estava para tocar com eles por uma semana. "Pulando de banda em banda, Peter tocou na maior parte dos maiores clubes de Nova York, lugares como Trude Heller's, Electric Circus e Eighth Wonder. Mas foi uma época difícil para Peter. Ele ganhava dinheiro em uma semana e estava desempregado na outra.

Peter se lembra daqueles dias: "Na década de 1960, eu viajei com a banda de um pessoal da antiga, mas que era muito bom. Nunca me esquecerei da primeira turnê com Johnny Maestro e os Cannibal and the Headhunters. Aquilo foi realmente esquisito; oito rapazes morando dentro de uma caminhonete U-Haul com o aquecedor que não funcionava e cobertores na janela. Aquelas viagens eram muito educativas; aprendi a fazer as coisas daquela maneira por um tempo, mas não me sentia feliz. Eu não tocava a minha música. Ainda tocava o que me mandavam tocar. Depois disso, fui o único cara branco numa banda de soul de quinze membros. Foi o máximo cantar Otis Redding, Sam & Dave e Wilson Pickett. Adoro rhythm-and-blues, então curti muito".

Peter continuou à procura de uma banda correta, mas um problema que sempre encontrava era a insistência dele em tocar material original. Peter relembra: "Eu tinha aquela coisa de tocar os originais. Num show eu dizia para os caras: 'Vamos tocar uma das minhas músicas'. A gente tocava e era despedido. Era assim. Uma vez, o dono veio até mim, um desses caras gordos com um charuto na boca, e disse: 'Que merda é essa que vocês estão tocando?'. Eu respondi: 'É uma das minhas músicas'. Ele disse: 'Toque isso de novo e está despedido'. Quando ele se afastou, eu disse à banda: 'Vamos tocar a outra música que escrevi'. Sempre fui o líder dos meus grupos, então eles me obedeciam. E fomos despedidos. A gente sempre perdia apresentações por causa disso, mas sempre conseguíamos algo melhor".

"Finalmente, consegui um grupo, Brotherhood, que me deixava tocar alguma coisa original, o que não era muito ruim. Tocávamos num lugar chamado Arthur's ganhando duzentos dólares por semana, que era um dinheiro bom. E os [Young] Rascals estavam no quarteirão de cima, no Phone Booth. Outro lugar em que tocávamos era o Action House. Fazíamos a abertura dos Vagrants and the Rich Kids. Foi aí que conheci Leslie West, Corky Laing e todos esses caras. O Brotherhood era dinamite pura. Ao fim do show, eu destruía minha bateria e o tocador de órgão também acabava com o instrumento dele, inteirinho. Foi uma época boa na minha vida."

"Depois que o Brotherhood se desfez, eu ensaiei com Leslie antes de ele formar o Mountain. Desisti porque ele queria me pagar salário. Eu disse: 'Foda-se. Eu vou ser do Mountain. Quero ser sexy. Quero fazer parte da banda'. E desisti, Leslie organizou o Mountain e eles chegaram lá. Eu, não."

"Continuava batalhando e depois me juntei a uma banda chamada Chelsea. Era um grupo excelente, músicos de verdade que conseguiam tocar de tudo, desde jazz a rock pesado, até soul. Nosso problema era a variedade. Não podíamos ser classificados pelo som, tínhamos todos os tipos de sons. Fizemos um álbum que saiu pela Decca, mas o cara que nos agenciava era um filho da puta cheio da grana. Esse garoto queria ser o agente de uma banda de rock, então o pai conseguiu a gente. Quando as coisas ficaram pretas, ele nos abandonou. Depois de todo o negócio, tudo que consegui foi uma bateria de graça, e a Decca nos abandonou."

"Além de nossa diversidade musical, o outro problema com o Chelsea era nossa imagem. Era inexistente. Todos usavam jeans, barbas e cabelo comprido. Tocávamos em espeluncas underground, como o Village Gate, e as pessoas adoravam a música. Subíamos ao palco de camisetas e jeans, mas ninguém ligava."

"Estávamos sempre meio chapados de um pouco de vinho, ou de fumar um baseado, e só tocávamos e improvisávamos. Era tão bom! Eu estava tão pra cima. Botava muita esperança no grupo. Mas não deu certo, e, quando isso aconteceu, tive depressão. Ficava sentado dentro de casa sem fazer nada. Só ouvia o álbum dizendo: 'Não acredito que isso não estourou'. Fiquei chocado que o público não aceitasse aquele tipo de música. Não era uma merda. Larry Fallon, que fez o *Astral Weeks* de Van Morrison, produziu o arranjo de sopros e cordas. Eu estava muito feliz de finalmente estar fazendo tudo original e de tocar com músicos de verdade. Foi o maior choque da minha vida, pois achava que eu ia atingir o sucesso. Quando não deu, fiquei em estado de choque. Fiquei que nem um bebê."

Naquela época, Peter havia casado com Lydia, que o via entrar numa longa depressão sem poder fazer nada. Aos poucos, ele se lembra: "Comecei a me recuperar, tocando e compondo de novo. Então, fui para a Inglaterra procurar uma banda. Sem sucesso. O dinheiro acabou antes de encontrar alguma coisa.

A única coisa interessante de verdade que aconteceu enquanto estava lá é que eu costumava ir a um clube chamado Speakeasy e ouvia um cara chamado Elton John todas as noites. E ele era um zé-ninguém na época".

De volta a Nova York, Lydia continuava a sustentar os dois, mas os tempos eram tão difíceis que Peter se juntou a outra banda de clube que só tocava sucessos. "Foi a pior coisa. Aquela banda tinha caras com quarenta anos de idade, tocávamos quatro noites por semana em verdadeiros clubes de mafiosos. Os caras usavam ternos e acordeões e eu ia de calça de veludo, camisa rosa, lenço de seda, óculos redondos e cabelo na altura dos ombros. Eles não gostavam muito de mim. Mas eu continuava lá, embora não desse muita conta. Eu precisava do dinheiro."

Um dia, em 1972, Peter colocou um anúncio na seção de classificados grátis para músicos da *Rolling Stone*. O anúncio dizia: "Baterista, onze anos de experiência, disposto a fazer qualquer coisa". Peter se lembra que isso trouxe resultados imediatos.

"Estávamos numa festa em casa quando recebi o telefonema, e todos cheios de vinho; pego o telefone e ouço aquele 'alô' que soava tão intelectual. Era Gene, e agora a gente brinca sobre isso, mas na época eu nem sabia quem ele era. Ele disse: 'Vi seu anúncio. Me diga uma coisa: você tem boa aparência?'. E eu disse: 'Espere um instante'. Gritei para todos na festa: 'Ei, eu sou bonitão?'. E todos gritaram: 'Siiiiim'. Depois ele me perguntou se eu tinha cabelo comprido. Fiz a mesma coisa. Mais perguntas: 'Você é magro?, Quem é você?, Você canta?'. As respostas foram '63,5 kg', 'Italiano' e 'Não só canto como componho também'."

Gene, por sua vez, se lembra do que pensou daquela conversa. "Quando telefonei, disse: 'Oi, sou Gene Klein e juntei um pouco de dinheiro. Tenho um parceiro que compõe. Nós dois escrevemos as letras e cantamos. Queríamos montar a próxima superbanda'. E Paul deve ter pensado que estava num hospício. Então eu disse: 'Está interessado em se juntar a uma banda assim?'. Ele disse: 'Claro que sim'. É óbvio que eu nunca o tinha ouvido tocar. Então eu disse: 'Antes de a gente tentar musicalmente, de ver se a gente se ajusta, há outras coisas que são realmente importantes. Se não der certo, não interessa o gosto musical. Você é gordo?'. Ele estava numa festa e gritou a todos: 'Esse cara quer saber se eu sou gordo'. Todos gritaram: 'Não'. Perguntei se ele tinha bigode ou barba e, caso fosse loiro, se estava disposto a tingir. Perguntei: 'Você é feio?'. Era realmente importante para Paul e para mim que tivéssemos boa aparência."

Parece que Peter deu as respostas certas e concordou em encontrar Gene e Paul no dia seguinte, no Electric Ladyland. "Eu caprichei com a calça de cetim rosa, casaco de veludo preto e lenço", Peter relembra. "Estava vestido para matar. Fui até o Lady e lá estavam dois caras do lado de fora com camisas floridas e jeans. Como pareciam insignificantes, passei direto e entrei. Perguntei ao recepcionista: 'Será que Gene Klein e Paul Stanley estão aqui?'. E o cara me disse que eles estavam lá embaixo. Olhei pela janela e ri. "Ele me perguntou: 'Você se veste bem e tem aparência de roqueiro?'."

"Desci e me apresentei: 'Oi, sou Peter'. Gene disse: 'Está contratado'. Foi legal. Eu comentei: 'Mas você nem me viu tocar'. Ele respondeu: 'Não importa. Você tem aparência. Você é um astro'. Naquela época eu estava vestido para chamar atenção porque queria ser um astro, embora as pessoas assobiassem para mim e me chamassem de 'bicha' e apanhasse no metrô. Gene ficou muito impressionado."

Gene se lembra de duas coincidências que o fizeram sentir que a chegada de Peter "era para acontecer". "No passado, Peter tinha sido membro de uma banda chamada Lips, que é quase KISS. E Ron Johnsen, o cara que trabalhou comigo e Paul no Wicked Lester, tinha sido o engenheiro do álbum de Peter com o Chelsea. Eu realmente senti que havia alguma coisa no ar."

"Fosse o que fosse, não houve uma sintonia musical", conforme Peter se lembra. "Fizemos nosso primeiro ensaio e foi um desastre. Terrível. Eu tive que tocar a bateria de outra pessoa e nossos gostos musicais se chocaram. Eles gostavam do Zeppelin e eu dos Stones. Daí eles faziam as coisas do Zeppelin, enquanto eu estava atrás fazendo algo mais para Charlie Watts, e aquilo não estava funcionando. Então, eu disse: 'Olhe, cara, não está dando certo'. Eles concordaram. Mas insisti: 'De qualquer maneira, vamos fazer mais um ensaio. Tentar de novo'. E Gene comentou: 'Na verdade, não quero perdê-lo. Eu só quero que você não floreie tanto'. Nunca vou esquecer o que ele me disse. E respondi: 'Algum dia você vai engolir essas palavras. Eu vou fazer muito mais do que deixar de florear tanto'. E no próximo ensaio tudo foi ótimo."

A diferença, Peter enfatiza, foi o material. "Na primeira noite, a primeira música que eles me fizeram tocar era uma porcaria. Era a música mais difícil que eles conheciam, a mais técnica. Fizeram aquilo só para acabar comigo. Assim, no dia seguinte, eu disse: 'Será que vocês não têm algo mais rock? Algo do tipo Chuck Berry?'. Eles tocaram 'Strutter', e eu fiz a abertura com a bateria. Foi ótimo. Estávamos começando a nos dar bem. Então eu disse: 'Ótimo'. E nos tornamos um trio."

CAPÍTULO 5

NADA A PERDER:
O CAMINHO PARA A FAMA

Gene, Peter e Paul ensaiavam sempre que podiam, mas sabiam que estavam somente no início de uma estrada muito longa. Na época, Gene dava aulas numa escola fundamental, Paul dirigia um táxi meio período e Peter ainda tentava pagar as contas com as suas quatro noites por semana no que ele chamava de "a banda para mafiosos". "Gene e Paul apareciam nos fins de semana para nos ver e era esquisito. O cabelo deles chegava aos ombros. Uma vez, esse cara realmente assustador disse para ele: 'Quer uma bebida?'. Gene respondeu: 'Eu não bebo'. Aí o cara alertou: 'Você vai beber'. E Gene respondeu que sim. Quando o cara saiu, eu disse a Gene: 'Ainda bem que você aceitou a bebida. Poderíamos ser mortos bem ali'. Ele perguntou: 'O que você quer dizer?'. Eu respondi: 'Não seja ingênuo, cara. Olhe ao redor: casacos de marta, diamantes. O que você acha que está acontecendo por aqui?'."

Paul se lembra de ver Peter tocando nesses clubes e perceber que Peter "tinha qualidades de um astro. Parecia que a banda era dele, e ele era apenas o baterista. Era o único que chamava a atenção ao cantar as músicas de Wilson Pickett".

Os donos de clube sempre mandavam Peter tocar mais suavemente, mas uma noite, Peter se lembra: "Eu disse a mim mesmo que não ligaria mais.

E toquei com toda a força. Fui conversar com Gene e Paul e informei: 'Vocês têm um baterista em tempo integral. Acabei de ser despedido'."

Durante todo o outono de 1972, o trio ensaiou no loft que Gene e Paul tinham alugado. Gene observa: "Paul e eu tínhamos comprado um sistema de som de 1.800 dólares que naquela época era algo do outro mundo. Não importava o que fizéssemos, seríamos a banda mais barulhenta que as pessoas tinham ouvido. Tínhamos três pilhas de amplificadores Marshall".

"No início", Gene enfatiza, "parecíamos com qualquer outra banda de rock média. Mas Paul e eu percebemos cedo que tínhamos de ter uma aparência um pouco diferente. Nós radicalizamos no loft, fomos fundo e tentávamos ver o que éramos capazes de fazer com a maquiagem. Não acho que haja algo muito original no que fazemos, e creio que qualquer pessoa que diga que o que ele faz é totalmente original está exagerando da pior maneira possível."

"Antes de nós, havia Alice Cooper e David Bowie, e antes deles, os Crazy World of Arthur Brown, nos anos 1960. Na década de 1950, havia o Screamin' Jay Hawkins, que costumava sair de um caixão carregando uma caveira humana espetada num pau. As pessoas achavam aquilo muito exagerado, mas sempre tinha alguém disposto a arriscar. Depois de um tempo, o público não estava mais satisfeito com o que já havia, mas as coisas continuavam a progredir. Percebemos que, para criar nossa própria imagem, tínhamos de pegar uma coisa que já tinha sido feita antes de nós e dar um passo adiante."

Naquela época, os New York Dolls estavam à frente do cenário progressivo de Nova York. "Ainda que o KISS fosse influenciado pela dramaticidade dos Dolls", enfatiza Paul, "não queríamos fazer parte do tipo de cenário que os Dolls faziam. Havia lugar somente para um lá em cima, e não se pode ser mais Dolls que os Dolls. Sabíamos que, se seguíssemos naquela direção, seríamos comparados a eles. Além disso, eles eram aqueles caras franzinos e pequenos com roupas vistosas. Eram o máximo. Nós não nos vestíamos como aqueles caras, nem tínhamos aquele tipo de imagem. Tínhamos de encontrar nossa imagem."

O que Gene e Paul realmente admiravam nos Dolls era que "eles todos pareciam pertencer à mesma banda. Era um conceito verdadeiramente básico. Eles tocavam um tipo de música e aquilo funcionava". Como Gene observa: "No fim de 1972, estávamos ensaiando com maquiagem e parecíamos com o

Hello People [uma banda do início da década de 1970]. Usávamos maquiagem de teatro. Eu usava um traje de marinheiro e Paul usava a jaqueta com brilho da mãe dele. Não conseguíamos realmente avaliar o que estávamos fazendo, mas sabíamos que não queríamos ter a aparência de uma banda comum". "Então, numa noite", Paul se lembra, "Gene e eu fomos ver os Dolls e depois dissemos: 'Vamos eliminar a cor e ir na direção oposta'."

Naquela época, Paul acredita que ele e Gene tinham "uma ligação que era bem forte, do jeito que gostaríamos que fosse, e nos completávamos. Eu tinha uma ideia nova e Gene dizia: 'Não, não podemos fazer isso por causa disso' e vice-versa. Havia muita troca entre nós dois, especialmente no começo, quando precisávamos de direção e planejamento. Mais do que os outros, Gene e eu sempre fomos mais ligados aos negócios, mais envolvidos na estruturação da banda, até onde iríamos e como chegaríamos lá".

Outro ponto importante para o trio foi que, de acordo com Paul, "não queríamos acontecer e estourar no cenário de Nova York. Muitas bandas morriam por fazer parte do glamour de Nova York. Então, tentávamos nos afastar o mais longe possível daquilo. Todo mundo, com a exceção da gente, ficava ao redor do [legendário clube] Max's Kansas City. Eles estavam sempre ocupados parecendo astros. Mas nós estávamos nos ocupando para nos tornar astros".

"Como um trio", Paul se lembra, "praticávamos cerca de treze horas por dia, todos os dias. É verdade. Tínhamos aquele sonho de misturar dramaticidade com rock. Quando ia a Fillmore East, via aqueles caras no palco usando jeans e pensava: 'Isso está errado. Você tem de parecer estar acima do mundano, acima do terreno. Você tem de parecer com os astros'. Quando você vê o cara, deve sentir: 'Puxa, olhe só!'. Ele deve tirar você do sério. Na primeira vez em que vi David Bowie, achei que era a coisa mais fantástica do mundo."

"Gene e Paul queriam fazer a mesma coisa que eu. Foi incrível como nós três, e depois os quatro, não tínhamos nada em comum socialmente, mas todos queríamos criar um grupo em sintonia total."

Paul concorda, acrescentando: "Desde o começo, resolvemos usar maquiagem. Mesmo quando ensaiávamos no trio, Peter usava maquiagem de gato, Gene usava alguma coisa estranha e eu pintava o rosto de branco com batom e sombra. Tentávamos todo tipo de coisa".

Embora o trio praticasse religiosamente durante meses sem nem mesmo tocar num show, Paul recorda-se desses dias com carinho, "como uma das melhores lembranças. Não víamos aquilo como dificuldade. Era a estrada para a fama, quase como jogar Banco Imobiliário. Precisamos começar do princípio, e não do meio do jogo. Sempre vi os dias mais difíceis, mas que na verdade não eram tempos ruins, como algo para o qual eu olharia um dia e pensaria que seria uma coisa agradável de relembrar. Dias de curtição. Eu me lembro que Peter costumava vir ensaiar no loft com uma garrafa de vinho barato. Estava frio [a temperatura, não o vinho], e ele e eu bebíamos sherry Gallo ou vinho do Porto para ficarmos aquecidos e conseguirmos ensaiar". Paul explica que para o trio não havia feriados. "No Dia de Ação de Graças, em 1972, a mãe de Peter nos preparou uns sanduíches de peru. Essas são ótimas lembranças, e mesmo naquela época eu já sabia que seriam ótimas lembranças para os dias de hoje. Sabia que aquelas coisas eram tão importantes quanto a música. Tudo fazia parte de uma situação que não tinha preço, algo que o dinheiro não podia comprar."

Até o fim de 1972, o trio tinha vários meses de ensaio sólido como base e, como Gene observa: "Realmente tínhamos nos entregado à música. Cantávamos harmonias com três partes e era ótimo. Não queríamos tocar na frente das pessoas e que houvesse uma situação como: 'Eles são razoáveis para quem está começando'. Antes que alguém nos visse, tínhamos de ser bons. Passamos uma fria véspera de Ano-Novo no loft, ensaiando. Convidamos uns poucos amigos para ver o que estávamos fazendo. Eles não acreditaram quando viram a maquiagem e as roupas selvagens".

Em dezembro de 1972, o trio decidiu que precisava de um quarto membro para completar o grupo... um guitarrista para complementar o som. Paul se lembra de ter sido podado "num anúncio no *Village Voice* que dizia 'Grupo de rock pesado procura guitarrista com colhões e brilho', pois o *Village Voice* não publicava a palavra 'colhões'. Acredite se quiser!".

Peter se lembra de que vieram dezenas de guitarristas: "Você não ia acreditar no que apareceu naquele loft. Havia caras que conheciam somente um acorde e não tocavam nada de nada. Depois de um tempo, eu estava ficando louco". Paul continua: "Todos os tipos de esquisitões apareceram. Um deles era italiano, tinha acabado de chegar e a mulher dele era sua intérprete. Ele nem se incomodou em afinar a guitarra, já foi tirando-a da caixa e começou a tocar".

"Num determinado ponto", Gene relembra, "Bob Kulick, que [mais tarde] fez uma turnê com o Meat Loaf, seria o guitarrista. Mas ele não tinha aparência, tinha barba e era um pouco mais gordo na época. A gente falava de ele se juntar a nós um dia, quando aquele cara entrou com um pé num tênis laranja e o outro num vermelho e um bigode meio alaranjado. Ele parecia uma mistura de oriental com norueguês."

"Havia duas paredes paralelas e, enquanto passava por elas, ele meio que se desequilibrou e foi direto contra uma das paredes. Era realmente um bruto, ficava andando por lá, ignorando todos. Pensei que ele estivesse sendo daquela maneira de propósito. O cara era tão pirado, tão aéreo, voltado para o seu próprio mundo! Eu disse: 'Por favor, sente-se. Estamos conversando com este cara, espere a sua vez'. Ele respondeu: 'Ei, nossa, cara. Eu tenho...' Ouvi aquela voz saindo dele e foi um 'Puxa'. Achei que ele estava sendo um cara espertinho e disse: 'Vou chutar o seu traseiro se você não se sentar'. De novo, ele respondeu com uma voz estranha: 'Puxa, cara, eu só vim aqui tocar guitarra, você não quer rock?'."

Peter interrompe: "Achei que ele fosse louco varrido. Não conseguia acreditar no que tinha entrado pela porta. Então eu disse: 'Ou esse cara é o máximo, ou ele é louco, mas você tem de deixá-lo tocar'. Gene ficou uma fera. Eu disse: 'Espere um pouco. Deixe-o tocar'".

Gene continua: "Finalmente chegou a vez dele e eu me lembro até hoje. Eu lhe disse: 'É melhor tocar bem ou vou te dar um pé na bunda'. Alguma coisa do tipo, ou 'Vai sair com o rabo entre as pernas'".

"Eu disse: 'Ouça as primeiras duas linhas e os primeiros dois refrões. Quando o solo começar, será a parte do refrão, então veja como as mudanças acontecem. Assim, quando o solo começar, você vai saber exatamente onde está'. Quando o solo começou, ele só gemeu. Foi maravilhoso, combinava, tudo fazia sentido. E ele era bem alto."

"Ao fim da música, fui conversar com ele. Apertei sua mão e disse: 'Desculpe alguma coisa. Seja exatamente da maneira que você é. Mas a primeira coisa que você deve fazer é raspar esse bigode'. Era daquele tipo que crescia só em alguns lugares. Ele disse: 'O quê? É a coisa mais bonita. As garotas adoram!'. Mesmo assim, ele raspou o bigode."

Peter não se incomodou com o bigode do cara. "Quando ele ligava e tocava a guitarra, era maravilhoso." Ele era Ace, um ás.

CAPÍTULO 6

DA TERRA PARA O PLANETA JENDELL:
O SPACE ACE

Para a família, ele é Paul. Para os fãs, o Space Ace ("Ás do Espaço"). Para Gene Simmons, "Marshmallow". Para Peter Criss, "o Dean Martin do grupo". Paul Stanley acha que "Ace é brilhante, muito mais esperto do que se deixa mostrar. Por trás de sua imagem, há uma pessoa boa, sensível e atenciosa".

Paul Daniel Frehley, o último homem a se juntar ao KISS, é um cidadão de Nova York com uma herança interessante. "Meu pai descende de colonizadores alemães na Pensilvânia, e minha mãe era uma garota de fazenda da Carolina do Norte. Ela é de origem alemã e indígena. A mãe dela era uma índia Cherokee de puro-sangue. Eu sou um quarto indígena."

Nascido em 27 de abril de 1951, filho de Carl e Esther Frehley, Ace é o mais novo dos três filhos e tem orgulho de dizer que a irmã, Nancy, "conseguiu o mestrado em Química e era professora antes de se casar. Meu irmão, Charles, se formou em décimo lugar na sua classe, na Universidade de Nova York. Eu era a ovelha negra da família". Ace cresceu na área de Mosholu Parkway do Bronx. "Meu pai é engenheiro elétrico e minha mãe é dona de casa." Assim como Paul, antes de Ace se interessar pela música, a arte era sua paixão número 1. "Comecei a desenhar antes mesmo de ir para a escola. Meu pai costumava trazer grandes caixas com papel para casa e eu desenhava por horas."

Até a nona série, Ace era uma estrela do atletismo, embora, modestamente, ele diga: "Não havia tanta competição na escola paroquial que frequentei. Eu era a criança mais rápida na escola, ganhei todas as corridas e medalhas em atletismo. Eu era o capitão do time de basquete na oitava série. No time de softbol, joguei como *shortstop*[4]. Estava sempre na posição mais difícil", Ace enfatiza; e então, brincando, ele acrescenta: "Eu era uma estrela".

Essa é parte da personalidade de Ace cuja análise séria é quase impossível; ele se recusa a permanecer sério na maior parte do tempo, especialmente quando fala sobre si mesmo. Mesmo quando reproduz a história pessoal, faz um monte de piadas e gozações a seu próprio respeito. Mas, apesar de tudo, o orgulho pelas suas realizações transparece, especialmente quando fala de sua música.

Ao se lembrar de como era determinado, Ace conta que abandonou sua carreira no atletismo quando começou a interferir na guitarra: "Muitas vezes, jogando basquete, deslocava um dedo ao pegar um passe e ficava sem poder tocar guitarra durante alguns dias. Eu também joguei futebol americano durante um ano, mas uma vez levei um golpe tão duro que dei uma cambalhota completa no ar e caí no chão. Então, disse a mim mesmo: 'Isto é uma merda. Minhas mãos são muito importantes. A guitarra vem em primeiro lugar'".

A preocupação de Ace com a música começou de maneira bem natural, em casa. "Sempre havia música em casa; eu era rodeado de música. Todos na família tocam piano, menos eu. Meu pai é um pianista excelente e meu irmão é violonista clássico."

"Meu irmão começou a tocar violão quando eu tinha aproximadamente doze ou treze anos. Eu ficava brincando com ele, mas o violão não me animava. Um amigo meu tinha uma guitarra e ele me deixava tocar na casa dele. No Natal de 1964, meus pais me deram uma guitarra e comecei a praticar. A primeira

---

[4] Posição entre a segunda e a terceira base, considerada a mais movimentada das posições defensivas, já que a bola vai mais para o *shortstop* do que para os outros. (N. T.)

música que aprendi foi [o sucesso número 1 dos Herman's Hermits em 1965] 'Mrs. Brown You've Got a Lovely Daughter'."

A música, o foco central da sua adolescência, salvou muitas vidas no seu bairro, Ace explica: "Nunca fui um sujeito agressivo; sempre me dei bem com todos. Mas, dentro da realidade da situação na qual vivi, ou você era um estudante ou pertencia a uma gangue, era um playboyzinho. E percebi que os playboyzinhos ficavam com todas as garotas. Sair por aí junto com um bando de irresponsáveis era um estilo de vida muito mais atraente para mim".

"Com a idade, começamos a fazer coisas mais loucas e começam a se tornar bem mais pesadas. A música me levou para longe daquela cena. Em vez de ficar à toa na frente da confeitaria da esquina, procurando problemas, eu ensaiava com minha banda. Isso me salvou. Dos amigos dessa época, alguns levam uma vida mais regrada, mas muitos estão mortos agora. Pessoas loucas. Não fosse a música, haveria uma grande chance de eu ter me dado mal."

Uma vez Ace resumiu sua juventude de maneira simplista, embora levemente exagerada: "Todo mundo com quem cresci ou está morto ou na prisão". O lugar onde a família de Ace vivia não era tão ruim quanto o bairro de Peter, mas não era fácil. Ele tinha de resistir a todo tipo de pressão dos colegas, e Ace conseguiu evitar grande parte dela por causa da música. "Onde cresci, todo mundo da minha idade experimentou drogas. Eu nunca entrei fundo nesse tipo de coisa. Todo mundo experimentou maconha e estimulantes, mas me afastei dessas coisas porque pensei que inibiria minha criatividade. Desde o momento em que comecei a tocar, tudo o que eu pensava era na minha carreira."

Uma carreira no rock tornou-se seu maior desejo aos dezesseis anos. "Nunca me esquecerei do primeiro concerto ao vivo ao qual fui. Era uma apresentação de um DJ de Nova York, Murray the K, no teatro RKO, em Manhattan. Mitch Ryder era a atração principal. O The Who e o Cream abriram o show. Eu fiquei louco. O The Who realmente me inspirou no rock mais teatral. Quando os vi, fiquei muito impressionado. Eu nunca tinha visto nada igual. Foi um momento decisivo."

"Depois do concerto, decidi que queria ser um músico profissional de rock, e nada me impediria. Aquele espetáculo foi responsável por minha vontade de fazer rock. Eu não me preocupava com o que as pessoas diziam. Quando decido fazer alguma coisa, normalmente consigo. É gratificante saber que você pode estabelecer uma meta e consegue alcançá-la, especialmente quando é uma meta muito difícil."

"Meus pais sempre diziam que, desde que havia começado a tocar guitarra seriamente, eu dizia que seria um astro do rock. Sei que vou conseguir. Eu costumava olhar para os caras nas capas dos álbuns e dizia para mim mesmo que algum dia eu chegaria lá. Meus pais sempre disseram que a competição era muito forte e que eu nunca conseguiria. Mas persisti e agora eles me respeitam por não ter desistido."

Ace sempre teve uma banda, desde 1965, embora: "em algumas das primeiras, tive até de mostrar para o baixista como tocar, porque ele não tinha a mínima noção. Minha primeira banda se chamava The Exterminators. Nosso repertório era muito restrito. Tocávamos 'Wipe Out' [do Surfaris], duas músicas dos Beatles, além de algumas outras. Um repertório muito limitado", Ace ri, "mas minha habilidade também era muito limitada naquela ocasião".

Como qualquer adolescente, os ídolos de Ace eram músicos de rock. Pessoas como Jimi Hendrix, Pete Townshend, Eric Clapton e Jimmy Page. "Esses guitarristas ingleses eram todos demais. Jeff Beck [brincando], Ed McMahon. Pete era um dos meus maiores ídolos. Várias vezes, eu era o único guitarrista no grupo e tinha que tocar muitos acordes para preencher o som, e Pete fazia isso no The Who."

No final da adolescência, Ace começou a ganhar dinheiro tocando músicas com o seu grupo. "Eu tive muitos grupos – o Magic People, King Kong, Cathedral. Meus grupos sempre tocaram muito material do The Who, do Cream e de Hendrix. Na realidade, alguns lugares não nos contratavam porque não tocávamos muito as músicas que estavam no Top 40."

"Quando fiquei mais velho, nós nos apresentávamos muito em bares e clubes. Havia um lugar chamado Stumble Inn, em Port Chester, Nova York. [Brincando.] Era um lugar minúsculo. Nós descíamos até o porão e roubávamos cerveja. Era um lugar divertido."

Uma história que Ace gosta de contar é a origem do seu apelido: "Sempre tive muitas namoradas. Quando eu tinha uma banda chamada King Kong, um trio poderoso como o Cream, estava acostumado a arrumar garotas para o baterista. Quando ficava com alguma, diziam: 'Puxa. Você é realmente um Ás (Ace)'. Assim começaram a me chamar de Ace o tempo todo. E aquilo pegou. Quando me uni ao KISS, já havia um Paul no grupo, e toda vez que alguém dizia 'Ei, Paul', ambos virávamos. Assim, eu disse: 'Por que vocês não me chamam pelo meu apelido? É Ace'. Foi a imprensa que adicionou 'Space' ao 'Ace'".

Na escola secundária, um dos seus grupos era o "Cathedral, que tinha o Larry Kelly como vocalista, um cara de nome Gene no baixo e Chris Camiolo na bateria". Ace acrescenta isto à parte: "Chris é agora um policial da Segurança do Porto, no aeroporto de La Guardia, e a última vez que pousamos lá com o KISS, ele fez com que as limusines nos aguardassem na pista. Larry foi meu parceiro numa música do meu álbum solo".

"De qualquer maneira, uma vez o Cathedral tocou num baile de colegial em um grande auditório e havia aproximadamente mil pessoas lá. Para mim, naquele momento da vida, era como tocar no Madison Square Garden. E tive o estranho sentimento de que faria aquilo pelo resto da vida, que eu seria bom e seria muito importante. Então minha banda começou a trabalhar todos os fins de semana e eu larguei a escola."

Ace nunca tinha sido um aluno entusiasmado. "Eu gostava de Ciências e com a Matemática ia tudo bem, mas não gostava de Inglês ou História. Eu fazia dobradinha em Artes. Sempre assistia a duas aulas e sempre fui o queridinho dos professores por ser o melhor artista na escola. Eles me davam falsas presenças quando cabulava as outras aulas, para eu não repetir. Os professores de Artes normalmente são os mais legais da escola."

"Acho que sou um sujeito muito inteligente, mas era um estudante regular. Eu me lembro de quando trouxe para casa meu boletim escolar do último ano do colegial e meu pai me disse: 'Por que você não é como sua irmã, que sempre consegue notas boas?'. Eu disse: 'Pai, não é que eu não seja capaz de tirar notas altas o tempo todo. É que tudo é muito chato. Eu quero tocar música, desenhar, sair com os amigos e ir para as baladas'."

"Ele não acreditou que eu pudesse conseguir boas notas, então eu disse: 'Vou provar isso a você'. Durante um semestre, consegui só notas 9. Minha média era por volta de 9,5. Falei: 'Viu, pai?'. Ele respondeu: 'Por que você não faz isso o tempo todo?'. Mas não era o meu jeito."

BANDA MAGIC PEOPLE, STONE FOX, NOVA JERSEY, 23 DE NOVEMBRO DE 1968. DA ESQUERDA PARA A DIREITA: LARRY KELLY, VOCAL, TOM STELLA, BAIXO, CHRIS CAMIOLO, BATERIA, ACE FREHLEY, GUITARRA
(cortesia de Chris Camiolo)

BANDA MAGIC PEOPLE, STONE FOX, NOVA JERSEY, 23 DE NOVEMBRO DE 1968. ACE FREHLEY, GUITARRA, CHRIS CAMIOLO, BATERIA
(cortesia de Chris Camiolo)

"Frequentei três escolas diferentes. Primeiro, fui para uma escola luterana por um ano, mas eu era muito rebelde, então me expulsaram. Depois, fui para a De Witt Clinton, uma escola grande para meninos, no Bronx. Era um lugar progressista, mas fui um dos primeiros caras a usar cabelo comprido. Havia eu e outro cara, e eles me suspenderam tantas vezes até finalmente me transferirem porque me recusei a cortar o cabelo."

"Fui parar no colegial Theodore Roosevelt e fiquei lá um ano e meio. As coisas correram bem durante algum tempo. Eu assistia a aulas de Artes em dobro e pintava muito. Gastava bastante do meu tempo com o diretor do Departamento de Arte. Mas fiquei entediado com a escola e desisti no último ano. Quis dedicar mais tempo ao grupo em que tocava. Quando aquele grupo se separou, senti que era o momento certo para voltar para a escola. Na ocasião, eu estava saindo com a Jeanette Trerotola [que mais tarde seria sua esposa] e ela queria que eu tivesse um diploma, porque se preocupava comigo. Meus pais queriam que eu me formasse também. Eu sabia que, se um dia decidisse ir para a faculdade, precisaria de um diploma. Também avaliei meus créditos e vi que levaria só cerca de seis meses, então voltei."

"Depois de me formar, trabalhei durante algum tempo como carteiro, designado para a estação do Times Square, bem na frente do terminal de ônibus do Port Authorities, onde todos os esquisitos ficavam. Eu usava um boné e bolsas e andava por ali para entregar as correspondências. Fiquei aproximadamente seis meses, que era o tempo médio que eu me mantinha empregado. Entreguei mobília no Bronx, trabalhei como mensageiro e como entregador em uma loja de bebidas. Também dirigia um táxi meio período quando o KISS começou. Dirigia durante o dia e, à noite, eu tocava."

Sem perspectivas, pouco disposto a se conformar com o trabalho servil ou a ir para a faculdade, mas incapaz de achar uma banda de que gostasse, Ace sentiu que "estava no ponto mais instável da minha vida, quando o panfleto [para a Guerra do Vietnã] veio. Isso foi em 1970. Eu me lembro que tive de ir para o forte Hamilton, fazer testes físicos, e naquela época eu era realmente louco. Quando cheguei lá, tinha caras vestidos como garotas e tentando todo tipo de coisa para não servir. Eu conversei com um psiquiatra do exército por aproximadamente meia hora e eles finalmente me deram uma 1-Y, uma classificação que significava ser muito improvável que eu fosse convocado".

Livre das obrigações militares, Ace passou "o começo dos anos de 1970 pulando de banda em banda. Eu estava sempre procurando um grupo que tivesse tudo, mas era difícil achar as pessoas certas. Sempre quis um grupo no qual todo mundo fosse bonito, tivesse cabelo longo e a mesma atitude. Mas você sempre termina como um cara que carrega o grupo nas costas. É muito difícil encontrar quatro ou cinco pessoas e fazer o grupo acontecer".

"Seis meses antes de me juntar ao KISS, eu me lembro de estar sentado com Jeanette no carro dela, enquanto bebia cerveja. Ela tinha que me levar aos lugares porque eu não tinha carro. Ela perguntou: 'Como você pode fazer isto?'. Respondi: 'Eu sei que vou ser um astro de rock, um milionário'. Então ela disse: 'Você é louco'. Mesmo agora, ela não acredita quando lhe digo que somos milionários."

"Eu era o perdedor, a ovelha negra da família, até me juntar ao KISS. Agora, eu sou o grande vencedor. Mas antes, em 1972, não tinha nada de nada. Eu tinha tocado com muitas bandas, mas elas nunca chegaram a qualquer lugar. Também me apresentei em Catskill Mountains, em um salão, tocando música de bar e usando smoking." E, então, Paul Frehley viu o anúncio que mudou o seu nome e a sua vida.

"Na época, eu tinha acabado de sair de uma banda e estava no limbo. Estava à procura de outro grupo, por isso respondi ao anúncio. E eu me lembro como se fosse hoje quando vi que aquele grupo procurava um guitarrista, porque tive frio na barriga e sabia que seria especial."

"Quando falei com eles por telefone, me perguntaram como era minha aparência. Sou magro agora, mas naquele tempo eu era quinze quilos mais leve. Eu era bem magro, aproximadamente 1,85 metro, setenta quilos. Eles disseram: 'Com quem você se parece?' e respondi que pareço um pouquinho com Keith Richards, por causa do corte de cabelo daquela época."

Ace foi convidado para um teste no estúdio, mas estava com um problema financeiro. "Não tinha muito dinheiro na época. Não podia levar meu equipamento no metrô e certamente não podia bancar um táxi. Assim, tive de convencer minha mãe a me levar para lá com o amplificador. Eu me lembro de ter dito a ela: 'Mãe, você tem de me dar carona. Realmente sinto que há algo especial'. Eu sentia uma vibração estranha."

"Sempre me vesti muito bem. Sou o tipo de cara que, quando gosto do estilo, compro a mesma coisa em cores diferentes. Eu entrava em uma loja de sapatos e, se achasse algum de que gostasse, comprava quatro pares – um laranja, um verde, um amarelo e um branco. Sempre quis ser diferente e essa é uma das razões do meu sucesso. Não era uma criança comum do Bronx. Eu me vestia de maneira mais rebelde do que a maioria das pessoas do meu bairro." Ace se considera um precursor de estilos. "Fui o primeiro dos meus amigos a comprar boca de sino. Todos eles riram, mas seis meses depois todos estavam usando. Eu era esse tipo de pessoa e sempre serei."

"Eu tinha comprado um tênis vermelho e outro laranja e usei um pé de cada no teste. Não me lembro se fiz aquilo por ser engraçado ou se não prestei atenção quando fui colocá-los, mas achei que ficaram bonitos juntos. Gene e Paul não acharam. Na realidade, eles acharam que era bem idiota."

"De qualquer maneira, quando cheguei ao estúdio, o que eles fizeram foi bem simples. Disseram: 'Vamos tocar uma música para você. Ouça uma vez e então junte-se a nós'. Eles tocaram 'Deuce', e me apaixonei. Eu disse: 'Puxa. Ela é ótima'. Levantei-me e toquei junto. A canção estava em lá, e eu simplesmente solei a música inteira. Todos sorriram. Nós tocamos mais algumas músicas e então eles disseram: 'Gostamos muito do modo como você toca. Depois a gente te liga'."

"Eu queria muito estar na banda. Queria que eles me chamassem desde o momento em que entrei no estúdio. Eu me lembro da volta para casa depois do teste, entrei em casa e falei para meus pais: 'Acho que encontrei uma banda boa. Eu acho que é ela'. Tive um pressentimento de que essa seria a chance que tanto havia esperado. E era."

"Duas semanas depois, me chamaram novamente. Eles levaram as namoradas. Acredito que eles queriam ter um retorno, saber se eu tinha as qualidades certas. Acho que tinha, porque aquele foi o momento em que estreitamos nossos laços, por assim dizer." Finalmente, Gene, Paul, Peter e Ace tinham o que todos eles procuravam: um grupo perfeitamente equilibrado. Eles pareciam um grupo de verdade, eles tocavam bem juntos e todos estavam dispostos a fazer qualquer coisa para dar certo. Eles tinham até um planejamento. Agora, eles só precisavam de um nome.

CAPÍTULO 7

O PRIMEIRO KISS:
ROCK PESADO

Com a vinda de Ace, o grupo que ainda não tinha nome se tornou um quarteto... quatro músicos jovens comprometidos em criar um tipo diferente de sensação musical.

Em meados de janeiro de 1973, já tinham decidido que usariam maquiagem e que a imagem do grupo seria sombria, emocionante e maior que a vida. Para criar o aspecto desejado, confeccionaram roupas pretas e prateadas. Os detalhes do show no palco ainda não tinham sido desenvolvidos, mas as primeiras peças começavam a se encaixar.

"Paul dirigia seu Mustang e eu estava no assento de trás", Gene recorda, "e Peter sentou-se na frente, porque tenho um medo mortal de carros. Ace não estava lá. Tentávamos pensar em um nome, e Paul, brincando, disse: 'Que tal Crimson Harpoon?'[5]. Começamos a rir e então ele disse: 'Que tal KISS?'. E ninguém riu. Caiu bem."

"Na semana em que decidimos nos chamar de KISS, fui para casa e fiz um broche", Ace se lembra. "Criei um logotipo para ele, e a única diferença

---

5 Arpão Vermelho. (N. T.)

entre esse broche e o logotipo como é hoje é que tinha um pingo no 'i' no formato de diamante. Apesar do que dizem, eu não estava pensando no SS nazista quando criei o logo. Minha ideia eram os raios de relâmpagos. De fato, minhas primeiras botas tinham desenhos de raios embaixo, na lateral."

As roupas naquela época eram muito primitivas, de acordo com Paul. "Nossos adereços eram predominantemente pretos e usei saltos altos de verdade, calças justas de Lurex, meias pretas até o joelho e uma camiseta preta com os dizeres 'KISS'. A roupa custou aproximadamente 45 dólares."

"Eu mesmo fiz a calça porque não dispunha de recursos para comprá-la. Então, como alternativa, comprei um pouco de Lurex, e minha mãe perguntou: 'O que você está fazendo?' e eu disse que iria costurar uma calça. Ela continuou: 'Você não vai conseguir fazer uma calça'. Respondi que eu ia fazer. 'Não consegue' é algo errado para me dizer. Eu desmontei minha calça jeans predileta para usar como molde e minha mãe me mostrou como trabalhar na máquina de costura. Meu pai disse: 'Eu realmente admiro sua força de vontade. Vou comprar a calça para você'. Naquele momento, eu não ia comprar a calça de jeito nenhum."

"Assim, fiz tudo, com exceção do zíper. Minha mãe disse: 'Você fez um ótimo trabalho, mas não vai conseguir colocar o zíper dentro'. Mas consegui. E a calça ficou perfeita, justa, quase como uma calça fuseau. Quando Gene viu, ele gostou e lhe costurei uma outra. Para ser franco, não me dediquei tanto na calça dele como na minha. Acho que só queria provar para mim mesmo que era capaz. E, ainda na primeira turnê, mesmo depois de termos mandado fazer as roupas, Gene ainda levava a calça na mala em caso de necessidade. Durante anos, se você olhasse na mala de Gene, lá estava a calça. A minha era tão justa que, numa noite quando estávamos no palco, ela se abriu bem no cavalo. Eu fui a atração principal daquela noite."

A primeira apresentação do KISS foi marcada para um lugar chamado Popcorn. Gene recorda: "Nós começamos entregando uns pequenos folhetos. 'Venha ver o KISS no dia 30 de janeiro.' Também havia uma foto nossa, na qual parecíamos com os Sons of the Dolls. Um dos amigos de Peter ampliou o folheto em um painel de um metro e meio. Queríamos colocá-lo na janela do Popcorn, mas eu disse a Ace: 'Não podemos fazer isso. Ninguém saberia do que se trata. Vão pensar que é um show de drags. Coloque somente o nome do grupo e faça uma coisa de bom gosto'. Foi o que Ace fez, e assim criou nosso logotipo".

Quando o dia 30 de janeiro chegou, o Popcorn, situado na esquina a nordeste da rua Queens Boulevard e da rua 47, tinha mudado seu nome para Coventry. "Desnecessário dizer", Gene admite, "que não havia ninguém lá".

Aquele primeiro show, entretanto, provou que aquele KISS era uma banda nova, com uma verdadeira pegada de rock'n'roll. "Não havia nenhum compromisso", Gene enfatiza. "Nosso repertório era de cerca de quinze músicas, todas originais. Essas músicas entraram nos dois primeiros álbuns do KISS, com uma exceção digna de nota. 'Life in the Woods' foi uma bomba inesquecível, escrita por Paul."

Life in the woods would be easy
Make a house of flowers and trees
Keepin' in tune with the city
Singing along with the breeze

A vida no campo seria fácil
Fazer uma casa com flores e árvores
Mantendo harmonia com a cidade
Cantando com a brisa

Gene sugere secamente que "aquela estrofe obviamente não emplacaria".

"No nosso show ninguém falou nada", Gene se lembra. "Somente pá-pá-pá, música-música-música e saímos do palco. Não tínhamos nenhum efeito na ocasião. Só fizemos bastante um tipo de *ménage à trois*. Eu colocava uma perna para fora, Ace (que mal sabia das mudanças) se enroscava em volta da minha perna e Paul ficava por atrás de Ace e todos nos movíamos pelo palco, para a frente e para trás." E se lembra: "Isso foi naquela época em que ninguém se mexia, exceto Alice Cooper. Todas as bandas de rock ficavam paradas".

O primeiro efeito especial desenvolvido pelo KISS foi uma piada, basicamente emprestada do Harlem Globetrotters. Gene conta: "Quando fizemos a canção 'Firehouse', Paul tinha um balde cheio de confetes no qual estava escrito 'Água, em caso de fogo'. E, no final da música, ele pegou o balde e jogou na plateia, e todo mundo gritou: 'Óooooh'. Mas não tinha nenhuma labareda ou qualquer pirotecnia. Só muito movimento, muitos saltos para cima e para baixo. Afinávamos os instrumentos fora do palco, caminhávamos pela multidão com aqueles sapatos de salto alto, subíamos direto para o palco e tocávamos".

"Acho que parecíamos uns dinossauros", Gene relembra. "Em 1973, todos já tinham deixado de usar sapatos de salto alto. Mas ainda tínhamos aquelas botas de quinze centímetros com tachas. Parecia uma coisa meio sadomasoquista, e você não faz ideia de como aquelas tachas eram; eram as coisas mais estranhas que já se viram. Davam a impressão de pesar uma tonelada. Mas o próprio show estava bem à frente. Bem primitivo, bem curto, rock'n'roll bom de verdade."

De acordo com Gene, "naquela noite no Coventry, pintei minha cara de branco, coloquei meu cabelo para cima, um tipo parecido com morcego, mas nenhum batom preto. Eu tive essa ideia. Paul passou blush e só. Ace teve a sua ideia também, mas nada de cara branca. E Peter só passou blush nas bochechas e batom vermelho".

Ace, o membro mais novo do grupo, não fez caso com a maquiagem. "Não me incomodou em nada. Eu sempre faço coisas rebeldes. Na primeira noite, pintei minha cara de prateado. Na segunda noite, pensei: 'Coisa sem graça. Tenho que inventar alguma coisa mais criativa'. Comecei a pintar estrelas nos meus olhos."

Paul se lembra de "brincar com todos os tipos diferentes de desenhos. A maquiagem era basicamente sempre a mesma, mas o que estava em meu olho continuou mudando. Ace pensou nas estrelas e deu certo, pois, quando era criança, adorava desenhar estrelas."

O KISS tocou no Coventry durante três noites e, como se lembra Gene, "as únicas pessoas que apareceram eram a esposa de Peter, Lydia, e Jan Walsh, minha namorada na ocasião. Jan sempre nos deu muito apoio. Ela tinha carro e sempre nos dava uma mão. Nunca houve uma relação de exclusividade entre nós. Sempre havia muitas garotas bonitas ao meu redor, assim ficava com quem eu quisesse. Mas, quando era para sair na sexta-feira ou no sábado à noite, Jan era a garota. Ela tinha uma aparência caprichada, sabia se vestir e tudo mais".

Depois dos shows malsucedidos no Coventry, o KISS voltou ao estúdio para três semanas de ensaios a fim de tentar, nas palavras de Gene, "entender o que deu errado". Durante aquele período, Gene pagava "as contas, porque era o único que tinha emprego. Paul e eu dividíamos o aluguel do estúdio, mas eu pagava o resto. Desde o princípio, eu registrava o que cada pessoa me devia. Peter – sete dólares e meio. Ace – catorze dólares".

Ace recorda as dificuldades financeiras daquele tempo. "Eu vivia duro antes de entrar no KISS e continuei sem dinheiro depois de entrar no KISS. Numa determinada época, Gene era o único sujeito que trabalhava e tinha de lhe pedir emprestado o dinheiro para o bilhete de metrô, para poder chegar em casa. Eu não tinha emprego e minha mãe dizia: 'Filho, você não pode continuar pedindo dinheiro para beber cerveja com seus amigos'. Assim, eu comecei a trabalhar meio período dirigindo um táxi."

Para Gene, "houve situações surpreendentes quando, às vezes, emprestava tanto dinheiro para todo mundo que só ficava com aproximadamente cinquenta centavos, o bastante para comprar uma rosquinha, uma xícara de café e ir trabalhar no outro dia".

Ao longo do início da década de 1970, até na semana antes de o KISS realizar sua primeira turnê, Gene se manteve em vários empregos, desde diretor-assistente do Conselho Interagências de Porto Rico até o faz-tudo da revista *Vogue*. Gene conta: "O negócio era o seguinte, se a banda não desse certo, eu sempre teria dinheiro para me virar. Eu trabalhava durante o dia, ensaiava à noite e morava no estúdio. Deixava minha cama e uma televisão por lá".

Talvez, mais do que qualquer outra coisa, tenha sido a ambição de Gene que tenha alavancado o sucesso do KISS até o topo. "Na maioria das vezes, se não me preocupasse, não haveria uma banda, mas eu estava determinado a nos manter unidos. Eu queria ser um milionário antes de chegar aos trinta anos. Mas tinha de ter certeza de que havia alternativas. Depois que me formei no Richmond College, em 1972, me tornei um aprendiz de professor de sexta série em uma escola pública bem progressista. Só fiquei lá seis meses; entendi que me tornara um professor porque queria ficar lá na frente para as pessoas me olharem. Não fiquei muito tempo nas salas de aula porque trinta pessoas não representavam uma grande plateia. Eu queria 40 mil. Além disso, essas crianças eram uns demônios, e eu estava a ponto de matá-las."

Paul se lembra de que, antes de 1973, "meus pais estavam muito preocupados. Eles queriam que eu deixasse a casa, ou os ajudasse financeiramente. Eu comia como gente grande, ocupava espaço, precisava de roupas e outras coisas, e ainda não contribuía com dinheiro. Assim, havia muita pressão sobre mim. Mas não ia me mudar até estar pronto. Era como se eles estivessem tentando me expulsar do ninho, e me sentia desconfortável. Foi um choque para mim. De repente, meus pais me diziam que eu era um menino grande. Assim, comecei a dirigir um táxi por meio período, aleguei necessidade e então eles me mantiveram lá. Eles sempre estavam comigo. Eu só deixei a casa depois do primeiro álbum do KISS".

Lew Linet, que foi o empresário do Wicked Lester, tornou-se o agente do KISS também, mas, de acordo com Paul, "ele nos odiava. Ele achava que tocávamos muito alto e não entendia por que queríamos nos vestir de modo tão louco. Ele queria que nos parecêssemos com os Beatles". Mesmo assim, Linet era tudo o que KISS tinha e era seu encargo arrumar trabalho para o grupo. Incapaz de promover a banda na cidade de Nova York, Linet achou um trabalho para o KISS tocar em um clube pequeno chamado The Daisy, situado em Amityville, na costa sul de Long Island.

Paul descreve a cena: "Era um lugar minúsculo. Na verdade, era uma loja. Tinha uma mesa de bilhar, um bar e um palco minúsculo. Para levar nossa imagem, montamos nosso equipamento no palco para nos fazer parecer grandes. Usamos muitos amplificadores de faz de conta, só as caixas, sem os alto-falantes. Pedimos para o cara da iluminação não focar diretamente nos amplificadores porque eles incidiriam diretamente através deles".

"Quando subimos no palco, pensamos que as pessoas iam nos matar por causa da nossa aparência ou se soubessem que aquela era uma das nossas primeiras apresentações. Assim, decidimos pegar o touro pelos chifres e dissemos que o motivo de não termos tocado ali antes é porque estávamos muito ocupados tocando em Nova York." O show realmente não funcionou; Gene conta: "Naquela noite havia cerca de oitenta pessoas. Quando subimos no palco e começamos a tocar, todo mundo ficou atordoado. Eles pararam de beber, o que deixou o dono do clube realmente bravo. Quando fizemos a passagem do som, éramos bem normais, caras cabeludos fazendo rock'n'roll barulhento. Assim, Sid [Benjamim], que era o dono do The Daisy, não se deu conta do que estávamos prestes a liberar".

Gene continua a história: "Naquele momento, a esposa de Peter, Lydia, a irmãzinha dele, Paul e a mãe de Paul tinham reunido os acessórios pretos e prateados. Eu usava uma camiseta com um crânio e ossos cruzados. E, quando aparecemos para o show maquiados, apavoramos todo mundo. Ninguém sabia o que era tudo aquilo. E tocávamos alto, mas muito alto mesmo".

O KISS tinha sido agendado para o fim de semana no The Daisy, mas parecia que a sexta-feira seria a primeira e a última noite. Segundo Gene: "Sid ficou muito furioso. Ele gritava: 'Esses caras nunca mais vão voltar aqui. Olhem para o meu bar. Todos pararam de beber'. Claro que aquela era a principal preocupação dele. O rock'n'roll deveria deixar todos com sede. Na realidade, no meio de 'Life in the Woods', Peter começou com uma batida repetitiva na bateria, enquanto Paul e eu nos juntamos à plateia, tomamos as bebidas das mãos das pessoas, colocamos as bebidas na mesa e forçamos as pessoas a aplaudir. Sid não podia acreditar. 'O que vocês estão fazendo?', ele gritou, 'Meus clientes não estão bebendo'".

"Na outra noite, havia 150 pessoas lá. Nós dobramos o público de Sid em uma noite. E ele disse: 'Caras, vocês são a melhor banda que eu vi'. Voltamos lá por dois fins de semana seguidos em março, e o lugar estava lotado todas as noites. Todos queriam ver aquela nova banda."

"Claro que demos uma mãozinha para tanto. Usávamos o escritório de Sid como vestiário e sempre havia pessoas que ligavam para perguntar: 'Quem vai tocar hoje à noite?'. E respondíamos: 'A banda mais surpreendente que existe! Somente uma noite! Hoje à noite! Recém-chegados de uma turnê pelo país! O KISS! Sim, uma banda tão surpreendente que você não conseguirá mais viver sem ela!'; ou eu dizia: 'Sacrifícios ao vivo no palco', ou qualquer coisa. E as pessoas vinham. Nós criamos nossos seguidores."

"Na verdade, havia um casal cinquentão. O sujeito era careca, mas isso não os impedia, nem ele nem sua esposa, de se levantar e dançar. Todos estavam fascinados por nós e era somente a terceira apresentação que fazíamos."

Em dezembro, o KISS voltou ao Coventry para um evento de fim de semana. A atração principal era o Isis, que, Gene recorda, "era uma banda de lésbicas; então elas quiseram provar que eram fortes. Tivemos uma grande briga escada abaixo. O Isis tinha acabado de assinar com Neil Bogart e a gravadora Buddah".

Foi nesse período que o KISS e Lew Linet se separaram. Paul explica que, desde o começo, "Lew queria que baixássemos o volume. Ele ia aos ensaios e dizia: 'Se vocês não baixarem o som, eu caio fora'. Era óbvio que ele não era a pessoa certa para nós, mas nos separamos em condições amigáveis".

Um dos motivos que desapontavam o KISS era que, quando tocavam em lugares como o The Daisy, depois de descontadas a parte do empresário e as despesas, o salário chegava a ser somente de cinco dólares por pessoa. Apesar do engano com Linet, o KISS não cometeu nenhum deslize significativo durante sua ascensão ao topo. Paul reforça que "se havia lições para ser aprendidas com os erros das outras bandas, tentávamos aprendê-las". Paul sentia que o KISS tinha, no final das contas, sucesso porque "nos dedicávamos 25 horas por dia ao grupo. E era para ser. Acho que é importante que as pessoas saibam que o que faz o sucesso é o esforço e o tempo que você gasta. Nada vem de graça. Não existe sorte. É crer em você e realmente dar tudo de si mesmo. Desde o tempo em que o grupo se tornou um quarteto, havia algo muito especial no que fazíamos. Tudo era bem mágico. Não era algo que poderia ser criado artificialmente ou ser comprado. Já estava presente lá".

Entretanto, a magia era algo que, com poucas exceções, ainda não tinha contagiado a plateia. Isso não abalou a convicção do grupo no que fazia. Assim, quando Lew Linet não compartilhou dessa visão, eles não mudaram. Lew foi quem deixou o grupo.

O KISS decidiu que o único modo de aparecer era continuar tentando, e eles tentaram tudo o que se pode imaginar. Provavelmente a diferença maior entre o KISS e todos os outros grupos no mundo era o esforço de se autopromoverem. Enquanto o KISS ensaiava de noite, Gene vendia a banda de dia.

Gene explica: "Eu estava trabalhando na *Vogue* (como assistente do editor) e tinha acesso à sala de correspondências, ao departamento de arte e às máquinas de xerox. Tiramos algumas fotos, escrevemos uma pequena biografia, e fiz uma mala direta. Montei uma lista de todas as gravadoras a partir das revistas do meio musical. Então, juntei a essa lista todas as revistas sobre rock e todos os jornais de Nova York. Cada vez que tocávamos em um show, enviava mala direta em massa. Imprimi ingressos de cortesia e convidei todo mundo a vir e nos ver na primeira vez que tocamos na cidade de Nova York".

Esse show foi no dia 4 de maio de 1973. Gene se lembra: "Estava no estúdio na rua Bleecker, 52 [em Greenwich Village]. Concordamos em tocar de graça e providenciamos o sistema de som. Aproximadamente trezentas pessoas pagaram três dólares por cabeça para ver o KISS fazer a abertura do show; em seguida, os Brats and Wayne County eram a atração principal. Algumas pessoas vieram nos ver, incluindo a esposa de Felix Pappalardi (o produtor), Gail, e Eddie Kramer, que ainda trabalhava como engenheiro no Electric Lady. Quase morremos quando descobrimos que ele estava na plateia. Ron Johnsen também estava lá. De fato, todo mundo que tinha qualquer banda estava lá, inclusive Debbie Harry, que na época estava com os Stilettos. Isso foi antes de ela formar o Blondie. O Teenage Lust estava lá, os Movies, o Eric Emerson and the Tramps e os Harlots of 42nd Street, uma banda popular que nunca conseguiu um contrato".

"E o [New York] Dolls. Todos queriam ver qual era a desse grupo novo chamado KISS. Eles pensavam que éramos uma porcaria, mas sabíamos, claro, que poderíamos varrê-los do palco. Eu os conheci no banheiro à noite, quando fazia a maquiagem. Naquela noite, pela primeira vez, a guitarra de Paul foi roubada, uma das suas guitarras feitas à mão."

A estreia do KISS em Nova York não os levou à fama imediata. Gene recorda que "nada aconteceu a partir daquela noite. Agora sabíamos, entretanto, por tocar e por ver, como éramos, disparado, a melhor das bandas locais. Éramos melhores que todos aqueles grupos que tinham vindo nos ver".

A autoconfiança de Gene sempre foi um dos elementos fundamentais que levaram o KISS ao sucesso. De acordo com Gene, isso surgiu "cedo na minha vida, quando aprendi que não tinha importância se você falhasse. Tudo o que você tem de fazer é se levantar e tentar novamente. E, da próxima vez, você melhora. A maioria das pessoas não consegue no primeiro passo. Mas eu sabia que levava tempo. Eu não desistia".

Para Gene, a fonte das suas motivações é "o ego, claro. Ego saciado. Eu também quero umas batidinhas nas costas. Já não me preocupo se consigo respeito porque tenho respeito por mim mesmo. Sei exatamente quem sou. Isso é tudo de que preciso". Mas Gene admite: "Eu quero reconhecimento. E não quero reconhecimento só no rock'n'roll, quero que, daqui a cinquenta anos, sejamos o grupo musical dos anos de 1970, assim como os Beatles são o de 1960 e Elvis é o de 1950. Não me preocupo se as pessoas não se lembrarem de uma única canção. Não fico embaraçado por causa da minha habilidade musical. Por sua natureza, o rock'n'roll não é nenhuma música complexa. É uma arte descartável. A única coisa que espero é divertir as pessoas na plateia".

Enquanto hoje todo mundo sai satisfeito de um show do KISS, em junho de 1973, a plateia deles era quase inexistente. Decidiram que o único modo para conseguir uma exposição expressiva era organizar os próprios shows. Paul explica: "Ninguém em Nova York nos contratava, mas estávamos determinados. E quem ganha a corrida é o que corre mais rápido. E corremos mais rápido do que qualquer outra pessoa. Acho que nem metade das bandas daquela época sabia por que o público gostava delas. Eles não pensavam nisso ou no que poderiam fazer para progredir na carreira. Nós gastamos muito tempo pensando no que estávamos fazendo, no porquê de fazermos aquilo e em como aquilo nos ajudaria. A maioria das outras bandas vem e vai, e, uma vez terminadas, não sabem por quê. Nós não vamos deixar isso acontecer".

No impulso de suas carreiras, Paul se lembra de que o próximo passo foi quando "alugamos o salão de festas do hotel Diplomat, um lugar simples na esquina da rua 43 com a Sexta Avenida, em Manhattan. Eu desenhei os cartazes e passávamos por Nova York à noite e os fixávamos. Os cartazes anunciavam uma dança. Pusemos um anúncio de um show no Village Voice".

Gene continua a história. "Se uma banda não era famosa, eu sabia que era preciso um evento para chamar a multidão. Nós usamos a sexta-feira 13. Assim, no dia 13 de julho, tocamos na cidade de Nova York pela segunda vez. Nos custou 650 dólares alugar a Crystal Room do Diplomat, o que era uma realização, porque nenhuma outra banda tinha aquela quantia em dinheiro. E, além disso, tínhamos um grande sistema de som de última geração."

"Cobramos três dólares e meio, que era um preço competitivo para um show de rock naquela época. Havia três bandas na propaganda. Os Planets fizeram a abertura do show; eles sempre foram um dos meus grupos prediletos que nunca tiveram a chance de chegar lá. Então vinha o KISS, e a atração principal era o Brats. Concordamos em pagar para o Brats uma certa quantia, e ficaríamos com qualquer valor acima daquilo. Embora não fôssemos a atração principal do show, nós é que contratamos o Brats. O show inteiro nos custou cerca de mil dólares; reunimos aproximadamente quinhentas pessoas e faturamos muito."

"Todos os tipos de pessoas apareceram naquela noite. Felix Pappalardi e outras pessoas da indústria fonográfica que havíamos convidado. A conversa se espalhou com muita rapidez."

Gene admite uma ação especial na promoção. "Nos convites, usei um truque sujo. Sabe, você tem de jogar para ganhar. Mudei a disposição dos nomes de forma que parecesse que o KISS era a atração principal do show. E coloquei como horário do show o horário em que entraríamos, de modo que qualquer um que viesse para o show chegaria bem na hora em que estivéssemos no palco. Eu sabia que, quando nossa apresentação terminasse, haveria quarenta minutos com as pessoas circulando por ali; assim [os convidados] pensariam que o show tinha terminado e voltariam para casa. Queria que eles dessem uma olhada e pensassem que algo estava acontecendo para o KISS. Distribuímos camisetas do KISS, com o logotipo feito com os raios, e as pessoas as estavam usando. Assim, qualquer pessoa que viesse veria KISS por todo lado. E funcionou. Todo mundo começou a falar sobre nós na cidade."

O show de julho foi um sucesso. Entretanto, era o concerto seguinte, promovido por eles mesmos, no dia 10 de agosto, que provaria ser o momento decisivo na carreira do grupo.

CAPÍTULO 8

OS MAIS VELHOS: BILL AUCOIN E NEIL BOGART

"No nosso show seguinte", Gene recorda, "o Luger fez a abertura. Eles tinham Ivan Kral na guitarra, que agora está no grupo de Patti Smith. Também estava em cartaz o Street Punk, uma pequena e ótima banda. Sempre tentamos ajudá-los, mas eles se suicidaram. Eles próprios eram seus piores inimigos. De qualquer maneira, cerca de quinhentas a seiscentas pessoas apareceram, e Bill Aucoin estava na plateia."

A chegada de Bill Aucoin foi um impacto inestimável na carreira do KISS, e não é um exagero dizer que, sem Bill Aucoin, o KISS nunca poderia ter se tornado uma atração superestrelada.

Paul se lembra de quando viu Bill pela primeira vez: "Enquanto estávamos tocando, eu vi dois sujeitos que pareciam muito certinhos na plateia. Eles estavam de terno, tinham cabelos curtos e pareciam estranhos no meio da multidão para a qual estávamos nos apresentando. Eu não conseguia entender o que faziam ali".

Peter ri quando relata como sua "irmã Donna nos vendeu para o Bill. Ela usava uma camiseta do KISS e estava sentada próxima a Bill. Parte de minha família estava lá dando uma força. E Donna gritava: 'Eles são o máximo! Eles são demais! ELES SÃO DEMAIS! Né?'. E Bill disse: 'É, acho que são'".

Gene detalha as táticas que atraíram Bill Aucoin àquele concerto. "Ele era uma das pessoas de nossa mala direta. Desde o princípio, estava com nosso kit biográfico, que dizia coisas tais como 'uma banda que você não pode deixar de conhecer, a banda que regerá a Terra'. Paul e eu escrevemos isso. Eram pacotes legais com cartazes e ingressos, mas tudo era bem direto ao ponto. É claro que sabíamos o que estávamos fazendo."

"Bill veio ao show com um executivo de propaganda que trabalhava com ele. Na época, a empresa de Bill, a Direction Plus, fazia comerciais de rock'n'roll para televisão. Seu cliente principal era Neil Bogart, da gravadora Buddah. De qualquer maneira, ao término do show, Bill se aproximou de mim. Eu ainda estava maquiado, em uma mesa com uma fotógrafa com quem eu saía de vez em quando. Ela era realmente uma garota grande. Peituda. Como [Bill] tinha cabelo curto, bigode e usava terno e gravata, eu sabia que ele fazia parte dos negócios do meio musical, mas não sabia quem ele era. Ele se apresentou e começou a falar comigo, mas comecei a fazer um jogo com ele. A garota continuava lá e ficava esfregando os peitos dela na minha cara. Era tudo muito exótico. Assim, enquanto Bill falava, eu o ignorava. É um truque velho, como uma cenoura na frente de uma mula. Eu mostrava quem mandava por lá. Então, concordei em encontrá-lo no dia seguinte. Depois, falei para Paul sobre aquilo."

Paul prossegue: "Francamente, no início, eu nem mesmo estava interessado em encontrá-lo. No mundo do rock, você se cansa muito depressa. Há tantas pessoas que falam 'vou lhe transformar em um astro... Você é a melhor coisa eu já vi... Querido, que isto fique entre mim e você'. Essas pessoas vêm com essas baboseiras e, se você assinar o papel errado, elas acabam sendo seus donos. Você pode ficar com o rabo totalmente preso".

"Mesmo assim, fui com Gene ao encontro. Foi da mesma maneira como aconteceu quando Peter e Ace entraram no grupo. Era o próximo passo. Ele se tornou outro membro da família. A química era perfeita."

"Ele disse: 'Vou conseguir um contrato com a gravadora dentro de duas semanas. Eu nem quero mexer nisso, a menos que eu possa fazer de vocês a maior banda do país'. Nós já tínhamos ouvido isso antes, mas era totalmente diferente vindo dele."

Gene explica por que sentiu que Bill Aucoin era o homem certo: "Soube que ele nunca tinha empresariado um grupo antes, mas também soube que ele tinha produzido um show de televisão. Antes disso, sabia que o empresário do KISS teria de ser uma pessoa multimídia. O KISS nunca quis ser apenas mais uma banda de rock; nós íamos superar rapidamente as guitarras. Era para ser um grupo multimídia, o grupo que podia fazer tudo".

"Paul e eu sempre conversávamos sobre isso. O KISS era um conceito de verdade. Eu continuava falando sobre o Super-Homem e o Incrível Hulk e que o KISS poderia ser como um deles. Paul nunca entendeu por que eu lia as revistas de super-heróis, nunca acreditou que poderíamos estar em uma revista em quadrinhos. Mas ele soube, sem dúvida, que chegaríamos à televisão, ou, ao menos, conseguiríamos muitas fotos em revistas porque éramos interessantes de se olhar. Assim, a experiência de Bill em televisão e filmes era essencial."

"No primeiro dia em que conhecemos Bill, ele nos falou sobre um amigo que estava montando a própria gravadora. Bill achou que seríamos perfeitos como a primeira aquisição do selo. Na época, não assinamos nada com Bill, era um acordo verbal. Eu me lembro de que a primeira coisa que perguntei foi: 'Por que você quer fazer isso? O que ganha com isso?'. Ele respondeu: 'Nunca fiz isso antes e eu quero reunir o tipo de banda que virá a ser a maior do mundo'. Um desses amáveis discursos. Somente aconteceu porque era o que também queríamos... ser a banda que podia tudo."

"Depois da reunião", Paul se recorda, "entramos no Village e chamamos Peter, que disse: 'Tá bom, eu já ouvi isso antes'. E nós dissemos: 'Não. Você não entende. Desta vez é diferente'."

A descrença de Peter tinha muito fundamento. Suas experiências anteriores no meio musical eram mais que apenas desagradáveis, eram quase destrutivas artisticamente. Peter tinha tocado no Brotherhood: "Nós ganhamos uma competição na Academy of Music. O prêmio era um contrato para fazer um compacto simples na gravadora RCA. Gravamos uma música minha chamada 'Gipsy', mas ela nunca foi lançada. Depois nos esquecemos de tudo, até que vários meses depois eu a ouvi no rádio. A letra foi mudada e botaram um nome diferente, mas a música era a mesma. Fiquei uma fera".

"Também passei por maus bocados com a banda Chelsea quando (nosso empresário) nos derrubou. Isso é que me fez não confiar nos agentes. Eu era muito cético sobre Bill. Ele realmente tinha de provar todas aquelas baboseiras para mim." Ironicamente, apesar das preocupações, Peter e Bill se deram bem rapidamente. "Eu gostei dele imediatamente. Quando o conheci, fiquei impressionado. Senti que ele era honesto. É um dos homens mais honestos com quem convivi. Ele nos ajuda muito. Ele é o quinto KISS."

No começo dos anos de 1970, Bill Aucoin estava produzindo um show de televisão, *Flipside*, que era sobre o meio musical. Em 1973, ele começou a receber "boletins semanais do grupo KISS. Meu único pensamento a respeito, só de olhar as fotos, era que eles deveriam ter uma apresentação maravilhosa. Na ocasião, os New York Dolls tinham uma tremenda publicidade, embora eles não vendessem muitos discos".

"Quando decidi entrar para a indústria da música, resolvi dar uma olhada no KISS por conta do que eles tinham me enviado, pela determinação e persistência. Naquela primeira noite, eles ainda se apresentavam numa forma bem tosca, de modo que certamente não tinham aquilo que o show é hoje. A maquiagem não era muito uniforme, mas já estava lá. Uma coisa que me impressionou foi o fato de eles serem realmente muito determinados. Não fugiam das dificuldades. Aquilo me fez decidir dar-lhes uma chance."

"Quando conheci Gene e Paul, disse: 'Se vamos trabalhar juntos, se vocês estão interessados em dar duro e fazer deste um grande, grande grupo, então estou disposto a contribuir tanto quanto puder para isso acontecer'. Eu me lembro deles dizendo: 'Cara, se conseguíssemos ser como os New York Dolls!'. Eu continuei lhes dizendo que esperava que fossem ainda melhores. Via falhas na apresentação dos Dolls."

De certo modo, o KISS escolheu Aucoin e vice-versa. "Outras bandas tinham se aproximado de mim, mas o KISS era a única que provavelmente estava mais consciente do que eu representava. Muitas bandas potencialmente bem-sucedidas já me telefonaram ou enviaram alguma coisa uma vez, mas depois desistiram. Eles [o KISS] me telefonaram e me escreveram semana após semana. E eu era somente uma das centenas de pessoas que eles contatavam regularmente. Isso mostrou uma determinação para alcançar o que queriam. Essas cartas e telefonemas levam muito tempo, especialmente se você não tem sucesso nem público. Pode ser difícil levantar a bola e continuar insistindo: 'Vamos tentar de novo'."

"Quando vi o show deles pela primeira vez, não soube se tinham talento, mas vi neles o desejo de agitar o público. Sabia que aquela vontade de agradar era um ingrediente essencial. Então, falei para os rapazes: 'Eu vou apoiar o grupo, e vocês vão acontecer. Nós estamos organizando uma empresa e estaremos prontos em aproximadamente duas semanas'. Eu lhes disse que não havia nenhuma obrigação e que não assinaríamos nenhum contrato até que estivéssemos satisfeitos um com o outro."

"Acho que eles não esperavam que eu me mexesse tão rápido. Eu os conheci em agosto, consegui um contato de gravação em setembro, assinei com eles em outubro, gravamos um álbum em novembro, em dezembro o primeiro álbum do KISS estava terminado e começamos a trabalhar no show."

Antes, em 1973, Eddie Kramer, do Electric Lady Studios, tinha pago uma antiga dívida a Gene e Paul com tempo no estúdio. Kramer, que depois produziria vários álbuns do KISS, foi ao estúdio com o KISS para gravar uma fita demo com cinco músicas: 'Strutter', 'Deuce', 'Cold Gin', 'Watchin' You' e 'Black Diamond'. Foi essa fita que Bill Aucoin usou para vender o KISS.

"Neil Bogart tinha sido um convidado em *Flipside* e eu tinha produzido vários comerciais para ele na gravadora Buddah. Eu lhe enviei a fita e, depois que ele a escutou, tocou para sua jovem equipe de produção, sempre ligada, Kenny Kerner e Richie Wise. Eles falaram para Neil que o KISS era maravilhoso, e Neil, por sua vez, perguntou se eles gostariam de produzir o KISS. Quando eles responderam que adorariam a oportunidade, Neil disse: 'Vamos tentar'."

Bill explica que "aquilo tinha sido em agosto de 1973, muito antes de Neil ter visto o grupo. Um dia depois de ele receber a fita, eu lhe telefonei e disse: 'Acredito neste grupo. Primeiro, acho que a demo é boa. Segundo, acho que eles têm uma energia tremenda, muito positiva. E terceiro, não acho que seus egos vão atrapalhar suas carreiras'".

"Um dos pontos mais positivos do KISS era a habilidade de os integrantes se darem bem uns com os outros. As gravadoras ficavam reticentes com grupos emergentes porque, às vezes, assim que um grupo começava a fazer sucesso, seus egos os atrapalhavam e o grupo acabava por se separar. Era um risco que as gravadoras não gostavam de correr, especialmente com um grupo sem experiência como o KISS."

Gene se lembra que, depois que Kerner e Wise "convenceram Neil Bogart a assinar conosco, Neil voou para Nova York para conhecer o novo grupo. Eram tempos difíceis para ele, que estava passando por todo tipo de problema. Ainda na Buddah, ele planejava montar a própria gravadora até o fim do ano. Nós o conhecemos no fim de agosto".

Tendo dado duas semanas a Bill Aucoin para conseguir um contrato de gravação para o KISS, Gene lembra-se de que "a banda foi vê-lo e disse: 'As suas duas semanas já se passaram. A gente vai conseguir?'. E Bill respondeu: 'Eu gostaria que vocês conhecessem alguém'. Dando uma passada com Neil nos clipes, nos comerciais de televisão que ele e Bill tinham feito, Neil disse: 'Eu quero reunir o tipo de grupo que vai fazer todas as coisas...'".

"Nós estávamos falando a mesma língua. Queríamos a mesma coisa. Só que, naquele ponto, Neil não sabia nada a respeito de nossa maquiagem ou de nosso logotipo. Tudo o que sabia era que éramos uma banda de rock pesado cuja música se ajustava ao conceito dele. Ainda assim, realmente ficamos impressionados. Todo mundo falava a mesma língua. Todos nós queríamos alcançar as mesmas coisas. Fazia muito sentido. Seria a primeira banda de Bill, nosso primeiro álbum e o primeiro trabalho da gravadora Emerald City. Antes de o primeiro álbum do KISS ser lançado, Neil Bogart mudou o nome da gravadora. Também, como um tributo para um filme clássico, o nome que ele escolheu era Casablanca."

Em setembro de 1973, Bill Aucoin deu aos quatro membros do KISS um salário de 75 dólares por semana para eles se concentrarem no desenvolvimento da sua música e do show. Como Gene se lembra: "Aquilo foi o máximo para nós. Todos, exceto eu, deixaram o emprego. Ace parou de entregar bebida e Paul largou o táxi. Era muito fácil viver com 75 dólares".

No fim de agosto, o KISS voltou ao The Daisy pela última vez e, no começo de outubro, fez a primeira apresentação para Neil Bogart. O lugar era o

Le Tang Ballet Studios, bem em frente ao Bell Sound, onde o KISS gravaria seu primeiro álbum. A reação que eles tiveram aquele dia está gravada na memória de Gene.

"Neil quis nos apresentar à imprensa e despertar o interesse de alguns de seus amigos. Pessoas como Richard Robinson, Lisa Robinson [jornalistas da *Rock Scene* e da *Creem*] e Alison Steele, uma DJ de Nova York. Neil veio e se sentou na frente com Richie Wise e Kenny Kerner. Sean Delaney estava lá. Naquele tempo, ele era uma pessoa criativa que saía com Bill. Mais tarde, ele viria a ser um recurso valioso para a banda."

"Entramos e tocamos nossas cinco músicas. Neil Bogart ficou boquiaberto. Ele não tinha a mínima ideia do que estava acontecendo. Durante 'Life in the Woods', colocamos nossas guitarras no chão e corremos para a plateia. Eu agarrei as mãos de Neil e fiquei aplaudindo. Sua boca estava escancarada, literalmente. No final da última música, 'Firehouse', lançamos confetes no rosto dele. E então saímos da sala enquanto o equipamento ainda estava dando retorno."

"Finalmente, alguém desligou o equipamento e por muito tempo houve um grande silêncio. Ninguém sabia o que dizer. Neil não estava seguro do que ia ou não rolar. Mas Sean Delaney estava inquieto: 'Puxa! Nunca vi nada como eles! Grande banda! Puxa!'. Neil não sabia bem o que fazer."

Logo após aquele show, o KISS assinou um contrato com Bill Aucoin. Como Gene declarou: "Sentíamos que era a coisa certa". Em novembro, o KISS começou a gravar o primeiro álbum, que terminou de ser editado no fim de novembro.

A formação da agência Rock Steady, de Bill Aucoin, foi o passo final na formalização da relação entre o KISS e Bill Aucoin. Ele também sugeriu à banda algo revolucionário no meio musical. Bill sentia que o KISS deveria ser montado como uma democracia financeira e ele explicou o raciocínio por trás dessa ideia. "Quando começamos, eu sabia que alguns dos membros do grupo eram mais fortes no palco que outros e que levaria tempo para todo mundo ganhar força, tanto musicalmente como também na apresentação. Eu sabia que uma falha poderia destruir o grupo e estava determinado a evitar qualquer falha. Se algum indivíduo amealhasse muitos frutos do sucesso, então não haveria um grupo e sim quatro artistas que não trabalhariam por muito tempo. Era preciso que houvesse unidade. Eu soube que o grupo tinha uma chance para ir longe e quis evitar qualquer possibilidade de o grupo se autodestruir."

"Eu abordei os caras e disse: 'Todos nós concordamos que vamos chegar a ser a atração principal e que isso envolve muito dinheiro. No longo prazo, a diferença entre uma pessoa fazer alguns milhares ou mesmo algumas centenas de milhares de dólares não significa muita coisa. Não quero que vocês se separem por causa de dinheiro. Vai ser duro se alguns de vocês ganharem só um salário, mal conseguindo sobreviver, e os outros conseguirem dinheiro extra compondo músicas. Vamos fazer nosso contrato de maneira unificada, que nada poderá destruí-lo, muito menos o dinheiro'."

Paul percebeu que "as sugestões de Bill eram importantes porque Gene e eu compúnhamos quase tudo. E, se nós tivermos sucesso, cedo ou tarde, alguém se sentiria deixado de fora. Sabíamos que é melhor levar um pedaço menor de algo enorme que levar um pedaço maior de algo pequeno. Também não gostaria de ser confrontado por alguém dizendo: 'Eu quero ter minhas músicas no álbum porque quero o dinheiro da publicação'. Assim, sempre trabalhamos de maneira que o melhor material fosse usado, independente de quem fosse o autor, e dividíamos o dinheiro por quatro. Contanto que todo mundo faça sua parte do trabalho, ninguém se sente trapaceado. Não se pode pôr um preço na contribuição de cada um".

Dada a ambição do KISS que todo mundo acolheu, era uma experiência sem precedente, especialmente para uma indústria tão cruel quanto as gravadoras e o meio musical. Como Bill explica: "Montamos o KISS como uma sociedade igualitária, como se fossem ações de igual valor".

Além do senso empresarial, Gene exalta a imaginação de Bill Aucoin, que ajudou a fazer do KISS um grupo sobre-humano. "Para deixar mais claro, nós quatro criamos a maquiagem, o logotipo, as melodias, a aparência e o sentimento do KISS. Mas foi Bill quem levou tudo isso adiante. Foi Bill quem disse: 'Vamos levar isto ao enésimo grau. Vamos respirar fogo. Vamos ter explosões e outras coisas do tipo'. Não tínhamos conhecimento técnico nem dinheiro para nada disso. Mas Bill e Neil, sim. Eles nos compraram amplificadores, equipamentos, guitarras e baterias novos. Eles gastaram milhares de dólares."

Nos dias 21 e 22 de dezembro, o KISS voltou ao Coventry para alguns shows de despedida. "Antes de tocar no Coventry", Gene se recorda, "Bill tinha trazido um mágico a um dos ensaios. Bill disse: 'Se é para fazer, então vamos radicalizar'. E o mágico me ensinou como cuspir fogo."

"Aquele espetáculo no Coventry foi incrível. Todos ficaram de pé, gritando muito. Ninguém conseguia acreditar. No clube só cabiam trezentas pessoas, e todas as pessoas importantes de Nova York estavam presentes. Aquela apresentação era a preparação para o espetáculo da véspera do Ano-Novo, que seria nosso lançamento oficial. Tocamos no Academy of Music, no dia 31 de dezembro de 1973, e nos pagaram 250 dólares." Mas o KISS não era o principal no palco naquela noite, de acordo com Gene. "Como um favor, fomos jogados num show que incluía o Iggy & the Stooges e o Teenage Lust, sendo a atração principal o Blue Öyster Cult. Nós éramos o quarto grupo no cartaz."

"Antes de aparecermos, antes de a primeira nota soar, o apresentador gritou: 'Tudo bem! Vocês pediram! Eles estão aqui! A banda mais quente no mundo! Aqui estão eles: o KISS!'. E um feixe de luz explodiu, e todos seguraram os corações. Era véspera de Ano-Novo, e aquelas pessoas estavam lá durante um bom tempo, bebendo e fumando. Ninguém sabia o que estava acontecendo. Lá pela quarta música, eu estava [literalmente] fumando. Durante 'Firehouse', quando cuspi fogo, então meus cabelos pegaram fogo, o lado esquerdo da minha cabeça ficou em chamas. Eu não sabia bem o que estava acontecendo quando, de repente, a plateia toda ficou de pé. Sean Delaney apagou o fogo, e continuamos o espetáculo. E foi realmente um espetáculo."

"Nós tínhamos aquele logotipo enorme, a maior coisa que você pode imaginar. Tinha quase dois metros e piscava. Ninguém mais tinha um logotipo. E então a plataforma da bateria levitava no fim e as pessoas enlouqueciam. Eles não entendiam o que acontecia. Ao todo, fizemos trinta minutos, descemos do palco e não estávamos autorizados a fazer um bis."

"Uma semana depois, apareceu uma chamada na capa da revista *Sounds*, e foi a primeira vez que escreveram sobre nós. O artigo mencionava o KISS na crítica, e eles usaram três fotos da apresentação: uma do Iggy, uma do Teenage Lust, e a foto maior era minha! Nós [também] recebemos a primeira crítica de Fred Kirby, na *Variety*. Ele fez a crítica de todos os quatro grupos em um artigo.

O primeiro parágrafo inteiro, que correspondia à metade de toda a crítica, era sobre o KISS, aquela 'banda fantasmagórica de rock, que era uma combinação...'. Nem é preciso dizer que era questão de amor ou ódio. Mas, desde o princípio, eles não conseguiam deixar de falar sobre nós."

O nome do KISS e sua imagem causavam um impacto imediato que não era totalmente positivo. Bill Aucoin comenta: "Neil foi bombardeado por seus amigos da indústria, que acreditavam que ele tinha cometido um erro. Ele foi criticado por ter assinado contrato conosco, como seu primeiro grupo, porque usávamos maquiagem e tocávamos um rock bem pesado, que não era popular na ocasião. Neil foi realmente jogado no limbo e ele suportou aquele impacto porque, naquela época, ninguém sabia quem eu era".

No dia 8 de janeiro, o KISS estava agendado para tocar numa festa para a imprensa, uma pequena apresentação no Fillmore East. Bill se lembra de que pouco antes do evento "Neil me ligou da Califórnia e disse: 'Bill, eu estou cansado dessa maquiagem. Você tem realmente certeza de que quer fazer a maquiagem?'. E eu disse: 'Isso é o KISS, faz parte de tudo que ele faz'. Neil me pediu que lhes perguntasse se eles considerariam a possibilidade parar de usar a maquiagem se fosse necessário. Mas, quando fiz a pergunta, eles só me olharam de maneira engraçada. Eu disse: 'Tudo bem. Vocês não precisam falar mais nada'".

"Apesar da crítica, continuamos com a maquiagem. Durante algum tempo, nós mudamos a do Paul, porque Neil achava a estrela muito feminina, muito parecida com a dos Dolls, e aquilo poderia ser confuso. Os Dolls já tinham começado a cair naquela época e Neil não queria nenhuma associação entre os grupos. Ele teve medo de que aquilo pudesse levar o KISS ao nível dos Dolls. Assim, mudamos a estrela de Paul para uma máscara do tipo guaxinim, que ele odiou. Isso durou aproximadamente duas semanas, antes de voltarmos para a estrela."

Bill explica que "é importante lembrar que a ideia original atrás da maquiagem era que as pessoas os notariam, assim eles seriam tão importantes quanto seus ídolos, os New York Dolls. Mas eles queriam parecer até mesmo mais radicais. A maquiagem que o KISS usa não é muito feminina. É muito mais parecida com os atores de teatro japonês Kabuki do que com o jeito drag queen dos Dolls. [A maquiagem] junto com a performance dramática deles surpreendia as pessoas. Apesar da pressão que Neil aceitou da indústria da música, ele nunca vacilou no seu apoio a nós. Ele pode ter se arrependido, mas nunca mencionou isso para nós".

E, realmente, no momento da festa da imprensa no Fillmore East, no dia 8 de janeiro, era muito tarde para voltar atrás. Gene se lembra de ter visto brevemente nos fundos do Fillmore a "última apresentação do velho Alice Cooper na turnê *Billion Dollar Babies*. Era quase como se dissesse: 'Aqui está. Continuem'".

Chegaram a comentar que a equipe KISS-Aucoin-Bogart tinha projetado seu show para preencher o espaço que Alice Cooper deixara quando se aposentou em sua turnê. Gene concorda com essa avaliação: "Não há nada a esconder", ele admite. "Mas não é maravilhoso que haja alguém novo, quando uma grande banda decide tirar umas férias? Os Stones ficaram de fora durante dois anos, dando lugar ao Aerosmith. O Bad Company caiu fora da estrada, e isso gerou o Foreigner. Isso é maravilhoso!"

Gene narra aquele inesquecível, mas não feliz, dia no Fillmore. "Neil saiu e disse algo como: 'Aqui está um grupo novo, o KISS'. E tocamos uma série de vinte minutos. O espetáculo era realmente só para apresentar o KISS à indústria, mas não foi um início agradável. Recebemos críticas que eram mais ou menos assim: 'Selo novo. Casablanca. Ainda não saiu. A primeira atração será o KISS. Eles pareciam dinossauros no cio'. Eu pensei: 'Puxa, vejam só!'."

Um momento que vale a pena lembrar da apresentação foi quando a mãe do Gene provou como a maquiagem fazia efeito. Gene lembra: "Depois da apresentação, saímos do palco para cumprimentar as pessoas. Minha mãe se dirigiu até Paul e disse como ela estava orgulhosa dele. Eu estava do outro lado do palco. Ela pensou que Paul fosse eu".

Depois daquele espetáculo, Gene observou: "Nós não fazíamos nada, só falávamos sobre as apresentações. Realmente não conseguíamos entender se tinha sido bom ou ruim, mas sabíamos que havia muita energia. Eu me lembro que Paul e eu estávamos entusiasmados porque tocamos no mesmo palco onde o Slade tinha tocado. Foi uma grande coisa". O KISS ainda era um grande fã do rock. Não estavam muito longe de eles serem astros do rock.

PAUL COM MAQUIAGEM DE BANDIDO, ACADEMY OF MUSIC, CIDADE DE NOVA YORK, 28 DE JANEIRO DE 1974 (©KISS Catalog Ltd.)

Em 26 de janeiro de 1974, o KISS voltou ao Academy of Music (o cachê deles tinha subido para 750 dólares); terceira banda no cartaz atrás do Silverhead e uma apresentação antes de *Rumours* do Fleetwood Mac. No começo de fevereiro, o Mike Quatro Band cancelou sua turnê pelo Canadá em cima da hora. O KISS os substituiu. Sem nenhum disco nas lojas, sem alarde, o KISS deixou Nova York para suas primeiras apresentações longe da segurança de casa. Na ocasião, eles não sabiam que era o começo de uma turnê que duraria praticamente o resto da década.

CAPÍTULO 9

ALIVE!

"Sem exagero", observa Gene, "tudo tem sido praticamente uma longa turnê para o KISS, uma em seguida da outra, quatro anos sem parar, na estrada, depois para o estúdio, e, então, de volta para a estrada."

Em 5 de fevereiro de 1974, o KISS fez a sua estreia fora da cidade. Segundo Gene: "Ninguém sabia o que estava acontecendo. O apresentador canadense apareceu e disse, sem a menor emoção: 'Senhoras e senhores, aqui estão eles, peço-lhes uma calorosa acolhida para o KISS'. Houve um estrondo, uma explosão, todos gritaram: 'Uuuuu'. Não sabiam o que esperar, estavam acostumados com o Guess Who". Depois daquele show, "enviei um postal para uma das garotas com quem tinha ficado em Nova York; foi a primeira carta que mandei para alguém durante uma viagem. E a carta dizia: 'Estamos na boca de todo mundo'. Durante o resto da turnê, todos ficaram me gozando por causa disso, mas, para mim, vencemos muito antes de termos 'vencido'".

"Recebemos 750 dólares por noite, pelos cinco dias de apresentações", lembra Gene, "porém continuávamos no vermelho. Tínhamos uma equipe grande de viagem e ainda a plataforma suspensa da bateria e tudo o mais." Como Paul observa: "Quando pusemos o pé na estrada pela primeira vez, custou-nos em torno de 7 mil dólares por semana; entretanto não estávamos ganhando nada, nem perto disso, daí acabamos num buraco profundo. A nossa filosofia, porém, era de que você recebe aquilo que investe. Bill e Neil investiam em nossos shows, mesmo quando não podiam fazê-lo. Sentíamos que mais cedo ou mais tarde as coisas se equilibrariam; caso contrário, todos estariam numa enorme enrascada financeira. Passávamos fome durante muito tempo por causa disso, mas acabou compensando".

Algumas das primeiras turnês do grupo foram financiadas apenas com os cartões de crédito de Bill Aucoin. Ninguém mais tinha dinheiro.

Depois que a curta turnê no Canadá terminou, o KISS rumou para a Califórnia, para o lançamento oficial da Casablanca Records, numa festa no hotel Century Plaza, de Los Angeles. Gene acredita que "aquele tinha sido o primeiro impacto verdadeiro, porque todos estavam lá. [O ator] David Janssen, Alice Cooper, Iggy Pop e Michael Des Barres. E a imprensa. Era a apresentação da Casablanca Records à indústria; fizemos um show bem barulhento de vinte minutos. Todos tapavam os ouvidos. Desnecessário dizer que não conseguimos nenhum outro convite da indústria. Todo mundo dizia que não duraríamos nem seis meses".

"Após o show, encontramos com Alice Cooper e ele foi maravilhoso; ele tem um ótimo senso de humor. Fez dois comentários: 'Algumas pessoas fazem qualquer coisa para chegar ao sucesso', e 'Tudo o que vocês precisam, garotos, é chamar a atenção'. É claro que ele estava brincando. Finalmente eu tinha encontrado alguém que, além de mim, também curtia filmes de horror, e Alice e eu conversamos um pouco sobre o assunto. Três dias mais tarde, nos apresentamos no show do Dick Clark, *In Concert* [show musical na ABC-TV], tarde da noite, e aí, de repente, as pessoas passaram a saber quem éramos."

O KISS voltou para as estradas, onde ainda era um grupo de segundo escalão. Entre as bandas para as quais fazia a abertura, estavam New York Dolls, Nazareth, Golden Earring, Climax Blues Band, Argent, Redbone e Aerosmith. O KISS fazia a abertura para qualquer um que pedisse, mas, depois de algum tempo, como Bill Aucoin observa: "Ninguém nos queria nas turnês deles". Por quê? Simples, o KISS ofuscava a atração principal.

Enquanto isso, tanto Bill Aucoin quanto Neil Bogart acompanhavam o lento crescimento do KISS. Tinham investido sua fé, suas carreiras e todo o seu dinheiro disponível na banda, mas, como Bill nota, "sempre soube que o KISS seria um sucesso. É difícil explicar por que, mas nunca tive dúvidas. Minha única vontade era colocá-los num megashow, fazê-los os maiores personagens do mundo. Um pouco disso veio das roupas e dos sapatos de plataforma. Então, lentamente fizemos crescer o show com efeitos especiais, dando a cada tipo tanto quanto ele podia aguentar. Descobrimos que eram capazes de fazer um show muito mais dramático do que eles mesmos imaginavam. Paul aprendeu a cativar a plateia com seus saltos e a pose metida... Gene a eletrificava com os gestos grotescos... Ace e Peter chamavam a atenção com a forma dinâmica de tocar. Extraímos aquilo que eles já tinham e ampliamos".

Lembrando os velhos tempos, Bill explica: "Todos eles levaram um tempo para se desenvolver. No começo, Paul era de falar pouco, até se sentir confiante perante o público. Agora, é claro, ele é o que mais aparece. A engrenagem para elevar a bateria de Peter parecia muito louca naquela época, mas ele a controlava muito bem. Então introduzimos as baquetas que cuspiam fogo, e assim foi com todo tipo de coisa que fizesse o show inesquecível, que o deixasse mais emocionante".

"Por causa de minha experiência na televisão, trabalhava na parte visual da apresentação. Os fãs pagam para ver o espetáculo e estávamos todos cansados dos grupos que ficavam apenas ali parados. A minha ideia era montar um espetáculo exatamente de maneira oposta à que prevalecia no meio musical daquela época. Desde o início, os meninos estavam animados exatamente por isso. Um fator importante para tanto foi Sean Delaney. Quando ele os viu nos estúdios Le Tang, disse: 'Eu estava preparado para odiá-los, mas na realidade eles poderiam ser realmente bons!'. Sean se envolveu, ajudou a desenvolver o show. Pessoa de vontade muito forte e de grande criatividade, ele corrigia qualquer ponto fraco no show. Acompanhou-os na turnê e desempenhou um papel muito importante, fazendo tudo dar certo, mesmo quando eles não o entendiam ou tinham um pouco de medo. Não lhes permitia nem mesmo pensar que houvesse fraquezas. Apenas dizia: 'Vamos adiante'. Sua atitude era: 'Vamos adiante, não importa como'. Funcionava..."

Além do gerenciamento determinado e do show em estilo circense, houve outro ingrediente importante que fez tudo se tornar possível: dinheiro. Bill

Aucoin relata: "Investi algo entre 250 mil e 300 mil dólares do meu próprio dinheiro no KISS, com fantasias, efeitos especiais e gastos com turnês. Aquele era o meu papel; usei cada centavo que tinha. Neil Bogart estava no mesmo barco".

Quando a Casablanca Records começou, o selo era ligado e distribuído pela Warner Brothers Records. De acordo com Bill: "Na Warner ficavam espantados que Neil investisse tanto dinheiro num grupo. Pensavam que deveria distribuí-lo entre vários artistas que tivessem melhor chance de estourar nas paradas. Aquilo que Neil fazia era bastante inusitado, e tudo o que se ouvia da Warner era: 'Não. Não. Não'. Meus contadores eram da mesma opinião. Eles me enlouqueciam todos os dias. Estou certo de que eles me davam por perdido".

Segundo Bill, "a indústria não conseguia entender como viajávamos com um show tão grande. Atrações mais importantes não o faziam, imagine os que abriam os shows! Ninguém conseguia imaginar como conseguíamos fazer o esquema funcionar noite após noite. Simples: tínhamos uma equipe de turnê jovem e brilhante conosco desde o começo. Eles eram capazes de matar pelo KISS".

Bill Aucoin não está exagerando, como Gene explica: "Tivemos um ótimo gerente de viagem, Junior, que não hesitaria em sacar uma faca. Todos no grupo itinerante usavam couro. Era um grupo matador e orgulhava-se disso. Pintaram o logotipo do KISS nas jaquetas com spray. E eram capazes de matar por nós. Literalmente".

Gene lembra-se de um show em Chicago, quando o KISS era o segundo do cartaz a apresentar-se, entre o grupo de abertura, o Man, e a atração principal, o Argent. "Depois que subimos no palco, a plateia pirou. Chamaram-nos de volta pedindo bis, mas o gerente de turnê do Argent desligou nosso equipamento. Junior pegou esse rapaz, colocou-o em uma das grandes caixas de viagem e o trancou. Ligou os equipamentos de novo. Os companheiros de turnê do Argent tentavam encontrá-lo para saber se deviam nos deixar tocar o bis. Junior disse: 'Ele é gente boa. Ele nos mandou voltar'. Depois do nosso bis, Junior o soltou da caixa."

"Outra vez, esse mesmo rapaz puxou a faca para Junior, que conseguiu girá-la de volta contra o rapaz, que disse: 'Acho que está na hora de vocês tocarem o bis'. E, desde então, passamos a fazer pelo menos um bis, e nunca mais fomos vaiados no palco. A recepção passou a ser sempre boa."

Nas apresentações, o relativamente desconhecido KISS era ovacionado em pé, embora isso ainda não significasse grandes vendas de discos. O primeiro álbum, lançado em fevereiro de 1974, vendeu algo em torno de 75 mil cópias e, embora eles não tivessem emplacado nenhum compacto simples, não era tão ruim. E era certamente suficiente para garantir a volta para o estúdio.

Bill Aucoin relembra que o grupo estava "viajando o quanto podia, apresentando-se quando possível. Abriram o caminho pelo país através de Los Angeles, gravando *Hotter Than Hell* naquele agosto, no Village Recorders, em Los Angeles".

"Aquilo era meio louco", diz Bill, "porque era a primeira vez que os garotos estavam fora de casa e ficavam num lugar novo por um longo período de tempo. Los Angeles os enlouquecia, eles não conheciam ninguém por lá e eram rejeitados. A situação era desconfortável para eles e totalmente diferente daquilo que estavam acostumados."

Hotter Than Hell, lançado em outubro de 1974, vendeu em torno de 125 mil cópias, uma melhoria bastante significativa, uma vez que quase não se ouvia o KISS no rádio. Bill: "Estávamos todos ansiosos para retornar a Nova York, mas sabíamos que ainda teríamos de viajar. Era a nossa única forma de alcançar o público, já que o KISS não estava no ar. Os DJs reclamavam de nossa imagem e não nos levavam a sério. Éramos do rock hardcore, num momento em que se falava na morte do rock".

"Aquele era apenas um dos problemas que enfrentávamos. Não conseguíamos reservas decentes. Toda vez que tocávamos com um grupo pela primeira vez, éramos observados pela lateral do palco, entre zombarias e descrédito. Aí eles viam o público enlouquecer com o KISS e ficar muito menos entusiasmado com o grupo que nos seguia. Então as atrações principais acabavam ficando menos dispostas a deixar o KISS fazer a abertura. Isso piorava a cada dia. Levou seis meses depois de iniciada a nossa segunda turnê para conseguirmos nos tornar a atração principal." O primeiro show de grande bilheteria do KISS foi em St. Louis, uma amostra do que encontrariam ao retornar a Nova York.

De volta a Nova York, o KISS gravou o *Dressed to Kill*, seu terceiro LP. Dessa vez, Neil Bogart foi o produtor, em meio à confusão que girava em torno da importante mudança na Casablanca. Originalmente sustentado pela Warner Brothers, Neil Bogart, segundo Bill Aucoin, "decidiu que queria fazer as coisas a seu modo. Suas ideias não eram compatíveis com uma grande estrutura corporativa. Quando seguiu o próprio caminho, não tinha o dinheiro de que a Warner dispunha. Consequentemente, não foi capaz de dar o apoio promocional para o nosso terceiro álbum". Este foi lançado em março e, dada a situação da Warner-Casablanca, vendeu incríveis duzentas mil cópias. Crescimento significativo. Mas não o estrelato. Ainda não.

Mais um ano se passaria antes que o mercado de massa se alinhasse com o KISS, mas como show ao vivo. Em 1975, o KISS tornou-se a atração principal. Bill Aucoin completa: "Uma geração inteira, que perdera o rock dos anos de 1960 e queria conhecê-lo, vinha nos ver. Quando finalmente retornamos a Nova York, convenci o promotor Ron Delsener a nos reservar um lugar no Beacon Theater. Comporta três mil pessoas, mas os ingressos esgotaram-se tão rapidamente de Ron teve que reservar um segundo show naquela noite".

Peter se recorda da noite em março de 1975 no Beacon como "o momento em que pensei que tínhamos conseguido. As luzes estavam apagadas, estávamos atrás do palco, prontos para sair, quando ouvi a distância: 'KISS! KISS! KISS!'. Era tudo o que ouvia. Quando descemos as escadas para o palco, o som ficou cada vez mais alto, até se transformar em um trovão. 'KISS! KISS! KISS!'. E, quando pisamos no palco, a garotada tinha enlouquecido, subindo no palco, pulando nas poltronas. Foi quando eu disse: 'Conseguimos. Conseguimos! Somos diferentes!'".

Para mostrar como a coisa aconteceu exatamente, Peter explica que "em nossas primeiras apresentações, todos ficavam sentados, em choque total. E somente lá pela metade do espetáculo é que passavam a curti-lo, realmente acreditando que estávamos sendo sérios. Gene ficava se aproximando deles, encarando, como se dissesse: 'Não estamos brincando. Queremos fazer rock'. Finalmente, eles entendiam que éramos bons e que não éramos tapa-buracos, não éramos gays, nem de outro planeta". Gene acrescenta: "Embora tivéssemos tido boa receptividade em todos os outros lugares, o show no Beacon foi um

PETER CRISS EM SUA BATERIA, TEATRO PARAMOUNT, PORTLAND, OREGON, 24 DE MAIO DE 1975
(foto de Steve Frame)

dos primeiros até aquele momento em que ninguém ficou sentado do começo ao fim. Sabíamos que tínhamos alcançado o sucesso naquela noite, porque no mês anterior tínhamos feito a abertura para o Jo Jo Gunne, na Califórnia. No Beacon, eles é que abriram para nós. De volta a Nova York, toda a atenção da mídia estava sobre nós".

De acordo com Bill: "Depois do Beacon, todos os lugares começaram a se esgotar. O KISS [já] tinha arrasado em Detroit. O show mais importante (depois de Beacon) foi em maio, no Cobo Hall, em Detroit. Lá o entusiasmo era incrível. Em Cadillac, no estado de Michigan, um colégio inteiro apareceu com a maquiagem do KISS. Houve uma campanha inteira em Cadillac para incorporar o espírito do KISS na cidade, e a cidade inteira participou da ideia. Todos, o prefeito, os políticos locais, pintaram-se como o KISS. Foi um sucesso espantoso. Quando retornamos para Detroit em 1979, o Cobo Hall não conseguia acomodar todos os fãs, então tocamos para 34 mil pessoas no Estádio Silverdome".

Na primavera de 1975, a versão para estúdio do "Rock and Roll All Nite" tinha feito pouco sucesso, mas, como Gene admite, "éramos ainda a 'banda do show ao vivo'. As estações de rádio começavam a tocar nossos discos, porque viram que nossos shows tinham se tornado um furor. Mas ainda era aquela coisa: 'Você tem de conhecer esta banda'".

Naquela ocasião tinha sido decidido que o próximo disco seria um álbum ao vivo. De acordo com Bill, isso foi "baseado no fato de que a apresentação ao vivo do KISS era muito forte e a reação da plateia muito positiva. Pensei: 'Se existe algo que pode dar um impulso ao grupo é um álbum ao vivo'".

Entretanto, antes do lançamento do disco, a Casablanca e o KISS tiveram de resolver aquilo que Bill chama de "situação confusa". "A cobrança dos nossos royalties da Casablanca tinha se tornado um problema e pensamos em procurar outro selo. Acho que aquele foi o pior momento que enfrentamos, embora nunca tivesse sentido que não fosse dar certo no final. Ainda assim, era uma situação estranha, porque Neil tinha conseguido dar o nosso primeiro impulso, mas, por causa das suas dificuldades, o KISS não vinha sendo pago. Fui apanhado numa situação difícil, embora como empresário da banda tivesse de ficar contra Neil."

O conflito entre o KISS e a Casablanca ficou resolvido com o lançamento do álbum ao vivo. Bill lembra: "Tive um palpite de que funcionaria, e Neil ficou do nosso lado, como sempre esteve. Seu apoio na época eliminou a brecha existente entre nós e marcou a virada do grupo".

Naquela época, um álbum ao vivo era algo totalmente contra as tendências da indústria de discos. Isso aconteceu antes de *Frampton Comes Alive!* ter se tornado um tremendo sucesso. Em 1975, Bill Aucoin ouviu que "um álbum ao vivo seria a morte do grupo. As pessoas diziam que os primeiros três álbuns não tinham vendido bem e que não havia motivo para se pensar que um álbum ao vivo do mesmo material venderia. Eu só tinha meu palpite e o apoio de Neil. Abríamos nosso caminho com dificuldade".

Gravado na turnê em Davenport, Iowa, Nova Jersey, Cleveland, Ohio, mas principalmente durante o concerto em Cobo Arena, o *Alive!* gerou a versão bem-sucedida do "Rock and Roll All Nite", colocando a Casablanca e o KISS nas paradas e fazendo-o sair do vermelho financeiramente.

Peter explica que "durante todo o tempo tentamos captar nosso som vivo nos estúdios, o que é impossível. Ficamos nos perguntando: 'O que há de errado com os nossos discos?'. Quando fizemos o álbum ao vivo, percebemos que o segredo era que nós somos demais ao vivo. Naqueles dias, não nos víamos como uma boa banda de estúdio. A excitação de um show do KISS, capturado num vinil, voltou a atenção das estações de rádio e dos fãs do rock em toda a América para o fenômeno KISS".

Gene enfatiza: "O *Alive!* ficou nas paradas por mais de seis semanas. Na noite do Ano-Novo de 1975 para 1976, recebemos o disco de Ouro e, dentro de mais um mês, as vendas dobraram e se transformaram num disco de Platina. Dois meses mais tarde, foi o Platina Duplo". Para Paul, aquele primeiro disco de Ouro "trouxe lágrimas. Derramei lágrimas de alegria quando o *Alive!* recebeu o Ouro". Ele também trouxe lágrimas de alívio para Neil Bogart e a Casablanca Records. Gene: "A Casablanca estava literalmente quebrando antes de o álbum fazer sucesso".

Paul acredita que o *Alive!* foi um sucesso tão grande porque "captou aquilo que estávamos fazendo. Levamos algum tempo para perceber o que a plateia queria. Depois começamos a atraí-la, noite após noite; ficamos até mais determinados a dar-lhes aquilo que eles vieram buscar. Podíamos ver a diferença na resposta da plateia".

"Entendemos a plateia, porque de certa forma somos a plateia. Sabemos o que parece bom e o fazemos. Sei o que eu gostaria de ver se estivesse sentado com a multidão. Posso estar no palco e me perguntar: 'Por que você não balança o rabo?'. E aí eu o balanço e digo: 'Isso foi ótimo!'. Dessa forma, divirto-me no palco. Nunca encaro isso como trabalho. Mesmo que não tenha dormido na noite anterior, quando subo no palco, ganho vida. Não importa que problemas esteja tendo, quando piso no palco, eu os tiro da mente. Por uma hora e meia, enquanto estou no palco, enquanto estou no palco com o KISS, esqueço de mim mesmo. O mesmo acontece com o público. Tudo é fantasia, alienação e poder, e não há diferença para eles ou para mim."

Para Gene, "a premissa básica por trás do KISS é que estamos lá para dar às pessoas algumas horas de puro escapismo. Estamos lá para divertir. No final de um show do KISS, você não sai de lá perturbado com a vida. Não estamos aqui para dizer-lhe o quanto as coisas estão mal. Todos têm consciência disso. Queremos fazê-los esquecer, trazer-lhes diversão".

O sentimento daquela mensagem cheia de humor, algo que o grupo teve dificuldades de criar em estúdio, ficou perfeitamente expresso no *Alive!*. A animação dos seus shows, combinada com a simples graça da sua música, fez da letra de seu primeiro sucesso um hino simbólico:

I wanna Rock and Roll All Nite
And Party every Day!

Quero dançar o rock and roll a noite toda
E festejar todos os dias!

Esse sentimento impulsionou o *Alive!* para as paradas. O conjunto de dois discos finalmente vendeu quase três milhões de cópias e cimentou o futuro da Casablanca e do KISS.

"Daquele ponto em diante", relembra Bill Aucoin, "conseguimos tempo no ar o suficiente para ajudar a carreira do KISS. Na verdade, já sabíamos seis

GENE PROVOCANDO A PLATEIA NO RICHFIELD COLISEUM, CLEVELAND, OHIO, 03 DE SETEMBRO DE 1976 (foto: www.janetmacoska.com)

meses antes do lançamento do *Alive!* que estávamos destinados ao sucesso, com base no crescimento do reconhecimento e da difusão pelas rádios que o grupo estava conseguindo. Também acho que o fato de eles não ficarem expostos à mídia de massa durante os dois primeiros anos permitiu que o KISS crescesse lentamente e alcançasse o sucesso em ritmo próprio. Se tivessem tido atenção em excesso no começo, poderiam ter sido destruídos." No fim de 1975, o KISS era tão grande que grupos como Blue Öyster Cult, que tinham deixado o KISS fazer as aberturas para eles, viram-se na posição de fazer a abertura para o KISS. Essa foi uma virada bem satisfatória.

No outono de 1975, o KISS foi para o estúdio para fazer o álbum seguinte, estava determinado a criar algo mais avançado que os seus esforços anteriores no estúdio. Com o ex-produtor do Alice Cooper, Bob Ezrin, na direção, o KISS gravou *Destroyer*, um início significativo; cheio de truques de estúdio e efeitos sonoros aos quais os fãs do KISS não estavam acostumados. Também continha a primeira balada do grupo: "Beth".

É irônico que, como uma banda de rock, nenhuma música que gravaram tenha mexido tanto com o público quanto "Beth". E Peter, o principal compositor da música, lembra que ela quase não foi para o disco: "Costumava vir com toneladas de material, e Gene e Paul sempre recusavam, dizendo: 'Não é o nosso estilo'. Eles eram os que mais compunham, e me sentia como se não estivesse contribuindo. Quando cheguei com 'Beth', a reação foi: 'Que é isso? Não fazemos baladas'. Mas continuei insistindo: 'Esta é muito boa, e eu gostaria de gravá-la'. Então Bob Ezrin disse: 'Vamos gravá-la. Vamos experimentar algo novo'. Gene concordou, e todos os rapazes disseram: 'Está bem'. 'Beth' era sobre a minha ex-esposa, Lydia, mas na verdade era sobre qualquer Lydia que tivesse sido casada com um artista que sai de casa e viaja".

De volta à estrada com sua nova e elaborada apresentação de palco, o *Destroyer*, o KISS rumou para a Inglaterra e a Europa para uma turnê recebida com moderação. Quando voltaram, "Beth" estava a caminho do topo das paradas.

Durante o verão de 1976, "Beth" foi lançada no lado B do "Detroit Rock City", o terceiro compacto simples do *Destroyer*. Obviamente, ninguém tinha muita confiança em seu potencial, mas ela tornou-se o maior sucesso do grupo até agora. Peter continua: "Quando 'Beth' disparou, senti como se tivesse conquistado algo. Ganhei o People's Choice Award por ela, e os rapazes ficaram realmente felizes por mim".

O *Destroyer*, o segundo disco de Ouro do grupo, trouxe "muitas cartas ruins dos fãs", de acordo com Ace. "As pessoas pensavam que o álbum era mais do Bob Ezrin que do KISS. O produtor do disco me avisou para tocar de forma mais contida, porém aprendi muito com Ezrin. Não me senti nem um pouco contido fazendo aquele disco e acredito que tenha sido uma de minhas melhores interpretações".

Além das melhorias musicais, Bill Aucoin acredita que "'Beth' tinha tanto de despedida que os fãs não sabiam exatamente o que fazer com ela. Estavam chocados. Para nós esse foi um período experimental, no início, parecia uma situação esquisita. Tivemos que dizer aos fãs que tudo estava bem, que estávamos apenas experimentando algumas coisas novas".

Voltando à fórmula antiga, o KISS gravou outro álbum ao vivo, embora, dessa vez, sem plateia. O *Rock and Roll Over* foi gravado ao vivo, em setembro de 1976, no teatro Nanuet Star, no norte do estado de Nova York. Naquele outono, o KISS fez a primeira apresentação na televisão, no *The Paul Lynde Halloween Special*. Segundo Bill Aucoin, "os produtores pediram que aparecêssemos, mas no começo me recusei. Quando explicaram onde entrávamos no contexto do show, entendi que estava certo. A apresentação foi bem-aceita e alavancou a carreira do grupo um pouco mais para cima. A exposição à massa, em pequenas doses, ajuda".

E realmente ajuda. O *Destroyer* tinha sido agraciado com o disco de Platina em setembro e *Rock and Roll Over* foi lançado pouco tempo depois do especial de Paul Lynde, tornando-se o primeiro álbum do KISS a ser prensado e enviado às lojas em quantidade suficiente para receber o disco de Ouro. Cada disco lançado pelo grupo desde o *Alive!* vendeu pelo menos um milhão de cópias.

Para o KISS, a explosão era nacional. Eram a atração principal nos maiores estádios do país. Mas ainda restava um lugar a ser conquistado: a cidade natal de Nova York.

Em 18 de fevereiro de 1977... três anos depois do seu lançamento pela Casablanca... o KISS tocou em um show, no Madison Square Garden. Peter explica o significado daquele show: "Para mim, quando tocamos no The Daisy, ou em qualquer outro clube, era o Garden. Eu sempre dizia para os rapazes no camarim, e (me lembro) os camarins daquele tempo eram do tamanho de um banheiro: 'Quando sairmos, será no Garden. Não me importo se só houver cinco pessoas. Vamos tocar como se estivéssemos no Garden'. E foi assim. Arrasávamos toda noite".

"Naqueles primeiros dias, o Garden era o meu sonho. Lembro-me de passar pelo velho Garden [situado na Oitava Avenida, entre as ruas 49 e 50], quando tinha dez anos. Estava com minha mãe e disse: 'Mãe, um dia vou tocar para você neste lugar'. E consegui. Foi o momento mais importante da minha vida."

Para Paul, essa era a prova do sucesso do KISS. "Conquistamos o país inteiro antes de tentar ganhar Nova York. Posso me lembrar da volta das turnês; encontrava amigos meus que me diziam: 'Como vai a sua banda?'. Naquele tempo já tínhamos dois ou três álbuns nas prateleiras. Respondia: 'Bem. Fizemos um show com a banda de J. Geils and the James Gang'. Eles ficavam surpresos e impressionados. 'Vocês fizeram a abertura para eles?'. Respondia: 'Nós éramos a atração principal'."

"Assim, era importante para nós voltarmos para casa, para Nova York, e deixar todos saberem o que vinha vindo. É a nossa cidade natal, e sempre nos vimos como rapazes de Nova York e como uma banda nova-iorquina. Era uma coisa importante tocar para as famílias e os amigos... de deixar com os nervos à flor da pele, para dizer a verdade. Estávamos lado a lado nas coxias, suando e muito nervosos. Antes de entrar, todos apertamos as mãos e dissemos: 'Bem, aqui estamos. Estamos realmente no Garden'."

Ace também acredita que "o Garden era um sinal para mim. Era inacreditável tocar no Madison Square Garden pela primeira vez, com os ingressos esgotados. Foi uma sensação incrível". Ace, entretanto, sempre faz uma piadinha: "Eles nos deram uma boa acolhida e eu estava realmente contente. Na abertura, fui atingido por um ovo e uma grande lata de cerveja passou perto do braço da guitarra. Os nova-iorquinos têm uma forma única de dizer: 'Bem-vindos ao lar e parabéns'".

O ano de 1977, assim como cada ano anterior a esse, foi repleto de muito trabalho, mas, finalmente, depois de uma turnê de enorme sucesso no Japão, o

KISS tirou férias em abril, o primeiro descanso verdadeiro desde 1973. Entretanto, foi um descanso curto, porque o KISS estava de volta aos estúdios em maio. Com Eddie Kramer outra vez na produção, o KISS gravou *Love Gun* no estúdio Record Plant, em Nova York. Lançado no fim de junho, tornou-se o primeiro LP do KISS a ser prensado e enviado às lojas em quantidade suficiente para receber o disco de Platina. No outono de 1977, foi lançado o *Alive II*, que também rendeu mais de um milhão de cópias.

E, com tudo isso, o KISS permanecia, acima de tudo, uma banda de rock com o pé na estrada. Se não estava no estúdio, tocava num show em algum lugar do mundo. Para os fãs de rock de todos os lugares, "a estrada" tem um significado de animação. Invoca imagens de festas loucas, drogas, cara cheia e tietagem. Como qualquer outro grupo, o KISS cedeu aos excessos da vida de estrada, mas, como explicam, isso é necessário para se sobreviver à parte mais rigorosa e exigente da carreira musical.

Paul comenta: "Custa muito se acostumar com a estrada. Quando saímos pela primeira vez em turnê, sempre havia um de nós que estava doente a cada semana. É cansativo".

Para Peter, o mais inconstante do quarteto, viagens constantes são "monótonas e solitárias. Obviamente, podem ser glamorosas e é claro que têm os seus momentos. Em algumas noites, tínhamos briga de tortas ou laranjas, ou destruíamos um quarto, ou jogávamos baralho, mas, em geral, era só cansativo. Viajar é passar a maior parte do seu tempo aguardando aquela hora e meia no palco, quando você esquece as intempéries das viagens. [A ex-esposa de Peter] Lydia, às vezes, viajava comigo, mas geralmente eu ficava sozinho. E minha tendência é ficar muito solitário. É duro para um cara casado ficar na estrada. Não gosto de dormir cada noite numa cama diferente, mas faz parte do jogo. Agora, [a modelo] Debbie [Svensk, a namorada firme de Peter] me acompanha quando pode".

De acordo com Peter, ser o gerente de turnês do KISS é uma das tarefas mais ingratas do mundo. "Estamos na 12ª agora, e possíveis gerentes de turnês não ficam exatamente batendo à nossa porta por emprego. Não é fácil lidar com quatro pessoas diferentes. Eu mesmo não ia querer este emprego."

"Um gerente de turnê fez uma coisa bem estúpida. Estávamos numa turnê realmente pesada, seis dias por semana. Eu usava baquetas superpesadas.

Durante um show, rompi os ligamentos do braço. Depois disse o que tinha acontecido ao gerente de turnê. Mas continuei tocando, e, para compensar, comecei a colocar peso sobre o outro braço. A dor foi tão forte, que comecei a tomar injeções de morfina. Então, falei ao gerente: 'Está doendo muito. Você telefonou para Bill para lhe dizer o que há de errado comigo?'. E ele disse: 'É, eu liguei para ele. Deixe comigo. Vou tomar conta disso'."

"Continuei tocando e, depois de algum tempo, cheguei a ponto de tomar duas injeções por noite. Numa noite, a caminho do show, comecei a chorar. Não podia mais aguentar a dor. Não conseguia mais suportar as agulhas. Paul ficou furioso e então ele ligou para Bill: 'Você sabe o que está acontecendo com Peter? Ele está arruinando a carreira. Não consegue erguer os braços. Agora, está dependente de morfina'. Bill não sabia de nada, ninguém tinha ligado para ele. O gerente de turnê jamais relatara coisa alguma para Bill, então nós o despedimos e cancelamos o resto da turnê."

Felizmente, Peter recuperou-se como sempre. "Desde quando era criança", explica, "tive acidentes. Caí de uma árvore e fiquei doente muitas vezes." Estar sujeito a acidentes é uma coisa, mas ser alvo é outra. "Estávamos em Memphis e num minuto estava tocando e no outro estava dentro de uma ambulância. Algum garoto jogou no palco um enorme rojão, um M-80, que estourou bem perto da bateria. Acordei dentro de uma ambulância e fiquei sem ouvir por seis meses."

"Eu estava realmente muito puto; podia ter me arrancado a cabeça. Na verdade, fiquei mais bravo pelo fato de que estava lá em cima para divertir o garoto, enquanto ele estava tentando me machucar. E fiquei tão bravo quando acordei na ambulância, que os fiz me levar de volta para o teatro. Voltei para a bateria, voltei para o show e eles me receberam aplaudindo em pé."

Devido ao fato de o KISS ter sido acusado, particularmente no sul e sudoeste, de tocar "música do diabo", as viagens podiam ser bastante perigosas. Peter explica: "Às vezes aqueles religiosos excêntricos juntam-se fora do teatro, com cartazes dizendo que somos do inferno. Uma vez, um policial, um autêntico cara sulista, com uma Magnum 357... ele devia pesar uns 36 mil kg, me perguntou: 'Você é realmente do inferno?'. Respondi: 'Olhe. Tenho uma cruz comigo. Acredito em Deus'. Às vezes fico com medo ao pensar que deve haver

DA TERRA PARA O PLANETA JENDELL, NO RICHFIELD COLISEUM, CLEVELAND, OHIO, 03 DE SETEMBRO DE 1976 (foto: www.janetmacoska.com)

alguém pirado na plateia, com um rifle, pensando em atirar em um de nós. Por isso contratamos seguranças e pessoas que tomem conta de nós".

Na ocasião, os protestos contra o grupo tornaram-se absurdos. Gene: "Existe um grupo religioso lá no sul que há anos vem dizendo que "KISS" significa 'Knights in Satan's Service' (Cavaleiros a Serviço de Satã). Escrevemos cartas para eles dizendo: 'Isso não é verdade. Significa: 'Keep It Simple, Stupid' (Não complique, idiota). Finalmente, eles escreveram uma retratação, quando a Igreja passou a receber cartas de crianças e pais".

"Algumas pessoas simplesmente não entendem o que o KISS é. Não dizemos às pessoas o que fazer, ou pensar, fumar ou beber. Não fazemos comentários sobre a atual situação do mundo, ou sobre política, ou qualquer outra coisa. Isso seria perigoso. Somos uma banda bastante superficial, mas não digo isso de forma negativa. Somos uma banda focada nos prazeres, e nossas letras têm a ver com sentimentos... rock e diversão."

Para Gene, divertir-se na estrada significava garotas. Durante anos o seu hobby era colecionar fotos instantâneas tiradas com uma Polaroid de cada garota que ele tinha tido o prazer de ter conhecido. "Consegui 1.500 fotos de garotas em vários estágios de nudez. E alguns filmes ótimos. Todo mundo tem a sua válvula de escape na estrada. Muitas pessoas do rock gostam de drogas. Comigo são garotas."

Paul também tem a reputação de ser mulherengo. "Estar na estrada é como estar na Disneylândia, uma fantasia verdadeira. Coisas tidas como normais nas turnês podem parecer um verdadeiro absurdo para pessoas normais. Minha fuga, minha forma de sobreviver na estrada, é a esperança de conhecer alguma garota incrível. Estou sempre procurando aquele oásis, aquela miragem. Aquela que é um delírio, alguém com quem eu possa contar, alguém com quem eu possa viajar durante um show, estas são poucas e estão distantes."

Paul admite: "Tenho uma vida difícil, mantendo-me na estrada. O fato de que podia ter garotas o dia inteiro não é novidade. Não me ligo mais em quantidade. É qualidade, ou nada. Esta não é sempre a melhor forma de se agir, mas tenho um conceito bem alto de mim mesmo. Não é o caso de alguém ser bom o suficiente para mim, mas se não tem clima, prefiro ficar sozinho. Minha ideia de estar com alguém é de passar-lhe a minha energia, a minha atenção, me entregar. As pessoas são importantes demais para se brincar com elas".

Paul vai mais além: "Quando passo dos limites na turnê, telefono para meus amigos, e fico quietinho". Ace, cujo humor consegue transformar a mais profunda depressão de Peter em acessos de riso, não consegue fazer a mesma mágica funcionar em Paul. Ele explica: "Quando me tranco, os caras da banda me deixam sair dessa sozinho. Fazem de conta que está tudo bem. Quando você enlouquece numa turnê, não há muito o que fazer. Infelizmente você está lá fora. Geralmente, depois de alguns dias de depressão, fico bem e então Peter e Ace dizem: 'Sabia que algo o estava preocupando'. Às vezes, Peter me pergunta se está tudo bem, e então digo que está, mesmo que não esteja. Não há realmente nada a ser feito. Os momentos de insanidade passam. Você apenas tem que ser paciente. Um fator que ajuda é que consigo aproveitar muito disso no palco. Sei que, se estou realmente mal ou frustrado e posso fazer um show realmente ótimo, faço sair toda a minha frustração arrebentando no palco".

Ace, o membro irreprimível do quarteto, tende a ser o mais difícil de lidar numa turnê. Ele conta um caso que resume centenas de outras noites. "Uma vez em Arkansas encontrei um amigo meu de Nova York, e depois do show ficamos realmente grogues. Quando o bar do hotel fechou, fomos para o meu quarto, que era no último andar, com vista para a rua principal. Meu amigo e eu, e outro cara, jogamos toda a mobília pela janela e ficávamos olhando tudo se espatifando lá embaixo. Fico feliz por não termos matado ninguém. O meu amigo e o amigo dele quebraram um pau e foi então que a polícia chegou."

Primeiro, a polícia bateu na porta errada. Foram ao quarto de Paul e lhe causaram um sério transtorno, porque naquele momento ele estava se divertindo com uma senhorita menor de idade, que tinha entrado no hotel. Vislumbrando as noites na prisão, Paul enrolou-a em suas roupas. Mas quando abriu a porta, a polícia percebeu que estava no lugar errado. O quarto de Paul ainda tinha a mobília. Então se dirigiram para a porta ao lado.

Ace continua a história: "O nosso gerente de turnê, Frankie Scinlaro, entrou correndo e me disse: 'Entre debaixo dos cobertores, coloque o travesseiro sobre a cabeça e eu cuidarei de tudo'. Dois minutos depois, dois guardas entram no quarto. Então, Frankie foi o melhor ator de merda que já encontrei na vida. Disse para os policiais: 'Olhem para o pobre garoto aqui. Senhores, vocês não vão acreditar no que aconteceu. Havia um montão de pessoas aqui, ele ofereceu comida grátis, bebida grátis. Desmaiou na cama horas atrás e eles destruíram o quarto. Ele não sabe nada do que aconteceu. Não posso acordá-lo. Tenho até medo'. E os policiais caíram na história".

Frankie Scinlaro era também o "gerente de turnê predileto" de Peter. "Ele era exatamente tão louco quanto nós éramos, então não conseguíamos tapeá-lo de forma alguma. Eu amava aquele cara. Era a única pessoa que punha Gene no lugar. Gene dizia: 'Frankie, você é imaturo mesmo'. E Frank respondia: 'Nossa, você é muito esperto. Queria ser um professor como você'. Ele tratava Gene como um bosta. Ele era ótimo."

Ace, que angariou uma reputação de selvagem, arremessando vários aparelhos de televisão pelas janelas abertas, continuou usando o aparelho para sobreviver na estrada, mas de uma maneira muito mais amena. "Tenho um videodisco e um gravador Betamax, e trago filmes nas viagens comigo. Preciso me manter ocupado." E é importante que isso aconteça, porque as mãos desocupadas de Ace são a oficina do diabo. Ele provou isso certa noite: "Colei toda a minha mobília no teto. Quando Frankie entrou, pensou que estava drogado ou algo assim".

Na primavera de 1977, os guerreiros da estrada retornaram para o Japão, mas, felizmente, para o bem-estar de todos, já em fevereiro de 1978 o KISS não estava em turnê. Por um tempo, a longa e tortuosa estrada ficara para trás.

CAPÍTULO 10

MAIOR QUE O MUNDO

Em maio de 1978, o KISS começou a trabalhar em seu primeiro filme para televisão, chamado *KISS Meets the Phantom of the Park*.

De acordo com Peter: "Bill achava que era hora de desaparecermos, descansarmos e então voltarmos, para sermos mais requisitados. O resto já tinha passado há muito tempo, mas o filme nos exigiu ao extremo. Enquanto nós rodávamos, pensei em deixar a banda, tão louco eu fiquei. Sempre quis ser um ator sério, como Al Pacino ou Robert de Niro". O Peter, que é quase um personagem extraído de *Mean Streets*, não gostou da "comédia-pastelão". "O filme era como *A Hard Day's Night* feito pelos irmãos Marx. Mesmo assim, foi uma puta experiência, e aprendi muito."

Para Paul, fazer o filme era "mais interessante que divertido. Enquanto você está fazendo, todo mundo lhe diz como ele será bom. E é isto o que o motiva. E quando você assiste, é horroroso. Portanto, não gostaria de fazer outro filme sem total controle criativo".

Ace achou que o trabalho era "difícil, muito divertido e interessante, embora fosse chato ter que esperar maquiado durante horas. Poderia ter sido melhor; poderia ter sido pior. Mas, no final das contas, não somos atores. Somos roqueiros".

Gene dá a última palavra a respeito do filme: "Foi muito empolgante de se fazer e o próximo será ainda melhor".

Às seis semanas de filmagem seguiu-se o mais ambicioso projeto do grupo: a gravação de quatro álbuns solo. Bill Aucoin explica: "A ideia que temos a respeito do KISS é a de desenvolver seus personagens e fazer esses personagens tão fortes quanto sua música, e vice-versa. Sempre quis fazer deles super-heróis e fazê-los individualmente fortes, assim como partes de um grupo. Usar a mídia visual, como em *KISS Meets the Phantom*, é uma maneira de fazê-lo. A outra é através das músicas, e essa é a razão dos álbuns solo. Após um certo número de discos em grupo, você precisa partir. Sabíamos que o grupo ainda era forte e queria permanecer junto. Também sentimos que estávamos prontos para ir para o próximo nível e, naquele momento, isso significava deixar que cada um se expandisse por si. Todas as ideias que cada um deles queria pôr em prática e que não serviam para o KISS enquanto grupo poderiam ser utilizadas no álbum solo". Os discos também eram uma oportunidade para o KISS exibir suas crescentes habilidades musicais.

Ace enfatiza: "Em meu álbum, eu tocava a guitarra solo, a base e o violão, um pouco de baixo, sintetizador e fazia os vocais principais e o backing. Basicamente, fiz o álbum inteiro com o Anton Fig na percussão e o produtor Eddie Kramer. Eu e Eddie nos aproximamos como nunca em função dos álbuns do KISS, porque não precisávamos lidar com o resto do grupo. Era só eu. Acho que surpreendi um monte de gente com aquele álbum. Fico muito feliz com ele. Tenho orgulho de cada música. Nunca trabalhei tanto em minha vida. Acho que é um disco fantástico. Dentre os quatro, foi o que teve mais sucesso".

Peter usou seu álbum solo para "entender todos os instrumentos. Usei metais e uma orquestra inteira. Vini Poncia, que também produziu *Dynasty*, fez meu disco e me ensinou como cantar como nunca cantara antes. Aprendi mais sobre música porque me cerquei dos melhores músicos. O álbum tem muita música boa e, com certeza, não foi coisa de adolescente rebelde. Não sou mais criança, quero progredir e tocar para uma plateia de mais idade".

Para Gene, seu álbum solo foi uma oportunidade de ser alguém diferente do "Gene Simmons do palco, o cara da língua e do sangue. Queria exteriorizar outras facetas minhas, como as baladas tipo Beatles, naquele disco. De fato, Gene Simmons cantava pela primeira vez em seu álbum solo. Acho que chamei a atenção de algumas pessoas".

Paul, o último a terminar seu disco, acha que seu "álbum solo é um pouco diferente do KISS, mas não seria justo me afastar demais do grupo. Como artista individual, cada um de nós é muito mais aberto a fazer coisas de sua própria maneira, sem se comprometer nem destacar demais sua própria identidade. Não que meu álbum solo seja uma opereta ou algo completamente diferente, mas, de seu próprio jeito, tem uma forte identidade. Tem bastante violão. Há uma faixa chamada 'Hold Me, Touch Me', em que há uma orquestra inteira".

Anteriormente, nenhum grupo coeso havia gravado álbuns solo de cada um de seus membros ao mesmo tempo. E o lançamento simultâneo dos discos foi um passo sem precedentes na indústria. Também amedrontou muitos executivos da Casablanca. Ainda assim, Bill Aucoin conta: "Era novamente uma daquelas reações de pavor. Eu disse: 'Estamos lançando quatro álbuns de uma só vez e quero que cada um deles ganhe Platina. Vamos enviar quatro milhões de álbuns no mesmo dia'. Todos duvidaram e disseram que ninguém os compraria. Mas deu certo porque havia energia e agitação e, além disso, o *KISS Meets the Phantom* foi lançado ao mesmo tempo. Os distribuidores que jamais comprariam uma grande quantidade de discos, de repente, compraram. Um distribuidor comprou um milhão de álbuns, 250 mil de cada. Foi um dia assustador, quando enviamos quatro milhões de álbuns solo; foi incrível!".

Além das vendas "incríveis", Ace acha que "os álbuns solo exibiram facetas que cada um de nós nem sabia possuir e, como resultado, nos fez mais fortes como unidade. Muitas vezes, quando tocamos ao vivo, temos de sacrificar nossa habilidade musical para saltar no ar ou algo do gênero. Tenho certeza de que poderíamos tocar melhor se ficássemos parados, mas é uma situação toma-lá-dá-cá – sacrificamos um pouco da qualidade da música pelo show".

Mais do que tudo, é esse aspecto do KISS que é foco de críticas mais acirradas. Mesmo quando Ace diz "Eu rio das críticas. Nada me atinge", seu orgulho como músico fica ferido. Peter explica: "Ficamos na defensiva a respeito de nossa música porque tivemos algumas resenhas desastrosas. Dizem que somos barulhentos e nojentos, mas o escritor nunca diz 'as entradas se esgotaram e os jovens se divertiram'. E isso é triste. Escolhi a música porque adoro tocar e deixar as pessoas felizes. Agradeço a Deus porque posso oferecer isso aos jovens, mas eles nunca escrevem nada a esse respeito".

Gene é o mais analítico e o menos condescendente quando se trata da imprensa. "Entre os assim chamados críticos de rock, há muita inveja. Ficam chateados porque percebem que não podem fazer nada a respeito de nossa popularidade. Eles também sofrem pressão de seus companheiros. E muita. Para ser crítico, é preciso ser tranquilo. Não dá para ser crítico e dizer 'Adoro a Olivia Newton-John e o Led Zeppelin' de uma só vez. É triste que eles não entendam que as pessoas não se importam realmente com o que dizem. Enfim, apesar de tudo, você quer agradar a todos, mas sabe que nem todos vão gostar do KISS. Mas apenas uma vez eu gostaria que alguém escrevesse 'Odeio o KISS. São o pior lixo que jamais existiu. Fui ao show e 20 mil pessoas entraram em parafuso'."

Na opinião de Paul, "respeito próprio é o que realmente importa. Não importa o que qualquer outra pessoa pense daquilo que faço; no final, o que importa é o que eu penso. Não quero jamais sentir: 'Talvez aqueles críticos tenham razão'. Sei que estão todos errados e nem ligo para eles. Sou o máximo no que faço e, enquanto pensar desse jeito, estarei bem".

Paul observa: "Muitas vezes, as pessoas perguntam: 'Por que a maquiagem?'. É apenas parte do show business. O Al Johnson usava. Estamos apenas apresentando um show para as pessoas. Um jornalista perguntou: 'O que você está tentando dizer?'. Não estamos falando de nada mais profundo que rock'n'roll rolando a noite toda e festa todos os dias. É apenas rock bom. As pessoas costumavam dizer a nosso respeito: 'Vocês tocam música de merda em três acordes'. O Chuck Berry é famoso por tocar três acordes. Não há nada de errado com isso, desde que seja bem-feito. E nós fazemos bem-feito. Não é lorota. É a maneira KISS de ser. E é por isso que temos uma das melhores e mais leais plateias".

Colocando as críticas de lado, o KISS quer ser respeitado musicalmente, embora Gene ache que esta seja uma batalha perdida. "Poderíamos fazer as coisas em ritmo 7/8, mas seria autoderrotismo no final das contas. Acho que as pessoas querem curtir música, não estudá-la. Escrever músicas inesquecíveis é a coisa mais difícil do mundo. Felizmente, as músicas que compomos são as que as pessoas querem ouvir. Caso contrário, não comprariam nossos discos. Recebemos todo tipo de prêmio 'O Melhor Grupo' de todo tipo de revistas. O KISS foi eleito um dos dez melhores grupos na votação musical da *Playboy*, e não éramos sequer citados dentre os elegíveis. Foi por indicação espontânea. Isso tem muito mais significado do que quinze pessoas sentadas em Beverly Hills, decidindo quem leva os Grammys."

No passado, o KISS costumava se ver como uma banda que tinha de ser vista ao vivo para ser apreciada. Peter exclama: "Agora, não pensamos mais assim. Somos músicos muito melhores do que éramos. Nossa música mudou. Fazer os quatro álbuns em separado foi maravilhoso e aprendemos muito".

Paul enfatiza que o grupo "tem o maior orgulho do que faz, pois somos tão criticados por causa da maquiagem. Acho que tudo isso é bom desde que sejamos musicalmente bons. Não gostaria de ter a aparência que temos no palco se não fôssemos bons. Sentiria como se aquilo não se justificasse".

Fazer o *KISS Meets the Phantom in the Park* e os quatro álbuns solo foi o primeiro passo no "plano mestre" do grupo para, segundo as próprias palavras de Gene, "tornar-se uma banda de super-heróis do rock". Desde o início, os quatro membros do KISS se desenvolveram para assumir quatro diferentes personalidades no palco, e, no decorrer dos anos, essas diferenças evoluíram para criaturas elaboradas. O que é importante entender, de acordo com Gene, é que "elas não são personagens. Não estamos atuando. Acredito que é uma porção de nossa personalidade que emerge no palco, são coisas que normalmente não faríamos na rua".

Por exemplo, as características demoníacas de Gene surgiram de seu amor aos filmes de terror. "Provavelmente são uma combinação de Lon Chaney em um velho filme mudo, *London After Midnight*, e os gestos das mãos de Bela Lugosi. Então acrescente o volume de monstros-lagartos, como o Godzilla, a maneira especial com que caminham, lançando o corpo para a frente." Essa é uma maneira bem branda de se descrever um homem que cospe fogo e sangue, usa a língua como uma faca e salta pelo palco como um predador zangado.

Paul acredita que seus personagens no palco são tão reais porque têm raízes na infância de cada homem. "O que faz o KISS ser crível é que o que fazemos está, na realidade, internalizado em nós. Não é uma representação. É algo gostoso. Olho no espelho quando estou maquiado e sou eu. Não eu usando maquiagem. É uma outra parte de mim."

"No começo, acho que era mais algo que eu queria ser e não algo que eu fosse. Agora, é algo que sou. Acho que todos nós sentimos daquela maneira. Quando era criança, queria ser sexy, queria ser desejado, queria ser disputado pelas mulheres. E eu era um garotinho gorducho. É claro que não ia querer viver como amante das estrelas o tempo todo. Isso me mataria. Mas, definitivamente, é um lado meu que eu curto colocar para fora."

Peter explica: "Cada um de nós tem um espelho, e todos nós sentamos lado a lado para se maquiar. Todos ficam nervosos antes de um show, e cada um demonstra isso de maneira diferente. Gene grita, manda e desmanda em todo mundo. Paul fica andando emproado por aí, rodeando pela sala. Ele apenas está nervoso. Ace toma cerveja e conta piadas, mas também está nervoso. Eu ando muito para dentro e para fora da sala, dando voltas".

"Uns cinco minutos antes de entrar, mandamos todos para fora da sala e simplesmente ficamos sentados quietos, nós quatro, batemos um pouco de papo; falamos sobre qualquer coisa, menos sobre o show. É apenas papo nervoso, mas é uma espécie de terapia. Quando a maquiagem fica pronta, já está na hora de irmos, e não se tem oportunidade de pensar em ficar nervoso."

"Certa noite, caiu a ficha. Vi este rosto com um nariz prateado. Meus olhos começaram a ficar verdes e, de repente, eu estava com minha roupa, ajustando o cinto. Uma transformação ocorreu. Não era Peter. Não era eu. Era um gato, e eu estava com tesão. Minha adrenalina estava a mil. Mas meu personagem sou eu. A coisa mais esquisita é que nem mesmo sei como controlá-lo quando está no palco. E leva algum tempo para voltar a mim mesmo após o show, a me concentrar em mim mesmo novamente. Fico louco após o show, daí todos me deixam em paz."

Ace é o único do grupo que pensa que seu personagem de palco não é ele "realmente". "Os jovens amam o personagem que personifico. Algumas características são partes de mim fora dos palcos, mas eles não me idealizam do jeito que sou realmente." Quase que em seguida Ace se contradiz: "É como um alter ego. Na verdade, vivo no ar no palco, e acho que também fora dele".

As tentativas de "desmascarar" o KISS não têm fim e Paul comenta que isso não o incomoda mais. "Acho que estabelecemos uma mística e nossos fãs não querem nos ver sem a maquiagem. E, se isso acontecer, realmente não tem maior significado porque o que realmente importa é o que somos enquanto KISS, e não o que somos fisicamente fora do palco. O que está em nossos corações não muda com a maquiagem".

Ace relembra a época, "em 1978, quando um fotógrafo viu Michael Corby, dos Babys, no Studio 54 e pensou que fosse o Paul Stanley. O Daily News de Nova York divulgou a foto. Tiveram que fazer a correção alguns dias mais tarde, embora eu tenha a certeza de que muitas pessoas ainda achem que é uma foto do Paul. Mas o fato é que os fãs escreveram e disseram: 'Por favor, não imprimam fotos do Paul daquele jeito'. Até mesmo os fãs querem a mística preservada. Nossos fãs acham que somos super heróis. Quem quer ver o Batman vestido de jeans e camiseta? Todo mundo pergunta se vamos tirar a máscara antes de pararmos. Acho que é inevitável que isso aconteça, mas é difícil dizer quando. Estou surpreso de mantermos isso por tanto tempo. Quando isso acontecer, vai estragar o mito".

Paul ri "da fofoca que usamos maquiagem para disfarçar pele ruim. Não é a verdade de jeito nenhum. Antes, costumava tomar bastante suco de cenoura, mas estava ingerindo vitamina A demais e minha pele estourou inteira. Quando mudei para suco de maçã e água Perrier, minha pele ficou limpa".

Paul insiste: "Não há necessidade de ninguém ver nossos rostos. Chegamos a um ponto onde, como membros do KISS, somos parte da família. Vi uma charge política na China a respeito de cartazes de parede, e bem no meio dela estava um cartaz do KISS. Somos muito mais famosos do que uma banda de rock; somos celebridades para as massas. Sei disso quando o maitre do restaurante Palm pergunta se pode colocar meu rosto na parede. Minha foto, maquiado, está na parede, mas quando me perguntaram se podiam fazê-lo, eu não estava maquiado. Então, as pessoas estão começando a nos conhecer como membros do KISS sem a maquiagem".

Houve uma ocasião quando o KISS tocou sem a maquiagem. Paul: "No casamento do Ace, em 1976, havia uma banda tocando, mas estava subentendido antes de chegarmos lá que íamos acabar tocando. Era preciso. Nós nos levantamos e tocamos 'Strutter', 'Rock and Roll All Nite' e 'Nothin' to Lose'. Foi bem divertido, e deve ter sido esquisito nos verem com aqueles ternos brancos. Aquelas lembranças são as melhores".

Peter adora o "jogo do Dodge the Photographer", mas acredita que tirar a máscara do KISS não é uma boa ideia. "Não quero ver o Zorro sem a máscara. Mesmo assim, algum dia, gostaria de sair de trás da máscara. Gostaria que minha mãe visse meu rosto numa capa de revista para poder dizer: 'Aquele é meu filho!'."

CAPÍTULO 11

POR TRÁS DA MÁSCARA

Como é que eles são realmente? Provavelmente nenhum outro grupo foi alvo dessa pergunta com tanta frequência, não só por nunca ter sido fotografado sem maquiagem, mas também porque, até este livro, eles nunca tinham parado para examinar as vidas privadas e o impacto de seu sucesso com alguma profundidade maior.

Obviamente, eles estão todos milionários, mas Paul explica que "nenhum de nós realmente conversa a respeito de dinheiro. Nós não deixamos que isso seja tão importante, porque somos músicos, somos uma banda. Pessoalmente, não vivo de modo extravagante – uso jeans, tenho um carro e moro num apartamento. Ainda sou um garoto da cidade. Se dinheiro serve para alguma coisa, é para se ter paz de espírito. Não é preciso se preocupar em não tê-lo. O que me deu um bocado de satisfação foi comprar um carro para os meus pais. Mas vivo como um roqueiro, não como um Rockfeller".

"O que é mais importante para mim é saber que eu estava com a razão. Sabia que era capaz de fazer algo e, mesmo quando me diziam que estava errado, fui contra tudo e descobri que estava certo. Quando se aposta em algo, é assustador. Tive muitas noites de dúvidas, quando me perguntava se estava certo. Seria muito mais seguro ter me tornado um advogado que pensar em me tornar um grande astro. E foi só depois de meu sonho ter se tornado realidade que fiquei satisfeito. Realmente, foi uma simples satisfação do ego. Provou para mim que, se seguir a sua intuição e acreditar em si mesmo, você pode conseguir tudo o que quiser."

Paul, o principal símbolo sexual do grupo, é solteiro e admite: "A paixão não ocorre tão frequentemente assim. Quando estava com catorze anos, eu me apaixonei. Aquela menina era maravilhosa. Podia ser briguento ou muito nojento e ainda assim ela me amava. Embora fosse tão jovem, ela encontrou e amou algo lá dentro de mim. Incomodou-me tanto que fiz todo o possível para fazê-la parar de me amar. Molhava sua sala de visitas com a mangueira, fazia todo tipo de maldades, mas não importava. Lutei contra o amor dela durante anos, porque ela realmente se importava muito comigo. Foi difícil lidar com isso por eu ser jovem demais para entender. Agora ela está casada e ainda nos falamos. Ela veio a um dos meus shows, acompanhada do marido. São pessoas boas. E ela ainda me ama, o que é legal. Sempre pensei que fosse romântico ter uma namorada, mesmo quando era criança. Todos os outros achavam que era bobagem, especialmente as meninas. Não lembro nunca de não gostar de meninas. Na adolescência, sempre pensei que eram sexy".

Quando finalmente Paul saiu da casa dos pais, foi morar com essa garota. "Deixei de ser o menino da casa, transformando-me em alguém que tinha outro alguém que dependia dele. Às vezes, acho que a melhor maneira de aprender algo é ser empurrado naquela direção. Você cresce rápido quando não há escolha. Hoje em dia, fico cheio das mulheres bem rápido, mas naquela época era legal estar com alguém com quem se sente à vontade. Morei com ela durante dois anos e, depois de termos desmanchado, jurei que jamais viveria com alguém de novo. Não há regras estabelecidas para se viver junto e pode ser mais difícil do que estar casado. É tão vago. Você é alguém com quem racha o quarto e um amante exclusivo? Você as sustenta?"

Relembrando um relacionamento mais difícil, Paul relata a respeito de "outra garota, de sua juventude, que tinha duas personalidades distintas. No começo, achei que ela estava armando para mim, mas não estava não. Era como a Sybil. Ela era muito agradável e bonita e, por outro lado, era assustadora, meio machona. Era tão estranho. Quando ela estava com dezessete anos, fazia coisas do tipo se trancar no quarto durante três ou quatro dias, ou pintar as paredes do quarto de preto. Entretanto, eu não estava apaixonado por ela. Ela era muito, muito interessante, não uma pessoa comum, mas há uma grande diferença entre estar apaixonado e encantado com alguém e amar".

"O amor é maravilhoso até que você comece a odiar a pessoa – existe uma linha tênue entre amor e ódio. Vi pessoas bem-casadas durante anos e então, de repente, acaba tudo. Quando eu casar, quero saber se vai durar. Para mim, casar e ter filhos faz parte de um sonho, mas não posso realizá-lo agora. Vejo muitas garotas com as quais quero ficar, passar a noite, levar para jantar e com as quais quero passar alguns dias. É duro estar apaixonado por alguém e continuar a fazer essas coisas."

Quando Paul estiver pronto para sossegar: "Serei um pai maravilhoso. Sou fascinado com a ideia de ter filhos, pois, para mim, eles são como uma lousa, um quadro em branco. Basicamente, você é quem escreve por cima; o que você escreve será a base em sua vida".

Paul sabe que, com a popularidade de massa do KISS, ele poderia influenciar milhares de jovens, "o que, em parte, é a razão pela qual não gosto de falar a respeito do que talvez possa ter consumido em termos de drogas ou álcool. As pessoas têm de descobrir essas coisas por elas mesmas. Ninguém precisa dizer-lhes que há drogas que podem prejudicá-los. Todos sabem disso. Seria muito convencimento meu sair por aí dizendo para as pessoas como devem viver".

"Entretanto, às vezes, não tenho certeza se não deveríamos demonstrar um posicionamento em relação a algo. O problema é que aquilo que você diz acaba tendo um peso extra pelo fato de você ser uma celebridade. É errado. Mas se você tem uma posição definida a respeito de alguma coisa, talvez devesse utilizar sua influência."

No futuro distante, quando Paul não for mais um membro ativo em turnê do KISS, ele quer continuar a sua carreira musical produzindo outros grupos. Ele já fez um álbum com o grupo New England e acha que será um grande produtor de estúdio. A maioria dos amigos dele está no meio musical. "É o que tenho em comum com eles. São as pessoas com as quais me sinto bem. Os rapazes da banda são meus amigos."

"Valorizo amigos neste ponto e sei quem eles são. Se há algo que aprendi com tudo isso é ter um insight e sentir quem é verdadeiro e quem não é. Com a fama, você desenvolve um sexto sentido a respeito de quem é sincero. Tenho alguns amigos ainda do final dos anos 1960, mas os caras com os quais frequentei a escola seguiram caminhos diferentes. De vez em quando, cruzo com alguém com quem costumava ter amizade e eles ficam intimidados. Isso faz com que me sinta mal. É uma vergonha que deva existir essa muralha entre as pessoas."

Fora do KISS, Paul vive uma vida tranquila. "Gosto de ficar sozinho e gosto de ter tempo para pensar por conta própria. As pessoas falam que sou muito calado, mas é que tenho necessidade de ouvir a mim mesmo. Gosto de ficar só e de ouvir música. Dependendo de meu humor, pode variar de Beethoven a Fleetwood Mac. E quando estou muito louco, ouço rock pesado e ouço bem alto. É a única maneira de ouvi-lo. Também gosto de sair com amigos. Minha ideia de o que é uma grande noitada é sair para dançar até as cinco da manhã e voltar para casa bem cansado e suado."

"Depois de ter ficado na estrada, leva um tempo para se acostumar a ficar em casa. Quando estou em turnê, sei que a qualquer hora posso ligar para uma das quinze suítes e ter companhia. Quando estou em casa, não estou com pessoas assalariadas. Durante as turnês, todos dizem sim o tempo todo, mas, quando se está em casa, você ouve uns nãos."

Quando os dias de turnê do KISS terminarem, Paul acredita que ficará feliz tendo "boa companhia e a casa. Mas há uma faceta minha que gosta de aparecer". Olhando para esse lado seu, Paul diz: "Vou voltar às artes. Não sei como nem quando, mas sei que vou. Quando se fica mais velho, você muda a maneira de se relacionar com as coisas. É a mesma coisa com meus pais. Eles costumavam ter uma de minhas pinturas pendurada na parede, mas, quando fui visitá-los recentemente, eles a trocaram pelo meu primeiro disco de ouro recebido pelo *Alive!* e colocaram minha pintura atrás de uma porta. Num primeiro momento, fiquei chateado, mas depois percebi que eles tinham me aceito totalmente pelo que sou e tinham colocado tudo na perspectiva correta".

"Meus pais estão bem ali comigo, no sétimo céu. Não venho de uma família rica, mas hoje em dia, por minha causa, eles têm coisas legais, que eles sonhavam ter. Durante toda a época difícil, eles jamais me deram trabalho e agora podem rir junto comigo. Eles comentam: 'Quem diria, naquela época em que você dizia que ia chegar lá, que chegaria mesmo?'"

Apesar de seu jeitão meio avoado, parecido com Dean Martin, Ace pode ser o cara mais esperto do KISS. "Tive uma briga com Gene e Paul porque disseram que, já que compunham a maior parte do material, eu não era muito esperto. Aí eu respondi: 'Vocês se surpreenderiam em ver como sou esperto'. Comprei um desses testes de Q.I. Paul e eu fizemos. Não havia maneira de roubar; marcamos o tempo e fizemos seguindo as regras. O Q.I. de Paul é 140, que é muito bom, quase um gênio. O meu é 164, o de um gênio. Sempre soube que era mais esperto do que os outros garotos; simplesmente não tinha saco."

Ace não tem mais tempo para ficar entediado. Sua vida está ocupada com as exigências da carreira, o que deixa pouco tempo para outros interesses. "Tenho 65 guitarras que quero tocar. Tenho meu próprio estúdio de gravação. Gostaria de estudar micro-organismos. Gostaria de começar a fazer filmes." Ace acredita que é o tipo de pessoa que poderia ter sido inventor. "Sou muito parecido com meu pai. Por isso, sempre adorei ciências, mágica e eletrônica. Quando tinha doze ou treze anos, conseguia desmontar qualquer coisa e consertá-la."

Ace explica que tinha essa ideia de fazer a guitarra explodir. "É claro que precisei de ajuda para construí-la, mas era um conceito meu. Todos os efeitos especiais que faço são de início ideias minhas. Sou fã de eletrônica. Recentemente, gastei 5 mil dólares num equipamento laser para minha casa. Eu o vi e pensei: 'Tenho que tê-lo'. Gravem minhas palavras. Algum dia, inventarei alguma coisa extraordinária."

"Os computadores também me fascinam. Jogo xadrez no computador. Sei que as pessoas não imaginam que eu seja um cara interessado nessas coisas, porque tenho a reputação de ser alguém que bebe muito... de ser distraído... um cara que conta um monte de piadas. É quase uma fachada que demonstro, às vezes."

Ace confessa: "Pensando bem, talvez não seja fachada. Na verdade, é uma boa parte de mim. É muito mais divertido rir e contar piadas do que falar merda. Eu curto fazer as pessoas rirem. Sei que eu mesmo sou minha melhor plateia e chego a rir de minhas próprias piadas. Costumava contar muito mais piadas do que agora. Para falar a verdade, não me lembro mais delas. Talvez tenha ficado tempo demais na estrada. Ou talvez minha chama interna tenha se apagado. Costumava ser capaz de ficar sentado numa festa e soltar quarenta piadas, uma atrás da outra". Aqui está um exemplo do humor típico de Ace, por ele mesmo: "Outro dia fui ao dentista e disse: 'Ô, Doutor, meus dentes estão muito amarelos. O que se pode fazer para melhorar?'. Ele me aconselhou: 'Use uma gravata marrom'. Ha! Ha! Ha!".

Este Henry Youngman do rock talvez não conte as melhores piadas, mas elas são seguidas pela risada do Ace. E é a gargalhada mais engraçada do mundo. "Num certo momento de minha vida, pensei que tentaria fazer apresentações em teatro contando piadas, mas seria um desastre agora, pois esqueceria as piadas", conclui Ace. E acrescenta, meio sério: "Como Marlon Brando. Ele não consegue se lembrar das suas falas e eu não consigo me lembrar das minhas". Continua brincando: "Graças a Deus, consigo lembrar minhas partes musicais na guitarra".

Segundo Ace: "A melhor coisa que o dinheiro me trouxe foi conseguir comprar uma casa bonita e construir um estúdio de gravação de 24 canais no porão. Uma coisa é quando alguém lhe diz que você é rico, mas é muito mais especial quando você olha para a sua própria casa e cinco acres de terra e sabe que são seus". Fora da estrada, Ace fica satisfeito em passar o tempo em sua propriedade de campo. "Gosto de ficar em casa. Após ser adorado e paparicado durante os meses de turnê, gosto de me afastar de tudo, ficar apenas com meus amigos, vestir meus jeans sujos e uma camiseta e ir aos velhos bares onde costumava passar o tempo antes de ficar famoso. Poder relaxar com meus companheiros faz me sentir uma pessoa normal de novo. Meus amigos, na maioria, ainda são músicos em ascensão, mas nunca me pedem ajuda. São orgulhosos demais para tanto."

A necessidade de Ace de ter privacidade é assegurada pelo anonimato que a maquiagem oferece ao KISS, e ele aprecia andar pelas ruas e não ser reconhecido. "Não gostaria de perder isso. Se não pudesse ir a algum lugar sem ser reconhecido, acho que ficaria louco. Sempre nos preocupamos em manter nossa privacidade. Os jovens descobrem onde moramos, e aí temos de mudar de casa. Odeio admitir, mas por causa disso não sou muito simpático com as pessoas da vizinhança."

A família e os amigos de Ace são prioridade total. "Casei-me com alguém que tem uma grande família italiana e os adoro. Jeanette e eu nos conhecemos numa festa de aniversário no Bronx. Conhecia a prima dela e ela veio junto com mais outra garota. Esta outra garota [Diane] e eu namoramos durante um ano e, no fim, deixei a Diane para ficar com a Jeanette. Namoramos durante uns cinco anos antes de nos casarmos, em 12 de maio de 1976. Eu não queria me casar até que pudesse dar a ela uma boa casa e um carro. Ela veio de uma família de posses e eu não queira baixar seu padrão de vida. Quando era vagabundo, eles não gostavam de mim, e quando me tornei um sucesso, gostaram de mim. Mas isso é normal. Os pais são assim mesmo."

"O avô de Jeanette é o terceiro vice-presidente da Teamsters Union. Na verdade, quando os Teamsters fizeram sua convenção em Las Vegas, estivemos presentes. São boas pessoas. Você ouve por aí que os Teamsters são um bando de criminosos, mas não vi nada disso no meu relacionamento com o avô dela. Ele é um senhor muito legal." Ace acrescenta seu comentário usual: "Registre isso, por favor".

De todos os membros do KISS, Ace sempre foi o mais relutante em se abrir em entrevistas. Ele explica que foi pouco cooperativo de propósito, porque gosta de sua imagem. "É misteriosa. Quando a imprensa escreve a respeito do grupo, eles normalmente dizem: 'Ace Frehley é o mais misterioso e evasivo'. Gosto disso."

Ace afirma: "Basicamente, sou um cara bastante feliz. Estou bem, financeiramente, e poderia sair da banda amanhã e nunca mais voltar a trabalhar. Mas acho que ficaria louco. Sempre faço o que me deixa mais feliz. Exatamente agora, estou mais feliz tocando rock do que fazendo qualquer outra coisa. Daqui a cinco ou dez anos, não sei o que estarei fazendo; apenas sei que será algo que me deixe feliz. Sempre vivi desse jeito".

"Estou com apenas 28 anos e não posso ser um astro do rock por mais trinta, então tenho de planejar um pouco a minha vida. Acho que seria feliz se pudesse ser um produtor de discos bem-sucedido. Eu voltaria à minha arte. A única coisa que odiei ter de deixar de lado por causa da música foi pintar e desenhar. Vou voltar a fazê-lo quando me aposentar do meio musical daqui a muitos anos."

"O que é importante para mim hoje é minha casa, minha esposa e, talvez, ter uma família. Mas não terei filhos até que possa dispor de mais tempo para eles. Basicamente, sou uma pessoa muito fechada. Comprei minha casa dos sonhos porque é isolada e, quando saio da estrada, não quero ser importunado por ninguém. Gosto de ficar sozinho, relaxando. Curto meus momentos tranquilos e preciso de tempo para ficar simplesmente sentado, pensando."

"Pensando no futuro, descobri que, uma vez que se consegue algo, tem de se concentrar em novos objetivos. Nunca tirei vantagem de pessoas que me adoram, mas há um conselho que gostaria de dar: 'Nunca estabeleça alvos muito fáceis. Coloque-os lá em cima, assim, mesmo se conseguir chegar só até a metade do caminho, já terá feito um bocado'. Acho que as pessoas se autolimitam e acredito que todos podem fazer qualquer coisa que queiram. É preciso ter confiança em si mesmo para ser bem-sucedido na vida. E estar sempre buscando novos objetivos. Você pode atingi-los. Se não fizer isso, vai se estagnar, e isso não vai acontecer comigo."

"Quando eu disse que seria um astro do rock, todos me falaram que havia competição demais. É engraçado, mas todos os velhos amigos me ligaram para dizer a mesma coisa, como um disco velho: 'Puxa, Ace. Você disse que ia conseguir e conseguiu mesmo. Não acredito. É inacreditável!'. Muita gente fala; falar é fácil."

Lá no fundo, Ace Frehley se considera um romântico: "Não demonstro muito, mas choro em filmes". Dentre as quatro pessoas, fora do palco, nada é mais difícil do que tentar imaginar o Space Ace chorando no final de um filme.

Para Gene, demonstrações românticas privadas são quase impossíveis, pois está envolvido em um relacionamento que tem merecido grande publicidade em Hollywood. Admite honestamente: "Não sei se sou capaz de ter um relacionamento que dure com uma mulher, pois sei que sou uma cobra. Mas acontece que sou louco pela Cher. Ela sabe que, se eu seguir os meus instintos, saio com qualquer garota pela qual me sinta atraído. Mesmo assim, a Cher é o primeiro relacionamento verdadeiro que tive".

Em 1965, Sonny e Cher eram o casal antiestablishment da música pop, mas, em 1980, Gene explica que "os jovens não gostam de meu relacionamento com ela. É duro. Para eles, ela é puro Hollywood, mas a verdade é que ela não tem nada a ver com aquele cenário. Ela é tão diferente da Cher do palco quanto eu sou do Gene Simmons. Na verdade, ela é mais certinha do que eu, acredite se quiser."

"Se eu pensasse em subir na carreira ou algo assim, certamente teria escolhido algo melhor. Mas sou louco por ela. A Cher não tem nada a ver com o KISS. Ela faz parte de minha vida particular. Em outras palavras, provavelmente não haverá um álbum Cher-Gene. Não gosto muito do tipo de música que ela canta e ela tampouco é muito fã do KISS."

Os dois se conheceram numa festa que Neil Bogart ofereceu para o governador da Califórnia, Jerry Brown, no dia 18 de fevereiro de 1978. Neil perguntou para a Cher se ela gostaria de participar do álbum solo de Gene, "e ele não deveria ter feito aquilo", insiste Gene. "Ela tinha acabado de assinar com a Casablanca Records, e é claro que a indústria pensou que seria muito bom publicitariamente nós dois trabalharmos juntos. Desculpei-me com ela no final da noite, mas achei que ela era um pé no saco e ela pensou que eu era um pé no saco."

Aquela antipatia à primeira vista também gerou um imenso interesse, e Gene e Cher passaram as primeiras horas do dia seguinte à festa na casa dela, conversando sobre todo tipo de coisas. "Fui embora às 5h30 da manhã, pensando 'O que está acontecendo?'. No dia seguinte, eu a convidei para sair e acabamos passeando de carro por aí, sem rumo, apenas conversando. Somos tão diferentes e na verdade não gostamos das mesmas coisas, mas gostamos um do outro. E nunca gostei de crianças, mas sou louco pelo filho dela, Elijah."

"Naquela noite, saímos para assistir aos Tubes, e foi assim que eles apareceram no especial da TV. Ela queria que o KISS estivesse no show, cantando 'God of Thunder', e eu deveria arrancar as roupas delas no final. Decidimos que não era uma ideia realmente boa. Dois dias depois de termos nos encontrado, tive de viajar a negócios para Nova York. Assim que aterrissei, enviei um telegrama dizendo: 'A viagem foi boa. Pensei em você. Estou com saudades'. Ela ligou naquela noite e, durante a semana inteira que passei em Nova York, falamos em média umas oito horas por dia pelo telefone. Isso para mim era loucura. Durante a primeira conversa pelo telefone, falamos um para o outro: 'Te amo'. Nunca tinha falado isso para ninguém. Até aquele momento, nunca tínhamos sequer nos beijado ou mesmo andado de mãos dadas. Ela não era o meu tipo de garota; era magra demais, sem recheio. Sempre achei que gostava de mulheres grandes e carnudas."

"Quando voltei para Los Angeles, a Cher e eu moramos juntos durante uma semana, e aí tive de partir para uma curta turnê no Japão. Enquanto estava no Japão, minha conta telefônica foi de 2.500 dólares e a dela foi outros tantos. Quando voltei para Los Angeles, para fazer o *KISS Meets the Phantom*, a imprensa ficou ligada em nosso relacionamento. Um repórter da revista People foi entrevistar a Cher em sua casa e me viu andando por lá. Mas até agora tudo está calmo e não há ninguém nos incomodando."

Gene, uma "vítima" do "primeiro amor", tem curtido dar toda a atenção a Cher. "Organizei uma festa surpresa de aniversário que deve ter me custado uns 10 mil dólares. Naquela manhã, às dez horas, quando ela atendeu a porta, um coral com trinta componentes cantou 'Parabéns a você'. Depois do café da manhã, por volta do meio-dia, uma banda com trinta músicos marchou em direção ao hotel em que estávamos. Estavam todos paramentados, tocando 'Parabéns a você'. Entre uma e três da tarde, havia um avião circulando o hotel, carregando um banner que dizia: 'Cher, feliz aniversário'. À tarde, apareceu um tanque do exército no hotel, nós entramos nele e ele nos levou até a festa surpresa."

Quando Cher e Gene saem juntos, dezenas de fotógrafos tentam tirar uma foto do Gene de cara limpa. Como ele evita os flashes? Ele brinca: "Simples, eu me disfarço de Sonny Bono".

Segundo Paul, o relacionamento de Gene e Cher "é como uma [segunda] infância para ele. Ele está atravessando uma fase em que está abrindo os olhos. Estar apaixonado é novidade para ele. Quando aconteceu pela primeira vez, ele não telefonou para ninguém. Acho que não sabia lidar com isso. Quando finalmente falei com ele, tivemos uma conversa superlegal, de coração aberto, conversa de irmãos". Quanto à atenção que o relacionamento desperta, Paul considera: "Cada um de nós dá tanto de si para a banda e ao público que não devemos qualquer tipo de explicação nem desculpa pelo que decidimos fazer com nosso tempo livre. O que fazemos fora do domínio público não é da conta de ninguém; mas é claro que não é fácil para Gene e Cher".

Mas só porque ele está apaixonado não significa que Gene tenha perdido a ambição. Seu maior desejo é ter uma carreira como a de seu maior ídolo, Lon

Chaney. "A faixa 'Man of 1000 Faces' no meu álbum solo é sobre ele. Sempre achei que era alguém à frente da sua época. Nos filmes mudos, quando as pessoas usavam somente pó de arroz nos rostos, este homem contorcia o corpo e usava maquiagem elaborada, tornando-se todo tipo de pessoas diferentes. A coisa que me fascinava nele era que conseguia ser o Fantasma da Ópera ou o Corcunda de Notre Dame e ainda ser o mesmo lá dentro. Sou muito sério no que diz respeito a tentar uma carreira de ator em filmes de terror. Nunca viram meu rosto e adoraria atuar em papéis em que aparecesse de maneira diferente em cada filme."

Na opinião de Gene, não há dúvida de que ele será um ator de filmes de terror do tipo do Boris Karloff ou do Bela Lugosi. "Mas, diferentemente deles, teria orgulho de ser estereotipado. Gostaria que meu nome aparecesse como Gene Simmons, algo que vou criar. Gostaria de me ver como Gene Simmons, alguém mais importante do que Drácula." Como os membros do KISSarmy, Gene também já foi um fã de carteirinha. "Costumava participar da Count Dracula Society original em Los Angeles, mas, desde então, eu mesmo me tornei uma personalidade. Posso assumir meu lugar ao lado de Drácula. Não se tem tempo de pensar que alguém é importante quando se tem de sustentar o seu próprio ego. Ainda assim, o Drácula influencia minha atuação, mas não que eu o imite de maneira consciente. Uso aquilo que absorvi do Drácula e de muitos filmes expressionistas antigos, aqueles em muito contraste em preto e branco. Isso me influenciou, mas não é o caso de eu dizer: 'Tenho de ser o Drácula'. Nunca quis ser ele. Queria apenas ser alguém grande e poderoso e assustador, e o Drácula parecia personificar essas qualidades. Há duas grandes diferenças entre o Drácula e o que faço. Primeiro, ele bebe sangue e eu o cuspo. Segundo, para o Drácula, as pessoas são escravas. Quando estou no palco, o KISS é que é escravo da plateia."

Absorver a adulação de milhões de fãs é muito parecido com religião, mas Gene não é muito religioso. "Quando crescia em Israel, éramos nacionalistas, mas não religiosos. Quando vim para os Estados Unidos e fui para a *yeshiva*, eu era muito religioso, até um ponto em que a tradição reforçava a crença religiosa. Quando comecei a questionar, fui me afastando pouco a pouco. Então, se sou religioso, certamente não é com a mesma concepção normal de Deus. Mais do que tudo, acho que Deus foi feito provavelmente à imagem do homem e não o contrário. E não consigo amar ninguém que se ache mais importante do que os outros. Não me importo com o que os outros digam."

"A veneração dos fãs pelo KISS é, em nível muito primário, uma religião. Há uma espécie de nação KISS e, se você for louco pelo KISS, se você acredita no KISS, o que você faz é se divertir. Mas não há doutrina. Não lhe ensinamos nada. Então, se é religião, é [uma] de diversão... a religião de passar o tempo divertindo-se. E essa pode ser a religião mais profunda de todas."

"A religião estabelecida serve a um propósito real para os idosos, os doentes, os solitários e os pobres. Ela lhes dá esperança e algumas pessoas precisam de um nome para esperança, seja ele Moisés, ou Jesus, ou Buda ou qualquer outro. É maravilhoso. Mas para mim é repugnante o conceito das cruzadas matando em nome de uma divindade que é contra a matança. Através da história, a religião foi tão deformada, mas o KISS não faz isso. Não somos missionários tentando converter alguém a acreditar em algo."

Gene está determinado a manter o KISS apolítico e acredita que "quando a geração atual conseguir o poder político, os republicanos e democratas ficarão obsoletos. As pessoas vão apoiar um candidato por causa das suas posturas em relação aos problemas, não por causa de sua filiação partidária. A política é muito interessante, mas os políticos em si são tremendamente chatos. Não são nada interessantes, não têm estilo. O presidente Kennedy tinha bastante estilo".

A ambição de Gene pela carreira artística concentra-se em filmes e na área musical e, como seus colegas do KISS, ele está determinado a forjar novas carreiras para si próprio. Está sempre buscando a mágica do rock'n'roll e tornou-se uma espécie de santo protetor de grupos novos que estão apenas começando a carreira. Em 1977, ele viu uma banda num clube, gostou deles e financiou uma fita demo. A banda usou a fita para conseguir fechar contrato com uma gravadora. Mas não havia compromisso. Gene fez isso porque acreditou na banda. O Van Halen é agora uma das maiores atrações da Warner Brothers e vendeu milhões de exemplares de seus dois primeiros álbuns.

Por essa e outras experiências similares, Gene sente que no futuro, se quiser se tornar um empresário, será capaz. "Adoro ver bandas novas, mesmo não tendo nunca ouvido suas músicas, porque adoro ver as coisas antes de ouvi-las.

Nunca vou desistir da música, mas gostaria de me expandir para a produção de outros grupos. E isso vai acontecer, quando for a hora certa."

No momento, Gene precisa de 24 horas completas de vida todo dia e do burburinho das grandes cidades. "Quando alguém me pergunta qual é meu signo de horóscopo, eu respondo: 'É o signo do dólar'. É claro que estou fazendo graça porque, na verdade, não sou materialista. Uma pessoa só pode comer uma refeição por vez, vestir um jogo de roupas. Existe um número certo de horas num dia para se apreciar as coisas. As pessoas confundem a riqueza. Pessoas chatas usam a riqueza de maneira chata. Se você tem imaginação, o dinheiro pode fazer com que sua vida seja realmente interessante. Mas é o ego e não o dinheiro que vem guiando minha carreira."

Ainda assim, Gene acredita que, rico ou pobre, o homem é senhor de seu destino. "Não importa o que aconteça, você tem de tentar fazer as coisas darem certo. O mínimo que se pode fazer é sucumbir lutando. Acredito na vida, em aceitar a existência do jeito que ela é. Talvez seja esse o objetivo da religião – assegurar que possamos viver plenamente, que não cometeremos suicídio."

Gene não é um homem solitário, mas até hoje tem problemas com a maioria das pessoas: "Sei que vai parecer antipático, mas não é. É muito difícil me manter interessado, e a maioria das pessoas é terrivelmente chata". Em sua opinião, a vida é um desafio e ele tem muitos objetivos, desde a carreira cinematográfica até a próxima garota atraente. E embora possa parecer que ele tem um ego superinflado, este só serve para ajudá-lo a obter o máximo de prazer da vida e do sucesso do KISS. Afinal de contas, foi o amor que Gene tinha pelos quadrinhos e monstros que gerou o ímpeto inicial do KISS; daí, se ele se gaba bastante, ele conquistou esse direito.

Segundo Peter, o sucesso que o KISS alcançou significa tudo. Tal qual Gene, Paul e Ace, Peter sempre soube que era especial e diferente, mas lutou profissionalmente durante mais de dez anos antes de se juntar ao KISS. Aqueles anos deixaram sua marca, mas a fama e a fortuna permitiram-lhe aceitar gradualmente seu estrelato e a si mesmo.

Peter lembra: "Meu irmão costumava pegar no meu pé. Ele costumava dizer: 'Você nunca vai ser alguém'. Tive a maior satisfação quando ele se desculpou, pois eu sabia que um dia eu conseguiria". O amor familiar é muito importante para Peter: "Meu pai e eu somos muito próximos, ele é meu amigão e um grande companheiro. Por ele, eu faço um desvio e faço uma visitinha para tomarmos uma cervejinha juntos. Ele tem um grande conhecimento e foi só quando eu cresci que percebi o quanto ele sabe. Ele é muito inteligente, embora não tenha diploma universitário".

"Sempre quis fazer coisas para minha mãe", explica Peter, "mas durante bastante tempo ela não me deixava. Agora, ela aceita. Tirei meus pais do cortiço e dei para o meu pai uma pequena loja de antiguidades. Arrumei os dentes de minha mãe. Minha família sofre de diabetes, minha avó morreu disso. Minha mãe ficou diabética recentemente e eu pude pagar para ela ir a um especialista", confessa alegremente.

Segundo Peter, um dos aspectos mais difíceis do sucesso é que velhos amigos têm dificuldade de se relacionar com ele. Ele observa: "Quando encontro meus amigos hoje em dia, eles têm medo de mim. E isso faz me sentir muito mal. Tenho um verdadeiro interesse por eles, mas eles acham que, pelo fato de eu ser um grande astro, não me importo com a vida deles. Eu os perdi e isso me entristece. Eles não querem ficar comigo, porque se sentem pequenos ou inadequados. Não mudei, a não ser no que diz respeito ao fato de ter estabelecido um objetivo e tê-lo atingido. Mas ainda frequento o McDonald's ou um bar ou um rinque de tiro".

"Às vezes, me pergunto: 'Como é possível que um garoto do Brooklyn, dentre os milhões de bateristas do mundo, conseguiu chegar ao topo?'. É surpreendente, mas acreditava que nasci para estourar e aquilo me fez ser diferente. Quando era jovem, comecei a ter cabelos brancos. As pessoas pensavam que eu tinha tingido e me chamavam de bicha. E eu brigava. Comprei botas Beatles e deixei meu cabelo crescer. Mais brigas. Sempre fui um tipo que não se encaixava, embora pertencesse a uma gangue. Ficar isolado me forçou a aproveitar a oportunidade. Poderia ter falhado, mas você tem de tentar. É o que me difere de meus velhos amigos. Eles nunca tentaram, e não somos mais amigos, então você pode ver que o sucesso tem seu preço".

"É claro que também há muitas recompensas. Anos atrás, escrevemos para todas as fábricas de baterias, pedindo baterias grátis em troca de propaganda. Todos recusaram, a não ser a Pearl. Agora, recebo todo tipo de cartas implorando que eu deixe a Pearl, mas eu não a deixaria por nada. Eles me trataram como um deus e agora vou projetar meu próprio conjunto de baterias de madeira e eles vão fabricar para mim. Isso é uma sensação e tanto, pois vou projetar a bateria sem saber se vai ou não funcionar, mas ninguém mais no mundo terá uma igual, só eu."

Em 1978, Peter foi ao terapeuta, e um dos resultados foi que ele passou a ser muito franco em conversas. "Faço o que você acha que não vou fazer. Às vezes, faço umas coisas do outro mundo, mas gosto de ser assim. Gosto de fazer as coisas no calor do momento. Sou muito sensível e sou mal-humorado. Quando eu deixo de ser, você se vê diante de uma pessoa totalmente diferente. Mas no fundo sou muito jovem. Sou como criança – adoro comprar brinquedos; essas coisas me deixam confortável em meu mundo próprio. Muitas pessoas pensam que sou um 'baterista machão', um verdadeiro filho da puta, mas não sou, não. Às vezes, fico quieto, e outras vezes, posso ficar louco. Sou maníaco-depressivo, então, ou estou muito bem, ou muito mal, o que é horrível. Quando dou entrevistas, às vezes sou honesto demais e digo coisas que sei que vão me meter numa fria, mas que vão deixar o jornalista entusiasmado. Mas é como o Frank Sinatra e a imprensa. A propósito, ele é meu ídolo. Ele é como Deus para mim."

Como um gato no palco, Peter tem sete vidas, mas admite que elas todas foram gastas, se acabaram, se foram. "Sou muito, muito sortudo. Quase morri algumas vezes, destruindo carros e coisas assim. Adoro correr. Agora, vou ao Malibu Grand Prix, para liberar essa energia. Mais tarde, provavelmente, vou entrar para as corridas, mas em pistas de verdade."

Os planos de Peter para o futuro também incluem um forte desejo de se dedicar a representar. "Isso vai ter de esperar até o fim das turnês, daqui a alguns anos. Também inventei um jogo de tabuleiro sobre o rock, chamado Make It to the Top (Seja bem-sucedido). Até escrevi uma música com o mesmo nome, que a Cher vai gravar".

O sucesso do KISS, para Peter, mesclou-se com o sabor amargo de um casamento desfeito, seguido de um novo amor. "Quando a Lydia e eu nos casamos, eu era muito jovem. Ela é uma ótima mulher, só que não durou. Ela não era para mim. Não me dava um sentimento de segurança. As pessoas crescem, e ela não cresceu comigo, e isso estava me retendo. Mais que isso, porque sou tão sensível, preciso de muito afeto. Preciso ser abraçado e amado, e não tive isso durante muitos anos em meu casamento. Acho que ninguém nunca nos viu nos beijando em público. Não éramos um casal muito quente, mas eu preciso disso para progredir. Acho que a Lydia não conseguia entender realmente meus amigos músicos doidos e meu estilo de vida. Acima de tudo, nosso casamento não era realmente amor. Tudo era calculado; ela trabalhava e eu me divertia. E não deu certo."

O divórcio, em 1979, custou para Peter sua casa dos sonhos em Connecticut. "Eu queria o divórcio e estava disposto a pagar por ele. Quero me casar com a Deborah." Sobre ela: "Quando a vi pela primeira vez, ela não sabia quem eu era, o que foi ótimo. Encontrei-a numa festa do Rod Stewart e o engraçado é que eu nem queria ir naquela festa. Ace e Paul entraram no meu quarto e me vestiram, forçaram-me a ir".

"Deborah estava na pista de dança piscando para mim. Coloquei minha bebida na mesa e a arranquei da pista. Ela adorou, porque ninguém nunca tinha feito aquilo com ela. Eu pensei que era O Tranquilão: 'Oi, gata. Quer entrar em minha limusine e dar uma voltinha?'. A limusine nos trouxe de volta ao meu hotel, e aí eu disse: 'Vamos voltar à festa. O meu Porsche está na garagem, lá em baixo'. O tempo todo, eu pensando que estava abafando e ela, pensando que eu era um cretino riquinho mimado."

"Quase nem conversamos, mas finalmente eu disse: 'É claro que você sabe quem eu sou'. Ela não sabia, então contei: 'Sou Peter Criss'. Ela respondeu: 'E eu sou a Deborah Svensk'. Perguntei: 'Quem?'. Ela explicou: 'Sou modelo, já apareci na *Vogue* e na *Playboy*'."

"Então, eu contei que era do KISS e ela disse que a última vez que havia ouvido falar do KISS foi do irmão, que gritava como o KISS era bárbaro. Ela achava o KISS uma merda. Disse: 'Odeio eles. Usam maquiagem e parecem uns doidos varridos'. Enquanto isso, eu pensava: 'Lá se vai a minha chance de ficar com ela. Ela odeia minha banda'. Ainda assim, deve ter havido alguma atração, porque jantamos juntos naquela noite. Ela disse: 'Nunca achei a sua banda grande coisa'. Eu perguntei: 'Por que você ficou piscando para mim?'. Ela respondeu: 'Porque o achei bonito'."

"No dia seguinte, almoçamos e jantamos juntos e depois fomos à praia, fazer uma longa caminhada. Foi quando tudo começou. Era como num filme, andar ao longo do mar. Eu a beijei. Foi incrível. Senti-me como um menininho. Andar de mãos dadas foi demais, só olhar seu rosto e curti-lo. Nunca encontrei ninguém como ela em minha vida, e nunca pensei que encontraria. Nunca estive tão feliz em minha vida como quando estou com ela. Estou realmente apaixonado, sou o cara mais feliz do mundo."

Para Peter, desde que a encontrou, foi a primeira vez na vida que realmente sentiu amor. "Na minha vida inteira, nunca estive apaixonado, então não sabia como lidar com o sentimento. Imaginei que a Deborah não pudesse me amar, porque ela era tão maravilhosa. Mas ela me ama. Moramos juntos durante o tempo inteiro em que trabalhei em meu álbum solo. Ficou grudada em mim o tempo todo. Ela é uma boa mulher, e isso é importante. Você tem de ter alguém que tome conta de você."

Peter explica que, por ela ter namorado com alguns músicos, conhecia a vida nas turnês. "Se fico acordado a noite inteira gravando e trago fitas para casa, ela levanta, toma uma xícara de café e as ouve. Você precisa de alguém que ouça sua música e lhe diga: 'Essa é boa'."

Peter admite: "Às vezes, você folheia a *Playboy* e pensa que elas são todas umas loiras burras, mas a Deborah é brilhante. Frequentou a faculdade e o pai dela é engenheiro. Ele é sueco. Ela é parte índia e, portanto, por eu ser irlandês e italiano, temos umas brigas e tanto."

Peter sente que casamento e filhos fazem parte do futuro. "As pessoas acham que os astros do rock não querem seguir o sonho norte-americano, mas eu quero. Quero torta de maçã. Quero, ao chegar em casa, ver meu filho correndo em direção ao carro, dizendo: 'Oi, pai!'. Quero um cachorro. Quero tudo o que tenho direito. Eu tinha uma grande mansão, mas não havia amor nela. Agora, a Deborah me dá todo o afeto de que preciso, e eu aproveito. Há um monte de coisas que compartilhamos que nunca compartilhei com ninguém mais. Ela me respeita como homem e como pessoa e me acha o máximo. É bom ouvir isso de vez em quando. Quando estou com essa garota, fico pensando o quanto sou sortudo. 'Sou eu mesmo?' Nós estamos sempre grudados. Ela mudou tanto a minha vida que não preciso mais ser destrutivo. Deborah me fez feliz."

Peter explica: "Nunca pensei que chegássemos a tanto, mas existe certa solidão nisso". Não entendam errado. Peter está feliz por ter conseguido. "Meu pai costumava dizer: 'É solitário lá no topo'. Eu dizia: 'Bobagem, estarei cercado de pessoas'. Após um tempo, descobri que muita gente só era atraída por meu dinheiro e fama. Em breve, você se vê só com a sua mulher, o que é bom. Deborah e eu não precisamos sair para nos divertirmos. Ficamos felizes em ficar em casa assistindo à TV, comendo pipoca e jogando Rummy 500 a noite inteira."

"É claro que é legal ter dinheiro, porque você pode comprar brinquedos para ficar feliz – uma casa, um barco, um carro – e você precisa disso para sua sanidade. O glamour e o dinheiro são legais, e acho que nós os merecemos. Trabalhamos para tê-los. A única coisa que preciso dizer é que eu gosto muito dos rapazes [Ace, Gene e Paul] e que os admiro."

Para Ace, a fama e a fortuna são divertidas, mas ele não parece nem um pouco preocupado com o futuro. "A banda poderia se separar amanhã ou eu poderia ficar duro e isso não me incomodaria. Eu simplesmente continuaria." O sucesso do KISS, de acordo com o Ace, foi um sonho maravilhoso que se realizou, com a exceção de que estar com o grupo tira a sua liberdade. "Tenho de falar com todos antes de ir a algum lugar ou de tomar uma grande decisão. Não posso tomar decisões por mim, como fazia antes. O sucesso não é o que pensei que seria, mas nada é, na verdade. Não imaginei do quanto teria de abrir mão em minha vida pessoal."

Gene acha que tem uma oportunidade especial por não ter de ser o sr. Mick Jagger 24 horas por dia. "Posso comprar pizza ou ir ao cinema como todo mundo, não tenho medo de ser reconhecido e não sou perturbado, porque não sou reconhecido. De qualquer modo, já tenho mais atenção do que jamais quis ter. Se precisar mais do que tenho, acho que teriam de me colocar numa camisa de força."

"Sucesso para mim significou tudo o que ouvi falar de pessoas que tenham ficado famosas. Você pode comprar tudo o que sempre quis para seus pais. Comprei para os meus uma casa grande nos arredores da cidade e também uma no exterior. Minha mãe é minha maior fã. Ela coleciona tudo sobre mim e sobre o KISS, lê todas as revistas de rock. De fato, esse é o maior prazer dela."

O sucesso do KISS satisfez o ego do Gene, embora haja um lado dele que quer sair de trás da máscara. "Eu estava pensando em fazer uma daquelas propagandas de TV do American Express: 'Você não sabe quem eu sou, mas...'. Mas não acho que haja uma razão sequer para me revelar. Sei quem eu sou."

Para Paul, a fama é totalmente diferente do que pensou que seria, quando era mais jovem. "Isso deve soar redundante, mas 'você só pode conceber o que consegue entender'. A fama é somente aquilo que você pode entender como sendo fama, em seu mundo atual. Portanto, seis anos atrás, minha ideia de fama era viver num apartamento ajardinado, mas todos saberiam quem eu sou. E eu teria dinheiro."

"É óbvio que isso não é fama. Como alguém saberia o que teria dentro de cinco anos? A fama faz de você um homem, o faz crescer. Você se expõe a muita coisa. Encontra pessoas que jamais, em seus sonhos mais loucos, imaginaria encontrar e fica em mesmo nível com as celebridades."

"Acho que o perigo da fama é o de ficar tão envolto em si mesmo que começará a acreditar que o mundo gira ao seu redor. Isso é ridículo e eu realmente aprendi a lição uns quatro anos atrás, quando quase me afoguei. Estava no Havaí, navegando num catamarã, mais ou menos uns dois quilômetros e meio longe da costa. Fui pego por uma corrente forte e não conseguia retornar à praia. Um homem num barco a motor me viu e me resgatou, mas numa certa hora eu quase me vi morto."

"Enquanto estava flutuando na água, pensando que estava para morrer, minha vida passou diante dos meus olhos. Todos pensam que são tão importantes, mas quando eu estava sendo tragado pelo mar, percebi que somos quase nada. Quando se está lutando pela vida, tentando apenas continuar a boiar e as ondas não permitem, você descobre que não é tão forte e poderoso."

"O que descobri é que a vida em si é um desafio. Embora ache que tenha poucos desafios na carreira com o KISS, penso que crescer como um ser humano é a maior de todas as tarefas."

Para Bill Aucoin, os quatro homens conseguiram gerenciar bem seu enorme sucesso, embora ressalte que ele veio rápido. "Eles tinham os aborrecimentos de rua para empurrá-los. A única mudança grande é que agora são milionários e podem fazer o que bem entenderem. Mas nem sempre foi assim."

Bill lembra: "No início, eles eram muito duros. Uma vez, Paul entrou em meu escritório para pedir emprestado cinco dólares. Ele não tinha nada.

Quando sentou do outro lado da escrivaninha, me recostei e coloquei meu pé na cadeira e ele viu pequenos buracos nas solas de meus sapatos. Ele sabia que eu era duro, mas não tinha ideia do quanto. Paul começou a me observar e viu um buraco em minha malha. Aí ele disse: 'Só passei para ver como você estava' e saiu. Ele nunca me pediu os cinco dólares".

"Houve uma outra vez em que fiquei sem dinheiro e o Neil não podia nos dar mais. Fui até Gene e pedi: 'Quanto você pode me emprestar?'. Gene respondeu: 'Tenho uma poupança de mil dólares'. Eu sabia que receberíamos algum dinheiro num futuro próximo, portanto pedi: 'Posso pegar para o grupo? Eu lhe devolvo em duas semanas'. Ele piscou algumas vezes, mas acho que não teve dúvidas. No dia seguinte, trouxe um cheque administrativo no valor de mil dólares."

Bill chama a atenção para o fato de que aquele tipo de coisa acontecia o tempo todo no começo. "Sempre fomos próximos, e foi isso que ajudou imensamente. Não houve batalha de egos. A diferença entre aquela época e agora é que hoje eles são mais sensíveis. Viajaram pelo mundo afora e conheceram mais pessoas, portanto entendem mais a respeito delas. Sua visão do mundo é mais sofisticada."

O futuro do KISS a longo prazo, tanto para Bill Aucoin quanto para o grupo, é um caminho direto para a fama de super-heróis. Mas como o KISS cresceu calcado nas apresentações ao vivo, 1979 marcou o retorno ao palco. Gene comenta: "Não somos o tipo de banda que tira um ano de folga para não fazer nada. Não saímos em turnê durante um ano, não tocamos, mas trabalhamos mais do que jamais o fizemos antes. Estávamos para começar outro filme, mas decidimos que seria melhor sair e fazer uma turnê em 1979, ou as pessoas esqueceriam que somos uma verdadeira banda de rock. Foi a confirmação da crença da plateia em nós, mostrando-lhes que somos reais e não apenas quatro atores ou rostos numa lancheira. Temos que continuar saindo e mostrando às pessoas que ainda somos capazes de botar para quebrar".

Peter explica: "Tínhamos de voltar para provarmos que não havíamos rompido. Havia rumores por aí de que eu estava deixando a banda. Eu adoro os rapazes, não quero me separar. Ainda temos muita música para tocar. Mas o ano de afastamento nos ferrou bastante. Quase morri num acidente de carro e me divorciei. Gene conheceu a Cher. Ficamos longe uns dos outros, o que era estranho. Levou um tempo e muito trabalho para voltar ao pique total".

Peter insiste: "A única maneira de tocar as pessoas é tocar para elas. E naquela turnê nos divertimos muito, foi quando mais nos divertimos tocando. Estou me divertindo agora, e a plateia também fica bem. E é isso o principal. Todos nós quatro realmente acreditamos no que fazemos ao tocar. Não afirmo que eu seja Keith Moon, mas dou o meu melhor. Não foi uma viagem complicada. Nunca houve uma banda de rock lendária norte-americana antes e senti que o KISS era. Tenho orgulho disso. Ultimamente estamos muito próximos, nos damos melhor do que nunca. Estamos mais sensíveis e nos entrosamos para fazermos as coisas juntos. Estamos muito mais maduros e nos completamos uns aos outros".

Ace enfatiza: "Depois de ficar junto por tanto tempo, muitos grupos têm problemas e choque entre os egos, mas nós somos bons amigos. Acho que um bom motivo é que todos nós temos diferentes personalidades, por isso não ficamos juntos fora das turnês. Portanto, quando estamos em turnê nos damos melhor. Outra coisa é que nos respeitamos como astros por direito. Existe respeito mútuo. Terceiro: o KISS é um grupo muito democrático. Acho que é por isso que dura e continuará pelo tempo que continuarmos querendo que continue".

Um dos melhores amigos de Paul lhe disse quatro anos atrás: "Você sabe que está no auge agora. Daqui por diante, é só a queda". "Mas eu sei que isso é ridículo. Somos todos abnegados ao KISS. Há algo que nos une, que não mudará jamais. Somos quatro rapazes de Nova York que devemos tudo uns para os outros".

A turnê de 1979 foi a prova de que o KISS é a melhor banda de rock do pedaço, e seu álbum de 1979, *Dynasty*, foi a evidência de seu crescimento musical. Peter observa: "É mais sofisticado e musical, mas não perdemos os fãs mais jovens por causa da diferença de estilo. Um garoto que estava com treze anos quando comprou seus primeiros álbuns do KISS, estava com vinte quando o *Dynasty* foi lançado. Sempre quisemos manter nossos fãs e progredir junto com eles".

"Em termos de longevidade, sabemos exatamente o que estamos fazendo. Estamos bem conscientes em não nos movermos rápido demais em relação à nossa plateia. Por que deveríamos? Um novo álbum do KISS não pode ser completamente diferente, pois isso seria perturbador", Gene explica.

Já Paul preferiria ver o KISS mudar musicalmente agora a vê-lo copiando a si mesmo. "A pior coisa é tornar-se uma paródia do que se é. Mas não se pode perder sua própria identidade musical. Você pode alargar seus horizontes, ir um pouco além, mas o KISS não pode ser rock pesado num dia e uma banda de swing no dia seguinte. Você pode mudar sua abordagem aos poucos."

A primeira mudança significativa na música do grupo foi o enorme e bem-sucedido compacto do *Dynasty,* "I Was Made for Lovin' You". De acordo com Paul: "Compus aquilo porque pensei: 'Vamos fazer um grande sucesso'. Com ritmo bom para dançar e melodia contagiante, foi um dos maiores sucessos norte-americanos, como também o primeiro grande sucesso na Europa".

Em 1976, o KISS fez uma pequena turnê pela Europa e Inglaterra, e não fez muito sucesso. Também foi a época, como Gene recorda, quando começaram as primeiras pressões das pessoas os chamando de nazistas. "Foi a coisa mais ridícula. O KISS é cinquenta por cento judeu." Mas, quando chegaram na Alemanha, o KISS teve de cobrir o logotipo por causa da semelhança com a famosa SS alemã. "Neste ano", Gene afirma, "quando formos à Europa, vamos mostrar para que viemos".

E eles aconteceram por ser um grupo extremamente ambicioso, que nunca está satisfeito. "Assim que tivermos conquistado o mundo, partiremos para um concerto na Lua", Ace afirma. Já que isso não é provável num futuro próximo, o KISS tem planos para expandir o público do grupo. "Há tanta coisa que quero fazer", admite Gene. "Estou trabalhando num parque de diversões itinerante baseado no KISS. E teremos nossa própria companhia de revistinhas em quadrinhos e nossa própria editora. O conceito KISS continuará para além de seus membros. *Beatlemania* não nos afeta. Um show do KISS na Broadway seria ótimo. Seremos lançados como personagens, nos tornaremos os Bowery Boys[6] da modernidade. E outros atores nos representarão. Não há razão para não continuarmos como super-heróis muito tempo depois de

---

6 Gangue de Nova York de meados do século 19 que defendia o nacionalismo e o anticatolicismo e que entrava sempre em conflito com gangues de irlandeses. (N. T.)

termos pendurado as guitarras. O KISS continuará além da vida da banda de rock. Irá sobreviver a si mesmo."

Gene enfatiza que pelo mundo todo já proliferam grupos que os imitam. "É claro que eles podem (re)criar nosso show. Minuto a minuto, emoção a emoção; é o maior show do planeta. Não acho que haja nada comparável. E após o show os jovens vivem o estilo de vida KISS, tocam discos, penduram nossos cartazes na parede. Se saem e compram roupas do KISS, tornam-se como nós. A última banda que conseguiu fazer isso foram os Beatles. As pessoas compravam perucas dos Beatles e aquilo transcendia a música. Não confunda nossas origens", Gene avisa. "O Who usou flashes muito antes de nós e provavelmente compôs a maior das músicas inesquecíveis: 'My Generation'. O que estou discutindo é o impacto na sociedade. O KISS tornou-se uma atividade circense de rock para a família inteira. O rock tentou criar um distanciamento entre as gerações, e o KISS o está preenchendo. Se os pais conseguem engolir o KISS, qualquer outra banda de rock será muito mais palatável." Gene acredita que "as regras do rock não são mais válidas para nós. Somos uma banda personalizada".

Bill Aucoin não tem dúvidas: "O KISS pode durar para sempre. São super-heróis, como o Super-Homem ou o Homem-Aranha, e eles continuarão por tanto tempo quanto puderem física e emocionalmente aguentar a pressão exigida para manter a imagem que criaram. Realmente, depende deles. O que fazem é muito difícil, e quando chegar o dia em que decidirem que não conseguem mais seguir adiante, deixarão um legado para os anos 1980, assim como os Beatles deixaram para os anos 1970".

Bill Aucoin dá a palavra final: "Minha vida inteira mudou devido ao meu amor pelos quatro. Quando estou por perto do tipo de amor e energia que geram, sei que tomei a decisão correta. Não sou apenas seu empresário, mas um dos maiores fãs, e compartilho as esperanças dos milhões de fãs pelo mundo afora de que eles continuem para sempre".

PARTE 2

E POR FALAR EM LÍNGUAS...

POR KEN SHARP

o primeiro segmento da parte dois oferece um apanhado dos anos do KISS de cara lavada, até a volta do grupo original, em 1996. A seguir, leia os depoimentos sinceros dados pelo KISS entre 1996 e 2000. concluindo esta parte, o capítulo "falando em línguas" agrega, em primeira mão, comentários da banda e de membros de seu círculo próximo, narrando marcos importantes e acontecimentos detalhados da KISStória.

CAPÍTULO 12

CRIATURAS DA NOITE:
AS CONSEQUÊNCIAS

Em 1978, o KISS era, sem sombra de dúvida, a banda mais popular do mundo. Um ano mais tarde, o seu império dourado começou, aos poucos, a se esfacelar. Na superfície, o KISS parecia ser infalível, mas, depois de um exame mais acurado, as fendas começavam a atingir a superfície e a máquina estava prestes a desmoronar completamente. Enquanto o *Dynasty*, a nova gravação do KISS, subia à 9ª colocação da *Billboard*, e o novo compacto simples, "I Was Made for Lovin' You", era um sucesso retumbante, o grupo vinha claramente se desgastando, com os membros se envolvendo em ciúmes mesquinhos, abuso de drogas e conflitos inflamados.

Em setembro de 1978, o lançamento dos álbuns solo do grupo serviu como prenúncio de que nem tudo andava bem no reino do KISS. A competição entre os membros para saber qual seria o álbum mais vendido aumentou os egos já insuflados. Para piorar ainda mais o descontentamento, havia a triste realidade de que o KISS começara a perder muitos dos fãs mais antigos. Os roqueiros, que tinham sido o pior pesadelo dos pais, agora perderam aquele elemento essencial de perigo e, no processo, foram transformados numa banda para crianças, rodeados pela multidão de dez anos para baixo, um público mais apaixonado pela imagem caricata e pela propaganda do que pela música. O compacto simples "I Was Made for Lovin'You" afastou mais ainda aqueles fãs do rock hardcore, tradicionalmente mais inflexíveis, cujo desprezo óbvio pelo rock de discoteca erodiu severamente o sistema de fanatismo pelo KISS, que já tinha sido inviolável no passado.

O ano de 1979 marcou a última pá de terra na formação original do KISS. A decadência chegara ao máximo. O relacionamento de Paul e Gene com Peter Criss, em especial, tinha chegado ao fundo do poço. Totalmente dependente de drogas e álcool, que o incapacitavam, Criss estava totalmente fora de controle naquela época. Antes, ele era capaz de disfarçar durante a apresentação, apesar de estar alto ou na dependência de remédios. Na turnê do *Dynasty*, o grave problema de abuso de drogas começou sensivelmente a impedir suas habilidades como baterista. Durante toda a turnê, Criss não tocou bem. Algo tinha de ser feito para o KISS sobreviver – e rapidamente. As coisas finalmente chegaram a um impasse dramático ao fim da turnê do *Dynasty*, o que exigiu a primeira perda da banda. Peter Criss não mais pertencia ao KISS.

Mantendo silêncio sobre a saída de Criss do grupo, o KISS gravou o álbum seguinte, *Unmasked*, sob um forte esquema de segredo. Usaram o baterista autônomo Anton Fig (que também tocou na maior parte das gravações para o *Dynasty*). O álbum mostrou a banda buscando uma direção ainda mais pop do que em *Dynasty*, o que surpreendeu ainda mais a base dos fãs cada vez mais escassa. Com um som poderoso, revigorante, parecido com o dos Raspberries, no fim, *Unmasked* sofreu com a abordagem leve da música. A ferocidade musical primordial que caracterizava o KISS da melhor época se fora. Obviamente, a incursão do KISS na linha melódica pop foi um engano, e a isso se juntaram os problemas de imagem da banda. A legião de fãs de carteirinha do KISS ficou confusa e o álbum fracassou sem deixar vestígio nos Estados Unidos. Embora ainda fossem superastros na Europa e especialmente na Austrália, *Unmasked* chegou somente à melancólica colocação de 35º nos Estados Unidos. Era uma posição frustrante para um grupo que tinha sido escolhido pela empresa de pesquisas Gallup, três anos antes, como a banda de rock mais popular, chegando à frente de lendas como os Beatles e o Led Zeppelin.

O KISS estava em estado terminal nos Estados Unidos. Um ano antes, o quadro tinha sido infinitamente mais otimista, o KISS tocara em dois eventos no Madison Square Garden, em Nova York. Agora a única data reservada nos Estados Unidos para o *Unmasked* era num lugar muito menor de Nova York, o Palladium. Era um pálido momento no passado de glórias do Kabuki.

PETER TOWNSHEND, THE WHO

O KISS é uma coisa saída da revista *Creem*, mesclada com Las Vegas e Nova Orleans. O KISS é um fenômeno carnavalesco norte-americano. Eles não poderiam ter surgido na Inglaterra. Talvez pudessem ter acontecido em Berlim, mas, nesse caso, a música deles não teria sido a mesma coisa. Teriam a mesma aparência, mas o som seria diferente. O KISS é um fenômeno muito norte-americano. Por causa disso, eu realmente nunca me sentei e ouvi a música deles com cuidado, mas talvez devesse.

Com o anúncio da saída de Peter Criss, a banda fez testes para um novo baterista e selecionou Paul Caravello, mais tarde rebatizado de Eric Carr. O estilo da bateria de Carr alinhava-se mais com as raízes das bandas de rock pesado – Led Zeppelin, Slade e Humble Pie – do que os seus antecessores, que tinham um estilo de swing e das big bands. Além da destreza na bateria, Carr também era um compositor e cantor talentoso.

Antes de decidir a persona da maquiagem de Fox, Carr submeteu-se a inúmeras sessões podres de maquiagem e roupas, inclusive um horror que o deixou parecido com o Garibaldo do Vila Sésamo. Assim que decidiram a respeito da maquiagem, Carr foi jogado sob o cruel brilho das luzes brancas da fama.

Menos de um mês depois de ter se juntado ao KISS, aconteceu a primeira apresentação com a banda (no show do Palladium mencionado anteriormente). Depois daquela apresentação única, o KISS embarcou numa turnê de seis semanas pela Europa antes de se apressarem em direção ao sul, até as fronteiras acolhedoras da Austrália, onde foram saudados com a mesma intensidade de como se fossem os Beatles. Graças ao sucesso surpreendente de *Unmasked* e ao compacto simples número um, "Shandi", o grupo tocou em vários shows que tiveram os ingressos esgotados, em localidades como Sydney, Adelaide, Perth e Melbourne. Ainda hoje, a turnê de 1980 na Austrália é relembrada com carinho pela banda como um grande marco na carreira. No entanto, uma coisa era certa, se por um lado o KISS era muito popular do outro lado do oceano, nos Estados Unidos, a estrela deles com certeza estava caindo.

Num derradeiro esforço para recuperar a popularidade e alcançar novos terrenos artísticos, o KISS reuniu-se com o produtor do *Destroyer*, Bob Ezrin, para o *Music from "The Elder"*, de 1981. O conceito, criado inicialmente por Gene Simmons, centrava-se no rito de passagem de um jovem, a jornada heroica através do descobrimento pessoal, das dúvidas e da autorrealização final. Seguiram-se meses de gravação com um resultado final que não se parecia com nada que pertencesse às melhores produções do KISS. De fato, depois do lançamento, alguns especialistas descreveram o álbum como se ele fosse um marco especial no rock progressivo da época, como o Gênesis, o Pink Floyd e o Jethro Tull.

Frehley, em particular, manifestou a insatisfação com a direção nova, mais "madura", e teve discussões terríveis com o produtor Bob Ezrin. Sendo baterista tradicional de rock, Eric Carr também teve dificuldades de trabalhar sob a rigidez criativa e estilística estabelecida para o *Music from "The Elder"*. Na verdade, em uma faixa, "I", Carr não conseguiu produzir para Ezrin a rigidez desejada na percussão e foi substituído pelo baterista autônomo Allan Schwartzberg, que já tocara no álbum solo de Gene Simmons.

Apesar das faixas ambiciosas, como "A World Without Heroes" (parceria com Lou Reed), "Just a Boy" e "Under the Rose", *Music from "The Elder"* foi um distanciamento chocante do som metálico de *Sturm und Drang*[7] do KISS, e não foi surpresa quando afundou como uma pedra, mal chegando a um triste 75º lugar, o pior álbum do KISS que já surgira em anos. Uma tentativa equivocada de atrair respeitabilidade crítica (a *Rolling Stone* fez uma crítica positiva), o *Music from "The Elder"* foi um fracasso de proporções gigantescas,

---

[7] *Sturm und Drang*, em alemão, "tempestade e ímpeto", foi um movimento literário romântico alemão do século 18 que fazia apologia da liberdade sem limites, do gênio e do amor impetuoso. (N.T.)

um desastre incalculável. Ironicamente, apesar da fria resposta da legião KISS, anos depois do seu lançamento, *Music from "The Elder"* partilha de renovado respeito e apreciação tardia da legião de seguidores da banda.

Quando o KISS terminou de gravar *Music from "The Elder"*, Ace Frehley sabia que seus dias dentro da banda estavam contados. Totalmente desencantado pela direção musical esquizofrênica do grupo e sentindo-se cada vez mais sufocado e descontente com a imagem de rock caricato, o residente da banda, o Homem do Espaço, decidiu deixar o KISS. A partida súbita de Ace, marcando a saída do segundo membro original da banda em somente dois anos, foi um golpe devastador no destino do KISS, que já se encontrava numa espiral descendente, e não podia ter acontecido num momento mais inoportuno. Ainda sofrendo do desastre que foi *Music from "The Elder"*, a banda estava essencialmente preocupada com o número decrescente da legião de fãs do KISS. Fodam-se o respeito da crítica e o pretensioso rock de conceito – o KISS precisava de uma reforma no metal fundido que fosse rápida. A solução foi simples. Antes de acelerar o nascimento de "Where Are They Now", o KISS precisava aumentar os amplificadores a dez e ressurgir com um álbum de rock pesado.

Creatures of the Night, de 1982, ajustou-se à receita perfeitamente. O disco capturou totalmente o som encorpado de rock pesado do grupo. A bateria de Eric Carr, especialmente, nunca soou melhor, emanando um som sobre-humano que teria arrepiado os cabelos de John Bonham, o baterista do Led Zeppelin. Dedicado a Neil Bogart, o habilidoso diretor de espetáculos do Casablanca Records recém-falecido, o álbum ecoou com a força de um terremoto e com o poder de fogo lírico que os fãs do KISS almejavam e buscavam. Duas das melhores músicas do álbum, "War Machine" e "Rock and Roll Hell", foram escritas em parceria com o então desconhecido e futuro astro do rock Bryan Adams.

Mas ainda havia a questão do desaparecimento de Ace. É aqui que o KISS pode ser acusado de omissão intencional. Os fãs claramente foram deixados no escuro. Será que o Ace ainda fazia parte da banda, ou não? Embora o rosto pintado de Frehley como Homem do Espaço ainda adornasse a capa do álbum, ele não tocou no disco; foi substituído por vários guitarristas independentes, inclusive o futuro guitarrista do Mr. Mister, Steve Farris, e o grande Robben Ford, guitarrista de jazz-rock. Vincent Cusano (mais tarde rebatizado de Vinnie Vincent), o guitarrista de Bridgeport, Connecticut, que também tocou no álbum e escreveu a maior parte das faixas em parceria, foi oficialmente integrado ao grupo como o novo guitarrista solo. Vincent assumiu na maquiagem nova um visual fantasmagórico, o rosto enfeitado com o símbolo egípcio Ankh em dourado.

Creatures of the Night foi bem-sucedido na tarefa de restabelecer o KISS com um traje de rock pesado, mas sofreu com as vendas mornas e frustrantes. A turnê referente ao disco também foi um fracasso; a banda se viu tocando para estádios semivazios. Para piorar as coisas, durante a turnê do *Creatures*, a banda foi perseguida por multidões de religiosos insatisfeitos, que protestavam acusando o KISS de serem mensageiros do mal enviados por Satã. Diziam que o nome KISS significava "Knights In Satan's Service" (Cavaleiros a Serviço de Satã). Perplexos com as acusações ridículas, Simmons e Stanley foram à mídia com todo vigor, aparecendo em vários noticiários de cobertura nacional e na imprensa escrita para refutar as alegações ofensivas. Entretanto, apesar da controvérsia que cercava as datas da turnê de *Creatures*, o agito na mídia não ajudou. O KISS agora corria perigo de vida, a luz amarela estava acionada.

Como eles poderiam estancar o sangramento? Sem notificar os fãs, os shows do KISS em junho de 1983 no estádio do Maracanã, no Rio de Janeiro, foram os últimos shows com maquiagem. Tocando diante de 137 mil fãs, o KISS encerrou a era da maquiagem com a elegância de heróis conquistadores. Os fãs souberam que grandes mudanças deveriam ocorrer ao ouvirem o último álbum, *Lick It Up*, lançado no dia 23 de setembro de 1983. O impensável tinha acontecido, como se o Super-Homem tivesse se revelado como o afável repórter Clark Kent. A capa branca simples de *Lick It Up* revelou uma fotografia de Paul, Gene, Eric e Vinnie sem maquiagem. Não foi surpresa quando esse passo inflamou alguns críticos, que acusaram a revelação dos rostos do KISS como uma desesperada tentativa de marketing de um grupo que afundava mais rapidamente que o Titanic.

Lick It Up, produzido por Michael James Jackson, mostrava um som pesado, metálico, no qual se destacavam o estilo rock/rap de "All Hell's Breakin' Loose", a balada épica de Stanley, "A Million to One", e o nome sensual da faixa título. O álbum surpreendentemente estourou, restabelecendo o KISS ao nível de disco de

Platina. Ainda mais relevante foi que o *Lick It Up* atraiu hordas de novos fãs, que não estavam familiarizados com o passado de maquiagem da banda.

Tocando no primeiro show sem maquiagem em 11 de outubro de 1983, em Lisboa, Portugal, o KISS provou que, sem ou com maquiagem, ou botas de salto alto de 17,5 cm, eles ainda eram uma força incansável do rock. O acréscimo de um novo membro, Vinnie Vincent, guitarrista solo, compositor e músico talentoso, também trouxe sangue novo às composições do KISS e à máquina das turnês. Entretanto, Vincent não durou muito no grupo KISS. Brigas pessoais e de criação entre Vincent e os fundadores Stanley e Simmons levaram o feiticeiro egípcio a ser expulso, sem cerimônia, depois do fim da jornada norte-americana da turnê *Lick It Up*.

ROGER DALTREY, THE WHO

Digo isso com arrependimento, mas eu nunca vi realmente nenhum dos shows ao vivo do KISS. Mas eu os adorava. Achava que o KISS realmente tinha a postura correta. Eles nunca se levaram tão a sério assim e faziam música boa pra caralho.

JOHN ENTWISTLE, THE WHO

Gosto do KISS. Eles eram demais. Eles levaram a coisa dramática um pouco além do que o The Who e usavam mais maquiagem que nós [risadas].

Novamente animados pelo sucesso do álbum e da turnê do *Lick It Up*, o KISS começou a procurar o guitarrista solo número três. Aí entra o Mark Norton, mais tarde rebatizado de Mark St. John, que emprestou sua acrobacia incendiária na guitarra ao próximo álbum de estúdio, *Animalize*. Por volta daquela época, um obstáculo maior desequilibrava a banda. O culpado era Gene Simmons, cujo compromisso sólido inicial com o rock do KISS oscilava seriamente. Seduzido pelo glamour de Hollywood, Simmons buscava a carreira de ator com tenacidade, e acabou aparecendo em filmes, como *Runaway – fora de controle*, com Tom Selleck, *Rock do dia das bruxas*, *Operação Stargrove*, *Procurado vivo ou morto* e *Soberano das drogas*.

Durante a gravação de *Animalize*, um álbum produzido por Paul Stanley, o flerte de Simmons com a tela prejudicou seriamente a sua contribuição criativa com o disco. O ex-baixista do Plasmatics, Jean Beauvoir, um amigo de Stanley, deu conta do trabalho. Os fãs, desconhecendo o cada vez mais escasso envolvimento criativo de Simmons, pareciam não se importar, pois *Animalize* chegou ao nível de vendas de um disco de Platina. "Heaven's on Fire", a faixa principal do álbum, permanece como a mais popular da fase cara limpa do KISS, sendo uma das três músicas desta fase escolhidas para serem tocadas na apresentação da Turnê de Despedida (2000-2001).

Quando o KISS começava a se preparar para mais uma série de shows, o novo guitarrista, Mark St. John, iniciou a sua batalha contra dificuldades médicas não diagnosticadas. As mãos incharam e, impossibilitado de tocar, St. John recebeu o diagnóstico de que tinha a síndrome de Reiter, uma doença rara nas articulações. Na viagem europeia do KISS, St. John observava triste das coxias enquanto o substituto temporário, Bruce Kulick, incendiava a guitarra. Recomendado à banda pelo irmão mais velho, Bob Kulick, amigo de longa data do KISS (Bob contribuiu como guitarrista no *Alive II*, *Killers* e no álbum solo de Paul Stanley, de 1978), o recém-contratado ajustou-se bem. Frustrado com os constantes problemas médicos de St. John e cheio de energia pela transição suave do substituto contratado, o KISS recebeu Bruce Kulick de braços abertos como o guitarrista número quatro. Ficou claro, naquela época, que o inconstante lugar do guitarrista tinha tomado uma familiaridade quase cômica, do tipo que ocorreu na banda Spinal Tap; era preciso um registro para se manter atualizado sobre qual membro estava fora no momento.

No entanto, diferentemente dos guitarristas Vincent e St. John, cujas passagens pelo KISS foram meteóricas, Kulick permaneceria na banda por mais de dez anos. O maneirismo incendiário da guitarra de Kulick pôs fogo na gravação do álbum de estúdio do KISS, *Asylum*, de 1985. Gravado da mesma maneira estilística afiada do *Animalize*, o álbum, coproduzido por Stanley e Simmons, ganhou um outro disco de Platina. Três compactos simples foram lançados a partir do disco, com os sucessos "Tears Are Falling", "Who Wants to Be Lonely" e "Uh! All Night".

Além das buscas extracurriculares como ator, Simmons também se ocupava da carreira de produtor, trabalhando com a vocalista Wendy O. Williams, do Plasmatics, House of Lords, Doro Pesch, E-Z-O, Black 'n Blue e Keel. O colega de banda, Paul Stanley, mantinha a prioridade mais perto de casa, devotando toda a energia criativa ao KISS. Além de créditos numa coprodução do LP de lançamento do New England e do disputado trabalho de produção do Guns n' Roses, Poison e Cher, Stanley era o membro em quem todos podiam confiar na década de 1980: sempre criativo, ele era o jogador de equipe modelo.

1987 também foi o ano em que o KISS se mostrou por inteiro pela primeira vez. *Exposed*, o primeiro documentário em vídeo, com uma reunião de clipes raros de shows e entrevistas informais, foi lançado em maio de 1987. Durante anos, a sede da legião KISS por material visual atraente seria satisfeita com uma sucessão de lançamentos de vídeos caseiros, que tiveram grandes vendas.

Para o 14º álbum de estúdio, o grupo juntou-se à eficiência do produtor Ron Nevison, que recentemente produzira os álbuns megaplatina para o Heart e Ozzy Osbourne. Com Nevison a bordo, a banda se sentiu otimista de que o seu envolvimento poderia ajudar a forjar um novo impulso comercial para os experientes guerreiros do metal. Lançado em setembro de 1987, *Crazy Nights* foi um esforço habilidoso e bem forjado, com teclados com toques aveludados, harmonias ricas e guitarras em espirais. A contagiante faixa-título e a balada poderosa e boa de se tocar no rádio, "Reason to Live", ajudaram *Crazy Nights* a chegar a um respeitável 18º lugar nas paradas norte-americanas, mas o álbum ficou muito aquém do sucesso comercial retumbante que eles pretendiam ter. Do outro lado do oceano, a história foi consideravelmente mais animadora. O compacto simples "Crazy Crazy Nights", com o seu refrão que se parecia com o Slade, chegou ao quarto lugar nas paradas da Grã-Bretanha. Reanimados pelo sucesso britânico, o grupo participou do show ao ar livre *Monsters of Rock*, no castelo de Donningotn, na Inglaterra, tocando com grupos do porte de Guns n' Roses, o ex cantor do Van Halen, David Lee Roth, Iron Maiden e Megadeth.

Celebrando o Natal de 1988 em grande estilo, veio a nova compilação dos grandes sucessos, *Smashes, Thrashes and Hits*. Com músicas cobrindo toda a carreira do grupo, o disco também apresentava duas gravações inéditas de estúdio, "Let's Put the X in Sex" e "(You Make Me) Rock Hard", além de uma versão de "Beth" que apresentava vocais recém-gravados do baterista Eric Carr.

Depois do fim da turnê mundial *Crazy Nights* do KISS, Paul Stanley ainda não estava disposto a pendurar as chuteiras do rock'n'roll e tirar férias. Em fevereiro de 1989, Stanley embarcou numa curta turnê por clubes norte-americanos, tocando os clássicos do KISS, músicas do seu primeiro álbum solo, de 1978, junto com o cover "Communication Breakdown", do Led Zeppelin. A turnê foi um sucesso retumbante, preparando para Stanley material criativo para o próximo álbum de estúdio do KISS. *Hot in the Shade* foi o resultado, lançado nas lojas de disco em outubro de 1989.

A primeira música do compacto simples, "Hide your Heart", a qual Stanley estreara na turnê solo de 1989, chegou ao modesto 22º lugar nas paradas. Reconhecendo que suas buscas por outras áreas tinham prejudicado o cerne criativo do KISS, Simmons ressurgiu em *Hot in the Shade* com dedicação e concentração renovadas. Não é de surpreender que, agora que Simmons estava totalmente comprometido com o KISS de novo, o álbum conquistaria o maior sucesso dos catorze anos. Criada por Paul Stanley e Michael Bolton, a balada "Forever" subiu à 6ª colocação nas paradas. Promovendo o compacto simples "Rise to It", a banda tinha uma outra carta na manga. Em vídeo, Paul e Gene são filmados colocando novamente a maquiagem, num cenário artificial de dentro das coxias, introduzindo a própria apresentação da faixa. Essa exibição inesperada lançou fogo nos rumores a respeito de uma turnê de reencontro do KISS.

BRIAN WILSON, THE BEACH BOYS
O KISS é uma banda muito interessante, gosto da energia deles.

Mesmo diante do renascimento comercial do grupo, uma tragédia indescritível rondava por ali. Em 1991, o KISS recebeu a triste notícia de que Eric Carr estava tomado pelo câncer. Depois de uma operação bem-sucedida em abril de 1991, Carr voltou a juntar-se aos companheiros de banda para colocar vocais extras numa nova versão do sucesso do início dos anos 1970 "God Gave Rock and Roll to You", do Argent. A música tinha sido gravada para a trilha sonora do *Bill and Ted's Bogus Journey*, rebatizado de "God Gave Rock and Roll to You II" e que trouxe nova letra e uma ponte com um som barroco que mostrava os vocais contra-harmônicos de Carr. Ele não tinha condições de tocar bateria na faixa, então a banda contratou Eric Singer para substituí-lo. Ele já tinha tocado na turnê solo de Paul Stanley, anteriormente. Apesar das preces de toda a comunidade KISS, Carr veio a sucumbir da doença no dia 24 de novembro de 1991. Desde sua morte, o legado musical de Carr cresceu muito com o lançamento de *Rockology*, um CD solo com músicas inéditas, e com o documentário *Inside the Tale of the Fox*.

Abalados com a morte do baterista e amigo de longa data, o KISS se pôs em marcha novamente. Em maio de 1992, o KISS lançou *Revenge*, o primeiro álbum com o baterista Eric Singer, recém-recrutado. Reunidos com o famoso produtor Bob Ezrin, de *Destroyer* e *Music from "The Elder"*, o *Revenge* retornou ao som arquetípico do grupo de 1970, uma declaração descompromissada de tudo o que o KISS acreditava, chegando ao nível dos discos mais bem-finalizados até hoje.

O Kiss mais uma vez estava de volta à estrada, alcançando o 6º lugar nas paradas da *Billboard* entre os álbuns mais vendidos. Eles presentearam os fãs leais com um show de duas horas e meia, repleto das músicas prediletas do KISS, novas e antigas. Também foi lançado naquele ano o *X-Treme Closeup*, um vídeo doméstico que mostra a história colorida do grupo por meio de clipes antológicos ao vivo, de meados da década de 1970, além de cenas selecionadas da turnê *Revenge*.

Quinze anos depois do lançamento do último álbum ao vivo, o KISS cedia aos persistentes apelos da base de fãs com *Alive III*, que foi lançado em maio de 1993. O disco foi gravado em Indianápolis, Cleveland e Detroit, produzido por Eddie Kramer, que também estava atrás dos controles em *Alive!* e *Alive II*. O *Alive III* disparou até a 9ª posição, numa demonstração inequívoca de que o KISS não tinha perdido o valor como dinâmica atração ao vivo. Cenas reunidas da turnê nacional do *Revenge* e clipes com entrevistas inocentes tornaram o vídeo doméstico *KISS Konfidential* um dos mais vendidos. Para coroar um ano bem produtivo, o KISS foi incluído na Calçada da Fama de Hollywood, junto aos legendários Van Halen, Aerosmith, Little Richard e Ozzy Osbourne.

1994 trouxe mais bons ventos para os fãs do KISS com o lançamento, em junho, do *KISS My A**: Classic KISS Regrooved*, um álbum-homenagem do KISS que incluía covers do KISS interpretados por artistas como Garth Brooks (ele tocou um cover de "Hard Luck Woman" com suporte do KISS), Lenny Kravitz com Stevie Wonder e os Gin Blossoms. Agora, novamente considerados na moda, *KISS My A*** demonstrou a quantidade enorme de fãs da banda. Em julho, o KISS tocou "Hard Luck Woman" com Garth Brooks e "Christine Sixteen" com os Gin Blossoms, em *The Tonight Show with Jay Leno* e *Late Night with David Letterman*. Dois meses depois do lançamento do álbum-tributo, saiu o vídeo doméstico *KISS My A***, uma outra compilação de videoclipes e comerciais de TV que entrou entre os mais vendidos.

1995 foi um ano marcante para o KISS. Depois de uma curta turnê no Japão e o relançamento da história em quadrinhos do KISS pela Marvel, a banda publicou *KISStory*, um volume de 440 páginas, muito bem projetado, ilustrado com centenas de fotografias, registros de lembranças raras e um texto expressivo. Depois, em vez de uma turnê com um concerto convencional, a banda patrocinou sua convenção oficial do KISS nos Estados Unidos e na Austrália. Entre os eventos, havia exibição de roupas de época, um show em vídeo, uma sala de negócios e uma sessão de perguntas e respostas. O mais importante é que essas convenções serviram como uma celebração alegre da herança do KISS – tanto para os fãs como para a própria banda. A natureza íntima das convenções deu ao grupo a oportunidade de se aproximar e ter um contato mais pessoal com os fãs. Para coroar cada convenção, a banda tocou peças acústicas que compreendiam joias do repertório do KISS, as quais tinham sido raramente ou mesmo nunca apresentadas, como "Room Service", "Mr. Speed", "Plaster Caster" e "Larger Than Life". A primeira convenção norte-americana do KISS aconteceu em 17 de junho, em Los Angeles, e contou com a aparição surpresa do ex-baterista do KISS, Peter Criss, que cantou várias músicas com a banda no palco, inclusive "Hard Luck Woman".

O formato totalmente acústico dos shows da convenção fez tanto sucesso entre os fãs que levou à aparição da banda no bem-sucedido programa *Unplugged*, da MTV. Fechando um capítulo da KISStória, enquanto se abria um outro, a importância vital da aparição do grupo não pode ser colocada de lado. Claramente, serviu como o catalisador máximo para o mais emocionante e ao mesmo tempo mais impossível evento de todos: o reencontro dos membros originais.

CAPÍTULO 13

VIVOS NOVAMENTE:
A ENTREVISTA DA TURNÊ DE REENCONTRO

"Vocês queriam o melhor e conseguiram, a banda mais quente do mundo... o KISS!" Essas palavras imortais foram proferidas com orgulho e em alto e bom som imediatamente antes da entrada triunfal do KISS nos concertos, em geral acompanhada por chamas enormes e ameaçadoras que ardiam nos tetos da arena daquela cidade de sorte. Agora a formação original do KISS estava de volta, enfeitada com a maquiagem Kabuki e usando as roupas da época do clássico *Love Gun*.

Uma aparição surpresa na premiação do Grammy, em 1996, em Los Angeles, marcou o retorno do KISS de uma maneira triunfante. A isso se seguiu, em abril, a coletiva de imprensa que aconteceu no cargueiro aéreo USS Intrepid, na cidade de Nova York. Para muitos do público, foi a primeira vez que viram o KISS usando maquiagem. Frehley abriu as festividades admitindo: "Parecemos tão idiotas como quinze anos atrás".

Como o *Unplugged* levou à reunião da banda original?

GENE SIMMONS: Tudo começou com o Peter, que me telefonou em casa quando eu estava organizando as convenções do KISS. Queríamos um evento especial que combinasse *Star Trek* com a Disneylândia. Peter já tinha aparecido em convenções de fãs. A filha dele começou a falar sobre essa coisa do KISS porque havia toda uma geração que vinha crescendo sem nunca ter visto a banda original. Ele telefonou e disse: "Quero aparecer e levar a minha filha. Tudo bem?". Eu respondi: "Claro que sim!". Eric Singer disse: "Você convidou o Peter, mas não o convidou para cantar uma música conosco?". Nem pensei naquilo, porque o Eric é o baterista do KISS e o Peter era o baterista do KISS. Em respeito ao Eric, eu não queria alimentar rumores. Eric disse que tudo estava bem. Peter apareceu e começamos a tocar juntos. Foi incrível! Quando tocamos duas músicas com Peter na convenção, foi tanta adrenalina! – para os fãs, para Paul e para mim mesmo. Foi bizarro. Quaisquer que tenham sido os problemas no passado com Peter, parece que tínhamos esquecido, estávamos felizes em nos ver. Estávamos indo à Costa Leste e não queríamos ofender Ace depois da aparição de Peter na convenção na Costa Oeste. Mas aconteceu que eles tinham apresentações em clubes juntos e não podiam comparecer na convenção de Nova York. Mas como a coisa do *Unplugged* da MTV estava chegando, a ironia era que os planetas estavam alinhados e decidimos ir em frente. E devemos dar crédito a Eric e a Bruce [Kulick]; os dois disseram: "Não se preocupem com a gente, isso vai ser o máximo para os fãs". Tudo aconteceu naturalmente. As coisas depois do *Unplugged* ficaram um tanto estranhas para nós. Foi o tipo de constatação de minha parte e de Paul de que havia definitivamente uma química entre nós que não poderia ser encontrada simplesmente colocando um anúncio por aí. Pode ser que a mágica tenha acabado. Mas havia aquele brilho. Se há, ele está lá. Se não há, não há nada. Não é algo que possa ser comprado numa mercearia, na prateleira de cima, escolhida para as ofertas do dia. E o outro elemento são as pessoas. Você é de confiança, ou não? Seus mecanismos de defesa funcionam, ou não? Assim, o que aconteceu é que saímos para jantar umas vezes e só ficamos juntos. Parecia óbvio que o espectro da turnê da maquiagem estava surgindo. Aos poucos, ele estava nos possuindo a todos ao mesmo tempo. Estávamos pegando a mesma febre juntos. Antes de seguirmos adiante, deveríamos fazer uma limpeza no ar. Ace e Peter tinham de se livrar das drogas. Pode ser uma coisa de viciado em trabalho, de teimoso ou de ser frio, mas ninguém pode duvidar que eu dava duro pela banda. Nunca tinha sido uma questão de que Ace e Peter fossem maus elementos. O problema era sempre o vício, seja o álcool ou as drogas, e o KISS não tem tolerância para esse tipo de coisa. Portanto eles tinham de estar limpos. Antes mesmo de começarmos a falar sobre o futuro: como estão? Como está a saúde? E a cabeça? Você se olhou no espelho e conseguiu ser honesto consigo mesmo? Eles vieram limpos. Disseram que eles mesmos tinham se azarado e que não podiam colocar a culpa em ninguém mais. Não é fácil se dar bem com as pessoas sóbrias, imagine com drogados. Pode-se ter uma conversa bem civilizada com o médico Dr. Jekyll, mas esqueça o monstro, o senhor Hyde. A conversa não vai longe. Então, tínhamos de ter certeza de que haveria dedicação. A segunda vez juntos é duas vezes mais difícil do que a primeira. Tínhamos a maior das dificuldades: nós mesmos, vinte anos depois.

 Onde vocês estavam e como foi quando vocês colocaram a maquiagem e as roupas de novo?

PAUL STANLEY: Foi um tanto estranho. Foi como entrar por uma porta e fazer uma viagem ao passado. Foi muito louco ver a banda com tão poucas mudanças. O que foi mais estranho de tudo foi olhar para todos e constatar: "Puxa, parecemos os mesmos".

PETER CRISS: Foi a maior emoção e a maior viagem. Durante um minuto enlouqueci e pensei [rindo] que estava perdendo a cabeça e parecia que eu estava numa viagem ruim de ácido ao contrário. Que posso dizer? Era como olhar para o espelho depois de dezessete anos e ver os mesmos rostos; foi de dar medo!

 ALICE COOPER
Nunca tive problemas com o KISS por um motivo: eles nunca afetaram o que o Alice fazia. Eu sempre disse que o KISS eram heróis de história em quadrinhos, enquanto Alice fazia mais o tipo Fantasma da Ópera.

O KISS era mais uma banda que tinha alguns bons efeitos especiais. Achei que cuspir fogo foi uma ótima ideia e alguns dos trajes eram demais. E gostava da música, achava que a música era bem boa. Mas eles não se envolveram na verdadeira doença psicológica que fez de Alice um personagem perigoso. O KISS nunca foi tão perigoso quanto o Alice. Eles eram ótimos vendedores de imagem. Sabiam exatamente como se vender. Eles eram espertos.

 Como foi a atmosfera na coletiva de imprensa da volta do KISS?

PAUL STANLEY: A coisa legal do KISS naquela época era que tantas pessoas tinham lembranças e acontecimentos na vida que estão ligados ao KISS, e ver a banda em carne e osso transporta essas pessoas. Quando aparecemos na premiação do Grammy, os olhos da maior parte do público brilharam e todos ficaram boquiabertos. Não por causa de algo de mais, mas é que aquilo acendeu uma luzinha dentro deles. Você se lembra da primeira vez que transou, ou da primeira vez que dirigiu o carro dos pais, ou da primeira vez que cabulou o serviço para assistir a um show. São várias primeiras vezes, e muitas bandas fazem você lembrar-se disso. As luzes se acendem, e para aqueles que nunca tinham visto o KISS daquela época, as histórias são tão lendárias que acabam fazendo o mesmo efeito.

 Alguma vez você acorda e diz: "Puxa, estou de volta ao KISS?"

PETER CRISS: Sabe de uma coisa? Estou esperando que isso aconteça e sei que vai acontecer. Quando voltamos de Nova York, Gene e eu voamos juntos e senti a diferença do fuso. Ele me ligou às seis da manhã e disse: "Peter, vendemos todos os bilhetes do estádio Tiger em 47 minutos". Eu respondi: "Gene, estou exausto. São seis da manhã". Desliguei o telefone, saltei da cama e disse: "Puta merda!". Ninguém jamais vai superar esse recorde. Um dia vou acordar e dizer: "Puta merda!". Não pensei que a reunião do grupo original fosse acontecer, mas eu queria que acontecesse.

Diga alguma coisa sobre o show.

PAUL STANLEY: O que queríamos fazer era olhar para o show de 1977 como o auge. Vamos fazer as coisas baseando-se nele, mas sem copiar. Claro, há elementos nele que estão aqui. Mas também há elementos de outros shows, por exemplo, as bombas, o instrumento para voar, a destruição das guitarras, as guitarras de Ace soltando fumaça, essas coisas. É realmente o show definitivo do KISS, no sentido de que analisamos o concerto que pensávamos ser o melhor e dissemos: "Vamos conseguir superar esse".

CAPÍTULO 14

BEM-VINDO AO SHOW:
VOCÊ ESTÁ NO PSYCHO CIRCUS

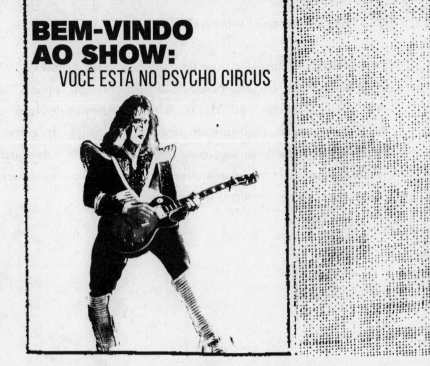

Antes do marco da turnê da volta da banda original do KISS, em 1996, havia uma guerra fria entre duas facções da banda original. De um lado, os membros fundadores Gene Simmons e Paul Stanley, ambos envolvidos em levar adiante a atual encarnação do grupo. Do outro lado estavam os renegados, os ex-membros Ace Frehley e Peter Criss, os guerreiros mirrados do círculo musical. O palco estava quase pronto para uma partida de morte sangrenta. No entanto, para satisfação geral da legião KISS, o relacionamento entre os membros originais da banda esquentou consideravelmente, levando à reunião do grupo original no *Unplugged*, da MTV.

Agora que o soco inglês tinha sido colocado de lado e a banda tinha se beijado e feito as pazes, o inimaginável era uma possibilidade. O KISS voltaria a se reunir e retomar o longo legado de um dos grupos de rock mais influentes e incríveis. A Max Factor sorria; a maquiagem carregada estava de volta, o couro preto, as lantejoulas, as botas de salto alto foram limpas e recuperadas das catacumbas. O KISS renascia, tanto musical como espiritualmente.

Levando o reencontro a um outro nível, o KISS reuniu-se e entrou no estúdio com o produtor Bruce Fairbairn para fazer o *Psycho Circus*, a primeira gravação em estúdio da banda original em quase vinte anos. Como era de se esperar, a turnê do *Psycho Circus* tinha um visual incrível, era um espetáculo extraordinário que utilizava tecnologia de ponta de 3ª dimensão.

 Tente relembrar o primeiro concerto da banda depois da volta em 1996, no estádio do Tiger, em Detroit.

PETER CRISS: Eu fiquei tão tomado que sucumbi e chorei. Parecia que eu estava dentro de um tipo de sonho. Tínhamos nos dedicado tanto para aquela noite, horas e horas de ensaios exaustivos. Era como se fosse treino de recrutas. Tive de olhar milhares de horas do KISS em vídeo. Tive de voltar a ser o Homem-Gato, aquele alter-ego que eu tinha eliminado da minha vida e agora tinha de lidar com ele de novo. Foi uma realidade dura para mim todas as noites em que, sozinho no apartamento, tive de me ver aos 25 anos de idade. Aquilo me enlouquecia. E eu sabia que tinha de ser daquele jeito de novo, então a pressão era enorme. No entanto, o KISS sofria tanta pressão naqueles dias que eu me sentia assim: "Eis a pressão de novo, temos de provar que somos a banda mais malvada do mundo, a melhor banda da terra. Somos os Beatles norte-americanos". Toda aquela merda que costumávamos dizer. Num instante estou sentado conversando com Gene e no outro estamos num carrinho de golfe, nós dois, subindo uma rampa no estádio e foi assim: "Puta merda! Será que estou sonhando e ocorreu uma deformação temporal, ou houve uma máquina do tempo? Ou talvez tudo fosse um pesadelo e era assim que acontecia". Toda essa merda passava pela minha cabeça. E quando entrei atrás da bateria e comecei o show, entrei em choque. Na verdade, acho que fiquei em estado de choque durante todo o concerto [risadas]. Eu desabei durante "Beth". Eu surtei mesmo quando chegamos ao ponto em que os rapazes se movimentavam para a frente e para trás, momentos em que eu deveria tocar para preencher o tempo. Ver o Ace fazendo o solo e ver o Paul dançar pelo palco foi a coisa mais poética. Só pensava: "Puxa!!!".

Deve ter sido algo surreal olhar para a esquerda e a direita e ver o Ace e o Gene totalmente maquiados.

PAUL STANLEY: Claro, mas não foi só na noite de estreia. Houve muitas noites em que olhava ao redor no palco e dizia: "É mágico!". Isso vai além de qualquer fantasia, das mais loucas. O que foi importante com aqueles shows é que tínhamos uma tarefa maior do que as pessoas poderiam compreender. Não tínhamos de ser tão bons quanto antes. Tínhamos de ser tão bons quanto as pessoas achavam que éramos. O concerto não tinha de ser uma réplica do que tínhamos feito, tinha de ser o que as pessoas imaginavam que tínhamos feito. Nosso maior inimigo era a nossa história. Tínhamos de estar totalmente engajados e também totalmente certos de que sobreviveríamos à lenda, mas que também a suplantaríamos. As pessoas queriam tanto isso que não conseguiríamos atingi-lo a menos que todos estivessem emocionados ao fim do concerto. Não há nada pior do que buscar algo e ficar desapontado. Não há nada pior que ter uma lembrança de algo manchada e desfigurada pela realidade do presente.

 ## JOHN PAUL JONES, LED ZEPPELIN
Acho que o KISS fez da maquiagem um grande show. É um evento, é um show, as pessoas buscam diversão com eles.

 Diga algo sobre trabalhar com a banda original novamente.

GENE SIMMONS: A formação original é realmente a mistura mais louca de pessoas que se pode encontrar, porque não temos nada em comum. Mesmo Paul e eu. Aparentemente parece que Paul e eu somos como irmãos siameses, mas não temos quase nada em comum. Em relação à comida, o Peter e eu somos mais parecidos. Gostamos do mesmo tipo de comida. Ace não se parece com nenhum ser humano que exista no planeta. Ele é único. As pessoas acham que ele está sempre chapado. Agora ele não está mais. A memória dele é bem seletiva. Ace pode ser bem direto. Dentre todos nós, ele é provavelmente o mais tomado pela fantasia. Ele acredita em óvnis, ele acredita em teorias de conspirações. Os papagaios adoram o Ace porque, quando ele fala, eles sempre pegam a expressão "um de nós" [imita o Ace falando com a voz aguda]. Acho que sou o cara mais direto. Preto é preto e branco é branco. Paul é muito mais romântico, o tipo de cara que diz: "Por que não dá para melhorar?". Peter é um moleque das ruas e é muito mais inconstante emocionalmente. Ele está completamente diferente agora, agora que Peter e Ace estão andando na linha; é como aquela coisa de Clark Kent e o Super-Homem ou talvez o Médico e o Monstro.

 Quando você se sentou para compor para o *Psycho Circus*, tentou deliberadamente adaptar as letras ao som da banda original?

GENE SIMMONS: Sim. Também tinha a ver com o Ace e o Peter estarem na banda. Se o Bruce e o Eric tentassem tocar aquilo, o som seria totalmente diferente. Ficaria bom demais, pois o Bruce e o Eric tocam os instrumentos com mais técnica. Mas o Ace e o Peter têm um ponto de vista e um estilo que é a essência do KISS. E ninguém foi capaz de reproduzir aquilo. Ouvi bandas que nos homenageiam e chegam bem perto, mas não é a mesma coisa. Ace e Peter têm uma maneira de tocar que é basicamente o que o KISS é. Qualquer outra versão da banda que tivemos, que tentou tocar aquelas músicas, as deixa perfeitas demais. Comparando, é quase como um bom hambúrguer feito de qualquer jeito, mas que acaba sendo uma das melhores coisas da vida. E, se você caprichar demais, não terá o mesmo gosto, não será tão bom.

PAUL STANLEY: Eu compus especificamente para capturar a essência do que vínhamos fazendo. Sem recriar ou fazer um álbum retrô, sem tentar fazer um álbum que tivesse o som de vinte anos atrás. Era algo mais como capturar e reacender o espírito da banda. Uma coisa que eu sempre amei no *Destroyer* é que ele retirou o invólucro e expandiu os parâmetros do que conseguíamos fazer. Levou-nos ao limite e, no entanto, tudo continuou verdadeiro para nós, porque tudo estava confortável, não houve nada forçado ou planejado. Pelo menos no meu ponto de vista, a concepção do álbum era de não nos sentirmos restritos pelo que poderíamos ser, mas que estávamos abertos a fazer qualquer coisa, desde que fosse agradável.

ACE FREHLEY: Eu só escrevo o que está na minha mente, eu realmente não faço reflexões sobre nada. Se pegar a música "Into the Void", meu estilo não mudou muito. Acho que eu só melhorei como letrista e como guitarrista. Minha voz melhorou. A voz é como um músculo, quanto mais é usado, mais forte se torna. É incrível! Quanto mais se pratica, melhor se toca.

 Diga algo sobre o show em 3D no palco.

GENE SIMMONS: A turnê do *Psycho Circus* vai ser algo que ninguém ainda viu, nem literalmente nem em termos de imagens, porque, se você já esteve num filme IMAX e colocou os óculos, é exatamente o que vai acontecer. Conseguimos as maiores telas possíveis. A tecnologia é de ponta. Ninguém teve acesso a ela, é 3ª dimensão ao vivo. Pode-se assistir sem os óculos e ver que algo está acontecendo; mexerá com os seus sentidos. Mas quando se colocam os óculos que você ganha com a entrada, os óculos do KISS, quando você os coloca, qualquer coisa que esteja em segunda dimensão, por exemplo, se eu olhar para você com os meus óculos, você parecerá o mesmo. Mas quando olho para a tela e você me vê cuspindo sangue e o sangue espirra, você verá a língua aparecendo bem na sua frente e sentirá a umidade em você, porque vamos jogar água na plateia. Você vai sentir cheiros, ver e ouvir as coisas.

 Você ficou surpreso com o sucesso da turnê de reencontro?

PETER CRISS: Sim, fiquei surpreso [risadas]. Eu me lembro de uma noite em que estávamos no avião e eu estava sentado ao lado do Ace e o Gene estava lá. Era bem tarde e estávamos cansados. Até aquele momento tínhamos tocado em uns 168 shows. Estávamos sentados lá e eu disse: "Meu Deus, isso me deixa muito ligado". Todos nós sabíamos que nunca tinha sido daquele jeito.

 Uma banda que é raramente citada pelo grupo como uma influência fundamental é o Slade. Ouvindo o repertório do Slade, pode-se ver como eles se infiltraram no som do KISS.

PAUL STANLEY: O Slade era fantástico. Em vários aspectos o Slade era o equivalente inglês a nós. O Slade compôs aquelas músicas inesquecíveis. Ao vivo, eles eram simples, mas, cara, eles mexiam com a gente. Eles também fizeram alguns shows conosco. Noddy [Holder] é um grande cantor. Todos da banda pareciam personagens de desenho animado vindos à vida. Eles pareciam um rolo compressor. Eles não foram uma influência marcante, mas entendo o ponto de referência deles. Era parecido com as nossas origens. Acho que em determinado ponto eles reescreveram as mesmas músicas demais. Mas, quando acertavam a mão, havia músicas incríveis e, ao vivo, eles eram maravilhosos! Minha guitarra espelhada do Homem de Gelo não foi uma ideia totalmente original. Noddy tinha uma cartola com espelhos e, quando as luzes focavam a cartola, criavam uns círculos enormes de luz que saíam da cabeça dele. Era uma ideia tão legal, e é daí que surgiu a ideia da guitarra espelhada.

PAUL RODGERS, BAD COMPANY

Acho que o KISS é mesmo incrível. Eles eram únicos. O KISS me lembra um pouco o Mott the Hoople do início, especialmente o baixista com as botas prateadas com saltos incrivelmente altos. Tudo sem o mínimo pudor [risadas]. O KISS é totalmente exagerado. Nota máxima para o quesito exagero. Eles levavam tudo ao limite. Não se podia ir além daquilo.

GENE SIMMONS: "Deuce" parece com o Slade. "Let Me Know" também poderia ser uma música do Slade com a estrutura dos acordes [canta "Gudbuy T'Jane"]. E também partes do "Rock and Roll All Nite", os padrões dos acordes. A parte "you drive us wild, we'll drive you crazy" [cantarola uma linha do "Mama Weer All Crazee Now", do Slade]: "Ma, ma, mama we're all crazy now". Eles me influenciaram muito, mas depois que os vi. Minha namorada da época, Jan Walsh, tinha discos do Slade [*Slayed* e *Sladest*] no porão, que ouvi e fiquei encantado. A coisa me tocou por causa da simplicidade e das guitarras. Ironicamente, foi o baixista que compôs a maior parte das músicas. Assim, quando eu finalmente os vi com Paul, era o Camel do Frampton, o Slade e o J. Geils Band. O Slade não tocou assim tão bem, mas eles me conquistaram. Eu disse: "Porra!".

A turnê *Psycho Circus* é a turnê de despedida?

ACE FREHLEY: Acho que isso pode continuar enquanto nós quatro possamos olhar um para o outro e dizer que ainda estamos nos divertindo. E também se os garotos ainda disserem que querem uma outra turnê e se a gente continuar se divertindo. Acho que vamos parar quando deixar de ser divertido.

CAPÍTULO 15

FANFARE:
A DESPEDIDA FINAL

Vamos passar diretamente para uma data ainda a ser anunciada... Em algum lugar dos Estados Unidos, o KISS está no palco tocando o seu hino, "Rock and Roll All Nite", a música final, arrematando a turnê de despedida superbem-sucedida. Uma chuva torrencial de confetes multicoloridos cai furiosamente sobre a multidão voraz de fervorosos fãs do KISS. Parece o palco da Terceira Guerra Mundial, as bombas estão sendo detonadas, torres flamejantes se elevam e engolfam ambos os lados do palco, há fogos de artifício suficientes para arrasar um país pequeno. Depois do fim de "Rock and Roll All Nite", Paul Stanley, imitando seu herói, Pete Townshend, destrói violentamente sua guitarra num ritual testado pelo tempo, que sinalizou o fim daquela performance única... e da carreira do KISS como uma das apresentações ao vivo mais espetaculares e arrasadoras. Com as mãos dadas, Paul, Gene, Ace e Peter curvam-se diante dos gritos ensurdecedores da legião KISS. Então, tudo acabou. As luzes são içadas e o público sai aos poucos do recinto, testemunhando em primeira mão o KISS dando um passo gigante em direção à mitologia, uma terra mágica onde os super-heróis nunca morrem e nunca envelhecem.

Com quatro homens adultos usando maquiagem de Kabuki, saracoteando pelo palco em salto de 17,5 cm, não é de surpreender que o KISS tenha sido confundido desde o começo. Os críticos, com frequência, os desprezavam dizendo que eram um "sucesso temporário", misantropos musicais que davam ao público o que ele queria na base do mínimo denominador comum. Diziam que o KISS não duraria.

Muito depois de Starchild, Demon, Spaceman e Catman pendurarem as botas e jaquetas de couro preto, as tachas e as lantejoulas e removerem a pintura do rosto para sempre, as lembranças permanecerão ilesas devido à psique dos fãs do KISS por toda parte.

JOE PERRY, AEROSMITH

Eu me lembro de ouvir o primeiro disco do KISS antes de eles fazerem a abertura do nosso show. Eu me lembro de ter ouvido algumas músicas que eram bem legais. Elas se encaixavam no tipo de rock de que eu gosto. Naquela altura, eu não percebi que era somente o pano de fundo para um espetáculo maior. Então tocamos com eles, e a plateia adorou. Isso foi antes de eles adotarem os trajes vistosos, foi antes de eles realmente terem o dinheiro para isso. Eles organizaram um show bom; eu me lembro do palco da bateria quebrando toda hora. Paravam e começavam a tocar de novo. Naquele ponto, eles ainda tentavam fazer o show com a verba apertada. Era óbvio que tinham uma visão do futuro e que sabiam o que queriam. Eu me lembro que os assistentes de turnê ficaram com muita raiva mútua. O KISS abria os shows para nós e eles tinham tanta produção e tínhamos de nos acomodar. Eu me lembro de um show no Michigan Palace em que algumas pessoas estavam armadas. As vibrações entre o pessoal de apoio não eram das melhores. A única vez em que os vi tocando na década de 1970 foi na primeira apresentação que fizemos com eles, na Feira de Música Painter's Mill, em 1974. Eles tocaram as músicas do disco, agitaram e eram bons. A plateia adorou. Era divertido. Nós quebrávamos a cabeça na parede para sermos uma boa banda e progredíamos. "O que é que tínhamos de fazer? Colocar maquiagem?"

E a guitarra do Ace? Desde que alguém divirta o público, acho que são bons. Posso dizer que ele não é nenhum Jimmy Page, mas eu também não sou. Ele tocava o que era preciso e encontrou o seu nicho. Ele tocava as músicas do KISS muito bem. Ace sempre faz isso. Ele conseguia explodir a guitarra dele, andando com cuidado em cima das botas de 17,5 cm. Não acho que houvesse rivalidade entre o Aerosmith e o KISS. Éramos tão diferentes. Eles estavam retratados em lancheiras. Era uma coisa totalmente diferente. Éramos um pouco mais elitistas com a música. Não competíamos pelo mesmo público. Víamos várias pessoas que iam nos shows das duas bandas. Não sei se sentíamos que houvesse competição. Steve [Tyler] sentia um pouco mais a competição com eles. Qualquer pessoa que gostasse mais deles do que de nós, ele a via como uma ameaça. Steven acha a mesma coisa de várias outras pessoas. Seja o KISS ou o Ted Nugent ou o Robert Plant. Eu sei que ele sempre quer ficar pelo menos um passo adiante. O KISS, com certeza, tornou-se mais próximo das famílias que o Aerosmith, por causa do merchandising comercial. Eles chegaram a ter uma máquina de fliperama. Tinham merchandising em coisas que nem sonhávamos chegar perto. Eram personagens de histórias em quadrinhos. É surpreendente. Eles eram realmente umas figuras singulares. Todos os outros tentavam tocar e compor ótimas músicas, mas eles não se importavam tanto com isso. Escreviam a sua própria marca de música, que era a trilha sonora do show deles. Eles têm um ótimo rock, como em "Strutter". Algumas músicas também funcionaram perfeitamente com o visual deles, mas eu não tocaria um disco deles de cabo a rabo. Voltando à década de 1970, eu me lembro de Peter e Paul chegando ao estúdio trocando cutucões. Era mais amizade que competição. A primeira apresentação foi provavelmente quando eles chegaram mais próximos de ser uma banda de rock comum, com um pouco de maquiagem. Depois de algumas, eles faziam uma coisa totalmente original. Eram pura diversão. Eram tão originais. Eram uma atração surpreendente. As criancinhas queriam se vestir como eles. Eles se tornaram mais vendáveis do que nós éramos. Nós estávamos pegando o trono das bandas que nos antecederam, pessoas como os Yardbirds, os Stones e o Zeppelin. Nós nos víamos como a versão americana deles. O KISS era original, não havia nenhuma outra banda fazendo o que eles faziam. Eles vinham com o pacote completo. Toda a banda e minha família foram ver o KISS na turnê da volta do grupo original em Boston. Eu achei o máximo. Foi bárbaro vê-los de novo. Nós os encontramos pouco antes de eles entrarem nas coxias. Eles apareceram e pareciam sobrenaturais. Foi muito divertido. Tinham uma produção toda moderna, tudo o que faziam na década de 1970 e mais. O KISS alegrou muitos garotos e influenciou as bandas jovens que estão na estrada agora. Em parte porque a música deles era tão acessível e fácil de tocar. O rock é assim mesmo, você observa alguém como o KISS e diz: "Eu também consigo fazer isso". E mesmo que você não vá além de tocar com os amigos na garagem da sua casa, você também desfrutou do sonho um pouquinho.

PAUL STANLEY

Como você acha que vai se sentir durante o último show ao vivo do KISS?

PAUL STANLEY: Na minha vida, tantos dos meus sonhos se transformaram em realidade que eu só posso olhá-la como uma grande realização. Nunca olho para trás com muita tristeza, porque senão você realmente não aprecia o que fez. Você deve olhar para o lado positivo, de que realmente conseguiu construir alguma coisa.

Se você colocar o som do KISS sob o microscópio e tiver de selecionar uma ou duas bandas que tenham os elementos primários para o seu som, quem você escolheria?

PAUL STANLEY: Acho que a base inicial foi o Humble Pie. A ideia das duas guitarras é realmente um bom exemplo vindo do Humble Pie, porque várias bandas britânicas clássicas e que tocam alto somente tinham uma guitarra. Depois tem o The Who. Também, às vezes, tentamos nos parecer com os Stones ou com os Beatles, colocando pitadas de Led Zeppelin.

Em hipótese, se você tivesse de ser um outro membro do KISS por um show, quem você gostaria de ser e por quê?

PAUL STANLEY: [pausa longa] Acho que gostaria de ser Peter, porque é tão fácil pensar no desafio de tocar os acordes e as notas. Todos querem estar onde não estão. Assim, é claro, Peter gostaria de ficar na frente. É um lugar legal para estar ocasionalmente, mas não gostaria de ficar sempre ali. Sim, gostaria de ficar atrás da bateria por um dia.

 Como você se descreveria durante a adolescência, como é que você era?

PAUL STANLEY: Infeliz [risadas]. Infeliz é a melhor palavra que me vem à cabeça.

 Por que você era infeliz?

PAUL STANLEY: Era só por causa de quem eu era e dos problemas que tive e das dificuldades que enfrentei com o ouvido, com todos os tipos de coisas. Quando se tem dificuldades, elas se manifestam de várias maneiras. E você acaba fazendo todo tipo de coisas para se proteger, o que vem a causar mais problemas ainda. Quando um garoto é diferente, todos os pais deveriam dar o melhor de si para ajudar.

 Você menciona um problema de audição. Você ouve dos dois lados?

PAUL STANLEY: Não, não ouço nada com o ouvido direito. Tenho problema de condução de som dos ossos. Em outras palavras, se apertar alguma coisa na lateral da cabeça, consigo ouvir. Não se sente falta de algo que você realmente não entende. Se eu pressionar algo na lateral da cabeça, ouço em estéreo, mas aquilo parece muito artificial para mim. Não ouço música daquela maneira. Para mim é muito confuso. Eu tento me abstrair disso.

 Diga como seu estilo de cantar mudou no final da década de 1970, tomando uma qualidade mais lírica.

PAUL STANLEY: Acho que os primeiros trabalhos são um pouco limitados na variedade vocal. Naquela época eu tentava encontrar um ponto de apoio. Eu me sinto bem com a minha performance vocal em *Dressed to Kill*. Eu cantava tanto que ou eu me destruía, ou aprendia a cantar de maneira um pouco diferente. Precisava mudar a maneira de cantar porque queria ter a capacidade de expandir o que cantava. Eu estava limitado pela variedade e queria ter a possibilidade de cantar mais. Também ficava pensando em por que os outros cantores alcançavam notas que eu não conseguia. Nos anos 1980, às vezes, o que eu tentava tinha um resultado ridículo. É quase como quando você tem um carro muito potente, você pisa muito, até perceber que nem sempre é uma questão de pisar. Eu estava maravilhado com algumas das notas que conseguia atingir. A beleza de ter uma carreira longa é que todos veem as suas fotografias de bebê. Quando o *Creatures* aconteceu, eu me sentia muito bem como vocalista. Depois, as coisas ficaram um pouco fora de controle. Acho que me saio melhor cantando ao vivo. Acredito que passei por um período de cantar ao vivo em que havia muita ginástica vocal desnecessária.

BRAD WITHFORD, AEROSMITH

O Aerosmith e o KISS tocaram nos mesmos shows no início das carreiras. Naquela época eu não sabia nada do KISS e eles me surpreenderam. Eles tocavam o meu tipo predileto de música, que é o rock pesado de guitarra bem simples. Era um show realmente vigoroso. Eu me lembro de o nosso pessoal de apoio e o deles terem uma briga feia, pois eles faziam umas exigências ridículas; tenho certeza de que nós também. Uma das minhas primeiras sensações sobre o KISS foi do tipo: "Espere um pouco, eles estão levando vantagem aqui e isso não é justo!". Eles tomavam todos aqueles elementos e misturavam tudo. Era totalmente original. Parecíamos dois tipos de banda completamente diferentes. Acho que não sentimos nenhum tipo de rivalidade com o KISS. Somos todos amigos, nós nos damos bem com aqueles garotos. Assim como o Aerosmith, o KISS tem uma base incrível de fãs leais, o que nos torna especiais.

Você já mencionou ter se estranhado com o produtor Bruce Fairbairn durante a gravação do CD do álbum de reencontro, *Psycho Circus*.

PAUL STANLEY: Isso é um assunto delicado, pois estamos falando sobre uma pessoa que não está mais conosco. Não se trata de achincalhar alguém que não pode se defender. Eu diria a mesma coisa se ele estivesse presente. Acho que trabalhar com o Bruce foi muito frustrante. A primeira seleção de músicas dele foi muito estranha. Bruce gostaria que tivéssemos feito um álbum com músicas como "Within". Foi surpreendente para mim porque ele não tinha a mínima ideia da essência e do equilíbrio que o KISS representava. Ele não entendia a dinâmica de um álbum; talvez entendesse de um álbum para o Loverboy ou para o Bon Jovi. Estava claro que ele estava totalmente perdido. É essencial que alguém que esteja entrando traga algum ingrediente novo. Não é essencial que a pessoa entre e decida reinventar a roda. No fim das contas, o que aconteceu é que eu disse a Bruce que já bastava. Falei: "Este é o seu primeiro álbum do KISS, mas não é o meu". Acho que às vezes o nariz de Bruce estava tão enterrado no traseiro de Gene que ele mal conseguia respirar. É muita loucura estar numa situação em que você vê alguém levando trinta anos de trabalho para a lama. Ele fez um ótimo trabalho com outras apresentações. Mas, para ser honesto, não sei qual era a parte dele e qual era a parte dos outros.

 Há planos para o KISS continuar musicalmente?

PAUL STANLEY: Estamos abertos a qualquer coisa. Estamos abertos para o que der e vier. As coisas nunca acabam. Mesmo se quiséssemos acabar com tudo, estaríamos nos enganando. Tudo está completamente fora do nosso controle. A única coisa é o tanto de participação que queremos dar, porque o KISS continuará independentemente disso. Eu gosto disso, tem tomado uma grande parte da minha vida.

GENE SIMMONS

O KISS escolheu não fazer as coisas como os boxeadores que retornam ao ringue depois da sua melhor época. O KISS está de saída no apogeu da carreira, com uma turnê de despedida.

GENE SIMMONS: Começamos com quatro rapazes saídos das ruas de Nova York. Já tínhamos feito de tudo. Fizemos a turnê da 3ª dimensão, recebemos uma Estrela de Hollywood na Calçada da Fama e houve o filme *Detroit Rock City*. Basicamente decidimos pendurar as nossas botas de salto alto e dizer obrigado a todos, mesmo que seja antes dos cinco anos que tínhamos planejado. Simplesmente decidimos que antes não tínhamos feito a coisa certa: subir num palco e dizer obrigado às pessoas que nos colocaram ali. Era uma maneira ética de fechar o capítulo final da banda ao vivo.

Em hipótese, se você tivesse de ser um outro membro do KISS durante um dia, no palco, com a maquiagem e o traje, quem você escolheria e por quê?

GENE SIMMONS: Peter. Você pode liberar a sua agressividade na bateria. Eu não poderia ser o Ace porque eu me anularia. E Paul fica muito à vontade com um tipo de androginia no palco. Ele é claramente heterossexual, no entanto, ele não vê problemas em meio que sensualizar. Pelo menos num nível consciente, eu teria dificuldades com isso.

Você disse uma vez sobre a sensação de que os primeiros três ou quatro álbuns do KISS não eram musicalmente criativos e vinham de influências de outras bandas. Por que é que, na sua opinião, os fãs, antigos e novos, escolhem aqueles álbuns como os melhores da banda?

GENE SIMMONS: Quando os Beatles surgiram, eles fizeram um híbrido do Motown e Chuck Berry. Eles misturaram tudo e apareceram com uma coisa própria deles. Embora o que fizemos possa parecer um resumo de tudo o que gostamos, inglês ou norte-americano, mesmo assim aquilo surgiu de nossas bocas e mentes. Portanto, havia algo decisivamente diferente. Havia um senso de celebração que elevava. Quando aqueles discos são tocados, eles como que sacodem a vida. Quando as bandas inglesas, como o Genesis e o Jethro Tull, começaram a sair do feijão com arroz do rock e o grupo Black Sabbath falava sobre a escuridão, nós nos centramos diretamente na coisa que era maravilhosa no rock, a qualidade de lhe fazer sacudir. O sentimento de nós... "você e eu contra o mundo".

PETER CRISS

Você está triste por essa ser a última turnê do KISS?

PETER CRISS: Um lado de mim diz: "Nossa, onde é que os trinta anos foram parar?". Eu me sinto como se estivéssemos sentados num trem, vendo as estações passarem. Para mim, parece que tem sido assim durante esses últimos trinta anos. É uma montanha russa. Se estou triste? Sim, estou triste porque se considerarmos que somos uma banda originária de Nova York fizemos tanto, realizamos tanto para a história do rock'n'roll. Nós realmente seguramos o rojão, nunca fomos de modismos, éramos mais apaixonados. É isso que eu amo na banda, acima de tudo. Mas, por outro lado, eu também estou contente porque sempre prefiro sair da festa cedo. Todos odeiam as pessoas que ficam até tarde numa festa, até serem expulsos. Eu odiaria ver um dos meus ídolos envelhecendo com uma pança enorme [risadas], com peitos, e com dificuldades de se locomover no palco. Eu morreria de pena. Não gostaria de ver ninguém saindo dessa maneira. Portanto, esta é a melhor maneira: sair enquanto ainda temos força, ainda estamos bonitos e nos sentimos bem.

Última música, último concerto. Que emoções vão passar pela sua cabeça?

PETER CRISS: Não sei se vou conseguir terminar a música, pois sou um cara bastante sentimental. Mais do que todos nós, acho que o Gene, que vive, caga e respira o KISS, vai ficar realmente emocionado. Acho que vou chorar, acho que não vou aguentar até o fim. Vou ficar pensando muito, onde foi e por que se acabou e, agora, como vou conseguir essa adrenalina que costumava sentir, para onde vou canalizar tudo isso?

 Uma das melhores coisas do reencontro do KISS é que você teve uma segunda chance de brilhar com a banda.

PETER CRISS: Foi duro. Não é muito bom ver uma estrela decadente. Quando caí em desgraça, não gostei muito do que recebi. Eu dizia: "Grande coisa, uma outra casa, uma outra mansão, uma outra turnê". Não soube apreciar o que me tinha sido oferecido. Cresci muito pobre, por isso deveria ter sabido apreciar. Quando tudo me foi tomado, tive essa consciência. Orei, rezei muito. Então, eu conheci Gigi, que é cristã e que não se envolvia com drogas e coisas assim; ela me ajudou a consertar a vida. Deus ouviu as minhas preces e tive uma segunda chance. E ninguém tem uma segunda chance. Estou financeiramente garantido para sempre. Tenho uma bela casa, tenho saúde.

 ## BOB SEGER

Nunca me esqueço de quando estava organizando as coisas com o Kiss na Filadélfia. Costumávamos iniciar com duas ou três músicas em sequência, e assim tentávamos conquistar o público, jogando duro, com música da boa. Depois da terceira música, em vez de [imitando os gritos altos] "é isso aí!", o pessoal gritava "KISS, KISS, KISS!" [risadas]. Alguns aplaudiam, mas também surgia algo do tipo: "Que venham logo os outros caras" [risadas]. Eles realmente tinham alguns fãs de carteirinha. Tínhamos de nos preocupar em não perder a audição. Nós sempre íamos ver o KISS tocar as primeiras músicas e tentávamos saber onde seriam as explosões e pirotecnias [risadas] para não nos machucarmos [risadas]. Eu morria de medo de perder a audição. Tocar com o KISS nos ajudou muito. Foi possível tocar para um grande público. Quando as pessoas me perguntavam "como é que foi tocar na abertura do KISS?", eu sempre respondia que eles eram uns sujeitos muito simpáticos. Eles eram justos. Mesmo quando estavam atrasados, eles deixavam a gente fazer a passagem de som, o que era bastante raro. Eles foram muito bons conosco. Acho que o show do KISS era bem forte. Estou sempre torcendo por eles. Fico feliz que eles estejam se dando bem. Eu sempre disse a quem quisesse ouvir que, do Kid Rock aos Eagles, o seu público é conquistado quando você comparece, e você sempre deve se apresentar para eles. O KISS sabe fazer isso de uma maneira incrível. Eles sempre saem, e as pessoas querem vê-los; quando você se apresenta num show, os fãs ficam muito agradecidos. Se você se preocupa com os seus fãs e se apresenta para eles, você será adorado. Acho que é isso que acontece com o KISS. Eles têm aquela legião desde 1975 e a tratam bem. É uma grande lição. Muitas pessoas ficam importantes e evitam fazer turnês. Não é assim que se deve fazer. Atenda o seu público. Ele sente que você se preocupa com ele. O KISS é como eu, eles não são músicos supertalentosos como John Lennon, batalharam para chegar aonde estão e merecem todo o sucesso que têm. O KISS sabe e oferece o que o público espera deles. Se fosse fácil, haveria muitos iguais a eles. Muitos que os desprezam nunca conseguiram chegar lá. Eu os respeito muito. São os melhores no que fazem, e nada melhor do que a história para provar isso.

 De que coisas do KISS você vai sentir mais falta?

PETER CRISS: Há algo especial no KISS que eu não consigo identificar direito [risadas]. Eu me sento na cama algumas noites e fico pensando: "Eu iria pescar junto com o Gene? Não". "Iria a um jogo de beisebol, tomaria uma cerveja e comeria um cachorro-quente com o Paul? Não". "Sairia para correr com o Ace? Acho que não". Então, o que eu tenho de comum com esses caras? Deve ser mágica. Sempre foi a mágica. Eu sinto isso desde a primeira vez em que me reuni com o Paul e o Gene e formamos um trio. Eu já sentia isso. Algo acontecia quando nós quatro colocávamos a maquiagem e subíamos aqueles degraus. Nunca senti nada disso com ninguém mais. Vou sentir falta disso, das risadas e das gozações mútuas. Eu realmente vou sentir falta de tirar o sarro do outro da maneira que fazíamos [risadas]. Ninguém tirava sarro de mim como aqueles sujeitos, e eu gostava porque era como se fôssemos irmãos. Há vezes em que quero mandá-los à merda e outras vezes em que os amo demais. É um relacionamento de amor e ódio. Sempre foi.

 Se você pudesse entrar numa máquina do tempo e voltar à adolescência, que tipo de pessoa seria o Peter Criss aos quinze anos de idade?

PETER CRISS: Você veria aquele garotinho italiano que morava numa casa de quatro cômodos com seis pessoas. Tinha um irmão, três irmãs, minha mãe e meu pai. Meu pai nunca foi à escola, não tinha diploma, então ele batalhava dia após dia. Minha mãe, Deus a abençoe, era o máximo. Ela nunca reclamou, desde o primeiro dia quando eu ainda batia as panelas, batia e acabava com elas. Eles eram tudo para mim. Eu sempre fazia barulho pela casa, batendo nas coisas, e poderia fazer o meu pai querer beber; bem, ele não bebia, mas... Mamãe sempre dizia: "Continue, continue". Você veria um garoto num prédio de apartamentos para alugar, tocando uma bateria Slingerland de 1935 em vez de jogar taco nas ruas. No Brooklyn você tem de fazer parte de uma gangue para sobreviver. Eu era um garoto católico e frequentava uma escola católica, mas, puxa, eu também não queria apanhar todos os dias. Não havia escolha, ou você se juntava a eles ou apanhava sempre. Eu meio que entrei numa gangue, mas nunca a apoiei e era contra bater nas pessoas. Não achava legal. Eu era um jovem rebelde num bairro pesado e eu era um cara da pesada, mas também levei umas porradas. Eu sempre me senti parte de alguma coisa. Acho que isso é importante num bairro pobre, sentir-se parte de alguma coisa, porque você não quer ficar isolado. Parece que eles sempre escolhiam, eram como tubarões: "Lá está o garoto que não é um dos nossos. Vamos dar porrada nele".

 Até que ponto você quase se tornou um marginal?

PETER CRISS: Meu Deus, aos catorze eu fazia minhas próprias armas. Vendia pistolas para as gangues, pistolas caseiras [risadas]. Então, acho que estava bem perto. Eu poderia estar na prisão aos quinze, dezesseis anos. Poderia estar na prisão por ter atirado em alguém, ou ter sido preso por algo parecido. Eu me envolvi em coisas bem sérias nas brigas de gangue.

Qual foi o problema mais sério em que você se envolveu?

PETER CRISS: Eu esfaqueei um cara [risadas] de uma gangue, muito tempo atrás, no Brooklyn. Voltei para casa, havia sangue na minha camisa e eu estava arrasado. Minha mãe perguntou: "O que aconteceu com você?". Respondi: "Mãe, o cara me bateu com uma tampa de lata de lixo e continuou batendo cada vez mais em mim, então eu tirei a faca e meti nele". E ela ficou assim [pasma]: "Você o matou?". E eu disse: "Não, eu não o matei. Eu só esfaqueei o braço dele". Nunca me esquecerei disso, porque foi uma coisa muito traumatizante para mim. Eu queria que aquilo nunca tivesse acontecido, mas eu tinha de sobreviver também.

 O que você sente que foi o maior desgosto na carreira da banda?

PETER CRISS: Não houve muitos desgostos. Fomos tão abençoados! Acho que um engano, não um desgosto, foram os quatro álbuns solo. Acho que todos nós ficamos loucos, insanos individualmente. Todos agiram assim: "Sou o máximo e posso ser autossuficiente, não preciso de vocês, caras, porque eu compus 'Beth' e posso me virar". Foi um câncer na banda. Foi ali que eu realmente comecei a sentir a queda.

ACE FREHLEY
 O KISS está fazendo a turnê de despedida, diga o que sente.

ACE FREHLEY: Tenho sentimentos contraditórios sobre isso. Todos sabem que tive altos e baixos com Paul e Gene, mas há algo no KISS que é difícil de ficar criticando. Mesmo que tenhamos brigas homéricas antes de um show e estejamos preparando a maquiagem, de repente, quando nos anunciam e saltamos ao palco, a química acontece. Durante duas horas, esquecemos tudo por causa da plateia e a plateia também esquece tudo por nós. Acho que sentirei falta disso. Não se pode continuar para sempre.

Que música do KISS você gostaria de regravar?

ACE FREHLEY: Quando olho para trás e ouço a gravação original de "Cold Gin", sinto que é tão devagar, tão seca, não há um clima. Gostaria de regravar "Cold Gin" com o equipamento de hoje.

 Em hipótese, se você tivesse de usar a maquiagem e os trajes de outro membro da banda durante um concerto, que membro escolheria e por quê?

ACE FREHLEY: Nenhum deles [risadas]. Não escolheria ninguém. Sou Ace. Sou o Spaceman. Criei o personagem por ser uma extensão da minha personalidade. Não conseguiria ser nenhum dos outros três. De jeito algum. Eu pareceria um completo idiota [risadas].

 Você teve uma série de dificuldades com a lei. Quantas vezes você já foi preso?

ACE FREHLEY: [risadas] Fui preso várias vezes. Dirigindo bêbado, essas coisas. Aos dezoito anos, eu já tinha sido preso umas doze vezes. Eu era um cara muito louco. A única coisa que me salvou foi o rock. Quando meus amigos começaram a me chamar para sair nos fins de semana: "E aí, vamos sair e roubar carros hoje à noite?", eu respondia: "Não posso, tenho uma apresentação". [risadas] No fim, a minha banda se tornou muito popular. Trabalhávamos cinco noites por semana, larguei a escola. Uma das bandas era o Magic People. Outra foi o Honey. Depois tive uma com três pessoas, o Muff Divers [risadas], que tocava em Catskills, no resort de esqui Kutsher.

 Você tem algum recado para os fãs?

ACE FREHLEY: Tudo que posso dizer é que sem os fãs eu não estaria aqui. A verdade é que os fãs do KISS são os mais dedicados que conheço. Eu só gostaria de dizer obrigado, porque sem vocês, caras, eu não estaria aqui fazendo o que faço.

CAPÍTULO 16

E POR FALAR EM LÍNGUAS...

INÍCIO DA CARREIRA MUSICAL

GENE SIMMONS: A primeira música que aprendi a tocar foi "Hang on Sloopy", dos McCoys. Quando o álbum *Meet the Beatles* apareceu, aquilo mudou a minha vida. Lá estavam os quatro rapazes que tocavam seus próprios instrumentos. Eles não dançavam no palco e não faziam nenhum tipo de coreografia. Era um ruído branco e guitarras dissonantes. Era vibrante e ao mesmo tempo pop. Eles tinham uma aparência estranha, mas todos pareciam pertencer à mesma banda. Quando tinha quinze anos, vi Tommy James and the Shondells, Al Kooper, os Four Seasons. Depois do concerto, fui para casa e disse aos amigos: "Puxa, acabei de voltar de um concerto de rock. Foi o máximo! Eu estava bem lá na frente. Na verdade, ainda consigo ouvi-los". E todos diziam: "Do que é que você está falando?". O que eu ouvia era o zumbido que fica quando se ouve música muito alta.

PAUL STANLEY: Eu era tímido, muito introvertido. Ficava muito tempo sozinho, tocando guitarra. Havia uma loja de música em Nova York chamada Manny's e eu costumava ficar por ali na expectativa de ver alguns astros do rock. Sempre soube que eu era especial. Sempre há vários modos de se definir. Eu era estranho. Estranho quer dizer especial. Alguém batia os olhos em você e dizia: "Puxa, você é especial", e uma outra pessoa não entenderia o que você estava fazendo e diria: "Você é louco". Então, eu era ambos. Sempre quis fazer música, mas em algum ponto você faz uma lavagem cerebral ou então é convencido a fazer algo mais prático. A arte parecia ser mais prática, embora para a maioria das pessoas qualquer coisa fora da norma pareça ser muito arriscada. Em termos do que eu queria fazer, a arte parecia ser o menor de dois males. Eu realmente não dei muita chance para a arte. Acho que poderia ter sucesso, mas é muito mais gratificante tocar para 20 mil pessoas numa noite do que pintar. Ninguém nunca aplaudiu ao ver as minhas pinturas. Mas no final das contas eu tinha que dar vazão às necessidades. Acho que nunca tive dúvidas de que faria sucesso. Talvez a melhor maneira de ter sucesso é nunca duvidar disso. Você pode falhar, mas acho que a coisa mais importante é ter determinação e fé em si mesmo.

PAUL STANLEY: Uma das razões para eu querer ser um astro do rock era para ter garotas à minha disposição. Acho que se você conversar com qualquer pessoa do rock, ela dirá a mesma coisa. De que outra maneira eu conseguiria as garotas? Eu não fazia parte do time de futebol americano. Eu jogava um pouco de futebol quando era garoto. A primeira vez em que alguém me obstruiu, eu caí de frente e senti falta de ar. Eu era o tipo de garoto que jogava até se machucar, portanto aquela foi a única vez em que joguei. Eu costumava brincar de lutar bastante. Uma vez, quando tinha por volta de dezessete anos, eu estava zoando com um amigo no Central Park. Estávamos brincando de lutar e ele quebrou o meu braço. Foi a última vez que brinquei daquilo.

ERIC CARMEN, RASPBERRIES

O dia mais estranho em que os Raspberries tocaram foi na abertura do Kiss. Na verdade o anúncio divulgava o KISS e Iggy Pop na passagem do Ano-Novo. Iggy Pop tinha sido anunciado durante três semanas e no último minuto, tipo uma semana antes do concerto, a Câmara de

Comércio vetou a entrada deles na cidade. Assim, eles colocaram a gente no anúncio. Era bem quando o KISS estava começando a pegar fogo; entramos e havia aquela plateia, cheia de maníacos, drogados, esperando ver Iggy Pop aparecer no palco e, quando nós entramos, parecia o Vietnã. Foi um desastre muito sério. As pessoas jogavam coisas. Latas de cerveja, bombas, mísseis e projéteis de todos os tipos no palco. Num determinado momento, fui até o microfone e disse com respeito: "Não queremos estar aqui mais do que vocês nos querem aqui, mas se mais alguma coisa for atirada pela plateia, estamos fora. Não quero ser um alvo móvel". E então alguém atirou alguma coisa no nosso baterista. O fogo acabou e Wally [Bryson] foi até lá e deu uma rápida ideia do que passava pela cabeça dele, usando alguns palavrões. Eles se acalmaram depois daquilo. Então o KISS apareceu depois de nós, botas de plataforma de 22,5 cm, couro preto e bombas de fumaça. Eu me lembro de ter visto o Gene Simmons tragando um copinho de plástico cheio de licor Scope e querosene antes de cuspir fogo. Eu me lembro de ter voltado para as coxias e ter dito ao empresário: "Se é isso que tenho de fazer para tocar rock, eu desisto".

PAUL STANLEY: Enquanto crescia, percebi que meus pais eram pessoas com o pé no chão, bem-informadas, não eram superficiais, e eu os respeito por causa disso. Meu pai nunca deixou crescer costeletas enormes ou usou batas indianas. Ele nunca se deixou passar para trás e nunca me envergonhou. Ele sempre foi legal. Como todos os pais, os meus se preocupavam com o único filho. No começo, os pais de Gene e os meus apareciam em algumas das apresentações em clubes. Afinal de contas, se o seu filho usa salto alto, calças justas e maquiagem, você quer ver o que ele faz nos fins de semana.

PAUL STANLEY: Eu tinha alguns empregos. Uma vez trabalhei numa fábrica que pertencia ao pai de um amigo. Também fui motorista de táxi. O pior foi numa mercearia onde o gerente ficava me dizendo: "Você tem um grande futuro aqui. Você pode vir a ser o próximo gerente da loja. Você ainda vai fechar a porta no fim da noite". Não era bem o que eu ambicionava na vida. Eu usava uma touca para cobrir todo o cabelo, então eu tinha medo de sorrir, porque pensava que aquela touca enorme poderia se partir e saltar do topo da minha cabeça.

PAUL STANLEY: Acho que o que realmente me identificou com bandas como os Beatles e os Byrds, além de ver uma banda com um visual com um senso de unidade, foi a lógica em termos de melodia que cada uma dessas bandas apresentava. Ouvia a mesma coisa nos primeiros trabalhos do The Who. Eram harmonias e melodias fantásticas, poderosas; aquilo me atraía muito, era o que eu queria que nós fizéssemos. Eu sempre quis ter um meio para cantar feito louco, ter refrões que fossem inesquecíveis e ter algo por dentro que movesse tudo, com a força de uma locomotiva.

ACE FREHLEY: Cresci no Bronx, perto de Bedford Park Boulevard e Forham Road. Quando eu era jovem, não era um bairro muito ruim, mas eu sempre procurava as piores companhias [risadas], sempre queria estar junto dos líderes das gangues. As minhas aulas prediletas eram Artes, Ciências e Música, e nessa eu era excelente. Não era muito bom em Inglês e Matemática, mas eu me divertia com a Geometria. Minha primeira guitarra foi uma Zimgar japonesa, que custou 23 dólares e ganhei aos treze anos, no Natal. Uma das primeiras músicas que aprendi a tocar na guitarra foi "I Want to Hold Your Hand". Os Beatles sempre me influenciaram quando eu era jovem. Mas, ao amadurecer, na adolescência, comecei a preferir os Rolling Stones. Eu tinha mais afinidade com eles, por eles serem um grupo mais rebelde. Aqueles sujeitos botavam pra quebrar. Eles eram marginais e basicamente eu era do mesmo jeito quando era adolescente, tinha mais aquela imagem de garoto selvagem. Eu era o "Fonzie" do meu bairro. Eu me lembro de ter aprendido a frase do "The Last Time", dos Rolling Stones. Eu tinha acabado de comprar um amplificador Ampeg novo, com reverberador, e eu o reproduzi. Parecia exatamente como no disco. No meu último ano do Ensino Médio, fui membro de uma banda local bastante popular e conheci muitas garotas por causa disso. Eu costumava arrumar encontros para os amigos com várias garotas. Foi por isso que ganhei meu apelido, Ace, porque eu sempre marcava encontros para os amigos com garotas bonitas e eles me diziam: "Puxa, você é um Ace (Ás) em fazer isso!".

ACE FREHLEY: Meu primeiro show ao vivo foi na sinagoga de Riverdale com um grupo chamado Four Roses. Eu tinha cerca de catorze anos e, embora houvesse somente cerca de 25 pessoas na plateia, meus joelhos tremiam. Na época, eu não era o vocalista principal. Foi um longo caminho até chegar a isso. Cresci numa família religiosa e costumava cantar no coro. Sempre tive voz, era só uma questão de superar a timidez para me tornar cantor.

PETER CRISS: Meu pai era fanático pelas músicas de orquestras, as big bands. Ele adorava Gene Krupa, Benny Goodman, amava aquele tipo de música. Ele me disse: "Você nunca será como Gene Krupa". Eu dizia: "Bem, papai, vamos ver". Nunca serei; acho que Gene Krupa é o maior baterista do planeta. Tentei chegar perto dele e, com o tempo, comprei todos os álbuns dele e sabia como ele era famoso. Eu ia ao Metropole e via Krupa por ali, Dizzy Gillespie, ou Max Roach. Eu ficava por lá rondando o vestiário de Gene, batia na porta e dizia: "Senhor Krupa, posso entrar?". E ele respondia: "Sim, entre", e eu prosseguia: "Como o senhor fez isso ou aquilo? Talvez o senhor pudesse me mostrar". Depois de um tempo, eu fiquei tanto no pé dele que ele não teve escolha a não ser me ensinar. Ele me doou parte do tempo dele, uma das pessoas mais incríveis do planeta. É dali que vem minha batida boogie da bateria. Veja só, eu tocava jazz antes de tocar rock. Foi a primeira coisa que gostei e que ainda gosto. O rock veio ao meu encontro no início da década de 1960.

JOEY RAMONE, RAMONES

O KISS e os Ramones cresceram no bairro de Queens. Eu estava presente no primeiro show deles. Eu também estava no show em que eles assinaram com a Casablanca Records no Coventry. Naquela época, acho que era a banda mais barulhenta que já tinha ouvido. Gostei muito deles. Eram divertidos e tinham músicas fantásticas. Eu os vi desde o começo, quando eles só tinham gelo seco. O Gene usava uma camiseta com um crânio e ossos cruzados. Isso foi muito antes daquela coisa de imagem e espetáculo aparecerem. O KISS também era fã dos Ramones. Eu me lembro do KISS ficar no clube CBGB e depois aparecer para nos ver. De fato, eles usaram uma das nossas músicas no filme deles, "Detroit Rock City". Mais tarde eu os vi na turnê do *Destroyer*. Era um som da pesada e havia músicas fantásticas. Adorei a música "Detroit Rock City". A produção do álbum é maravilhosa também. Sempre fui um grande fã dos primeiros trabalhos do Alice Cooper, portanto era fã do produtor Bob Ezrin também.

PETER CRISS: Eu não era bom no futebol americano, era magro demais. Eu não tinha altura para basquete. Eu era razoável no beisebol, mas nadava muito bem. Eu costumava competir na Associação Cristã de Moços (YMCA) e ganhei vários troféus e medalhas. Uma grande ironia é que, embora eu seja um excelente nadador, uma vez quase me afoguei e Gene me salvou.

JOHNNY RAMONE, RAMONES

O KISS é uma das bandas de rock mais emocionantes e divertidas dos últimos trinta anos.

SONHOS

PAUL STANLEY: Sempre meti na cabeça que seria alguém. Quando era pequeno, antes mesmo de pensar o que seria. Você sabe como as pessoas sempre perguntam aos garotos: "O que você vai ser quando crescer?". Antes das pessoas me perguntarem aquilo, nunca me senti como as outras pessoas. Você é alimentado pela sua crença de que vai conseguir chegar lá. Acho que ninguém pode colocar totalmente de lado a ideia de que não vai dar certo. Em geral, é uma coisa um pouco assustadora de gerenciar. Quando o seu tempo está engajado em algo, é difícil recostar-se relaxado e pensar nas consequências se as coisas não derem tão certo. Dessa maneira, você não fica parado.

DEE DEE RAMONE, RAMONES

A primeira vez que vi o KISS foi num loft com Wayne County Eve. Todos tinham um pouco de medo deles. O KISS agia como uma banda durona que já tinha feito algumas turnês. Eu os vi de novo na Academy of Music. Eles faziam a abertura para os Iggy & the Stooges, Blue Öyster Cult e Teenage Lust. Todos lá deviam ser fãs dos Stooges e o KISS arrasou a noite toda. Ninguém conseguia acreditar nos próprios olhos. Eles tinham dez pilhas de Marshalls de cada lado. Era um verdadeiro show. O cabelo do Gene Simmons pegou fogo naquela noite. O que eu mais gostei no KISS foi o sucesso. Adorei o fato de que eles conseguiam administrar as intriguinhas existentes dentro da banda. Batalharam e entraram com tudo. Eles fizeram muito sucesso. Meu predileto era Ace Frehley, o melhor da banda, porque o som dele era magnífico. As composições também eram boas. Se eles querem saber a opinião dos membros do Ramones sobre a música do KISS que eles preferem... foi a música: "I Was Made for Lovin' You". É o máximo!

GENE SIMMONS: Eu sabia que com as bandas anteriores as coisas não aconteceriam. Eu não sabia se com o KISS daria certo, porque estava lá na época. Mas secretamente, bem lá no fundo, você sabe quando você não é o tal. Você pode zonear quanto quiser, você pode se ridicularizar o quanto quiser em público, mas quando você se deita à noite, torce: "Meu Deus, faça as coisas darem certo". O fato de você estar fazendo aquilo não significa que você não seja o máximo. A ideia de não ouvir ninguém é que, se você falhar, então, pelo menos você falha de acordo com seus próprios termos. E, se vencer, então, você não tem de agradecer a ninguém exceto a si mesmo, e eu prefiro vencer somente dessa maneira. Não quero vencer e virar-me para alguém e dizer obrigado. Nunca ouça ninguém.

ACE FREHLEY: Sempre soube que seria famoso. Eu costumava dizer às pessoas que, por ter crescido sem muito dinheiro, nunca pude nem ter um carro. Felizmente, eu tinha garotas com carros. Mas sempre soube que chegaria lá. É engraçado, mas o primeiro carro que comprei quando comecei a ganhar dinheiro com o KISS foi um Cadillac Eldorado. Eu me esqueci de colocar óleo e o motor fundiu depois de quatro meses.

LENNY KRAVITZ

Cresci ouvindo todo tipo de música, soul, rhythm-and-blues, blues. Mas o KISS foi o primeiro grupo que me fez pensar que queria subir ao palco fazendo aquilo. Eles eram sobre-humanos, tão desvalorizados, e receberam críticas por causa daquela coisa dramática. Ace Frehley é um grande guitarrista.

PAUL SE ENCONTRA COM GENE

STEVE CORONEL: Em 1970, eu me reuni com Gene no apartamento de Brooke Ostrander em Nova Jersey e falávamos em montar uma banda. Eu tentava encontrar uma pessoa que fechasse o círculo. Precisávamos de um vocalista, um cara que tocasse e cantasse. Pensei em Stanley e disse: "E se eu fizesse o contato entre você e esse cara, o Stanley?". Eu telefonei para ele e disse: "Eu e Gene queremos nos encontrar com você". Combinei o encontro uma noite, no meu apartamento em Washington Heights. O encontro foi na minha sala, que estava pintada com um preto brilhante; tudo parecia muito louco para 1970. Eu me lembro que Stanley tocava uma guitarra vermelha. Gene estava recostado na cama, que eu tinha elevado uns nove centímetros do chão porque a tinha colocado sobre duas caixas Marshall. Eu me lembro de Gene colocar o dedo sobre os lábios [risadas], como ele sempre faz quando está concentrado. O Stanley tocava uma de suas músicas, "Sunday Driver", que tinha a influência do Move e parecia ser muito boa. Ele e Gene se revezavam tocando as músicas. Gene tocava "Stanley the Parrot" e qualquer coisa que viesse à mente, o que não era muito bom. Acho que a música de Stanley era muito melhor. A mesma coisa quanto à voz. Assim, quando o Stanley terminou de tocar, Gene comentou [meio indiferente]: "Estava bom". Ele estava puto da vida, por isso mal conseguiu administrar e dizer aquilo. Ele também admirou o Stan, meio a contragosto, porque ele era bom. O resultado da reunião foi bom, todos estavam felizes e certos de começar a banda nova. Paul e Gene conversaram alguns dias mais tarde e decidiram que havia espaço para ambos dentro do grupo.

PAUL STANLEY: Em amizades que duram muito tempo, no início você pode ter uma forte aversão a alguém. Encontrei Gene na casa de Steve Coronel e não tivemos a mínima empatia; mas aquilo não me perturbou muito, não perdi o sono por causa daquilo. Disse a Steve que não tinha interesse em tocar com ele. Mas em algum ponto começamos a ignorar certas coisas, e com o tempo você vê. Se você esfregar duas pedras, uma contra a outra, por muito tempo, elas ficam lisas e todos os cantos angulosos se aplainam. É mais ou menos isso que acontece. Você também começa a ponderar a respeito do que não se deve dizer ao outro e o que deixa o outro cara ficar puto. Sei que Gene tem muita consciência de certas coisas que me deixam maluco. Há algumas coisas que ele sabe que não funcionam comigo. Então ele evita essas coisas. Da mesma maneira, há vezes em que prefiro me manter a distância e não me envolver. Algumas coisas não são tão importantes. Para trabalhar junto com alguém e ter um relacionamento que vá adiante, como o que se tem com um irmão, é preciso saber onde colocar os limites.

GENE SIMMONS: Eu não tinha consciência de nenhum outro ser humano na face da Terra. Estava tão concentrado no Gene Simmons que pensava que eu era o messias, o Jesus Cristo, independentemente do conceito que as outras pessoas tivessem a respeito de Deus. Pensava que eu era o Deus-redivivo, que respirava e caminhava. Não pensava que uma outra pessoa teria peito de dizer: "Ah, eu também componho". Eu realmente não estava sendo impertinente ou antipático, ou algo assim. Mas, naquela ocasião, tinha tanta confiança em mim, duma maneira tão concreta que me cegou, e eu não enxergava as outras pessoas. Eu tinha de descer da montanha. Eu morava em South Fallsburg e era enorme, grande mesmo. Tinha barba, usava macacões e, naquela época, pesava 102 quilos. Eu era enorme. Não era tão gordo, mas era uma pessoa grande. Estava tão impressionado com o fato de ter aprendido a tocar guitarra e baixo sozinho e a compor que pensava que era o primeiro ser humano a fazê-lo. De qualquer modo, quando se pensa sobre os Beatles e todos os outros, você nunca pensa neles como seres humanos. Eles só eram e sempre foram; como o Sol e a Lua, eles sempre existiram.

PETER: AS BANDAS ANTERIORES AO KISS

PETER CRISS: The Barracudas eram uma banda de porão de Nova York, uma verdadeira banda de porão. Com três instrumentos: saxofone, guitarra e bateria. Só fazíamos umas porcarias cover, "Tequila", "Sleepwalk" e "La Bamba". Eu costumava cantar todas as músicas de John Lennon, cantava "In My Life". Eu sempre aguardava com ansiedade durante toda a noite para cantá-la. Éramos uma grande pequena banda; tocávamos nos clubes do Brooklyn. O Brotherhood foi uma outra banda ótima. Trabalhávamos com os Hassles – a banda de Billy Joel na época –, os Vagrants, os Rich Kids, Mountain. Éramos realmente uma banda quente, éramos como os Rascals, uma banda branca de alma negra. Tocávamos originais e músicas cover. Tínhamos um órgão Hammond B-3, uma guitarra solo, um baixo e a bateria. A gente arrebentava. Éramos a banda que botava pra quebrar no circuito de Nova York. Eu estava em Chelsea. Lançamos um álbum pela Decca. O Lips era o Stan Penridge e aquele cara chamado Mike Benvenga, que sumiu desde então. O Lips era outro trio da pesada. Fazíamos Cream e Jimi Hendrix, toda aquela merda de trio de metal rápido. Eu achava que era Mitch Mitchell. O Lips se baseava em coisas já um pouco ultrapassadas.

INCUBUS/UNCLE JOE/TREE

PAUL STANLEY: O Incubus foi outro nome da minha banda Uncle Joe. Éramos eu, Matt Rael e um baterista chamado Neil Teeman, meu colega de escola. Nunca tivemos um baixista. Só tocávamos bem alto. Fazíamos cover do Zeppelin, Mountain e Free. Quando eu estava com o Post War Baby Boom, o irmão mais velho de Matt, Jon, estava naquele grupo, e eu, de repente, fui levado para a banda do irmão mais velho. Eu rodei pelo mundo. O Incubus não se apresentou tanto ao vivo. Éramos garotos. O que mais queríamos era reunir alguns amigos no porão. Acho que não tocávamos nada de original, só covers. Tenho uma fita do Uncle Joe. Tem aquela música, que criamos no estúdio, chamada "Stop, Look to Listen". Sou o vocalista principal nela. Acho que ela foi feita em 1966. Éramos só três caras de catorze anos, dois caras com amplificadores barulhentos e um baterista. Era do tipo pesado. Steve Coronel estava numa banda chamada Tree, que era onde eu estava quando me encontrei com o Gene. Éramos eu, Steve, um baixista chamado Marty Cohen e Stan Singer na bateria. Stan tinha tocado com Gene em outra banda.

MILLEMO

ACE FREHLEY: Fiz pela primeira vez uma gravação séria com uma banda com o Millemo, palavra que em português significa "música da floresta". Fizemos uma fita demo na RCA, nos seus estúdios. Tínhamos um produtor e fecharíamos negócios com a RCA. Isso aconteceu quando eu tinha cerca de dezenove ou vinte anos. Nunca foi lançado, era um som parecido com a versão da Costa Leste do Jefferson Airplane. Tinha uma garota e um cara que cantavam na frente, acho que o nome dele era Tom Lewis. Tínhamos um tecladista, um outro guitarrista, eu, um baixista chamado Barry Dempsey e um baterista, Dave. Tenho a fita em algum lugar. É uma coisa bem engraçada. Fiz poucas letras com eles. Eles já tinham composto a maioria das músicas. Fui o último a entrar no grupo. Tocamos no Village Gate algumas vezes e também no Fillmore East, antes dele fechar.

O INÍCIO

PETER CRISS: Durante um ano inteiro fomos um trio, mas era bom, porque isso nos mantinha juntos. Depois do primeiro encontro no Electric Lady, decidimos nos encontrar no loft para experimentar. Quando cheguei lá, eles tinham montado a bateria do outro cara [Tony Zarrella, do Wicked Lester]. Todos os bateristas sabem que não se toca bem na bateria de um outro cara, porque é uma coisa bem pessoal; se o equipamento estiver a uns centímetros de distância de onde você está acostumado a tê-lo, pode ser um desastre para o baterista. De qualquer modo, eu toquei mal e todos ficamos tristes porque queríamos que desse certo. Então sugeri que tentássemos novamente, mas que traria a minha bateria... e foi assim. Foi ótimo. Paul e eu éramos realmente chegados, saíamos juntos. Ficávamos horas conversando no telefone, como garotas. Eram realmente cinco, seis, sete horas no telefone. Paulie e eu tínhamos um relacionamento incrível.

RON JOHNSEN (PRODUTOR DO WICKED LESTER): Vi o KISS no loft e eles eram demais, tinham muita energia, tocavam de uma maneira selvagem. Eles suavam a camisa de verdade; era uma coisa muito física, selvagem e desordeira. Eles pegaram muito da visão de grupos como o New York Dolls e os Brats.

LEW LINET (EMPRESÁRIO DOS PRIMÓRDIOS DO KISS): Toda vez que eu aparecia nos ensaios, começava a perceber um pouco de maquiagem. De início, percebi que eles usavam delineador, depois um pouco de blush, e aí um pouco de lápis de sobrancelhas, e assim por diante. Cada ensaio se tornava um pouco mais ruidoso e a banda usava mais maquiagem. Eles transformavam o sonho deles em realidade: uma banda de rock pesado antigo, com o som bem barulhento, um amálgama dos Rolling Stones, David Bowie e Alice Cooper.

PAUL STANLEY: O loft no nº 10 da rua 23 Leste era um pequeno cômodo no quarto andar. Colocávamos caixas de ovos na parede para absorver o som, mas aquilo não funcionava. Ensaiávamos com frequência porque não queríamos que as pessoas dissessem: "Eles são horríveis!" e mais tarde dissessem: "Puxa, melhoraram!". Queríamos ter um certo nível de habilidade antes de tocar para um público pagante. Na véspera do Ano-Novo de 1973, convidamos nossos amigos ao loft para verem o que estávamos fazendo. Quando nos viram com a maquiagem, acharam que éramos loucos. Então tocamos e nos embebedamos. Naquele ponto, ainda estávamos aperfeiçoando o que fazíamos, e convidar os amigos fazia parte do nosso plano. Não queríamos tocar para as pessoas até termos certeza de que estávamos prontos.

A IMAGEM DO KISS

PETER CRISS: Copiamos várias coisas. Muitas de nossas ideias da arte que fizemos originaram-se dos Beatles, Alice Cooper, dos New York Dolls. Sentamos e nos perguntamos: "E se tudo aquilo fosse misturado numa coisa só? Quatro Alice Coopers, os Beatles... Como seria?". E funcionou. Foi o máximo! Fomos a um concerto do Alice Cooper e nunca vou me esquecer. Gene e eu ficamos sentados numas cadeiras lá atrás e Paul e Ace literalmente desceram correndo as escadas para ficarem bem na frente do palco, tão impressionados que ficaram. Gene e eu só nos entreolhamos e dissemos: "Puxa, esse cara é mesmo bom!". Voltamos para o nosso loft naquela noite, tocamos e dissemos: "Espere um pouco. E se houvesse quatro Alice Coopers?". Ninguém mais usava maquiagem, só ele. Fizemos uma introspecção bem dentro de nossas almas e nos tornamos o que somos hoje. Olhamos para nossas personalidades e tiramos o máximo de proveito delas. Gene sempre teve afinidade com monstros. Paul era o verdadeiro astro do rock. Ace, com certeza, era de outro planeta. E eu era o gato total.

ACE FREHLEY: Eu desenhei a maquiagem do Paul. A maquiagem original do Paul era um círculo em volta do olho, como um cachorro fodido; Pete, o cachorrinho da nossa gangue [risadas]. Eu disse: "Por que você não faz uma estrela em vez disso? Assim você parece um retardado".

BOB GRUEN (FOTÓGRAFO): O pessoal do KISS me disse que sofreu muita influência dos Dolls. De fato, uma noite depois do KISS ter ensaiado, eles foram ver os Dolls no hotel Diplomat. Os Dolls eram uma banda com ótima aparência. O KISS decidiu que não podia competir com os Dolls, pois estes tinham uma aparência melhor. Então fizeram o oposto, que era se parecerem com monstros, em vez de tentarem ficar atraentes. Os Dolls eram muito rhythm-and-blues, enquanto o KISS tinha um som muito mais metálico, de rock pesado.

PRIMEIRA FOTO PROMOCIONAL DO KISS, 1973 (©KISS Catalog Ltd.)

PAUL STANLEY: Se você era nova-iorquino, tinha de conhecer os Dolls. Se você pertence a uma banda de rock, só por causa das suas origens, você precisa prestar atenção nos Dolls. Eu me lembro de vê-los no hotel Diplomat. Logo que os vê, você percebe que não se pode vencê-los no seu próprio quesito, então tem de buscar uma outra aparência.

BILL AUCOIN (EMPRESÁRIO DO KISS): Quando eles eram do Wicked Lester, eles se vestiam como drag queens. Então, por causa do sucesso dos New York Dolls, eles mudaram a imagem, porque não queriam parecer cópias. Queriam ser diferentes, então começaram a representar o que eles mais amavam na própria vida. Ace amava o espaço, o Gene adorava os filmes de horror. Paul sempre quis ser um astro do rock e Peter amava os gatos. Foi assim, basicamente, que eles começaram. Só enfeitamos o máximo possível. Veja, minha ideia de gerenciamento é que não se pode tentar idealizar uma apresentação da maneira que você quer. O jeito certo é você conhecê-la a fundo. Você vê o que está dentro deles e extrai algo especial, enfeita e devolve na apresentação. Assim a performance não fica artificial, como se não fosse deles. As coisas devem ser autênticas, ou então nada dará certo.

KEVIN BACON
Meu filho se tornou um grande fã cerca de dois anos atrás. Fomos a Jones Beach para vê-los. Uma das coisas que prefiro no KISS é a atitude. Eles não se levam tão a sério. Você ouve Gene e Paul conversarem e a maneira que eles discutem é ótima. "Nosso ponto de partida foi de nos divertirmos o máximo possível e ainda nos divertimos muito." É o máximo! Adoro isso!

SEAN DELANEY (CONSULTOR DE CRIATIVIDADE/COREÓGRAFO): Quando eles estavam todos completamente maquiados, o único que parecia mais próximo a um ser humano era o Paul Stanley. Ele tinha uma estrela no rosto, mas todo o resto era o demônio... Os demônios conversam com você? Não, eles grunhem, mas não falam. Ace teria aberto a boca e dito: "Ei, como é que vocês estão?" Peter ficava lá longe, na bateria; os gatos não conversam com você. Paul tinha de aprender as palavras exatas. Eu costumava trabalhar com ele no "Como é que vocês estão?". O que acontecia é que o Paul ficava animado e fazia coisas do gênero [gestos]... Isso é o que se chama de "Ele-Ela". Uma das primeiras críticas dizia: "Paul Stanley bievolui bissexualmente pelo palco". Paul queria morrer! Eles tinham acabado de chamá-lo de bicha em público! Ah, não! Paul conseguia ser muito másculo no palco e, ao mesmo tempo, muito feminino. Paul esticava a perna e todos corriam para agarrar. Não só as garotas, mas os caras também. Chegou a um ponto em que ele ficou com medo do público. Os quatro caras tinham uma maneira de se irritarem mutuamente. "Ele-Ela" era tudo o que você precisava dizer para deixar o Paul puto da vida. Gene era o "senhor Marvello", porque ele era o sabichão. Então, quando ele começava a falar qualquer coisa para a banda, eles todos repetiam: "Silêncio, o senhor Marvello está falando".

GENE SIMMONS: Mesmo naqueles primeiros dias dos clubes, eu fazia a coisa com a língua. Ela começava a apontar para fora, não sei bem como...

JOYCE BOGART (COEMPRESÁRIA DO KISS): Eu, Neil [Bogart] e Bill estávamos muito envolvidos em desenvolver o que hoje as pessoas de relações públicas chamam de "marca". Trabalhávamos com eles para desenvolver a maquiagem, que não era a mesma de hoje. Trabalhávamos com os trajes também, contratando um estilista, elaborando os esboços. Neil e eu chegamos até a fazer compras perto da minha casa, em West Village, numa loja chamada The Pleasure Chest, e compramos as coleiras de cachorro com tachas que o KISS usa. Procuramos vários modos de melhorar a apresentação... fomos a lojas de mágicas – tinha uma, na Broadway, onde todos os profissionais iam – e compramos o estande da bateria, papéis brilhantes, potes mágicos. Trouxemos de volta o globo espelhado da discoteca. Bill, Neil e eu contratamos um mágico chamado Presto, que veio ao meu escritório recém-pintado de branco para ensinar um dos membros da banda a cuspir fogo. Gene foi o único com coragem para se oferecer. Da primeira vez em que Gene cuspiu o fogo, soprou tão forte que chamuscou as paredes. Elas ficaram pretas e eu tive de chamar o pintor de novo.

JOYCE BOGART: O KISS tinha trabalhado com o conceito original, o logotipo, o som e mesmo algum merchandising com as camisetas. A camiseta definitiva do KISS foi a primeira que fizemos com strass. Eles sabiam aonde queriam chegar desde o começo conosco. Queriam tudo muito grandioso, mas nós realmente reforçamos todos os detalhes. Nós fundamentamos o conceito, criamos um pouco de suporte à história do conceito. Por causa do histórico do nosso filme, tivemos de fazê-los escrever as histórias. Quem eram os personagens? Quem era o Catman? De onde ele vinha? Por que Peter era o Catman e Ace, o Spaceman? (O último era mais fácil de explicar.) Nós incorporamos isso nos kits de relações públicas e nas histórias das entrevistas nas revistas. Isso criou uma aura mística – uma coisa de essência sobrenatural – e um tipo de personagens de quadrinhos. Demos a eles os recursos e acrescentamos nossas ideias às deles para criar possibilidades maiores que as normais, que nunca tivessem sido feitas antes e que fossem profissionais. Trabalhamos juntos como uma equipe em todos os aspectos da carreira deles. Uma sugestão levava a outra e Neil aceitava o desafio, pagava para ver e fazia acontecer. Nós nos divertimos fazendo tudo aquilo. Adorávamos trabalhar juntos. Foi uma época fantástica e, quando o KISS finalmente estourou, quando os 20 mil fãs do KISS gritavam no Cobo Hall, em Detroit, e ergueram os isqueiros bem no alto, curtimos o sucesso juntos – Bill, Neil e eu.

TED NUGENT

Quando se pensa neles como uma força do rock, temos que dar vivas ao KISS plenamente. Se aquilo não é rock, os Rolling Stones também não são rock. E, para ser honesto, à sua própria maneira, as pessoas que acham que Bruce Springsteen é algum purista, ele passa por tal manipulação de controle da imagem tal como o KISS faz com a maquiagem. Isto é, me dá um tempo! Alguém recomendou ao Bruce Springsteen que ele deixasse um boné de beisebol pendurado no bolso de trás dos macacões puídos, diante da bandeira norte-americana, ao cantar "Born in the USA". Foda-se! Isso é tão manipulador como a maquiagem de gato de Peter Criss. Não me leve a mal, o Bruce é divertido, mas acho que o KISS é muito mais divertido, porque eles ultrapassam tudo. E eu quero passar a maior parte do tempo ultrapassando os limites.

OS PRIMEIROS SHOWS DO KISS

GENE SIMMONS: Eu inicialmente fechei negócios com um clube no Queens, chamado Popcorn, que mais tarde virou o Coventry. Os donos eram uns meninos que falavam assim [imita o sotaque de garoto da pesada]: "Tocamos numa quarta, quinta e sexta e recebemos trinta dólares. O clube acomodava talvez trezentas a quatrocentas pessoas. Na primeira noite, trocamos o nome da banda de Wicked Lester para KISS".

STEPHANIE TUDOR (DIRETORA ASSISTENTE DE PRODUÇÃO DA AUCOIN MANAGEMENT): O Coventry era como um Max's da cidade de Kansas, mas era um lugar especial para encontrar bandas novas. Os New York Dolls tocavam lá uma vez por semana e também bandas como Teenage Lust, Luger e Street Punk. Várias bandas que atingiram o sucesso mais tarde tocaram lá, como o Aerosmith.

LEW LINET: O Coventry era uma privada. Aquelas apresentações foram horríveis. Ninguém gostava delas, ninguém aplaudia. A maquiagem estava num estágio primitivo, eles usavam uma maquiagem feminina. Naquela época, tive de tomar uma decisão. Eu não me importava com aquele tipo de música. Disse a eles: "Com todo o respeito, acho que vocês devem arrumar um empresário que esteja comprometido com o que vocês estão fazendo". Eles me disseram: "Lew, grave as nossas palavras: seremos a maior banda dos Estados Unidos". Disse que esperava que fosse verdade, mas não achava que aquilo fosse acontecer, pois a música que eles faziam se derivava de bandas como o The Who. Mas eles conseguiram. Gene e Stanley são o símbolo do espírito empresarial norte-americano, são o símbolo da força de vontade, compromisso e persistência.

PETER CRISS: Acho que só três pessoas apareceram na nossa primeira apresentação no Coventry: a garota de Gene e dois amigos. Minha mãe tinha feito as camisetas. Mesmo assim, colocamos a maquiagem, subimos no palco e tocamos. Nós não estávamos nem aí com os outros, e é por isso que respeitei os rapazes

CARTAZ DO KISS, 31 DE AGOSTO/1-2 DE SETEMBRO DE 1973 (©KISS Catalog Ltd.)

desde o primeiro dia. Nós sempre nos mantivemos ligados ao que tínhamos praticado e trabalhado, não nos importando com o que acontecia em outros lugares. Sempre demos tudo de nós. Quando chegamos no The Daisy [um clube em Amityville, Long Island], minha concepção era de que se tratava de um bar, mas que devíamos encará-lo como se fosse o [Madison Square] Garden. E eu me lembro de que, quando finalmente tocamos no Garden, Gene disse: "Seu pequeno filho da mãe, agora estamos realmente tocando aqui!".

LEW LINET: O KISS era uma banda muito ruidosa e provocante, e eu não conseguia nenhuma apresentação na cidade, então eu tinha de ir a outros lugares, como Long Island. Eu era empresário de uma banda chamada J.F. Murphy and Salt, que tocava num lugar em Amityville chamado The Daisy. O lugar era gerenciado por um cara simpático chamado Sid Benjamin. Fui procurar o Sid e ele os escalou no The Daisy. O clube era informal, para jovens por volta dos vinte anos. Ficava num bairro legal, era limpo. Era só um bar com um pequeno palco num dos cantos. Eu não curtia muito o rock pesado do KISS, mas acho que Sid gostou deles.

PAUL STANLEY: O cara do The Daisy ofereceu uma apresentação em troca de um favor para o nosso empresário antigo. Nós usávamos maquiagem na época, mas ela não era tão sofisticada como agora. O resto da banda se parecia muito, mas eu era diferente. Eu só usava maquiagem nos olhos e blush. A ideia era a mesma, mas a maquiagem era diferente. Nossos trajes eram predominantemente pretos. Eu usava salto alto de verdade, calça de Lurex grudada na pele, meias três-quartos pretas e uma camiseta preta que dizia "KISS". Gastei no traje cerca de 45 dólares nos sapatos, três dólares na camiseta e mais ou menos cinco dólares no Lurex. Eu mesmo fiz a calça, pois não tinha dinheiro para mandar fazer. Em vez disso, saí e comprei o material, e meu pai disse: "Que bom que você quer tentar, mas vou comprar a calça para você... Eu o admiro por querer fazer a calça, mas não vai dar certo, você nunca fez isso antes". Respondi: "É mesmo?". Peguei meu melhor jeans e desmanchei, cortei o Lurex como a calça, pedi para minha mãe me ensinar a usar a máquina de costura e fiz a minha calça. Usei-a no The Daisy e ela era tão justa que acabou rasgando no palco, bem no cavalo, de um lado ao outro. Fui o sucesso da noite. Fiz uma calça para o Gene também; ele ainda a conserva. O The Daisy era um lugar bem barato, as bebidas custavam 35 centavos. Lá a maioria das bandas tocava quatro sessões por noite. Chegamos como grandes astros e dissemos que tocaríamos duas vezes por noite, pelo valor de um fim de semana de trabalho. Eles pagaram cem dólares pelas duas noites. Depois de tirarmos as despesas, cada um de nós quatro ganhou 3,50 dólares. Tocamos no The Daisy cerca de cinco vezes, cinco apresentações nos fins de semana. Aquele era o plano, o de tocar no The Daisy até estarmos prontos.

RON JOHNSEN: Eu morava num bairro em Rockland Country que patrocinava caridade para a biblioteca local em Palisades, Nova York, bem do outro lado do rio, em frente da Balsa Dobbs, onde eu e minha mulher morávamos. O diretor de entretenimento pediu para eu arrumar um grupo para a festa. Eu trabalhava para vários grupos e um deles era o KISS. Na noite da festa [26 de maio de 1973] eu tinha três bandas, o KISS era uma delas. Eles passaram na minha casa e ajudamos com a maquiagem. Eles subiram no palco e foi um escândalo. Era um bando de pessoas mais velhas, de meia-idade, e foi um choque para eles ouvirem o KISS.

GENE SIMMONS: Sabia que o KISS chegaria ao sucesso, mas quando isso aconteceu, eu não podia acreditar. Claro que eu confiava em nós, ou não usaria maquiagem e salto alto depois que tinham saído de moda. O KISS lança a sua própria moda.

PAUL STANLEY: Eu não estava satisfeito comigo mesmo e com meus amigos quando o KISS apareceu e virou a minha vida do avesso. Foi a primeira banda em que participei na qual as pessoas moravam em partes diferentes de Nova York. Aquilo foi interessante para mim, porque o meu mundo, que tinha sido muito limitado, estava começando a se abrir um pouquinho.

EDDIE KRAMER (PRODUTOR): Eu os vi numa sexta-feira, 13 de julho de 1973, no hotel Diplomat. Rich Totoian, da Windfail Records [um selo de discos da

Mountain], Bill Aucoin e eu fomos convidados para o show. Era uma coisa muito estranha e divertida. Para algumas pessoas foi chocante, mas para mim foi muito interessante, porque ninguém viajava naquela coisa de maquiagem total. Eles tinham muito a aprender, não eram ótimos músicos. Entretanto, criaram uma boa apresentação no palco e eram muito organizados.

BILL AUCOIN: Quando vi o KISS pela primeira vez no hotel Diplomat, em 1973, eles não tinham um show completo. Tinham iluminadores vermelhos, alguns amplificadores. Usavam jeans pretos. Ninguém tinha dinheiro para comprar couro. O show foi só uma apresentação convencional de rock, mas eles eram espontâneos, eles queriam muito fazer algo diferente. Aquele tipo de dedicação vale mais que qualquer coisa. É tão especial e você é atraído por isso. Eu enxerguei a mágica neles.

BOB GRUEN: Trabalhar para o KISS como fotógrafo foi um pouco difícil. Fiz muito trabalho para a Buddah Records, então já conhecia o Neil [Bogart]. Também já tinha trabalhado com Labelle e Sha Na Na. Quando o KISS veio para o selo Casablanca, eu já era fotógrafo da Buddah, e foi assim que comecei a trabalhar com o KISS. Tirei fotos do KISS e de Neil, que também usava maquiagem. Ele estava algemado ao contrato de disco. Isso aconteceu durante uma passagem de som no show da véspera de Ano Novo no Academy of Music. Foi a primeira vez que os vi tocarem. Eles faziam a abertura do Iggy & the Stooges. Gene soprou uma bola de fogo e o cabelo dele pegou fogo. Ao mesmo tempo, eu me lembro que o Peter Criss tinha umas baquetas que ele atirava ao ar e elas explodiam. Mas uma delas estourou na mão dele.

O LOGOTIPO DO KISS

ACE FREHLEY: Sempre fui um artista gráfico. Quando tinha dezesseis anos, minha orientadora escolar disse: "Você não tem futuro nesta escola. Procure uma escola de arte onde possa desenvolver seu talento". Minha especialidade são os logotipos. Eu desenhei o logotipo do KISS em cerca de três minutos. As melhores coisas que faço saem rapidamente.

CARTAZ DO HOTEL DIPLOMAT, 10 DE AGOSTO DE 1973
(©KISS Catalog Ltd.)

BILL AUCOIN: Quando tocamos no Academy of Music, foi a primeira vez que tivemos o logotipo do KISS no cenário. Eles nos deixaram colocá-lo porque não sabiam o que aquela apresentação da abertura seria. Todos que entravam no teatro viam o logotipo do KISS já montado. Assim, durante a hora anterior ao show, você só via o logotipo do KISS. A partir daquilo aprendemos várias lições que foram usadas durante todo o percurso da carreira deles.

OZZY OSBOURNE
Não faz tanto tempo assim, não se podia andar por aí sem se deparar com o KISS. Todos eram loucos pelo KISS em 1976. Eles eram o máximo. Eram uma das bandas mais originais! E faziam um megashow pirotécnico. Eles tinham de tudo, a maquiagem do KISS, os bonecos do KISS, os jogos do KISS, tudo do KISS.

AS PRIMEIRAS FITAS DEMO DO KISS

RON JOHNSEN (PRODUTOR): Chamei Eddie Kramer e disse que tinha aquele pessoal selvagem, quase heavy metal. Disse que tinha perdido o negócio com a CBS e que precisava fazer um novo contrato para um disco. Disse que sabia que ele era o produtor de rock e engenheiro mais influente que conhecia e que poderia conseguir aquilo. Eddie apareceu comigo e com minha esposa, Joyce, para ouvi-los tocar. No fim, tiveram de colocar algodão nos ouvidos, porque estava alto demais. Num determinado ponto, eu me virei e minha mulher tinha caído, ela tinha desmaiado. Eddie e eu tivemos de carregá-la para baixo, para ela tomar um pouco de ar. Eddie disse que estava disposto a ir ao estúdio e fazer umas fitas demo para mim.

PAUL STANLEY: A fita demo foi ótima. O estúdio nos devia um dinheiro, então dissemos: "Arrumem um tempo no estúdio e chamem o Eddie Kramer para produzir a nossa fita demo".

GENE SIMMONS: Fizemos os canais de música em um dia e os vocais no outro. Tudo foi mixado num só dia. Paul e eu tínhamos feito uma sessão de vocais de acompanhamento para Ron Johnsen, para uma artista chamada Lyn

Christopher e um outro chamado Mr. Gee Whiz e para mais um ou outro artista. Assim, o estúdio nos devia cerca de mil dólares para cada um. Eles disseram: "Vocês podem pegar isso em dinheiro, ou podem vir e usar o tempo no estúdio". Nós sabiamente respondemos: "Vamos usar o tempo no estúdio, mas só se conseguirem o Eddie Kramer para nos produzir". A versão demo das músicas com o Eddie Kramer ficou melhor do que apareceu no primeiro álbum do KISS. Com todo o devido respeito, nosso produtor, Richie Wise, que eu achava ótimo, tentou amenizar um pouco. Eles tinham acabado de produzir Stories, Gladys Knight & the Pips. Alguns ritmos foram desacelerados um pouco. Disseram que a nossa energia estava um pouco forte demais para um disco. Talvez seja por isso que as demos mostram mais energia; só fomos na base do "É assim que somos".

ACE FREHLEY: Fiquei muito nervoso na gravação do primeiro álbum. A fita demo original é muito mais à vontade que o álbum. Eu tinha acabado de me unir ao grupo e estávamos ensaiando regularmente. Fomos lá para gravar cinco músicas. Ron Johnsen produziu, o Eddie Kramer assumiu o controle e começamos a música. Foi muito importante trabalhar com o Eddie Kramer naqueles dias, pois éramos só crianças e ele já tinha trabalhado com Jimi Hendrix e Led Zeppelin.

EDDIE KRAMER: Paul e Gene ficavam rondando o estúdio. Eu sempre os via lá porque eles trabalhavam com o Ron Johnsen para aquela coisa do Wicked Lester. Então, um dia, o Ron Johnsen me chama e diz: "Olha, Gene e Paul querem formar uma banda nova, uma banda de rock. Eu não curto muito aquilo. Você poderia fazer isso para mim, porque é mais uma coisa do seu tipo?". Respondi: "Claro, vamos tentar". O estúdio [Electric Lady] era bem novo na época, e eu disse a Dave Wittman, que era o meu assistente naquela época: "Vamos fazer a fita demo para uma banda nova, chamada KISS, que Gene e Paul têm". Gravamos no estúdio B. É um lugar muito acanhado. Eu disse: "Vamos fazer da maneira original, como costumávamos fazer com gravações em quatro canais". Assim, arrumamos a velha máquina de quatro canais. Eu me lembro que Ace era muito magro. Meu Deus, como ele era magro naqueles dias. Ele dirigia um táxi no Brome e estava todo animado, como um garotinho numa loja de doces, por fazer a primeira fita demo. Todos tocaram juntos e foi ótimo! Até agora, Gene, Paul e Ace acham que foi a melhor coisa que eles já fizeram. Tinha "Deuce", "Cold Gin", "Strutter", "Watching You" e "Black Diamond". Cinco músicas. Não ouvi o material até entrarmos no estúdio. Eu os vi tocando pela primeira vez num dos primeiros shows deles no hotel Diplomat, quando começaram a usar a maquiagem. No estúdio, eu me lembro de Gene mostrando o caderno de espiral com todos aqueles desenhos dos vários membros da banda e de como eles ficariam com a maquiagem. Ele tinha tudo planejado. Pensei que Gene e Paul eram muito organizados. Naqueles dias, eles ainda não eram músicos muito bons, tinham muito a aprender. Entretanto, eles tinham uma presença especial no palco. Ninguém mais fazia aquilo. Era uma coisa fora de série usar a maquiagem, botas de salto alto e chamar a banda de KISS. Para algumas pessoas era horrível, mas para mim era muito interessante, porque ninguém tinha feito aquilo antes. É óbvio que aquilo pegava na imaginação dos garotos.

O KISS FIXA O EMPRESÁRIO

JOYCE BOGART (COEMPRESÁRIA DO KISS): Em 1972, encontrei Bill Aucoin quando ele dirigia o filme baseado na peça *Oh, Calcutá!*. Era uma peça feita com um grupo de atores nus. Eu era assistente de Bill. Foi o primeiro filme feito em videotape e os técnicos eram veteranos da guerra da Coreia que tinham aprendido eletrônica no exército. Aquilo mostrava como não havia nada de glamoroso no negócio de cinema. Havia muita diplomacia em jogo por causa deles e todo o elenco de atores nus, que adorava provocar a equipe conservadora enquanto filmavam ao norte do estado de Nova York. Bill e eu formamos a companhia de produção de filmes para TV Direction Plus e depois formamos nossa companhia de empresários, Rock Steady, que recebeu o nome a partir da música de Aretha Franklin. Bill me pediu para sugerir um nome que os bancos gostassem de ouvir quando fôssemos pedir empréstimos. Direction Plus produziu um show de meia-hora chamado *Flipside*, que foi ao ar durante treze episódios. Com o presidente de uma gravadora ou um produtor famoso como anfitrião a cada show, os grupos de rock concluíram que tínhamos influência sobre esses presidentes. Começamos a receber fitas e sermos assediados pelas bandas de rock. O KISS era a mais barulhenta, e enfim Bill e depois nós dois fomos vê-los. Bill e eu viemos de teatro, cinema, TV e propaganda – a melhor síntese possível de talentos background para dar apoio a um grupo como o KISS. Nós dois adoramos música e já tínhamos trabalhado muito em termos de produção. Nós gravávamos os primeiros filmes promocionais para as gravadoras. Neil [Bogart] foi um dos primeiros. Fomos os primeiros a gravar vídeos de promoção como os da MTV com os grupos vestindo trajes especiais. Isso aconteceu muito antes da MTV – 1973; só o *In Concert* e *Flipside* estavam na TV. Você não conseguia fazer as apresentações em nenhuma outra parte, então propusemos que as companhias fizessem comerciais de TV para acompanhar os shows e usar a filmagem mais longa na Europa, onde havia shows que poderiam incluir aqueles segmentos de três a dez minutos. Aprendemos muito sobre como a indústria fonográfica promovia apresentações vendendo essas fitas. Eu também escrevia o texto, então, gastava muito tempo com o pessoal do marketing e com os artistas. Eu era produtora numa agência de propaganda grande e contratei Bill na Teletape para dirigir comerciais para nossos clientes. Eu tinha trabalhado em propaganda durante muitos anos, dando assistência a diretores e produtores de criação; portanto eu era muito voltada ao marketing. O visual era importante para nós dois, o que nos permitiu auxiliar o KISS a criar a imagem definitiva e a promovê-la com recursos técnicos de ponta. Quando colocamos *Flipside* no ar, fizemos contato com os chefões e pessoas influentes de cada gravadora. Foi uma grande promoção para elas. Elas podiam trazer e conseguir exposição para qualquer grupo iniciante a quem quisessem dar a mão... se, ao mesmo tempo, trouxessem um talento de grande reputação como atração principal.

O KISS ASSINA COM A CASABLANCA RECORDS

JOYCE BOGART: Bill e eu decidimos dar a fita do KISS para Neil Bogart quando ele ainda era presidente da Buddah Records. Ele ficou chocado, adorou a música. Acho que já tínhamos falado sobre a apresentação deles, mas ele realmente achou que era um bom grupo e quis assinar pela música. Como estava planejando sair para criar seu próprio selo, ele perguntou se nós levaríamos o grupo até ele quando começasse a Casablanca. Fiel à sua palavra, assim que começou o negócio, ele veio ver a banda. A sala era pequena, a música, claro, era mais que barulhenta e Neil estava sentado na primeira fileira. Gene desceu na plateia, pegou nas mãos de Neil e fez com que ele batesse palmas. Depois do show, o grupo, Bill, Neil e eu nos encontramos numa sala minúscula, talvez um depósito de materiais. Ficamos em pé, formando um pequeno círculo, o grupo com o traje completo e a maquiagem, quando Neil disse ao KISS que queria que eles fossem os primeiros a assinar com a Casablanca. Quando ele terminou o discurso, enfatizando o futuro e dizendo que estava bem animado, que achava que eles eram astros, Peter Criss despencou no chão. Ele perdeu o equilíbrio nos sapatos altos e desabou sentado com toda força. Todos caíram na gargalhada, inclusive o Peter. Pode-se dizer que assim foi selado o negócio.

NODDY HOLDER, SLADE

Para mim, eles eram a perfeita banda norte-americana porque pegaram o que havia de melhor nas bandas britânicas e americanizaram. E eles, com certeza, adotaram a imagem do rock-glamour que acontecia na Inglaterra. Eu sabia que o KISS tinha sido muito influenciado pelo Slade. Era um grande elogio uma banda como o KISS mencionar o Slade como influência. Eles pegaram tudo o que era bom no Slade e levaram ao extremo. Como o Slade, o KISS também fez músicas que se tornaram hinos, mas de uma maneira americanizada.

KENNY KERNER (PRODUTOR DO KISS): Eu costumava ir até o escritório de Neil [Bogart] semana sim, semana não, pegava uma caixa com todas as fitas que tinham vindo pelo correio e levava para casa. Numa dessas caixas de fitas levadas para casa, numa tarde de inverno congelante, estava uma fita demo do KISS com uma foto em preto e branco. Olhei para a foto e não era de maneira alguma a maquiagem ou a definição que eles mostram agora. Parecia alguma coisa de maquiagem de teatro Kabuki. Na hora percebi onde eles estavam tentando chegar. Coloquei a fita e foi ótimo! Era uma coisa bem selvagem. Lá estavam "Deuce" e "Strutter" e algumas músicas muito boas. Era uma sexta-feira. Nem ouvi o resto. Na manhã de segunda-feira, peguei a fita e a fotografia e levei para o Neil, da Buddah. Disse: "Neil, esta fita é o máximo. Acho que devemos contratar os garotos". Ele respondeu: "Não posso contratá-los na Buddah, estou de saída para iniciar meu selo novo, chamado Casablanca". Ele me disse: "Deixe que vou ouvir a fita". No dia seguinte, ele concordou: "Você tem razão. A primeira coisa que vamos fazer no Casablanca é assinar um contrato com eles". Neil sempre gostava das coisas da moda. Se estivesse na onda, estava perfeito para Neil. Assim, ele imediatamente percebeu o potencial. Eu disse: "Quem é o empresário da banda?". Ele respondeu que eles trabalhavam para um cara cujo nome era Bill Aucoin, que dirigia uma empresa de produção chamada Direction Plus. Ele dirigia algumas peças fora do circuito da Broadway, dirigia uma empresa de produção e a sócia dele era Joyce Biawitz [futura Joyce Bogart]. Daí, nós nos reunimos uma noite, o Bill, eu, Joyce, Richie [Wise], Neil, o pessoal de promoções da Kama Sutra/Casablanca (porque ele levou as mesmas pessoas com ele quando saiu do selo) e fomos até aquele pequeno estúdio de ensaios chamado Le Tang's Studios. O cômodo era muito acanhado; da parte de trás do palco até a porta de entrada não teria mais de dez metros quadrados, portanto era bem pequeno. A banda chegou e a primeira coisa que me chamou a atenção é que eles eram enormes, pareciam ter mais de três metros de altura. Eles usavam sapatos de plataforma que deviam ter trinta centímetros de altura e o palco ficava a cerca de trinta centímetros do piso. Portanto, pareciam uns arranha-céus. Todos usavam trajes pretos e os rostos pintados. Gene mostrava a língua. Era uma coisa simples, mas eu me caguei de medo. A banda ficou encantada ao assinar o contrato porque era com um selo novo. Você sabe que terá um apoio maior quando se está num selo novo. Eles confiaram em nós por sermos produtores de ponta na época. Eles ficaram encantados o tempo todo.

STAN DELANEY: Era tão diferente de tudo que tinha de ser incrível. Era inédito, algo que ninguém fazia... Então, tente imaginar, os quatro caras tocando num pequeno estúdio de ensaios. Diante deles estavam Bill Aucoin, Neil Bogart, Joyce Biawitz [coempresária do KISS] e eu. Eles terminaram a primeira música e nenhum aplauso. Gene desce do palco e vai até Neil Bogart, agarra as mãos dele e faz com que ele aplauda... e Neil começou a aplaudir porque ele estava morrendo de medo. Naquele momento, eu pensei comigo: "Quero me envolver naquilo", porque era o tipo de coragem que era preciso para se chegar a algum lugar.

PAUL STANLEY: Quando assinamos com a Casablanca, foi uma coisa boa e nova. Havia o sentimento de que eles precisavam de nós, porque o KISS era a Casablanca. Acho que muita criatividade aparece quando se quer muito alguma coisa. Neil queria que a gravadora dele fosse o máximo e ele precisava se dedicar de corpo e alma a qualquer um que fizesse contrato com o selo. Aquilo caiu bem para todos.

LARRY HARRIS (VICE-PRESIDENTE SÊNIOR DA CASABLANCA RECORDS): Casablanca era um selo típico dos anos 1970. Tinha tudo o que as pessoas associavam ao meio musical da época, as drogas, o sexo. O sexo acontecia no escritório durante as horas de trabalho. O pessoal levava drogas no escritório também. Podia se sentir cheiro de maconha nos corredores. Rolava droga mais pesada também, cocaína, e nossa droga predileta, "quaaludes" (metaqualona).

STAN CORNYN (VICE-PRESIDENTE EXECUTIVO DA WARNER BROTHERS): Neil Bogart era razoavelmente bem conhecido como uma raposa. "Raposa" ainda é muita bondade. A Warner Brothers estava muito interessada em ter uma pessoa na empresa que estivesse acostumada a lidar com o rock "chiclete" e a desenvolver tipos de música que não faziam parte de nossa experiência. Nós, da Warner, Mo Ostin e Joe Smith fizemos um contrato de distribuição de selo com a Casablanca. Isso garantiu dinheiro à Casablanca em troca dos direitos de distribuição, manufatura e marketing. Não tínhamos de fazer nada em relação a lidar com os talentos. Neil enviaria os originais de gravação e os pacotes para nós e ficaríamos encarregados da distribuição no mundo comercial. Como era comum nesse tipo de contrato, dividíamos os lucros meio a meio.

BUCK DARMA, BLUE ÖYSTER CULT

O KISS fez a nossa abertura no Academy of Music, aquele show lendário no qual o cabelo de Gene pegou fogo. Na verdade, o KISS viajou conosco durante alguns meses. É engraçado. Nós mesmos não éramos tão importantes assim. O Blue Öyster Cult era a atração principal em casas pequenas. A coisa engraçada é que o KISS fazia a abertura, e eles aparecem com um caminhão articulado e uma equipe de umas dez pessoas. Nós tínhamos um caminhão-baú e três pessoas [risadas]. A gente morria de rir com isso. Eles também eram uns caras enormes, e somos pequenos. Usavam sapatos de plataforma e pareciam com o Godzilla. Ficamos pasmos com toda a experiência do KISS. Com certeza, eles eram bem-organizados desde o começo, mesmo quando ainda não faziam dinheiro. Eles tinham shows pirotécnicos e piadas elaboradas. Acho que houve um pouco de ciúmes de nossa parte durante os anos. Mas o que é estranho é que o KISS e o Blue Öyster se respeitam até agora. Era mais uma brincadeira que uma inimizade real. Eu admiro o que Gene e Paul fizeram. Eu acho que não conseguiria fazer a mesma coisa, não tenho o mesmo tipo de personalidade. Fizemos ótimas festas juntos quando viajamos com o KISS. Uma das bagunças que fizemos juntos num hotel em Tampa, Flórida, foi quando o KISS e o Blue Öyster jogaram do quinto andar toda a mobília na piscina [risadas].

ACADEMY OF MUSIC, VÉSPERA DE NATAL, 1973

PETER CRISS: A primeira vez em que me senti realmente como uma estrela foi naquele show. Gene e Paul me deram aquela emoção. Eu pensava: "Não sei se vamos chegar lá. Não estamos indo para nenhum lugar". Eles enviaram uma limusine para mim e pensei: "Puxa, isso é legal! [risadas]. É assim que os caras importantes devem se sentir".

BILL AUCOIN, O EMPRESÁRIO

PETER CRISS: Bill foi o Brian Epstein do KISS. Ele era brilhante. Eu sabia que aquele cara seria como o "quinto" membro do KISS. Bill era um visionário. Acreditava que podíamos tudo e nada nos deteria. Elevou a nossa autoestima ao máximo. Ele dispunha do tempo dele para cada indivíduo e ouvia a respeito das nossas tristezas mais profundas, dores de cotovelo e amor. Cada um ia para a sala dele e dizia se estava bem ou mal. Ele foi um pai, uma mãe, um irmão, uma irmã. Eu o adoro.

O KISS AO VIVO EM 1974 (©KISS Catalog Ltd.)

PAUL STANLEY: No seu auge, Bill foi o melhor empresário que poderíamos querer. Ele compartilhava a sua visão, era uma força pacificadora e também um mestre. Ele era único, no sentido de que suas origens não tinham sido como empresário, mas a ligação dele conosco foi muito completa e em diversos níveis.

 PAUL WESTERBERG, THE REPLACEMENTS

Eu tinha vergonha de gostar da banda deles, mas ia para o meu quarto, tocava KISS e adorava. O *Destroyer* tem muita coisa legal.

GENE SIMMONS: Bill era fantástico. Ele era um homem-espetáculo, um cara que acreditava em fazer tudo. Fui eu que enviei o pacote promocional com a biografia e o convite para o show no Diplomat. Queria alguém que não só fosse empresário da banda, mas também alguém que tivesse opinião e que entendesse da parte visual, da televisão e de promoção. Ele foi ao hotel Diplomat e se ofereceu para ser nosso empresário. Apareceram o Eddie Kramer, Ron Johnsen, a CES Records e o Rich Totoian, do Windfall Records, que tinha o Mountain. Quando deixamos o palco depois da apresentação no Diplomat, ele me encurralou e me levou até um canto. Eu ainda estava de maquiagem. Assim que o vi sentado, fiz um sinal para uma garota que eu tinha acabado de conhecer, com uma letra C maiúscula. Ela estava vestida duma maneira muito sensual, então ela veio e sentou-se no meu colo. Enquanto ele conversava comigo, eu a balançava com uma perna para impressionar e para que ele pensasse: "Meu Deus, algo está acontecendo!". Ele ficou encantado com a coisa toda, tudo aconteceu muito rápido. Bill foi muito, muito importante para a banda. Ele nos apresentou Sean Delaney, como parceiro de vida, a quem não conhecíamos daquela maneira; mas nós também não nos importávamos. Nunca nos importávamos com nada. Sean Delaney também teve um papel muito importante no início da banda. Ele era o gerente de turnê, ele sugeria os movimentos. Ele coescrevia as músicas. Ele era o cara das ideias.

NEIL BOGART

JOYCE BOGART: Neil era um homem que vivia para lançar a próxima moda. Ele era totalmente fiel aos artistas que selecionava, fazendo as vezes de família, da mesma maneira como ele fazia com a equipe dele. Muitos deles se transferiram com ele da Cameo/Packway para a Buddah, depois para a Casablanca e mais tarde ainda para a Boardwalk. Ele era responsável pelo gênero chamado música "chiclete", um termo inventado por ele. A história é a seguinte: ele estava observando um garoto mascando chiclete no ponto de ônibus e queria criar aquele tipo de atmosfera feliz e descompromissada na música. Ele foi o primeiro a criar um disco de doze polegadas com "Love to Love You Baby", da Donna Summer, e o primeiro a fazer a promoção da disco music. Ele tinha um departamento de produção que fazia contatos para discos serem tocados em discotecas como alternativa de propaganda ao rádio. Muita música de discoteca veio da Casablanca. Ele era um promotor-mestre e o rei da arte da promoção e distribuição independente. Muitas de suas iniciativas ainda são válidas hoje, bem como as músicas que as gravadoras dele lançaram. Neil entendeu o conceito KISS de cara. Era um jogo feito no céu... natural, pois o KISS era de uma performance de alto conceito e ele era um promotor. Não acho que haja nenhum outro executivo de música no passado ou hoje que tenha visto todas as possibilidades de promoção e merchandising tão claramente. Neil adorava se divertir, ele adorava criar algo que fosse divertido para as outras pessoas curtirem. Ele viu essa possibilidade no KISS imediatamente. Ele tinha sido cantor, músico, ator e produtor. O KISS ofereceu uma matriz para ele tocar, para usar a síntese de todo o seu talento e experiência. O fato de todos os outros acharem que ele estava ficando louco só tornou o desafio mais delicioso. Quando o mundo disse a Neil que aquilo não daria certo, ele sabia que estava na trilha certa. Ele sempre buscava criar algo novo e não seguir tendências. Estava disposto a arriscar o pescoço e colocar o dinheiro, todos os contatos e a influência para fazer da banda um sucesso. Ele era responsável por manter a agenda da banda cheia de compromissos, o que não era pouca coisa. Ninguém queria viajar com eles. Todos os agentes diziam para eles deixarem o equipamento em casa, pois era muito caro para ser levado em turnês. Sem sucesso. Ele insistiu com os amigos da ATI [agência de talentos] para agendar a banda. Jeff Franklin foi muito importante nessa fase e era muito amigo de Neil. Ele nos emprestou o dinheiro de que precisávamos para continuar na estrada. Nunca teríamos conseguido isso sem o Neil. Ele utilizou as amizades de longa data para conseguir exposição na televisão para o KISS em todo programa que oferecia música, desde os especiais de *Dick Clark* até o *Michael Douglas Show*.

GENE SIMMONS: Neil foi o último homem do tipo. Ele era um homem-espetáculo. O rei da música "chiclete". Ele criou a disco music nos Estados Unidos, criou um tipo de LP, o EP, disco de 45 rotações. Lá estava um cara que se especializara no lançamento de compactos simples; no entanto, a primeira banda com quem assinou um contrato na Casablanca Records nunca tinha lançado um compacto simples. Ele gostava do tipo de música muito estilizada, tipo música beat, que não tinha nada em comum conosco. Ele era o tipo de cara que gosta de mandar, "fazer as coisas do meu jeito ou nada". No entanto, ele encontrou um grupo de rapazes que basicamente dizia a mesma coisa. Ele queria assinar conosco, mas não punha fé na maquiagem. Dissemos: "Ou tudo, ou nada". "Você pode ficar com a maquiagem e a banda, ou nada". A melhor coisa dele era que, se você acreditasse em algo, ele também acreditava. Era capaz de colocar suas próprias crenças de lado se ele enxergasse paixão. E quando isso acontecia, ele se dedicava de coração. Ele foi a primeira pessoa que me convidou para ir à casa dele e disse: "Gene, não pense em si mesmo como membro de uma banda. Você deve ter sua própria gravadora, ser empresário de outros artistas, você deve fazer outras coisas". Aquilo abriu meus olhos.

PAUL STANLEY: Quando penso em Neil, penso em P.T. Barnum, pois o Neil era o propagandista do circo; sabe, aquele cara que diz: "Venham, venham, venham ver a incrível mulher barbada". Ele era o próprio Coronel Tom Parker vendendo galinhas que dançavam. Tom colocava um prato quente debaixo de uma lajota e colocava as galinhas em cima, elas começavam a dançar porque os pés estavam queimando. Ele era um vendedor nato. Quando acreditava em algo, ele vendia. No entanto, o outro lado da questão era que não acho que Neil estava muito preocupado com o sucesso a longo prazo. Ele faria qualquer coisa para fazer sucesso com algo, independentemente do impacto que aquilo pudesse criar numa carreira. Acho que Neil não estava acostumado com prazos longos porque ele estava acostumado a ver carreiras que não perduravam. Portanto, ele batalhava para fazer sucesso.

ACE FREHLEY: Neil era um visionário. Neil teve coragem de dar um empurrão na gente quando várias pessoas não acreditavam em nós. Eu o respeito muito por isso. Acho que ele era um gênio inovador no meio musical. Ele não tinha medo de se arriscar. Ele arriscou a sorte conosco. Muitas outras gravadoras não quiseram nem chegar perto da gente. Nós o fizemos milionário, mas infelizmente Deus decidiu levá-lo muito cedo; tenho o maior respeito por ele. Que ele descanse em paz com o Senhor.

BILL AUCOIN: Neil foi para mim o último Barnum & Bailey do rock. Ele investiria um milhão para obter cem; mas só se fosse para a plateia delirar. Essa era a ideia. Não existe mais gente assim hoje em dia.

PETER CRISS: Uma coisa fantástica do Neil é que um acordo fechado com um aperto de mãos valia tanto quanto qualquer papel assinado. Quando ele se comprometia com você, não era preciso ter um monte de advogados ao redor. Ele mantinha a palavra dada.

LARRY HARRIS (VICE-PRESIDENTE SÊNIOR DA CASABLANCA RECORDS): Neil era um grande jogador. Na vida, ele apostava em qualquer coisa. Ele apostava que uma barata atravessaria a mesa primeiro que a outra. Jogar com a sorte fazia parte dele. Neil é provavelmente um dos únicos caras no meio musical que poderia fazer de tudo. Ele produzia, lidava com a publicidade, fechava contratos internacionais. Os advogados vinham e ele dizia as coisas adequadas a serem colocadas nos contratos. Neil poderia ir a um estúdio e fazer um disco. Ele fez isso com o KISS. Além de tudo isso, ele sabia fazer a promoção. Ele era o máximo quando promovia alguém. Nenhuma tarefa era comezinha demais para Neil. Ele era como Ray Kroc no McDonald's, que varria o chão das lanchonetes e depois conduzia a reunião da diretoria.

JOYCE BOGART: Neil se envolvia com cada aspecto da carreira deles. Ele trabalhava comigo, Bill e a equipe escolhendo a arte das capas, as fotografias; desenvolvendo a campanha promocional no rádio; criando uma campanha de relações públicas tanto com o pessoal interno como com o externo. Ele dava o máximo em cada coisa. Ele trabalhava com tudo do melhor, dos fotógrafos aos produtores. E quando nos víamos sem dinheiro, ele dava um adiantamento para continuarmos, enquanto qualquer outra gravadora diria que já tínhamos gasto nosso adiantamento.

LARRY HARRIS: Neil acreditava no KISS como eu também acreditava, especialmente depois de ele ver o que eles conseguiam fazer com a plateia. Não era tanto pela música gravada; eram sempre as apresentações ao vivo. O que nós aprendemos mesmo antes de termos o KISS é que, quando se tem uma banda com uma performance ao vivo que é incrível, mesmo que o produto no vinil não seja tão bom, você consegue vendê-lo. Fizemos isso com o Sha Na Na na Buddah Records. Eles eram uma banda fantástica ao vivo e conseguimos vender uma quantidade razoável do produto de um grupo que fazia cover de músicas que já tinham vinte anos de idade.

STAN CORNYN (VICE-PRESIDENTE EXECUTIVO DA WARNER BROTHERS): Neil era incansável, o tipo de cara que não aceita não como resposta. Estávamos acostumados a certo tipo de comportamento quando as pessoas pediam as coisas e nós explicávamos que não era possível; com ele, já sabíamos como seria o diálogo. Neil não sabia dizer: "Que pena!". Ele sabia como dizer: "Droga, temos de conseguir isso". Ele era muito bom naquilo. Ele nem aceitava um talvez como resposta. Do nosso ponto de vista, as coisas eram realmente caras. Se o disco chegasse ao Top 10, Neil dizia: "Está na hora de uma campanha nova!" [risadas]. Ele queria ser o número 1. Suas exigências conosco nunca diminuíam. Isso já era esperado; mas, quando um determinado disco não acontecia, dizíamos: "Vamos ao próximo!". Os primeiros dois álbuns do KISS não fizeram um sucesso muito grande, mesmo assim eles conseguiram uma promoção forte e atenção nossa quanto aos visuais para a apresentação. Mas eles não fizeram sucesso no rádio e, portanto, não venderam muito bem.

SEAN DELANEY

PAUL STANLEY: Sean era um dínamo criativo que era uma peça importante da equipe inicial. Ele foi o único responsável por nos fazer repetir em outros shows o movimento lateral que fizemos num show, tornando-o a assinatura clássica do KISS. Aquilo era uma coisa que já fazíamos sozinhos, mas ele disse: "Vocês devem fazer isso, mas como se fosse uma parte coreográfica". Nunca tínhamos pensado naquilo. Sean era ótimo na mesa de som e de uma maneira diferente do Bill; era um outro ponto de vista em nível criativo.

BILL AUCOIN: Sean era o gênio da casa. Ele era a pessoa mais criativa que conheci. Quando comecei com o KISS, pedi a ele para ajudar. Sean tinha uma grande sensibilidade dramática. Ele sempre conseguia dizer quando algo não estava certo.

ACE FREHLEY: Sean Delaney fez muito pela banda. Quando se ouve Paul e Gene conversarem sobre aqueles dias, eles se colocam como se fossem os cérebros por trás do KISS; enquanto que, naqueles dias iniciais, Sean Delaney tinha mais experiência em coreografia do que o Paul e o Gene. Sean gastava a maior parte do tempo organizando o show. Acho que ele não recebeu os créditos que merecia como compositor ou pelas coisas que ele acrescentou aos shows, aos trajes e à coreografia. Ele era um grande, um enorme colaborador de toda aquela merda.

PETER CRISS: Sean tinha enorme influência. Ele era um homem brilhante. Ele era sócio do Bill, por assim dizer, e incentivava e dava força à banda. Ele ficava no nosso pé de manhã, à tarde e à noite nos ensaios, até conseguirmos fazer tudo certo. Ele tinha quatro vídeos focalizados em nós todo o tempo, fazendo com que conseguíssemos fazer os movimentos e reproduzir a coreografia de uma maneira coordenada. A apresentação de "Beth" ao vivo foi desenvolvida por ele. Ele queria que eu aparecesse e me sentasse num banquinho na frente de todo mundo, sozinho com um microfone. Foi ele que teve a ideia. Eu disse: "Que merda! Não vou conseguir fazer isso. Fico atrás da bateria". Sean disse: "Acredite em mim, vai ser o máximo!". E ele estava certo. Depois, quando entrei, fui até lá, fiz a apresentação e houve aquela reação do público, ninguém me tirava mais de lá. Fiquei encantado.

JIM LEA, SLADE

Gene disse que o Slade foi a primeira banda que mostrava à plateia como criar um distúrbio. O KISS pegou o que já estava em andamento e disse: "Tudo bem, vamos pegar a ideia deles e americanizar". E foi o que fizeram. Onde talvez a gente colocasse uma máquina de lançar confetes, eles faziam tudo parecer à la James Bond.

ESPIRROS DE SANGUE

GENE SIMMONS: Eu me lembro de ter visto Christopher Lee como Drácula em um dos filmes da Hammer, *O sangue de Drácula* ou *O vampiro da noite*. Nunca me esquecerei de quando ele mordeu alguma coisa e a boca se cobriu de sangue. Pensei: "Que barato! Eu devia fazer isso no palco". Por quê? Por que os garotos enfiam sapos embaixo das saias das garotas? Porque elas gritam, e isso é muito engraçado!

O KISS E A REVISTA *CREEM*

JAAN UHELSZKI (JORNALISTA DA CREEM): Na verdade, eu herdei a batida KISS na *Creem* porque ninguém mais queria saber deles. Nada me incentiva mais do que uma ideia cuja hora chegou. A hora do KISS tinha chegado. Eles surgiram pela primeira vez quando o homem de promoção da Casablanca Records telefonou e perguntou se poderíamos fazer um perfil na *Creem* – o falso anúncio que costumávamos ter na revista que se baseava na propaganda de Dewar's Scotch. Assim, sem hesitar, Larris Harris os trouxe ao escritório, um conjunto de escritórios bem informal que ficava sobre um cinema. Eles entraram sem a maquiagem, que é a sua marca registrada, pareciam quatro roqueiros bem normais. Muito educadamente, pediram se poderiam usar o banheiro feminino para se aprontarem. A transformação foi incrível. Quando colocaram a maquiagem, eles se transformaram em torres gigantescas e ocupavam mais espaço físico do que sem maquiagem. Era pura loucura, com as secretárias do escritório brigando para sentar no colo de Gene Simmons. O dentista do corredor à frente apareceu para ver o que causava tamanho tumulto. E houve muita bagunça! Era estranho o tamanho da devastação que poderia ser criada com uns poucos potes de maquiagem de palhaço, batom vermelho e delineador. Charlie Auringer, o diretor de arte da *Creem*, tirou a fotografia com eles com toda a pompa, e foi assim. Ou teria sido assim, pensávamos. Eles voltaram para o banheiro de novo, retiraram a maquiagem e estavam prestes a entrar nos carros quando Charlie os convenceu a tirar uma fotografia sem a maquiagem. Acho que eles estavam tão no começo da carreira que concordaram. Foi só o lance de um momento. Foi o começo do nosso relacionamento com a banda. Depois daquilo, todas as vezes que pedíamos algo para o empresário deles, eles concordavam. Demos muita cobertura a eles quando todos os outros os tratavam como uma piada. Para mim, eles representavam um tipo de coisa à la Warhol: bizarro, kitsch, antiarte. Por que estragar aquele apelo tipo super-herói mostrando aquela foto deles sem a maquiagem? Nunca pensamos em fazer isso. Tudo bem... talvez tenhamos pensado nisso, mas...

PAUL STANLEY: Fomos ingênuos por termos feito aquela foto para a *Creem* sem a maquiagem. Estávamos fazendo a sessão de fotos no escritório deles quan-

SE VOCÊS QUEREM SANGUE...
(© Snowsaw Archives)

do nos disseram: "Acabamos de conversar com o seu empresário e ele disse que vocês podiam tirar fotos da banda sem a maquiagem". E, como éramos novatos, perguntamos: "Verdade?". Eles responderam: "Verdade". Nós concordamos: "Tudo bem". É uma foto legal para marcar o período em que a maior parte das pessoas não teve chance de saber como nós éramos.

LARRY HARRIS (VICE-PRESIDENTE SÊNIOR DA CASABLANCA RECORDS): A revista *Rolling Stone* nunca faria nada com o KISS, pois Neil [Bogart] e o editor Jann Wenner não se davam. As duas revistas de música que eu achava que funcionariam para o KISS eram a *Creem* e a *Circus*. Eu me encontrei com o editor e dono da *Creem*, Barry Kramer, e fizemos um contrato de longo prazo com eles, no qual compramos a capa da frente interna para fazer propaganda do KISS. Também demos à *Creem* milhares de álbuns do KISS para serem oferecidos a pessoas que assinassem a revista. Assim a *Creem* ficou mais propensa a cobrir a banda de uma maneira regular. Em toda revista *Circus* havia uma pesquisa entre os leitores. A gravadora comprou cerca de trezentas ou quatrocentas cópias da revista e enchemos a caixa de votos. Eu e as secretárias da Casablanca completamos a pesquisa votando nos membros do KISS. Fiz um contrato parecido com o editor da *Circus*, Gerald Rothberg, no qual comprei a capa de trás da revista durante muito tempo. Isso incentivou a *Circus* a cobrir o KISS tanto quanto possível.

O DIA DO KISS NO COLÉGIO CADILLAC

CAROL ROSS (AGENTE PUBLICITÁRIA DO KISS): Um técnico de futebol americano da Cadillac High escreveu uma carta a Bill [Aucoin] dizendo que estava tendo problemas com o time de futebol. Eles estavam perdendo os jogos e ele decidiu fazê-los praticar sob a música do KISS. Disse a Bill que, assim que eles começaram a praticar com a música do KISS, eles começaram a vencer os jogos. Bill me mostrou a carta e pensei: "E se levarmos o KISS ao Cadillac, em Michigan, para fazer um concerto surpresa para a escola e o time de futebol?". Ligamos para o técnico e ele vibrou. Conversou com o prefeito, os funcionários do colégio e todos ficaram muito animados. Decidiram fazer um desfile, iam nomear a rua principal de "KISS Boulevard". Todo o time de futebol usou a maquiagem

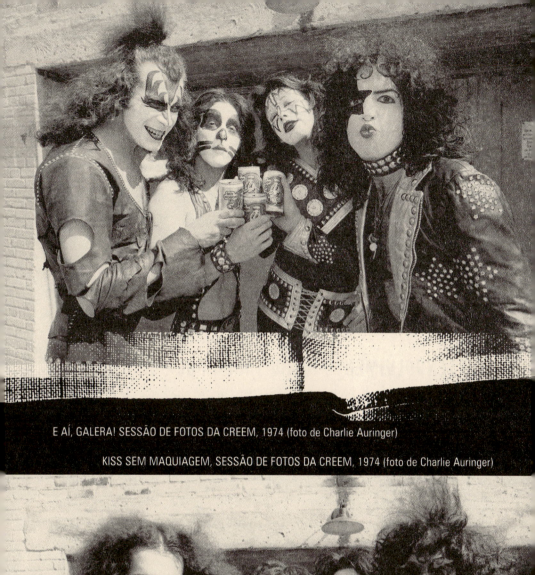

E AÍ, GALERA! SESSÃO DE FOTOS DA CREEM, 1974 (foto de Charlie Auringer)

KISS SEM MAQUIAGEM, SESSÃO DE FOTOS DA CREEM, 1974 (foto de Charlie Auringer)

do KISS. Foi um evento de dois dias. Pegamos um avião até lá e marchamos pelo campo de futebol com a banda escolar. Fizemos uma coletiva de imprensa com o prefeito e todos usavam maquiagem [risadas]. Eles foram até a central de bombeiros. Foi surpreendente. Eu convocara todos os jornais e revistas para cobrirem o evento. Foi um acontecimento internacional.

PETER CRISS: Aquilo foi tão legal. Eles tinham uma enorme banda. Saímos de lá de helicóptero e despejamos quilos de folhetos que diziam: "O KISS ama vocês".

ACE FREHLEY: Vestíamos nossos trajes e estava bem frio. Eu me lembro que houve um desfile pela rua principal com um carro alegórico. Foi bastante estranho. Tenho lembranças memoráveis das pessoas usando a maquiagem do KISS. Eles foram realmente muito hospitaleiros e gentis.

O DESENVOLVIMENTO DA GUITARRA QUE SOLTA FUMAÇA

ACE FREHLEY: Gosto de efeitos especiais. Eu sempre acho que, se puder fazer algo interessante no palco, você acaba conquistando mais a plateia. Um dia, em uma de nossas primeiras turnês no Canadá, na metade da década de 1970, fui até uma loja de mágicas, um lugar cheio de novidades, e consegui algumas daquelas bombas de fumaça. Coloquei a bomba de fumaça dentro do compartimento onde estão os controles de volume e tom na Les Paul. Deixei só um buraquinho com o estopim de fora, que poderia ser aceso com um isqueiro. A fumaça saía pelos canos onde os fios estavam e saía dos captadores. Funcionou. Claro que acabou fodendo com todos os controles de volume; eles ficaram obstruídos com meleca. Depois eu arrumei a guitarra com um captador com uma luz de cinema embutida e um sistema eletrônico completo que disparava a bomba de fumaça e as luzes de cinema. Foi o primeiro efeito especial feito por mim. Depois apareci com a ideia do foguete e, mais tarde, com a ideia do fogo de artifício.

QUASE ELETROCUTADOS EM LAKELAND, FLÓRIDA, 1976

ACE FREHLEY: Minha guitarra não estava com o fio-terra conectado e na época não usávamos guitarra sem fio. Eu poderia ter morrido naquela noite. Ainda não era minha hora. Perdi os sentidos alguns instantes e depois conseguiram me reanimar. Não sentia nada nos dedos. Eles tiveram de me carregar para baixo, pela escada dos fundos. Quando voltei a mim, disse: "O que aconteceu?". E eles me disseram: "Você foi eletrocutado". Ainda não sentia a minha mão esquerda. A plateia começou a gritar o meu nome, a adrenalina começou a correr em minhas veias e eu disse que voltaria e terminaria o show, mas que não sabia quanto tempo ia aguentar. Eu me lembro de ter tocado, mas não foi bom, pois estava cheio de queimaduras nas mãos. Logo depois daquela turnê, pesquisamos quem fazia as melhores guitarras sem fios. Elas custavam muito caro; mesmo assim nós compramos.

SESSÃO DE FOTOS NO PRÉDIO DO EMPIRE STATE

PETER CRISS: Estava tão bêbado quanto Ace. Tínhamos bebido muito champanhe e eu estava embriagado naquela sessão. Eu me sentia o máximo com todo aquele champanhe. Ace e eu estávamos bêbados. A gente se divertia à beça. Eu estava dependurado na maldita beirada daquela porcaria [risadas]. Gene quase teve um enfarte com aquilo tudo.

ACE FREHLEY: Eu me lembro de ter engatinhado [risadas] através do poço do elevador para chegar até a beirada do prédio, onde faríamos a sessão de fotos. Foi muito estranho ver os cabos e os motores dos elevadores. Não tenho medo de altura, então achei tudo legal. Havia um equipamento de segurança lá, então acho que não corríamos nenhum risco real.

PAUL STANLEY: Estávamos todos nos cagando de medo. Podia-se ver um braço e uma mão de cada cara, e a outra mão estava agarrada firme em alguma coisa. É maravilhoso ficar lá em cima e olhar os três estados. Subimos a escada com aquelas botas. Foi uma coisa muito interessante.

GENE SIMMONS: Éramos doidos! Faríamos qualquer coisa que pudessem imaginar. Vamos subir no topo do Empire State e ficar dependurados lá para tirar umas fotos. Vai ficar legal. Vamos lá!

MERCHANDISING

RON BOUTWELL (GERENTE DE MERCHANDISING DO KISS): Tive várias reuniões com Neil Bogart a respeito de merchandising e perguntei a ele se, caso eu pagasse todas as inserções, ele colocaria nos álbuns, o que realmente aconteceu. Eu tive de brigar, espernear e gritar para começar um fã-clube do Elton John em 1974, mas não tive nenhum problema com o KISS. Eles disseram: "Nós precisamos ter um fã-clube!". Formamos o exército do KISS, colocamos propaganda para as pessoas se associarem e incluímos uma lista de merchandising. Começamos a conseguir dois, três, quatro, cinco mil dólares por dia e o fã-clube reunia quase 100 mil membros. Gene era o mais interessado no merchandising. Ele se sentava comigo para desenvolver os conceitos. Era um grande negócio. Houve um artigo que saiu em 1978 que dizia que o KISS tinha gerado mais de 111 milhões de dólares na venda a varejo das mercadorias do KISS, só em 1978. Talvez o item mais popular tenham sido os cartões de chicletes Donruss. Conseguimos royalties incríveis por eles. Eu também fiz uma máquina de fliperama com Bally. Na época, foi a máquina mais popular de fliperama.

AL ROSS (VICE-PRESIDENTE EXECUTIVO DA AUCOIN MANAGEMENT): Ron foi realmente um pioneiro em merchandising. Ele foi o primeiro a vender camisetas num concerto, numa apresentação de Bobby Sherman. Ele era um cara muito esperto, um ex-membro de trupe. Ele era um verdadeiro homem de propaganda, mas tinha uma boa ideia do que eram os negócios.

BILL AUCOIN: Eu sempre soube que o KISS era vendável. Além do fato de que os fãs verdadeiros, os fãs reais, querem sempre ter algum tipo de lembrança. Era uma coisa meio óbvia. Sempre disse à minha equipe que podíamos produzir qualquer coisa que fosse possível. Quase chegamos aos 500 Mais Ricos com aqueles 111 milhões de dólares daquele ano, que era uma quantia enorme para qualquer companhia, mas aquilo era o resultado bruto. Não tínhamos aquilo nos bolsos. Mas 55 milhões de dólares eram merchandising. Nós iniciamos com a Boutwell, depois eu comprei a Boutwell e mudamos o nome para Niocua, que é Aucoin ao contrário. Acho que o meu ego subiu à cabeça.

ROY WOOD, THE MOVE
Quando fizemos a turnê com o Wizzard nos Estados Unidos, fizemos algumas apresentações ao lado do KISS. Gene Simmons e eu demos uma entrevista ao rádio em Detroit. Gene admitiu no ar que o KISS tinha sido influenciado pela minha maquiagem; na hora, pensei que tinha sido gentil da parte dele ter dito aquilo em público.

RON BOUTWELL: A quantia per capita, em bruto, que os fãs do KISS gastavam em cada show era a mais alta no mundo para qualquer artista de gravadoras. Ficava entre dois e quatro dólares por pessoa. E estávamos na década de 1970.

AL ROSS: Era vale-tudo em termos de merchandising. Dizíamos às pessoas que nos procuravam para licenciar algum produto: "O dinheiro não é nenhum problema aqui, só queremos um royalty bem alto". Não pedíamos adiantamento porque sabíamos que os produtos fariam sucesso. O KISS estava envolvido em cada peça de merchandising; nada era feito sem a aprovação deles. Fechamos contrato de vários licenciamentos. Chegamos a ponto de ter de 150 a 200 tipos de licenciamento individuais.

RON BOUTWELL: O KISS era uma das únicas bandas com que trabalhei que sentia que o merchandising fazia parte integral de seu sucesso e futura estabilidade da banda. Também o dinheiro que se originava dele acabou por assumir a parte maior da renda deles.

PETER CRISS: Uma vez, cheguei em casa por volta das sete da manhã, realmente chapado, e liguei a televisão porque sofro de insônia. Apareceram aqueles pequenos bonecos flutuando na imagem da TV e eles pareciam conosco. Pensei que estava tendo uma alucinação e pensei: "Nunca mais vou ficar alto assim". Mais tarde descobri que era propaganda dos bonecos KISS.

RON BOUTWELL: Houve realmente um licenciamento que recusei. Alguém queria lançar o preservativo do KISS. Todos riram quando contei a respeito, exceto Gene. Gene ficou muito aborrecido comigo e disse: "Como você pôde recusar aquela oportunidade?! É bárbaro! Deveríamos ter feito o licenciamento. Imagine só a mídia!"

BILL AUCOIN: Por volta de 1979, a banda começou a pensar que estava ficando muito infantilizada. Os fãs se tornavam cada vez mais jovens. A geração que inicialmente os idolatrava estava envelhecendo e migrando para outro tipo de música. Eu continuava a dizer: "Vocês não podem parar com o merchandising, isso é muito importante! Se isso for bem desenvolvido, estaremos protegidos por anos". Gastei cinco anos tentando conseguir o direito de uso de imagem dos rostos deles na Livraria do Congresso. E agora eles estão me dizendo que não querem fazer merchandising. Ace sentia que o merchandising estava dominando. Ace sempre quis ser reconhecido como um bom músico. Eles diziam: "Você quer manter o merchandising porque você é o dono da empresa de merchandising!". O motivo de eu ser dono da empresa de merchandising era para ter bastante controle sobre as coisas, e era o que acontecia.

REVISTAS EM QUADRINHOS MARVEL

STAN LEE (CHEFE DA MARVEL COMICS): Gene Simmons é um dos maiores fãs de histórias em quadrinhos. Ele entrou em contato conosco e decidimos fazer uma revista com o KISS. Eu e os rapazes do KISS tivemos de ir de carro até Buffalo, porque estávamos organizando um evento publicitário lá, no qual a banda vertia o próprio sangue na tinta que iria na impressora. Assim descemos em Buffalo e lá estava a escolta policial para nos levar até a fábrica de tinta. Eu não conseguia me desvencilhar porque havia dois policiais com motocicletas e aqueles loucos vestidos com a fantasia no banco de trás da limusine. Os policiais bloqueavam o trânsito em todos os cruzamentos para que fizéssemos nossa publicidade. Tudo que conseguia pensar a respeito era que provavelmente havia médicos indo a alguma parte para uma cirurgia de emergência ou pessoas com negócios urgentes sendo paradas nos cruzamentos para o KISS fazer a propaganda. Pensei que aquilo dizia alguma coisa sobre a condição humana nos Estados Unidos. A todo minuto, Gene Simmons dizia: "Stan, você se lembra daquela história que você fez em 1964? Você se lembra do que escreveu na página doze, quadrinho três, e...".

STEVE GERBER (ESCRITOR E EDITOR DA MARVEL COMICS): Foi a primeira história em quadrinhos daquele tipo. A diferença daquelas primeiras revistas em quadrinhos é que elas estavam destinadas às crianças. Os quadrinhos do KISS se destinavam ao público real da banda. Foi um salto para os quadrinhos na época. A primeira história em quadrinhos que criamos foi para o KISS. Na verdade, aquilo estabeleceu uma linha completa de outras histórias em quadrinhos do tipo. Foram os primeiros quadrinhos em cor, e foi uma batalha conseguir fazê-los daquele jeito. A abordagem tinha de ser como se estivéssemos publicando uma revista de rock porque ela ficaria lá, com as outras, nas bancas. Não haveria motivo algum para alguém comprá-las se não tivessem o visual tão bom quanto as revistas sobre rock. Nesse sentido, tinha de ser algo espetacular. Tinha de ser algo que saltasse aos olhos. Por isso usamos a tinta metálica e fizemos a capa com vermelho infernal. [risadas] Isso vai parecer inacreditável para qualquer fã de quadrinhos, mas eles não queriam que fosse assim, pois me disseram: "Ninguém vai querer pagar US$ 1,50 por uma revista em quadrinhos". Usamos tinta metálica no logotipo do KISS na capa, acho que foi a primeira vez em que algo do tipo foi feito. Foi a primeira vez que escrevi quadrinhos baseados em pessoas reais [risadas]. Aquilo foi diferente.

SEAN DELANEY: Eu tinha acabado de retornar de uma turnê quando entrei no escritório. Nunca havia portas fechadas entre Bill e eu. Eu sempre fui parte de qualquer coisa que estivesse rolando. Entrei e havia um cara de cabelos compridos, com aparência de hippie, Steve Gerber, e um outro cara mais velho de barbicha, Stan Lee. Sobre a mesa havia aqueles esboços. Peguei um deles para dar uma espiada e havia aqueles tipos de desenhos estranhos com os caras do KISS. Gene dizia: "Precisamos ir para a Cidade do México, pois os Necros lançaram poluição no ar. Temos de fazer um concerto grátis e conseguir dinheiro para ajudar a limpar o ar!". Peguei aquela coisa e rasguei no meio. Disse [alto]: "Qual é? Isso não é coisa para bebês! Se vocês vão fazer uma história, eles não serão músicos, eles serão super-heróis!". Sou o personagem naquela história em quadrinhos que diz: "Jogue duro, seja justo, ninguém vai se machucar", porque essa é uma fala minha com a banda e com o pessoal de apoio. Então,

Stan Lee disse: "Como é que eles podem se transformar em super-heróis?". E eu disse: "Porque eu lhes dei o talismã". A ideia do talismã foi a caixa de "KHYSCZ", nome da terra do KISS na história. O cara com rabo de cavalo e o "jogue duro, seja justo, que ninguém vai se machucar" dão aquela caixa para os quatro sujeitos e dentro dela há quatro talismãs: o gato, o demônio, a luz e a estrela. Eu vim com a ideia de cada um dos poderes para cada personagem. Daí, eu me sentei e escrevi junto com Steve Gerber.

GENE SIMMONS: Sean Delaney teve muito a ver com aqueles quadrinhos. Ele escreveu algumas histórias. Era uma edição experimental. Sean escrevera uma história em quadrinhos de duas páginas para a revista *Creem* em que éramos uns caras semissuper-heróicos. A Marvel Comics nos colocou numa história de Howard, o Pato, na qual ele foi possuído pelo KISS. Aconteceu que eles venderam muito, então eles pensaram: "Há algum filão por aqui!". Eu insisti em não fazer somente uma revista em quadrinhos. Disse a todos que tinha de ser uma revista que custasse US$ 1,50. Eu preferia o formato de revista, para que ela não ficasse no meio das revistas em quadrinhos, porque muitos fãs não querem ler histórias em quadrinhos. Prefiro ficar perto da revista *Time*. Assim, mesmo hesitando, a Marvel continuou com o projeto. Aquelas duas revistas em quadrinhos Marvel do KISS foram as mais vendidas durante vinte anos.

STEVE GERBER: Algumas coisas parecem certas desde o começo. Os superpoderes dos personagens eram óbvios. Paul tinha a estrela que saía direto do olho da estrela, os poderes de gato de Peter Criss e Ace entrava em ação por toda parte [risadas]. Acho que o poder de Ace era de transpassar o tempo e o espaço. Gene soltava fogo; hoje em dia acho que ele poderia fazer algo pior com a língua [risadas]. Para surpresa geral, foi uma das histórias mais óbvias que eu tinha reescrito de várias formas porque eu conhecia os rapazes. Ace realmente fala daquela maneira [risadas] e Gene era um personagem interessante para desenvolver porque era como se fosse aquele tipo de personagem muito literal de um demônio articulado, que é exatamente como ele é. Peter foi o mais difícil de desenvolver, pois basicamente ele é um cara muito quieto, mas de novo com a persona do gato aquilo deixou de ser um grande problema. E a personalidade de Paul talvez tenha o maior apelo de show business de todos; vamos dizer, seria o espetáculo do tipo Las Vegas do grupo.

STEVE GERBER: Gene era talvez o mais enfronhado nas histórias em quadrinhos, porque ele tinha sido um grande fã dos quadrinhos por anos. Sean Delaney, bem como Bill Aucoin e outras pessoas que trabalhavam no Aucoin Management, contribuíram no projeto, que durou cerca de dois a três meses.

PAUL STANLEY: Achei o máximo, independentemente de eu gostar ou não de quadrinhos. Valeu só pela ideia. É muito emocionante quando o seu rosto aparece em algo, ou há alguma história sobre você. É bárbaro quando vê uma história em quadrinhos sobre você. É muito mais chocante do que ler quadrinhos do Super-Homem.

GENE SIMMONS: Com que frequência se lê Shakespeare? Eu prefiro ler os quadrinhos do KISS.

PETER CRISS: Eu também curtia muito os mesmos quadrinhos de que o Gene gostava, coisas como *Creepy*, *Eerie* e *Weird* [risadas]. Ele não acreditou quando viu a minha coleção. Eu tinha uma grande coleção e foi isso que tínhamos em comum antes de começarmos a conversar. Eu lhe disse: "Puxa, tenho aquela *Creepy*, tenho aquela *Eerie* e aquela *Weird*". E ele disse: "Puta merda!". Assim nós nos demos bem porque era uma das coisas que tínhamos em comum. Aqueles quadrinhos do KISS foram o máximo! O trabalho de arte foi brilhante! Demos o nosso sangue para ser usado na impressão [risadas].

CAROL ROSS (AGENTE PUBLICITÁRIA): Alan Miller veio ao nosso escritório e tentamos desenvolver uma ideia de algo que fosse de interesse para a nossa divulgação da história em quadrinhos do KISS. Assim, fomos até lá, onde eles fazem os quadrinhos, fizemos com que eles dessem um corte nos dedos dos membros do KISS e colocassem o sangue na tinta vermelha que seria usada na impressão da revista. Isso tornou a divulgação muito mais interessante, porque o próprio sangue dos membros do KISS estava presente nas revistas. Os fãs enlouqueceram.

TURNÊ NO JAPÃO

PETER CRISS: Fomos até lá no nosso 747; foi lindo! Começamos a chegar perto do Japão, colocamos nossos trajes e a maquiagem. Chegamos lá e havia milhares e milhares de jovens no aeroporto. Mas a alfândega olhou os nossos passaportes e disse: "Como vamos saber se são vocês mesmo?". Bill [Aucoin] implorou a eles: "Por favor, não nos faça tirar a maquiagem". Estávamos exaustos e de saco cheio. Fomos até uma salinha, tiramos tudo, os caras da alfândega vieram e, depois, tivemos de colocar tudo de volta novamente. Depois fomos perseguidos, como os Beatles em *A Hard Day's Night*. Foi ótimo!

ACE FREHLEY: A coisa interessante de estar no Japão usando os sapatos de plataforma é que você já é alto e nunca se perde.

GENE SIMMONS: Ficou óbvio, quando fomos ao Japão, que sentíamos como se fosse um outro planeta, porque duma perspectiva ocidental todos pareciam iguais. A altura e a cor do cabelo eram iguais. Não havia ninguém loiro. Todos tinham 1,60 m de altura. Se alguma vez nos sentimos como estrangeiros numa terra estranha, foi ali. A gente se sobressaía como torres no meio deles. Estávamos sempre de salto alto. Ficávamos com quase 2,15 m de altura. Quando saímos do avião, olhamos ao redor e pensamos: "Que planeta é esse?". A comida era exótica. As pessoas comiam em tigelas, sorvendo a sopa, e peixe cru. Os fãs eram uma combinação dentre os mais bem-comportados e os mais psicóticos que poderia imaginar. Eles permaneciam sentados porque é uma regra dos policiais dali. Se você corresse até o palco, eles entravam lá com os cassetetes e os cachorros e era o fim. Então eles permaneciam sentados enquanto tocávamos. Ao fim da música, a única coisa que faltava era um budista ateando fogo às próprias vestes. Então, eles voltavam a se sentar.

PAUL STANLEY: Nada podia nos deixar preparados para aquilo, porque, quando as pessoas lhe dizem que você é grande, você é grande comparado com o quê? Até você se deparar com uma histeria em massa [risadas], a ficha não cai. O que acontece e aconteceu na Austrália também; por você nunca ter estado lá antes, a ansiedade que se acumula é enorme. Se você não esteve em um certo país, as pessoas se tornam muito mais radicais quando você aparece.

JOHN FANNON, NEW ENGLAND
O New England abriu de trinta a quarenta show do KISS na turnê *Dynasty* e foi o máximo! Todos devem concordar que o lugar do KISS no rock foi conquistado por meio do seu conceito e pelo caráter performático dos shows. Mas, para mim, se a música deles não criava um impacto nas pessoas, eles não estariam mais tocando em estádios. Quando a música não é boa e não se tem uma banda boa, você não perdura tanto tempo quanto eles. Somente as grandes bandas conseguem ter o sucesso que eles tiveram por tanto tempo. Era um rock clássico, divertido no estádio.

BOB GRUEN (FOTÓGRAFO): Eu era o fotógrafo oficial nas turnês do Japão. Os fãs foram o máximo lá. Era como a KISSmania. O conceito das apresentações tinha muita influência do teatro japonês Kabuki. Sentia que era um general do exército do KISS quando fomos a Kioto, a antiga capital do Japão. O primeiro lugar visitado pelo KISS foi o Buda gigante, mas eu não sabia que era um santuário muito sagrado para os mortos. Eu estava num táxi, e o ônibus com o KISS seguia o táxi. Eu mostrava as fotos Polaroid para o motorista de táxi, ele começava a dirigir e o ônibus seguia até chegarmos ao lugar. Assim que estávamos chegando à montanha do primeiro templo, vi o senhor Udo [o promotor da turnê] se apressando montanha abaixo. Eu não sabia que ele estava tentando avisar os monges que dirigiam o lugar sobre a nossa presença. Eles não deram a permissão. Em vez de tentar negociar com uma briga, ele só deu as costas [risadas]. Eu não tinha a mínima ideia do que estava acontecendo, então todos descemos e o KISS começou a sair do ônibus. Comecei a dizer para eles ficarem em pé diante da estátua, como se fosse um parque público ou algo assim. Uma discussão corria solta no canto com os japoneses conversando com os tradutores. Disse aos tradutores: "Mantenha-os ocupados por alguns minutos". Mandei a banda para cima, tiramos várias fotografias. Depois imaginei que estávamos sendo expulsos e saímos de lá. Então mostrei a próxima fotografia para o motorista de táxi, todos entraram no ônibus e seguiram o táxi até o próximo templo. Todas as pessoas que estavam no templo ficaram tão loucas ao verem o KISS que de lá começaram a seguir o táxi até o templo seguinte. Então havia aquela multidão seguindo a gente. Quando saímos de lá, dirigindo-nos ao terceiro lugar, o Pagode Dourado, havia uma fila de trinta a quarenta carros seguindo o ônibus do KISS. Foi aquele desfile gigantesco circulando por Kioto. Depois do terceiro lugar, foi um tumulto tão grande que tivemos de voltar ao hotel.

BILLY MILLER (GERENTE DE TURNÊ DO KISS): Estávamos no Japão e todos estavam de acordo que a última pessoa a conversar com a imprensa seria o Ace. A *Playboy* procurava falar com Ace há muitos dias, e todos davam as maiores desculpas para ele não falar. Ele esperou até o fim da viagem para dar uma entrevista ao cara. Subimos ao topo do hotel Okura. Eles trouxeram Ace para a entrevista e prometeram que ele estaria sóbrio. Ele sobe e o entrevistador pergunta a Ace: "Como é que você se sente com toda essa atenção dada a você? Olhe só aonde você já chegou". E Ace responde: "Pô!". E o cara prossegue: "E todas as coisas que você já fez?". Ele responde: "Pô!". O jornalista diz: "Espere um instante, você só vai responder isso?". E então ele diz: "Pô, qual é, pentelho?". Ele chamava todos de pentelho. Então disse: "Tudo bem, pentelho, é ótimo. Pô!" e se levantou, saiu da entrevista e todos ficaram se olhando e ninguém tinha ideia do que tinha acontecido.

JOHN HARTE (SEGURANÇA DA TURNÊ): Da primeira vez em que tocamos no Budokan, antes de qualquer coisa acontecer, você escuta um clamor bem alto. Eram todas aquelas garotas japonesas gritando nas filas dianteiras. Elas eram jovens, e as vozes, tão agudas que provocavam um som bem estranho.

PAUL CHAVARRIA (ROADIE DO KISS, 1974-1979): Éramos os reis da tietagem no Japão. Um dos membros da nossa equipe, Ron Cameron, ficou com uma garota o tempo todo enquanto estávamos no Japão. Um dia ela disse algo para ele [imitando uma japonesa]: "Pode ser que você seja só um *loadie*, mas *pala* mim você *palece* um *supelastlo*" [risadas]. Pensei que aquilo fosse típico.

BILLY MILLER: Houve uma baita briga no camarim. Peter não estava satisfeito. Ace não estava satisfeito. Paul não estava satisfeito. Havia muita tensão no ar e só piorava. Peter agia como um idiota, recusava-se a tocar algumas músicas. Chegou a um ponto em que eram Peter e Ace contra Gene e Paul, e eles começaram a atirar as coisas uns nos outros, gritavam e berravam.

AL ROSS (VICE-PRESIDENTE DA AUCOIN MANAGEMENT): Começou com uma briga aos gritos. Todos gritavam uns com os outros. Aquilo aconteceu no camarim, na nossa segunda visita ao Japão, em 1978. Então, eles fecharam as portas e não conseguíamos entrar. Logo depois, os copos e garrafas voavam lá dentro. O gerente da turnê e o pessoal da segurança tiveram de botar a porta abaixo para conseguir entrar e separar os rapazes. Ace destruiu o camarim completamente. Depois eles se recompuseram e fizeram um show de duas horas, mas não mais conversaram entre si o tempo todo em que estiveram por lá. O problema é que o conflito era sempre entre Gene e Paul, de um lado, e Ace e Peter, do outro. Era sempre assim.

BRIAN MAY, QUEEN

Eu gosto muito do KISS. O Queen e o KISS eram muito comparados na época. Éramos um tipo de contrapartes. Eles eram a versão norte-americana e éramos a versão inglesa. Acho que tínhamos conceitos ligeiramente diferentes. Para começar, o KISS apareceu mais com uma visão de apresentação e se movimentavam mais em direção à música. Acho que nós provavelmente começamos na música e fomos trabalhando mais em direção à apresentação. Tenho grande respeito pelo KISS porque eram os maiores possíveis. Eles tinham aquela visão, os sonhos, e, porra, eles foram buscá-los.

KISS MEETS THE PHANTOM OF THE PARK

PAUL STANLEY: Como eu vejo o filme? Com a mínima frequência possível [risadas]. Devido a várias circunstâncias fora de controle, acho que se tornou uma coisa distorcida e vergonhosa, porque ele não deveria ter saído da maneira que saiu. Mas a censura televisiva era tanta que parece que tiveram muitas dificuldades com algumas coisas. O filme toda hora saía dos eixos e, quando foi finalmente terminado, não tive muita vontade de vê-lo.

GENE SIMMONS: Não tenho nada a dizer sobre o filme a não ser que foi interessante tê-lo feito. Também foi bom de vivenciar. O filme me ensinou que da próxima vez que alguém disser: "Não se preocupe, vai ficar bom", você deve arregaçar as mangas e enfiar o nariz em tudo, para ter certeza. Porque quando o filme ou qualquer coisa sai em seu nome, você é o responsável por isso. Então, foi interessante fazê-lo, mas não acho que tenha sido um filme bom.

ACE FREHLEY: Meu dublê era negro. Colocaram maquiagem branca nele e funcionou, mas tiveram de colocar maquiagem da cor da pele na mão dele! Ele era um cara legal. Havia uma cena num lugar assombrado e briguei com o diretor. Eu pulei pra dentro da Mercedes e parti. Tinha uma cena na qual eles precisaram de mim e o dublê foi meu substituto. Havia uma tomada em close e dá para ver muito bem que não era eu. Quando ele é lançado contra a parede pelo Drácula ou sei lá quem, se você congelar a imagem, fica claro que não sou eu.

PETER CRISS: Naquela época, em 1978, eu usava cocaína, bebia e ficava bem louco. Eu me lembro de como era duro chegar às seis da manhã e estar na maquiagem às oito. Eles colocavam um bocado de pancake, três ou mais camadas e, então, se eu quisesse descansar, não podia. Se mexesse a cabeça, estragava tudo. Eu não gostava de esperar. Nós estávamos acostumados a subir no palco e atacar. Ninguém falou que ficaríamos sentados por muito tempo. Por mim, que sou um cara hiperativo, entraria lá e, assim que a maquiagem ficasse pronta, abriria uma cerveja e começaria uma festa.

NIKKI SIXX, MÖTLEY CRÜE

Sempre fui mais influenciado pela música e pelas letras do KISS que pela atuação. As músicas deles são cheias de ganchos e grandes arranjos. Eles eram a trilha sonora da minha geração.

ACE FREHLEY: Foi uma boa comédia [risadas]. Uma parte engraçada naquele filme foi a cena da piscina, na qual o ator caminhava com um policial enquanto estávamos sentados naquelas cadeiras grandes. Eu gostaria de ter comigo as cenas que foram cortadas, porque ele levou um tombo quando caminhava na nossa direção e cortou a mão. Tivemos de fazer um intervalo de dez minutos. Toda vez que alguém cai, essa imagem volta na minha cabeça [risadas]. Ele caiu, deram um jeito na mão dele e ele voltou. Eu tinha de dizer a minha fala, mas toda vez que começava a falar, eu via a cena dele caindo e ferrava tudo. Nós tivemos de fazer 25 tomadas, até eu acertar [risadas]. O pior é que aquilo se tornou contagioso, pois até mesmo Paul e Gene estragaram algumas tomadas.

ACE FREHLEY: Acredite se quiser, quando peguei o roteiro original, eu não tinha nenhuma fala, com exceção de "Pô!", que era a única coisa que eu dizia. Quando estava bêbado e não queria ser incomodado pelas pessoas, eu só dizia "Pô!" [risadas]. Eu imagino que, na ocasião, eles não acharam que eu tinha a capacidade de falar nada, pois eu bebia muito. Eu até acho que conseguiria dizer minhas falas. Peter não fala nada no filme [risadas]. Normalmente, quando se faz um filme, é preciso refazer alguns diálogos, é preciso repetir as tomadas, ou seja, repetir várias vezes as falas de cenas já gravadas. Ele nunca faria isso; assim, tiveram de colocar um outro ator para dublar as falas dele.

PETER CRISS: Eu queria atuar e, quando isso aconteceu, odiei [risadas], porque não era o papel que eu queria. Eu gostaria ser o Al Pacino [risadas]. Aqui está a diferença: o Catman não é um ator, mas sim um astro do rock. E assim também são aqueles caras, eles não são atores. Eu odiei fazer o filme. Eles não usaram minha voz provavelmente porque os meus diálogos estavam péssimos. Eu odiei cada minuto do filme, mas agora, quando eu o revejo, eu adoro. Minha filha acha que é o melhor filme que ela já viu, mas não foi um período legal para mim. Eu tinha acabado de conhecer a Deborah, ainda estava casado e mantinha um caso com ela. Meu Deus, todas as minhas energias estavam concentradas naquele belo álbum. Os malditos álbuns solo foram a pior coisa e nunca deveríamos tê-los feito. Eu sou o primeiro membro a admitir isso, e o Ace concorda comigo, já que nós falamos sobre o assunto. Foi o maior erro que já cometemos, porque cada um o fez à sua própria maneira. Todos nós embarcamos naquela droga musical. Talvez eu acreditasse que aquilo representasse uma carreira totalmente nova para mim. Eu não precisava mais dos rapazes, eu tinha "Beth", eu ganhei o People's Choice Award. Foda-se, eu fazia minha própria música! Eu enlouqueci e o mesmo aconteceu com todos os outros. Acho que deveríamos ter usado a música do álbum solo e tocado juntos. Isso seria o KISS. Portanto, se eu pudesse voltar atrás, nunca teria feito o álbum solo e pensaria em uma outra coisa para aquele filme.

ACE FREHLEY: Aquele corre-corre e a espera me deixavam maluco. Estou acostumado a viajar em turnê e é tudo assim, pá-pum! Mas quando se faz um filme, às vezes, é preciso esperar várias horas. Chega-se bem cedo no set de filmagem e, às vezes, eles fazem você esperar por quatro ou cinco horas até fazer uma cena; mas aí tem a iluminação. Eles fazem uma cena que você acha que foi ótima, mas então eles dizem que a iluminação estava errada ou que o cara do som deu mancada. Alguns dias, chegávamos às oito horas da manhã e, às vezes, ficávamos por lá durante umas quinze horas. No roteiro original, eu não tinha nenhuma fala, então eu disse: "É melhor vocês colocarem algumas falas para mim ou nem vou fazer este filme" [risadas]. Daí eles escreveram algumas falas para mim. Foi uma boa experiência de aprendizagem.

ANGUS YOUNG, AC/DC

Bem no início da nossa carreira, nós tínhamos muitos problemas nas turnês porque a nossa banda era realmente boa. As atrações principais sempre diziam algo do tipo: "Não os queremos para a abertura de jeito nenhum!". O KISS nos chamou e não teve nenhum receio. O Gene Simmons apareceu e nos viu tocando no Whisky, em Los Angeles. Eu me lembro de que ele nos pegou em alguns dos nossos melhores dias, o que foi ótimo para nós.

PAUL STANLEY: A ideia original era que nós escreveríamos todas as novas músicas para o *KISS Meets the Phantom*, mas foi impraticável, já que estávamos fazendo o filme. A música "Rip and Destroy" surgiu quando precisavam de uma música-tema para o final do filme, no qual o diabólico KISS tenta convencer todo mundo a se revoltar. Assim, eu entrei em um trailer, peguei a "Hotter than Hell" e escrevi uma letra nova [risadas]. Tinha só uma estrofe.

ACE FREHLEY: Nós estávamos sempre juntos, o que era um saco. Eu e Peter somos de baladas, mas Paul e Gene, não. Chegamos a um ponto em que começou a haver atritos e precisávamos dar um tempo. Os álbuns solo ajudaram a manter o grupo unido por um tempo. Enquanto isso, o sucesso do meu álbum abriu meus olhos, me deixou um pouco mais vaidoso e me fez perceber que eu era capaz de fazer as coisas sozinho. Isso plantou uma semente dentro de mim de que, no futuro, eu faria as minhas próprias coisas.

JOSEPH BARBERA (PRODUTOR DA HANNA-BARBERA): Foi um filme extraordinário. O *KISS Meets the Phantom of the Park* foi realmente uma outra versão do *Fantasma da ópera*. Havia um cientista maluco que vivia no interior do parque de diversão e criava todos os personagens-robô. Quando o KISS foi fazer um show lá, ele considerou o grupo uma verdadeira ameaça, que precisava ser destruída, e assim a história segue. Gordon Hessler dirigiu o filme. Ele fazia muitos filmes de horror bem assustadores para a AIP. Foi um ótimo show e foi maravilhoso trabalhar com o KISS. Nós saímos para filmar o concerto no parque de diversão da Magic Montain, onde havia 30 mil pessoas. Eles tinham o conjunto que valia um milhão de dólares. Foi incrível quando eles tocaram as músicas. Outra parte do filme que eu amei foi quando uns macacos brancos começaram a escalar a montanha-russa. Foi maravilhoso trabalhar com eles. Havia um orçamento predeterminado porque era um "Movie of the Week", isto é, um filme de televisão. Acho que o filme custou dois ou três milhões de dólares. A produção foi um inferno. Os integrantes do KISS estavam bem à frente do seu tempo. Realmente, o filme é um clássico muito original.

AL ROSS (VICE-PRESIDENTE EXECUTIVO DA AUCOIN MANAGEMENT): Anthony Zerbe é um ator maravilhoso, mas a escolha de papéis do cara e da garota foi bem ruinzinha, eles não eram muito naturais.

PETER CRISS: Na verdade, Paul não tocou [o violão] na cena em que "Beth" é tocada no filme. A canção foi tocada por um músico do estúdio. Era para eu fingir que tocava o violão, mas toquei de uma maneira tão desleixada que o Paul interferiu e disse "deixe que eu faço", na parte em que o Ace deveria ter feito. Foi quando nós realmente começamos a brigar. Naquele filme já estávamos brigando. Eu não me lembro de ter ido ao estúdio para cantar. Mas nunca saberei o motivo [da voz não ter sido usada no filme]. Eles disseram que minha voz era ruim. Pô, meu, eu podia pegar o telefone e ligar para qualquer pessoa e, quando atendesse ao telefone, me reconheceria prontamente. Eu sei que ninguém tem uma voz como a minha. Você reconhece a voz do Ace no minuto em que se pega o telefone [imita a voz de Ace]. Eu consigo imitá-lo tão bem que às vezes consigo me passar por ele e enganar as pessoas. Você também percebe rapidamente que é o Paul ou o Gene. Eu achava que tinha uma voz especial. [Resposta para a banda, que disse que ele não apareceu na regravação das tomadas e que esse teria sido o motivo de a voz dele não estar no filme.] Isso é besteira. Eu fui para todas as regravações, fui para toda porra de lugar que tinha de ir. Sim, eu estava bêbado o tempo todo. Ace também era assim. Ambos gostávamos de ir para as baladas naquele ponto da nossa carreira. Nós tínhamos garotas no nosso trailer, seis, sete garotas de cada vez no trailer. Isto é, todos os dias, com a maquiagem e tudo! [risadas] A geladeira entupida de cerveja. Nós usávamos cocaína, éramos como animais. Fazíamos Tommy Lee (Mötley Crüe) parecer uma criança. Nós transávamos nos fundos, na frente, nos banheiros e éramos muito loucos. Portanto, eu ficava exausto na maior parte do tempo porque nós gravávamos das seis da manhã até, às vezes, as três da manhã do outro dia. É talvez por isso que a minha voz ficava uma merda. Eu acho que quem eles escolheram para me substituir só fodeu com tudo. Poderia ter sido muito melhor. Pelo menos poderiam ter conseguido alguém que tivesse uma voz mais parecida com a minha. Recebi tantas cartas de fãs do KISS que diziam: "Que porra é essa? Como que esse cara teve a coragem de usar a voz de outro?". Ou seja, houve muito protesto.

BILLY SQUIER

A minha banda, Piper, fez a abertura de shows do KISS em 1970 e aprendi muito com a experiência. Eu achava que o espetáculo do KISS era demais. Acredito que o fato de os shows deles serem tão espetaculares fazia as pessoas ignorarem o quanto a voz de Paul era boa ou como o Ace tocava a guitarra muito bem. O momento exato em que eu comecei a falar para as pessoas que elas estavam enganadas com o KISS foi no álbum *Destroyer*. Eu comecei a ouvir as canções que me motivavam, aqueles rapazes tocavam com a alma, [eu dizia] "eles realmente sabem o que estão fazendo e demonstram isso".

PAUL CHAVARRIA (ROADIE DO KISS, 1974-1979): Nós estávamos embaixo da montanha-russa no Magic Montain. Foi no dia em que nós estávamos filmando o show ao vivo. Havia uma lona enorme logo atrás do palco. Os ventos vieram de repente e começaram a empurrar o andaime, quase arrancando o teto. Todos os roadies pegaram facões, correram até lá e começaram a cortar todos os cabos elásticos que sustentavam a lona, que saiu voando com o vento e se foi. Se não tivéssemos feito aquilo, a lona teria provavelmente forçado o teto para baixo, bem em cima do pessoal da produção, o que teria matado a banda. E ninguém deixaria isso acontecer.

BILL AUCOIN: Não foi um filme muito bom. Não se esqueça de que sou um diretor/produtor. A Hanna-Barbera não queria gastar muito dinheiro, pois era um filme para televisão e eles achavam que poderiam fazê-lo com muito menos dinheiro. Eles tinham contratado um diretor bem razoável, mas quando ele tentou fazer grandes cenas do Gene, Paul, Ace e Peter, levou o dobro do tempo, pois aquilo tudo era novo para eles. Eles não eram os culpados, então a Hanna-Barbera veio, despediu o diretor e contratou outra pessoa para fazer o filme. "OK, essa é a sua fala, Peter, vá em frente, tchau", e foi assim. Poderia ter sido muito melhor, mas já foi ótimo termos terminado o filme. Às vezes, você tem de pensar com criatividade que é melhor fazer algo, deixar as coisas acontecerem, porque você cresce com isso. Eles poderiam ter feito algo muito melhor se houvesse mais unidade.

CAROL KAYE (AGENTE PUBLICITÁRIA, THE PRESS OFFICE LTD.): Nós tivemos uma sessão do *KISS Meets the Phantom* com cerca de trinta pessoas na sala. Todos assistíamos ao filme em silêncio. Era algo meio surreal [risadas]. Em certas partes do filme eu me lembro do Ace gargalhando no fundo da sala. As risadas do Ace provocaram risos em todos. O resultado do filme não correspondeu às expectativas [risadas]. Infelizmente, não foi um outro *A Hard Day's Night*.

AL ROSS: O filme seria originalmente exibido nos cinemas, mas então se transformou em um filme para televisão. Bem no começo, foi visto como um trabalho de baixo orçamento, e não era bem isso que se esperava. Havia muita tensão no set de filmagem, o que era muito estressante para a banda. Diariamente havia conflitos nas filmagens. Para Gene e Paul, estar na telona era um princípio. Mas para Ace e Peter, conscientemente ou não, era algo que manteria toda aquela coisa do KISS em progresso. Eu acho que estava na hora de eles saírem fora. O fato de "Beth" ser uma música de grande sucesso inflamou o ego de Peter. Daquele momento em diante, tudo o que ele queria era colocar um smoking e tocar em Las Vegas, como Frank Sinatra.

A APRESENTAÇÃO NO PROGRAMA DE TELEVISÃO *TOMORROW*

GENE SIMMONS: A experiência no programa de Tom Snyder foi horrorosa. Ace foi bombardeado e Peter estava num daqueles momentos de raiva dele. Eu tentava, desesperadamente, manter-nos unidos. Tom Snyder conversava somente com Ace, o cara que dava muitas risadas e se divertia. Ace e Peter começaram a disputa entre eles. Assim que Peter percebeu que Ace estava se divertindo, ele se sentiu no direito de dizer: "Ah, sim, eu gosto de armas e faço parte de uma gangue". Você é rico e é membro de uma banda de rock. Ele nunca pertenceu a uma gangue. Ambos adoravam a ideia de eles serem os garotos da pesada. Eles não são garotos da pesada. Se esses caras estivessem em gangues, acabariam virando comida de cachorro.

PETER CRISS: Nós assumimos o programa. Ace bebia champanhe e estava com cara de bosta. Eu acho que ele desmaiou no camarim depois. Gene estava furioso porque Ace comandou o programa, e ele era muito engraçado. Eu achei maravilhoso e, naquela noite, fui o maior fã de Ace.

ACE FREHLEY: Eu estava completamente nervoso. Aquela era a primeira vez que eu ia num programa de uma grande rede de TV ao qual milhares de pessoas estariam assistindo. Com certeza, eu ainda tinha medo do público. Eu definitivamente tinha medo de enfrentar uma câmera. Então, no caminho, eu bebi meia garrafa de Stolichnaya. Eu normalmente não bebo vodca; em geral, só bebo cerveja. Fiz o que fiz para parecer mais normal e relaxado, porque eu estava muito apavorado. Eu me lembro de quando o produtor me chamou. Eles chamaram a gente em um péssimo dia, quando eu não estava muito a fim de falar. Até mesmo Tom mencionou isto na entrevista: "O meu produtor falou que Ace provavelmente não falará nada". Foi uma dessas coisas espontâneas que dão certo. Eu não tenho a mínima ideia de onde aquelas piadas saíram, aquela sobre as vacas em Bombaim, a outra sobre o encanador.

BILL AUCOIN: A minha apresentação predileta na televisão foi no programa *Tomorrow*. O que aconteceu foi que, quando Ace foi entrevistado para o programa, ele estava bêbado e, por isso, não tinha participado da conversa informal antes do programa. Então disseram ao Snyder que "Gene e Paul eram as pessoas principais. Peter era razoável, mas Ace não diria nada, ele provavelmente só ficaria quieto, sentado". Eu dividi uma garrafa de champanhe com Ace no camarim e ele estava pronto! E o Snyder não conseguia acreditar. Ele achou que as pessoas tinham aprontado alguma com ele. Toda vez que Ace dizia alguma coisa, Snyder se desmontava. Ele ria e gritava. Foram várias sequências de acontecimentos que funcionaram brilhantemente. Gene ficou chateado porque Ace assumiu o controle do programa.

CAROL KAYE (AGENTE PUBLICITÁRIA, THE PRESS OFFICE LTD.): Nós reservamos espaço para a banda aparecer no programa do Tom Snyder. Não era comum um grupo de rock num programa de entrevistas no horário nobre. Este era o grande trunfo: ter o KISS no programa de Tom Snyder. Tom tinha um bichinho de pelúcia que mantinha ao lado da cadeira. Ace pegou o bichinho e ficou brincando com ele [risadas]. Ele o chamou de "Urso Espacial". Ace estava muito bêbado e eu estava muito preocupada de que a entrevista não correria bem. Mas Ace se mostrou amável. Ele não foi um bêbado mau, mas sim um bêbado amável. Ele continuava brincando com o urso. Embora Tom tentasse desesperadamente conduzir uma entrevista normal, você podia ver o olho dele seguindo o ursinho. Eu me lembro que, quando houve a pausa para o comercial, Tom Snyder, que tem aproximadamente 1,84 metro de altura se levantou e disse: "Me devolve o meu urso!" [risadas]. Nunca me esquecerei disso. Lá estavam aqueles caras de 2,5 metros de altura com seus trajes especiais e lá estava Tom Snyder lutando para recuperar o seu ursinho. Aquilo foi gozado demais para mim.

O VÍDEO SHANDI

PETER CRISS: Nunca me esquecerei disso. Lembro-me de que, quando gravávamos o vídeo, havia uma tristeza rondando o lugar. Quando terminamos de fazer o vídeo *Shandi*, fomos todos para o camarim e, cara, dava para sentir. Você sentia que as vibrações eram totalmente incômodas para todo mundo. Eu sabia que era a última vez que eu tiraria a maquiagem e que eu deixaria a banda. Eles não conseguiram tirar a maquiagem deles rápido o bastante para sair de lá, porque eles não conseguiam nem mesmo ficar perto de mim, já que estavam muito incomodados com aquela situação. E, antes de me dar conta, eu estava sentado completamente sozinho [risadas]. Eles tinham ido embora e, enquanto eu tirava a maquiagem, eu chorei muito. Eu simplesmente não conseguia parar de chorar. Eu estava completamente sozinho. Finalmente, tirei toda a maquiagem, vesti minhas roupas, olhei para o meu traje pela última vez e disse: "Nossa, eu acho que é isso". Foi um momento muito difícil para mim.

GEDDY LEE, RUSH

Eu acho que o KISS trouxe uma nova concepção à palavra "diversão" para o rock'n'roll. O KISS trabalhou muito para apresentar um grande espetáculo todas as noites. Do ponto de vista do Rush, assistindo a eles, nós aprendemos a importância de acrescentar diversão a um enredo musical.

PETER DEIXA O KISS

BILL AUCOIN: Peter não queria deixar a banda. Ele estava muito sensível e apresentava problemas. Gene e Paul disseram: "Olha, nós vamos pedir para ele sair". Eu realmente não queria que ele partisse e o Ace também não. Nós fizemos reuniões com os advogados e os gerentes de negócios e o inevitável aconteceu. Infelizmente, Peter não era bastante forte para lutar sozinho. E, infelizmente, foi o início de um momento em que o dinheiro era mais importante para o grupo.

TURNÊ NA AUSTRÁLIA, 1980

PAUL STANLEY: A turnê na Austrália foi demais. Nós éramos importantes, muito além do que se poderia imaginar. Ela foi muito parecida com a do Japão, mas diferente no sentido de que estávamos num país de língua inglesa. Foi muito incrível. Não podíamos sair dos hotéis. "Shandi" já fazia sucesso lá. Ficamos nas manchetes de primeira página dos jornais durante três ou quatro semanas. Chegou a um ponto em que eu pedia para não termos mais nenhuma festa, porque tínhamos festa todas as noites. E em cada festa eles reuniam muitas celebridades, atrizes e modelos de cada cidade, e as festas eram para nós e para todas as mulheres que eles conseguiam encontrar. Eles fechavam o clube e os homens não eram autorizados a entrar. Foi uma época muito interessante. Então, se ficássemos de saco cheio em Sydney durante nossa estadia lá, eles alugavam uns barcos grandes, enchiam de bebida e comida e passávamos o dia navegando ao redor do porto de Sydney com qualquer companhia que quiséssemos.

BILL AUCOIN: Nós provavelmente levamos o maior show de todos os tempos para a Austrália. Eles nunca tinham visto algo como nós. Rupert Murdoch apoiou o espetáculo como empresário do evento. Nós tínhamos nosso próprio avião 727. Tínhamos nosso helicóptero e nove limusines, então, quase tudo era como a gente queria. E realmente foi. O país inteiro parou para nós.

GEORGE SEWITT (GERENTE DE TURNÊ): A Austrália foi inacreditável. Foi a mesma agitação e loucura que ocorreu quando os Beatles pousaram pela primeira vez nos Estados Unidos. Havia milhares de jovens no aeroporto e nas ruas. As pessoas se disfarçavam de garçons de serviço de quarto para tentar conhecer a banda. Nós ficamos no último andar do Hilton e os jovens escalaram a lateral do hotel para chegar lá. Eles ficaram no hotel sob pseudônimos. Paul era Mike

Riffone, como "microfone", e o Gene era William Pratt, o nome verdadeiro de Boris Karloff.

ACE FREHLEY: Eu me lembro de muitas garotas, muito champanhe [risadas]. Na verdade, essa foi provavelmente uma das turnês mais divertidas que nós fizemos, porque ficamos lá durante seis semanas e só fizemos oito ou dez apresentações. O empresário do evento se divertiu tanto quanto nós. Ele alugou iates, entupiu os barcos de lagostas e champanhe, partiu e circulou ao redor do porto de Sydney. Os barcos estavam sempre lotados de modelos. Foi uma turnê dos sonhos.

ACE FREHLEY: O jantar com o Elton John na nossa turnê na Austrália foi bem engraçado, porque nós fomos a um desses restaurantes japoneses de espetinhos, nos quais os caras cozinham na sua frente, e eu tinha bebido um pouco demais. Eu estava bebendo aqueles coquetéis tropicais doces em que você não sente o álcool [risadas]. Portanto, eu provavelmente já tinha tomado uns três ou quatro. Eu acabei vestindo um daqueles chapéus de cozinheiro e falei para o cozinheiro do Elton se mandar. Comecei a atirar os camarões para cima e eles acabaram caindo sobre a cabeça do Elton e do gerente dele [risadas]. Finalmente, Bill Aucoin veio e disse: "Por que você não vai dar uma volta no jardim de pedras?" [risadas]. Foi muito engraçado. Eles tiveram de me levar embora. Elton ficou bem calmo, não ficou bravo.

PETER FRAMPTON

O KISS é como quando um circo vem à cidade. Eles eram o Cirque du Soleil do rock [risadas]. Eu os admiro por isso.

KISS – A DESPEDIDA DE BILL AUCOIN

BILL AUCOIN: Era óbvio que estava chegando a hora, porque eu não me divertia mais. Acho que não era divertido para eles ficarem sempre ao meu redor, porque eu não me dedicava tanto. Não era mais o mesmo grupo. Depois de dez anos, você se desgasta. Assim, um dia eles entraram no escritório, discutimos e acabamos chorando. Eu me lembro de que nós todos choramos muito. Choramos e nos abraçamos. Aquilo não acontecia sempre. Foi assim.

O FILME *DETROIT ROCK CITY*

Direção: ADAM RIFKIN / Produção: TIM SULLIVAN / Roteiro: CARL V. DUPRÉ / Trilha sonora: DIANE WARREN / Elenco: GIUSEPPE ANDREWS, SAM HUNTINGTON, JAMES DeBELLO

ADAM RIFKIN: Eu fiquei apaixonado pela ideia de recriar este período do meu passado. Eu tenho uma paixão verdadeira e nostálgica por esses anos. Este filme me deu a oportunidade de recriar aqueles tempos, não necessariamente do modo que era realmente, mas, sim, do modo que eu gosto de me lembrar que foi. O arquétipo da história é a busca. Para mim tanto faz se a busca é do Santo Cálice ou da Fonte da Juventude. A busca deste filme é de ingressos para um show do KISS, o que é bem engraçado. Eu queria um filme agradável, tanto para os fãs do KISS quanto para os que os odiassem. Se você gosta dos personagens, então você se envolve na busca, qualquer que seja. Eu queria que o *Detroit Rock City* fosse o *Rock'n'Roll High School* de hoje. Este filme é sobre como ser um adolescente nos anos 1970. O KISS é, com certeza, a banda mais colorida e popular dos anos 1970, um ícone na cultura pop. Que o KISS seja a força motriz do filme dá a ele um certo sentido de ausência temporal, de que ele sempre poderá vir a ser redescoberto. Para mim, tanto faz se o filme teve uma boa bilheteria ou não, tenho orgulho dele e fico emocionado com as pessoas que o estão descobrindo em vídeo, DVD e TV a cabo.

JOHN OATES, HALL & OATES
Diferentemente do que David Bowie fez com Ziggy Stardust, eu acho que o KISS fixou um padrão para um determinado tipo de performance visual que define o rock mais glamoroso.

TIM SULLIVAN: Francamente, para mim, um fã do KISS que veio a ser o produtor associado do seu filme, essa foi a maior experiência de minha vida. Voltando ao tempo em que os vi pela primeira vez, em 1977, quando tinha treze anos, posso dizer que o KISS mudou a minha vida. Eles representavam a rebelião. A rebelião contra o conformismo e as coisas materiais. Isso é de certo modo o meu mantra em todos os meus empreendimentos. "Não os deixem dizer que é muito barulhento". Basicamente, não ouça as pessoas que dizem que você nunca vai conseguir fazer alguma coisa. Siga o seu coração e faça acontecer. Assim, no verão de 1998, depois de ter me tornado amigo do Gene, desde que eu o entrevistei pela primeira vez para a revista *Fangoria*, em 1982, eu comecei a trabalhar no New Line Cinema, ajudando a lubrificar as engrenagens para fazer o *Detroit Rock City*. Trabalhei com uma equipe e um elenco de arrebentar, claro, com o Gene e o KISS, e fiquei no papel de "Guardião da Chama do KISS", assegurando que tudo fosse verdadeiro para os fãs. Afinal de contas, o *Detroit Rock City* era visto como um presente de amor para os fãs. No caminho, houve muitos, muitos momentos inesquecíveis. Apenas um deles já teria sido um sonho que se tornou realidade para aquele garoto de treze anos que sonhava de olhos abertos. Mas eu fui abençoado com vários momentos especiais. No início, Adam Rifkin e eu queríamos ter certeza de que o Ace e o Peter se sentissem parte do projeto. Logo depois de um dos ensaios do disco *Psycho Circus*, nós dois os levamos para jantar em um restaurante japonês que tinha uma vista panorâmica de Hollywood. Foi o máximo conhecê-los pessoalmente. Nós discutimos o conceito original de ter aparições do KISS sem maquiagem no filme. Ace representaria seu próprio roadie, conversamos sobre o Peter representar um cambista, o Paul, um apresentador de um clube de strip-tease, e o Gene, um padre! Infelizmente, não deu certo, já que a agenda das turnês não permitiu que viessem ao Canadá por mais um dia. Mas foi um jantar maravilhoso!

IAN GILLAN, DEEP PURPLE

Aquela coisa toda do visual do KISS era muito boa. Eu achava a imagem deles engraçada. Você tem de tocar de tudo, não se pode ser muito acadêmico quando se trata de música. Os tipos de bandas em que eu toquei no início, Kinks, Free, Zeppelin, Black Sabbath, T-Rex, eram completamente diferentes. Então, você olha para Arthur Brown e você tem o KISS.

CARL V. DUPRÉ: O *Detroit Rock City* era um sonho que se tornou realidade de todas as maneiras imagináveis para mim, como um escritor, entusiasta de filmes e, claro, como um enorme fã do KISS. A minha principal influência foi

A febre da juventude (*I Wanna Hold Your Hand*), uma das primeiras comédias de Bob Zemeckis sobre várias jovens que tentavam ver a primeira aparição dos Beatles no Ed Sullivan, em Nova York. Eu trocava histórias malucas de shows com um grande amigo meu, que também era um grande fã do KISS. Eu lhe falei de alguns amigos de infância que entraram num show do The Who. Eles bateram uns nos outros e fingiram que tinham sido assaltados e que tiveram os ingressos roubados. O cara quase morreu de tanto rir. Finalmente eu disse: "Alguém deveria fazer um filme como *A febre da juventude*... só que com uma apresentação do KISS como o Cálice Sagrado". Meu amigo respondeu: "Carl, você tem de escrever isso". A primeira versão do *Detroit Rock City* começava com nossos quatro heróis acampados em sacos de dormir, esperando para comprar ingressos; daí, aos poucos, haveria a progressão até o dia do concerto. Outra versão tinha um aspecto de antologia. Cada um dos quatro teria sua história contada começando pelo fim; as histórias seriam sobrepostas e se cruzariam em certos pontos com a história dos outros, algo parecido com o *Pulp Fiction* ou o *Go*. Mas nenhuma dessas ideias estava dando certo, então, eu desisti de *Detroit Rock City*. Eu pensei: "Tudo bem, eu tentei". Então fui almoçar com aquele meu amigo e um amigo dele, um diretor de cinema. Meu amigo disse ao diretor: "Carl está trabalhando num roteiro dos anos 1970 sobre um grupo de garotos que vão a um concerto do KISS". Eu não tinha contado ao meu amigo que tinha abandonado a ideia por completo. Os olhos do diretor se iluminaram e ele disse: "Eu gostaria muito de lê-lo. Quando você vai terminar?". Antes que eu pudesse responder, meu amigo falou: "Ele vem trabalhando nisso por aproximadamente três meses". O diretor olhou para mim: "Quanto você calcula? Outros três meses?". Eu acenei com a cabeça, com segurança. Entrei em pânico quando voltava para casa. Eu sabia que tinha de reescrever o *Detroit Rock City* desde o início. Naquela época me concentrei no dia do concerto. A eletricidade que está no ar, os ingressos que queimam no seu bolso. O dia tão esperado finalmente chegou! Por algum motivo estranho, eu sabia que havia três partes para essa retomada do *Detroit Rock City*. A primeira mostrava como os jovens eram dedicados ao KISS e uns aos outros, seus ingressos são destruídos, eles os conseguem de novo, metem [o colega] Jam em uma enrascada na escola católica. A segunda era a viagem na estrada, a batalha com os "guidos", a chegada em Detroit só para saberem que eles não ganharam os ingressos e o carro é roubado. A terceira era a parte "cada um por si", na qual cada garoto sai em busca de um ingresso. Eu terminei o primeiro rascunho do roteiro em três meses, a tempo de passá-lo ao diretor que estava interessado em lê-lo. Ele gostou muito, mas tinha uma dúvida: "Como você vai fazer para levar isso para o KISS?". Sem nenhum contato com a banda, percebi que tinha cometido um erro descomunal. Jurei que nunca mais escreveria outro roteiro que retratasse de forma destacada uma entidade conhecida. Entretanto, pensei que todo o trabalho não tinha sido em vão. O roteiro me ajudou a conseguir meu primeiro trabalho como escritor em um programa de televisão. O produtor-executivo, outro amigo meu, me contratou com base em dois roteiros específicos que eu tinha feito, sendo um deles o *Detroit Rock City*. Mas basicamente o *Detroit Rock City* ficou parado na minha escrivaninha por um ano. Então, um dia eu tive uma conversa com um outro produtor de cinema que batalhava na carreira. Nós dois comparamos as anotações e ele ficou boquiaberto quando lhe falei que tinha escrito um roteiro do KISS. Ele conhecia um ator que também era um grande fã do KISS e estava sempre à procura de roteiros. Eu enviei o roteiro para esse ator e isso iniciou uma reação em cadeia. Naquele fim de semana, eu ouvi um anúncio de que o KISS estaria de volta com a maquiagem e faria uma turnê de reencontro. Enquanto isso, esse ator passou o *Detroit Rock City* para o seu agente, um empresário de atores que estava interessado na produção e que, naquele dia, almoçava com outro produtor emergente, Barry Levine, o cara que fotografava o KISS nos anos 1970. Ele tinha acabado de receber uma ligação dos empresários do KISS para voltar a trabalhar e fotografar a reunião inicial. Tendo em vista que o contato com o KISS era uma coincidência engraçada, o empresário de atores deu ao fotógrafo o *Detroit Rock City*, que ele leu e passou ao empresário do KISS. Então, na segunda-feira seguinte, aproximadamente dez dias depois de ter dado o roteiro ao ator, recebi um telefonema: "Gene leu o roteiro e o aprovou". Eu fiquei pensando "Gene?". "É isso mesmo, Gene Simmons". E isso foi só o começo. Daí em diante, o *Detroit Rock City* parecia ter vida própria, gerando todos os tipos de felizes coincidências (um dos produtores chamou o que estava acontecendo de o "encontro do KISS"). Em menos de dois anos depois daquele telefonema, eu estava no set de filmagem do *Detroit Rock City*, em Toronto. Kevin Corrigan, o ator que era o grande fã, acabou pegando um papel no filme. O meu amigo que me incentivou a escrever? Foi Peter Schink, o cara que acabou editando o filme. E o produtor-executivo daquele programa de TV, o cara que leu *Detroit Rock City* e me passou o primeiro trabalho de escritor, foi o Adam Rifkin.

NANCY WILSON, HEART

O KISS era muito esperto quanto à publicidade e à imagem irreverente, eles sempre mantinham as coisas em progresso. Acredito que foi um golpe brilhante se transformarem em personagens de quadrinhos. Suas estratégias de marketing foram totalmente brilhantes.

TIM SULLIVAN: Era indispensável que todo o material e os objetos de apoio do KISS fossem autênticos. Eu fiquei louco quando apareci no set de filmagens e vi cartazes de Vinnie Vincent nas paredes do porão do Lex. Jimmy e Eddie riram quando eu os rasguei, mas eu sabia que os fãs prestariam atenção naquilo. Gene, com certeza, sim. A maioria dos objetos de apoio veio da coleção dele. Uma vez ele me chamou para dizer que achava que os cabelos do Peter deveriam ser mais compridos e deveriam ser tingidos de cinza. Ele é tão louco! Ele me ligou pelo celular em meio a um solo de bateria do Peter em um concerto! Quando gravamos a grande sequência do show, lembro-me que o Gene caminhou até mim e apontou para um jovem no tablado que vestia uma roupa do *Dynasty*. Ele me pediu para não filmarmos o jovem, já que *Dynasty* foi feito em 1979 e o filme acontecia em 1977! Embora a maioria dos objetos de apoio do KISS viesse da coleção pessoal de Gene, muitos vieram dos fãs deles. Sempre que precisávamos de algo que o Gene não tinha, eu chamava o Mike Brandvold, do KISSonline, e ele divulgava pelo mundo todo via internet. Foi assim que conseguimos a toalha do *Love Gun* que o Eddie usa para cobrir suas coisas. A senhora que nos enviou não pediu nenhum pagamento, apenas que Ace enxugasse seu suor na toalha antes de mandarmos de volta! Quando Ace soube disso, ele insistiu para eu tirar uma foto dele enrolado na toalha. Fiz isso e a foto foi enviada para a fã, que ficou muito surpresa e feliz!

TIM SULLIVAN: Foi incrível ver o palco do *Love Gun* totalmente recriado pelo nosso designer de produção, Steve Hardie. Foi uma réplica exata. A sensação de déjà vu que me tomou foi inacreditável, e não era só eu que me sentia daquela maneira. A primeira vez que a banda viu o palco foi mágica! Foi montado em um estádio em Hamilton, no Canadá. Os rapazes apareceram às sete horas da manhã e caminharam com sono (e meio mal-humorados) dentro da arena escura. Só eu e eles estávamos naquele espaço enorme. Eu acendi as luzes e nossa! Lá estava o palco do *Alive II* e do *Love Gun*. Os caras não conseguiam acreditar naquilo. Peter, em especial, ficou muito emocionado ao vê-lo. Uma torrente de recordações aflorou. Acho que todos nós pensamos que foi uma escolha melhor do que o palco do *Psycho Circus*, que, na época, era a turnê com a qual estavam viajando.

GIUSEPPE ANDREWS: Eu adorei o que o nosso diretor, Adam Rifkin, fez com o filme. Antes da filmagem, ele resumiu como os fãs do KISS eram em termos de lealdade e fanatismo, e aquilo refletiu no nosso desempenho. A química entre os quatro caras, eu, o Eddie, o Jimmy e o Sam, realmente transpareceu, especialmente na cena de carro. Foi uma grande filmagem. Eu não via aquilo como um filme para adolescentes. Era muito mais antenado que isso. O *Detroit Rock City* é definitivamente um clássico cult. Ainda bem que o filme descobriu um novo filão através do vídeo. Ele realmente não recebeu o empurrãozinho que merecia da New Line; caso contrário, teria sido um sucesso.

SAM HUNTINGTON: Era uma diversão, um sentimento legal, um filme "pé na estrada". Quando li o roteiro pela primeira vez, senti que era um filme dirigido a adolescentes. Mas, à medida que trabalhávamos nele, ficou evidente que seu apelo era muito mais abrangente, o que foi uma grande vantagem. A última cena do filme, em que eu pego as baquetas do Peter, foi demais, porque eu tive uma sintonia legal com o Peter Criss! Então, depois da gravação, ouvi o Peter dizer que também sentiu que aquela cena era especial. Ele disse: "Tivemos nosso momento".

JAMES DEBELLO: As pessoas me procuram e falam a respeito do filme; dizem: "Cara, lá estou eu trinta anos atrás! O KISS!". Minha cena predileta do filme é quando o Eddie está num bar de strip-tease e uma menina lhe paga um copo de uísque de milho. Ele toma um gole, cospe tudo fora e diz: "Que horror!" [risadas].

TIM SULLIVAN: Muitas pessoas nos criticam dizendo que a música nova do KISS ("Nothing Can Keep Me from You"), usada nos créditos finais, era mais uma balada do que um rock, mas eu sabia onde o Paul queria chegar. Na época, o Aerosmith fez um sucesso com a balada do *Armageddon*, e a compositora da música, Diane Warren, era uma grande amiga do Paul. Ele tinha muito orgulho de "Nothing Can Keep Me from You"; e com razão. Eu me lembro da primeira vez em que ele a tocou para nós. Todos os produtores se sentaram numa cabine de som escura [Gene estava lá também] e Paul tocou a música. Eu fiquei impressionado com o desempenho vocal dele, que foi surpreendente! Falei para o Paul que eu sempre senti que ele era o coração e a alma do KISS, e agora ele tinha fornecido o coração e a alma para o *Detroit Rock City*.

DIANE WARREN: Eu amo "Nothing Can Keep Me from You". Aquela música devia ter feito um enorme sucesso. A gravação que o KISS fez era fantástica, pois a emoção daquela canção é intensa. Quando alguém canta uma das minhas músicas, é uma honra! Tanto faz se é o Aerosmith com "I Don't Want to Miss a Thing" ou o KISS com "Nothing Can Keep Me from You". Paul me falou a respeito do filme *Detroit Rock City* e disse que queria uma grande balada. Ele me procurou com uma pequena ideia para a letra e me explicou sobre o filme, que aqueles jovens fariam de tudo para ver o KISS. Achei que era possível escrever uma música que correspondesse com aquilo que o Paul me falara. A música ainda poderia ser um sucesso independente do filme e seria tocante como uma canção de amor. É mais ou menos algo do tipo: "nada pode me impedir de ver minha banda predileta ou nada pode me impedir de amar você". Foi uma música fácil de escrever. Eu sou assim na vida real.

RICK NIELSEN, CHEAP TRICK

O KISS é uma banda que nossos pais amam odiar. Nos meses de junho, julho e agosto de 1977, nós fizemos a abertura dos shows deles. Foi bem engraçado abrir para o KISS porque o KISS nunca recebeu uma crítica positiva, embora eles arrebentassem todas as noites. Foi um pouco chato, pois nós éramos elogiados pela crítica todas as noites e eles eram severamente criticados. Nós nos demos muito bem com o KISS, e eles meio que nos protegiam. Gene e Paul nos viram tocar em Nova York, no Max's, em Kansas City, onde quase não havia ninguém. Mas eles realmente gostaram da banda e nos aplaudiram. Eu desci do palco e fui tocar minha guitarra na mesa do Gene, onde havia uma nota de vinte dólares. Apanhei a nota e comi na frente dele. Mas, de acordo com a versão dele, a nota era de cinquenta dólares. Ele ficou muito envergonhado em admitir que a nota era de vinte. Ele nunca me deixa esquecer isso. O KISS estava bem à frente, em relação a ser muito barulhento, muito rápido. Eles eram demais. Eles estavam bem lá e aconteciam. O KISS adorou quando os mencionamos na nossa música "Surrender", [cantarola a letra] "Mommy and Daddy rolling on the couch, rolling numbers, got my KISS records out" (Mamãe e papai rolando no sofá, os números rodando, peguei os meus discos do KISS). Pegamos alguns negativos do KISS, as capas dos álbuns deles, e todas as noites, quando cantávamos a música, jogávamos uma delas para a plateia.

TIM SULLIVAN: Já se disse muita besteira sobre as pessoas que trabalhavam na banda, quem se dava bem com quem, quem tocou (ou não tocou) em algumas músicas e em alguns álbuns. Tudo bem, eu vou admitir. Às vezes, as coisas ficavam um pouco difíceis durante a produção. Mas eu acredito, sinceramente, que no final do dia a chama onde tudo começou ainda arde profundamente dentro de cada um dos membros originais do KISS. Ninguém pode dizer o contrário, porque eu vi isso com meus próprios olhos no dia em que Gene, Paul, Ace e Peter entraram no estúdio localizado sobre o Hollywood Athletic Club, para a nova versão de "Detroit Rock City", que foi utilizada no filme [apesar de ela infelizmente não constar no álbum da trilha sonora]. Estavam só os quatro e um engenheiro de som, havia muita alegria, muitas brincadeiras e camaradagem. Os ensaios iam bem e eles estavam ansiosos para provar a nós que eram os caras do filme. Peter gravou a parte dele primeiro, enquanto Paul estava na frente dele, atrás da cabine de som, e tocava o som na guitarra para servir de guia. Peter era mesmo o Catman, golpeando a bateria de uma maneira firme. Então, Gene entrou e tocou a parte do baixo e Paul continuava orientando a sessão. Ele era o demônio, encerrado no seu próprio mundo, enquanto tocava de olhos fechados e escutava a trilha nos fones de ouvido. Então, Ace entrou e se sentou no sofá, pertinho do Paul, na cabine de mixagem. Estava escuro e tudo o que eu conseguia ver eram as silhuetas deles enquanto eles faziam aquele solo de guitarra tão famoso. Ace estava perfeito nos altos e baixos da guitarra e Paul era a inspiração. As guitarras deles tocando a toda. Quando terminaram, Paul foi para a cabine de gravação e cantou com o coração. Embora Paul já tivesse cantado aquela música um milhão de vezes, naquela hora ele a cantou de uma maneira selvagem, de uma maneira enxuta, como se fosse a primeira vez. Com meras quatro horas, a trilha estava pronta. Perfeita e pronta para ser o playback na cena que dá o clima ao show. E era somente os quatro, como no princípio. E, como o tempo acabou provando, foi provavelmente o fim, porque era a última vez que Gene, Paul, Ace e Peter entraram em um estúdio, somente os quatro gravando uma música juntos. Gente, deixa eu falar: eles arrasaram!

RELATOS DE VIAGEM

SEAN DELANEY: Na primeira turnê, nós tínhamos dois veículos, uma perua e um caminhão de aluguel Hertz de 6,50 metros. Nós tínhamos dois roadies, que dirigiam o caminhão, e eu ia com a banda na perua. No começo da viagem tudo estava bem. Nós íamos cantando músicas como "99 Bottles of Beer on the Wall", mas com o passar do tempo a alegria vai acabando, porque você está enfurnado numa perua dirigindo mil, 1.200 quilômetros por dia. Você fica cansado, enjoado, não consegue aproveitar nada. As pessoas nunca te viram antes, então quando você entra no palco pela primeira vez, a plateia atira garrafas, vaia. Assim rola realmente uma tensão pesada entre a banda. Eles zoavam comigo, como na vez em eles todos se sentaram no banco de trás, pegaram pedacinhos de algodão e colocaram na minha cabeça. Eu estava dirigindo e nem percebi. Então, quando eu parei em algum posto de gasolina de um lugarejo qualquer e pedi: "Ei, cara, encha o tanque", os caras olharam para mim e todos eles [o KISS] riram e se esconderam na parte de trás da perua. Dessa maneira, a tensão ficava cada vez pior. Fomos todos ver *Amargo pesadelo*. Nós estávamos no extremo sul e, para estes rapazes de Nova York, aquela era terra de caipiras. Era uma propriedade realmente linda, com uma casa e 32 quilômetros quadrados de terra, mas para eles era de um bando de caipiras. Eu perdi um retorno e o Ace começou a me cutucar, falando: "Veja se você se lembra onde é que está dirigindo", e o Peter começou a me cutucar, também, então fico lá sentado e, do nada, tive uma ideia. Eu me abaixei e desliguei a ignição, bati no pedal do acelerador para afogar o motor e o carro fez "Trããã, trããã"... Eu disse: "Caras, que droga! Acabou a gasolina!". E, como estávamos numa área arborizada, eles se lembraram do *Amargo pesadelo*. Eles ficaram morrendo de medo! Lá estavam eles, no sul, quatro caras com cabelos pretos tingidos e crânios por toda parte, um pouco de maquiagem informal para o dia e apavorados! Eu falei para eles irem para o bagageiro da perua e se deitarem. Então eu os cobri com uma manta. Lá estavam quatro pares de sapatos altos de plataforma enfileiradinhos e uma manta. Saí de lá, me sentei e bebi duas ou três cervejas. Vinte minutos depois, fui até o bagageiro do carro e eles ainda estavam metidos debaixo da manta, e aí eu comecei a rir histericamente. Peter ficou sem falar comigo por duas semanas inteiras. Nenhuma palavra! A vingança é ótima!

SYLVAIN SYLVAIN, THE NEW YORK DOLLS

Os Dolls fizeram sucesso com muita rapidez e a gente usava maquiagem para atrair as garotas. O KISS logo descobriu que, se você é um cara que usa maquiagem, consegue muitas garotas. Nós costumávamos tocar no hotel Diplomat direto, muito antes do KISS. Eu me lembro da primeira vez em que vi o KISS tocando lá. O Peter Criss estava sentado nos bastidores com a mãe dele e ela dizia: "Peter, por que isto? Isto é estranho!". Ele respondia: "Não, mãe, não. Isto é o máximo! Os New York Dolls fazem isso. Isto de alguma maneira se parece com o Dolls. Você viu como eles fizeram sucesso". Na época, nós estávamos no Daily News e o KISS não parava de perguntar: "Caras, como foi que vocês conseguiram essa publicidade?". Eu sempre me perguntei isso durante anos. Não há nenhuma comparação real entre o KISS e os New York Dolls. Se você é um imbecil que se senta no Split Lip em Nevada e não saiu para fora de sua cabana por um longo período, você diria: "É, tanto os New York Dolls quanto o KISS usam maquiagem". E essa é a única coisa que poderia ser dita. O KISS sempre pareceu estar em busca da sua própria alma, sem saber quem ele era realmente. Eu sempre achei que a música deles era muito, muito simples, ao contrário da nossa [Dolls]. Acredito que o motivo para eles terem feito muito sucesso e nós não, é porque era mais fácil para os Estados Unidos aceitá-los. Eles não pediam para você fazer sexo com o Frankenstein como os Dolls. Nós fizemos uma turnê com o KISS e alguns imbecis até propuseram de chamá-la de turnê do "Glitter Rock" [risadas]. Os New York Dolls eram a atração principal e a banda de abertura era o Aerosmith ou o Blue Öyster Cult. Então começamos a colocar alguns convidados especiais e, entre eles, o KISS. Houve até uma história engraçada, que aconteceu durante a turnê. Nós éramos bem populares no centro-oeste e, no comecinho dos anos 1970, não importava onde você estava ou quem era, se você fizesse parte de uma banda de rock, as pessoas vinham lhe perguntar se você era o Alice Cooper e ainda pediam autógrafos. Pensavam que qualquer cara de um grupo meio estranho com cabelos longos era o Alice Cooper [risadas]. Eu contei essa experiência para Paul Stanley: "Ei, Paul, você vai ter que pagar tributo ao rei". E ele respondeu: "Sylvain, o que é que você está dizendo?". Eu disse: "Alice Cooper é o rei e, não importa quem você seja, as pessoas aparecem e pedem o autógrafo do Alice Cooper". Uma vez estávamos em um aeroporto e ouvi o meu nome lá no fundo: "Sylvain, Sylvain!". Vi Paul Stanley correndo na minha direção, já quase sem fôlego, quando eu perguntei: "Que foi?! O que aconteceu?". E ele respondeu: "Assinei o meu primeiro autógrafo como Alice Cooper!" [risadas]. E eu quase mijei na calça de tanto rir. Os Dolls eram um tipo de banda underground, meio subterrânea e imoral. Os Estados Unidos aceitavam uma banda como o KISS, mas não como os Dolls. Para os Estados Unidos, nós éramos gays, drag queens nojentas. Nós éramos pervertidos e viciados em drogas. Comparados com o KISS, nós éramos muito mais perigosos.

JOYCE BOGART: A banda estava tocando no centro-oeste dos Estados Unidos, na abertura de Rory Gallagher, um artista com quem eles não deveriam ter tocado; mas, como eu disse, nós não conseguíamos escalá-los nas turnês. O clube era enorme. Acho que cabia mais de três mil jovens. Neil tinha convidado todos os DJs, o pessoal da promoção e distribuidores do centro-oeste. Era a noite principal da promoção da turnê. O grupo foi apresentado desta maneira: "De Nova York, o KISS", e a multidão vaiou porque, por lá, eles não gostam muito de Nova York; mas já na segunda música a multidão não conseguia ficar parada. Eles adoraram o grupo e todos da Casablanca ficaram radiantes com a reação. E quando o KISS terminou a apresentação, todos pediram bis. Alguns minutos se passaram e nada acontecia. Neil e eu começamos a ficar nervosos. Mais alguns minutos, e a multidão estava prestes a botar o lugar abaixo quando Neil gritou para mim em meio ao tumulto: "Cadê o seu grupo?". Com muita dificuldade, lutando contra a multidão desordenada e cheia de cerveja, fui até os bastidores e encontrei a porta dos fundos aberta, apesar do frio externo, e Peter no chão com o gerente da turnê tentando reanimá-lo. O teto do clube era muito baixo e, quando a plataforma da bateria se elevou durante a música "Black Diamond", toda a fumaça dos fogos de artifício subiu para o teto do salão. Isso fez com que Peter desmaiasse e caísse para trás, despencando de três metros de altura. Ele caiu nos braços do gerente de turnê, que estava alerta e era muito forte.

JOYCE BOGART: Neil, Larry Harris e eu voamos para St. Louis para um festival que a KSHE, uma estação de rádio, patrocinava. O KISS nunca tinha tocado durante o dia sob o sol e luzes fortes. Conforme o dia ia ficando mais quente, a maquiagem derretia. Além disso, o vento e o sol destruíram os efeitos especiais dos fogos de artifício. Ficou mesmo perigoso para a banda e para nós no palco. Mas a pior coisa era mesmo a maneira como o palco tinha sido construído. Parecia ter só umas tábuas não muito bem presas por cima de tablados, e toda vez que o grupo pulava [mais ou menos a cada sessenta segundos] os amplificadores atrás deles ameaçavam cair. Neil, Larry Harris e eu ficamos o show inteiro segurando os amplificadores e, por isso, ficamos sem conseguir ouvir nada durante semanas. Festival ao ar livre nunca mais!

ACE FREHLEY: Eu estava sentado no meu quarto no hotel Edgewater, em Seattle, com um cara da nossa equipe de turnê, o John Harte. Na lojinha de presentes eles vendiam anzóis, camarão para usar de isca e linha de pesca, e você podia pescar pela sua janela. Assim, eu chamei o John Harte e disse: "Você está a fim de assistir ao futebol comigo? Então, traga um pacote de seis latas de cerveja". Ele respondeu: "Beleza, cara". Um pouco antes dele chegar, eu pus três camarões num anzol triplo e lancei para fora, a aproximadamente um metro de distância. Era uma linha de três metros. Como eu não queria ficar segurando, amarrei a linha no lustre, bem em cima de onde íamos sentar. Se o lustre se mexesse, saberíamos que o peixe tinha beliscado. Assim, eu e John estávamos tomando cerveja e assistindo ao jogo quando o lustre se mexeu um pouco. Perguntei: "É um terremoto ou um peixe?" [risadas]. Ele respondeu: "Acho que é um peixe". A coisa começou a puxar muito e, assim, eu desprendi a linha rapidamente e enrolei três ou quatro vezes na minha mão. De repente eu puxava o bicho e ele estava ganhando de mim. Então eu disse: "John, não consigo dar conta disto", e ele tomou a linha da minha mão. E nem mesmo John conseguiu trazer o peixe. Então, olhamos para fora da janela e vimos um enorme tubarão-branco [risadas]. Aquele bicho devia ter uns quatro metros de comprimento. E nós o soltamos. Nós não conseguiríamos puxá-lo. O bicho devia pesar uma tonelada. Achei que eu ia pegar um peixe de trinta centímetros e acabei pegando um grande e maldito tubarão-branco [risadas].

DON BREWE, GRAND FUNK RAILROAD
O KISS levou o espetáculo do rock em estádio ao máximo. Os rapazes do KISS eram grandes fãs do Grand Funk, porque nós éramos uma banda de rock de estádio. Com o passar dos anos, grupos como o KISS começaram a sofisticar o show. Quando o KISS apareceu pela primeira vez, as pessoas diziam: "Não é só música, é um espetáculo também".

PETER CRISS: Eu costumava colocar ovos dentro das botas do Gene e, quando ele as calçava, olhava para mim e dizia: "Peter, seu filho da mãe!". A gente sacaneava um ao outro e aquilo era muito saudável. Mas nos últimos cinco minutos antes de entrarmos no palco, não se permitia ninguém no camarim, porque era o nosso momento de meditação. Todos segurávamos as mãos uns dos outros e gritávamos: "Vamos botar pra quebrar!".

EDDIE KRAMER: Estávamos gravando o álbum *Alive!* e o dono do clube era um verdadeiro ladrão, um trapaceiro. Era o meio da tarde, estávamos numa sala com 1.500 lugares e não tinha nenhuma merda de sistema de alto-falantes. Eu perguntei: "Cadê os alto-falantes?". Eles enviaram dois guarda-costas para roubar um andaime de um edifício em construção próximo ao local. Trouxeram aquilo e colocaram o som lá em cima. Então, quando nós estávamos todos prontos para começar e a multidão estava enfurecida aguardando, todos estavam reunidos dentro do camarim com Bill Aucoin e o dono do lugar. E Bill Aucoin não deixou a banda subir ao palco até aquele cara nos pagar em dinheiro vivo. Ele disse: "Olha, se você não me pagar em dinheiro vivo, vou cancelar o show e este lugar inteiro será demolido pelos jovens". E ele pagou. [risadas]

PAUL STANLEY: Eu me lembro de ter entrado no meu quarto e as luzes estarem apagadas, o que era realmente estranho, porque eu não tinha apagado as luzes. Então, eu entrei primeiro na sala de estar e acendi a luz. Depois entrei no quarto e também acendi a luz, mas havia uma garota debaixo do cobertor. Quase tive um ataque de coração. Talvez em outras circunstâncias eu teria pedido para ela ficar, mas aquilo me tirou do sério [risadas]. Então eu gritei: "Cai fora!". Também havia garotas que se escondiam nos carrinhos de comida e coisas assim. Serviço de quarto, aquele tipo de coisa.

JULIAN LENNON

Um dos primeiros álbuns que comprei nos Estados Unidos foi o *Alive!*, do KISS. Eu o ouvia direto, sem parar. Quando você via toda aquela apresentação com as chamas, o sangue e aquela coisa imensa, era impressionante!

BILLY MILLER (GERENTE DE TURNÊ DO KISS): O KISS era surpreendente no palco. Eles chegavam a lutar feito cães e gatos. Arrancavam o cabelo um do outro e, no entanto, quando estavam no palco, eram superprofissionais. Dentre as bandas com as quais trabalhei, era a que apresentava a mais completa sintonia. Eles eram tão preocupados com os fãs, com o nível de produção, com a ideia de como produzir o melhor espetáculo e fazer valer o dinheiro que todos pagavam que não havia um show melhor na Terra.

ACE FREHLEY: Foi um verdadeiro evento da mídia no estádio de Anaheim, em 1976. Quando nós estávamos descendo, Gene caiu das escadas [risadas]. Havia muita fumaça e não houve meio de evitar o tombo.

ROD ARGENT

Nós [Argent] estávamos tocando nos Estados Unidos em 1970 e eu estava fazendo hora no palco, aguardando a apresentação de abertura. De repente, surgem aqueles rapazes com quase três metros de altura, com os sapatos-plataforma mais altos que já vi na vida. A plataforma da bateria emergiu como se erguida por um guindaste e havia sons de rojões disparados lá fora. E aquela era a apresentação da abertura! Na hora pensei: "Como é que nós vamos entrar depois de tudo isso?". O KISS era maravilhoso e eficiente, e eu sabia que eles teriam futuro. A propósito, na minha opinião, anos depois eles fizeram uma grande versão do "God Gave Rock and Roll to You", do Argent.

PETER CRISS: Eu bati no Ace uma vez enquanto nós estávamos em turnê. A história é a seguinte: nós tocamos numa quadra de hóquei no Canadá, e estava muito quente, tão quente que parecia o inferno. Ace se sentou no palco porque estava exausto. Na época eu não concordei com aquilo, mas hoje concordaria. Pensei: "Seu filho da mãe preguiçoso, como você pode ficar sentado enquanto eu estou aqui ralando com dois fãs no meu pé. Você está aí sentado enquanto Paul e Gene correm de um lado para o outro". Assim, no momento do bis, quando voltamos para o camarim, Ace se sentou meio sem fôlego. Eu estava todo suado e disse: "Seu filho da mãe preguiçoso, é melhor você sair para o bis e arrebentar". Ele agarrou uma garrafa grande de suco de laranja e jogou em cima de mim. Me desviei e ela bateu na parede atrás de mim. Minha reação foi: "Merda! Vai se foder!". E então eu me levantei, dei um soco nele e ele foi nocauteado. Eles o reanimaram e, quando ele se levantou, os fãs ainda estavam gritando. Eu me desculpei: "Sinto muito, Ace", e ele disse [imita a voz do Ace]: "Não, eu também sinto muito. Você tem uma direita que é fogo, rapaz! Quase quebrou o meu queixo". Eu podia ter batido em todos eles, eu era um cara violento. Eu era um daqueles valentões de rua. Nós também tivemos muitas guerras de comida, que, por sinal, eram as minhas brigas prediletas [risadas]. Eu era sempre o primeiro a atirar os pãezinhos. Naquela noite da briga, o Ace me abraçou e disse: "Ei, escuta, cara, vamos juntos na limusine num bar. Vamos nos divertir e fazer as pazes". Nós bebemos quatro ou cinco garrafas de champanhe e desde então ficamos mais amigos do que nunca.

DAVE DAVIES, THE KINKS

O KISS era como se o *Rocky Horror Picture Show* retornasse à vida.

BILL AUCOIN: "Ele/Ela" era o apelido que Ace e Peter deram para Paul, só porque Paul adorava se vestir de drag queen. Ele costumava fazer os caras se vestirem de drag de vez em quando. Um dia, estávamos em turnê em Kansas City e a Grace Slick estava conosco porque ela ia se casar com o nosso cara de iluminação. Eles sabiam que eu estava chegando e, enquanto caminhava até o estádio, vejo alguém correndo para dentro. Na hora eu pensei: "Ele me viu chegando. Eles estão aprontando alguma coisa, posso farejar isso de longe". Imagine só. Paul saiu e comprou vestidos para todos os caras, meias-calças, sapatos de salto alto, todos os acessórios. Eu abro a porta e eles estão todos de drag com a Grace Slick na frente [risadas]. Eu fiquei em estado de choque, sem ação. Então eles começaram a me perseguir porque eles queriam me vestir de drag. Eu fugi, mas não pude acreditar. Você não pode imaginar como é ver Grace Slick fingindo cantar com o KISS, enquanto eles dançavam cancã atrás dela. Foi hilário!

RAY MANZAREK, THE DOORS

Eles são a conexão entre o rock e a luta livre. Se você gostar de lutas, você vai amar o KISS.

JAAN UHELSZKI (JORNALISTA DA *CREEM*): Por incrível que pareça, eu era a única pessoa que tinha tocado no palco com o KISS. Tudo começou como uma brincadeira. Em 1975, escrevi uma matéria sobre o KISS para a *Creem* que foi chamada de "Eu sonhei que eu estava no palco com o KISS com meu sutiã Maidenform". Uma noite eu estava sentada ao lado de Connie Kramer, a editora-associada, e ficamos discutindo sobre vestir-se como o KISS. "Como seria engraçado se eu me vestisse como o KISS e ninguém notasse a diferença". E acrescentei: "Sabe o que mais? Vou ver se eles concordam com isso". Então, telefonei para o Larry Harris, o empresário que tinha me apresentado a eles. Eu disse a ele que queria tocar com o KISS e escrever uma reportagem com a visão de um dos rapazes do KISS. Seria uma coisa do tipo George Plimpton, um cara do jornalismo participativo, e fiquei surpresa quando ele concordou com a minha ideia. A única condição era que eu não podia chamá-los de uma banda glamorosa. Como se eles fossem! Depois que eles concordaram, fiquei com um baita medo, mas depois de tudo eu só podia seguir adiante. Eu não sou tímida, mas nunca tive qualquer desejo ou inclinação para ser cantora ou musicista. E aquilo era só para provar que nem todos os que escrevem sobre rock são, de alguma maneira, frustrados por não serem estrelas do rock. Para mim, foi uma matéria emocionante. Quando finalmente chegou o dia de fazer a matéria, eu desci para a passagem de som do KISS, no Cobo Hall, e no momento em que cheguei percebi que a banda não tinha a mínima ideia de que eu subiria no palco com eles – a gravadora e a administração não tinham se preocupado em avisá-los. E quando expliquei a intenção de me apresentar com eles, pensaram que eu estava brincando. Finalmente, nós entramos em acordo, e eu fui para casa levando uma mala que continha sapatos plataforma de quinze centímetros de altura, uma calça justa tipo bailarina, um colant e algumas bijuterias estilo gótico. Na manhã seguinte, encontrei o grupo no aeroporto. Para meu horror, pegamos um pequeno avião particular para a cidade de Johnstown, na Pensilvânia, onde eles se apresentariam. O tempo estava muito instável e fiquei meio nervosa durante todo o voo; apesar disso, toda aquela turbulência conseguiu me distrair. Não tive nem tempo de me preocupar com meu desempenho naquela noite, embora faltassem menos de doze horas para o show. Johnstown era uma cidade de exploração de carvão. Muitos anos atrás, ocorrera uma inundação terrível e a cidade estava marcada por isso. A cidade era meio misteriosa, tinha uma vibração tipo fim dos dias. Mas aquilo parecia não incomodar a banda. Eles eram viajantes experientes por volta de 1975 e não faziam muita diferença entre uma cidade e outra. Quando todos já tinham feito a checagem, começaram a me dar conselhos sobre como me portar no palco, como um bando de "mães de miss" frustradas. "Não olhe para o público" – o Ace me aconselhou enquanto almoçávamos. "Lembre-se de sempre colocar a guitarra mais em baixo, pois é mais sensual dessa forma" – Paul me disse, como se eu não soubesse. E assim continuaram sem parar, até que eu tinha muitas coisas para me lembrar, o que me deixou ainda mais nervosa do que eu já estava. A parte mais estranha de toda essa experiência foi ser maquiada. Foi muito engraçado e revelador, de uma maneira estranha para mim. Eles concordaram que todos juntos fariam a minha maquiagem. Eu tive de aceitar uma combinação de cada uma das figuras da maquiagem deles. Lembrei-me do Paul reclamando com o Gene: "Não a deixe exatamente como você". O Ace não esboçou nenhuma reação, então de repente deixou escapar: "Deus, Jaan, você não entende nada de maquiagem!". Eram os anos 1970 e ninguém realmente usava maquiagem. Era mais, vamos dizer, um período de pessoas ao natural, com exceção do KISS, é claro. Como repórter, a parte boa era que o KISS não se inibia com alguém os observando. Era como uma continuação lógica da brincadeira da sua própria existência, só que levada mais ao extremo. Até que, na hora do show, eu estava completamente paralisada de medo. O empresário deles, Bill Aucoin, me observava como um falcão, então eu não fugi e tentava ficar na minha. Quando o momento crucial chegou – nas primeiras notas de "Rock and Roll All Nite", ele me empurrou para o palco: "Vamos lá". Lembro-me de pensar que nunca mais conseguiria me recuperar do absurdo que tudo isso foi: "Meu Deus, eu estava vestida como eles", embora eu me achasse mais parecida com a Mulher-Gato. Foi bizarro. Eu cantei os refrões daquela música e, em consequência, aprendi uma lição importante sobre as estrelas de rock. Quando você participa das coisas, você entende todo aquele mundo completamente. Há uma onda de poder e adrenalina que te embriaga. Quando você está lá, diante de uma multidão que grita, não existe medo. Tudo o que eu me lembro é de que eu não queria que aquilo acabasse. Acredito que essa experiência causou um impacto em tudo que escrevi posteriormente, porque eu sei como é viver, mesmo que só por cinco minutos, do outro lado. Foi algo surpreendente para mim. Com certeza, eu agora tenho muito mais empatia e muito mais compreensão dos músicos e daquela excitação toda. Além disso, sei como é duro lidar com aquela onda de poder que você sente todas as noites. Você entende como é estar diante das pessoas. Eu não toquei para uma multidão enorme, mas havia provavelmente cerca de seis mil pessoas. Pude sentir o mais puro gosto do poder. O poder era estimulante, uma força extracorporal, que me fez sentir muito melhor que antes.

JONATHAN CAIN, JOURNEY

O KISS tinha instinto, era quase um rock da Broadway. Eles levavam ao palco um sentimento de festa, de teatro e de um rock encarado como diversão e espetáculo. Parecido com o Journey, o KISS era obcecado em oferecer às pessoas o melhor espetáculo que eles podiam oferecer.

PAUL CHAVARRIA (ROADIE DO KISS 1974-1979): Teve uma noite em que Gene pôs fogo em mim acidentalmente. Nós estávamos na cidade de Oklahoma e, no meio do show, Gene veio, pegou comigo o líquido e a tocha para ele cuspir o fogo. Eu sempre tinha um monte de toalhas molhadas e ficava sempre alerta para o caso do Gene se queimar. Aquela noite foi péssima, ele não cuspiu todo o líquido como fazia normalmente, mas soprou o fogo de uma maneira que as labaredas simplesmente se espalharam pelo seu corpo, rosto e cabelos e, enfim, começaram a queimá-lo. Corri para lá e joguei uma toalha em cima dele para tentar apagar o fogo. Nessa hora, ele cuspiu o resto do líquido, que molhou o meu jeans. A minha calça pegou fogo imediatamente. Eu tentava apagar o fogo em Gene, mas eu era quem estava em chamas [risadas]. Existem comerciais de segurança que ensinam que, quando você está em chamas, deve rolar no chão. Quando isso acontece com você, não se consegue pensar, você está no palco e está queimando. Eu apaguei o fogo nele, saí correndo e pulei para fora do palco. Havia dois bombeiros e, enquanto um deles me derrubou no chão, o outro extinguiu aquele fogo dos infernos. Eu corri de volta para a lateral do palco e no final da música perguntei ao Gene se ele estava bem, e ele respondeu: "Não, graças a você, seu idiota! Onde você estava?". Depois do show, voltei para o camarim, baixei minha calça e mostrei a ele as marcas de queimadura na minha coxa, em que os enfeites da minha calça tinham queimado a pele. Falei para ele: "Veja só! Eu estava lá!". Tem muita gente no meio musical que foi para universidades e escolas. No nosso caso, nós aprendemos tudo basicamente em uma das maiores universidades do mundo, que se chama universidade KISS. Você vai lá e aprende tudo sobre o espetáculo do rock. Você pode aprender sobre som, iluminação, organização e logística.

FRANK DIMINO, ANGEL (COLEGA DO KISS DA GRAVADORA CASABLANCA)

O KISS levou o visual a uma nova dimensão. No fim das contas, as pessoas querem se divertir, e o KISS realmente entregava um grande show. Quando o Angel apareceu com a ideia de se vestir todo de branco, não me lembro de ninguém dizendo: "Legal, essa é uma grande ideia, o KISS de preto e vocês de branco". David Joseph, nosso agente, Neil Bogart e a nossa banda discutíamos algumas ideias. Não havia nenhum esforço proposital de nossa parte em ser o oposto do KISS.

GEORGE SEWITT (GERENTE DE TURNÊ DO KISS): Nós estávamos tocando em uma rua do Vaticano, em Roma. Tinha um efeito especial do Gene, que voava pelo ar durante o show. Havia um cara cujo trabalho era exclusivamente preparar o aparelho e fazer o Gene voar. Fizemos vários ensaios e resolvemos todos os problemas, mas quando chegamos à Itália, não percebemos que havia uma diferença na eletricidade. Devido a essa diferença o cara teve de colocar mais potência no controle. Gene planou sobre o palco e deveria pousar suavemente na plataforma, sobre as pilastras de iluminação. Em vez disso, ele se chocou contra as pilastras. Gene foi para os bastidores gritando e xingando: "Seu filho da mãe!". Ele ficou muito bravo porque quase morreu.

PETER CRISS: É importante separar o Peter do palco da pessoa que sou fora do palco. Eu enlouqueceria se acreditasse que sou uma lenda. Gene e Paul são muito íntimos e Ace e eu sempre saímos juntos. Nós dois crescemos nas ruas e gostamos de beber. No começo, Ace e eu sempre destruíamos os quartos de hotel e atirávamos as televisões pela janela. A gente comprava espingardas de pressão e ficava atirando nos quartos. Éramos pirados e perigosos.

BILL AUCOIN: Uma vez, Ace estava furioso com Gene e Paul e fingiu que estava bêbado. Recebi um telefonema do Paul ou do Gene dizendo: "Você tem de vir aqui imediatamente, Bill. Ace não vai conseguir fazer o show hoje à noite, ele está bêbado e nós tivemos de levá-lo para o hotel". Então eu subi no avião e voei para algum lugar no centro-oeste. Eles apareceram no aeroporto em uma limusine dizendo: "O que vamos fazer? Nós vamos perder todo o dinheiro e temos de fazer este show hoje à noite. Ele nunca vai conseguir se recompor. Ele está pirado". Respondi: "Deixem-me vê-lo". Assim, eu subi [risadas] e bati na porta do quarto dele. [Imita a voz de Ace] "Quem é?". "Aqui é o Bill". "Oi, Bill". Ele vem à porta e diz: "Enganei os bobos, Bill, enganei os bobos hoje". Assim eu me sentei e bebi algumas cervejas com o Ace, sabendo que ele tinha aprontado com os outros. Então os rapazes vêm até a porta e Ace diz: "Eu vou aparecer para a passagem de som, mas não conte nada para eles". Ace se deitou na cama com a língua de fora e eu disse: "Talvez ele consiga dar um jeito". Na verdade, eles me fizeram voar até lá e o Ace estava no quarto tomando umas cervejas morrendo de rir.

BILLY MILLER: Houve uma noite em que os cabelos de Gene pegaram fogo. Numa outra noite, ele se assustou e engoliu um pouco do líquido e tivemos que lhe dar ipeca para ajudar a vomitar. Ele parecia a garota de *O exorcista*. Numa noite, não havia ipeca e Gene ficou furioso. Imagina que o cara estava tocando para 24 mil pessoas, voltou, pegou a tocha, cuspiu fogo, olhou ao redor e pensou: "Onde está a ipeca?". Algumas pessoas tentaram empurrar qualquer coisa para ele, mas ele percebeu e aquelas pessoas não ficaram lá por muito tempo.

BILLY MILLER: Ace tinha o passatempo de ir a lojas e comprar arco e flechas. Ele atirava nas coisas, assustava e irritava as pessoas. Ele fazia buracos em todas as peças de arte dos hotéis. Uma vez, estávamos entrando no hall do hotel onde Ace estava e uma flecha veio direto em mim e passou a poucos centímetros do meu nariz.

LITTLE STEVEN
Eu não levei o KISS muito a sério quando eles começaram. Eles eram um tipo de caricatura. Eu os vi pela primeira vez na turnê de reencontro deles e fiquei em estado de choque. Era uma música depois da outra, nada além de músicas maravilhosas e era um grande show. É engraçado como você muda de opinião como passar dos anos. Embora todo o vestuário do KISS fosse um esquema de publicidade, musicalmente, eles eram uma banda de rock excepcional.

PETER CRISS: Estávamos fazendo um grande show num grande salão e o Paul disse: "Ei, vamos nos divertir um pouco. Vamos sair de carro vestidos de drag queens". E foi o que fizemos. Paul saiu com um guarda-costas para uma loja J. C. Penney e comprou todas as roupas de mulher [risadas]. A propósito, ele era muito bom nisso. Ele escolheu roupas e acessórios que combinavam entre si, chapéus, perucas, vestidos, sutiãs, meias-calças, sapatos de salto alto, bolsas e brincos [risadas]. Fizemos isso para pegar Bill de surpresa e enlouquecer a imprensa. Nós paramos o carro e, quando as portas se abriram, Gene foi o primeiro a pôr sua longa perna para fora com um sapato de salto alto, como uma garota [risadas], e foi demais. Eles ficaram boquiabertos. Eu me esqueci de tudo. Na verdade, aquilo foi muito legal. Então, todos nós começamos a sair rebolando e tínhamos enfiado lenços de papel nos nossos sutiãs. Foi uma ideia formidável do Paul.

PETER CRISS: Eu costumava destruir o meu quarto nas viagens. Levou muito tempo para eu me acalmar. Era uma droga porque sofro de hipertensão desde criança e, por conta disso, venho tomando o tranquilizante Valium a minha vida toda. E com isso mais a adrenalina, meu Deus, eu era um caso psiquiátrico. Era difícil ficar no quarto quieto, com as portas fechadas, olhando no espelho e vendo a maquiagem se desfazer. Eu ficava a ponto de comer a parede e morder a maldita TV. Eu tirava a maquiagem e ficava no chuveiro por cerca de uma hora para tentar me acalmar. Eu saía e pedia algumas cervejas e, de vez em quando, umas garotas, é claro. Sempre havia um quarto onde havia umas garotas à nossa espera. Então, você pegava uma garota, levava pro seu quarto e transava com ela.

Se você não gostasse dela, pegava uma outra ou mesmo um grupo de garotas e transava com todas. Nós fazíamos esse tipo de coisa. Quem quer que pegássemos tinha ótimas transas porque nós éramos realmente turbinados.

TONI TENNILLE, CAPTAIN & TENNILLE

Eu adorava o KISS [risadas]. Neil Bogart nos convidou para um dos shows em Los Angeles e eu achei que era uma barulheira! Mas a música era, na verdade, muito boa. O show foi bem-produzido, o som era ótimo e achei os rapazes engraçados. Eu curti e entendi o que eles estavam fazendo. Era teatro.

JOHN HARTE (SEGURANÇA): Uma vez Peter apareceu no aeroporto de pijama. Isso foi por causa do George Sewitt e de mim. Nós dissemos: "Você vai chegar no horário certo do voo ou nada!". Então, ele ficou de pijama e nós levamos os enormes travesseiros dele e o pusemos no avião.

PETER CRISS: Foi meio sacanagem da nossa parte, mas queríamos deixar Gene alto [risadas] e a equipe também. Era o último show e era meu aniversário de 29 anos. Estávamos em Detroit, no Palace. Alguém fizera bolo de chocolate com haxixe e nós dissemos: "Foda-se, vamos fazê-lo comer isto". E ele comeu o bolo de chocolate. Ele me ligou e a conversa no telefone foi demais!

KIM FOWLEY (COLABORADOR DO KISS)

O KISS é tão norte-americano quanto torta de maçã, Robin Hood ou qualquer fábula de mil anos atrás. É mitologia para os adolescentes.

PARTE 3

GRITE BEM ALTO

POR KEN SHARP

A parte final do livro baseia-se nos anos de formação de gene e de paul, com fatos desde o wicked lester até o CD do reencontro, de 1998, *psycho circus*. grite bem alto oferece um exame completo da produção musical do kiss. pela primeira vez, a saga musical é contada exclusivamente sob o olhar das pessoas que fizeram com que isso acontecesse em primeiro lugar — o próprio kiss, os produtores, os engenheiros de som, os colaboradores das músicas, artistas de apoio, empresários, o pessoal das gravadoras e outros.

★★★★★★★★★★★★★★★★★★★★★

CAPÍTULO 17

GRITE BEM ALTO:
ÁLBUM A ÁLBUM, MÚSICA A MÚSICA

WICKED LESTER

GENE SIMMONS – vocais principais, baixo / PAUL STANLEY – vocais principais, guitarra base / BROOKE OSTRANDER – teclado / TONY ZARRELLA – bateria / STEVE CORONEL – guitarra solo / RON JOHNSEN – produtor / LEW LINET – empresário / BARRY MANN – compositor / TOM WERMAN – Epic Records A&R

RAINBOW/AS ORIGENS DO WICKED LESTER

BROOKE OSTRANDER: Conheci Gene por meio de Larry DiMarzio. Eles foram à escola juntos em Staten Island. Eu tocava com Larry no Queens, numa banda cover: Gas, Food and Lodging. Larry me disse que me apresentaria a um cara que tinha escrito um monte de material original. Assim, ele trouxe Gene para me encontrar. Gene e eu tínhamos muito em comum em termos do que queríamos fazer. Foi nosso primeiro contato. Depois de um mês, eu parei de tocar na banda cover. Isso determinou o curso das coisas para mim. Gene frequenta-

A CAIXA DE FITAS FAIXA A FAIXA DO WICKED LESTER (cortesia de Tony Zarella)

va a Staten Island Community College. Isso se passou em dezembro de 1969 e janeiro de 1970. Gene tinha várias músicas que ele queria gravar. Eu já sabia como sobrepor os instrumentos naquela época, usando vários canais de um gravador de fitas para outro. Gene cantava, tocava baixo e um pouco de guitarra. Paul McCartney era o seu ídolo, ele adorava o jeito de Paul compor e tocar baixo. Mitchell Eisenberg, um dos meus alunos, apareceu e tocou algumas partes da guitarra solo. Eu toquei teclado. Gene e eu organizamos várias músicas que ele queria gravar. Uma delas era uma música country bem acelerada, chamada "About Her". Outra se chamava "Amen Corner". Também gravamos

"Stanley the Parrot". Gene ficava na guitarra solo e Joe Davidson na bateria. Assim, durante quatro ou cinco meses Gene e eu preparamos essas fitas, e Gene as vendia por ali. As gravadoras nos recomendaram voltar assim que tivéssemos a banda organizada novamente. Assim, Gene encontrou Paul, que, naquele momento, ainda era Stan Eisen. Eu trouxe o baterista Joe Davidson e formamos um quarteto. Depois Gene entrou em contato com o amigo Steve Coronel, que tocava a guitarra solo, e ficamos um grupo com cinco membros. Depois Joe saiu e eu trouxe Tony Zarrella como baterista.

TONY ZARRELLA: Fiz o teste num loft na Canal Street. A banda gostou da minha bateria com bumbo duplo. Mandamos ver muito bem. Tocamos um pouco de cada coisa, fizemos materiais originais e algumas músicas cover. Paul sempre gostou de "Locomotive Breath", do Jethro Tull, portanto ela foi incluída. Quando o grupo começou a tocar ao vivo, já estávamos bem acostumados com o nosso material original. Depois do teste, eu tinha planejado me mudar para a Califórnia. A viagem foi cancelada e eu telefonei para o grupo e perguntei se eles ainda precisavam de um baterista. Eles responderam que sim. Fui tocar de novo com eles e decidiram me convidar para juntar-me a eles.

STEVE CORONEL: O grupo inicialmente se chamava Rainbow; o nome durou pouco tempo. Logo depois mudamos para Wicked Lester.

GENE SIMMONS: Foi Paul quem inventou o nome Wicked Lester.

BROOKE OSTRANDER: Acho que foi Steve quem inventou o logotipo do Wicked Lester.

STEVE CORONEL: Costumávamos ensaiar na esquina das ruas Mott e Canal, em cima da companhia Norman Watch. O dono era um escultor. Ele nos disse que poderíamos ensaiar lá à noite, depois de ele terminar com o trabalho de escultura. O que impulsionava o Wicked Lester era tocar como uma banda de rock limpa e boa. Não havia nenhuma orientação complicada. A ideia era trazer todas as nossas influências prediletas, Free, Buffalo Springfield, o Move e os Beatles, e aglutiná-las numa direção baseada nessas músicas inovadoras. Era uma grande mistura. Era preciso mais desenvolvimento, um trabalho mais apurado com as composições. O problema com o Wicked Lester era: como é que você pode trabalhar numa música e decidir para qual direção seguir quando não se ouve a banda ensaiando? Não é possível escutar nenhuma nuance se o som está alto demais. Eu sempre dizia a eles: "Por que não tocamos mais baixo?". Eu e Stanley bebíamos um pouco. Gene nunca bebia nada. Costumávamos trazer vinho de maçã Boone's Farm, Ripple e Night Train. Experimentávamos todas as coisas de bêbados. Queríamos realmente ser básicos. No inverno, era tão frio lá que tentamos beber álcool. Tínhamos dezoito, dezenove anos de idade.

BROOKE OSTRANDER: Conseguimos nosso loft em Nova York no inverno de 1970. O loft ficava em Chinatown, na Canal Street. Ficava no quinto andar. Naquele tempo, éramos eu, Gene, Stan, Steve e Tony no grupo. Tony é primo da namorada do meu melhor amigo.

SHOWS AO VIVO DO RAINBOW/WICKED LESTER

BROOKE OSTRANDER: A primeira apresentação do Rainbow foi em Staten Island no Richmond College, em maio de 1971. Gene conseguiu a apresentação com alguém que ele conhecia na faculdade. Eles fizeram propaganda de nós como diversão.

PAUL STANLEY: Não havia ninguém, literalmente, na primeira apresentação do Wicked Lester. O pequeno campo onde tocamos poderia acomodar quinhentas pessoas, mas isso não quer dizer que elas apareceriam. O lugar estava vazio. Não sei dizer se havia dez pessoas ali. Chovia bem forte e a única coisa que deixou essa apresentação ser inesquecível para mim foi que peguei chato no banheiro. É bom dizer que ninguém veio nos ver [risadas]. A única vez em que havia alguém para ver o Wicked Lester numa apresentação [risadas] foi porque havia alguma outra coisa rolando. Nós não provocávamos nenhum agito.

BROOKE OSTRANDER: Tocamos três séries. Não fizemos nenhum cover naquela noite. Tínhamos decidido que naquele momento queríamos ver o que as pessoas pensavam do nosso material original. Eu tenho uma fita daquela apresentação. [Nota do autor: de acordo com Ostrander, a lista completa da série apresentava as seguintes músicas: "Goin' Blind", "About Her", "Love Her All I Can", "Keep Me Waiting", "Suitor", "First Time Around", "Eskimo Sun", "Stanley the Parrot", "It's a Wonder", "Movin' On", "Sweet Flora", "Sunday Driver", "When I Awoke", "Let's All Fly Away", "She", "Simple Type", "I Am a New Man" e "She Goes".] Paul se dirigiu à plateia com um sotaque cockney. Eu não me lembro por quê [risadas]. Além de ser o homem de frente, o Paul também era o mais adequado para aquilo dentro do grupo.

GENE SIMMONS: A segunda apresentação foi para um evento do B'nai Brith, em Atlantic City. Tocamos algumas músicas cover porque havia garotas de treze anos de idade que não estavam nem aí em saber se éramos criativos ou não. Tocamos "Locomotive Breath", "Rock me Baby", do Jeff Beck Group. Apresentamos "Jumpin' Jack Flash", que não toquei bem, pois nunca tinha me preocupado em aprender.

BROOKE OSTRANDER: O Rainbow não fez muitas apresentações. Tocamos no baile de formatura da McManus Junior High, em Linden, Nova Jersey. Eu dava aulas lá e também era o diretor da banda. A apresentação foi um sucesso. Disse aos garotos que formavam suas bandas que nós tocávamos material original, que não seríamos uma banda que apareceria no Top 40. No inverno de 1971, tocamos numa grande convenção para jovens em Atlantic City. Depois de tocar naquela convenção, decidimos que deveríamos começar a tocar algumas músicas cover. Trabalhávamos com duas músicas de cada vez. Tocávamos duas músicas do Jethro Tull, duas dos Moody Blues, duas dos Stones. No fim, terminamos tocando um grupo de músicas cover que revezávamos com as originais durante a noite, mas as pessoas começaram a nos encher: "Por que vocês não tocam alguma coisa que a gente conheça?". Tocamos umas doze músicas cover em seguida, só para deixar o público satisfeito, ouvindo coisas que eles já conheciam.

STEVE CORONEL: Nós quase não tocávamos ao vivo. Estávamos concentrados em escrever músicas e em ensaiar. Queríamos estar afiados. Nenhum de nós queria tocar fora do grupo. Nós temos de arrasar quando tocamos, não podemos fazer uma coisa meia-boca. Temos de ser maravilhosos. Fizemos alguns covers. Costumávamos tocar "All Right Now", do Free. Eu e Stanley a adorávamos e tocávamos "Rock'n'Roll Woman", de Buffallo Springfield.

PAUL STANLEY: Eu me lembro de ter tocado "When You Dance", de Neil Young, ao vivo, com o Wicked Lester.

BROOKE OSTRANDER: Fizemos uma outra apresentação na costa de Jersey, no Osprey. Era um clube enorme em Manasquan, Nova Jersey, que ficava no píer. A banda ainda se chamava Rainbow naquela época. Ela só se tornou Wicked Lester quando fomos ao estúdio. Assim que mudamos para o estúdio, começamos a pesquisar para descobrir se podíamos continuar a usar aquele nome. Foi quando descobrimos que havia uma outra banda que tinha o nome de Rainbow.

WICKED LESTER, NOVA YORK, 1971. DA ESQUERDA PARA A DIREITA: PAUL STANLEY E O TECLADISTA BROOKE OSTRANDER
(©KISS Catalog Ltd.)

GENE SIMMONS: A terceira apresentação foi em South Fallsburg, Nova York, no teatro Rivoli. Havia uma ponte que ligava uma parte à outra. Sob a ponte havia uma cachoeira e se podia mergulhar nessa pequena poça de água que se tornava um rio. Tinha umas pedras sob a ponte. Enquanto as pessoas nadavam, montamos os amplificadores de qualquer jeito e começamos a tocar lá fora. O som não ficou muito bom. Depois eu combinei de tocarmos num cinema fora de South Fallsburg. As pessoas iam assistir ao filme, mas antes disso elas nos ouviam. Há fotos desse show no livro *KISStory* que foram feitas pela minha namorada na época, Nancy.

PAUL STANLEY: Todos os amplificadores estavam deitados no palco para as pessoas poderem assistir ao filme. Depois, à meia-noite, quando acabava o filme, ligávamos todos os amplificadores e tocávamos para os que estivessem presentes. Talvez houvesse umas quarenta pessoas por lá. Eu só lembro de estar bem cansado e pronto para ir para a cama.

TONY ZARRELLA: O Wicked Lester brincava com o "Firehouse", que mais tarde apareceu no primeiro álbum do KISS; a música foi composta e melhorada durantes os tempos do Wicked Lester. Eu me lembro de tocar músicas ao vivo que nunca foram gravadas pela banda, como "Eskimo Sun", "About Her" e "Suitor".

NEGOCIAÇÃO PARA O DISCO DO WICKED LESTER

TONY ZARRELLA: O grupo ainda se chamava Rainbow quando assinamos nosso contrato como artistas, em 12 de julho de 1972. Stanley Snadowsky foi nosso primeiro empresário e advogado. Ele tinha um clube e tratava conosco em nível de empresário/advogado, portanto havia um conflito de interesses. Foi quando o Lew Linet entrou em cena.

LEW LINET: Ron Johnsen telefonou e disse que ele tinha um grupo que se parecia com o Three Dog Night. Ele perguntou se eu estava interessado em ouvi-los. Escutei a fita e não fiquei muito interessado. Três ou quatro meses depois, o Ron telefona de novo e diz que os rapazes têm uma pessoa nova na banda e perguntou se eu poderia ouvir o material novo. Ouvi, gostei muito do material e me tornei o empresário. Gene e Stanley se destacavam como os líderes do grupo. Eles eram muito jovens e tinham muita garra para se tornarem astros. Não havia realmente uma imagem. Era somente uma banda com quatro caras diferentes. Dois deles tinham cabelos compridos e barbas longas. Stanley e Gene eram diferentes, tinham mais uma aparência com um leve toque britânico. O tipo de música era de cantor-compositor, canções folk-rock com um pouquinho de extravagância.

RON JOHNSEN: Paul e Gene pareciam ter um potencial mágico. Os outros rapazes da banda eram bem ingênuos, embora o Brooke fosse um músico excelente.

BROOKE OSTRANDER: No inverno, o Wicked Lester rachava as contas no Village Gate com Harry Chapin. Estávamos fazendo um show para a Electra Records. Harry conseguiu fechar contrato com a Electra, e nós não. Fizemos alguns testes no Electric Lady. Mais tarde conseguimos fechar negócios com a Metromedia Records. Começamos a gravar um álbum para o selo e depois o negócio não foi adiante. Ron Johnsen disse que houve algum tipo de briga entre os caça-talentos dentro do selo e que eles acabaram mandando embora todos os que tinham sido chamados nos últimos dois meses. Pouco tempo depois, o Wicked Lester fechou com a Epic. Tom Werman assumiu como ponte entre o selo e o estúdio. Ron [Johnsen] fazia produção independente conosco sob o patrocínio do Electric Lady.

RON JOHNSEN: Mike Jeffries precisava de um documento assinado pela Polydor para cumprir o contrato. Eu já tinha me encontrado com Paul e Gene, ouvido o Wicked Lester e me envolvido com eles. Gravei algumas músicas com eles no Electric Lady Studios: "When the Bell Rings" e "(What Happens) in the Darkness". Passei a fita a Jeffries, que correu até a Polydor para ver se conseguia fechar o contrato. Eles recusaram. Voltei ao estúdio com eles, apurei as músicas um pouco mais e gravei novas músicas também. Ficou bom, as músicas pareciam bem razoáveis. Daí, eu passei a fita para Billy Michelle, da Famous Music, e ele a levou para a Epic Records.

LEW LINET: Ron Johnsen tinha iniciado a negociação com Don Ellis, da Epic, mas o negócio não decolava. Era muita confusão, pois o Ron se dedicava mais à área editorial e à produção. Então, eu assumi a partir desse ponto e entrei em contato com Don Ellis. Levei algumas fitas demo e fechei o negócio. Os rapazes receberam a bela quantia de 20 mil dólares como adiantamento.

GENE SIMMONS: Foi a Epic que disse que queria comprar o disco do Wicked Lester. Fomos para o estúdio da CBS para fazer uma apresentação para os executivos, que disseram: "Vocês têm de se livrar do guitarrista, Steven Coronel. Vocês precisam de um outro guitarrista".

STEVE CORONEL: A gravadora não gostou de mim. Acho que foi aquela maldita música "Love Her All I Can". Não consegui tocar as cifras da música, pois nunca tinha ouvido antes [risadas]. Agora, lá estava eu, tocando na apresentação, e acho que fodi com tudo. Fizemos a apresentação num lugar bem velho, caindo aos pedaços. Acho que tocamos cerca de quatro ou cinco músicas. Talvez os caras da gravadora não tenham gostado da minha aparência. Eles acharam que eu estava meio deslocado e que os outros pareciam mais sintonizados como grupo. Falando sério, eu não me pareço com o Donny Osmond. Aqueles caras analisaram a gente com um pente fino e não gostaram da minha aparência. Não posso culpá-los por isso. Eu teria feito a mesma coisa. Cerca de três semanas depois da apresentação, Gene veio ao meu apartamento e disse: "Olhe, acho que vamos nos separar e seguir caminhos diferentes. Vamos desfazer a banda, pois não está dando certo. Não conseguimos nenhum contrato". Fiquei um pouco magoado e chocado com aquilo. Mas, por outro lado, eu estava aprendendo as músicas do Yes e adorava aquele tipo de música. Então, no fim das contas, achei que tudo bem. Eu começaria minha própria banda e tocaria o que gostaria de tocar. Mas eles permaneceram juntos sem o meu conhecimento.

RON JOHNSEN: Steve [Coronel] não tinha muita criatividade nas músicas que não fossem compostas por ele. Ron Leejack era ótimo para tocar a melodia principal, então nós o colocamos tocando o máximo de músicas possível. Acho que ele recebeu pagamento como independente. Ele não era oficialmente membro da banda, mas ele dava um toque especial ao grupo.

BROOKE OSTRANDER: Não sei o que a Epic achou de errado com Steve [Coronel], porque eu gostava bastante dele. Achava que ele era especial, que tinha um estilo próprio definido. Mas na época nós tínhamos de tomar a decisão de fechar o negócio ou não. Tínhamos de conseguir um outro guitarrista ou esquecer o contrato e continuar tentando com o mesmo grupo. Chegamos à conclusão de que era melhor assinar o contrato. Portanto, naquele ponto, era preciso arrumar um outro guitarrista, e encontramos Ron Leejack.

RON LEEJACK: O caça-talentos da Epic, Tom Werman, veio a uma apresentação. Montei o amplificador onde eu pensei que ele se sentaria. Por sorte, foi lá mesmo que ele se sentou e nós tocamos para ele. Ele ficou tomado. Ele adorou. Como guitarrista, eu não sou o máximo o tempo todo, mas naquele dia eu estava inspirado. Tom adorou o meu jeito de tocar e assinou o contrato pela Epic.

TOM WERMAN: O que me atraiu no Wicked Lester foram as harmonias. Eles eram um grupo pop, um pouco leve. Gostei da música, de algumas das harmonias do Wicked Lester que o KISS usaria mais tarde. "Sweet Ophelia" era maravilhosa. Também gostei de "Too Many Mondays". Eu me lembro de ter ficado algumas noites no Electric Lady, durante a gravação do Wicked Lester. Aquela foi a minha primeira experiência verdadeira de assistir a uma gravação de disco.

GRAVANDO O ÁLBUM DO WICKED LESTER

STEVE CORONEL: Neil Teeman trabalhava meio-período como engenheiro de som no estúdio Electric Lady e conhecia Ron Johnsen. Ron trabalhava lá como produtor encarregado. Então Neil fez o gancho com Ron e nós gravamos o álbum. Foi um grande negócio. Eles nos cediam tempo sem compromisso no Electric Lady. Ficamos por lá durante meses; quando o estúdio estava livre, eles nos chamavam.

RON JOHNSEN: O álbum foi feito na primavera de 1971. Eu o produzi e usei dois engenheiros de som, Ralph Moss e Bernie Kirsh. Cada música era uma batalha. Eu ia ao estúdio com uma ideia e trabalhava de cabo a rabo. Eles davam sugestões sobre a estrutura de acordes, sobre a direção das melodias e sobre o arranjo em geral. Mas acho que Paul e Gene ficaram tão surpresos quanto eu com os resultados. Eles não tinham ideia do que eu faria. Paul, como guitarrista base, era bem consistente. Gene tocava o baixo muito bem. Brooke era o verdadeiro músico mestre. Tony era um baterista razoável.

BROOKE OSTRANDER: As primeiras demos foram feitas para tentar chamar atenção. Gravamos três músicas ao vivo em dois canais, "Keep Me Waiting", "She" e "Simple Type". Voltávamos e fazíamos as sobreposições dos vocais. Ficamos todos apaixonados pelo som. Já tínhamos gravado metade do álbum e o contrato com a Metromedia não vingou. Assim que conseguimos o contrato com a Epic substituindo o guitarrista, Ron Johnsen começou a gravação das partes da guitarra solo com Ronnie Leejack. Ele não gostava da guitarra de Ron em cima das gravações já existentes, então decidiu que apagaria tudo e começaria tudo de novo, com Ronnie tocando toda a parte da guitarra. Nós regravamos algumas músicas completamente: "Love Her All I Can", "Keep Me Waiting" e "She".

BROOKE OSTRANDER: Foi um projeto que consumiu bastante tempo. Não fomos lá por períodos muito grandes de tempo. Às vezes, ficávamos no estúdio durante quatro ou cinco dias em seguida, mas nós só gravávamos alguns dias, ouvíamos, experimentávamos e fazíamos a remixagem. Não era um processo muito convencional.

PAUL STANLEY: Levou quase um ano para gravarmos o disco do Wicked Lester. Ele foi todo feito durante o tempo em que o estúdio estava livre, porque ninguém pagava pelo tempo. Aparecíamos no estúdio quando havia tempo disponível. Passavam-se semanas e aí tínhamos dois dias ou conseguíamos 36 horas seguidas. Ron Johnsen trouxe material de fora. Eu me lembro de ir ao prédio da Paramount, onde agora é o hotel Trump, em Columbus Circle. Fomos ao escritório de Billy Michelle, da Famous Music Publishing. Billy tinha criado algumas músicas que ele queria que gravássemos; nós nos reuníamos lá e ouvíamos as músicas.

BROOKE OSTRANDER: Ron Johnsen tinha um amigo chamado Billy Michelle, da Famous Music, uma editora. Eles enviaram um monte de discos demo para Ron. Ele ouviu e selecionou algumas músicas. Decidimos fazer "Too Many Mondays" e "Sweet Ophelia". Barry Mann compôs as duas músicas. Havia ainda outras músicas que ele queria que nós experimentássemos tocar. Acabamos gravando "(What Happens) In The Darkness", "When the Bell Rings" e "We Wanna Shout It Out Loud".

TONY ZARRELLA: Electric Lady era um estúdio de ponta, onde todos os astros queriam gravar, portanto o tempo era limitado e só estava disponível raramente, às vezes, tarde da noite. Não era incomum sairmos das gravações no estúdio às cinco ou seis da manhã. Fomos ao Electric Lady basicamente para ensaiar antes da gravação, porque era preciso deixar as músicas no ponto antes de gravá-las. Fazíamos os canais básicos e muita sobreposição. Era muito chato porque não tínhamos tanto tempo reservado. Na minha opinião, a música que se destacou mais foi "Long Road". É uma música muito interessante. Tinha mais profundidade e maturidade que as outras músicas gravadas. Nela, Paul tocou gaita, banjo e guitarra. Brooke tocou teclado e tuba.

BROOKE OSTRANDER: Enquanto estávamos no Electric Lady, Stephen Stills preparava o álbum *Manassas*; ele, na verdade, tocou um solo em "Sweet Ophelia". Não funcionou muito bem [risadas]. O solo ficou por lá até Ron Leejack entrar no grupo; depois comparamos o solo de Stills com o de Ron e preferimos o de Ron. Jeff Beck estava por lá também. Ele trabalhava com Stevie Wonder. Roberta Flack e John Mayall também. A gente assistia às sessões deles e eles vinham e assistiam às nossas.

TONY ZARRELLA: Ficávamos muito tempo no estúdio sem fazer nada e assistíamos às outras pessoas. Um dia, Gene passou a conversa numa garota que ficava sempre rondando o estúdio dizendo: "Olhe, somos uma banda de rock muito famosa, somos um grupo de vanguarda". Ela ficou muito impressionada e nós a convidamos para entrar no estúdio. No momento seguinte, estávamos dentro do estúdio A, ela estava sentada em uma daquelas cadeiras enormes e Gene dizia: "Bem, o que você vai fazer por nós?". Ela estava boquiaberta com tudo. Se você já foi ao Electric Lady, eles têm um enorme mural na parede, com três mulheres sentadas nos controles de uma nave espacial. Era muito impressionante. Gene disse: "Por que você não tira a roupa?". Ela respondeu: "Claro". Então, ela entrou na cabine de vocais e todos foram para lá. Eu me lembro de Ronnie Leejack saindo da cabine de vocais dizendo: "Puxa, algum de vocês tem um limpador de cabeçote ou algo assim?" [risadas]; ele estava muito preocupado em pegar uma doença. Então Paul entrou lá com aquele vibrador fazendo aquilo. Foi uma experiência engraçada, muito louca.

ÁLBUM DO WICKED LESTER

Lançamento cancelado pela Epic Records. Três faixas foram lançadas no *KISS: The Box Set*
PAUL STANLEY – vocais principais, guitarra base, banjo
GENE SIMMONS – vocais principais, baixo / **STEVE CORONEL** – guitarra solo
BROOKE OSTRANDER – teclado, órgão, flauta, metais / **RON LEEJACK** – guitarra solo
TONY ZARRELLA – bateria / **RON JOHNSEN** – produtor / **BARRY MANN** – compositor

PAUL STANLEY: Com o Wicked Lester estávamos em um ponto de nossas carreiras em que ficávamos felizes em só gravar. Basicamente, éramos bons garotos. Fazíamos tudo o que o produtor [Ron Johnsen] mandava. O disco nunca foi lançado porque Gene e eu o compramos de volta. É bem ruim. É muito ruim e, além disso, pega mal alguém ouvi-lo e pensar que são nossas ideias. Descreveria o Wicked Lester como lixo eclético. "We Wanna Shout It Out Loud" era uma melodia dos Hollies, um pop inglês legítimo. "Too Many Mondays" foi escrita por Barry Mann, que compôs toneladas de sucessos durante os anos 1960. Grosso modo, Carole King, Neil Sedaka e Barry Mann compuseram tudo que foi lançado.

GENE SIMMONS: "Eclética" seria uma definição justa para a banda, pois não se trata apenas de um conjunto de músicas, mas sim de o grupo saber o que ele representava de fato. É como um fanático por moda, como aquelas pessoas que aparecem nos clubes num dia desfilando de cabelo verde e no outro com dreadlocks. Embora sejam interessantes e criativas, elas não têm identidade alguma. No dia seguinte, aparecem maquiadas com pancake. Interessante é ser eclético. Apenas não há uma estrutura central. O Wicked Lester pode ser uma reunião interessante de músicas, mas não se consegue ver sua espinha dorsal ou sua identidade nele.

PAUL STANLEY: Quando estávamos gravando o material do Wicked Lester, a gente usava qualquer tendência que estivesse no auge na época. Se saía um disco com o pedal "wah-wah", havia "wah-wah". Se alguém tivesse uma guitarra slide, vamos colocar uma guitarra slide. Daí, algumas músicas eram inacreditáveis. Havia uma parte de metais, então uma guitarra slide entra com banjos, umas coisas muito estranhas. Acho que é bem divertido. Não que eu fique sem graça com isso. O tempo passa e você acha graça de tudo. É engraçado ouvir um jovem de dezoito anos tentando imitar o Tom Jones. Eu tinha uma voz realmente suave, então, queria parecer bem durão e casca grossa. Quero dizer, é como um rapaz de doze anos querendo ser um cantor de blues. Há umas coisas superengraçadas naquele disco. Era preciso estar lá para gostar daquilo. Foi um período em que ficávamos felizes em estar no estúdio de gravação e faríamos qualquer coisa que nos mandassem.

GENE SIMMONS: Tenho vergonha daquele álbum. Na verdade, compramos aquele disco depois de terminado para evitar que ele fosse lançado, já que não achávamos que era bom. Do ponto de vista de um fã do KISS: "Bem, é obscuro e típico do período". Mas não era típico de nada. Era tão bom quanto o LP *Looking Glass*, mas isso é tudo.

RON LEEJACK: Descrevo o Wicked Lester como os Beach Boys numa viagem ruim de ácido. A banda não tinha imagem definida. Eu tinha bigode e cabelo até a cintura. Todos nós tínhamos cabelo comprido, com exceção do Brooke, que acho que estava ficando calvo. Parecia um professor. Tinha muito talento, podia tocar qualquer instrumento. Você ouve os metais, o piano, a flauta, o órgão? Tudo foi ele, muito talentoso musicalmente. Escrevia e lia partituras, os outros não conseguiam. Tony tinha barba e parecia com o Yosemite Sam [risadas]. Parecia com alguém que foi escavado do gelo.

GENE SIMMONS: O Wicked Lester foi uma boa ideia, apenas não iria muito longe. Parecia as Nações Unidas. Tinha uma de cada tipo: caras altos, baixos. Parecia um grupo do tipo Mutt & Jeff.

BROOKE OSTRANDER: Achava que deveria ter mais de nosso material original no álbum do que apenas as músicas cover que fizemos. Eu respeitava Ron Johnsen. Ele tinha um projeto na cabeça, a maneira como funcionaria e seria colocado no mercado. Deixei me levar, pensando que Ron, como produtor, sabia mais das coisas do que nós. Acho que o álbum era musicalmente mais sofisticado do que o material que o KISS fez. Tínhamos a harmonia, a produção. Algumas daquelas coisas eram de Ron, algumas nossas e algumas eram de material que estávamos usando.

TONY ZARRELLA: Olhando para trás, tenho sentimentos confusos a respeito do álbum. Acho que a música estava ainda em fase de desenvolvimento, que as músicas eram boas, mas que a banda jamais chegou ao máximo possível. Não tivemos tempo para desenvolver nossa personalidade e nosso estilo como grupo.

MOLLY ★★★★★
PAUL STANLEY: Queria tentar escrever algumas daquelas músicas engraçadinhas de [Paul] McCartney, nas quais ele toca a guitarra. "Molly" soava como as coisas da época de *Ram*, de McCartney. Eu tocava banjo, mas o resto do grupo incrementou, acrescentando os metais. Não consegui tirar os metais das músicas, eles me seguiam como sombra. Basicamente, fazíamos o que nos mandavam. Havia uma essência no fundo de cada uma das músicas, que foi onde tudo começou. No formato final, não ficou a visão de ninguém; certamente não a

minha. A "Molly" com metais, respondendo com harmonias de fundo, não era o que se podia esperar da música.

RON JOHNSEN: "Molly" era uma música esquisita. Não sei se alguém realmente queria tocá-la. Adicionei uma parte gigantesca com metais, um pouco de celesta e clarinete. Acho que o motivo foi devido a uma pequena influência dos Beatles; é que sou fã do produtor George Martin. Fui inspirado a criar coisas pitorescas com aquelas músicas. Acredito que muito daquilo veio de ouvir os Beatles.

BROOKE OSTRANDER: "Molly" era uma música que Stanley escreveu para encher Gene, que estava tentando escrever algo à McCartney, e Stan lhe disse que poderia fazer aquilo num fim de semana. Aí ele escreveu "Molly". É uma melodiazinha e tanto.

KEEP ME WAITING ★★★★★

PAUL STANLEY: "Keep Me Waiting" era uma música legal, mas acho que a banda não fez uma grande versão dela. Mas era boa quando tocávamos ao vivo. "Keep Me Waiting" está mais perto daquilo que imaginava para o Wicked Lester. Considerando-se que não há nada de estupendo na batelada de músicas do Wicked Lester e que eu tinha dezessete anos de idade, é pedir muito que se tenha maturidade musical. Os Stevie Winwoods do mundo não aparecem com tanta frequência [risadas]. Quando escrevo uma música, tenho uma ideia muito definida do tipo de som que quero. Às vezes, as coisas entornam quando cada um coloca sua colher no caldo. É muito cacique para pouco índio. Em Wicked Lester, há metais em muitas músicas, coisa que nunca entendi muito bem. Nunca consegui visualizar "Keep Me Waiting" com metais, mas eles estão lá. Eu não estava em posição para reclamar demais já que, honestamente, estava grato por estar no estúdio. Naquele momento, estar lá era como estar no jardim de infância. Havia tanto a aprender. Estava pronto a ouvir e fazer qualquer coisa que me pedissem.

STEVE CORONEL: Costumávamos tocar "Keep Me Waiting" ao vivo. É uma música bem boa, composta por Stanley. Até gostava da maneira que tocávamos.

Era uma das poucas músicas do Wicked Lester que tinha uma estrutura realmente boa e que podia ser ouvida.

BROOKE OSTRANDER: Aquela música e "Love Her All I Can" ficavam realmente bem ao vivo.

RON JOHNSEN: Em "Keep Me Waiting" há muita experimentação sonora de ritmos e, certamente, de vozes. Joguei também um gongo no meio da música. Também usamos a guitarra slide. E no final Brooke tocou um flügelhorn.

SWEET OPHELIA ★★★★★

RON JOHNSEN: "Sweet Ophelia" era um estudo de algo cômico. Eu a queria leve e engraçadinha. Era uma faixa superfunk. Paul colocou a parte da guitarra wah-wah nela. Acho que a música tinha bastante apelo visual.

BARRY MANN: Compus aquilo com Gerry Goffin e gravei no meu álbum *Lay It Dut*, que saiu no início dos anos 1970. Quando ouvi a versão do Wicked Lester, achei bem interessante; você jamais poderia pensar que mais tarde aquilo se tornaria o KISS. Acho que deram uma melhorada na música. Ela não era tão sofisticada, era menos bem acabada.

BROOKE OSTRANDER: Ron Johnsen era muito próximo de Barry Mann. Aquelas músicas tinham tudo a ver, além de o Barry ser um dos melhores compositores na Tin Pan Alley naquele momento.

PAUL STANLEY: "Sweet Ophelia" foi uma faixa inovadora. Não gostei de todas as músicas daquele álbum, mas quando se tem dezessete anos e seu sonho é gravar um disco, e é o que está acontecendo, fica-se feliz com o que se tem.

STEVE CORONEL: "Sweet Ophelia" era uma boa música, mas nunca para nós. Não deveríamos nem ter chegado perto dela.

TONY ZARRELLA: Gostei da parte rítmica daquela música. Como baterista, foi uma música bacana de tocar.

TOO MANY MONDAYS ★★★★★

BROOKE OSTRANDER: Diverti-me mais gravando "Too Many Mondays" do que qualquer outra música do álbum. Simplesmente adorei!

RON JOHNSEN: "Too Many Mondays" poderia ter sido um compacto simples. Era uma de minhas músicas prediletas, porque sempre admirei Barry Mann. Gravei todas as demos que ele fez para [Don] Kirshner: "Kicks", "We Gotta Get Out of This Place". Brooke tocou piano muito bem no intervalo. Paul fez o trabalho principal com a guitarra slide. O final tinha um bocado de contramelodias. E já que o nome da música era "Too Many Mondays", fui inspirado pelo "Monday, Monday", do The Mamas and the Papas, e repeti essa parte na base instrumental várias vezes.

BARRY MANN: Gostei da versão de "Too Many Mondays". Era menos delicada do que a minha versão. Eu a escrevi com minha esposa, Cynthia [Weil]. Aquela música também apareceu em meu álbum *Lay It Out*. Depois, vi Paul Stanley e lembro que falamos a respeito, demos risada. Ele é um cara maravilhoso, muito coerente. Conheço Paul há séculos.

PAUL STANLEY: Uns seis meses atrás, Barry [Mann] e Cynthia [Weil] vieram à minha casa para jantar; aí sentei e toquei "Too Many Mondays" no violão. Perguntei: "Lembram disso?".

WHEN THE BELL RINGS ★★★★★

BROOKE OSTRANDER: Aquela música estava simplesmente no ponto; tínhamos tudo pronto exceto os vocais. Quando fizemos os vocais, fiquei desapontado. Não gostei da letra, pensei que era muito inconsequente. Mas, ao mesmo tempo, foi exatamente uma dessas músicas que deram certo.

RON JOHNSEN: Pus bastante efeito nessa música. Poderia ter simplesmente mudado os vocais do Paul para o Gene da demo original. [Nota do autor: escrita por Austin Roberts e Chris Welch.] Quando chegou ao final, decidimos modular e foi um grande achado, ficou uma modulação final bem boa.

STEVE CORONEL: Odiei "When the Bell Rings". Odiei todas as músicas que Ron Johnsen nos deu. Apontavam todas para a direção errada. Mal conseguia acreditar.

SHE ★★★★★

STEVE CORONEL: Ron Johnsen tinha de fazer alguma coisa para passar o tempo. Encaro as pessoas de maneira muito irreverente porque você sabe o que são: "Tenho de produzir isso, tenho de colocar metais nisso, o Jethro Tull está fazendo sucesso, então vamos fazer um som de flautas como eles". Se deixassem por nossa conta, jamais teríamos feito daquele jeito. Também Brooke e os outros rapazes tinham um jeito próprio de abordar a música. Quando uma banda se junta, nem todos deveriam estar na mesma banda, ao mesmo tempo. Sendo um guitarrista, "She" acabaria saindo de um jeitão mais KISS. A versão Wicked Lester dela é uma versão açucarada, não tinha nada de heavy metal.

BROOKE OSTRANDER: Me diverti à beça tocando flauta em "She". É a minha personificação de Ian Anderson. Preferia que tivesse um pouco mais de variação vocal nela.

RON JOHNSEN: "She" tinha muita dramaticidade. Nós praticamente copiamos o Jethro Tull na flauta. Foi mais uma música esquisita que tinha umas ideias complicadas na letra. Gene estava tentando ensinar uma garota que estava por ali, alguém que era má influência; ela não era nada boa. Falei para Gene que ele tinha de mudar o verso "she's no good" (ela não é boa) para "she's so good" (ela é tão boa). Ele disse: "Puxa! Nunca tinha pensado nisso!". Eu disse: "Você tem de fazer uma música bem carregada, sexy". Gene tinha uma cabeça meio infantil em relação a sexo e se apegou a isso.

(WHAT HAPPENS) IN THE DARKNESS ★★★★★

BROOKE OSTRANDER: No fim, parecia uma música dançante que, no final das contas, precedeu o estilo disco. Tudo o que fazíamos era para ser dançante.

Tínhamos como objetivo comercial ser uma das Top 40, não uma banda underground.

STEVE CORONEL: Stanley apareceu tocando guitarra slide para "(What Happens) In the Darkness". Fiquei furioso: "Ei! Eu sou o guitarrista! Eu deveria passar essa parte, e você já vem com ela pronta, me dando ordens!" A guitarra slide deu certo e o som ficou muito bom. Aí eu aprendi o trecho morrendo de inveja.

RON JOHNSEN: Gene encontrou uma linha de baixo incrível naquela música. Conseguiu uns padrões muito melódicos. Era uma música superdifícil de gravar. Tivemos muitos problemas com o ritmo. A execução estava acelerada. Fiz com que Paul tocasse em dobro nela, coloquei-a no colo dele e ele tocou como em estilo de slide, com o dedal [bottleneck], como se fosse a guitarra. [Nota do autor: A música foi composta por Tamy Smith.]

SIMPLE TYPE ★★★★★

GENE SIMMONS: "Simple Type" teve início como uma música-poema. Foi escrita a respeito de caras que queriam expressar a masculinidade fisicamente, ou seja, eram violentos. Nunca na vida estive envolvido fisicamente em uma luta, tampouco jamais briguei com alguém de meu tamanho. Sempre achei engraçado o fato de os baixinhos serem os que latem mais alto. Os cãezinhos pequenos sempre andam em bandos. "Simple Type" abordava a história de um cara, eu no caso [recitando a letra]: "Walking down the street one day, celebrating Friday the 13th of May, then I met a simple type who wanted to fight" (Descendo a rua, certo dia, celebrando sexta-feira, 13 de maio, eu encontrei um cara simplório que queria brigar). Tinha esses conceitos hippies: "Can't find a way, why do you have to keep on fighting this way?" (Não consegue achar o caminho, por que tem de continuar a lutar deste jeito?). Foi gravado primeiro por mim e pelo Brooke Ostrander e aí o Wicked Lester gravou. Quando teve o reencontro do KISS, nós a tocamos no The Daisy. Aí eu esqueci a música; ela não parecia adequada para o KISS.

BROOKE OSTRANDER: "Simple Type" foi uma das primeiras músicas em que começamos a trabalhar. Fiquei animado com ela, gostei. Era muito diferente.

Naquela música Gene botou para fora seu lado filosófico escuro. Gene e eu tivemos muitas discussões a respeito da importância ou não de ter educação musical. Essa era uma das músicas em que Gene fez um montão de coisas inesperadas. Foi uma das primeiras vezes em que tive de repensar minhas premissas sobre educação musical.

STEVE CORONEL [RECITANDO A LETRA]: "I was walking down the street one day..." Aquilo era o rock israelense de Gene? É um trabalho muito antigo de Gene; ele ainda buscava o caminho a ser seguido.

RON JOHNSEN: Trouxemos o Ronnie Leejack para as partes solo da guitarra e ele fez bastante trabalho vocal.

LOVE HER ALL I CAN ★★★★★

BROOKE OSTRANDER: "Love Her All I Can" era de Stan. Sempre foi nossa abertura, onde quer que tocássemos ao vivo.

RON JOHNSEN: Era boa para dançar. O arranjo com os backing vocals com Gene e Paul era basicamente uma ideia rítmica de como a linha melódica progredia. Fizemos uma harmonia com duas ou três partes. Toda vez que fazíamos uma harmonia, nós a duplicávamos ou triplicávamos. Acabava com seis ou nove vozes no acompanhamento.

STEVE CORONEL: Essa foi uma ótima música. Foi realmente difícil tocar a parte da guitarra. Havia uma mudança de quatro acordes e não conseguia entender como fazê-la. Esse foi um dos motivos de querer tocar em volume mais baixo no loft [risadas]. Não acho que tivesse uma fita dela para levar para casa e praticar.

PAUL STANLEY: O KISS gravou "Love Her All I Can" da maneira em que ela foi composta. O que levantou poeira no álbum do Wicked Lester foi especialmente estranho. Soava como o Swingle Singers. Eles fizeram umas faixas esquisitas, de um jeito jazzístico.

WE WANNA SHOUT IT OUT LOUD ★★★★★

GENE SIMMONS: Era uma demo de uma composição que ouvimos e que foi escrita por Allan Clarke e Terry Sylvester, dos Hollies. Nunca saiu num disco dos Hollies.

TONY ZARRELLA: "We Wanna Shout It Out Loud" era similar a "Long Road" quanto a estilo e conteúdo. Era música de qualidade; a produção estava adequada à faixa. Era nosso hino do tipo Beatles.

RON JOHNSEN: Eu era muito próximo ao pessoal do Dick James Music porque meu advogado, Bob Casper, representava aquela companhia. Consegui uma cópia de um álbum que tinha umas músicas que Dick James Music representava e ouvi "We Wanna Shout It Out Loud". Tínhamos cinco direitos das músicas originais do Wicked Lester e as outras cinco eram uma combinação dos Screen Gems, Famous Music e Dick James Music. Nossa versão da música era muito diferente da versão dos Hollies, que era um tipo de acústico folk. Paul tocava uma guitarra slide pseudo-George Harrison no final. Como fundo, tínhamos três tipos diferentes de contramelodias. Brooke tocava duas ou três partes diferentes com metais. O efeito de variação de volume do final era demais, com várias coisas surgindo e crescendo.

LONG ROAD ★★★★★

PAUL STANLEY: "Long Road" foi escrita por um grupo de compositores inglês. Sou eu que toco a gaita. Era assim: "O que você quer? Quer uma guitarra wah-wah? Nós vamos lhe trazer uma. Quer um banjo?".

CAPA DO ÁLBUM WICKED LESTER

GENE SIMMONS: A capa do álbum mostrava um menino de rua de Nova York com um chapéu-bazuca e um cachorro mijando com a pata levantada. A capa foi usada no fim dos anos 1970 para um grupo da Columbia Records chamado Laughing Dogs.

BROOKE OSTRANDER: A foto da contracapa foi tirada num apartamento chique da rua 79, perto de Riverside Drive. Era um apartamento imenso com um piano, vasos imensos e tudo o mais.

TONY ZARRELLA: Lembro que o apartamento tinha o teto muito alto e uma decoração vitoriana.

BROOKE OSTRANDER: Nos falaram para nos vestirmos de um jeito transado. O fotógrafo estava lá com a parafernália, guarda-chuvas e luzes. Fizemos tudo o que ele mandou. Tirou umas provas com a polaroide e acho que acabamos escolhendo uma delas.

PAUL STANLEY: A capa foi feita de acordo com um conceito meu. É uma foto ótima! O álbum estava mais que pronto para ir para a produção.

DEBANDADA DO WICKED LESTER

BROOKE OSTRANDER: Gene tinha um portfólio que ele carregava o tempo todo e uma revista. Tinha desenhos do equipamento artístico. Ele ficou realmente encantado com Alice Cooper, e foi quando ele começou a entrar no conceito da maquiagem. Voltou com desenhos e mais desenhos dessas coisas. Eu adorei a ideia. Eu me questionava sobre como manter meu status de professor tornando-me um tipo de fanático por rock. Gene apareceu com a ideia da maquiagem e os nomes artísticos. Stan, no início, não morreu de amores por tudo aquilo, mas logo se acostumou com a ideia. Ron não gostou nada e o Tony odiou. Essa foi uma das batalhas com o selo, já que Gene queria mudar o nome da banda para KISS. A gravadora não ficou nada feliz com a ideia.

BROOKE OSTRANDER: O álbum do Wicked Lester não foi lançado por uma infinidade de razões. Primeiro, acabamos voltando a ensaiar no loft certa noite – isso aconteceu na primavera de 1972 – e todo o nosso equipamento foi roubado. Limparam o loft. Levaram tudo: guitarras, baixos, teclados, amplificadores, bateria, mesa de som, mesa de mixagem. Vieram à noite e carregaram tudo de lá. Portanto não tínhamos equipamento.

TONY ZARRELLA: Lembro de ter ido ao loft com Paul e ele disse: "Tony, todo nosso equipamento sumiu!". Pensei que ele estava brincando. Então, entrei e o lugar inteiro estava vazio. Tudo o que sobrou foi um pedestal de prato com um cowbell. Estávamos tentando organizar nossa apresentação, porque o álbum estava pronto e estávamos prontos para a turnê.

BROOKE OSTRANDER: Achávamos que o disco seria lançado na época de Ação de Graças de 1972. Era o plano original. Gene, Stan e Tony se adiantaram e compraram alguns instrumentos. Eu não tinha teclados e eles custavam uma grana, que eu não tinha. Em algum momento – já estávamos entrando em outubro – nos disseram que o álbum seria lançado no primeiro dia do ano, porque três grandes artistas da Epic, Edgar Winter, os Hollies e mais alguém, estavam lançando seus álbuns na mesma época. E a Epic não tinha dinheiro para cobrir os custos com propaganda para todos eles. Portanto acabamos sendo postos para trás. Isso veio exatamente no pior momento possível, já que precisávamos de exposição e de dinheiro. Para mim, foi a gota d'água. Acabaram o dinheiro e a paciência. Foi quando deixei o grupo e pedi para sair da gravadora. Quando saí, o Wicked Lester não existia mais, pois não poderiam fazer nada sem mim. Gene e Stanley decidiram que seria o fim. Não consigo lembrar claramente o que aconteceu com Ron Leejack e Tony, mas a verdade é que o grupo se desmantelou. Era 1º de novembro, ou algo assim, de 1972. Nunca entendi por que a Epic nunca lançou o disco.

TONY ZARRELLA: Havia desentendimentos na banda e na direção. Eu não me importava realmente, gostava de rock pesado, a coisa conceitual, e gostava também do caminho do meio.

TOM WERMAN: De fato, a Epic não gostou do disco. Mas eu gostei muito. Don [Ellis] decidiu não lançar o disco. Ele simplesmente não quis. Ele também recusou Lynyrd Skynyrd e o Rush.

LEW LINET: A pergunta seguinte era se havia a possibilidade de a Epic me vender as fitas se eu pudesse encontrar alguém para lançar o disco. Stan e Gene vieram ao meu apartamento e contaram que queriam se separar dos outros para formar uma banda de hard rock da pesada. Disseram que queriam encontrar alguns músicos e que precisariam de um espaço para ensaiar. Encontrei um pequeno estúdio no nº 10 da rua 23 Leste. Começaram a trabalhar juntos e a ouvir bateristas e guitarristas. Os testes se davam em um volume tão alto que eles mantinham uma mesa com tampões de ouvido para qualquer um que entrasse na sala. Era ensurdecedor.

GENE SIMMONS: O Wicked Lester simplesmente não funcionava. Paul e eu decidimos: "Vamos começar tudo de novo. Vamos conseguir uns caras diferentes; esta não é a banda que queremos". Quando pegamos Peter (Criss) para a banda e começamos a usar maquiagem, ainda tínhamos um contrato de gravação com a Epic. Dissemos: "Vocês querem comprar isso, porque não queremos fazer o Wicked Lester?". Foi aí que convocamos Don Ellis, o vice-presidente de artistas e repertório da Epic. Pensávamos que poderíamos apenas trocar o KISS pelo Wicked Lester. Mas aprendemos bem rápido que as coisas não funcionam dessa maneira.

TOM WERMAN: Eu os vi no loft da rua 23. Apenas três de nós da Epic estavam lá: Don Ellis, eu mesmo e Bill Walsh, que trabalhou na área de artistas e repertório da Epic por cerca de um ano. Não consegui reconhecer Paul, Gene e Peter porque estavam usando maquiagem branca e um pouco de batom. Estavam fantasiados com certeza, vestindo meia-calça preta. Pareciam muito estranhos. O desempenho foi maravilhoso. Era realmente bom, muito alto e basicamente muito mais hardcore, comparando com o Wicked Lester. E a melhor parte foi o montão de confetes que Paul jogou em nós no final. Nós todos nos abaixamos, pensando que era água. Foi divertido e como que coroou a apresentação, como se dissessem: "Esta é a nossa atitude. Isto é um show". Don e Bill não gostaram disso logo de cara e os deixaram escapar, não assinando com eles.

RON JOHNSEN: Em 1977, fui chamado pela CBS, pois estavam planejando lançar o álbum do Wicked Lester. Queriam que eu remixasse as músicas para que elas ficassem mais contemporâneas. Aí eu fui e remixei o álbum inteiro do Wicked Lester. Depois a Casablanca ouviu que a CBS ia lançar as fitas e todos piraram. Neil tomou providências para evitar que a CBS lançasse o disco e recomprou os direitos.

PAUL STANLEY: Sabíamos que o disco estava nos cofres da Epic, mas pensávamos que eles deixariam o defunto em paz. Mas, assim que o KISS começou a agitar, o selo começou a planejar o lançamento. Achamos que isso confundiria nossos fãs e tornaria nossa imagem mais difusa e diluída. Dissemos: "Quanto custará se não o lançarmos?".

BILL AUCOIN: Eu disse a Neil Bogart que não podíamos permitir o lançamento. Então concordamos em recomprar o álbum da CBS.

KISS

Lançamento: 8 de fevereiro de 1974
RICHIE WISE – produtor / KENNY KERNER – produtor
BILL AUCOIN – empresário / JOYCE BOGART – coempresária
LARRY HARRIS – vice-presidente sênior da Casablanca Records
STAN CORNYN – vice-presidente executivo da Warner Brothers / JOEL BRODSKY – fotógrafo
MARK HUDSON – Hudson Brothers [parceira de selo da Casablanca Records]
HARVEY KUBERNIK – coordenador de mídia, Danny Goldberg Associates

---

PAUL STANLEY: Gravar o primeiro álbum foi o ponto culminante de tudo aquilo pelo que batalhara até lá. Naquela época, algumas bandas tiveram a boa sorte de chegar ao estúdio com técnicos e uma equipe criativa que pudesse captar seu som. Acho que, infelizmente, a começar pelo primeiro álbum, isso jamais foi alcançado pelo KISS. Embora documentassem nossas músicas, de maneira alguma conseguiram captar o que a banda representava ao vivo e do ponto de vista sonoro. Mas o que vinha de nosso interior conseguiu transcender aquilo que falta em grande escala na gravação. Eu daria ao primeiro álbum do KISS cinco estrelas, pois é a mãe de todos os outros. Foi como a nossa *Declaração da Independência*, e tudo o que seguiu se origina desse álbum.

GENE SIMMONS: O primeiro álbum é a primeira vez em que nós todos ficamos grávidos. O nenê nasceu e foi o que foi. Não houve muita previsão. Tudo foi concluído em três semanas. Duas semanas de gravação e aí, a mixagem. Gravamos o primeiro álbum do KISS no Bell Sound, em Nova York. Foi como que uma extensão das primeiras demos que fizemos. Éramos totalmente imaturos, não tínhamos a mínima ideia do que estava se passando. Eu lhe daria três estrelas. Do ponto de vista sonoro, não resiste ao tempo. Foi produzido com orçamento superbaixo em dezesseis canais. Até que gosto do álbum, acho que as músicas são boas. Há uma sonoridade boa. O ritmo das músicas é mais lento do que estou acostumado a ouvir. Gosto muito dos primeiros discos.

ACE FREHLEY: Eu o avaliaria como cinco estrelas. Foi um de nossos melhores discos, porque tinha espontaneidade e aquele tipo de som duro. Éramos todos muito ambiciosos naquela época. Acho que colocamos 110 por cento de dedicação naquele disco. Foi a primeira vez que fiz um álbum de verdade. Analisando bem, Richie e Kenny não eram os melhores produtores. Eram tão imaturos quanto nós. Quando se ouve o disco, a parte de produção deixa bastante a desejar. Não acho que Richie e Kenny tivessem uma grande experiência em obter um grande som. Eddie Kramer teria trabalhado comigo no som, para obter uma ambientação natural em qualquer merda como aquela. As músicas do primeiro álbum são boas. Sabíamos todas elas de cor e salteado.

PETER CRISS: Eu daria cinco estrelas por ser o primeiro. O primeiro álbum foi meu bebê. Dei tudo de mim. Amei todas as músicas, como "Strutter", que é uma de minhas músicas prediletas do KISS, "Deuce" e "Firehouse". E o disco foi desejado. Não queria voltar aos bares. Nesse álbum me dediquei por inteiro, algo que não fazia com todos eles. É que me surpreendi por estarmos num estúdio e termos assinado um contrato de disco de verdade, embora o contrato não fosse de ninguém naquela época. Mas o fizemos de qualquer maneira, nós realmente conseguimos. Nós conseguimos fazer o sonho dar certo.

KENNY KERNER: Richie [Wise] e eu ouvimos o que eles tinham feito na fita demo, para ficar em sintonia com as músicas e determinar quais músicas eram boas e quais precisavam ser rearranjadas. Após ter assistido ao KISS tocando ao vivo no Le Tang's e no Coventry, no Queens, decidimos que esse álbum deveria ser do tipo que atinge o público, algo mais selvagem. O som deveria corresponder à imagem deles ao vivo. Richie estava realmente envolvido nos aspectos técnicos da gravação. Estava preocupado com "me dê mais uns dez db" disso. Ele gostava de ajustar botões. Já eu achava aquilo tudo muito chato e, além disso, não estava exatamente qualificado para fazê-lo. Eu agendava os músicos, reservava horário no estúdio, trabalhava na escolha das músicas que deveriam ser gravadas. Eu era fanático por letras, lia e relia a letra para me assegurar que não fossem truncadas, de maneira inadequada, e assim parecessem bobas. Uma vez dentro do estúdio, eu me posicionava atrás da mesa de som com Richie fazendo a parte dele. Se alguém furasse, um de nós apertava o botão e dizia: "Você errou, repita". Depois disso ia em frente: passava para os agradecimentos do álbum, a escolha das fotos, enquanto Richie começava a pré-produção da coisa seguinte. Eu estava mais preocupado com a imagem da banda, a sequência de músicas, quais deveriam ser compactos simples e quais seriam as faixas do álbum.

RICHIE WISE: Gravamos o primeiro álbum do KISS na Bell Sound, que era de uma empresa proprietária da Buddah Records. Neil Bogart surgiu dessa empresa. Lembro que o primeiro álbum do KISS levou seis dias para ser gravado e sete para ser mixado, totalizando treze dias. Editamos três músicas ou algo assim num dia, três faixas básicas, bateria, baixo e duas guitarras base. Ace sobrepôs seus solos novamente, logo após termos editado as faixas. Aí, passamos os últimos três dias de gravação fazendo os vocais. O KISS era uma banda tão fácil de gravar, as músicas se encaixavam tão rápido.

RICHIE WISE: Como produtor, estava envolvido com cada aspecto das músicas do KISS, os arranjos e a gravação. Não acho que houve grandes mudanças a serem feitas em qualquer das músicas deles. Eu orientei o grupo no novo arranjo das primeiras músicas das demos originais feitas por Eddie Kramer, para deixá-las mais "enxutas", dentro do esquema de três ou quatro minutos. O grupo conhecia bem as músicas e fizemos as mudanças na hora, antes de gravá-las. Eles queriam mantê-las selvagens.

KENNY KERNER: A banda estava coesa. Nada foi composto em estúdio, a não ser "Kissin' Time", que reescrevemos. Eles tocaram tudo ao vivo. Os solos das guitarras, assim como os vocais, foram sobrepostos. A seção inteira de ritmo foi feita ao vivo. Baixo, bateria, guitarra base. Tínhamos um ótimo relacionamento de estúdio com as bandas para as quais fazíamos a produção. Nós chegávamos juntos e nos divertíamos. Falávamos: "A fita está rodando e, se não sair direito, faremos de novo". Ninguém era pressionado.

RICHIE WISE: Paul estava sempre agitando, tinha aquela energia do Steve Marriot. Ele queria ser o maior ritmista, como Pete Townshend. Ele era um ritmista bom, sólido. O melhor da banda, em minha opinião, era Gene. Ele era um baixista excepcional! Sempre achei as linhas melódicas dele muito, muito musicais. Tinha a mesma atitude com a parte vocal. Ace era um superguitarrista, não tinha muitas cartas na manga, mas o que fazia, fazia extremamente bem. Relembrando, Peter Criss era terrível. Primeiro, achei que ele era razoável. Ele não era da escola de John Bonham ou do AC/DC. Portanto, o grupo não tinha aquela coisa de bateria de rock enraizada. Peter era um cara legal. Lembro que gostava muito dele. Pensando bem, acho que teve sorte de ter pertencido àquela banda.

RICHIE WISE: Se há algo que se destaca dentre as lembranças de trabalhar com o KISS em seu primeiro álbum é o foco concentrado, muito maior do que de qualquer artista com quem eu trabalhei antes. Era como se só tivessem olhos para aquilo. O desejo de serem grandes, o desejo de, partindo do anonimato, atingir logo o topo era a fundação sobre a qual o KISS se apoiava. Nada os impediria de se tornarem a maior banda do mundo. Nunca senti que o KISS queria fazer truques musicais. Eles estavam lá para entrar na história do rock.

RICHIE WISE: Gene era sempre movido a dinheiro, só queria que o KISS se tornasse o maior grupo do mundo. Em minha opinião, a coisa mais importante para o KISS era organizar o melhor espetáculo, mais do que serem os melhores compositores, os melhores músicos ou os melhores cantores.

RICHIE WISE: O primeiro álbum do KISS é fabuloso e se destaca realmente. O som é atemporal. Mas na época me pareceu meio ingênuo. Não achava que as guitarras estavam suficientemente distorcidas nem que o álbum fosse muito agressivo.

PETER CRISS: Quando tiraram fotos para a capa do álbum, arranjaram um maquiador. Eu fui contra. Ele colocou todos aqueles pontinhos ridículos nos meus bigodes de gato. O resto do pessoal cuidou da própria maquiagem. Queríamos que a capa se parecesse com a capa do *Meet the Beatles*. Usamos aquela imensa cortina negra drapeada sobre nós. Cortaram buracos nela e ela pesava no mínimo umas cem toneladas. Ficamos parados debaixo dela durante horas, foi o maior calor.

JOEL BRODSKY: Fotografei entre quinhentas e mil capas para discos, incluindo a *Strange Days*, do The Doors, e a *Astral Weeks*, de Van Morrison. Passaram-me a tarefa de fotografar a capa do álbum do KISS, da Casablanca. Fiz um monte de trabalhos para a Buddah Records, de Neil Bogart. As tomadas foram feitas na cidade de Nova York, em meu estúdio da rua 57. Eles tinham um cara que ajudava com a maquiagem, um pintor de nome Mario Rivoli. A maquiagem era única na época, era o início do glitter. [A capa] Era básica – de quatro cabeças numa foto quadrada, um pouco parecida com a capa do *Meet the Beatles*. Eu fiz aquele tipo de capa diversas vezes com outras pessoas, como Nazz, a banda de Todd Rundgren. Minha filosofia quanto a capas é: se as pessoas conhecem a música, eles vão comprá-la mesmo embrulhadas num saco de papel pardo. Se você é algo novo como o KISS e precisa chamar a atenção, a capa é essencial. E aquela capa atraía atenção. A sessão de fotos durou um pouco menos do que uma hora, mas a sessão de maquiagem provavelmente demorou umas três. Eles estavam enrolados em veludo preto, contra fundo preto. Quem mais se preocupava com o visual das fotos eram Simmons e Stanley. O KISS cooperou bastante. Eu me lembro de que os outros rapazes estavam todos no local e esperávamos que Gene saísse. Não conseguia tirar Simmons do vestiário, eu já estava ficando muito irritado. Ele queria que a maquiagem estivesse perfeita. Eu avisei: "Se não sair em quinze minutos, não haverá mais ninguém aqui para tirar as fotos!" [risadas]. A história de eu querer colocar balões atrás deles, indicando que eram palhaços de circo, não é verdade, é invenção. Muito tempo depois, ainda tenho orgulho da capa do álbum do KISS.

STAN CORNYN: O KISS tocou na festa de lançamento do primeiro álbum, no hotel Century Plaza. Bob Regehr, da Warner Brothers, decorou a sala com o tema de *Casablanca*. Havia alguém com o visual de Humphrey Bogart vagando por ali num smoking branco. Acho que também havia um Falcão Maltês e, talvez, uma mesa de roleta. Este salão de bailes anônimo tinha um palco num dos cantos. Eu estava bebericando e jantando com meus colegas executivos quando o KISS entrou para a apresentação. Gene tinha a língua mais comprida que eu já vi na vida. A banda foi um choque para os olhos e para os tímpanos. Lembro que todos nós achamos que a banda era divertida, engraçada. Olhe que nós já tínhamos visto Jimi Hendrix de boá incendiando sua guitarra em Monterey. Portanto o KISS nos pareceu uma variação, não uma coisa dos deuses. Não tenho a intenção de menosprezar. Aqueles caras fizeram uma apresentação longa e boa e, no final, a representação se popularizou e prosseguiu.

JOYCE BOGART: A festa da Casablanca no Century Plaza foi a maior que a cidade já viu. Foi para apresentar uma gravadora, não a banda, que na verdade era secundária. Teve imenso sucesso em todos os níveis, com exceção da reação ao KISS. Era uma festa com tema, com personagens-sósias do filme e todos os vips de Hollywood em roupas de época; mas foi um desastre para a banda. Neil lhes dissera para cantar a plenos pulmões, para não se segurarem. Mas um salão de um hotel não é lugar para uma banda de rock com o som do KISS. A Warner Brothers os odiou de cara. De todos os convidados daquela noite, só Alice Cooper gostou.

BILL AUCOIN: A Warner Brothers disse ao Neil [Bogart]: "Se quiser continuar no selo, tire a maquiagem!". Neil me chamou e comentou: "A Warner está me deixando louco! Você poderia pedir ao grupo para tirar a maquiagem?". Respondi: "Neil, isso não vai dar certo". Ele retrucou: "Se eles não quiserem fazer isso, vou apoiá-los, mas a Warner Brothers simplesmente não vai querer trabalhar com eles".

HARVEY KUBERNIK: Lembro do fotógrafo Richard Creamer todo sorridente após a apresentação. Nós dois concordamos que, embora o KISS fosse barulhento e calculado, era um alívio após todos os outros cantores-compositores caretas, branquelos, falsos, pelos quais a imprensa local babava, e que eram igualmente calculados, mas ninguém admitia. Logo em seguida, eu e Creamer fomos à gravação do In Concert na TV e ouvimos de fora o KISS fazendo a passagem de som. O barulho que ecoava no estacionamento era mais alto do que o do terremoto de 1971 de Los Angeles!

STAN CORNYN: Ao ver as baquetas do baterista explodindo, além de Gene Simmons cuspindo fogo, a língua de lagarto e toda a maquiagem, o tipo de roupa de drag queen que eles usavam, uma das impressões da Warner Brothers é de que talvez não houvesse tanta música embaixo daquilo tudo [risadas]. A imagem da banda era um soco no estômago. Eu achava aquilo uma paródia, embora inteligente. Não gostaria de viver com aquilo [risadas], mas era notável e fizemos nosso trabalho. A Warner é uma companhia que acolhia exageros teatrais como Tiny Tim, Alice Cooper, os Fugs e os Grateful Dead antes de eles terem se tornado famosos. Todas aquelas figuras eram originárias de Nova York. Frank Zappa com o selo Bizarre, os GTOs, o Wild Man Fischer. Éramos os próprios exagerados. O KISS era mais criativo em minha opinião. Nunca se diria dos Fugs que eles tivessem qualquer personagem hollywoodiano, mas você diria isso da imagem do KISS. Não digo que isso seja ruim, pois a imagem de Hollywood funciona bem. Mas não era como os Fugs ou com Alice Cooper, meio esquisitão e exagerado. Achávamos que até o Jethro Tull era um pouco estranho, pois o flautista ficava num pé só, como um pelicano. Nós acolhíamos tudo isso e, francamente, curtíamos ser assim. A gente só consegue aguentar um Vic Damone na vida [risadas]. Gostávamos do KISS, mas também tínhamos um negócio. Quando a coisa transbordou devido às pressões do Neil, finalmente dissemos: "Neil, já é hora de parar!" [risadas]. Mas ele não conseguia.

STAN CORNYN: Bob Merlis, um publicitário de nosso escritório em Nova York, estava organizando o primeiro show nova-iorquino do KISS. Ninguém queria mostrar os verdadeiros rostos dos rapazes. Ele os levou ao Georgette

Klinger, um salão feminino de maquiagem. Foram entrevistados enquanto tinham toalhas quentes sobre os rostos. Isso chamou muita atenção.

STAN CORNYN: O negócio com Neil acabou assim: ele ficou mais endividado conosco; as chances de recuperação eram remotas. Enquanto isso, ele achava que estava sendo tratado de maneira injusta. Seu cunhado, Bucky Rheingold, que trabalhava para ele, estava em nosso escritório. Bucky ouviu por acaso o telefonema semanal do pessoal da promoção, que era dirigido para umas trinta pessoas em linha com nosso escritório central. Este conversava e estabelecia prioridades. Ele descobriu que os discos do KISS não eram prioridade na Warner Brothers. O KISS era prioridade na Casablanca, mas não era a prioridade no nosso selo porque tínhamos trinta outros discos para promover e avaliar. Acho que a conversa semanal do pessoal da promoção foi realmente gravada, porque ele tinha evidências boas demais. Ele tocou a fita para o Neil e montaram uma ação contra a Warner Brothers Records. A Warner andava em compasso de cansaço quando a ação chegou até eles. Mo [Austin] ouviu seu pessoal da promoção admitir que o KISS não era prioridade máxima. Ouviu as queixas dos nossos executivos: "Meu Deus, e agora?" e a pressão do Neil a favor de outros grupos e decidiu que nosso acordo com a Casablanca não parecia estar funcionando. Entraram em acordo com Neil. Mo dispensou a Casablanca do selo, sem penalidades. Ele lhe disse para pagar quando tivesse fundos para tanto. O débito da Casablanca era considerável, por volta de 750 mil dólares. Mais tarde perguntei a Mo se Neil tinha pago e ele disse que sim [risadas].

LARRY HARRIS: Não tínhamos dinheiro vivo porque naquele momento todo o dinheiro vinha da Warner. Começamos a conseguir algum dinheiro de distribuidores independentes, mas ele entrava devagar e havia contas a pagar – salários, eletricidade e aluguel. Um dia Neil entrou em meu escritório e falou: "Você conhece alguém que tenha 10 mil dólares?". Naquele tempo, 10 mil dólares valiam muito mais do que hoje. Respondi: "Você pode pedir emprestado ao meu pai". Ele retrucou: "Não, não quero deixar seu pai numa posição dessas". Então, ele entrou num avião para Vegas, onde ele tinha uma linha de crédito no Caesars. Entrou no cassino, pegou o dinheiro como se fosse usá-lo para jogar e voltou pra Los Angeles. Neil era um jogador e tanto. Se você olhar para sua vida inteira, verá que tudo que fez foi apostar.

LARRY HARRIS: Quando deixamos a Warner, a única coisa que tínhamos que realmente vendia era o KISS. Éramos nova-iorquinos com experiência de rua que foram para a Califórnia para mostrar ao mundo como é que se vendiam discos. "Quero que todo mundo se foda! Vamos mostrar para esse monte de californianos preguiçosos como é que se faz." O KISS era pouco respeitado pela crítica. Poucas pessoas de rádio o levavam a sério, pelo fato de usarem maquiagem e terem aparência estranha. O que era quente na época eram os Eagles e o Led Zeppelin. Podemos levar a culpa por ter exagerado na dose do KISS, mas não víamos nada de errado naquilo. As pessoas olham a palavra "exagero" e lhes parece negativa. Nós nunca achamos que exagero fosse negativo. Achávamos que a palavra exagero era boa. Para nós, exagero significava que as pessoas saberiam o que estávamos fazendo com o KISS, quer elas quisessem ou não. Em nosso entender, qualquer divulgação era positiva.

JOYCE BOGART: Neil acreditava no KISS e os apoiava com sua enorme criatividade, seu ótimo talento para promoção e seus formidáveis contatos na indústria. Ele os apoiou financeiramente mesmo quando não tinha capacidade para tanto. A Warner Brothers odiava o KISS e não iria promovê-los, então Neil resgatou seu acordo com a Warner. Nós tínhamos ligado para a linha telefônica secreta de promoção e ouvimos o pessoal dela dizendo que não era para trabalhar de jeito nenhum com o disco do KISS. O KISS tinha a mercadoria, o talento e a vontade, mas será que eles teriam dado certo sem o Neil?

LARRY HARRIS: A Casablanca pagava todos os custos promocionais de propaganda se eles agendassem o KISS. Então, o risco de agendar o KISS como atração principal era mínimo, porque eles cobriam todos os custos de propaganda, e nenhum selo fazia isso. As pessoas pensavam que éramos loucos porque não fazíamos propaganda do álbum, estávamos fazendo propaganda de um show ao vivo, esperando que esse show se transformasse em vendas de álbuns.

MARK HUDSON: A Casablanca Records era de meter medo. A decoração do escritório imitava o filme Casablanca. Palmeiras artificiais, grandes ventiladores dos anos 1930 nos tetos movendo-se devagar e um camelo empalhado em tamanho natural. Os acontecimentos do dia a dia no selo eram musicais e também fantásticos. Rodava pó para dar com pau. E ainda assim as pessoas que trabalhavam na Casablanca eram como uma família. Apesar dos abusos, todos davam duro, dias e noites. KISS, Donna Summer, Parliament e os Hudson Brothers foram os primeiros a assinarem com a Casablanca. Lembro do KISS entrando nos escritórios da Casablanca e os conheci. Eles todos eram realmente legais. Me dei bem com Paul e imediatamente sentamos numa sala e tocamos "I'll Feel a Whole Lot Better", dos Byrds, nos violões. Acho que o KISS é uma banda meio Beatles. A próxima coisa que me lembro é de ver a capa do primeiro álbum e me sentir sangrando por dentro. É o Satã de meia-calça [risadas]. Isto é, aquele cara que tocou uma música dos Byrds está fazendo isso? Neil disse aos meus irmãos e a mim: "Aguardem, esses caras serão os maiores do rock!". Aí, Neil colocou o disco e nós imediatamente concordamos com ele, porque era dramático e era dark, era divertido e, além de tudo, botavam para quebrar.

STRUTTER ★★★★★

PAUL STANLEY: "Strutter" foi composta quando a banda era um trio – Peter, Gene e eu. Gene e eu costumávamos aparecer antes dos ensaios e ficar compondo para essa banda nova que estávamos iniciando, chamada KISS. Sabíamos que tipo de música queríamos compor e começamos a tocar aquilo que viria a se tornar "Strutter". A letra de "Strutter" era a respeito da minha constante fascinação pelas mulheres do cenário cheio de brilho de Nova York. Em alguns aspectos, era uma música-irmã de "Black Diamond". Eu era um jovem de classe média dos subúrbios que, de repente, é atirado nesse mundo do rock de Nova York. Esse estilo de vida todo e a moda. Há mais do que um indício das coisas de [Bob] Dylan na música. A música de Dylan "Just Like a Woman", que diz [recita a letra]: "She makes love just like a woman, but she breaks just like a little girl" (Ela faz amor como uma mulher, mas desmorona feito menininha). Em "Strutter", você tem [recita a letra]: "She gets her satins like a lady, she gets her way just like a child" (Ela usa cetim como uma dama, mas consegue as coisas como uma criança). Do ponto de vista musical, a música saiu bem rapidamente. Os acordes eram baseados numa música que Gene chamara de "Stanley the Parrot". Pegamos o ritmo e começou a parecer algo do tipo Stones, com aquela elegância e atitude. Eu disse que a música era metida, e daí surgiu "Strutter".

LETRA ESCRITA A MÃO PARA "STRUTTER" E A MÚSICA QUE NÃO FOI LANÇADA, "HIGH AND LOW" (©KISS Catalog Ltd.)

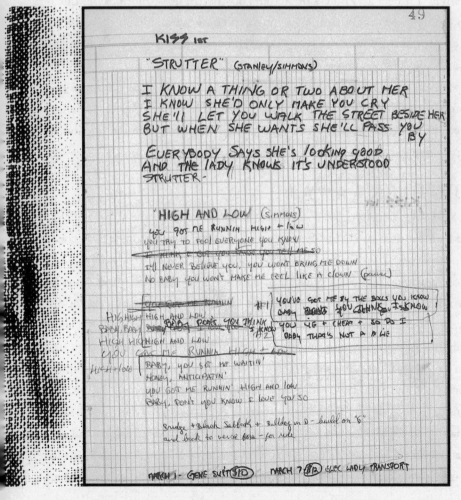

GENE SIMMONS: Nossa música é uma coisa muito honesta, sem lenga-lenga, direta. Quando se fala em ser afetado, você não está falando sobre outros níveis da realidade. Acho que nunca nos importamos com isso. No fim dos anos 1960, as coisas ficaram tão pomposas e o bom e velho rock'n'roll tornou-se rock. Como a Rocha de Gibraltar. Bobagem. O rock'n'roll tem origem em uma velha música negra. Rockin' 'n' rollin' significava trepar. Acho que o rock sofre da mesma doença que o KISS, que é falta de respeito. Mas não importa, pois o rock é a maior expressão musical que já existiu. Os músicos clássicos nunca gostarão de nós. Então, os problemas do KISS são os problemas do rock.

NOTHIN' TO LOSE ★★★★★

GENE SIMMONS: "Nothin' to Lose" surgiu em mim depois de eu ter ouvido o verso em duas músicas diferentes. Uma era do Little Richard. E vi Little Richard cantando [canta no mesmo estilo] "before I had a baby..." (antes de eu ter uma garota...) e havia outra música chamada "Sea Cruise", que dizia: "You got nothin' to lose, won't you let me take you on a sea cruise?" (Você não tem nada a perder, por que não me deixa te levar num cruzeiro pelo mar?).

PETER CRISS: Eu gostava da música porque cresci ao som dos rhythm-and-blues, Sam Cooke, Sam & Dave, Otis Redding e Wilson Pickett. Então, meu vocal adicionou sentimento às vozes de Paul e Gene. Eddie Kramer dizia sempre que adorava minha voz.

GENE SIMMONS: Do ponto de vista da letra, "Nothin' to Lose" é sobre sexo anal. A letra é assim [recita a letra]: "I thought about the back door, I didn't know what to say. But once I had a baby, I tried every way. She didn't want to do it. But she did any way" (Pensei na porta de trás. Não sabia o que dizer. Mas assim que estava com a garota, tentei de qualquer maneira. Ela não queria. Mas deixou assim mesmo).

RICHIE WISE: Eu trouxe Bruce Foster, um velho amigo meu, para tocar piano em "Nothin' to Lose". E é a voz dele no refrão, que lembra um pouco Jerry Lee Lewis.

FIREHOUSE ★★★★★
PAUL STANLEY: Compus "Firehouse" quando estava no Ensino Médio. Na época, eu já vinha compondo músicas havia cinco anos. Não tinha grana para comprar álbuns britânicos antigos, mas gostava muito daquele tipo de música. Havia uma banda chamada Move que tinha a música "Fire Brigade". Então, eu me inspirei nela e a reescrevi.

COLD GIN ★★★★★
ACE FREHLEY: Compus "Cold Gin" de cabeça num metrô: letra, música [risadas]. Eu tinha um caderno de espiral comigo. Posso compor músicas de cabeça e eu sei quais são os acordes. Nunca tive uma aula sequer para tocar guitarra. Ninguém acredita nisso. Eu não imaginava que ela se tornaria um clássico do KISS.

LET ME KNOW ★★★★★
PAUL STANLEY: "Let Me Know" começou como uma música chamada "Sunday Driver", que foi a primeira que eu toquei para Gene quando nos conhecemos. Steve Coronel, o guitarrista com quem ambos tocávamos em bandas diferentes, nos apresentou. Ele disse: "Gene, esse é meu amigo Stan. Ele toca e compõe". Gene disse: "Ah, então toque uma das suas músicas". E eu toquei "Sunday Driver". Para Gene foi uma revelação, porque não acho que ele tinha sacado que houvesse outras pessoas comuns por aí que pudessem compor além dele, de Lennon e McCartney. "Let Me Know" mais tarde ganhou mais um trecho e acabou no primeiro álbum.

KISSIN' TIME ★★★★★
KENNY KERNER: Neil Bogart era criativo. Buscava uma maneira de colocar uma música do disco no Top 40 do rádio. O pessoal do AOR (Album Oriented Rock) estava conseguindo colocá-la na rádio FM por causa dos shows ao vivo da banda, da imagem e de toda a controvérsia. Mas Neil queria inserir a banda no Top 40 dos compactos simples mais vendidos e achava que não havia nada no primeiro disco que pudesse arrebentar. Uma das pessoas da promoção apareceu com a ideia de competições de beijo pelo país todo – as pessoas que ficassem se beijando por mais tempo ganhariam algum tipo de prêmio. Neil

disse: "Puxa! Você sabe o que poderíamos fazer? Podemos pegar aquela música antiga de Bobby Rydell, "Kissin' Time", refazê-la e colocá-la no disco e então lançá-lo como compacto simples para coincidir com o campeonato nacional do beijo". Ao ouvir aquilo, a banda inteira estrilou – ficaram todos de um lado, contra o Neil do outro. Era uma ideia errada para uma banda que já era controversa. Não se deve adicionar mais lenha à fogueira. Aquilo a transformaria numa "banda-chiclete". Sentamos ali mesmo no estúdio naquele dia e gravamos a faixa básica e reescrevemos a letra por inteiro. Era eu, Richie, os caras da banda, Bill Aucoin e Sean Delaney. Todos tínhamos papel e lápis e íamos falando: "Está bem, Detroit. Vocês podem deixar Detroit na letra, porque Detroit é uma cidade do rock. E temos de mencionar Nova York, porque somos de Nova York". Repassamos a geografia inteira, quais cidades deveríamos mencionar e quais deveriam rimar. Reescrevemos tudo lá mesmo no estúdio.

JOYCE BOGART: Neil teve essa ideia para chamar atenção para a banda, e ela angariou atenção da imprensa por toda parte. Organizamos campeonatos de beijo nos dez maiores mercados, onde os finalistas beijavam-se em grandes recintos enquanto os juízes [nós, em Nova York] patinavam ao redor, procurando achar infrações. A banda ficou um pouco confusa e sem graça, acho eu, com uma promoção tão espalhafatosa, que parecia não ter nada em comum com a música. No centro-oeste, no maior shopping center dos Estados Unidos, o KISS foi apresentado com muita festa, mas a multidão continuou a observar os "beijoqueiros". Neil subiu ao balcão mais alto e jogou dinheiro ao redor do grupo, fazendo com que, na hora das fotos, todos estivessem olhando para eles.

PAUL STANLEY: "Kissin' Time" foi um dos artifícios de Neil. Ele explicou que aquilo só estava sendo gravado como comercial e que jamais sairia como compacto. Era parte da filosofia de Neil, que Deus abençoe sua alma – se ele lhe conseguisse um sucesso hoje, mesmo que isso arruinasse a sua carreira, teria valido a pena, já que você teria feito sucesso. Portanto, é apenas uma maneira diferente de encarar as coisas. Éramos perfeitamente capazes de escrever nosso próprio material, e gravar uma música de Bobby Rydell naquela altura dos acontecimentos não era necessário.

RICHIE WISE: Você tem que entender que Neil Bogart estava pouco se lixando. Para ele, o artista estava em quinto lugar. Em primeiro lugar, vinha a música, a produção, a promoção e então o artista, em algum lugar lá no final da lista [risadas]. Importar-se com o artista e sua visão não significava merda nenhuma para ele. Na opinião de Neil, a coisa mais importante era o marketing.

BILL AUCOIN: Todos odiaram aquilo. Neil quis fazer aquela enorme promoção e gastaria uma fortuna com aquilo. Então, eu disse: "Rapazes, vamos em frente". Sempre há certas coisas durante a carreira que todos sabemos que não é bem o que queremos fazer, mas todos sabem que será uma estupidez se aquilo não for feito. Fizemos um monte de coisas doidas com o KISS, e elas funcionaram em oitenta por cento dos casos. Tivemos muita sorte. Falhamos em vinte por cento das vezes, verdadeiros desastres, mas ninguém sabe nada a esse respeito.

DEUCE ★★★★★

GENE SIMMONS: Escrevi "Deuce" de cabeça no ônibus. Ouvi o lick, o riff, a melodia. A coisa inteira. "Deuce" foi composta no baixo. Era uma música muito linear. Assim que o riff surgiu, a primeira estrofe apareceu, escrevi a parte intermediária e então o refrão. Fizemos o arranjo lá mesmo e eu soube que seria sucesso durante anos. Na verdade, quando saímos em turnê com nosso primeiro disco, era a música de abertura do show e voltávamos para o bis e, quando não sobravam outras músicas, tocávamos "Deuce" novamente. Do ponto de vista de letra, não tinha a mínima ideia do que estava falando. Às vezes, as coisas têm muito significado e outras, significado algum.

PAUL STANLEY: No começo da música, era eu detonando os Raspberries. O início de "Deuce", o começo, sou eu ferrando "Go All the Way".

ACE FREHLEY: É a minha música predileta do KISS. Quando me apresentei para o KISS, eles disseram: "Vamos tocar uma música para você ouvir, e aí tente tocar junto". A música era "Deuce" e eles a tocaram em três, e ela estava em lá. Eu pensei, é bem fácil, levantei e toquei a parte principal durante quatro minutos, variando em cima daquilo.

★ ACE, O SPACEMAN, NA TURNÊ ALIVE!, 1975
(foto de Fin Costello/©KISS Catalog Ltd.)

PAUL DEDILHANDO, 1976
(©KISS Catalog Ltd.)

★ SESSÃO DE FOTOS DA TURNÊ LOVE GUN, 1977
(©KISS Catalog Ltd.)

ESTRELA CRUZADA, 1976
(©KISS Catalog Ltd.)

ACE, TURNÊ DESTROYER, 1976
(©KISS Catalog Ltd.)

KISS AO VIVO, ACADEMY OF MUSIC, CIDADE DE NOVA YORK, 23 DE JANEIRO DE 1974
(©KISS Catalog Ltd.)

SESSÃO DE FOTOS, THE ELDER, 1981
(©KISS Catalog Ltd.)

PAUL BRANDINDO A QUERIDA GUITARRA
GIBSON FIREBIRD, AO VIVO, 1974
(foto de Fin Costello/©KISS Catalog Ltd.)

ACE, INÍCIO DE 1974
(foto de Fin Costello/©KISS Catalog Ltd.)

PAUL VESTINDO FIGURINO ALTERNATIVO EM LOVE GUN, JUNHO DE 1978
(foto de Barry Levine/©KISS Catalog Ltd.)

KISS NO TOPO DO EDIFÍCIO EMPIRE STATE EM NOVA YORK, JUNHO DE 1976
(foto de Barry Levine/©KISS Catalog Ltd.)

KISS AO VIVO, 1975
(©KISS Catalog Ltd.)

FOTO ALTERNATIVA DA CAPA DO ÁLBUM ALIVE!, MICHIGAN PALACE, DETROIT, MICHIGAN, 15 DE MAIO DE 1975
(foto de Fin Costello/©KISS Catalog Ltd.)

★ FOTO ALTERNATIVA DA CAPA INTERNA DO ÁLBUM ALIVE II, SAN DIEGO SPORTS ARENA, CALIFÓRNIA, AGOSTO DE 1977 (foto de Barry Levine/©KISS Catalog Ltd.)

SESSÃO DE FOTOS DO INÍCIO DA CARREIRA DO KISS, 1974
(©KISS Catalog Ltd.)

PETER, SESSÃO DE FOTOS DO ALIVE!, MICHIGAN PALACE, DETROIT, MICHIGAN, 15 DE MAIO DE 1975
(foto de Fin Costello/©KISS Catalog Ltd.)

ACE, 1978
(©KISS Catalog Ltd.)

PAUL USANDO MAQUIAGEM DE BANDIDO, INÍCIO DE 1974
(©KISS Catalog Ltd.)

O ARTISTA ANTERIORMENTE CONHECIDO COMO CHAIM WITZ, TURNÊ DESTROYER, 1976
(©KISS Catalog Ltd.)

ACE AFINANDO NO CAMARIM, 1975
(foto de Fin Costello/©KISS Catalog Ltd.)

O KISS NA TURNÊ ALIVE!, INÍCIO DE 1976
(©KISS Catalog Ltd.)

COLETIVA DE IMPRENSA NO PORTA-AVIÕES, CIDADE DE NOVA YORK, 16 DE ABRIL DE 1996
(foto de Terri Sharp)

IMAGEM ALTERNATIVA DO CARTAZ PROMOCIONAL DO PRIMEIRO ÁLBUM DO KISS, 1974
(©KISS Catalog Ltd.)

PAUL TOCANDO UMA GUITARRA DE
DOIS BRAÇOS GIBSON, 1978
(©KISS Catalog Ltd.)

ACE BOTANDO PARA QUEBRAR, SESSÃO DE FOTOS DO ALIVE!,
MICHIGAN PALACE, DETROIT, MICHIGAN, 15 DE MAIO DE 1975
(foto de Fin Costello/©KISS Catalog Ltd.)

COAUTOR KEN SHARP COM O KISS NO PORTA-AVIÕES USS
INTREPID, CIDADE DE NOVA YORK, 16 DE ABRIL DE 1996
(foto de Terri Sharp)

MAGIC PEOPLE, STONE FOX, NOVA JERSEY,
23 DE NOVEMBRO DE 1968. ACE FREHLEY,
GUITARRA SOLO; CHRIS CAMIOLO, BATERIA
(cortesia de Chris Camiolo)

PAUL COM MAQUIAGEM DE BANDIDO, 1974
(©KISS Catalog Ltd.)

HOTTER THAN HELL, FOTO DA CONTRACAPA
(foto de Norman Seeff ©1974)

CIDADE DE WINDMILL, SANDIEGO SPORTS ARENA, SAN DIEGO, CALIFÓRNIA, 19 DE MARÇO DE 2000
(foto de Terri Sharp)

GENE, 1978
(©KISS Catalog Ltd.)

GENE, ARROWHEAD POND DE ANAHEIM, ANAHEIM, CALIFÓRNIA, 18 DE MARÇO DE 2000
(foto de Terri Sharp)

PAUL, 1974
(©KISS Catalog Ltd.)

LOVE THEME FROM KISS ★★★★★
GENE SIMMONS: "Love Theme from KISS" foi encurtada. Originalmente, ela tinha sete minutos. Começava instrumental e então passava para uma outra sessão chamada "You're Much Too Young". "Acrobat" tornou-se "Love Theme from KISS" e continuou até se tornar o riff de "Detroit Rock City", que Paul roubou e nunca me deu créditos por isso.

KENNY KERNER: Quanto à parte instrumental, é claro que não havia baladas no álbum. Em vez de compor apenas outra letra de rock, eles disseram: "Ei, que tal isso?". Porque era diferente. Acho que só fizeram aquilo para inserir algo diferente, distinto.

100.000 YEARS ★★★★★
GENE SIMMONS: Li um livro chamado *100.000 Years*, em que há 100 mil anos fomos visitados por alienígenas; ele também aborda a teoria da relatividade de Einstein. Lia todo tipo de coisas relativas à continuidade de tempo e espaço; aquilo tudo ficava girando na minha cabeça. Comecei a imaginar o que aconteceria se você fosse um astronauta e se você partisse, por quanto tempo continuaria apaixonado? Escrevi isso no Puerto Rican Interagency Council, enquanto trabalhava lá como assistente do diretor. Depois mostrei isso para Paul e ele comentou: "Você está maluco? O que são 100 mil anos?". Respondi: "Vamos tentar". Aí Paul apareceu com mais um pedaço e eu acrescentei o meu riff.

PAUL STANLEY: Eu criei a letra inteira, a melodia. Eu me lembro de que o padrão do baixo foi mudado e o que pusemos por cima era basicamente meu.

BLACK DIAMOND ★★★★★
PAUL STANLEY: "Black Diamond" era uma música que compus sobre Nova York. Naquele tempo só escrevíamos a respeito do que conhecíamos. Nova York era muito querida e só podíamos escrever sobre a vida de lá. A gente fantasiava vendo as prostitutas na rua. Nunca compus com intenção de qualquer outra pessoa cantar minhas músicas. Peter acabou cantando "Black Diamond" porque precisávamos de uma música para ele cantar no álbum e também porque ele foi

bastante insistente. Pensávamos como os Beatles, queríamos que pessoas diferentes cantassem faixas diferentes. Portanto, "Black Diamond" tornou-se uma música dele e foi sorte ter sido assim, pois é uma ótima música para ele. Tradicionalmente, todo baterista que tivemos tinha de ter uma voz meio rouca e tinha de cantar aquela música.

PETER CRISS: Eddie Kramer adorava minha voz poderosa e disse: "Essa música é para Peter".

RICHIE WISE: "Black Diamond" foi o estilo Ringo de Peter. Como cantor, ele tinha muitos problemas de afinação. Entretanto, ele tinha uma voz grave que vinha com muito sentimento. Gene e Paul tinham facilidade com seus vocais no estúdio. Lembro que Paul tentava atingir notas e harmonias bem agudas. É provável que, às vezes, a gente tenha desacelerado as fitas para facilitar a tarefa de ele conseguir as notas mais altas.

HOTTER THAN HELL
Lançamento: 22 de outubro de 1974
BILL AUCOIN – empresário / RICHIE WISE – produtor / KENNY KERNER – produtor
STEVE CORONEL – compositor / PAUL CHAVARRIA – roadie (1974-1979)
NORMAN SEEFF – fotógrafo

GENE SIMMONS: Estivemos em turnê ininterrupta desde a época de lançamento do primeiro disco, então, na época que chegamos a Los Angeles para fazer *Hotter Than Hell*, estávamos na realidade bem na metade da turnê. Tocamos no Santa Monica Civic com o Wishbone Ash e éramos os terceiros no cartaz. Mas aquelas músicas foram, em grande parte, escritas enquanto viajávamos e algumas delas eram "sobras" da primeira demo do KISS. Eu gosto bastante do *Hotter Than Hell*. Eu daria três estrelas para o álbum como um todo.

PAUL STANLEY: Eu daria três estrelas para o *Hotter Than Hell*. Gosto muito de algumas músicas de lá. *Hotter Than Hell* foi o primeiro álbum no qual não podíamos contar com o material que compusemos a partir da época do Ensino

Médio. Embora houvesse algumas músicas que sobraram no álbum da época dos clubes, o que realmente acabou acontecendo foi que compusemos uma nova leva de músicas, o que foi assustador. Tivemos anos para "peneirar" nossos melhores materiais para o primeiro álbum. O segundo foi rock instantâneo. Esperávamos remediar as deficiências sonoras que encontramos no primeiro álbum. Nunca tínhamos sido tão roqueiros ou tão divertidos como parecemos naquele álbum. Ao vivo, éramos uma banda mais pesada. Então, tentamos capturar do ponto de vista sonoro a maneira que soávamos ao vivo. Infelizmente, parece que não estávamos trabalhando com as pessoas mais indicadas para isso. Foi nossa primeira viagem que foi esticada até Los Angeles. Vivíamos entrando e saindo do Ramada na Sunset, num estilo bem típico de banda de rock. A gente se divertia ouvindo o Mott the Hoople para passar o tempo. A festa que apareceu na sessão de fotos para o álbum resumia bem o que era a nossa vida na época em Los Angeles.

PETER CRISS: Ainda éramos imaturos. Fizemos um álbum e ele não fez sucesso, então esperávamos que esse tivesse melhor resultado, pois ninguém realmente gostou do primeiro. Não conseguimos Ouro nem Platina por um bom tempo. Mas também ele foi feito na Califórnia. Roubaram a guitarra do Paul. O clima estava bem ruim. Aquilo aconteceu e não estávamos acostumados à Califórnia. Éramos nova-iorquinos, então nossa atitude era meio "Foda-se, vá se danar!". Não estávamos acostumados com o esquema californiano. Estávamos tentando nos ajustar. Era meio que decadente e era muito louco. Eram os incríveis anos dançantes da década de 1970. Estavam apenas começando e entrando no clima das orgias, da coca e do vale-tudo. Nós estávamos ficando mais loucos. Eu daria três estrelas para aquele álbum, pois há muita decadência nele.

ACE FREHLEY: *Hotter Than Hell* foi um álbum mais difícil de gravar do que nosso primeiro disco porque tínhamos ficado em turnê durante tanto tempo e aí, de repente, a companhia de discos queria lançar um álbum novo. Não havia nem dez músicas que tivéssemos ensaiado um ano inteiro. Ele foi gravado na Village Recorders. Foi difícil fazer aquele disco. Mas trabalhar em Los Angeles foi divertido. Eu daria três estrelas e meia para *Hotter Than Hell*.

GENE SIMMONS: Enquanto fazíamos o *Hotter Than Hell*, tivemos um aumento de salário, de 75 para 85 dólares por semana. Não podíamos pagar por serviço de quarto, pois ficávamos alojados em hotéis. Nós passávamos na mercearia para comprar feijão e ovos e sobrevivíamos como podíamos. Nós não tínhamos essa sensação de que chegaríamos ao topo e, ainda assim, éramos felizes. Mesmo naquela época era óbvio que socialmente eu não tinha nada em comum com Ace e Peter. Com Paul eu podia me comunicar porque ele era um cara sério e responsável. Com Ace e Peter, se eu quisesse me divertir, teria que ficar chapado. As prioridades eram diferentes. Todas essas variáveis entraram no disco. Todos os pequenos demônios existentes começaram a erguer suas cabeças. As diferenças de personalidade começaram a influenciar a banda e seus membros. Embora fosse o mesmo grupo de produção do primeiro álbum, não tivemos o temperamento de ficar firmes e fazer um álbum de estúdio como se deve. Isso leva tempo. Não tínhamos experiência. Outra coisa: era uma tortura passar sete dias por semana com os mesmos caras. A escala de valor da produção do disco era do tipo: "Bem, prefiro esta música àquela". Não se baseava em uso real de recursos de engenharia de som. Éramos todos como uns cegos andando no meio da escuridão.

KENNY KERNER: Pegamos o telefone e simplesmente falamos para o KISS: "Ouçam, agora nós moramos aqui. Vocês não querem vir até aqui para fazer o disco? A Casablanca está aqui em Los Angeles, Richie e eu estamos aqui, nosso engenheiro, Warren Dewey está aqui". Fomos à Village Recorders e, no primeiro dia que marcamos, a guitarra de Paul foi roubada [uma Flying V feita sob encomenda]. Foi um péssimo ponto de partida.

BILL AUCOIN: A banda estava com saudades de casa. Eles simplesmente não se sentiram à vontade. Eles eram das ruas de Nova York. O KISS teve medo daquela cidade glamorosa e a aparência deles era das ruas nova-iorquinas. Tudo era esquisito para eles.

PETER CRISS: Eu sentia saudade de Nova York. Sou do Brooklyn e achava que estava em um outro planeta. Foi duro para nós. Nunca estivemos longe de casa por tanto tempo. Mas foi um álbum ótimo. Curtimos bastante. Adoro "Mainline" e "Strange Ways". Adorei cantar porque me envolvi totalmente, ninguém pegava no meu pé; eles me deixaram cantar da maneira que eu queira cantar e o resultado está aí para todos verem.

KENNY KERNER: Aquele álbum foi novamente feito praticamente ao vivo. O som fica um pouco mais pesado. Apenas duplicamos muito mais coisas. Eles odiaram o lugar aqui [risadas]. Nem se esforçaram para esconder. Nós estávamos acostumados, mas eles não queriam sair de Nova York. Eu adoro "Got to Choose" e "Goin' Blind". É tão sinistro e tão diferente das outras coisas naquele disco. "Hotter Than Hell" é uma música-título bárbara!

RICHIE WISE: Odiei o som daquele álbum. Juro por Deus, dia sim, dia não, havia dois alto-falantes novos na sala. Eles os trocavam a toda hora porque estavam com problemas. Não conseguíamos o som correto, a vibração estava realmente ruim. Nunca gravei um som tão ruim. Eu me sentia tolhido e sem liberdade. Não conseguíamos fazer com que a mixagem produzisse o som correto. Eu sabia que estava numa enrascada com aquele disco depois da mixagem. Eu adoraria ter remixado ele inteiro em um estúdio diferente, mas era tarde demais. Então, passei cada momento acordado tentando masterizar o disco e obter um som melhor para os graves soarem melhores, os agudos soarem melhores. Mas era tarde demais. Eu sabia que havia um problema de som. Acho que no fim o álbum saiu com o som muito irritante, desagradável, muito áspero e lamentável. A intenção era fazer um disco com o som no estilo Black Sabbath, mas em relação ao som não deu certo.

GENE SIMMONS: Kenny Kerner não estava fazendo a produção de verdade, ele estava mais envolvido em tomar conta dos negócios. Ele era quem realmente tinha paixão pela banda. Richie Wise estivera no grupo Dust e ele mesmo era um compositor que jamais dera certo. De certo modo, concordamos com a impressão dele do que deveria e do que não deveria ser feito. Mas, no fundo, gravamos as músicas como elas foram escritas.

RICHIE WISE: Não foi uma época alegre para a banda. Quando se faz o primeiro álbum e ele não é um sucesso estrondoso, você quer que o segundo álbum resolva o problema. Mas na realidade não havia problema algum no primeiro álbum. A melhor coisa seria imitar o primeiro álbum, mas usando uma nova leva de músicas e melhorando um pouco aqui e ali. Em vez disso, todos disseram: "Para o inferno com o primeiro álbum, vamos fazer algo totalmente diferente!". Vou assumir a culpa por querer fazê-lo pesado, distorcido e sobrecarregado. Aprendi muito como produtor. Às vezes, só é preciso dar um passo; não é necessário caminhar um quilômetro para se chegar aonde se deve.

KENNY KERNER: Paul trabalhou bastante para se tornar um bom cantor e músico. Gene esforçou-se para melhorar sua execução do baixo e tinha muita consciência do que tocava. Paul tinha, às vezes, problemas com o tempo. Ele só se esforçava para fazer o mínimo e não fazia nada que fosse complexo demais. Ele tocava o suficiente para passar a música, não demonstrava maior destreza. Todos eles faziam aquilo. Ninguém fazia nada para sobressair naquela banda. Ace não tinha problema algum para tocar e tinha um incrível bom humor. Ele era, provavelmente, o mais talentoso. Cada membro do KISS tinha um compromisso maior com a banda do que com o próprio ego. Eles eram uma banda. Eles eram medíocres como músicos, mas para obter sucesso não é preciso ser um Eric Clapton na guitarra ou Ginger Baker ou mesmo Jack Bruce. O que fez com que o KISS fosse grande foi a determinação de se ater à raiz. Eles trouxeram uma exaltação ao rock como jamais houvera antes. Eles eram titãs, eram super-heróis para as crianças. Deram às pessoas algo em que acreditar e estenderam o mito do rock para além do talento.

KENNY KERNER: Numa certa época, depois de alguns anos na banda, Paul começou a ficar de saco cheio do Gene. Disse-lhe que sempre que havia filmagem ao vivo Gene atraía todas as fotos só para si. Eles tiveram uma reunião com Bill a esse respeito. Gene olhou para Paul e disse: "Olhe, se você quer que tirem fotos suas, você tem que fazer algo para ser notado. Não me diga para ser mais discreto para que você possa ser fotografado. Você tem que se mostrar mais", pois Gene fazia aquele chute e rodava o cabelo e mostrava a língua. Paul só ficava parado lá com a cara bonitinha, sem fazer nada. Conclusão: Gene tinha razão. E com isso Paul começou a se mostrar mais. Deu para notar que, quando ele se movimentava mais e permanecia no meio do palco ou atravessava correndo em direção ao Gene, a câmera o seguia [risadas].

RICHIE WISE: Um dia, estávamos sem fazer nada no estúdio. Eu e Ace amarramos as mãos de Paul com fita. Ele andava pelo estúdio sem poder mexer as mãos. Então, eu disse: "Deixe-me tirar a fita". Peguei um estilete e me lembro de ter cortado através da fita e acabar ferindo o pulso de Paul. Ele ficou puto. Eu me senti tão mal. Na pressa, não fui tão cuidadoso como deveria.

RICHIE WISE: Tenho muito orgulho de que tantas músicas no *KISS* e no *Hotter Than Hell* sejam clássicas. Quando tocam ao vivo e interpretam "Firehouse" e "Strutter", é demais! Então, eu penso: "Puxa, sou o produtor de 'Strutter', eu fiz esse puta arranjo!".

GENE SIMMONS: Já no segundo disco, Ace e Peter começaram a ficar esquisitos. Peter ameaçou deixar a banda de novo se não deixássemos seus sete minutos de solo de bateria que ele insistia em gravar no meio de "Strange Ways". Ace se meteu em um de seus já famosos acidentes de carro e machucou o rosto, portanto não pudemos tirar fotos para a capa do álbum. Ele apareceu tarde e maquiou metade do rosto, já que a outra metade estava arrebentada. O departamento de arte teve de superpor a maquiagem no outro lado.

ACE FREHLEY: Numa sessão de fotos que fizemos para o álbum *Hotter Than Hell*, o médico me disse que eu poderia maquiar só metade do rosto. Então, todas as tomadas eram de perfil [risadas]. Me meti num acidente de carro. Alguma coisa me deixou fulo da vida. Fiquei bêbado uma noite e fiquei dirigindo por Hollywood Hills. Fiquei dando voltas no mesmo quarteirão cada vez mais rápido [risadas], até que perdi o controle e bati num poste telefônico. Acho que só estava desafiando a sorte. Saí do carro e percebi que tinha cortado a cabeça. Caminhei de volta até o hotel e bati na porta do meu empresário, com o sangue escorrendo pelo rosto. Ele disse: "Meu Deus! O que aconteceu?". Eu respondi:

"Acabei com o carro". O primeiro dentre muitos! [risadas]. Era como se fosse o início de uma saga.

GENE SIMMONS: Fizemos uma sessão de fotos com Norman Seeff em Los Angeles. Norman era um cara extraordinário, mas estranho, que acreditava que as sessões de fotos deveriam ser algo especial. Então, ele criava uma atmosfera e juntava todos. Garotas que batiam em você – acontecia qualquer coisa para criar um clima. Aquela foi uma das poucas vezes em que eu vi Paul bêbado. Ele estava chumbado. A única coisa que faltava era Rod Serling dizendo [imitando a voz de Serling]: "Vejam Paul Stanley entrando na zona do Além da Imaginação". Há uma foto dele com uma garota totalmente nua, pintada como em *Goldfinger*, com uma tinta prateada. Acho que Paul não tinha a mínima noção da existência da força da gravidade. Então ele se esticou e, numa foto, você o vê agarrado na mocinha e, na próxima, ele está na cama. Ele desabou. No final da sessão de fotos, tive de carregá-lo para o carro e trancá-lo no assento de trás.

PETER CRISS: Foi uma sessão de fotos meio selvagem para a contracapa. Eu estava sentado na poltrona com aquela moça de máscara me chupando. Foi muito louco. Paul estava na cama com um bando de garotas e eu, de robe, em cima daquela imensa poltrona de espaldar. O fotógrafo [Norman Seeff] nos deixou todos bêbados. Era isso que ele queria. Todos estavam bêbados, menos Gene; mas Gene tinha de estar bêbado, já que todos os outros estavam. Até as modelos e as pessoas na sala estavam bêbadas. Não havia ninguém sóbrio a não ser Gene; mas ele tinha que ficar embriagado, nem que fosse pela vibração do local.

PAUL STANLEY: Não sei se alguém consegue decifrar a contracapa do álbum, mas estávamos naquela festa muito, muito louca com um monte de gente vestindo umas roupas superestranhas. Dez minutos depois da foto, eu desmaiei. Cortei minha mão, nem sei como. Estava tão bêbado que me trancaram no carro e eu não conseguia sair. Como em qualquer um dos filmes de Fellini, como em *Satyricon*, foi totalmente estranho, mas também foi ótimo. Foi uma festa bem diferente da maioria das festas em que já estive. Muitas das fotos tiradas para a contracapa jamais viram a luz do dia, porque algumas pessoas não queriam ser incriminadas. As pessoas diziam: "Não posso deixar que X me veja nessa festa".

GENE SIMMONS: Norman Seeff teve a ideia de colocar as letras japonesas na capa do álbum. A consequência foi que os japoneses gostaram da banda logo de cara. Começamos a ler matérias de capa de revistas a respeito da banda. Algumas pessoas suspeitavam que éramos japoneses. Os japoneses achavam que pegamos a ideia da maquiagem do teatro japonês Kabuki.

NORMAN SEEFF: A sessão de fotos para o *Hotter Than Hell* foi feita nos palcos do Raleigh, em Hollywood. Tanto a capa quanto a contracapa saíram no mesmo dia. Eu acabara de voltar do Japão, onde tinha me encontrado com um dos grandes artistas japoneses, Tadanori Yokoo. Ele era uma combinação de Timothy Leary, Andy Warhol e Picasso. Achei que o trabalho de Yokoo seria uma direção ideal para a banda pela maneira que o KISS se vestia e também por eles serem o que eram. Pensei: "Por que não colocar também o título em japonês?". Chamei um designer brilhante, o John Van Hamersveld, para fazer o projeto. O nome do álbum apontava para a sessão de fotos da festa, o conceito-fantasia de *Satyricon* para a contracapa. Meu enfoque todo foi forjar uma parceria criativa com as pessoas, de maneira bem livre. Eu deixei claro que era um palco para a improvisação criativa. O KISS fazia um balé-rock para as fotos, no qual cada indivíduo representava um papel. Foi muito excitante, eles trabalharam tão bem, desligados uns dos outros. Eles entraram e se soltaram.

GOT TO CHOOSE ★★★★★

PAUL STANLEY: "Got to Choose" é uma das minhas músicas prediletas do KISS. Wilson Pickett compôs uma música chamada "Ninety-Nine and a Hall (Won't Do)". Havia uma banda chamada Boomerang, que tinha alguns caras do Vanilla Fudge, e eles fizeram uma versão da "Ninety-Nine and a Hall (Won't Do)". Tenho absoluta certeza de que é o riff que usei em "Got to Choose".

PARASITE ★★★★★
ACE FREHLEY: Na turnê do *Psycho Circus* nós estávamos pensando em fazer "Parasite". Eu comecei a tocá-la na passagem do som. Não a toco como Bruce Kulick; ele é muito técnico. Eu a toco displicentemente. Foi assim que eu a compus. Esqueci que o KISS estava apresentando "Parasite" com o Bruce. Paul disse: "Você não está tocando correto". E eu devolvi: "Que merda [risadas], eu é que escrevi esta porra!" [risadas]. Ele insistiu: "Não, você tem que tocar mais staccato". Eu respondi: "Não, não é assim que compus a porra da música; ouça o disco".

GOIN' BLIND ★★★★★
STEVE CORONEL: Gosto de "Goin' Blind". Originalmente, chamava-se "Little Lady". Compus os acordes para ela em casa. Gene e eu gostávamos do Mountain. Eu queria compor algo como "Theme for an Imaginary Western", aquele tipo ressonante de progressão de acordes, e foi isso o que surgiu. Os acordes estão bem, a melodia é legal. Gene compôs a letra e a melodia. Gosto do jeito que o KISS a apresentou no *Unplugged*. Até hoje me surpreendo que o KISS tenha se tornado o maior grupo em vendas dos Estados Unidos. Gene será o primeiro a dizer que gosto não se discute. Ele será o primeiro a dizer que não é o melhor cantor ou músico, mas que é tremendamente bem-sucedido.

GENE SIMMONS: "Goin' Blind" é dos anos 1970. Naquele tempo, eu ouvia muito o Cream e o Mountain. Acontece que "Goin' Blind" é uma das minhas músicas prediletas. Para mim, até mesmo algo na gravação, a compressão da bateria, parece ter dado certo.

HOTTER THAN HELL ★★★★★
PAUL STANLEY: "Hotter Than Hell" era uma melodia realmente legal, que foi muito influenciada pelo Free; a ideia toda de pouca música e muita história. Tinha aquela simplicidade, um esquema no qual se canta por cima e certos acordes vocais que o Free usou em "All Right Now". Até mesmo no tema, "All Right Now" contava uma história em que há uma garota na rua e um cara tentando pegá-la. "Hotter Than Hell" fala de um cara que vê uma garota e tenta

O KISS, PEGO EM FLAGRANTE SEM MAQUIAGEM, POSANDO NA SESSÃO DE FOTOS DA CREEM, 1974
(foto de Charlie Auringer)

apanhá-la e o que ela lhe responde é basicamente a mesma coisa que acontece em "All Right Now". A música não tinha um final. Poderia ter terminado com o refrão, mas eu tinha aquele floreado de guitarra, que na época, acho eu, parecia mais "Iron Man", do Black Sabbath. Isso se tornou o adendo em que Ace fazia solo, e nós acabamos assim.

PAUL CHAVARRIA: Foi a primeira vez que usamos um gongo. Costumávamos carregar aquilo conosco nas turnês e Peter o tocava. Chegou a um ponto em que tivemos de achar um outro para batê-lo, para Peter continuar a tocar a melodia sozinho.

ALL THE WAY ★★★★★

GENE SIMMONS: A ideia por trás de "All the Way" era aquela garota que não para de falar da mãe e do pai, e você fica a fim de dizer: "Cale a boca! Você quer sair comigo ou não?". Na verdade, copiei o trechinho de um grupo que Mitchy Ryder chamara de Detroit. Eles tinham uma música que tinha o mesmo som do Mountain. Lembro que a parte do sino em "All the Way" surgiu pensando em ficar parecida com "Mississippi Queen", do Mountain. Toda vez que você ouve quartas ou guizo, pense no Mountain. Mas a verdade é que qualquer pessoa que compusesse a música juntava-se à banda e tocava na guitarra para eles ouvirem, e depois os outros tocavam da maneira que eles queriam. Então o compositor da música tentava modular a música do jeito que ela era originalmente. Ou seja, todos tinham liberdade para botar a mão no arranjo.

WATCHIN' YOU ★★★★★

GENE SIMMONS: "Watchin' You" era um tipo de desdobramento de "Mississippi Queen". Compus aquela música na época do Wicked Lester. A letra de "Watchin' You" veio do filme de Hitchcock chamado *Janela indiscreta*. O filme é a respeito de um cara que sem querer presencia um assassinato. James Stewart está numa cadeira de rodas e vê o crime acontecer. Também há o aspecto voyeurístico de observar mulheres sensuais se despindo, uma ocorrência comum na cidade de Nova York, porque todos vivem em edifícios altos e há janelas que ficam na direção das janelas de outras pessoas. Eram imagens rápidas. Umas partes da letra são mais pensamentos jogados a esmo [recita a letra]: "Limpin' as you do, I'm watchin' you" (Você está mancando e eu te observo); não dá muito sentido, mas é o que surgiu.

MAINLINE ★★★★★

PAUL STANLEY: "Mainline" é um rock legal. Peter disse ao Gene e a mim: "Se eu não cantar essa música, eu saio da banda". Se ela significa tanto para você, tudo bem, cante. Eu não escrevi a música para outra pessoa, compus a música para mim. Preferiria que alguém me dissesse: "Ela significa muito para mim" do que ficar com aquela pressão em cima de mim. Quando se blefa com alguém a respeito de alguma coisa, se a coisa é realmente importante para mim, adivinhe

GENE E PETER, NA GRAVAÇÃO DO MIDNIGHT SPECIAL, EM BURBANK, CALIFÓRNIA, 10 DE ABRIL DE 1975 (©KISS Catalog Ltd.)

o que, cara? Você perde! Não me afronte, a não ser que esteja preparado para arcar com as consequências. Quando eu jogo, jogo para ganhar. É engraçado, até mesmo Gene sabe que eu só aposto com alguém para ganhar. Quando alguém vê que vou apostar, está na hora de tirar o time de campo e ir para casa. Eu jogo para vencer.

COMIN' HOME ★★★★★

PAUL STANLEY: Ficamos presos num hotel horrível, nuns quartinhos realmente apertados e estávamos todos com saudades de casa. Eu sentia muita saudade de Nova York. Eu sei que Ace e eu a compusemos, mas não me lembro como nem onde. Eu nem me lembro de estar compondo com Ace, mas tenho certeza de que foi assim. De vez em quando, tentávamos umas combinações diferentes de pessoas para compor.

ACE FREHLEY: Não tenho muitas lembranças de estar compondo essa música. Eu passava a maior parte do tempo bêbado naqueles primeiros tempos [risadas]. Se eu compunha um trecho, Paul dizia: "Por que você não tenta juntar esse trecho com aquele lá?". Na verdade, não passávamos muito tempo juntos compondo.

STRANGE WAYS ★★★★★

ACE FREHLEY: Adoro "Strange Ways". De repente, esse trecho musical me surgiu. Era uma daquelas melodias inspiradas, pesadas. Naquela época, eu não me sentia muito seguro como cantor. Paul e Gene eram pessoas que me intimidavam. Muitas vezes, eles não deixam as pessoas muito à vontade. Demorou um certo tempo até que eu superasse esse sentimento de imperfeição. Eu não me achava um bom cantor. Demorou um pouco para eu me desinibir. No início, toda vez que eu compunha uma música, eu pedia para Peter cantar o vocal principal, assim ele teria um pouco mais de atenção. Eu não tinha tanta segurança assim como cantor com Paul, Gene e Peter por perto. Eles eram todos vocalistas principais, seguros, e, embora eu soubesse que podia cantar, eles não me incentivavam; então eu simplesmente ficava de lado. "Strange Ways" nunca foi apresentada ao vivo pelo KISS. Eu me esqueci o quanto ela era pesada. Um dos meus solos de guitarra prediletos é o de "Strange Ways". Foi feito numa tacada só. Eu simplesmente fechei meus olhos e foi isso o que saiu. Normalmente, eu gravo na sala de controle, mas para esse solo eu saí, fiquei em frente ao amplificador e ouvi aquele retorno louco do início. Tinha o som de um dinossauro.

PETER CRISS: Ace a compôs e a cantou. Foi muito diferente para mim, muito inédito e pesado. Eu jamais cantaria algo assim, não era bem um rhythm-and-blues. Foi um grande desafio para mim e eu adorei isso.

DRESSED TO KILL

Lançamento: 19 de março de 1975
STEVE CORONEL – compositor / JOYCE BOGART – coempresária do KISS
LARRY HARRIS – vice-presidente sênior da Casablanca Records
DAVE WITTMAN – engenheiro / BOB GRUEN – fotógrafo
CAROL ROSS – agente publicitária / PAUL CHAVARRIA – roadie (1974-1979)

PAUL STANLEY: Eu daria três estrelas e meia para *Dressed to Kill*. Muitas pessoas gostam desse álbum. Eu gosto. O primeiro álbum era tão importante, por ser o primeiro. Nos dois seguintes, estamos tentando consolidar nossa base. Aqueles três discos são a base de tudo, mas acho que o primeiro é o alvo de verdade. Estávamos tão preocupados com *Dressed to Kill*, pois o tempo era tão curto. Nós realmente achamos como se fosse algo do tipo: "Olhe, as músicas são essas e pronto!". *Dressed to Kill* foi interessante, pois estávamos fazendo um show em Los Angeles, no Santa Mônica Civic, e simplesmente Neil [Bogart] foi até os camarins e disse: "Vocês têm que voltar a Nova York e fazer um álbum. Precisamos de outro álbum". Tínhamos pouco material. No começo, lançávamos álbuns a cada seis meses e estávamos em turnê com o *Hotter Than Hell*. Estávamos tocando com Jo Jo Gunne. Não estávamos prontos para fazer outro álbum. No dia seguinte, voltamos para Nova York e muitas daquelas músicas foram escritas no estúdio antes da sessão. Toda manhã, Gene e eu íamos até o Electric Lady e compúnhamos. Então, Peter e Ace apareciam, e dizíamos: "Tudo bem, a música de hoje chama-se 'Rock and Roll All Nite' ou a música de hoje chama-se 'Room Service'".

GENE SIMMONS: Não estávamos vendendo discos. Mal e mal sobrevivíamos. Não tinha tempo de compor muito porque estávamos em constante turnê. Algumas das músicas que apareceram nele eram músicas que sobraram – "She" e "Love Her All I Can" eram da época do Wicked Lester. *Dressed to Kill* foi certamente o disco em que nós nos viramos sozinhos. Nos dois primeiros discos, nós basicamente retratamos o que vivemos.

GENE SIMMONS: Neil Bogart teve um interesse pessoal pela banda. Ele foi provavelmente o nosso maior patrocinador. Ele disse que queria produzir nosso disco. Convencemos Neil de que deveríamos fazê-lo juntos, porque estávamos com um pouco de receio de que ele nos levasse para aquilo que fazia melhor, que era disco music. Mas, na verdade, em termos de produção, Neil era mais um chefe de torcida. Ele não nos passava responsabilidades ou perguntava: "Qual é o ponto de vista desta música?". Mas ele sabia que queria captar mais daquilo que viu na apresentação ao vivo do que aquilo que nossos discos se tornavam num estúdio. E novamente não demoramos muito tempo com sons. Tudo aconteceu rápido. *Dressed to Kill* é razoável, mas não acho que o disco tenha a mesma qualidade nas músicas que os dois primeiros discos. Duas estrelas e meia.

PETER CRISS: Eu daria duas estrelas. Neil Bogart não era produtor; é por isso que eu o classifico dessa forma. Ele fumava muita maconha naquele tempo e eu sei que, quando se fuma maconha, você não consegue ouvir as coisas corretamente. Tudo parece maravilhoso. Aí, vem o dia seguinte, você ouve e comenta: "Mas que merda, é horrível!", porque a maconha faz os sons parecerem bons. Eu experimentei e eu sei do que estou falando. Sei que quando eu fumava e colocava fones de ouvido, era assim: "Puxa! Cara, que maneiro!". Mas simplesmente não acho que Neil tenha entrado no papel de produtor. Talvez, na verdade, eu lhe desse três estrelas porque a banda deu duro. Derramamos muito suor até ele ficar pronto. Nos divertimos e estávamos de volta à casa, no Electric Lady, então são três. Tivemos muitas ofertas [gravadoras que queriam assinar com a banda]. A gente pensava: "Puta merda!". No começo, ninguém nos queria, e aqui estavam as mesmas pessoas nos ligando de volta e dizendo:

KISS AO VIVO NO TOWER THEATER, FILADÉLFIA, 03 DE MAIO DE 1975 (PAUL ESTÁ USANDO ÓCULOS ESCUROS DEVIDO À CONJUNTIVITE)
(©KISS Catalog Ltd.)

"Queremos vocês". Então, entendemos que tínhamos algo de bom. Agora sabemos que temos algo de especial. "Então, foda-se, vamos ficar na Casablanca, já que ela é nova e somos seus primeiros bebês e sabemos que eles morrem por nós". Foi assim, ficamos com eles. Não teríamos obtido tanta atenção de outro selo como a que Neil Bogart nos deu. Aqui, Neil nos produzia e era o presidente da companhia. Não conseguiríamos ter maior lealdade.

ACE FREHLEY: Neil nos deixava fazer aquilo que achávamos que devíamos fazer, acrescentando algumas pitadas dele aqui e ali. Ele tinha algumas ideias muito boas. Era diferente trabalhar com Neil, porque ele era o presidente da Casablanca e não se podia ser tão estranho nem tão louco quanto se gostaria. De um lado, era intimidante. Recentemente, ouvi aquele álbum novamente. Não o ouvia há muito tempo e ouvi o CD. Havia muita energia naquele disco. Fiquei muito feliz com vários solos que fiz. Mostra o crescimento desde o primeiro disco [risadas]. Dou provavelmente quatro.

PETER CRISS: Neil [Bogart] queria ser produtor. Disse: "Eddie [Kramer] e aqueles caras são uns idiotas, não sabem nada do que fazem", mas ele tampouco sabia, na verdade. Quero dizer, deixe-o gerenciar uma companhia e ele gerenciará o mundo. Mas não se podia colocá-lo atrás de uma mesa de controle, porque ele era realmente perigoso!

JOYCE BOGART: Neil [Bogart] entendeu a música e conseguiu arranjar produtores que lhe dessem o melhor som. Ele se envolveu na escolha de material e na produção do *Dressed to Kill* porque ele sabia o que poderia ser tocado nas rádios. Ele tentava deixá-los um pouco mais comerciais, mas ainda mantendo a autenticidade. Mais tarde, ele se arriscou preparando um enorme álbum gravado ao vivo quando ninguém além de supergrupos faziam álbuns ao vivo, e eles ainda não vendiam tão bem.

BILL AUCOIN: Neil [Bogart] produziu *Dressed to Kill* porque não tínhamos como pagar um produtor. Era uma maneira de cortar os custos. Tomamos a decisão de que a única maneira de manter os discos do KISS nas lojas de discos era lançando algo novo a cada seis meses. Aquilo demonstraria às lojas de discos que tínhamos um disco novo a ser lançado e eles mantinham os discos que ainda tinham em catálogo porque sempre conseguiriam vender mais alguns. Esse era o plano, manter os discos nas lojas e não receber devoluções.

LARRY HARRIS: O KISS perdia dinheiro em cada turnê que fazia. Custava ainda mais gerenciar a companhia. Antes de termos saído da Warner Brothers, havia apenas quatro pessoas na Casablanca. Agora, tivemos que contratar uma companhia inteira e tínhamos muito mais despesas. A cada seis meses, tínhamos de ter mais um álbum do KISS, apenas para ter o dinheiro circulando para nós e para eles. Insistimos muito a respeito desses álbuns e, às vezes, a banda não estava pronta ou estava na estrada e não tinha composto nenhuma música.

BILL AUCOIN: O primeiro álbum do KISS vendeu por volta de 60 mil; o seguinte, ao redor de 80 a 100 mil cópias. O álbum *Dressed to Kill* vendeu 150 mil cópias. Do ponto de vista de Neil [Bogart], as coisas estavam crescendo. Mas, mais importante que isso, o bochicho estava aumentando. Estávamos vendendo ingressos mesmo quando éramos convidados especiais. A única razão que tínhamos para sermos convidados especiais numa turnê era vender ingressos e dar a comissão à atração principal. A maioria das atrações principais não nos queria em seus shows porque não fazíamos espetáculos sem a nossa pirotecnia. Nenhuma atração principal queria aquilo, realmente. Nosso agente procurava o empresário deles e dizia: "Olhe, o KISS será a diferença entre você conseguir dois mil ou dez mil dólares".

PAUL STANLEY: No *Dressed to Kill* Ace tocava de dentro de uma caixa de papelão. Ele tinha aquele amplificador que ele fez dentro de uma caixa de papelão.

DAVE WITTMAN: Fizemos o álbum inteiro no Electric Lady, no estúdio B. Era uma salinha apertadíssima. O KISS fez as faixas das músicas ao vivo. As músicas levavam duas ou três tomadas. O KISS sempre estava muito bem ensaiado, tudo saía bem ajeitado. Neil [Bogart] tinha umas ideias bastante consolidadas sobre a maneira que o KISS deveria ter o som naquele momento. Os amplificadores que usaram naquele álbum eram aqueles pequenos Fender Champ. Gene deve ter usado um Ampeg B-15. Eles tocavam bem alto até o limite dos amplificadores. Eu não ficaria surpreso se eles puseram mais do que quinze ou vinte watts.

PAUL STANLEY: Quando chegamos no *Dressed to Kill*, estávamos prontos para deixar o selo porque não recebíamos nossos royalties. Na época, nós não éramos exatamente aquele sucesso, mas havia ofertas de outros selos. A única coisa que fez tudo entrar nos eixos foi *Alive!*, em termos de entrada de grana e renegociação do nosso contrato. Havia esse ponto difícil porque a Joyce [Biawitz] estava namorando o Neil e a situação ficava complicada em termos gerenciais. Então, num certo momento, ela percebeu que seria melhor para ela se separar de Bill.

KENNY KERNER: Bill e Joyce eram sócios na companhia Direction Plus e também coempresariavam o KISS. O que aconteceu foi que, num determinado ponto, a Joyce começou a namorar Neil Bogart, o que imediatamente gerou um conflito de interesses. Ela era agente da banda e, portanto, devia cuidar de seus interesses da melhor maneira possível. E, sendo bem claro, ela ia para a cama com o presidente do selo, que tinha interesses totalmente diferentes dos da banda em certas áreas. Há um incidente que se destaca em particular. Tivemos uma reunião em meu apartamento em Los Angeles com a banda toda, Joyce, Bill [Aucoin], Richie [Wise] e eu. Discutimos uma boa oferta recebida da Atlantic Records. Eles nos ofereceram um acordo de um milhão de dólares para pegar a banda, comigo e o Richie como produtores, o Bill e a Joyce como empresários, o pacote completo. Queríamos tirar a banda da Casablanca Records e ir para um selo maior, que pudesse realmente fazer com que a banda explodisse. Discutimos todo tipo de possibilidades, a reunião terminou, e todos foram para casa. Por coincidência, no dia seguinte, Neil Bogart sabia de tudo que tinha acontecido na reunião. Ele despediu Richie e a mim e decidiu produzir o terceiro álbum sozinho, que foi sua maneira de tentar ganhar o controle da banda. Neil percebeu que, se ele ficasse no estúdio com a banda durante um mês, seria capaz de ganhá-los. Ele queria comprar o agenciamento de Bill. Ele só poderia ter descoberto sobre a reunião por meio de Joyce. Naquela noite, ela foi para casa, foi para a cama com Neil e disse: "A propósito, amor...". E eles se aproximaram cada vez mais até que, finalmente, se casaram. Ficou claro que ela não podia ficar mais do lado do grupo; havia simplesmente um enorme conflito de interesses. Não houve ressentimentos por parte de Bill. Ele simplesmente continuou como único empresário da banda. Não guardou ressentimento, nem nunca tentou se vingar de Neil.

BOB GRUEN: A sessão de fotos para a capa do *Dressed to Kill* veio após outra sessão que fiz para os quadrinhos de duas páginas da revista *Creem*. A ideia central dos quadrinhos era que os rapazes do KISS estavam a caminho do trabalho, como pessoas comuns, de aparência normal, vestindo terno e gravata. Lendo um jornal, descobriram que haveria uma apresentação de John Denver, e eles querem salvar o mundo de John Denver. Então, eles correm até uma cabine telefônica, arrancam os ternos e, ao sair correndo da cabine, eles estão transformados no KISS. Saem correndo, afixando cartazes com propaganda da apresentação de John Denver. Todo mundo comparece e, em vez de terem John Denver, elas têm o KISS. As pessoas ficam agitadas e o KISS salva o mundo pelo rock. No final, eles ficam com um montão de garotas e ganham medalhas espetadas no peito. Eram uns quadrinhos muito engraçados. Então, para aquela sessão de fotos, o KISS começou usando ternos. Algumas das gravatas eram minhas. Na capa, dá para ver Gene calçando os tamancos de minha ex-esposa [risadas]. Enquanto estávamos juntos fotografando, fiz com que o KISS parasse um momento na esquina sudoeste da rua 23 com a Oitava Avenida e tirei uma foto do grupo vestindo terno. Eles gostaram tanto da foto que ela foi usada na capa do *Dressed to Kill*. Mais tarde, lembro-me de ter tirado mais algumas fotos deles de terno e gravata com Neil Bogart, no Electric Lady, fingindo que eles sempre usavam terno e se vestiam daquela maneira.

CAROL ROSS: O KISS foi o primeiro cliente que eu trouxe para a Rogers & Cowan, uma das maiores agências internacionais de relações públicas. Durante uma reunião do pessoal da criação, eu mostrei fotos do KISS e todos ficaram chocados. Eu expliquei que aquilo não era golpe publicitário, que era um conceito de imagem. Tive de projetar uma campanha para criar interesse na imprensa pelo KISS, porque até aquele momento ninguém os levara a sério. Quando comecei a reunir a mídia, tive de manter o telefone longe dos ouvidos porque as pessoas riam histericamente: "O KISS? Você está brincando?". Diziam que eles eram uma piada e que não sabiam tocar. Retornei a Bill Aucoin e lhe disse que tínhamos que educar a mídia tornando-a mais positiva. Uma das coisas mais importantes que eu sabia é que se tratava de uma banda que entendia de publicidade, o que me facilitava a tarefa. Eles estavam dispostos a fazer o que fosse necessário para as pessoas se aperceberem deles. Alguns amigos mais próximos que eram da imprensa foram bem legais e me prestaram alguns pequenos favores. Eu comecei a arrumar espaços com outros clientes, pois, nesse negócio, às vezes, é preciso fazer isso. Você combina: "Eu te ajudo a falar com fulano de tal, mas quero que você dê mais atenção ao KISS". Essa foi a maneira de conseguir uma brecha para o KISS; de repente, todos concor-

KISS "DRESSED TO KILL"

FEB 6.75

TWO TIMER - SIMMONS -

My Baby / B tells me she thinks she's high fashion
She says she thinks she looks divine
About / A but that's what I keep tellin' her E
I tell her all the time — B A

You know she tells me she likes fast cars
She says she likes mine the best
And just because of that baby
You'd think she'll forget the rest   No, no, no

C sharp
Just call me a three time loser
That's all I'll ever be   A. B
chorus 'Cause my baby's a two-timer
You know she's two-timin' me   B   C sharp

My baby's a two timer   C sharp
She's nothing but a "
She makes me crazy she's --

My baby's a two timer
A two timer she'll always be
But her love's got such a strong hold
It's got a hold on me

davam que eles eram um fenômeno. E todos da mídia queriam ter o crédito de ter descoberto a banda.

ROOM SERVICE ★★★★★

PAUL STANLEY: Adoro "Room Service". O tema principal é legal. "Room Service" fala a respeito das turnês. Na época, vivia na estrada. Para mim, era mais natural estar num hotel do que em meu apartamento, e a coisa mais natural do mundo era eu pedir serviço de quarto de todas as formas, maneiras e jeitos.

TWO TIMER ★★★★★

GENE SIMMONS: "Two Timer" surgiu rápida, de maneira muito natural. Foi composta na guitarra. Aquilo foi uma demo que gravei em Minnesota. A referência de "Two Timer" é o Humble Pie, embora, quando eu a ouvi novamente, não haja repetição ou linha melódica que me faça lembrar a banda. Eu sei que Paul ouviu "Two Timer" e gostou das mudanças nos acordes na abertura da música. São exatamente os mesmos acordes usados na abertura de "Detroit Rock City".

LADIES IN WAITING ★★★★★

GENE SIMMONS: Estávamos ensaiando no estúdio para nosso novo disco. Estávamos no intervalo entre turnês e não tínhamos músicas suficientes para o novo álbum. Usamos algumas das músicas que sobraram das demos e tentamos trabalhar em algumas das músicas do Wicked Lester. "Ladies in Waiting" era um nome que eu já tinha. Apareceu muito rápido, não foi muito pensada. A maior parte da música foi criada dentro do estúdio. Ensinei a música no começo daquela tarde e a letra foi em sua maior parte escrita na hora. Repito, naquela época não tínhamos tempo para sentar e pensar a respeito de nada. As coisas aconteciam rapidamente.

GETAWAY ★★★★★

ACE FREHLEY: "Getaway" era uma daquelas melodias meio esquecidas. Peter foi o vocalista principal nela. Eu não fazia os vocais principais na época, era muito

> **55**
>
> KISS "DRESSED TO KILL"
>
> LADIES IN WAITING (SIMMONS)
>
> SO YOU'VE BEEN TO THE MARKET
> AND THE MEAT LOOKS GOOD TONITE
> AND THE LADIES IN WAITING
> WILL SHOW YOU WHAT IT'S ALL ABOUT
>
> AND SO YOU MOVE ON DOWN THE LINE
> ALL THE LADIES ARE LOOKING FINE
>
> LADIES IN WAITING
> THEY'RE ALL PARADING
> LADIES IN WAITING
> ANTICIPATING
> LADIES IN WAITING
> AIN'T MISBEHAVING   THEY'RE THE LADIES IN WAITING
> YEAH
>
> THE SELECTION IS INVITING
> THEY SURE LOOK HOT TONITE
> AND THE LADIES IN WAITING
> WILL SHOW YOU WHAT IT'S ALL ABOUT
>
> THE WAY THEY MOVE THEIR HIPS
> THE WAY THEY SMACK THEIR LIPS
> THEY WEAR THEIR SKIRTS SO TIGHT
> IT LOOKS LIKE EVERYTHING'S ALRIGHT

LETRA DE "LADIES IN WAITING", ESCRITA A MÃO POR GENE SIMMONS (©KISS Catalog Ltd.)

tímido, fiquei com medo. Não achava que fosse capaz. Mas, depois que consegui fazê-lo pela primeira vez com "Shock Me", quis mais e mais. Quando fiz meu álbum solo, que foi o que obteve o maior sucesso dos quatro, eu realmente compreendi que a banda estava me segurando. Eu não conseguia me desenvolver.

PETER CRISS: Adorei cantar essa. A música também era linda.

PAUL STANLEY NOS BASTIDORES DA TURNÊ DE DRESSED TO KILL, 1975
(©KISS Catalog Ltd.)

ROCK BOTTOM ★★★★★

PAUL STANLEY: "Rock Bottom" era uma música estranha, pois, na verdade, eram duas coisas diferentes. Ace compôs a introdução e eu compus a música em si. "Hotter Than Hell" foi assim, como "Rock Bottom". Há vários tipos de músicas que de alguma maneira foram baseadas em "All Right Now", do Free.

ACE FREHLEY: Eu tinha esse trecho instrumental, no qual estava trabalhando, e Paul gostou dele. Paul começou a tocar a contraparte e disse: "Isso poderia ser uma boa introdução de uma música que estou compondo". Aí nós tentamos e gostamos. Gravamos e pusemos no álbum. Para o disco, eu usei a guitarra Guild, de doze cordas. A última vez em que a tocamos foi na turnê do reencontro. Você viu a guitarra de dois braços que eu tocava? Essa é a única cherry sunburst de dois braços do mundo.

C'MON AND LOVE ME ★★★★★

PAUL STANLEY: Adoro "C'mon and Love Me". Eu estava conversando com alguém sobre como a gente se torna um compositor melhor com o passar dos anos. Mas também como se pode perder a essência e a pureza do que era no início, porque o que fez no começo baseava-se em associação livre – você colocando as coisas para fora e coisas legais acabavam surgindo. "C'mon and Love Me" foi composta dessa maneira. Era autobiográfica e composta do ponto de vista de um estilo de vida que eu vivi, mas que não foi um estudo calculado. Era basicamente uma música cuspida. Gostei muito dela e ainda gosto. As estrofes, o refrão, tudo. Foi a primeira vez que fiz a guitarra solo numa música do KISS. Sou eu tocando a parte principal desde o começo.

ANYTHING FOR MY BABY ★★★★★

PAUL STANLEY: Havia elementos do Bachman Turnen Overdrive em "Anything for My Baby". Lembro-me de estar no estúdio e estávamos tentando conseguir um som melhor das guitarras. Adicionávamos violões para reforçar as guitarras elétricas porque o BTO também fazia isso. Algumas pessoas parecem gostar daquela música, mas eu não. É uma daquelas músicas que você compõe, mas que não aprecia tanto.

SHE ★★★★★

STEVE CORONEL: "She" foi escrita porque fui ao centro da cidade, na rua 48, para tentar comprar uma guitarra. Comprei uma guitarra que adorei, uma linda guitarra preta chamada "The Black Widow". Eu a trouxe para casa e sentei sobre a cama, nos fundos do apartamento de meus pais, e comecei a dedilhá-la e afiná-la. E fiz [imita os acordes de início da música e o riff]. É uma musiquinha de nada [risadas]. Há esse canto de guerra indígena com os tanques andando, a parte inteira [recita a letra]: "She walks by moonlight..." (Ela caminha sob o luar...). É um rock da época dos dinossauros. É divertido, poderoso. Gosto no começo. Parecia uma boa ideia. Era simples. No dia seguinte, trouxe o que tinha ao loft e disse ao Gene: "Tenho um trecho de música aqui, você quer tentar escrever alguma coisa?". Ele respondeu: "Tudo bem, toque para mim". Lembro que ele estava em pé e eu toquei a introdução e entrei nas estrofes. Ele fechou os olhos para sentir melhor, balançando a cabeça, e em uns quatro minutos ele começou a cantar partes da letra. Acho que ele levou mais ou menos meia hora para escrevê-la.

GENE SIMMONS: Steve Coronel e eu compusemos essa música na época em que compúnhamos músicas juntos. Ele tinha o riff de "She" [cantarola o riff de "She"]; lembro de ter composto "See You Tonite" fazia pouco tempo e comentei: "Puxa, que chato que não estamos numa banda para tocar essa". Ele não parava de dizer: "É a minha música predileta, vamos tocá-la".

LOVE HER ALL I CAN ★★★★★

PAUL STANLEY: "Love Her All I Can" era uma música do Wicked Lester. Quando estávamos fazendo o *Dressed to Kill*, não tínhamos músicas suficientes. [Foi inspirada no] The Who e o Nazz, a velha banda de Todd Rundgren. Tinha uma música chamada "Open my Eyes". É basicamente a mesma introdução. Eles copiaram o The Who e nós os copiamos.

GENE SIMMONS: Penso nos metais quando toco riffs [imita a abertura da música]. A introdução daquela música era um riff de metais baseado em "Open My Eyes", do Nazz.

ROCK AND ROLL ALL NITE ★★★★★

PAUL STANLEY: "Rock and Roll All Nite" foi composta enquanto estávamos em Los Angeles, no continental Hyatt House. Neil [Bogart] nos disse: "Caras, vocês precisam de um hino, uma música que pegue". Na época, as bandas não tinham hinos. Mas o Neil era realmente esperto e à frente de seu tempo e ele disse: "O Sly and the Family Stone tinha 'Stand' e 'I Want to Take You Higher'". Daí ele acrescentou: "Caras, vocês realmente têm que ter um hino". Eu compus o refrão e Gene, as estrofes. Trouxemos todos os nossos amigos ao estúdio para cantar o coro de acompanhamento da música. Amigos, garotas, irmãs, irmãos, todos. Pareceu uma música perfeita. Era uma faixa para a plateia ficar ligada com a gente. Foi isso que fez ela ser o que é. Foi lançada como compacto e empacou. Só virou sucesso após a apresentação ao vivo.

GENE SIMMONS: Originalmente, queria que a música se chamasse "Drive Me Wild". Era a ideia de um carro, em analogia com uma mulher; orbes gêmeos brilhando na noite, as referências sexuais óbvias estão presentes aí. A ideia é que se eu dirijo (drive) um carro "você me deixa louco (drive wild), eu te levo à loucura (drive you mad)". A ideia de dirigir o carro era um trocadilho duplo com a expressão "deixar louco". Nunca consegui fazer o refrão. Então, quando o Neil Bogart sugeriu que compuséssemos o hino, Paul e eu nunca tínhamos ouvido essa palavra, a não ser no livro de Ayn Rand, *Anthem*. Neil disse: "Componham algo que fale sobre seus sentimentos. Qual é a sua filosofia?". Pensamos que seria uma noção interessante, já que sempre gostamos de compor sobre nossos sentimentos e, principalmente, sobre quem éramos. Ela saiu rápido. Paul entrou e disse: "Olhe o que eu tenho" [canta]. "I wanna rock and roll all nite...". Aquilo me fisgou na hora porque, obviamente, é "eu" e não "nós". Essa é provavelmente a principal diferença entre o Queen e o KISS. No Queen, tudo é "nós": "We Will Rock You". E nós sempre fomos "eu". Sempre achamos que uma voz fala mais alto, um ponto de vista pessoal era muito mais importante. Uma coisa do tipo uma-noção-pode-modificar-o-mundo. Portanto, os trechos foram, grosso modo, justapostos. Pegue a minha estrofe e junte ao refrão do Paul e você tem uma música. Neil Bogart estava lá para a versão de estúdio, e ele voltou aos tempos da discoteca com um grupo chamado Steam [canta

EXAUSTOS NO ALIVE!, 1976 (©KISS Catalog Ltd.)

a canção do grupo, "Na Na Hey Hey Kiss Him Goodbye"]. Na época, havia umas vinte pessoas no estúdio e todas estariam cantando. Todas cantavam o refrão de "Rock and Roll All Nite", incluindo todos os músicos do estúdio, Lydia Criss, os roadies. Todos.

ACE FREHLEY: "Rock and Roll All Nite" é uma música bárbara. Depois de tê-la gravado em estúdio, sabíamos que seria um hino. Eu sabia que seria algo especial. A música diz tudo. Ela também é fácil de tocar. É ótimo quando você a toca, já perto do final da noite, quando o show já está quase terminando.

PAUL CHAVARRIA: Estávamos no estúdio para a gravação de "Rock and Roll All Nite". Todo o pessoal de turnê vestia jaquetas de couro pretas e camisetas pretas com strass na frente dizendo KISS. Um dos roadies, Moose [Peter Oreckinto], fez isso com o zíper [faz barulho com o zíper]. Aí todos os roadies começaram a fazer o som de zíper. Gene, ou Paul, queria colocar o som no microfone, para ver como sairia na música. Saiu na faixa; dá para você ouvir o zíper em algumas partes da música [imita o som do zíper]: "zip, zip, zip". Somos todos nós mexendo no zíper [risadas].

ALIVE!

Lançamento: 10 de setembro de 1975
EDDIE KRAMER – produtor / BILL AUCOIN – empresário
LARRY HARRIS – vice-presidente da Casablanca Records / FIN COSTELLO – fotógrafo
DENNIS WOLOCH – designer do álbum
LEE NEAVES e BRUCE REDOUTE – adolescentes na contracapa

PAUL STANLEY: *Alive!* ganha cinco estrelas duplas! Acho que foi importante porque queríamos criar um suvenir, como quando se vai ao circo. Era como um programa musical. Tivemos muitos problemas porque atingimos um ponto onde muitas outras bandas não nos deixavam mais abrir o espetáculo. Então, estávamos literalmente parados, sem turnês. Era um álbum que nos punha em posição principal. Não era um álbum do tipo ou-vai-ou-racha, mas foi um álbum realmente importante.

GENE SIMMONS: Quatro estrelas. Éramos tão inocentes. Tudo o que acontecia era imenso. Sabíamos que algo estava acontecendo. Nossas apresentações esgotavam as entradas. Não conseguíamos encontrar grupos com os quais tocar. Fomos jogados fora da turnê do Argent, da turnê de Savoy Brown. O Black Sabbath nos pôs para fora de sua turnê. Era uma questão de sobrevivência para a Casablanca. Eles não tinham nenhum sucesso. Mas nós só fazíamos o de sempre. E sempre íamos contra a corrente. Gravar um álbum ao vivo antes de ter chegado ao sucesso – não tínhamos nem um disco de Ouro. Simplesmente decidimos que íamos fazer um álbum ao vivo e que seria um álbum duplo. Acho que, do ponto de vista de som, o álbum espelha o que o grupo é. De algum modo, tirar a plateia fora de nossas músicas faz com que elas fiquem muito mais distantes ou frias.

PAUL STANLEY: A parte maravilhosa em relação ao *Alive!* é que foi uma gravação que incluiu e homenageou tanto a plateia quanto a banda. Acho que é por isso que as pessoas responderam tão bem ao *Alive!* Ele realmente capta a experiência ao vivo em termos do que a plateia sentiu. Foi muito importante para mim o fato de a plateia não estar de fundo, pois nos shows do KISS, de muitas maneiras, a plateia compete com a banda [risadas]. É um esforço coletivo. É como uma renovação na igreja; tenta unir todos. *Alive!* realmente demonstra a experiência não só em termos do que a banda estava fazendo, mas também do que a plateia fazia.

EDDIE KRAMER: Estava desapontado de não conseguir produzir o primeiro álbum do KISS; já havia feito a fita demo que acabou lhes rendendo um acordo de disco. A política venceu. Os primeiros dois álbuns ficaram bons. Tenho certeza de que a banda não estava totalmente feliz com o som deles. Mas quando chegou a hora do álbum ao vivo, foi uma estranha série de coincidências e circunstâncias. Certa noite, recebi uma ligação do Neil Bogart, dizendo: "Olhe, o KISS quer fazer um álbum ao vivo. Você está interessado?". Respondi: "Deixe-me pensar um pouco", porque em cima de minha escrivaninha estava uma fita do Tom Scholz [líder do Boston]. Eu ouvi a fita e disse: "Puxa, é boa demais!". Estava angustiado com a decisão. "Devo produzir o KISS, ou essa banda de Boston, liderada por Tom Scholz?". No final, liguei para o Tom e lhe disse: "Bom, o que você quer que eu faça com essa fita? É boa demais. Não poderia acrescentar nada a ela. Sugiro que você a grave do jeito que está". Ainda acredito que seja muito boa. Decidi ir para o KISS por causa do desafio de fazer aqueles caras terem um som realmente bom. *Alive!* foi gravado em vários locais – Wildwood, Nova Jersey, Davenport, Iowa; Cleveland e Detroit.

PETER CRISS: Dou cinco estrelas ao álbum. Eu o adorei. Era divertido. Finalmente estávamos fazendo um álbum ao vivo. Além disso, fiz um dos melhores solos na bateria de minha vida em "100.000 Years". Ainda considero que é um dos meus melhores solos. Os fãs ainda me perguntam: "Como é que você faz aquele '100.000 Years'?". Para mim, aquele foi um dos primeiros solos de bateria heavy metal. Nunca houve realmente um solo de bateria heavy metal com a plateia participando com gritos, sincronizando com a bateria. Ainda uso um pouco do solo em meu solo modernizado. Ainda acrescento pequenos pedaços dele e, juro por Deus, no instante em que adiciono aqueles pedaços, a plateia fica doida. Tivemos de mexer em algumas coisas. Muitas pessoas fazem isso. Muitas coisas foram retocadas, muitos vocais, harmonias, partes de guitarra, partes do baixo, partes de bateria, com certeza. Apenas pequenas partes porque, quando você toca ao vivo, você toca mais depressa por causa da adrenalina pulsando. No estúdio toquei com uma faixa de clique, mas não dá para fazer isso no palco, e fico tão acelerado que toco mais rápido.

ACE FREHLEY: *Alive!* é dez! Muitos guitarristas se aproximam e comentam que *Alive!* é a Bíblia deles. Foi como eles aprenderam a tocar guitarra, o que acho muito lisonjeiro. Se o álbum não tivesse dado certo, teríamos sido deixados para trás pelo selo. Mas eu sabia que o disco seria sucesso porque acredito que a única maneira de poder captar o KISS é com um disco ao vivo. Nossos álbuns de estúdio da época não conseguiam nos captar tão bem quanto o álbum ao vivo. Pensava que tocava melhor ao vivo porque a plateia me inspirava.

PAUL STANLEY: Gosto muito de mim mesmo no palco, dançando, sacudindo o traseiro, sacudindo a cabeça, tocando com a guitarra no meio das pernas. Gosto tanto disso quanto a plateia. Na verdade, me divirto lá em cima. Divirto-me muito, brincando e dançando. Adoro isso. Há algumas noites em que você sente como é mágico, supremo. Nos esforçamos para criar um certo padrão de excelência. Mas nunca se consegue recriar a espontaneidade. É aí que a porca torce o rabo. Você tem que ir aumentando seu padrão o tempo todo, e não ficar copiando a si mesmo. Se faço uma apresentação que sei que não foi boa, é superchato, não pelo que os outros vão pensar, mas porque tenho de encarar a mim mesmo. Vi a mesma reação no Ace. A maioria das pessoas nem sabe se tivemos uma noite ruim, mas nós sabemos, e isso nos enfurece. Para nós é muito importante ter orgulho do que fazemos. A imagem só é válida enquanto formos bons.

ACE FREHLEY: Nos primeiros tempos, costumava ficar tão ansioso tocando guitarra que poderia despencar de cima do palco. Gene e Paul costumavam debruçar sobre mim e fingir que fazia parte do show.

PETER CRISS: É importante que seja divertido para nós porque, se as pessoas veem que nos divertimos, elas também se divertirão. Fico lá atrás tocando bateria e é um espetáculo para mim. Fico de olho nos rapazes tanto quanto a plateia. É importante ficar o mais próximo possível da plateia.

ACE FREHLEY: Quando começamos, sempre assumimos uma atitude. Mesmo quando estávamos em terceiro ou quarto lugar no cartaz, tocávamos como se fôssemos a atração principal e a apresentação era nossa. Estávamos lá para jogar todos para fora do palco. Mas, agora que chegamos ao topo, não sentimos nenhuma pressão, achando que as bandas mais novas vão chegar e nos ultrapassar.

PAUL STANLEY: O KISS é barulhento, mas é parte do que nos faz sermos tão especiais. A banda cria suas próprias regras. Tocamos mais alto do que qualquer outra banda porque é esse o nível de decibéis que acreditamos ser o correto para nossa música. Quando tocamos pela primeira vez no Japão, em 1977, os comissários da saúde mediram o nível de decibéis para assegurar que não iríamos prejudicar a audição de ninguém. O nível era 136; o do Concorde é cem. Não acreditamos em amenizar as coisas e não vamos fazê-lo. Nunca nos preocupamos com custos, mas sim com qualidade de nossa apresentação. Quando se consegue dinheiro, nós o reinvestimos para melhorar o show.

GENE SIMMONS: Adoro turnês. Posso ficar na estrada para sempre. Acho que os hotéis são locais mágicos. Você tira o telefone do gancho e a comida aparece em seu quarto. Você quer sair e as limusines te pegam lá na frente.

PETER CRISS: A versão ao vivo de "Rock and Roll All Nite" capta exatamente o que somos. Capta a insanidade ao vivo, a adrenalina, a vibração da plateia.

LARRY HARRIS: Comparado a outros compactos simples de nosso selo, como "Y.M.C.A." ou "Love to Love You Baby", "Rock and Roll All Nite" não foi um grande compacto. Nunca chegou ao Top 40. Era muito mais uma música rock de FM. Mas é uma música excelente e até hoje ela é muito tocada nas rádios.

ACE FREHLEY: Partes dele foram [regravadas em estúdio], não me lembro realmente até que ponto, mas umas partes tinham de ser melhoradas.

PAUL STANLEY: Todo álbum tem de ser um pouco remendado por todo o tipo de razões. Se você ouve "C'mon and Love Me", existe um erro de baixo que continua durante toda a música, toda vez que entramos no refrão. Não é nenhuma perfeição. Quando eu ouço agora, sei que poderia ter arrumado os vocais e realmente ter um melhor desempenho nas músicas. Mas acho que foi o melhor que conseguimos. Não é isento de falhas. Se quiséssemos um disco sem falhas, teríamos mexido nele, mas é tão ao vivo quanto possível. Não tenho dúvidas a esse respeito.

BILL AUCOIN: Estávamos editando e regravando algumas das faixas ao vivo no Electric Lady para o *Alive!*. A maior parte do álbum não foi, na verdade, ao vivo, mas retoques não são fora do comum em álbuns ao vivo.

GENE SIMMONS: Aconteceu há tanto tempo. Lembro de ter voltado e refeito alguns vocais, mas acho que, grosso modo, o que vocês ouvem é o que foi feito. Certamente existem muitos erros.

EDDIE KRAMER: Pelo que sei, a regravação foi maior do que eles recordam. Francamente falando, algumas músicas foram desmembradas e deixaram apenas a bateria e regravaram o baixo e a guitarra base de Paul. A guitarra de Ace, em termos gerais, não estava tão ruim, mas assim mesmo substituímos algumas coisas, alguns vocais. Vocês entendem, com tantos saltos, é impossível se ter um bom desempenho. A regravação foi feita no Electric Lady. A ideia era você ouvir a reação da plateia e ouvir o retardamento do vocal e sincronizá-lo perfeitamente com a apresentação que ocorreu. Se houvesse reparos a serem feitos, tipo uma nota desafinada, você só sincronizava e aí consertava o erro. Você disfarçava se havia uma nota errada. O mesmo com as guitarras. Você tenta deixá-las o mais perfeito possível e, na hora em que se acrescenta a plateia de novo, o som fica legal. Quero dizer, isso é feito o tempo todo. Não somos os únicos que fizeram isso. Lembro quando estávamos remixando, eu estava com o playback de duas máquinas e tinha a plateia nos lados B ou C. Não me lembro quando a plateia fica mais baixa, e eu estava diminuindo o som porque eu estava copiando, e ficou interessante, por isso deixamos o efeito. Foi um bom álbum ao vivo para a época. Vendeu dois ou três milhões de cópias. De certo modo, foi recriado em estúdio, mas fielmente, a ponto de soar ao vivo. Ninguém desconfiou de nada durante anos. Uns cinco ou dez anos mais tarde, quando as pessoas me perguntaram como eu fiz aquele álbum e eu lhes contei que basicamente ele foi recriado em estúdio, incluindo as partes da plateia, elas não acreditaram. Então foi uma daquelas coisas, você faz o que for necessário para o disco ficar o máximo. Isso melhorou as apresentações. Não acho que agimos de forma desonesta. O que fizemos foi arrumar um pouco uma apresentação ao vivo muito, muito difícil, na qual os artistas não estavam realmente no controle da situação. Não importa se você é excelente. Não há modo de você fazer o tipo de coisas que o KISS faz no palco e o som sair afinado e no ritmo certo. É impossível! Então, não alteramos a bateria e usamos a plateia que estava lá. Nós os melhoramos e os fizemos soar melhores e mais altos e fizemos com que o som do álbum fosse realmente bom. A voz de Paul foi revigorada algumas vezes para soar bem, o mesmo acontecendo com as guitarras base e com a guitarra de Ace. A maioria de seus solos ficou intacta. Os vocais de Peter estavam bem. Nós os mantivemos. As batidas de Paul foram juntadas de várias apresentações e editadas juntas.

PAUL CHAVARRIA: Todos os membros do grupo de turnê que trabalhava com o KISS naqueles dias eram perfeccionistas. Todos queriam que tudo estivesse certo. Quando, no Cobo Hall, a plataforma da bateria do Peter não subiu, num daqueles shows gravados para o álbum *Alive!*, nós mesmos a levantamos. O grupo era capaz de matar pelo KISS. Nós éramos capazes de morrer por aqueles caras. Nós pularíamos na frente deles se o povo lhes atravessasse o caminho. Nós atacaríamos se alguém comprasse briga com os rapazes. Nós éramos seus seguranças. Nosso chefe era J. R. Smalling. Nós o chamávamos de "Black Oak" (carvalho negro) porque ele era tão alto. Ele podia fazer tudo o que tivesse de fazer com qualquer um. J.R. fez a famosa introdução que está no álbum *Alive!* [recita a introdução]: "Vocês queriam o melhor e vocês conseguiram, a banda mais quente do mundo... o KISS!".

ACE FREHLEY: Foi quando começamos a ganhar dinheiro. Lembro quando lançamos o álbum ao vivo; basicamente era algo para ser lançado até que saísse outro álbum de estúdio. Não tínhamos ideia de que seria o sucesso que foi.

EDDIE KRAMER: Relembrando, *Alive!* foi bastante avançado porque até lá nenhuma banda heavy metal tinha um disco como esse. O motivo do sucesso do disco, se eu pudesse analisar, foi o fato de termos rodado muito em turnê pelo centro-oeste e pelo sul durante dois anos. Então, na época em que lançamos o álbum ao vivo, eles tinham fãs registrados em número que [variava] de 150 a 200 mil. E sabíamos que poderíamos vender 150 a 200 mil cópias. Então pensamos: "Está bem, este disco irá vender 300 mil, 350 mil". Nem por sonho imaginávamos que conseguiríamos o Ouro. Quando chegamos ao Ouro, ficamos loucos de alegria. Quando deu Platina, ficamos mais malucos ainda. Não era esperado.

BILL AUCOIN: Decidimos fazer um álbum ao vivo porque era mais barato do que gravar um disco em estúdio. Nunca recebemos uma declaração de royalties da Casablanca. Neil [Bogart] passava por todo tipo de loucuras com a companhia. Eles saíram da Warner Brothers. Neil hipotecou sua casa e pediu que distribuidores independentes investissem dinheiro na companhia para mantê-la funcionando. Eles assim fizeram porque Neil obteve sucesso enquanto estava na Buddah. A Casablanca, para eles, estava com a corda no pescoço. Por esse motivo, eu usei meu cartão de crédito American Express para financiar o KISS na turnê, porque o selo não conseguia caixa para nos dar mais dinheiro. Quando eu confrontei a Casablanca a respeito do não pagamento de royalties, nossos advogados revelaram que estavam acionando o selo. A coisa virou uma guerra. Neil ficou ofendido porque tinha feito muito por nós. Eu adorava Neil, mas ele ficou muito ofendido. Ele sentiu que eu estava indo contra ele, e a Joyce [Biawitz] ficou no meio. Ela estava pensando em se casar com ele. Nós estávamos lançando o *Alive!* e eu disse: "Se não acertarmos os ponteiros agora, estamos liquidados". O boato que corria pela indústria de discos era que o KISS estava começando a aparecer. Eles ouviam os jovens gritando: "KISS, KISS, KISS...". Finalmente, nós acertamos os ponteiros, mas outras gravadoras apressavam-se em dizer: "Assinem aqui, assinem aqui". Doug Morris, da Big Tree, que era parte da Atlantic, queria assinar com o KISS. Mas eu realmente não via razão de deixarmos o Neil. Eu precisava apenas acertar o negócio. No final, o Neil foi conversar com os rapazes e lhes pediu que me deixassem. Ele disse a eles que os gerenciaria e que a Casablanca faria tudo. Isso tudo porque eu estava contra ele. Eles deixaram claro ao Neil que não iriam me deixar. A situação era que tínhamos o Neil e a Casablanca em cima de um barril de pólvora. Assinamos um novo acordo com a Casablanca, que nos pagou uma boa parte do que nos devia, e resolvemos seguir adiante. Não tínhamos dinheiro algum. Na verdade, eu não conseguia pagar aluguel. Felizmente, eu vivia numa casa cuja proprietária era uma pessoa criativa e, portanto, ela entendia. Ela não levava as coisas tão a ferro e fogo. Meus amigos diziam que eu era maluco porque agenciava um grupo que usava maquiagem. Eles diziam: "Melhor você convidar o Bill para jantar, senão ele não vai comer". Então eles faziam rodízio me convidando, dizendo: "Que tal sairmos hoje à noite?". Era assim que eu comia. Ironicamente, foi assim que saímos da miséria até recebermos um cheque de 2 milhões de dólares. Isto aconteceu em 1975, quando 2 milhões equivaleriam a 10 milhões de dólares de hoje. Tudo de que eu me lembro é olhar para aquele monte de zeros. Eu me sentei e fiquei contando os zeros. Acho que devo tê-los contado umas mil vezes.

LARRY HARRIS: *Alive!* nos surpreendeu também. O álbum foi lançado na primavera de 1975. Na mesma época, o Parliament e a Donna Summer também lançaram os seus álbuns. De repente, aqueles três álbuns começaram a vender. Tínhamos um grande problema. Não tínhamos dinheiro para prensar o disco. Nos afundamos tanto em dívidas com as indústrias e já lhes devíamos tanto dinheiro que eles não queriam prensar mais discos para nós. Neil foi até cada uma delas e lhes implorou, bajulou-as e concordou com quaisquer acordos que fossem para persuadi-las a fazerem mais discos. Todos os três álbuns explodiram ao mesmo tempo e isso quase nos pôs para fora do negócio. É um daqueles casos em que o sucesso pode te pôr para fora do negócio.

BILL AUCOIN: A Joyce conheceu o Neil no *Flipside* e se apaixonou por ele. Neil disse: "Venha viver comigo e eu me caso com você". Neil me contou: "A Joyce está saindo da companhia. Quero que você compre a parte dela". E chegamos a uma cifra. Isso aconteceu no meio da produção do álbum ao vivo.

FIN COSTELLO: A foto da capa foi tirada no Michigan Palace, em Detroit, que já foi o lar dos Stooges e MC5 [agora é um estacionamento]. Estava sendo usado pelo KISS para ensaios para o show no Cobo Hall, onde estava gravando o álbum ao vivo. Penduramos uma cortina na frente da bateria e tiramos umas fotos para revistas europeias e japonesas. Depois fomos filmar e fotografar uma parte do show. Havia acabado de mudar de Londres para os Estados Unidos, onde trabalhara com bandas como o Deep Purple, Humble Pie e o Status Quo. O Quo tinha uma parte em seu show na qual os três guitarristas se aproximavam uns dos outros e dançavam juntos, o que tinha impressionado Gene. Tornou-se uma espécie de brincadeira durante a sessão de fotos. Eu não parava de falar: "Vamos fazer a foto igual à do Quo", até que Paul acabou dizendo: "Ei, cara, nós somos o KISS e não o Quo". Como vocês podem ver pelo ângulo alto da câmera, ela não poderia ter sido tirada num show ao vivo, já que eu teria de estar suspenso acima do palco para poder pegar aquele ângulo. Tecnicamente falando, não é uma foto boa, mas é boa em termos de criar uma atmosfera. A contracapa do álbum foi uma grande surpresa para mim. Eu pensava que uma foto mostrando o tamanho do espetáculo pudesse dar certo e desci para a frente um pouco antes do show. Enquanto eu tirava as fotos, esses dois jovens entraram na frente do enquadramento com um cartaz que tinham preparado. Ficaram satisfeitos pela foto, mas devem ter ficado tão surpresos quanto eu quando a foto virou a contracapa. Era um sonho de fãs se tornando realidade.

BRUCE REDOUTE: A foto de Lee e eu segurando o cartaz do KISS foi tirada no Cobo Hall em maio de 1975. Nós estávamos com quinze anos na época. Trouxemos o cartaz porque tínhamos a esperança de chamar atenção. E como chamamos! Estávamos sentados na décima sexta fileira e muitos fotógrafos na frente ficaram loucos, tirando fotos nossas segurando o cartaz. Meses se passaram e o álbum *Alive!* foi lançado. Quando vimos que a contracapa inteira era uma foto minha e do Lee segurando o cartaz, ficamos perplexos. Era um sonho que se realizava. Ainda temos o cartaz, a gente se reveza para guardá-lo! [risadas]

LEE NEAVES: Bruce disse: "Por que não fazemos um cartaz para o concerto do KISS?". Levou uma hora ou duas para fazer a arte e aí Bruce e Bob Bommarito ajudaram a colori-lo. Se eu soubesse que seria famoso, eu teria caprichado mais [risadas]. Então, trouxemos o cartaz para o show e o abrimos. Em seguida, uma enorme multidão nos rodeou. Evidentemente, chamou a atenção de alguém detrás do palco, que se perguntou que agitação era aquela. Aí aquele fotógrafo apareceu e perguntou se poderia tirar uma foto. Ele ajustou o foco e pediu para erguer o braço. Quando o *Alive!* saiu, fui à loja de departamentos Korvette e o vi pela primeira vez. Virei o álbum e éramos nós! Até hoje, ainda me surpreende. Sou parte da KISStória!

DENNIS WOLOCH: Bill Aucoin compartilhava espaço com a Howard Marks Advertising. O KISS já tinha três álbuns lançados. Eu já fizera alguns trabalhos para eles antes, um pequeno minicartaz. Bill veio e me perguntou: "Eles estão lançando um álbum ao vivo, você gostaria de fazer o design?". Respondi: "Claro!". Então, ele me arrumou algumas fotos e foi isso. Eu tive a ideia de colocar algumas mensagens escritas à mão pela banda, que vieram dentro do álbum. Disse a eles para usarem papéis e canetas diferentes para não parecer que todos eles sentaram juntos e escreveram ao mesmo tempo. Assim, ficou com um toque mais pessoal.

DESTROYER

Lançamento: 15 de março de 1976
BOB EZRIN – produtor e compositor / JAY MESSINA – engenheiro de som
CORKY STASIAK – engenheiro de som / STAN PENRIDGE – compositor
KIM FOWLEY – compositor / MARK ANTHONY – compositor
DICK WAGNER – guitarrista de estúdio / BILL AUCOIN – empresário
SEAN DELANEY – consultor de criatividade, coreógrafo e colaborador
DENNIS WOLOCH – designer do álbum

GENE SIMMONS: Foi um mundo diferente. Não sabíamos onde é que estávamos nos metendo. O *Alive!* foi um tipo de acabamento final ao que vínhamos fazendo até ali. Achávamos que estava na hora de dar um passo à frente. Não

RECORD PLANT STUDIOS
321 WEST 44th STREET, NEW YORK, N.Y. 10036 • (212) 581-6505

RUFF MIXES

ARTIST	PROD.	W.O.	ENG.	REEL
KISS	MR BOB EZRIN		JAY CORK	1
CLIENT	DATE	MACH. #	TRKS.	IPS.	OF
Rock Steady	1 17 76	A	2	15	1

TAKE	TITLE	TIME	COMMENT
	Shout it out loud		
	Sweet Pain		
	Detroit Rock City		
	King of the night time World		
	Do You Love Me?		
	Tails		

406 AMPEX

CAIXA DA FITA DE DESTROYER (©KISS Catalog Ltd.)

queríamos fazer isso por conta própria, porque pensamos que seria preciso uma pessoa mais distante. Foi assim que Bob Ezrin surgiu. De fato, a combinação foi superboa porque ele tinha um passado com raízes mais clássicas que nós; foi por causa dele que aconteceram coisas como "Beth". Ele a compôs com Peter, embora Peter realmente não toque nenhum instrumento. Ele só tinha a melodia na cabeça. Ezrin, com certeza, tinha sua maneira própria de gravar. Ele foi o engenheiro de som da metade daquele disco. Acho que não tínhamos a mínima ideia de nada [de como o disco era especial]. Na verdade, ficamos com medo de que algumas coisas tivessem um som muito diferente. Ficamos muito preocupados com "Beth". Eu daria quatro estrelas e meia para o *Destroyer*.

PETER CRISS: Foda-se! O *Destroyer* ganha cinco estrelas! Meu Deus, eu dei duro trabalhando nele. Na época, fui a um instituto de terapia de regressão que o John Lennon frequentava porque mergulhei tão profundamente no álbum que senti que tinha perdido todo o senso de realidade. Eu estava começando a cheirar cocaína, rolava muita coca no pedaço. Fiquei tão chapado por aquela merda no *Destroyer* e nas músicas. De todos os álbuns do KISS, este é o que provavelmente apresenta meu melhor trabalho na bateria. É o meu jeito típico de tocar. Eu separei cada parte, planejei cada trecho, escrevi cada parte com cuidado. Nunca fiz isso em nenhum dos outros álbuns. "Do You Love Me" é uma música vencedora. O *Destroyer* foi um álbum muito duro e difícil. "Beth" está lá. O álbum estava fracassando. Despencava nas paradas. Não conseguia decolar. Pelo que eu saiba, algum DJ começou a tocar "Beth". E de repente o Neil Bogart começou a dizer: "Veja só, eles estão tocando muito no rádio!". De repente, antes de se perceber, há um montão de dinheiro por trás e aparecem pessoas em toda parte cantando "Beth". Em seguida, não mais que de repente, ela é a número um nas paradas e ganho o People's Choice Award e, foda-se, o álbum consegue um Platina duplo [risadas]. Foi uma baita surpresa. Suamos como doidos. Pensávamos: "Será que isso vai funcionar? Será que fizemos a coisa certa?". Usamos o Bob Ezrin. Ele é o melhor de todos! Gastamos uma fortuna e suamos a camisa. Quando vimos que ele despencava na *Billboard*, começamos a pensar: "Oh, não, que droga!". Depois de enfrentar toda aquela terapia de regressão, disse: "Não pode ser verdade!". Mas numa noite de neve, perto dos feriados de fim de ano, o Bill Aucoin apareceu no meu apartamento. Havia fogo na lareira. Estávamos todos sentados em volta e o Bill disse: "Ouça isso". E tocou "Beth" bem baixinho. Foi um momento incrível! Ouvimos a música e de repente trocamos olhares e dissemos: "Porra, isso é bom! É mágico!".

Então, quando terminou de tocar, o Bill disse: "Sabem de uma coisa? O álbum tem uma bala no gatilho de novo e vai ser o máximo! Ela vai ser o sucesso do álbum". Ficamos todos paralisados. Eu me lembro que foi um momento muito especial. Havia umas velas acesas. Foi o máximo! Nunca vou me esquecer.

PAUL STANLEY: Gosto muito do *Destroyer*. Dou cinco estrelas para ele. É um álbum ambicioso. Trabalhar com Bob Ezrin pela primeira vez foi como estar num acampamento de recrutas. Chegamos verdes e saímos muito mais maduros. O álbum superou o teste do tempo muito bem.

ACE FREHLEY: Naquela época, eu adorava baladas. Ia direto ao Studio 54. Muitas vezes eu chegava atrasado, com ressaca. Isso não é segredo para ninguém. Bob Ezrin estalava o chicote e, muitas vezes, perdia a paciência. Em todos os discos que ele fez com o Alice Cooper, ele usou guitarristas de estúdio. Muitas vezes, tenho de estar com o humor adequado para conseguir tocar um solo de guitarra corretamente e não gosto de trabalhar sob pressão. Às vezes, o Bob não teve o saco que outros produtores que trabalharam comigo no passado tiveram. Não sou um músico de carteirinha. Quando eu não conseguia tocar de primeira, muitas vezes o Bob me fazia sentir mal, o que foi muito chato. Isso é uma das coisas de que não gostei naquele disco. Mas, outras vezes, o Bob e eu nos acertávamos e víamos as coisas sob a mesma ótica. Houve momentos brilhantes naquele disco.

ACE FREHLEY: Acho que é um ótimo disco. O produto final foi muito criativo, demonstrou nosso crescimento. Ele nos fez ver as coisas sob um prisma diferente.

PAUL STANLEY: A produção do Alice Cooper foi tão brilhante que precisávamos de um produtor. Embora não soubéssemos nem metade do que imaginávamos saber, não está vamos prontos a ouvir ninguém. Mas o talento de Ezrin e a gravação não deixam dúvidas. Não era algo muito diferente do que vínhamos fazendo. Era muito parecido com o que fazíamos. O que Bob nos ensinou foi a disciplina no estúdio. Naquele primeiro projeto, o *Destroyer*, ele usava um apito em volta do pescoço, apitava e nos chamava de "recrutas". Ele apontou o dedo no nosso nariz e gritou com a gente. É bem engraçado quando você consegue esgotar todos os ingressos num estádio e há alguém no estúdio te tratando como um imbecil. Verdade, parecia o próprio treinamento de recrutas musicais. Ele queria tirar o máximo de nós e tentar nos elevar a um novo patamar.

BILL AUCOIN: Eu me envolvi com o Bob porque ele tinha feito o [Alice] Cooper e também estava bem animado. Bob já tinha me telefonado uma vez, porque o filho dele só falava no grupo KISS. Ele calculou que se o filho só falava no grupo é porque algo aconteceria. Então ele me telefonou e disse: "Por que você não vem conversar?". Bob é brilhante. Ele se envolveu nisso por causa do filho. Ele ficou superentusiasmado. Bob é muito forte. Acho que Ace o chama de "O ditador". Mas eu gostei muito dele porque era brilhante e todo certinho, queria muito fazer um disco de sucesso. E também acho que ele foi bom para o KISS. Ele os levou a um outro patamar; além do mais, ainda se tratava de um disco de rock de verdade. Eu queria colocar uma variedade maior no disco e mostrar para as pessoas que eles realmente poderiam fazer algo mais relevante.

BOB EZRIN: Um garoto de Toronto tinha o meu número de telefone. Ele costumava me ligar o tempo todo e me contar todas as novidades do momento. Um dia ele me ligou e disse: "Tem uma banda que você tem de produzir, eles se chamam KISS. Esses rapazes precisam de você, eles são a melhor banda do mundo, mas ainda falta alguma coisa na música deles". Então, por coincidência, cerca de duas semanas mais tarde, eu me deparei com eles na escadaria da CTV, em Toronto, onde eles deram uma entrevista. Aqueles monstros desciam a escada com uns três metros de altura, e eu me senti como se fosse um anão subindo a escadaria. Parecia que eu trocava apertos de mão com meu pai. Foi uma baita coincidência eu me encontrar com os rapazes logo depois do telefonema. Disse-lhes que alguém tinha me dito para produzi-los. Disse que seria bom a gente se reunir e conversar. Nós nos encontramos num restaurante em Nova York e conversamos sobre o que o KISS significava e sobre quem eles eram. Depois combinamos que eu iria a Michigan para vê-los em ação. Eles tocaram num estádio de tamanho médio. Eu me lembro que, desde o momento em que eles entraram no palco até a saída, mantiveram toda a plateia de pé.

Eu fiquei encantado pelo poder que emanavam, mas também vi algumas áreas que necessitavam de melhoras. Assim, nós nos encontramos logo depois e conversamos sobre até onde eles queriam chegar no próximo disco, sobre fazê-los passar da melhor banda do segundo grupo para o grupo A. Achei que no caso específico do disco *Destroyer* tínhamos de colocar um pouco mais de humanidade no grupo. Tínhamos de mudar para um público com mais de quinze anos de idade e ir atrás de umas garotas também. Precisávamos introduzir algum fator de atração. A analogia que usei foi a de que eles me lembravam um pouco o personagem de Lee Marvin em *O selvagem*. Eu queria que eles se transformassem no Marlon Brando. Para sermos agressivos, tentamos colocar baladas e coisas do tipo "Do You Love Me?", músicas que atingissem as garotas da plateia.

CORKY STASIAK: Tenho diários que datam de 25 anos atrás. As sessões do *Destroyer* começaram em 4 de janeiro de 1976 e terminamos a mixagem do álbum em 3 de fevereiro. Fizemos a gravação em estéreo da introdução de "Detroit Rock City" em 4 de fevereiro e fizemos a mixagem no disco. Então, fizemos o original do álbum em 5 de fevereiro.

CORKY STASIAK: Antes de começarmos o álbum *Destroyer*, Bob me disse que tínhamos de botar aqueles rapazes para cima. Eles estavam na pior, eram rejeitados. Os primeiros álbuns de estúdio eram pura porcaria. Eles estavam sendo fodidos por um selo de música de discoteca – a Casablanca era uma gravadora de disco music. Eles eram os únicos artistas de rock do selo. Assim que o *Alive!* começou a vender, eles ficaram tão contentes, e a atmosfera do álbum *Destroyer* mudou. Eles chegaram meio enjeitados e agora eram os rapazes mais felizes do mundo. Eu me lembro de Gene dizendo: "Nós estamos chegando aos 400 mil discos vendidos. Este disco pode muito bem ser um puta Ouro!" [risadas].

BOB EZRIN: O KISS tocava tudo de uma maneira profissional e proficiente. Só que, quando começamos a ensaiar e trocar ideias, eu disse: "Tudo bem. Por que não fazemos isso em meio tempo?". Peter Criss olhou para mim como se eu estivesse falando grego. Eu disse: "Você sabe o que é meio tempo, não?". E ele me respondeu: "Na verdade, não". Eu falei: "Bem, tudo bem. É quando estamos tocando em 4/4. Você sabe o que é 4/4?", e ele respondeu: "Na verdade, não". Então eu disse: "Deixem os instrumentos de lado. Nós vamos para a escola". Puxei um quadro-negro e comecei a fazer perguntas para descobrir o que eles não sabiam. Porque, se você tem uma linguagem comum, as coisas andam mais rápido. Quando se constrói uma casa, deve-se saber a terminologia, e quando você está tentando compor uma música, é preciso conhecer os termos musicais. É tão mais fácil poder dizer: "Vamos fazer isso em mi bemol", do que dizer: "Vamos fazer isso usando o primeiro traste embaixo daquele pontinho ali". Decidimos que valia a pena investir alguns dias e repassar no básico da música, só para deixar a banda ficar mais à vontade. Então, quando chegamos ao ponto de coisas como fórmula de compasso, o pessoal da banda disse: "Não vamos conseguir aprender isso de jeito nenhum". Respondi: "Claro que vamos", e chegamos ao trecho em "Flaming Youth" [imita o riff na guitarra]. Eu só queria que Peter tocasse em mínimas e os outros rapazes tocassem em 7/4. O fraseado ficou muito bom e não tiveram de fazer muito esforço. Eles ficaram felizes por terem conseguido fazer tudo aquilo. Eram como garotos dirigindo um carro pela primeira vez.

PAUL STANLEY: Bob gostava muito de textura, profundidade e cor. Acho que quando entramos no estúdio nós provavelmente pensávamos que a cor era o quanto de agudo ou grave nós colocaríamos no nosso amplificador Marshall. Bob trabalhava com duas guitarras, com uma guitarra com um pouco de velocidade variada, para trabalhar em ritmo de ligeiro descompasso e assim ressaltar a parte das guitarras. Então, você gravava uma guitarra e depois deixava o gravador quase que imperceptivelmente mais lento, pouca coisa. Daí, você fazia a outra parte da guitarra e só repetia a outra parte. Os dois sons juntos ficavam bárbaros. Usamos isso o tempo todo, tipo atrasando o tempo (*flanging*) e mudando de fase (*phasing*). Isso dava um outro brilho à guitarra. Em "Detroit Rock City" e "Shout It Out Loud", todos os acordes dominantes aparecem em dupla com um piano de cauda. Ficou um som bem original, que no início as pessoas não curtiram muito. Na verdade, algumas pessoas ouviam aquilo e diziam: "É leve demais!".

PETER CRISS: Ezrin realmente sabia como nos dar um empurrão. Ele tocava fundo na ferida, especialmente comigo, porque eu sou muito nervoso. Ele me empurrava o máximo e depois eu descarregava na bateria. Ficava bárbaro [risadas].

BOB EZRIN: Nós nos divertimos muito fazendo esse álbum. Passamos muito tempo brincando. Houve tantos momentos de ficarmos trocando cutucões, de atirá-los no lixo do lado de fora [risadas]. Ou de guerra de tortas.

SEAN DELANEY: Quando entramos no estúdio pela primeira vez para encontrá-lo [Bob Ezrin], ele estava sentado ali totalmente pelado [com uma gravata borboleta]! Esse álbum deve muito a Bob Ezrin. Talvez ele seja um dos mais fantásticos produtores que eu conheço... porque eu produzi *Double Platinum* com Mike Stone e tivemos de fazer a remixagem de todos os canais, e Bob grava com todos aqueles efeitos especiais e tudo na fita. Não se pode mudar nada que Bob Ezrin tenha feito – está lá, goste ou não goste.

PETER CRISS: Bob Ezrin era como um gênio precoce. Ele sabia exatamente o que fazer, mesmo com o som de vidro quebrado de "Detroit Rock City". Acho que ele conseguiu uma Ferrari e gravou o som do motor acelerado. Depois ele gravou um acidente verdadeiro, que tinha acontecido em algum lugar, e ele gravou uma vassoura varrendo o vidro, de verdade. O cara estava realmente muito adiante de seu tempo.

BOB EZRIN: Quando estou produzindo um álbum, tento entrar no projeto de cabeça. Tento entender quem eles são. Minha função durante a complementação do álbum é permanecer na consciência da personalidade, tentar manter o projeto e, ao mesmo tempo, tentar expandir os horizontes da personalidade na apresentação em que estou trabalhando.

CORKY STASIAK: Bob costumava usar um apito pendurado no pescoço. Ele adorava dizer: "Vamos lá, recrutas, vamos agitar!". Era preciso arrebanhar os músicos e evitar que eles ficassem soltos, procurando outros estúdios e desaparecendo por aí. E não eram o Gene e o Paul que tínhamos de manter na mira. Gene e Paul estavam ali, eles eram o núcleo. Aqueles rapazes eram como Lennon e McCartney. Eles se sentavam e faziam tudo o que fosse necessário. Ace estava um pouco insatisfeito, dizia que a música não era muito rock. Ace era um cara totalmente rock. Ezrin apareceu com várias ideias ótimas. Assim que as fitas básicas foram feitas, o Peter caiu fora. Ele não aparecia muito, exceto nas sobreposições de vocais e na sessão de "Beth". Ace ficou por lá durante um tempo, mas acho que ele se sentiu intimidado pelo Bob. De tempos em tempos, você consegue uma performance formidável do Ace, mas é preciso dar espaço a ele. É como quando você está pescando: quando um peixe morde a isca, é preciso soltar um pouco de linha antes de fisgar. É preciso deixá-lo acostumar-se com a ideia. Ace queria encontrar esse momento a tempo e arrasar no solo. Bob costumava juntar os solos de guitarra. Costumávamos fazer muito disso: um solo principal no primeiro canal, um outro no dois e mais um outro no canal três; editávamos os melhores solos juntos num canal aberto. Quando conseguia, ele dizia: "Ei, é isso que quero ouvir, Ace, saia e vá fazer a mesma coisa em outro canal". Ace não é esse tipo de músico. Depois de ter sido confrontado por Bob, ele ergueu as mãos para cima e disse: "Passe as fitas, quando tiver terminado, faça umas cópias nos cassetes, deixe-me ir para casa e compor um pouco", e fez exatamente isso. Voltou com uma composição, mas infelizmente o Bob acabou com ele várias vezes. Alguns produtores, como Bob, deixam a marca deles num trabalho. Outros, como o Eddie Kramer, deixam a banda acontecer. Nenhum dos métodos está errado; trata-se de uma coisa subjetiva.

CORKY STASIAK: Durante a gravação de *Destroyer*, Bob disse à banda: "Vocês querem fazer um álbum excelente ou um disco com três acordes?". E os rapazes responderam: "Queremos fazer um álbum excelente". E Bob retrucou: "É por isso que estamos fazendo o disco desta maneira". Ezrin é o tipo de produtor que diz: "Ou você lidera, ou obedece, ou sai da porra do meu caminho!".

JAY MESSINA: Eu me lembro que uma vez alguém fez uma brincadeira e a banda parou de tocar. Bob, meio na brincadeira, disse: "Nunca parem uma gravação, a não ser que eu mande!". Eu me lembro da expressão na cara de Gene, como se dissesse: "Quem é esse cara, falando conosco dessa maneira?" [risadas].

CORKY STASIAK: Bob era um mestre no que fazia. Pegava no pé na questão da bateria desde a época do Neal Smith, da banda de Alice Cooper. O ritmo de Peter costumava oscilar um pouco. Tentamos utilizar uma marcação com ele, um tipo de metrônomo para ajudá-lo a manter o ritmo. Aquilo deixou Peter louco. Então, Bob teve a ideia de colocar um pequeno microfone Shure 57 numa caixa de fita vazia com esponja ao redor. Amarramos aquilo no estúdio e no fone de ouvido de Peter. Para Peter ficar dentro do ritmo, Bob ficava sentado lá o tempo todo da música batendo naquela caixa. Mais tarde, a ideia foi copiada por Eddie Kramer.

CORKY STASIAK: Gene, Paul, Peter e Ace são músicos bons, mas não são tecnicamente perfeitos; dentro do rock'n'roll, poucos são. Ace é especial, porque ele tem muita espontaneidade ao tocar. O truque é conseguir captar isso quando acontece e não deixar escapar. Quando Ace toca, ele o faz com muita emoção. Bob ficou em cima do Ace gravação após gravação. Acho que muitas coisas que Ace tinha feito eram mágicas. De tempo em tempo, ouvia surpreso que eles iam regravar alguma coisa. Mas eu confiava em Bob porque ele tinha uma visão de como as coisas deveriam sair dentro da cabeça dele e ele já tinha feito vários discos bárbaros.

JAY MESSINA: Atrás da Record Plan, havia um corredor em que as baterias ficavam com um som ótimo. Gene e Peter ficavam lá fora tocando e Ace e Paul, no estúdio. Nós não conseguíamos ver Gene e Peter. Estávamos ouvindo aquela fita e, de repente, Gene e Peter pararam de tocar. Foram alguns segundos de silêncio. Bob e eu nos olhamos, tentando entender o que estava acontecendo. Descobrimos que alguns encarregados tinham entrado na sala para esvaziar o lixo. Gene e Peter continuaram a tocar alguns minutos, enquanto os caras andavam pra lá e pra cá esvaziando os lixos, mas no fim eles não resistiram e caíram em altas gargalhadas.

CORKY STASIAK: Eu era cantor. Consegui um emprego num estúdio de gravação e aos poucos cheguei a engenheiro de som. Houve uma vez em que estava passando os testes de cantor solista para Steely Dan. Apareceu um cara com um pequeno violão, com barba vermelha, cabelo vermelho bem comprido; ele usava uma jaqueta de camurça com franjas e disse que era professor. Walter Becker e Donald Fagen, que trabalhavam comigo, disseram: "Olhe, temos de testar o outro cara". Daí, ele tocou e cantou e eles disseram: "Tudo bem, muito obrigado", e o cara saiu. Mais tarde soube que tinha sido Gene Simmons.

CORKY STASIAK: Já estávamos quase terminando o *Destroyer*. Fizemos uma festinha informal no estúdio para Bill Aucoin, Neil Bogart e alguns dos chefões da Casablanca por causa da fita demo do novo álbum deles. Colocamos alguns microfones e fizemos uma sobreposição de guitarras diante de todos para envolvê-los. Queríamos que todos pensassem que eles estavam lá quando tocamos. Acho que era "Shout It Out Loud". Depois de fazermos a guitarra, Bob disse para nos prepararmos para uma sobreposição vocal. Agora vou contar uma história dos bastidores da banda. Cinco anos antes, minha ex-namorada me comprou uma guitarra Firebird numa loja de penhores, do mesmo modelo que a do Paul. A guitarra era feita numa peça única de madeira, o braço era muito mais pesado que o convencional, e ficava a um ângulo de 45 graus do corpo. O corpo tinha uma forma oblíqua; a maior parte das guitarras tem o corpo arredondado, simétrico, mas não a Firebird. Ela fica em ângulo. Um dia, frustrado, joguei a guitarra na cama porque não conseguia tocar afinado. Ela ficou balançando na cama, caiu no chão batendo o braço, fazendo "bóiiiiin" e partiu-se na trava. Contei o ocorrido para os rapazes e insisti que comprassem suportes para guitarra porque eles costumavam deixar as guitarras recostadas em qualquer coisa por lá, tipo uma caixa Anvil que não estivesse sendo usada, e era muito fácil da guitarra cair, principalmente a Firebird, com a forma assimétrica. Daí, eles saíram e gastaram duzentos dólares nos suportes de guitarras. Depois de uma semana, lá estavam as guitarras apoiadas nas caixas Anvil, sem usar os suportes. Então, um dia, nós estávamos na sala de controle, tocando música para Neil Bogart e companhia, quando Bob disse: "Vamos fazer uma sobreposição vocal, eles precisam de fones de ouvido". Para manter o fio do fone de ouvido longe do braço quando se toca, você tem de colocar o fone passando pela alça da guitarra. Sem pensar, peguei o fio do fone de ouvido e puxei. O fone de ouvido de Paul ainda estava ligado na alça da guitarra que estava apoiada na caixa Anvil. Quando puxei o fio, a guitarra começou a cair. Quando vi aquilo, saltei pelo estúdio para tentar pegá-la, mas escapou, por pouco. Ouvi um som bem alto, "bóiiiin", e sabia exatamente o que tinha acontecido: a guitarra tinha caído e o braço partira-se em dois na trava. Aquela era a guitarra predileta de Paul. Fui até a sala de controle e disse que houvera um pequeno acidente e que a guitarra dele tinha caído. Ele disse: "Tudo bem, pegue, então". Eu o puxei para fora do estúdio. Quando ele viu a guitarra quebrada no chão, ele disse: "Meu Deus, minha guitarra predileta!". Fiquei mortificado, pois sabia que não dava para ser consertada. Mas Paul levou tudo numa boa. Aquela guitarra era a Firebird Gibson preta, a que está retratada na capa do *Alive!* Até hoje não superei o que aconteceu e me sinto mal.

BILL AUCOIN: Sempre havia algum movimento com a banda. Provavelmente, o mais feliz de todos foi com os primeiros dois álbuns e o álbum ao vivo. Em *Destroyer*, ocorreu a separação entre os membros da banda. Ace e Peter não se deram bem com o [Bob] Ezrin. Sempre houve aquela rebelião. Paul e Gene foram os que mais sentiram. No fim das contas, qualquer coisa que acontecesse, tudo que precisasse ser finalizado, acabava caindo nas costas deles.

JAY MESSINA: O álbum *Destroyer* nos deu muita satisfação, porque pudemos ficar experimentando com uma porção de sons. Não tivemos de correr com a gravação. O disco ficou sofisticado, por um lado, mas também tinha essa sensação mais pesada, mais carregada de energia do rock. Acho que Bob conseguiu entender bem o que era o KISS.

BOB EZRIN: Com o *Destroyer* tivemos de enfrentar reações negativas da base hardcore de fãs e, especialmente, da imprensa tradicional de rock. Houve muita confusão e talvez até ressentimento pelo que fizemos. Mais porque remexemos naquilo com que o pessoal estava acostumado; também porque parte do encanto que o KISS exercia nesse pessoal era o fato de a gente ser a antítese de tudo o que existia na corrente principal do show business. Era como uma música com espinhas, tinha a cara deles. Tinha espinhas, roupa rasgada, era estranha e quebrava um monte de regras. Tinha cara de história em quadrinhos e por isso parecia feita para eles. Quando passamos para um outro nível de HQ, acho que, à primeira vista, o *Destroyer* criava a impressão, para os críticos de raiz hardcore, de que o KISS estava se vendendo; mas na verdade o KISS estava se desenvolvendo. O que me surpreendeu foi que a própria banda ficou meio descrente com o *Destroyer* – uns seis meses depois que foi lançado, parecia que estavam apavorados com o álbum. Ficaram apavorados porque o disco parecia não decolar, enquanto a imprensa de raiz metia o pau. Chamaram a gente de tudo quanto é nome. Um cara ameaçou vir até Toronto e me socar o nariz em nome de todos os fãs do KISS do mundo.

PAUL STANLEY: De cara, acho que umas 850 mil cópias venderam depressa, mas daí a coisa empacou. Na cola de um álbum ao vivo, as pessoas estavam esperando alguma coisa mais óbvia. E o *Destroyer* era um trabalho que a gente esperava que fosse fundo nas pessoas, que fosse durar. Seria fácil e muito perigoso ter um álbum da grandeza do *Alive!*, pois o que a gente gravou antes dele não tinha vendido grande coisa e todo mundo achava que o mesmo ia acontecer com o próximo trabalho. Nós estávamos preocupados em não voltar para trás, em não fazer a mesma coisa.

GENE SIMMONS: Os fãs odiaram de verdade. A gente tinha de fazer o disco porque, depois que se faz um álbum duplo ao vivo, a gente pensa: "Tudo bem, isso é uma página virada na carreira". Daí ou você fica preso no que fez, ou desfez, neste caso, ou tenta dar um passo adiante e evoluir. Já fazia tempo que a gente vinha compondo essas músicas, mas estávamos nos policiando bem mais, pois compus coisas que pareciam com os Beatles. E o Ezrin deixou passar um pouco disso. "Great Expectations", na verdade, era uma música sobre a banda. [canta] "You watch Paul playing guitar, you see what he can do, and you wish you were the one he was doing it to" (Você vê Paul tocando guitarra, vê que ele é capaz de fazer e gostaria que ele estivesse fazendo aquilo para você).

BOB EZRIN: "Ain't None of Your Business" foi uma música que o KISS gravou para o álbum, mas que ficou de fora. Foi escrita por Michael Des Barres quando ele estava com a banda Monarch. Não tem a sofisticação das outras faixas; não se encaixava no conjunto.

BILL AUCOIN: Tivemos alguns problemas com a capa do álbum *Destroyer*. Por ironia, o primeiro quadro a óleo feito não entusiasmou muito. Fizemos a pintura duas vezes. A primeira não tinha o dinamismo necessário. Daí, pedimos para o artista fazer outra. Foram feitas duas pinturas para aquela capa.

DENNIS WOLOCH: Gene é grande fã de história em quadrinhos e entende muito de ficção científica. Ele mencionou que queria que o Frank Frazetta fizesse a arte da capa. Daí eu fiquei pendurado no telefone tentando chegar no Frank, mas era impossível. Primeiro ele disse que queria 15 mil dólares e que queria ficar com o trabalho, dizendo ainda que a gente só poderia usá-lo uma vez. Eu disse: "Com o KISS, não, o KISS usa a arte para tudo, nas lancheiras, nas camisetas. E também querem ser os donos do quadro". Daí não rolou negócio. Eu fui a uma banca de história em quadrinhos e vi um gibi *Creepy* que tinha um robô na capa. Adorei o jeito que o cara pintou aquilo. E era Ken Kelly. Eu me reuni com Ken no escritório e disse que ele era o cara. Acontece que Ken é primo do Frank Frazetta. Foi uma coincidência incrível. Como diretor de arte, tenho orgulho de dizer que descobri muitos talentos que não tinham sido usados no mundo da música antes, o que trouxe ventos novos ao negócio. Isto é, Ken Kelly nunca tinha feito nenhuma capa de disco antes do *Destroyer*, ele só fazia capas da *Creepy* e recebia 75 dólares por elas. A gente deu 5 mil dólares e ele ficou bem feliz. Grande capa!

DETROIT ROCK CITY ★★★★★

PAUL STANLEY: Bob Erzin se empenhou em fazer com que a gente parasse de compor músicas sobre trepar, o que era válido. Mas ele precisava entender que era só o que a gente fazia [risadas]. Foi muito difícil escrever sobre outra coisa porque a gente mal chegava a vestir as calças. Mas ele queria muito que a gente ampliasse as fronteiras do que a gente escrevia. Eu já tinha o riff da música, aquela parte do "Get up, get down", mas eu não sabia sobre o que ia ser a música, só que falava de Detroit. Daí eu me lembrei de que, em nossa turnê anterior, acho que foi em Charlotte, alguém sofreu um acidente e foi morto por um carro lá fora do estádio. Eu me lembro de ter pensado em como é estranho que a vida das pessoas se acabe tão depressa. Uma pessoa pode estar indo para um evento que na verdade é uma grande festa, uma celebração pela vida, e morrer no caminho. E isso virou a base da letra. Todo o resto que se colocou no começo da música e no fim do disco foi porque a gente tinha medo de que ficasse curto demais. A introdução do álbum, combinada com o fim, "Do You Love Me?", tocada de trás para frente, e aquela parte de "rock and roll party", tirada do *Alive!*, na verdade, foi coisa do Bob tentando deixar o disco mais longo. Às vezes, as pessoas têm uma reação estranha quando ouvem uma palavra tipo metais ou piano. Todo mundo gosta muito de "Detroit Rock City". Bom, o que faz com que os acordes da guitarra fiquem tão bem é que tem um acompanhamento com o piano. Em vez de ter medo da letra, ouça e veja se gosta. Não sirvo para sair vendendo o que a gente faz. O KISS é muito importante e nos mantemos fiéis a ele.

BOB EZRIN: Essa era uma técnica que a gente usava na época, que era não ter oito faixas com o mesmo tipo de guitarra. Na época, a gente dobrou as duas guitarras e os ritmos com sons diferentes em canais diferentes e depois acrescentamos uma parte de piano subliminar, em que este ficava bem parecido com o que as guitarras estavam tocando, e colocamos embaixo, para dar mais força.

BOB EZRIN: Compus a parte da guitarra solo em "Detroit Rock City". "Detroit Rock City" era um tipo de minifilme. Chegamos a um ponto em que parecia que tínhamos visto a introdução e conhecíamos os personagens, e estava na hora de criar uma certa tensão com um momento de grande dramaticidade. Achei que esta deveria ser a sequência em que ele estaria dirigindo e esta seria a música que ficaria no fundo. Compus tudo em minha cabeça. Acho que nem cheguei a pegar num instrumento. Não é exatamente original. É bem um tema de flamenco à antiga, adaptado ao ritmo de rock pesado, e isso não quer dizer que eu seja um tipo de estudioso de musicologia. Foi minha tentativa de fazer música de gladiador. Era heroica, mas de um jeito estranho, porque era de um tipo heroico tão sem colhões que chegava a ser pesado. Também trabalhei na letra, na melodia e na estrutura básica da canção. Íamos criando enquanto estávamos fazendo. À medida que a trilha tomava proporções épicas, a história ia sendo escrita. Enquanto estávamos trabalhando, percebemos que tínhamos uma certa responsabilidade com nosso público e não queríamos glorificar essa história de ser fodido, especialmente porque a banda é bem careta. Alguns membros antigos do KISS tiveram problemas com álcool e drogas que ficaram bem conhecidos, mas Gene e Paul, os dois membros-chave e porta-vozes da banda, sempre andaram na linha. Eu tenho filhos e sempre tive bastante consciência de minha responsabilidade como alguém que faz discos e nunca quis glorificar esse negócio.

PETER CRISS: Boa parte da bateria de "Detroit Rock City" foi ideia minha, mas boa parte foi ideia de Paul e de Bob Ezrin. Constantemente eles me faziam tocar o que queriam, mas ainda assim eram meus braços, minhas mãos e meu coração tocando. Mas não tive tanta liberdade quanto costumava ter. Bob colocou um metrônomo em meus fones de ouvido que eu odiava. Acho que nenhum baterista gosta disso. É bom para marcar o tempo e, naquela época, meu tempo estava descontrolado. Bob me fez tocar bateria em um poço de elevador vazio, o que eu achei brilhante.

GENE SIMMONS: A parte do baixo não tem nada a ver comigo. É bem rhythm-and-blues, quase como a música "Freddy's Dead", de Isaac Hayes. Essa é a linha básica do baixo de "Shaft". A linha básica do baixo de "Detroit Rock City" é parecida, mas não é a mesma coisa, nota por nota. Bob [Ezrin] também apareceu com o solo de guitarra que Ace tocava. É bem flamenco. Achamos que ele estava usando crack quando sugeriu. A gente disse: "O quê? Está ficando louco? Parece que acabamos de chegar da Espanha, como se fôssemos Los Bravos ou coisa parecida". Mas assim que ouvimos aquilo junto com a bateria, percebemos que ele sabia o que estava fazendo. O que se pode dizer?

CORKY STASIAK: Em 4 de fevereiro de 1976, fizemos uma gravação estéreo da abertura de "Detroit Rock City". Alguém tinha inventado esses microfones uns anos antes e implantado em um estetoscópio que fica nas duas orelhas. Capta o som que reflete em seu canal auditivo e sai com um som bem parecido com o que o ouvido humano ouve. Essa foi a primeira experiência com o processo estéreo. O som não fica claro de verdade se você não coloca fones de ouvido; quando você põe, tem esse incrível efeito estéreo que faz você se borrar de medo. Se fechar os olhos, parece que está dentro da coisa. Fiz com que Bob se interessasse em fazer uma gravação em estéreo a partir de um artigo que encontrei em uma velha revista de áudio. Quando estávamos para começar a mixagem, Bob comprou um microfone estéreo da Sony. Bob criou essa ideia para a abertura de "Detroit Rock City" em que uma mulher está lavando louça e ouvindo o rádio descrever uma batida de carro com morte. Estava um frio danado e nevava naquele dia. Meu Toyota SR-5 estava lá fora. A gente levou os fios do estúdio B até lá, na janela do carro, depois saía pela outra janela do carro e voltava. Coloquei os fones estéreo nos ouvidos, saí andando lá para fora, balançando as chaves do carro, abri e fechei a porta do carro. Coloquei a chave na ignição e dei a partida: "Zum, zum..." [imita os ruídos de aceleração do veículo]. Se você me ouve fingindo dirigir, lá estou eu cantarolando. Liguei o rádio. Eu tinha um toca-fitas no carro e tinha uma fita do *Alive!* que usei para tocar "Rock and Roll All Nite". Bob Ezrin fez a voz do locutor. Colocamos a voz dele em um radinho e gravamos desse rádio. Se você escuta essa abertura com fones de ouvido, tem a estranha sensação de que aquilo está acontecendo com você.

KING OF THE NIGHT TIME WORLD ★★★★★

PAUL STANLEY: "King of the Night Time World" surgiu mais ou mesmo do mesmo modo de "Do You Love Me?". Havia algumas músicas, Bob [Ezrin] tinha mandado pedir coisas esparsas ou canções que estivessem incompletas. E "King of the Night Time World" surgiu e era perfeita. Incorporava bem a postura da banda e tinha muito a ver com "Detroit Rock City", além de ter muito a ver com minha personalidade.

KIM FOWLEY: Mark Anthony era um compositor muito bom e membro de uma banda chamada Hollywood Stars. Pediram para Bob Ezrin produzir a formação original. Ele ligou para mim e disse: "Olhe, eu não gosto da banda, mas adoro aquela música 'King of the Night Time World'. Tem alguma coisa boa ali que precisa ser reescrita. Se a banda se desfizer, ligue para mim que eu acho lugar para encaixar a música". Por isso, depois que o Hollywood Stars se desfez, liguei para o Ezrin e ele me disse que a música seria boa para o KISS. Foi escrita em uma viela atrás de um estúdio de ensaio em North Hollywood. Tinha uma ninfomaníaca chamada Irene, que parecia uma versão mais jovem de Pamela Anderson. Ela estava fazendo sexo oral no baterista do Hollywood Stars. Achavam que estavam em uma viela escura, mas um dos roadies chegou de carro e deu com os faróis bem em cima deles. Quando olhei, vi o pau do baterista na boca da garota numa silhueta projetada pelo farol e daí surgiu "Headlight Queen". Eu estava lá sentado, escrevendo a letra e pensei [risadas]: "Vou colocar isso na música: 'You're my headlight queen' (Você é minha rainha do farol)". Mark estava tocando a guitarra base, eu estava escrevendo a letra e o cara estava levando uma chupada na viela. Mais tarde, Paul acrescentou umas outras partes de guitarra e riffs e também foram feitas algumas mudanças na letra e na melodia.

MARK ANTHONY: Era uma música da minha banda, Hollywood Stars. Eu compus a música e o Kim Fowley criou as ideias para a letra. Bob Ezrin ligou para a gente e disse: "O que aconteceu com aquela música 'King of the Night Time World?'". Ele deu uma fita dela para Paul Stanley, que reescreveu parte da letra e fez um novo arranjo para a música. Eu gostei muito do que o KISS fez com ela.

BOB EZRIN: Kim [Fowley] sabia que eu estava produzindo o KISS e me mandou um monte de coisa, mas eu rejeitei a maior parte. Mas aquela música realmente chamou a atenção. Foi mudada e alterada para se ajustar com a personalidade do Paul.

PETER CRISS: Acho que "King of the Night Time World" ficou muito boa. Toquei para valer nela. Se prestar atenção à bateria, ficou incrível! O trabalho todo está realmente brilhante. Exigiu muito trabalho físico, mas foi gostoso. A dinâmica dessa música ficou incrível. Parecia que eu estava marchando para a guerra e, de repente, lá estava eu mandando ver um rock [risadas].

GOD OF THUNDER ★★★★★

PAUL STANLEY: "God of Thunder" foi originalmente composta para ser minha música-tema. Tem Apolo, tem Zeus, tem o Deus do Mar, tem Netuno, todos esses ícones. E daí o Deus do Trovão sou eu, fielmente seu. Cheguei lá, fizemos a demo dela e começamos a ensaiar com Bob [Ezrin]. Bob quis deixar um pouco mais lento e foi ótimo, ficou uma música bem pesada. Daí o Bob disse: "E Gene vai cantar". Fiquei arrasado. A regra era a de que o produtor tinha a palavra final, pois Gene e eu podíamos ficar discutindo uma coisa eternamente, daí precisávamos de alguém que colocasse um fim nisso. Se a gente aceitou isso, tem de valer até quando a gente não quer. Daí que eu fiquei passado e sem conseguir acreditar que Bob queria que Gene cantasse a música. Mas sabe de uma coisa? É uma música perfeita para Gene e eu jamais poderia ter feito o que Gene fez com a música, porque é realmente a personificação do que ele é. Não deixa de ser interessante que a música, que é a cara do Gene, seja minha [risadas]. O que me dá um certo consolo é que nessa altura é impossível separar Gene dessa música.

BOB EZRIN: "God of Thunder" foi uma grande música escrita pelo Paul. Mas, no momento em que a ouvi, senti que fazia mais sentido para a personalidade do Gene. De alguma forma, simplesmente não se encaixava com a persona mais sensível e vulnerável que estávamos desenvolvendo para Paul, como em "Do You Love Me?". Fizemos o arranjo para que ficasse o mais pesado possível, e Gene encarnava o monstro quando cantava. No meio de uma dessas sessões, meus filhos estavam visitando o estúdio. David tinha nove e Josh tinha quatro anos na época. Eu tinha comprado um equipamento walkie-talkie futurista em uma viagem a Paris, que tinha um capacete especial para um e um controle de mão para o outro. Eles estavam usando isso quando foram ao Record Plant para passar a tarde. Eu tive a ideia de colocar microfone no capacete e fazer com que os meninos fizessem barulhos de monstro no aparelho de mão; depois a gente colocou efeitos nesses barulhos para deixá-los mais graves e assustadores. Os meninos adoraram participar da gravação. Já eram veteranos àquela altura, tendo participado do *Berlin*, de Lou Reed, mas isso é outra história.

E POR FALAR EM LÍNGUAS... SPORTS ARENA, TOLEDO, OHIO, 31 DE JULHO DE 1976 (foto: www.janetmacoska.com)

SESSÃO DE GRAVAÇÃO DE "GREAT EXPECTATIONS", DO KISS, COM O CORO DE MENINOS DO BROOKLIN, A&R STUDIOS, NOVA YORK, JANEIRO DE 1976 (©KISS Catalog Ltd.)

Eles começaram a fazer ruídos de monstros e andavam como pequenos banshees [da mitologia irlandesa, entidade que anuncia a morte], e o efeito ficou tão bizarro que decidimos deixar do jeito que estava, sem deixar mais grave. Assim, na linha de frente do disco e durante toda a música, temos os sons de David e Josh fazendo ruídos de monstros em um walkie-talkie francês. Não é nada muito assustador, mas é muito divertido.

GREAT EXPECTATIONS ★★★★★

GENE SIMMONS: "Great Expectations" foi escrita no baixo. Escrevi a música, mas o Ezrin ficava mudando e modulando os acordes. Era provavelmente a música mais sofisticada do álbum. Lembro que levou uma eternidade [para gravar]. Era uma ode às groupies [recita parte da letra], "You watch me singing the song. You see what my mouth can do and you wish you were the one I was doing it to" (Você me vê cantando a música. Você vê o que minha boca pode fazer e você gostaria que eu estivesse fazendo isso em você). É muito romântica.

BOB EZRIN: "Great Expectations" foi equivalente à "Dança dos hipopótamos" em *Fantasia*. Apresentava uma caricatura do personagem sobre-humano representado por Gene, envolvido em brocado musical e chintz, tão bizarra quanto qualquer ópera romântica. Gravamos coro e orquestra no A&R Studios. Decidimos fazer um grande evento da sessão de promoção, uma vez que o KISS nunca tinha feito uma coisa dessas antes. Convidamos a imprensa para assistir à gravação. Não me lembro exatamente como chamamos aquilo, mas foi alguma coisa do tipo "Grande Sessão de Orquestração e Coro do KISS". A banda compareceu vestida com suas roupas novas do *Destroyer* e maquiagem completa. A orquestra vestia camisetas imitando smoking e o Coro de Meninos do Brooklin usava dashikis tradicionais africanos. Toda a minha equipe estava vestida a rigor e eu estava de gravata e fraque brancos, cartola e capa. Foi um espetáculo e tanto! Imagine a cena, superponha a letra misógina, o vocal de macho e o arranjo da música metido a clássico que descaradamente emprestava coisas da Sonata Patética de Beethoven. Dou risada toda vez que ouço. Foi uma ousadia promovida a arte.

FLAMING YOUTH ★★★★★

PAUL STANLEY: Tocamos essa música na turnê do *Destroyer*. Há elementos de "Flaming Youth" de que eu realmente gosto e outros que me reviram o estômago um pouco, ao ouvir um órgão a vapor que eu simplesmente não entendo. Foi ideia do Bob [Ezrin]. É meio ousado e criativo demais. Dick Wagner toca a guitarra solo e faz backing vocal nessa música.

BOB EZRIN: Chegamos a alugar um órgão a vapor para essa música e ele fez o som de [imita o som de circo do órgão a vapor]. Adorei. Recebi muitas críticas da banda por causa de "Flaming Youth", especialmente pela parte do órgão a vapor. Acho que ficou um pouco caricato. O arranjo dessa música se deve muito aos Beatles (é obvio).

GENE SIMMONS: Estávamos conversando com o Ezrin sobre uma banda de Nova York chamada Flaming Youth. Abrimos o show deles em nossa primeira apresentação na New York Academy of Music. E Ezrin logo foi dizendo: "'Flaming Youth', grande nome! Vamos escrever uma música chamada 'Flaming Youth'". Daí Ezrin disse: "O que vocês têm aí? Vamos juntar umas coisas". Porque normalmente, quando se compõe uma música sozinho, uma estrofe pode estar boa, ou uma frase musical pode ficar boa, e a ideia é montar um Frankenstein com partes de músicas. Eu tinha uma música chamada "Mad Dog" [cantarola parte de "Flaming Youth" com a boca fechada] e daí saiu o riff. De certa forma, a música teve as mãos de toda a banda e o Ezrin se encarregou de juntar os pedaços.

ACE FREHLEY: Acho que eu fiz uns riffs na abertura da música e algo aí no meio. Quando entrei para o KISS, eu não me considerava exatamente um compositor, mesmo já tendo composto algumas músicas. Paul e Gene, antes mesmo de formar o KISS, já tinham o Wicked Lester e haviam composto a maior parte disso aí. Foi preciso alguns álbuns para eu realmente me desenvolver como compositor. Com o passar dos anos, ficou bem claro que eu estava melhorando como compositor e, quando fiz meu trabalho solo, eu já estava muito melhor e me sentia bem mais seguro.

PETER CRISS: Bob queria que eu tocasse bateria duma maneira a que eu não estava acostumado [imita os sons]. Era uma coisa muito rígida e uma parte era realmente difícil, muito poderosa. Quando eu terminei de trabalhar com Bob e ouvi tudo o que havia sido feito para o álbum "Detroit Rock City" até "Flaming Youth", adorei. Às vezes eu tinha de tocar com um metrônomo; às vezes ainda trabalho com metrônomo; acho que não há nada de errado com isso. Os melhores bateristas do mundo, às vezes, se atrapalham com o tempo. Mas, sim, por vezes tive de tocar com um metrônomo para esse disco. Porra, eu estava acostumado a tocar desde o começo, era outro Keith Moon quando era mais novo. Mas com Ezrin, eu só sentava e dizia: "Puxa, puta merda, eu não sabia que era capaz disso!".

DICK WAGNER: Toquei guitarra em "Flaming Youth". Fiz todo o meu trabalho de guitarra em *Destroyer* em dois dias. Adorei a direção do disco. Achei que era uma coisa muito boa, fundamental, voltada para guitarra, que combinava muito comigo. Fiquei muito feliz em tocar nesse trabalho. Quanto a não ganhar crédito nem no disco do KISS nem do Aerosmith, é que eles queriam fazer parecer que a banda estava tocando tudo. Naquela altura da carreira, em particular, não queriam dar crédito, na verdade. Acho que hoje seria diferente. Sempre fica esse sentimento de "Seria legal se me dessem crédito". Mas dizer que me deixou louco da vida, não. Eu me diverti muito. São grandes figuras e foi gostoso trabalhar com eles.

SWEET PAIN ★★★★★

GENE SIMMONS: "Sweet Pain" começou com um lick que eu tinha para uma música chamada "Rock and Rolls Royce". Eu sempre fui fascinado com a ideia de carros, de como os Estados Unidos se ligam em carros mais do que qualquer outra cultura de todo o planeta. Essa história toda de carros, garotas em carros, claramente é uma invenção norte-americana. Na verdade, os carros foram inventados nos Estados Unidos. Daí que "Rock and Rolls Royce" me soava como uma expressão que rola naturalmente em sua língua como "Rock and Roll Over". A música não estava nenhuma maravilha. Bob Ezrin colocou o riff no final de "Sweet Pain". O riff que fica no fundo do solo é aquele do "Rock and Rolls Royce". E "Sweet Pain", por ironia, foi muito mais influenciada por "Wild Thing". Não na letra, mas no tom do vocal. Paul gosta de cantar uma oitava acima de onde está o acorde. O que me impressionou em "Wild Thing" é que o vocal não passa por cima nem fica por baixo. Tentei manter os vocais próximos aos acordes. Na época, as músicas eram compostas rapidamente. Bob refez o arranjo da música e Ace não deu as caras para tocar a parte dele; então chamamos Dick Wagner para vir tocar o solo. Parece que não há nenhum processo certo para se compor música. Há tantos modos diferentes de escrever uma música quanto há compositores por aí. Tem gente que realmente tem uma fórmula. Algumas pessoas começam com uma melodia, depois aplicam uma passagem de acordes, daí finalmente veem como vai ser a letra e por último talvez criem o nome. Para mim, às vezes o nome é que faz começar todo o processo. Também pode ser um riff. Algumas músicas são compostas no baixo e outras, no teclado, como "Christine Sixteen".

ACE FREHLEY: Eu tinha feito um solo em "Sweet Pain" e ficou bom. Eu disse: "Talvez eu venha amanhã e dê um outro trato nisso". Dick Wagner, o cara que toca a guitarra solo nos discos de Alice Cooper, estava na cidade. Passou pelo estúdio e não sei exatamente o que aconteceu, se Gene ou Paul disse: "Por que a gente não deixa o Dick Wagner tentar fazer o solo?". Dick é um guitarrista muito bom. Ele simplesmente arrasou com um solo incrível. Eles decidiram manter esse solo, mas não me disseram nada. Não vieram conversar comigo, nem me perguntaram se podia ser. Quando toquei o disco pela primeira vez, eu falei: "Essa porra não é o meu solo! Que merda é essa?". Chamei Gene e quebrei o pau. Ele me veio com desculpa furada, dizendo: "A gente tentou ligar para você, mas não o encontramos". Uma de muitas histórias furadas, mentiras, mentiras, mentiras.

DICK WAGNER: Bob [Ezrin] e eu trabalhamos juntos em uma porção de projetos, inclusive com Alice Cooper. Eu estava morando em Nova York e Bob me chamava para participar de algumas sessões. Ele me chamou para participar do *Destroyer*. Toquei guitarra em algumas músicas do disco: "Sweet Pain", "Flaming Youth" e "Beth". Bob gosta do meu estilo. Acho que tenho um dom para encontrar o solo certo para tocar. Eu não tive orientação geral sobre o que tocar; as instruções eram sobre onde tocar. Adorei tocar naquele disco. Gene e Paul são ótimas pessoas e ficamos bem amigos nesse tempo todo.

CORKY STASIAK: Dick Wagner é um guitarrista consistente, fantástico. Bob tocou com ele o disco todo e disse: "Faça o que quiser, só mantenha o padrão deste estilo de música".

SHOUT IT OUT LOUD ★★★★★

PAUL STANLEY: Escrevemos "Shout It Out Loud" um dia antes de entrarmos no estúdio. Isso quando Gene morava em frente à minha casa. Gene apareceu e fomos para a casa do Bob [Ezrin], que tinha um piano. Antes de a gente entrar e fazer uma sessão de gravação do *Destroyer*, fomos para a casa do Bob, ficamos tocando piano e compondo a música. Queríamos fazer alguma coisado tipo Motown, tipo Four Tops, com os backing vocals respondendo.

GENE SIMMONS: Eu dei o nome porque no Wicked Lester a gente tocava uma música dos Hollies chamada "We Wanna Shout It Out Loud". Eu comecei a cantar [canta]: "Shout it, shout it, shout it out loud" (Grite, grite, grite bem alto). Sempre achei que havia uma coisa além do que a música sugeria, com a letra que dizia: "We have a secret, but don't tell people we have a relationship" (Temos um segredo, mas não saia dizendo por aí que temos um caso). Sempre achei que era como aquele comercial da TV, que era só "Shout it". Quando se tem alguma coisa [guardada], dá vontade de sair gritando para o mundo inteiro, não interessa o que seja. Bob e Paul ficavam perguntando: "Gritar o quê?". E eu dizia: "Não interessa!". Pode ser amor pela pátria, a vitória do seu time... É uma coisa de grupo. Daí Paul fez aquela estrofe.

BOB ERZIN: "Shout It Out Loud" tomou forma em meu piano, em meu apartamento de Nova York. Paul e Gene apareciam e a gente ficava lá compondo juntos. Eu me lembro de que a grande sacada da música veio com a frase descendente do baixo. Assim que ouvi aquilo, soube exatamente que tratamento queria dar para a música. Adorava compor com esses caras. Não era tão frequente a gente chegar a compor juntos. Normalmente cada um trabalhava em seu apartamento, gravava as ideias, depois trazia para eu ver. Mas de vez em quando a gente se reunia e fazia alguma coisa junto. Não era só a música que me fazia bem naquela época. Era como se eu estivesse curtindo com meus primos. Eu me sentia muito à vontade com eles e gostava muito de sua companhia.

BETH ★★★★★

PETER CRISS: A melodia me veio num trem quando eu estava indo para Nova York, e Stan [Penridge] e eu trabalhamos juntos para terminar. Foi Bob Ezrin que mudou para "Beth". Íamos tocar junto [ao vivo], mas o Bill [Aucoin] disse: "Isso só vai dar certo se Peter cantar ao vivo com uma fita". Meu maior medo era se a fita ficasse lenta, será que eu teria de cantar devagar junto? Mas isso jamais aconteceu, na verdade. Ainda teria de sair da minha bateria e ir cantar na frente do público, "em pelo", como eu costumava dizer. Estava morto de medo. Mas fiz isso na primeira noite, vi a reação do público e foi a melhor coisa que me aconteceu. Daí pra frente não conseguiam me tirar do palco!

STAN PENRIDGE: "Beth" originalmente se chamava "Beck". Era uma música que eu e Peter compusemos quando ainda estávamos na banda Chelsea. Dois dos membros [Mike Brand e Peter Shepley] mudaram de Manhattan para uns cem quilômetros a oeste, para as colinas de Nova Jersey. Ir para os ensaios era uma viagem e tanto. A mulher de Mike Brand, Becky, ficava ligando a toda hora e interrompendo os ensaios. Chegou a um ponto em que eu literalmente pegava as respostas do Mike e escrevia no que eu chamava de meu "Livro do Mago". Apesar de Mike Bevenga, Peter e eu ainda não termos saído oficialmente e formado o Lips, já estávamos nos reunindo em minha casa em Manhattan e gravando coisas de improviso e várias músicas antigas. "Beck" surgiu em uma dessas reuniões. Fizemos uma série de versões de "Beck" do começo. Basicamente, a gente compunha para fazer piada. Se você pegar a letra e imaginar que Mike Brand está no telefone respondendo à mulher, dá para entender. "Beck" tinha um ritmo leve, de acordo com o clima do tema. O arranjo de Bob Ezrin usou a mesma melodia. Obviamente virou uma balada. É uma gravação clássica. Adorei na época, continuo adorando agora. Ficou uma música clássica porque na verdade é uma música que toca quase todo mundo e transcende os limites de seu tempo.

GENE SIMMONS: Fiquei louco por ela. Fui eu que dei o toque ao Peter, que cantava a música no carro. A gente circulava junto. Peter e eu, Ace e Paul;

assim era a nossa divisão. Ele começou a cantar a música e eu perguntei: "O que é isso?", e ele disse: "É uma música chamada 'Beck'". Daí eu disse: "Beck? Que porra é essa? Alguma coisa sobre o Jeff Beck?". "Não, é sobre uma garota chamada Becky." Eu disse: "Devia trocar o nome para 'Beth' e, quando voltar a Nova York, devia tocar isso para Bob Ezrin, porque a melodia é boa". Ezrin reescreveu a letra de "Beth". "Eu e os rapazes vamos tocar isso" - bem típico de Ezrin; daí ele escreveu a parte do meio e fez o arranjo para a coisa toda.

BILL AUCOIN: Paul e Gene queriam tirar "Beth" do disco. Eu disse: "Eu acho que é um sucesso. Sei que não é, necessariamente, uma música do KISS, mas tem uma letra bem rock'n'roll. Vai ficar no disco". Não me contestaram depois disso. Sempre achei que "Beth" seria um sucesso, porque ninguém mais achava. Lembro que eu estava sentado lá no apartamento pequeno do Peter, ouvindo a fita, e falei: "Cara, isso é um sucesso, é um sucesso!". Eu vi quando fizeram cara de desconfiança. Acho que foi o maior sucesso que já tiveram. Claro que não gostei quando comecei a ouvir a música nos elevadores. Cara, daí foi duro!

PETER CRISS: No dia em que gravamos, Bob Ezrin pôs todo mundo de smoking na New York Phillarmonic. Quando fomos para o Record Plant para colocar os vocais, Gene e Paul estavam na sala de controle. Nunca vou esquecer, olhavam para mim como se eu fosse a maior piada. Eu não estava entendendo, mas Bob sabia e colocou os dois para fora. Eles saíram, fiz em cinco takes e ficou linda.

CORKY STASIAK: Em 13 de janeiro de 1976, foram feitas as gravações de orquestra e coro para "Beth" no A&R Studios. O KISS apareceu de maquiagem completa para uma sessão de fotos no estúdio. Bob, Jay e eu estávamos de fraque e usávamos luvas brancas [risadas]. Todos na orquestra receberam camisetas imitando smokings.

BOB EZRIN: Essa música existia e pode até ter se chamado "Beck", originalmente. Da melhor forma possível, era importante que Peter tivesse uma música no disco; daí saímos procurando nos arquivos tudo o que Peter tinha. Ele tinha essa música que era meio country, meio folk. Na verdade, não combinava com nada do que estávamos fazendo. Mas ouvi alguma coisa de bom nela, levei para casa e traduzi para o piano. Reescrevi um tanto e pensei em dar um arranjo orquestrado. Na verdade, reescrevi boa parte, levei de volta e perguntei: "Era algo assim em que estava pensando, Peter?" [risadas]. O importante é que ele sentisse que estava participando tanto quanto possível. Era alguma coisa que eu tinha ouvido de outra forma, mas não ficou a "Beth" que vocês conhecem e adoram até eu trabalhar nela em casa por algum tempo. Achei que fazia o gênero dramático. Foi isso o que fizemos na sessão em que tivemos a orquestra inteira com aquela camiseta de smoking. Toda a equipe estava de fraque e a banda estava com o traje completo, além das árvores cenográficas no estúdio [risadas]. Era muito afetado e fabuloso. Propositalmente, combinava com o que o KISS tinha se tornado. Era ainda o começo da banda e as pessoas não estavam acostumadas à teatralidade que ia além dos corpos dos próprios integrantes da banda.

DICK WAGNER: Toquei violão em "Beth". Gosto muito de canções melódicas e para mim foi natural tocar essa música. Bob [Ezrin] e eu temos muita afinidade em termos de estilos, especialmente baladas, porque fizemos muita coisa assim nos anos em que trabalhamos juntos. Antes de trabalhar nesse disco, eu tinha feito o disco *Welcome to My Nightmare*, do Alice Cooper, com Bob, fazendo a música "Only Women Bleed". Nessa época, Bob e eu fizemos uma porção de músicas muito melódicas. Gostaria de ter composto "Beth" porque simplesmente é uma música linda. Achei que ia ser um sucesso desde a primeira vez em que ouvi.

CORKY STASIAK: Em 22 de junho de 1977, Sean Delaney e eu fizemos a mixagem de "Beth" sem a voz principal. Fizemos isso para que pudessem tocar a música em turnês e para que Peter pudesse cantar com o fundo orquestrado.

PETER CRISS: Em determinado momento, pensamos em tocar ao vivo com a banda toda. Bill Aucoin, nosso empresário original – de quem ainda gosto muito –, e eu achamos que essa era uma música e tanto, estava tocando bastante e ganhamos um People's Choice Award por ela; essa música tinha de ser tocada ao vivo. Bill disse que não tinha jeito. E a gente dizendo: "Ah, meu Deus, não tem nem bateria nela!".

DO YOU LOVE ME? ★★★★★

PAUL STANLEY: Boa parte de "Do You Love Me?" estava composta e trouxeram para nós durante o *Destroyer*. Bob [Ezrin] tinha ligado para Kim Fowley para ver se havia alguma coisa por aí que pudesse nos interessar e a gente acabou terminando-a. Ainda acho que é uma de minhas faixas prediletas. Tem uma bela postura. Minha parte predileta de "Do You Love Me?" é o fim. Tem esses sinos de orquestra porque adoro isso. A parte do meio é muito boa. Para mim é uma coisa mais parecida com o lance do Mott the Hoople em sua glorificação do rock, que celebra o fato de ser um astro do rock e esse tipo de vida.

KIM FOWLEY: Bob Ezrin me ligou e disse que tinha o nome de uma música, "Do You Love Me?", e alguns acordes. Falou: "Por que não escreve para mim uma letra sobre um astro do rock que questiona os motivos de uma garota tipo groupie?". Disse ainda: "No mundo das aposentadorias, o catálogo do Kiss vai pagar suas contas quando estiver velho". Eu estava com Joan Jett no aeroporto de Los Angeles, esperando uma garota que não entrou no Runaways. Joan me perguntou o que eu estava fazendo. Respondi [rindo]: "Estou pensando em minha aposentadoria; me deixe em paz". Peguei um guardanapo de papel e escrevi a letra em vinte minutos, enquanto esperávamos o avião aterrissar. Fui para a casa que Ezrin tinha alugado e ele disse: "Tudo bem. É bom que sua letra encaixe direitinho nos acordes que eu tenho". Daí começou a tocar a melodia com a letra e falou: "Está com sorte, tem duas músicas suas no *Destroyer*". E eu disse: "Aposentadoria!". Daí compusemos juntos um pouco mais da música. Paul modificou um pouco a letra e acrescentou um monte na música. Tanto "Do You Love Me?" quanto "King of the Night Time World" passaram pelo tratamento do KISS. O Nirvana gravou "Do You Love Me?" no disco de tributo ao KISS, *Hard to Believe*.

BOB EZRIN: Podemos ter usado parte da letra do Kim [Fowley]. "Do You Love Me?" realmente surgiu de um piano lá para os lados de Benedict Canyon, em uma casa logo depois da esquina de onde aconteceu o assassinato de Sharon Tate. Era um tipo de sala gótica, com janelas altas, o piano bem junto à janela. Eu estava lá sozinho cantando [começa a cantar] "Do You Love Me?". Não me lembro se peguei isso de alguma coisa que Paul me deu, mas me lembro da noite que passei tentando melhorar aquilo.

ROCK AND ROLL OVER

Lançamento: 1º de novembro de 1976
EDDIE KRAMER – produtor / CORKY STASIAK – engenheiro de som
BILL AUCOIN – empresário / STAN PENRIDGE – compositor
LARRY HARRIS – vice-presidente sênior da Casablanca Records
BOB KULICK – guitarrista solo da demo / BILL LETTANG – baterista da demo
DANNY GOLDBERG – Danny Goldberg, Inc. / DENNIS WOLOCH – designer do álbum

PAUL STANLEY: Gosto muito desse. Queríamos manter um pouco do que o Bob [Ezrin] nos ensinou, mas deixar um pouco mais pesado. Ficamos meio assustados depois de *Destroyer* e decidimos voltar para o que era mais familiar, que foi o disco *Rock and Roll Over*. Funcionou bem. Mas para ser bem honesto, se comparado a *Destroyer*, *Rock and Roll Over* foi como um passo em direção a uma coisa mais conhecida e menos aventureira. É interessante. Enquanto estávamos fazendo *Destroyer*, lembro de estar incrivelmente entusiasmado com o terreno que estávamos desbravando, com o que estávamos explorando em termos de som e o que estávamos fazendo tematicamente. Foi um passo que me entusiasmou muito dar. Uma vez dado, com certeza não estávamos dispostos a ver nosso sucesso minguar. Foi bem recebido, mas de certa forma não correspondeu a tudo o que estávamos esperando. Àquela altura, vender oitocentos e tantos mil discos era um feito e tanto, mas para nós não era o que tínhamos em mente. Quando o *Destroyer* recebeu uma reação meio ressabiada das pessoas, a primeira coisa que nos ocorreu foi: "Vamos voltar para o que é mais conhecido no próximo disco"; foi covardia e uma questão de autopreservação. Fiquei feliz em voltar ao antigo padrão, mas acabei muito frustrado com o resultado do som desses outros discos. Queria que soassem tão bem quanto um disco do Zeppelin. Não havia motivos para que, em termos de som, não estivéssemos à altura das bandas mais pesadas que existiam. Acho que a culpa não era nossa, pois éramos os queridinhos do pedaço. Depois que resolvemos dar uma guinada após o *Destroyer*, eu ainda tinha um pouco de esperança de recuperarmos aquilo que vínhamos fazendo no estúdio. Não era nada de perseguir o Santo Graal, ou o anel encantado, é algo que se faz o tempo todo. Infelizmente, algumas pessoas com que trabalhávamos não tinham capacidade para isso. Gosto muito de *Rock and Roll Over*. É um grande disco. Só acho que é muito triste as gravações serem tão limitadas. Eu daria cinco estrelas a *Rock and Roll Over*.

GENE SIMMONS: Não teríamos feito outro disco como *Destroyer*. "Beth" foi um estrondoso sucesso. Éramos capazes de fazer esse tipo de coisa, mas foi o Bob [Ezrin] que juntou as pontas. Tentamos trabalhar com ele depois de *Destroyer*, mas ele tinha começado a mexer com outra coisa. Tínhamos encerrado nossa fase Bob Ezrin. Ace e Peter, especialmente, ficavam dizendo que não devíamos fazer esse tipo de música, que devíamos ser mais uma banda de rock. Paul e eu tínhamos consciência de que *Destroyer* era o caminho certo a seguir e deveríamos ter ficado com Ezrin por mais alguns discos para ver que coisas boas o KISS poderia fazer. Mas havia muito conflito dentro da banda. Tinha sempre esse KISS mais simples na cabeça do Ace e do Peter. Decidimos recapturar parte da sensação ao vivo. Queríamos ter certeza de que o grupo não estava com o colarinho engomado, que não estávamos duros demais. O *Destroyer* foi exatamente um disco de estúdio. Não queríamos que os fãs pensassem que faríamos só trabalho em estúdio dali por diante. Sabe, a eletrônica avançou muito, mas a composição musical voltou para o bem básico. A tensão atrapalhava o grupo nesse disco. Três estrelas.

PETER CRISS: Eu daria quatro para esse disco. Foi a primeira vez que fiquei separado dos rapazes. Eu tocava no banheiro, com uma câmera de vídeo, e eles tocavam no palco. Foi ideia minha e de Eddie Kramer. Gostei da ideia. Era do tipo "No banheiro? Ótimo! Sabe como vai ficar alto?". Gostei da ideia porque eu podia ver os rapazes com a câmera e estava sozinho no banheiro pregando peças neles. Eu desenhava coisas engraçadas e pendurava em frente da câmera e eles me perdiam. O que eles viam eram coisas estranhas como discos voadores de Marte, "vão se foder", ou eu desenhava um caralho [risadas]. Eddie não suportava ver aquilo. Dizia: "Pare com essa merda! Temos de fazer esse trabalho". [Em resposta a Gene, que disse que ele tinha a melhor voz da banda.] Foi muito legal da parte dele. Eddie Kramer, Vini Poncia e Bob Ezrin diziam a mesma coisa, todos concordavam com Gene.

ACE FREHLEY: Comparado a *Destroyer*, *Rock and Roll Over* era mais básico, não tão sofisticado. Mas era o estilo de produção de Eddie. Acho que era mais KISS. *Destroyer* sofreu mais influência de Bob Ezrin. *Rock and Roll Over* foi muito divertido porque estávamos trabalhando com Eddie Kramer, com quem sempre me dei bem. Fazíamos a gravação a uns quinze minutos da minha casa. Eu tinha acabado de me casar, estava com um carro novo e era gostoso. Eu morava em Tarrytown e gravávamos em um teatro de arena. Eddie Kramer trouxe toda a sua parafernália e montou um estúdio de verdade. Esse disco foi muito divertido. Bob [Ezrin] sabia como fazer orquestração e escrever arranjos. Eddie e eu estávamos no mesmo nível técnico. Sempre gostamos de experimentar com diferentes guitarras e amplificadores. A gente costumava ir a lojas de penhores e comprar amplificadores Fender. Eddie estava disposto a trabalhar umas horas a mais comigo e acabávamos criando alguma coisa especial. Bob só percebeu isso depois de ouvir o trabalho feito com minha guitarra, talvez, mais tarde. Eu daria quatro estrelas.

EDDIE KRAMER: O *Destroyer* foi um bom disco em algumas faixas, mas não era realmente o KISS. E acho que os fãs ficaram um pouco putos com isso. Então o KISS resolveu voltar às raízes, que é um rock mais direto. Foi basicamente o que fizemos. Bob Ezrin recebeu muita crítica negativa pelo *Destroyer*. Mesmo tendo conseguido muito sucesso, o *Destroyer* não é bom como álbum de rock. Mas, como sucesso comercial por causa daquela música no compacto simples, não há dúvida. Acho que Ezrin chegou a eles com um ponto de vista diferente. Hoje, no entanto, vendo o que ele fez com *Revenge*, acho que é um dos melhores discos deles. Realmente dou meus parabéns a ele e ao KISS por esse disco, que acho brilhante. Ele tem apenas minha maior admiração. Acho que ele é um grande produtor. Mas, quando se compara o estilo dele com o meu,

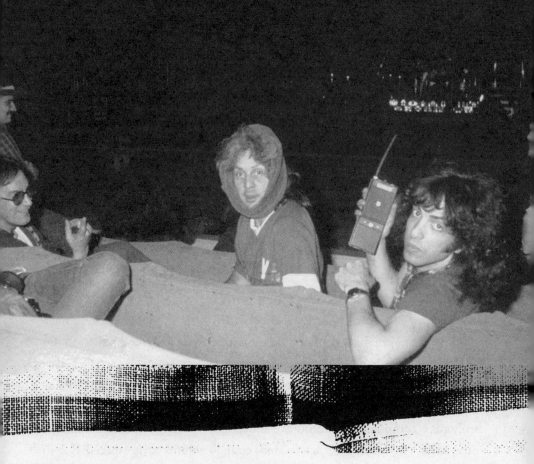

PETER E PAUL STANLEY NUMA PASSAGEM DE SOM, 1977
(©Snowsaw Archives)

na época acho que meu estilo de produção talvez se afinasse mais com a banda. Gravamos o trabalho no Star Theater, em Nanuet, Nova York. Gosto de gravar bandas em situações ao vivo e usar a acústica do ambiente para criar o som e dar à banda um tom diferente. Vivíamos mudando. Colocávamos os vocais no saguão de entrada. Colocávamos a banda no meio do palco. Colocávamos o baixo debaixo do palco. Colocávamos as guitarras em uma outra sala. Às vezes, colocávamos a bateria em um lugar menor. Usávamos o prédio inteiro. As trilhas básicas eram feitas assim: fazíamos bateria, baixo e violão, ou bateria, baixo e guitarra base e eu fazia a parte do metrônomo. Eu ia marcar o tempo por lá porque Peter não queria usar um metrônomo; daí eu ficava batendo em uma caixa grande de madeira e ele ficava olhando para mim. Acho que destruí umas vinte caixas de madeira durante as gravações. Peter tinha alguns problemas com o tempo, mas a verdade é que ele não estava acostumado a gravar em estúdio; eu o ajudava a marcar o tempo e ele me respeitava. Eu tentava fazer com que ele se concentrasse e funcionava bem. Eu fazia o som da bateria e o som da guitarra e, quando eles ouviam o som pelos fones de ouvido, o que tocavam era um pouco diferente. Mas queriam que soasse forte, mau e arrasador. Nessa época não fazíamos demo. Passávamos a música, eu ouvia e decidia que rumo dar a ela. Quando ouço uma música pela primeira vez, sei o que vou fazer porque tenho essa visão na cabeça. Não demorou muito para fazer esse disco, talvez alguns meses.

EDDIE KRAMER: Meu jeito é mais "mostre o que você tem e vamos ver o que podemos fazer e transformar em algo melhor". Ace, com certeza, era a pessoa menos valorizada na banda. Ele tinha uma boa noção do que precisava ser feito para a gravação. Paul conseguia compor muita coisa boa. Gene era um gênio em relação à concepção das coisas. Quando o KISS chegou para gravar *Rock and Roll Over*, os músicos realmente tinham melhorado o desempenho. Já tinham feito a gravação ao vivo de *Destroyer*. Era hora de se soltarem e mostrarem do que eram capazes como instrumentistas. Essa foi minha filosofia com o álbum *Rock and Roll Over*. Era o KISS tocando bem, rock de raiz. Não eram instrumentistas tão bons, mas na época estavam chegando lá. O KISS não se concentrava nas suas habilidades musicais para valer; estavam se concentrando em suas habilidades como gente de palco, de entretenimento, em detrimento de outros aspectos.

CORKY STASIAK: O KISS adorava e admirava Eddie Kramer, que já tinha trabalhado com o Zeppelin e Hendrix. Eddie também foi o produtor do primeiro álbum deles que ganhou o disco de Ouro, o *Alive!* Eddie é o tipo de produtor que não impõe sua vontade sobre a banda, prefere tirar a atuação do artista. [Bob] Erzin faz qualquer coisa: edita, faz a sobreposição e usa outros músicos para conseguir o que quer. Quer ter certeza de que os músicos toquem exatamente o que imaginou em sua cabeça. Não que algum dos jeitos seja errado, mas é assim que cada um trabalhava.

CORKY STASIAK: Começamos a gravar *Rock and Roll Over* em 30 de setembro de 1976 e terminamos em 16 de outubro. Gravamos o álbum no Nanuet Star Theater, um teatro de arena abandonado.

GENE SIMMONS: Frank Sinatra era um dos donos do teatro.

CORKY STASIAK: Estávamos trabalhando umas dezesseis, dezessete horas por dia. Só a base das faixas era gravada lá. Fizemos com que um sistema de PA acentuasse o som da bateria. Colocamos microfones pelo teatro inteiro. Os amplificadores de Ace, Paul e Gene ficavam debaixo do palco, em camarins, de forma que nada vazava nos microfones da bateria. Quando Peter tocava, parecia trovão. Colocamos microfones na trigésima fila, no círculo todo. Quando voltamos ao Record Plant, tínhamos bateria, baixo e algumas guitarras definidas. Colocamos todo o resto do som rapidamente no Record Plant. Adoro o som daquele disco. Que acústica! Acho que é o melhor disco do KISS em termos de som, por causa do som que conseguimos tirar no Nanuet Star Theater. É básico e forte e, para mim, em termos de som, pode se equiparar com o Led Zeppelin.

EDDIE KRAMER: Estou acostumado a gravar em todo tipo de lugar esquisito. Já gravei em mansões, já gravei em quase todo tipo de espaço que se possa imaginar. Queríamos um lugar onde nos sentíssemos seguros, mas também onde pudéssemos experimentar e produzir diferentes sons acústicos. Além de ter som ao vivo. Determinei que devíamos gravar em algum lugar aberto e grande. Levamos o caminhão do Record Plant até lá e o resto vocês já sabem.

EDDIE KRAMER: Lembro que Ace apareceu e estourou todas as lâmpadas do prédio com um revólver de ar comprimido de nove milímetros. Foi um incidente engraçado. Era um teatro de arena com palco giratório. Lembro que sempre ocorria uma ideia: "Ei, vamos deixar Peter tocando bateria e girar o palco completamente"[risadas]. Mas acho que isso nunca chegou a acontecer.

EDDIE KRAMER: Sempre era preciso bater em caixas de papelão para Peter manter o tempo, porque ele tinha problema com isso. Era muito duro para ele. Mas, depois que pegava, ficava tudo bem. Tinha um estilo único. Tocava forte e, depois de pegar o espírito e observar o que eu tentava passar, entrava com tudo.

PETER CRISS: Quando voltamos a trabalhar com Eddie em *Rock and Roll Over*, foi ótimo. Ele era do tipo que dava liberdade e fazia o que queria. Adorava minha bateria, dizia que eu era um baterista tipo trovão.

BILL AUCOIN: Chegamos a um ponto em que estávamos fazendo vários álbuns. E na verdade foi ideia de Neil [Bogart] no começo. É muito interessante. Neil ficava: "Ai, não sei o que vou fazer. Não posso ter devolução de discos". Como a Casablanca era uma gravadora pequena, ele não podia ter devolução de discos, ou afundaria a empresa. Aí tivemos essa ideia de lançar um disco a cada seis meses [risadas]. Assim, quando as lojas pensassem em mandar o material de volta, Neil anunciaria: "Vem vindo outro". Daí eles pensariam: "Preciso guardar em catálogo". Quando se envia um novo disco para o catálogo, ele tem de estar lá. Bem, e foi o que aconteceu. Antes que começasse a devolução, lançávamos um disco novo. Mas isso acabou pesando para a banda.

CORKY STASIAK: Eddie tinha esses microfones especiais de tubo, que já não se fazem mais. Ele usou esses microfones com o Led Zeppelin e com o Jimi Hendrix. Ele usava para captar a bateria. Levamos dois dias para montar esse som de trovão para a bateria. A banda adorou o som. Deixamos tudo montado e voltamos no dia seguinte para começar a gravar o álbum. Fui criado em Los Angeles, sou surfista. Sean Delaney trouxe uma prancha de skate Hobie. Eu disse: "Deixe eu te mostrar uns truques". Subi no skate e mostrei para ele como fazer um monte de manobras. A gente estava em um teatro de arena; é como se fosse uma tigela. Quando se entra da rua, tem uma rampa, bem inclinada, como se fosse um arco até o palco. Sean disse para mim: "Não seria legal se a gente pudesse descer isso de skate?"; respondi: "Eu consigo". Ele falou: "Consegue? Eu tenho medo de fazer isso". Daí eu disse: "Eu faço, porra; deixe eu tentar". Subi no skate Hobie dele e fui descendo a rampa e as cadeiras foram passando cada vez mais rápido. Na metade, percebi que estava indo depressa demais para conseguir pular fora. "Se eu saltar fora, quebro o pescoço nos bancos". Aí eu pensei: "Quando estiver bem perto do palco, pulo desta coisa em cima do palco". Na teoria, era uma grande ideia. Mas quando a gente está indo tão rápido e a inércia pega, fica muito difícil pular. Quando cheguei ao fim da rampa, saltei do skate como havia planejado, mas os dedos do meu pé relaram na beira do palco e o meu corpo se esticou para a frente. Entrei de cabeça na bateria, derrubando tudo que é microfone, peça de bateria, todos os fios [risadas], que tinham nos custado dois dias para arrumar. Caí como uma árvore. Por sorte, não quebrei nada, só dois dedos da mão direita. Pensei: "Merda, vamos começar a gravar em uma hora. O que faço agora?". Daí eu me levantei e com uma só mão recoloquei a bateria e os microfones onde lembrava que estavam. Assim que acabei, entra Eddie Kramer com o pessoal. Eu tinha levado fita adesiva e enrolei os dois dedos com ela. Até hoje nunca tinha contado a ninguém o que aconteceu. Eddie perguntou se eu tinha verificado se todos os microfones estavam funcionando. Eu disse: "Claro". E ele falou: "Manda Peter para cá para passarmos o som mais uma vez". Paul estava sentado do meu lado no painel de controle. Peter sentou, fez algumas viradas nos tom-tons e Paul olhou para mim e disse: "Sabe, Corky, para mim isso está melhor do que ontem à noite". Nunca contei essa história para os caras. Aquela gravação durou quinze horas e meia. Quando terminamos [risadas], fui com meu carro até o pronto-socorro e tirei raios X dos dedos. Tinha fraturado os dois. No dia seguinte, cheguei com os dedos engessados [risadas].

CORKY STASIAK: Meu nome foi acidentalmente deixado de fora do disco *Rock and Roll Over*. Acho que as primeiras 250 mil cópias saíram sem meu nome como engenheiro de som. Só mais tarde foi acrescentado, nas outras prensagens. Para todos os colecionadores do KISS por aí: procurem ter um álbum *Rock and Roll Over* com e sem meu nome nos créditos, para a coleção ficar completa.

LARRY HARRIS: Naquela época, havia uma expressão: "payola". Podia ser dinheiro vivo, podia ser mulher, podia ser drogas. "Payola" (ou "jabá", no Brasil – suborno) era usado com o KISS no Top 40 do rádio. "Payola" era bastante usado; também acontecia com as outras grandes bandas da época, não só com o KISS. O KISS não sabia disso, nem tinha como saber. Eles não tinham nada a ver com a forma com que promovíamos o produto. Acho que a Casablanca participava da "payola" numa escala menor do que os outros selos, porque não tínhamos tanto dinheiro. Contratávamos as pessoas certas para conseguir colocar nossos discos nas rádios e mantê-los durante algum tempo, estivessem vendendo ou não. Isso aconteceu com quase todos os compactos. A verdade é que, depois de certo ponto, se um disco não decolava em vendas, não ia vender mais. "Beth" foi um compacto do KISS que aconteceu muito, muito rápido. Esse foi um sucesso legítimo, sem que a gente precisasse fazer nada de especial. "Calling Dr. Love", "Hard Luck Woman" e "Christine Sixteen" não eram grandes discos. Eram compactos que manipulamos de várias formas para que parecessem sucessos. Uma delas era usando as paradas de sucesso; a outra era comprando nossa vaga no Top 40 do rádio com "payola". Um bom exemplo foi uma estação de Miami. Sempre fazíamos negócios de peso com eles. Se tocassem certos discos, a gente arrumava bandas para tocarem de graça em shows para eles. Se nos fizessem favores com o KISS ou com Donna Summer, arranjávamos bandas para tocar em seus shows.

BILL AUCOIN: Nunca foram sucessos, nem chegaram perto, tudo o que não fosse "I Was Made for Lovin' You" e "Beth". "New York Groove" tinha vida mais ou menos própria e, é claro, tentamos tornar "Rock and Roll All Nite" um sucesso e foi meio ilusório. Finalmente, conseguimos um pouco de ação de verdade no rádio. Não tenho certeza se realmente deu grandes vendas. Pelo menos conseguimos gente que realmente quisesse tocar a música, em vez de gente que tinha de ser paga para tocar. Na época, era uma prática aceita. Não acontecia somente com a Casablanca, era geral. Pagava-se qualquer um que conseguisse pôr uma música para tocar. A Casablanca tinha bom trânsito [risadas] quando se tratava disso. Quando o governo começou a dar em cima da "payola" no mercado da música, Neil se revoltou e disse: "Que vamos fazer agora?". Nunca vou esquecer o dia em que nos surgiu uma solução, que foi dar cartão de crédito promocional às pessoas-chave do rádio e da promoção independente, de forma que não havia dinheiro trocando de mãos. A gente ligava para certa pessoa e dizia: "Olhe, você pode gastar duzentos dólares com seu cartão de crédito este mês", e a conta ia para a Casablanca. Tenho certeza de que ainda acontece hoje em dia, de uma forma ou de outra. O KISS trabalhava muito fazendo o que era preciso fazer, que era tocar e construir uma base de fãs, não tinham consciência do dia a dia, das necessidades e práticas usadas para promover seus discos.

DANNY GOLDBERG: Do final de 1976 a 1977 tive uma firma de relações públicas, a Danny Goldberg, Inc., e o KISS era um dos clientes. Trabalhei com seu álbum *Rock and Roll Over*. KISS é o sonho dos publicitários. Não só porque tem uma singularidade visual tremenda, com sua maquiagem e desempenho em palco, mas também porque Gene e Paul são duas das pessoas mais articuladas do rock na questão de falar sobre si e de compreender como dar uma boa história a quem escreve. O empresário, Bill Aucoin, também era muito bom para relações públicas. Se comparada a outras bandas de rock, para quem só a música interessava, como o Bad Company, para quem eu tinha trabalhado no ano anterior, o KISS era um prazer. Na época, Gene e Paul estavam empenhados em conseguir mais apoio da corrente principal de cobertura de rock na imprensa. Estavam no equivalente a um gueto das revistas sobre metal. Por exemplo, a *Rolling Stone* nunca havia feito uma reportagem com eles. Consegui convencer Chuck Young, que trabalhava na *Rolling Stone*, a fazer uma matéria sobre eles. Isso era algo muito importante para Gene. A lembrança que eu tenho disso é que, quando Chuck Young estava entrevistando Gene, a mãe deste entrou inesperadamente no apartamento no Central Park South. Ela tinha a chave e entrou sem bater. Ele ficou muito constrangido por sua mãe interromper uma entrevista da *Rolling Stone* com a qual ele vinha sonhando há anos. Ela entrou matraqueando sobre o *matzoh brei* que trouxe para ele e chamando-o de Chaim, que é seu verdadeiro nome. Para minha surpresa, Chuck Young jamais escreveu uma linha sobre esse incidente. Se eu fosse repórter, teria caído em cima, pois era um contraste bem grande entre a imagem pública de Gene e o relacionamento que tinha com a mãe. Chuck escreveu uma matéria bastante crítica sobre o grupo, comparando sua música a "peidos de búfalo". Fiquei mortificado e desapontado quando o artigo saiu. Perguntei a Gene o que achava e ele disse: "Melhor que publiquem um artigo sobre nós do que não publicarem nada". Gene é um grande exemplo de alguém que tira o melhor proveito possível de qualquer situação, que engole seus sapos e vai em frente.

DENNIS WOLOCH: Michael Doret fez a capa para *Rock and Roll Over*. Era um grande ilustrador/designer que trabalhava em Nova York. Eu conhecia seu estilo, aquele estilo bem direto com que trabalhava. Tinha feito capas para a revista *Time* e era um designer premiado. *Rock and Roll Over* tornou-se talvez a capa de disco do KISS mais popular, pois foi usada em muito mais coisas do que nunca. E funciona, é tão direta, potente, com essa coisa gráfica forte. Quando Michael Doret fez *Rock and Roll Over*, eu insisti – e isso é um detalhe técnico –, mas não houve trabalho de arte. É tudo tinta preta em acetato. Ele fez a preparação com a gráfica e nós ficamos sem a arte.

I WANT YOU ★★★★★
PAUL STANLEY: Compus "I Want You" em uma passagem de som num palco da Inglaterra, na primeira turnê que fizemos por lá. Havia algo mágico em estar naqueles palcos, pois meus heróis haviam tocado neles. A gente subia num palco e diziam: "Os Beatles tocaram neste palco. O Zeppelin tocou neste palco" e você meio que evoca os espíritos para incorporarem em você. "I Want You" surgiu nesse clima.

TAKE ME ★★★★★
PAUL STANLEY: "Take Me" tinha uma postura forte. Eu estava realmente em meu estado de glória na época. Sou esse grande astro do rock, levado para a cama a todo instante, toda essa adulação. "Put your hand in my pocket grab on to my rocket" (Ponha a mão em meu bolso, agarre meu foguete) era simplesmente sobre a maravilha de estar vivo. Todas essas músicas falavam apenas sobre um estilo de vida, fosse sobre o poder do cacete, do rock ou do sexo.

CALLING DR. LOVE ★★★★★
GENE SIMMONS: Gravei a demo comigo tocando as guitarras e Katey Sagal cantando a harmonia. Encontrei a Katey em um trio, o Group with No Name. Eles gravaram um disco com a Casablanca Records. Katey Sagal e Fran Gold, que era uma das Harlots, e uma outra garota. Então ficou Gene Simmons com três garotas cantando. Essa foi a ideia original por trás de "Calling Dr. Love". Originalmente cantavam o refrão de "Dr. Love", mas Paul e eu cantávamos

em falsete. Achei que a demo tinha mais o clima que eu queria. Acho que não conseguimos o mesmo efeito com a banda.

ACE FREHLEY: Gosto do solo de guitarra de "Dr. Love". Se eu estivesse fazendo um solo para uma música composta por Gene, como "Dr. Love", muitas vezes ele me dava ideias, ou cantava a melodia para mim. Podia dizer: "Por que não experimenta essa ideia?", ou se referia a um solo que eu tinha feito em algum disco anterior. Ele me dava ideias se eu não estivesse inspirado.

LADIES ROOM ★★★★★
GENE SIMMONS: "Ladies Room" foi escrita em um estúdio de ensaio. É sobre uma garota que você encontra em um restaurante e você está sem lugar para ir, então diz: "Ei, eu te encontro no banheiro das mulheres e podemos discutir nossa fusão, a necessidade de se fundir".

BABY DRIVER ★★★★★
PETER CRISS: A banda não tocava do jeito que eu tinha escrito e era isso que me deixava muito puto. Tinha de ser do jeito deles, e a gente quebrava o maior pau toda noite por causa disso. Tenho uma gravação de como deveria ficar, mas não ficou assim no disco. Fizeram a mesma coisa com "Dirty Livin'". O jeito certo era mais lento [começa a cantar parte do riff mais devagar]. O riff era feito com vozes, não guitarras, e era isso que eu queria. Chegou ao primeiro lugar na Itália; descobri porque ganhei direitos sobre ela. "Hard Luck Woman" chegou ao primeiro lugar em Tóquio. Em "Dirty Livin'" não conseguiram o vocal de boca fechada. Então, de qualquer modo, "Baby Driver" era mais tipo [canta] "Go baby driver just driving on down the road" (Vai, criança, dirigindo pela estrada). Era bem mais soul, e me fizeram cortar isso, cantar mais duro e isso me incomodou. Eu tenho uma voz soul. Faz parte das minhas raízes. A demo original é melhor do que a gravação que fizemos. A banda fez outro arranjo. De repente, ficou com outras harmonias e perdeu o embalo.

STAN PENRIDGE: "Baby Driver" e "Dirty Livin'" foram compostas quando Peter, Mike Benvenga e eu estávamos no Lips. "Baby Driver" é sobre Mike.

PETER POR TRÁS DAS PELES, RICHFIELD COLISEUM, CLEVELAND, OHIO, 03 DE SETEMBRO DE 1976 (foto: www.janetmacoska.com)

Era para tirar um sarro. "Baby Driver" foi composta especialmente depois que Mike Benvenga comprou um Alfa Romeo Spyder. O Lips estava trabalhando no St. James Infirmary, lá em Hunter Mountain, Nova York. Peter e eu normalmente íamos de ônibus. Mike comprou esse Alfa, mas não contou para a gente antes de ir. De qualquer forma, não caberíamos os três lá dentro mesmo. Num fim de semana, chegamos lá e descobrimos que Mike já estava lá [não tinha ido de ônibus] e ficamos putos. Talvez mais enciumados do que putos, mas Peter e eu não levamos desse jeito. Nós dividíamos um quarto pequeno em cima de uma loja de antiguidades. Não dissemos nada durante todo o fim de semana, só escrevemos uma porção de frases tirando sarro no "Livro do Mago", que no fim já dava para fazer uma letra. Acho que não contamos a Mike quem era o "Baby Driver", mas achávamos que ele sabia. Foi uma coisa que me incomodou durante anos. Mike sempre achava que Peter e eu nos juntávamos contra ele, de uma forma ou de outra. Pensando bem, acho que deixamos mesmo Mike de lado muitas vezes. Era coisa de grana. A família dele ajudava, ele sempre tinha um dinheiro extra para gastar e era um jeito de ele fazer pouco da gente; éramos um bando de meninos de vinte e poucos anos nos comportando como bobos.

LOVE 'EM AND LEAVE 'EM ★★★★★

GENE SIMMONS: Se ouvir aquele trecho [imita o riff], é exatamente o mesmo trecho que está no solo de "Sweet Pain". E essas duas músicas vêm de "Rock and Rolls Royce". "Love 'Em and Leave 'Em" é minha filosofia. O ponto de vista é se uma garota dá uma brecha, com certeza eu tenho uma proposta pesada a fazer. Meu ponto de vista sobre sexo sempre foi nunca levar isso muito a sério, e eu sempre me divirto muito com isso. Por isso, a letra é um tanto constrangedora. Mais tarde a música "Burn Bitch Burn", "I wanna put my log in your fireplace" (Quero pôr minha lenha em sua lareira), é tão claramente ridícula, mas espero que as pessoas entendam que é brincadeirinha.

MR. SPEED ★★★★★

PAUL STANLEY: Gosto de "Mr. Speed". Há várias músicas que surgiram quando a gente estava meio se achando o máximo, sendo roqueiros, levando esse tipo de vida e nos divertindo para valer. Eu passei a compor melhor, mas isso não significa necessariamente que as músicas sejam melhores, e ainda há coisas em "Mr. Speed" que surgiram naturalmente e que eu jamais faria agora. As canções que escrevi mais tarde são bem estruturadas, mais bem feitas. Canções como "I Stole Your Love" e "C'mon and Love Me" são muito mais honestas e diretas. Eu só escreveria esse tipo de música hoje se alguém pusesse um revólver em minha cabeça.

BOB KULICK: Toquei na demo dessa. Eu ia para o estúdio com Paul e tocava o solo. Depois ele chegava para a banda e dizia: "Esta é uma música que eu queria fazer", e eles acabavam refazendo.

BILL LETANG: "Mr. Speed" foi a única demo que fiz com Paul. Está incluída na caixa do KISS. Paul insistiu para que eu tocasse como Charlie Watts, o baterista dos Rolling Stones. A música tinha o jeito dos Stones e era um tanto afetada.

SEE YOU IN YOUR DREAMS ★★★★★

GENE SIMMONS: "See You in Your Dreams" era uma música engraçada porque a demo original tinha todo tipo de gente: Katey Sagal, de *Married... with Children*, e Michael Des Barres. Todo tipo de amigo aparecia e cantava.

HARD LUCK WOMAN ★★★★★

PAUL STANLEY: "Hard Luck Woman" não era para ser da banda. É um desses desafios que gosto de propor para mim mesmo, seja compondo "I Was Made for Lovin' You" ou pensando: "Deixe-me ver se consigo escrever uma música para o Rod Stewart". Quando escrevi "I Was Made for Lovin' You", eu estava pensando: "Deixe-me ver se consigo escrever uma dessas músicas dance". Quando ouvi "Maggie May", "You Wear It Well", "Mandolin Wind", disse: "Eu consigo fazer isso". E "Hard Luck Woman" foi isso. Quando ficou pronta, com certeza não seria para o KISS. Mas quando todo mundo ouviu e fizemos sucesso com "Beth", não sabíamos para onde ir. O caminho mais seguro era "Vamos deixar Peter cantar uma música. Por falar nisso, parece muito com a música de Rod Stewart". E foi assim que tocamos, com uma porção de violões.

PETER CRISS: "Hard Luck Woman" me irritou. Primeiro porque Paul escreveu e disse que era para Rod Stewart. Tocou para mim no violão e adorei. Eu disse: "Ei, seu fodido, e eu? Rod Stewart que se foda. Vou cantar e estraçalhar essa merda". Eddie ouviu e disse que eu tinha de cantar essa. Disse que eu cantava melhor que o Rod Stewart. Daí, quando começaram a trabalhar nela, começaram a passar por cima de mim no estúdio. Queriam que parecesse ao máximo com Rod Stewart. Eu disse: "Deixem que eu faça do meu jeito. Deixem que eu cante. Vocês podem ter essa merda arranhada quando quiserem, mas eu preciso cantar como Peter. Não sou Rod Stewart, Paul. Sei que queria que ele cantasse, mas não vou imitar o cara".

EDDIE KRAMER: Paul estava cantando essa música e eu fiquei fascinado por ela. Pensei: "Uau, vai ficar excelente para o disco. Precisamos gravar essa. É uma música muito, muito boa!". A música tinha um forte conteúdo de "Maggie May". Além do fato de que seria muito legal ter o KISS fazendo uma música acústica. Peter tinha a voz certa para cantar. Lembro de ter me empenhado muito tentando conseguir um bom som de violão acústico e trabalhando na estrutura da música. "Hard Luck Woman" foi ótima. Paul e Ace tocaram violão nela. Foi uma grande surpresa, na verdade. Gosto dessa faixa. O cara tinha um jeito bem emocional de cantar. Tinha certa qualidade na voz dele que nenhum dos outros caras tinha. Talvez seja um dos motivos para "Beth" ter tido tanto sucesso.

MAKIN' LOVE ★★★★★

PAUL STANLEY: É uma música e tanto! Eu era superfã do Zeppelin. "Makin' Love" era uma homenagem a "Whole Lotta Love". Era para isso que eu estava batalhando. Muitas vezes eu escrevia o que me vinha na cabeça, mas outras vezes eu tinha uma música na cabeça de que gostava muito. E podia ir atrás de um estilo ou de algum sentimento. Eu tinha de trabalhar dentro da minha capacidade. Na época, meu registro de voz era bem mais limitado do que se tornou com o tempo. Acho que, se aquela música fosse feita hoje [ri], soaria muito mais como Led Zeppelin do que parecia na época. Há um monte de músicas daquela época em que eu teria de me esforçar para chegar perto em qualidade hoje. A espontaneidade sempre vem da inocência e da ingenuidade, e sua composição tem uma forma mais livre e mais livre associação, de modo que o que sai é, de alguma maneira, mais profundo e certamente mais espontâneo, em oposição a uma coisa elaborada. Acho que em músicas como "C'mon and Love Me" e "Got to Choose", e em uma porção dessas músicas, as letras foram feitas em meia hora, se é que levou tudo isso. Eram um reflexo espontâneo do que eu estava fazendo ou pensando".

DA ESQUERDA PARA A DIREITA: SEAN DELANEY, GENE E PAUL. PASSAGEM DE SOM, 1977 (©Snowsaw Archives)

LOVE GUN

Lançamento: 17 de junho de 1977

EDDIE KRAMER – produtor / CORKY STASIAK – engenheiro de som

STAN PENRIDGE – compositor / BILL AUCOIN – empresário

LARRY HARRIS – vice-presidente sênior da Casablanca Records

CAROL ROSS – presidente da Press Office Ltd. (firma de publicidade do KISS)

CAROL KAYE – publicitária, Press Office Ltd. / DENNIS WOLOCH – designer

HARVEY KUBERNIK – coordenador de mídia da Danny Goldberg, Inc.

CYNTHIA PLASTER CASTER – modelagem em gesso

PAUL STANLEY: Para mim, houve muitos pontos altos de *Love Gun* que acabam equilibrando os pontos baixos, como "Then She Kissed Me". Só as músicas "Christine Sixteeen", "Love Gun", "I Stole Your Love" e "Shock Me" já bastam para deixar qualquer disco ótimo. Eu me diverti fazendo *Love Gun* porque estava fazendo o que sentia. Ia sozinho ao Electric Lady Studios e gravava trilhas nas quais depois trabalhávamos juntos e copiávamos. Na época eu tinha uma visão muito clara do que queria fazer e, de certa forma, do que o KISS iria fazer. Lembro de gravar a demo de "Love Gun", que segue basicamente nota por nota a trilha original. Foi o mesmo com "I Stole Your Love" e com "Tomorrow and Tonight". Foi uma época ótima para mim. Eu tinha carta branca para alugar estúdio e ficar trabalhando em minhas músicas. Essas músicas [rindo] jamais virariam músicas do Wicked Lester. Não sei se para melhor ou pior, trabalhei em todas. Se não tocava, chamava alguém que tocasse. Quando o KISS entrava no estúdio, apenas recriávamos as músicas, pois essencialmente eram feitas sob medida para o KISS. Eu daria quatro ou cinco estrelas. É um grande disco! Tenho orgulho dele.

PETER CRISS: Eu daria quatro estrelas. Dou quatro porque fizeram "Hooligan" como eu queria que fizessem e Eddie adorou quando cantei. Eddie queria até que eu cantasse mais músicas do que aquela. E aí vem outro ponto controverso. Ele queria que eu cantasse um par de músicas de Paul, e Paul surtou [ri]. "Não me venha com essa merda, ele não vai cantar música minha!" [ri]. Eddie disse para ele tentar e Paul respondeu: "Se ele tentar, você vai gostar e eu não vou poder cantar".

GENE SIMMONS: Para agradar a Ace e Peter, ficamos com Eddie Kramer. Eddie é ótima pessoa, mas a banda não enfrentava desafios com Eddie, pois ele não compunha, como era o caso de Bob Ezrin. Bob também era arranjador e conceitualista. Era um cara de visão e tinha coragem de dizer: "Certo, qual é o significado disso?". Conseguia pegar uma música e fazer com que evoluísse. Eddie era ótimo, mas basicamente era engenheiro de som. Demos crédito de produtor a ele porque o chamavam de produtor, mas Eddie é engenheiro de som. Ele mexia nos controles da mesa e ficava em cima da pessoa que fazia a mixagem. Eddie ajudava a mixar e só. As músicas ficavam como estavam. [*Love Gun* e *Rock and Roll Over* são álbuns quase irmãos em som.] Gostamos do processo todo e a direção era bem definida. Não queríamos nos afastar muito de onde estávamos, porque estávamos fazendo uma coisa boa. Eu me sentia confortável. Sabíamos quem a gente era e como era a música. Com certeza, a banda fazia o que fazia e não dava para confundir com outras bandas o que fazíamos, por isso gostávamos dessa identidade clara. Eu daria três estrelas. "Almost Human" é uma de minhas músicas preferidas.

ACE FREHLEY: Achei *Love Gun* um bom disco. A cada trabalho que a gente fazia, aprendia mais. Eddie Kramer me ensinou muito. Merece quatro. Fiquei muito contente com o resultado de "Shock Me".

EDDIE KRAMER: Gene e Paul sempre foram a força que movia a banda. Podia-se confiar que Ace faria ótimos solos. Gene é um grande homem de negócios e Paul realmente é estrela de primeira grandeza. Com certeza trabalhou muito para se tornar um excelente guitarrista. Paul toca guitarra incrivelmente. Ace já nasceu com o dom; Paul teve de suar.

EDDIE KRAMER: O KISS tinha aprendido muito naquele ponto e queria se expressar ainda mais, daí a coprodução de *Love Gun*. Gravamos no Record Plant. Lembro que gravamos a bateria para *Love Gun* no saguão de entrada. Voltar ao Record Plant não foi uma experiência das mais agradáveis para mim, pois Electric Lady foi o estúdio que construí para Jimi [Hendrix] e de que eu gostava mais. Conseguir o som de *Love Gun* foi relativamente fácil. Conseguir um bom som de Ace foi bem direto. Às vezes era mais difícil conseguir bons resultados de Gene e Paul. Gene era mais fácil assim que se estabelecesse o que era para fazer. É preciso diferenciar o som da guitarra de Paul e o som da de Ace. Era mais difícil, porque era preciso ter certeza de que o som do Paul ficaria diferente do som de Ace. Era mais difícil conseguir um bom desempenho, apesar de já estarem mais experientes nessa época. Sou muito honesto com os artistas com quem trabalho. Digo: "Sei que vocês podem fazer uma gravação melhor", ou: "Essa ficou ótima, não mude nada". Nesse ponto, o KISS estava ficando muito bom. Ace era extraordinário, ele era o guitarrista menos valorizado. Sempre podia contar com ele para um bom resultado. Eu via que Ace tinha uma habilidade diferenciada, conseguia tocar blues e vários estilos. É um guitarrista competente e criativo. Eu o encorajava a arriscar coisas novas. Gostava de tirar o melhor dele; isso leva tempo. Não se pode esperar grandes solos 24 horas por dia. Isso não acontece. É preciso dar espaço para o artista respirar. Fazia isso com todos, especialmente com Ace, porque sabia que conseguiria tirar sons bons dele. O cara tem um enfoque só dele.

CORKY STASIAK: *Love Gun* foi gravado entre 3 e 28 de maio de 1977. Começamos a gravar no dia 3 e, de acordo com meus registros, Ace finalmente apareceu no dia 9. Muitas das trilhas básicas que fizemos em *Love Gun* não tinham Ace; era só Paul, Gene e Peter.

LARRY HARRIS: O objetivo sempre foi fazer o KISS parecer maior do que era. Para nós, se conseguíssemos fazer com que alguém pensasse isso, então era verdade. Com os contatos que eu tinha na *Billboard*, consegui colocar cinco discos do KISS nas paradas ao mesmo tempo. Isso foi lá por 1977, 1978. Cheguei lá e apresentei números inflados de venda e eles podiam ter conferido com toda a facilidade, se quisessem, mas não conferiram. Ajudei a manipular todos os números do que fizemos com a gravadora Casablanca. Isso acontecia em toda a área. Na indústria da música, se alguém fica entre os 100 melhores da *Billboard*, os caras que vendem discos para o Wal-Mart e o Kmart, essas grandes empresas que vendem por atacado, aceitam seu produto. Se o trabalho não sai entre os 100 melhores da *Billboard*, eles não compram. Assim, logo que o álbum do KISS saiu entre os 100 melhores, Handleman, um dos maiores compradores, passou a comprar 100 mil, 200 mil discos de cada vez. Se não vendessem, teríamos de pegar de volta. Mas Neil sabia jogar bem com isso e não tivemos problemas.

BILL AUCOIN: Tivemos muitas discussões com todo mundo por causa de pirataria. Tinha um monte de gente prensando discos e vendendo por baixo do pano. Acho que um artista nessa época nem sabia quanto vendia realmente, pois estava todo mundo tirando proveito uns dos outros. Como todo mundo sabia que os discos do KISS vendiam, começaram a piratear. Uma coisa que eu acho que não conseguiam fazer era o merchandising, porque custa muito e era bem complicado incluir as pequenas falhas que denunciavam a pirataria. Quando cheguei a *Love Gun* e ao pequeno *love gun* que ia junto com o disco, senti o desafio: "Como podemos fazer isso para que não nos copiem?".

GENE SIMMONS: O KISS se viu em uma posição muito estranha, de agradar a uma larga faixa etária, quando a maioria das bandas pesadas agradava um público masculino adolescente. Descobrimos que as meninas gostavam de nós tanto quanto os meninos. De repente começamos a atrair fãs bem novos. Antes, o KISS achava que credibilidade era um impedimento. O KISS era capaz de ir aonde nenhuma banda havia chegado antes. E então o KISS, de muitas formas, refletia a cultura pop americana. Não é segredo que Fred Flintstone começou como personagem de um desenho animado e acabou dando nome a um complexo de vitaminas. Quando se compra um pacote de salgadinho, também é possível ganhar brindes que vêm com o salgadinho de que você gosta tanto. Simplesmente isso torna a vida mais divertida. Marketing é uma palavra bonita, mas o que realmente significa é que não há motivos para você não se divertir fazendo as coisas. Nossa filosofia sempre foi dar mais aos fãs do KISS, nos shows e nos discos. Como os brindes. Pode ser salgadinho, chocolate, mas o brinde vem junto. Por isso a ideia de dar aos fãs algo a mais foi posta em ação quando os discos saíram com pequenos cartazes, tatuagens, adesivos e um *love gun* miniatura. Quando se vê bem, essas coisas não têm valor nenhum, apenas dizem: "Pelo mesmo preço, leve alguma coisa a mais. Muito obrigado". Eu é que fiquei insistindo nisso. O resto do pessoal não gostou de jeito nenhum. Queriam ser vistos como músicos sérios. Eu não tinha ilusões quanto a isso.

CAROL KAYE: Comecei a trabalhar com o KISS em junho de 1977. Foi uma época incrível em minha vida. O KISS acabava de gravar *Love Gun*. Eu trabalhava para a Aucoin Management e lembro que Al Ross, o vice-presidente de publicidade, começou a ter chiliques no escritório porque *Love Gun* chegou ao quarto lugar. Era a posição mais alta alcançada por um disco do KISS na época.

CAROL ROSS: Desde o começo, foi um grande desafio fazer a publicidade do KISS, lançar uma banda com aquele visual quando ninguém estava preparado para aquilo. O que chegava mais perto era David Bowie. O fato mais importante é que eram maravilhosos como pessoas e melhores ainda como profissionais. Nunca se atrasavam, não inventavam desculpas, faziam o que tinham de fazer. Isso é o sonho de qualquer publicitário.

CAROL KAYE: Tendo trabalhado com todo mundo, de Queen a Aerosmith, foi com o KISS que aprendi mais. Foi um batismo de fogo para mim. Existe alguém no mundo do rock que converse tão bem quanto Gene Simmons e Paul Stanley? As pessoas do KISS eram os mestres da publicidade. Assistindo às entrevistas que davam, eu sempre me surpreendia com as citações que eles faziam. Sabiam controlar as entrevistas e fazer com que funcionassem em seu favor.

CAROL KAYE: Além do KISS, nosso escritório de publicidade lidava com muitos outros artistas: a banda de Billy Squiers, Piper, Toby Beau, Starz, Blondie e Ramones. Também trabalhávamos com Paul e Linda McCartney e sua banda, Wings. Com certeza Paul conhecia o KISS. Nessa época, acho que não existia pessoa no mundo que não soubesse quem era o KISS.

HARVEY KUBERNICK: Lá por 1978, fui trabalhar com a Danny Goldberg, Inc., uma empresa de mídia e gerenciamento. Escrevi o texto de mídia de *Love Gun* e marquei as entrevistas com Gene e Paul. Até hoje admiro a iniciativa e a energia de Gene. Mesmo que fosse sete da manhã de um sábado, eu passava para pegá-lo com meu Ford Mustang amarelo e o carregava para um programa do tipo *Earth News*. Paul também era bastante acessível e disponível para promover o disco. Gene também conhecia bem a música emergente e os fanzines punks independentes, como *Denim Delinquent*, chegando a se corresponder com Greg Shaw, de *Bomp!*. Conhecia a produção e o legado de Hollywood, especificamente os estúdios, filmes de terror e de ficção científica. Lembro que Gene gostava do LP *Truth*, de Jeff Beck. Paul gostava de *Highway 61*, do Dylan. Todos adorávamos Pretty Things. Eu tinha um par de discos de Dave Clark Five e gostava muito deles. Não era moda em um mundo dominado pela *disco music*. Gene me pediu para agendar uma entrevista com algum fanzine também. Falou em atingir um público mais amplo. Então convidei Phast Phreddie, do Back Door, para ir à Village Records, em Westwood, para a entrevista. Gostei ainda mais do Gene quando ele deu a resposta: "Prefiro comer a Joni Mitchell a ouvir sua música". Isso foi antes da onda do politicamente correto, e a revista publicou o comentário cortante.

CAROL KAYE: Quando comecei a trabalhar com o KISS, eram a maior banda do mundo. Estavam em primeiro lugar da pesquisa Gallup. Estampavam as capas de todas as revistas sobre música: *Creem*, *Circus*, *Hit Parader*, *Rock Scene*. Ao promover seu disco *Love Gun*, procurei ampliar os horizontes da banda na imprensa. Achei que era importante manter o público fiel que tinham, mas também continuar a atrair novos fãs. Para mim era óbvio: "Vamos trabalhar com as revistas para adolescentes". A revista *16* foi bárbara para o KISS. O editor, Hedy End, foi muito receptivo. Ficaram na *16* durante três anos inteiros. Os caras não se importavam com a cobertura das revistas de adolescentes. Deram muitas, muitas entrevistas. Eram expostos na mídia todos os meses. Quando saíram os discos solo, cada um dos membros da banda apareceu nas capas. Fazíamos concursos com essas revistas todos os meses. Também trabalhamos bastante com a *Super Teen*. Era importante para o KISS que cada membro tivesse seu tempo de exposição. KISS era uma banda, não apenas o show de Gene e Paul.

DENNIS WOLOCH: Ken Kelly fez a capa do álbum *Love Gun*. Aquela mulher pintada várias vezes no desenho da capa é a esposa dele. Como não dispunha de modelos e trabalhava tarde da noite, pediu: "Venha e sente-se aqui, meu bem". Sei que a banda adorou as duas capas de disco de Ken, porque são ótimas pinturas a óleo e são bastante impressionantes quando você vê os originais ao vivo.

I STOLE YOUR LOVE ★★★★★
PAUL STANLEY: "I Stole Your Love" foi composta rápido. Era como se fosse a música irmã de "Love Gun". Por isso surgiu quase ao mesmo tempo. Mais uma vez, ousadia e postura forte. De certa forma, essa música foi inspirada por

"Burn", do Deep Purple. Tem também uma velha conhecida chamada "Fascinating Rhythm", na qual "Burn" se baseou. As músicas que eu estava compondo na época eram de um certo tipo. Eu estava tentando chegar mais perto do que eu gostava nas bandas britânicas, que eram minhas influências. E daí, coisa interessante, assim que se punha a música para o KISS tocar, a música partia em outra direção, por causa da visão dos músicos do KISS. Se eu tivesse feito as músicas cem por cento do meu jeito, ficariam bem mais parecidas com essas influências. Aí está a beleza de ser uma banda; cada pessoa traz sua própria visão e a música vai para onde nunca se imaginou.

CHRISTINE SIXTEEN ★★★★★

GENE SIMMONS: "Christine Sixteen" foi composta no teclado. Sempre fui fã dos discos originais de *doowop* [que têm partes faladas]. Em vez de aparecer um solo, os caras falavam. Até Elvis fez isso. Isso foi antes de saxofones e guitarras começarem a fazer solo no meio de uma música. Essa parte falada da música me soa como um velho safado [repete parte da fala declamada] "When I see you coming out of school that day..." (Quando vi você saindo da escola naquele dia...). Parece um cara ao telefone. Ace odiou quando ouviu da primeira vez. Disse: "Isso não é rock". E eu respondi: "Pois quer saber? Vai estar no disco". Paul caiu matando em cima de alguns dos nomes de minhas músicas. Eu disse ao Paul que estava escrevendo uma música nova, chamada "Black Diamond", e que iria desbancar "Brown Sugar", dos Rolling Stones. E que seria como é. Soam como se fossem irmãs, "Brown Sugar" como a irmã mais nova de "Black Diamond", que é uma prostituta experiente caçando nas ruas. Essa seria minha história, "Black Diamond" iria para a rua para ganhar a vida. No dia seguinte, Paul vem e diz: "Ei, escrevi uma música chamada 'Black Diamond'". E eu disse: "Está brincando; eu ia escrever essa". Foi o mesmo com "Psycho Circus". Eu cheguei a começar a compor uma música chamada "Psycho Circus" primeiro e Paul me passou a perna. Paul e eu sempre fazíamos brincadeiras com o estilo de compor um do outro, pois a gente raramente compunha no mesmo lugar. Ele dizia: "Você só escreve sobre coisas bobas. Está sempre falando de monstros e coisas do gênero". "God of Thunder" é a versão de Paul para uma canção que eu teria escrito. Estávamos tocando no Japão, em 1977, e o nome surgiu por causa de uma conversa. Fiquei ligado no nome imediatamente. "Christine Sixteen" é forte e perigoso, é fruto proibido.

PAUL STANLEY: Eu estava escrevendo uma música chamada "Christine Sixteen" e Gene gostou do nome, que acabou roubando, o que não é nada de mais, uma vez que eu roubei o nome "Black Diamond" dele. Foi assim que surgiu.

EDDIE KRAMER: Toquei piano nessa. Gene estava ao meu lado, mas não tocou; eu que toquei. Na verdade, ele ficou me ensinando como tocar como um neandertal.

GOT LOVE FOR SALE ★★★★★
GENE SIMMONS: Escrevi "Love for Sale" em Sunset Marquis, quando voltamos do Japão, junto com "Christine Sixteen". Depois, "Love for Sale", "Christine Sixteen" e "Tunnel of Love" foram todas gravadas com os irmãos Van Halen – Eddie e Alex – e eu.

SHOCK ME ★★★★★
ACE FREHLEY: Fui eletrocutado na Flórida e sobrevivi. Os caras disseram: "Por que não escreve uma música sobre ser eletrocutado?". Daí eu apareci com "Shock Me". Eu sabia que com certeza tinha um bom riff. Paul e Gene insistiram para eu fazer o vocal principal da música. Disseram: "Já está na hora de fazer uma voz principal". Eu estava morto de nervoso e acabei cantando deitado. Fiz Eddie Kramer diminuir as luzes do estúdio. Daí, na primeira noite que cantei, fiquei muito nervoso. Depois da primeira apresentação de "Shock Me", na frente de umas dez ou vinte mil pessoas, fiquei bem. Eu só fazia backing vocal e daí percebi que minha voz era forte o suficiente para fazer a voz principal.

EDDIE KRAMER: Quando fizemos o primeiro disco solo, tive lembranças bem distintas dele deitado no chão, agarrado com uma garrafa de cerveja junto ao peito para cantar, porque sentia mais contato com o chão e, portanto, sentia-se mais estável. Mas não tenho certeza se foi mesmo em "Shock Me". Pelo que lembro, foi no primeiro disco solo.

PAUL STANLEY: Para mim, "Shock Me" talvez seja a melhor música que Ace compôs sozinho. Não há como negar que tem uma classe só dela.

CORKY STASIAK: Ace esteve muito ocupado naquele 17 de maio. Definiu a base de "Christine Sixteen" e gravou a trilha de "Shock Me". A bateria de Peter estava excepcional.

TOMORROW AND TONIGHT ★★★★★

PAUL STANLEY: Havia elementos em "Tomorrow and Tonight" que na verdade vieram do Mott the Hoople. Tem uma música do Mott the Hoople chamada "Golden Age of Rock and Roll". Eu gostava dela, e por isso tem um pouco dessa música nesta aqui. E foi algo do gênero: "Deixe eu ver se consigo compor outra 'Rock and Roll All Nite'". Normalmente, não dá para escrever duas músicas do mesmo jeito e ambas ficarem ótimas.

CORKY STASIAK: Os backing vocals de "Tomorrow and Tonight" eram de Tasha Thomas, de Raymond Simpson – irmão de Valerie Simpson – e de uma mulher chamada Hilda. Formavam o KISSettes.

PAUL STANLEY: Um desses vocalistas, Ray Simpson, acabaria substituindo o primeiro policial do Village People.

LOVE GUN ★★★★★

PAUL STANLEY: Compus "Love Gun" no avião para o Japão. Estava tudo escrito em minha cabeça, a coisa toda. Quando aterrissei, tive de tocá-la para ter certeza de que era boa e que estava inteira ali. Acho que na maioria das vezes em que se compõe músicas boas a gente tem consciência disso. Sempre achei que "Love Gun" fosse uma música ótima e continuo achando uma música tremenda. Provavelmente é a música que mais gosto de tocar. Para mim, "Love Gun" é algo profundamente KISS e acho que é uma das cinco marcas essenciais. Toquei baixo nessa. Era na época em que eu gostava de ir ao estúdio Electric Lady gravar demo sozinho e depois aparecia com as partes e os arranjos. Em algumas músicas eu vinha com as partes prontas para os músicos tocarem

O DEMÔNIO À SOLTA, RICHFIELD COLISEUM, CLEVELAND, OHIO, 08 DE JANEIRO DE 1978 (foto: www.janetmacoska.com)

porque tinha uma visão do todo. Não bastava ter a música, era preciso ter um arranjo. Daí era mais fácil chegar no estúdio e dizer como era a coisa. Pelo que me lembro, ninguém estava livre para vir tocar baixo, o que foi até melhor. O baixo ficou bem casado.

CORKY STASIAK: Em 18 e 19 de maio, fizemos as vozes principais de "Love Gun" e no dia 23 de maio gravamos as cordas para outra música do disco.

HOOLIGAN ★★★★★

PETER CRISS: "Hooligan" é um termo da década de 1920 para mau elemento, vândalo, baderneiro... e minha avó sempre me chamava disso! "Você não passa de um hooligan, saindo com gangues de rua!". Ainda sou lutador de rua.

STAN PENRIDGE: Aconteceu de eu deixar escapar a palavra "hooligan" numa conversa. Era assim que Peter e eu começávamos a compor as músicas. A gente sentava e conversava e eu ficava escrevendo umas coisinhas ou "peterismos". Peter me contou que a avó dele costumava chamá-lo de hooligan. Daí saiu a primeira linha da música e uma forma de contar história. Rabiscamos o resto em poucos minutos e gravamos. Esses rascunhos de música eram todos improvisados com simples mudanças de 1-4-5 ou variações disso. Aconteceu de "Hooligan" virar a principal do disco. A demo de "Hooligan" foi escrita e gravada no Record Plant. Era parte das duas músicas gravadas naquela noite, sendo que a outra foi "Love Bite". Toquei todas as guitarras e baixos e Peter tocou bateria e cantou. Acho que foi a primeira colaboração de verdade entre mim e Peter.

STAN PENRIDGE: "Hooligan", "Baby Driver" e "Dirty Livin'" se tornaram as músicas do KISS. Perderam a garra do rock, mas ganharam força. Só assim consigo descrever o que fizeram com as demos apresentadas. A espontaneidade e a diversão pareciam estar sendo substituídas por força e extravagância. Em geral, acho que havia um elemento destrutivo em tudo o que envolvia o KISS a essa altura.

CORKY STASIAK: Em 12 de maio, definimos "Hooligan". Peter escrevia a letra enquanto a gente gravava. Os rapazes não tinham as músicas prontas para o disco por causa das pressões das viagens e das turnês pelo mundo todo. Muitas vezes começavam a gravar coisas inacabadas por não terem tido tempo de terminar as músicas. Mas conseguiram fazer um grande trabalho. Eddie não ficou satisfeito com o coro original de "Hooligan", por isso Peter escrevia a letra enquanto a gente gravava. Eu criei a frase "I'm a hooligan, don't want to go to school again" (Sou mau elemento, não quero voltar para a escola). Essa parte da letra é minha, meu passaporte para a fama [ri].

ALMOST HUMAN ★★★★★
GENE SIMMONS: Comecei a ler um livro sobre lobisomens. A ideia de lobisomens é fascinante, é como *O médico e o monstro*. Você é um tipo especial de ser humano [cantarola a letra]: "I am almost human, can't help feeling strange, the moon is out, I think I'm gonna change" (Sou quase humano, não consigo deixar de me sentir estranho, a lua já apareceu, acho que vou me transformar). Trouxemos Jimmy Maelin, um velho amigo nosso que era um ótimo percussionista. Ele estava num grupo chamado Ambergris, da Paramount Records. Parecem congas e eu estou na guitarra. Em outras músicas em que parece que Ace ou Paul estão na guitarra, na verdade sou eu. Eu que toco o baixo e a guitarra em "War Machine" e "Plaster Caster".

PLASTER CASTER ★★★★★
GENE SIMMONS: "Plaster Caster" foi escrita como uma ode às groupies. As "Plaster Casters" eram as tietes de Chicago. Essas garotas tinham um passatempo muito saudável de fazer moldes em gesso de vários "apêndices" e guardá-los como lembranças. Isso sempre me deixou fascinado e eu escrevi uma música a respeito. As groupies influenciaram muito a minha vida. Elas afastaram muitas noites frias. Adoro as groupies e gosto do conceito de tietagem. Acho maravilhoso quando as mulheres querem se doar a você. É mágico! Elas não querem ser convidadas para jantar, não querem joias, não querem nada. Só querem lhe dar prazer; em troca, elas querem uma parte da fantasia, algo que elas possam contar para as amigas sobre você. "Você sabe com quem eu saí?". Essa é a recompensa. É legal, porque você e ela se divertem e o cara não tem de ficar agindo como um escravo. Não tem nada

do tipo: "Vamos sair para jantar e pagar o passe". Os caras têm de conhecer a mercadoria dessa maneira.

CYNTHIA PLASTER CASTER: No início, quando soube da música, não fiquei animada, porque nunca tive a intenção de fazer o gesso do KISS. Senti que quando Gene escreveu a música, ele estava passando o recado ao mundo de que ele tivesse sido engessado ou de que eu deveria fazê-lo. Eu não era muito fã do KISS. Com o tempo, a música me pegou. Ela tem um som que pega. Sou louca por músicas desse tipo. Depois eu me encontrei com Gene e ele me disse que não escrevera a música pelos motivos que pensei, mas que era uma fantasia dele.

CORKY STASIAK: Na sexta-feira, 13 de maio, de acordo com os meus registros, tivemos problemas na gravação de "Plaster Caster". Naquele dia, os rapazes tiraram medidas para as roupas novas daquela época. Eu me lembro que o Bill Aucoin trouxe a pintura original da capa do álbum *Love Gun*. Eles adoraram! No dia seguinte, terminamos "Plaster Caster". Também nos reunimos e assistimos ao KISS no programa *Don Kirshneer's Rock Concert*. Ace também fez partes de "Tomorrow and Tonight".

THEN SHE KISSED ME ★★★★★

GENE SIMMONS: Paul entrou na sala um dia e disse: "Que tal esta música?". Começamos a tocá-la e gravamos. Também brincamos com "Go Now", uma música dos Moody Blues quando o Denny Laine estava na banda. É uma ótima música. O KISS costumava tocar a música ao vivo perto da época do primeiro álbum. A gente pensava em gravá-la, mas achamos que a letra não tinha o menor sentido. Aqui está o nosso primeiro álbum. Vamos lá!

PAUL STANLEY: Eu era um grande fã da música "Then She Kissed Me". Eu nunca faço bobagem. Há músicas que eu acho maravilhosas. Compusemos coisas ótimas. Algumas coisas do passado não funcionaram. Essa é uma música bárbara e precisou ser refeita, assim como "I Want to Hold Your Hand" também foi refeita. É uma música para ninguém pôr defeito.

CORKY STASIAK: Eu me lembro do Paul ter dito que tínhamos de gravar uma música de uma outra pessoa. Eles pensavam em fazer "Jailhouse Rock", mas acabaram decidindo por "Then She Kissed Me". Foi a última música gravada para o álbum. Gravamos no dia 21 de maio.

ALIVE II

Lançamento: 24 de outubro de 1977
EDDIE KRAMER – produtor / CORKY STASIAK – engenheiro de som
BOB KULICK – guitarrista solo de estúdio / SEAN DELANEY – compositor
DAVE CLARK – compositor / DENNIS WOLOCH – designer do álbum
CAROL KAYE – agente publicitária, Press Office Ltd.

PAUL STANLEY: *Alive II* é ótimo. Eu daria quatro estrelas e meia. Acho que a parte ao vivo nele é muito boa. Eu diria que se o *Alive!* chegou a cem, então o *Alive II* merece 95. O problema nele é que o *Alive!* documentou um concerto completo. Não conseguiríamos fazer isso no *Alive II* sem repetir músicas. Assim, para evitarmos isso, só usamos músicas dos três álbuns anteriores. Mas claro que ficamos com pouco material disponível, por isso tem essa parte do estúdio. Eu adoro o *Alive II*. Eu nem o chamo de coletânea. É uma extensão do *Alive!* A única diferença entre os dois álbuns são as músicas.

ACE FREHLEY: Achei o *Alive II* bom. Há algo de especial no nosso primeiro álbum ao vivo. *Alive II* foi um tipo de sequência. Dou quatro estrelas.

GENE SIMMONS: Como um documento ao vivo é bem bom. Não acho que seja tão bom quanto o *Alive!* Decidimos colocar material novo. Achamos que não havia material bom suficiente para o *Alive II*. Também achamos que era o fechamento de um outro ciclo de alguns anos na banda. Eu daria três estrelas.

PETER CRISS: Eu daria cinco estrelas. Adoro discos ao vivo! Foi mais ao vivo que *Alive!* porque éramos músicos melhores, artistas melhores. Já tínhamos trabalhado juntos um tempo. Sabíamos o que fazer. Conhecíamos nosso trabalho, estávamos amadurecidos. Agora sabíamos como a questão do tempo era importante e que não conseguiríamos nos safar com um monte de merda, então demos mais atenção nas músicas desse disco.

GENE SIMMONS: *Alive II* foi um desses grandes calombos no caminho. Quanto maior o sucesso, mais malucos Ace e Peter ficavam. O pessoal da gravadora nos procurou e disse: "Vocês têm de gravar um novo álbum ao vivo". E aquilo foi uma surpresa para nós.

BILL AUCOIN: *Alive!* fez muito sucesso e, naquele momento, o registro de vendas demonstrava uma pequena queda. Então pensamos: "Que tal fazer o *Alive II*?". A ideia de não ficar no estúdio todas aquelas horas juntos caiu muito bem para todos. Foi natural.

EDDIE KRAMER: O KISS enxergou em mim um produtor de rock inglês que adorava a música deles e adorava o desafio de tornar o som deles maravilhoso. Os discos que me trouxeram mais desafios foram os que produzi com o KISS. Não foi uma tarefa fácil fazer os rapazes criarem um som bom porque eles tinham uma maneira muito peculiar de tocar ao vivo, que era pura energia; saltavam muito e faziam coisas malucas. No começo, foi muito difícil eles produzirem um som mais consistente. Mais tarde as coisas melhoraram, porque eles tiveram um progresso musical. Todos os menosprezavam; eles eram injustiçados. Nenhuma rádio tocava o KISS. Por outro lado, eles tinham aqueles fãs que os adoravam. Pensei que eu teria feito a minha parte se conseguisse fazer com que eles tocassem bem, com um som mais de vanguarda, como o de outras bandas com as quais eu havia trabalhado, como o Led Zeppelin.

GENE SIMMONS: Todos dissemos que estávamos prontos para fazer do *Alive II* uma coisa diferente do *Alive!*. Tive a ideia de colocar músicas novas de estúdio no lado quatro a partir de um álbum ao vivo do ZZTop, no qual metade das músicas eram ao vivo e a outra metade era de material inédito. *Alive II* é razoável. Tínhamos mais experiência, tocamos um pouco melhor. Algumas das músicas não foram tocadas ao vivo. Fizemos umas gravações durante o dia na passagem de som de "Hard Luck Woman" e "Tomorrow and Tonight".

CORKY STASIAK: Gravamos as faixas básicas de *Alive II* para edição no estúdio no teatro Capitol, em Passaic, Nova Jersey. Os rapazes eram profissionais, sabiam que tinham de fazer um trabalho e se dedicaram. O prazo das gravações era uma coisa de louco! Tínhamos de trabalhar rapidamente. Acho que eles estavam numa folga de uma semana. Editei "Tomorrow and Tonight" e "Larger than Life" em 13 de setembro de 1977. "Rockin' in the USA" e "Rocket Ride" foram gravadas no dia 14. "Any Way You Want It" foi editada no dia 15 e "All American Man", no dia 16.

EDDIE KRAMER: Tivemos de usar outros guitarristas nas músicas do estúdio. O disco tinha que ir adiante; se Ace não estava disponível, sei lá por que, era importante prosseguirmos. O cara que usamos [Bob Kulick] era um bom guitarrista, mas não era Ace. Acho que o Anton [Fig] tocou bateria em algumas faixas. Se a memória não me falha, Peter não estava disponível numa das faixas, por algum motivo, e precisávamos terminá-la de qualquer modo.

ACE FREHLEY: [rindo] Eu nem me lembro de que músicas vocês estão falando. Acho que eu estava flutuando no ar, em algum lugar do universo.

BILL AUCOIN: Ace estava fora do ar; acho que ele estava quase saindo. Ele provavelmente estava de saco cheio dos outros ou de alguma coisa. Não se pode conviver com outras pessoas dia e noite sem problemas. É como quando se é casado. Cedo ou tarde, você acaba dizendo: "Vai te catar!".

PAUL STANLEY: Vamos dizer que, em certos dias, eu não poderia dizer se Ace era capaz de distinguir o lado de trás do lado da frente da guitarra, e acho que o motivo era por ele estar ingerindo certo líquido.

GENE SIMMONS: Já no tempo do *Destroyer* e, na verdade, antes disso ainda, o álcool e outros elementos químicos dominavam a vida de Ace e embaçavam seu juízo. Ele também não estava totalmente presente em *Destroyer*. Ele simplesmente sumia. Dizia que estava doente ou ficava na cama durante três dias ou mais, e você sabe que tem de levar as coisas adiante. Portanto, Ace deixou de tocar em alguns solos.

PETER CRISS: Aquilo me incomodava muito. Fiquei puto da vida. Algo aconteceu com a mão dele. Acho que ele teve um acidente. Alguma coisa não deu certo, e ele não conseguiu tocar. Eu não estava muito motivado, eu entrava, fazia o que era necessário e tchau.

BOB KULICK: Eu toquei em três das quatro músicas de estúdio no *Alive II*, "All American Man", "Larger Than Life" e "Rockin' in the USA", em que toquei o solo e as guitarras base. Eu não me senti deslocado ao tocar as músicas na época. Eddie Kramer conseguiu tirar um som muito bom da guitarra e eu me senti à vontade. Naquela época Gene e Paul me olhavam como se eu fosse o salvador – toda vez que precisavam de alguém para dedilhar uma guitarra solo num disco, eles diziam: "Vamos chamar o Bob". Paul me telefonou e disse que estava com problemas com Ace. Ele me pediu para tocar guitarras em certas partes do álbum, em geral nos solos. Ele me disse que seria um trabalho rápido, coisa de amigos, e que eu receberia por isso. Claro que eu concordei. Ace estava no saguão no mesmo andar enquanto eu fazia os solos. Eles disseram que Ace não estava conseguindo tocar bem, dentro do tempo de que dispunham. Tinham um prazo a cumprir. Por isso, eles decidiram trazer um cara que eles sabiam que conseguiria tocar, que eles conhecessem e que tocasse bem. Também queriam um cara que se ajustasse à imagem da banda. Não foi uma coisa impensada, tipo: "Chame o Bob". Em relação ao estilo, eu faço quase a mesma coisa que o KISS, então eu sabia exatamente o que eles queriam. Eu tocava do meu próprio jeito.

BOB KULICK: Eu sabia que eles gostavam muito do meu jeito de tocar, embora às vezes eu tocasse num tom e Gene dissesse: "Pare". Eu respondia: "Por que é que você parou a gravação?". "Bem, eu não gostei muito desse tom". Eu prosseguia: "Mas você nem sabe aonde eu ia chegar". Então ele retrucava: "Mas é que isso não é o Ace". Então, eu tocava um solo que Ace jamais faria, mesmo se sofresse um transplante de cérebro ou se trocasse os dedos da mão, e Gene achava que se parecia com Ace. Ouvir algo do tipo "você não pode tocar assim porque o Ace nunca tocaria dessa maneira" faz parte da vida de um músico. Você toca a bola pra frente: "Se você não gostou disso, que tal assim?". Mas no fim eu sempre gostei de tudo que fizemos, mesmo quando não saía da maneira que eu tinha planejado no princípio, ou se partes fossem deixadas de lado ou modificadas na mixagem.

EDDIE KRAMER: Eu não acho que o *Alive II* seja tão bom quanto o primeiro disco. É histórico e histérico. O primeiro álbum ao vivo foi o que realmente os levou ao sucesso e à estabilidade. Qualquer coisa feita em seguida nunca seria tão boa. Foi um segundo disco ao vivo bem razoável. Acho que foi feito sob muita pressão. Tenho certeza de que ele se fez por si mesmo: "Era preciso ser melhor que o primeiro álbum ao vivo". Tenho certeza de que a gravadora queria isso e os fãs também. Eu gravei o disco todo com a banda no Japão, no Budokan, que era razoável, mas não ótimo. Acho que as apresentações não foram as melhores e por isso não saíram tão bem.

EDDIE KRAMER: *Alive II* foi muito menos modificado que o *Alive!*. Fizemos algumas alterações, mas não tanto como no primeiro álbum ao vivo.

DENNIS WOLOCH: O que eu mais me lembro da capa do *Alive II* era que não tínhamos nenhuma foto nova. Eu estava repassando arquivos velhos para ver se achava alguma coisa que pudesse ser usada. É por isso que não há nenhuma foto fantástica como em *Alive!*. É muito difícil conseguir uma foto de um grupo em que os quatro estejam ótimos. *Alive!* foi lançado como um álbum ao vivo. De qualquer modo, eu procurava uma foto de um show ao vivo da banda, mas não encontrei nenhuma, ela simplesmente não existia. Então eu tirei quatro fotos pequenas e coloquei-as na capa do álbum. Às vezes, um designer tem de achar a solução para esse tipo de problema.

CAROL KAYE: Eu me lembro de que cheguei ao escritório e alguém disse: "Carol, você está na capa do *Wall Street Journal*!". O artigo começava assim, "Carol Kaye é uma agente publicitária que enfrenta um problema; parece que ela não consegue abafar os rumores de que KISS quer dizer 'Knights In Satan's Service' (Cavaleiros a Serviço de Satã)". Aquilo era tão sem propósito. Havia cerca de um ano, aqueles grupos radicais ficavam fazendo piquetes diante dos shows do KISS, dizendo às pessoas para não comprarem discos porque o nome deles significava Cavaleiros a Serviço de Satã. Para combater essa informação falsa, enviamos comunicados à imprensa, a banda deu entrevistas. Mas não foi a pior coisa que aconteceu, porque os pais temiam deixar os filhos assistir a um show com uma banda como o KISS.

ALL AMERICAN MAN ★★★★★

PAUL STANLEY: Essa música foi escrita muito rapidamente. Ela foi composta na minha sala de jantar com o Sean Delaney. Não tenho nada a ver com "All American Man". Naquela época, eu passava por dificuldades em criar músicas. Tenho de confessar que, quando tenho problemas para compor, às vezes, eu chamo algumas pessoas para ficar comigo [risadas]. Elas vêm na minha casa e acabo criando alguma coisa.

BOB KULICK: Eu toquei a guitarra solo nessa música. Paul é um ótimo guitarrista base quando ele resolve se dedicar. Sempre achei que ele tinha alguma coisa do Keith Richards. Para mim, Paul criava aquela atmosfera um tanto despreocupada, no entanto, cheia de clima nos trechos de guitarra base, que, em minha opinião, funciona em todas as composições dele. Tudo o que ele cria, como "All American Man", é totalmente adequado ao estilo dele tocar.

ROCKIN' IN THE USA ★★★★★

GENE SIMMONS: Todos da banda odeiam essa música, especialmente Paul. Ele acha que é uma música inferior, das piores. Vamos nos preparar com a maquiagem e ele começa a cantá-la, como se a dizer: "Cara, essa é dose!". Nós estávamos em turnê e eu sou muito patriótico em relação aos Estados Unidos. Consegui tudo no país e toda vez que leio meus próprios comentários parece que sou um desses caras engravatados que têm de usar capacetes. Sabe, esse tipo de coisa: "Se você não ama os Estados Unidos, cai fora!". Ted Nugent disse uma coisa que parece muito de direita, mas que, no entanto, um lado mais emocional meu dizia estar certo. O que ele disse não é muito politicamente correto: "Se você não fala inglês, cai fora!". Bem, isso está errado. Por outro lado, eu penso: "Venho de outro país e este país vai me dar tudo de que precisar... Assistência social, bibliotecas grátis, liberdade de pensamento político. Posso mandar o presidente à merda, fazer qualquer coisa que queira e não vou desaparecer nas ruas por causa disso, portanto, isso é correto. Aprenda inglês ou caia fora". Emocionalmente, isso é correto.

LARGER THAN LIFE ★★★★★

GENE SIMMONS: Gosto da bateria de "Larger than Life". A bateria foi um movimento, uma tentativa para voltarmos àquele tipo de som de [John] Bonham em *Creatures of the Night*. Fiz uma entrevista com um cara e ele disse: "E esse negócio todo de você com as garotas?". Eu disse: "Bem, eu não sou o cara mais bonito do mundo. Não sou o cara mais rico do mundo, não sou isso, não sou aquilo... mas vou lhe dizer o que tenho, o que tenho é maior que a vida". Eu me ouvi dizendo isso na entrevista e depois eu escrevi a frase num papel, tanto a imagem como a coisa física do trocadilho. Física e figurativamente falando, "Larger than Life" aconteceu muito naturalmente. Peguei a guitarra e a música saiu.

ROCKET RIDE ★★★★★

ACE FREHLEY: Foi a primeira vez em que fiquei satisfeito com meu alcance vocal. Eu compus a música originalmente para meu álbum solo, mas quando estávamos organizando o *Alive II* e decidimos fazer uma parte com músicas inéditas no estúdio, eu abri mão dela para o álbum. Foi essa música que me deu confiança de que podia cantar e realmente ter um grande alcance vocal numa música. Eu e o Sean compusemos a música na minha casa, em Irvington [Nova York]. Eu tinha um estúdio no meu sótão. Nos reunimos num dia de verão, compusemos e fizemos a demo da música no meu sótão.

SEAN DELANEY: "Rocket Ride" foi composta no Japão. Eu fui levado ao Japão por uma única razão: compor músicas com os rapazes. Eles estavam passando por uma fase de bloqueio e todos se sentiam incapazes de criar músicas. Portanto, fui ao Japão na condição de compor para eles. Ace ficou puto, procurou o Bill e disse: "Ele está aqui para todos nós, não só para Gene e Paul!". Portanto, na verdade, foi um compromisso [risadas]. Havia a questão do tempo e de prazo. Fui ao quarto dele e disse: "Você tem alguns riffs?". Ele me respondeu:

Alive II

ROCKIN IN THE USA

I'M FLYING IN A 747 · PASSIN' BY THE
PEARLEY GATES
I'M COMIN' REAL CLOSE TO HEAVEN · AND
MY GUITAR JUST CAN'T WAIT
IT JUST CAN'T WAIT

AND FRANCE REALLY HAD THEIR OWN CHANCE
YES THERE WAS PLENTY ROMANCE
I'VE BEEN TO ENGLAND TOO THERE WASN'T
MUCH TO DO
ONE THING I KNOW IS TRUE
WHAT I WOULD RATHER DO

IS ROCKIN IN THE USA

WELL GERMANLAND WAS LOTS OF FUN
AND ROCK 'N ROLL HAS GOT ME ON THE RUN
DENMARK WAS GREAT · BUT I JUST CAN'T WAIT
ROCKIN' IN THE USA

A LETRA DE "ROCKIN' IN THE USA", DE GENE SIMMONS, ESCRITA A MÃO (©KISS Catalog Ltd.)

"Sim, tenho um aqui, mas não sei se os rapazes da banda são capazes de tocá-lo" [risadas]. Ace tinha aquele riff incrível. Ele tocou o riff de "Rocket Ride" e eu criei a letra e a melodia.

ANY WAY YOU WANT IT ★★★★★

PAUL STANLEY: Tudo o que já foi feito não deveria ser remexido. Ninguém deveria refazer velhos filmes e ninguém deveria refazer músicas. Não dá para melhorar as coisas. Não se pode recriar a espontaneidade. A espontaneidade é o que é, por ser aquela explosão inicial de energia. Quando você tenta recriá-la, ela... Isto é, posso ser acusado disso também. Uma das minhas músicas prediletas é "Any Way You Want It", de Dave Clark Five. Eu e Gene adoramos a música. Então cantamos a música no *Alive II* e ela ficou boa. Mas a diferença entre a nossa versão e a versão original é que a versão original parecia que ia entrar em colapso a qualquer momento, porque havia muita energia, e quando nós cantamos, a nossa versão ficou muito estudada. "Any Way You Want It" foi um caos no original. Tentamos reconstruir o caos e não foi possível. Não funcionou. Quando o Dave Clark Five cantou a música, ficou de uma maneira bombástica, como se fosse entrar em colapso, o que a fazia tão especial. A nossa versão foi elaborada demais, acho que não foi a mesma coisa.

DAVE CLARK: Gosto da versão do KISS da música. Nunca olhei o DC5 como um grupo heavy metal, mas acho que, quando você ouve essa música e algumas outras poucas músicas do DC5, elas são bem pesadas. Pesadas no sentido de serem muito altas. E o que conseguimos fazer nesse disco são músicas com um volume muito alto, músicas bem atrevidas, que saem das faixas sem distorção. Mais tarde eu me encontrei com Gene Simmons e ele elogiou muito o DC5 e a música "Any Way You Want It".

DOUBLE PLATINUM

Lançamento: 24 de abril de 1978
SEAN DELANEY – produtor / BILL AUCOIN – empresário
CAROL KAYE – agente publicitária, Press Office Ltd. / DENNIS WOLOCH – designer do álbum

PETER CRISS: Bom, acho que daria três estrelas para o *Double Platinum* porque não participamos muito dele.

PAUL STANLEY: Eu daria duas estrelas. É razoável. Trata-se de uma coletânea em que alguém começa a fazer arranjos novos para músicas que realmente não necessitam de nada disso. Honestamente, a banda não teve nada a ver com esse álbum. Naquele momento alguém disse: "Vamos fazer uma coletânea". Estávamos numa onda de sucesso e havia algumas pessoas no meio de campo que queriam lançar o máximo de produtos possível.

GENE SIMMONS: Naquela época, todos achavam que a banda ia se desmanchar, porque Ace e Peter estavam novamente num turbilhão. Ace queria deixar a banda; ele sempre achou que a banda e os fãs não eram capazes de apreciar o talento dele. Ele sempre quis sair de lá e montar a Ace Frehley Band, para mostrar às pessoas que ele era compositor e que era um astro. Logo que se juntou à banda, ele se recusava a cantar, ele sempre dizia: "Só quero ser o guitarrista". Para dizer a verdade, o KISS criou um Frankenstein. Criamos um cara que começou a acreditar que ele era o líder da sua própria banda. Eu também passava por um momento turbulento. Tinha conhecido a Cher e a minha vida toda foi virada do avesso. De repente, eu tinha sido seduzido por uma garota. Ela é uma pessoa maravilhosa e nos damos bem até hoje. Eu precisava de alguém que não quisesse ficar comigo por eu pertencer a uma banda. Alguém que não precisasse de nada de mim. Alguém que tivesse seu próprio dinheiro e fama. Alguém com quem eu podia baixar minha guarda. Eu fiquei muito feliz em conhecê-la; naquela época as coisas andavam muito dispersas.

ACE FREHLEY: Sean Delaney e Mike Stone fizeram remixagem de várias músicas e não estávamos presentes na época. Acho que poderia ter sido melhor. Três estrelas.

PAUL STANLEY: "Strutter '78" foi ideia do Neil Bogart, que achava que podíamos ganhar uma sobrevida com "Strutter" se ela fosse editada com uma referência mais explícita à disco music. Daí, fomos ao estúdio e editamos a música com

Jimmy Ienner, que trabalhava com várias pessoas legais, como os Raspberries, Grand Funk e Three Dog. De vez em quando, a gente faz coisas para satisfazer a gravadora. Acho que agora não fazemos mais, exceto gravar ótimos discos e desse modo deixar a gravadora feliz. No início, você tende a fazer coisas por causa de política, pois eles acabam te convencendo de que é a atitude certa. Se você pintou a *Mona Lisa* uma vez, não sei por que você tem de pintá-la uma segunda vez. Não que "Strutter" seja uma *Mona Lisa*, mas, se uma coisa já foi feita, não vejo motivo para repeti-la. Eles queriam que a gente refizesse a música, achavam que ela voltaria a fazer sucesso, então fomos adiante com o projeto, uma coisa totalmente desnecessária.

ACE FREHLEY: Achei que foi uma coisa idiota, porque não acho que a versão ficou tão diferente assim. Foram só uns solos mais longos e nada mais.

PETER CRISS: Gostava da versão original [de "Strutter"]. Mas tudo bem. Ficou um pouco mais incrementada e com um toque de disco music.

BILL AUCOIN: Não se esqueça de que, na maior parte do tempo, a banda não era tocada no rádio. A única maneira de continuarmos nele era lançando mais álbuns e fazendo turnês. De acordo com o meu pensamento, o KISS não tinha muita profundidade em suas composições. E outras coisas também eram um obstáculo; foi uma maldição quando começaram a ganhar dinheiro. Ficávamos horas conversando sobre o futuro, planejando o que aconteceria em seguida e bolando ideias para o show, e isso mudou drasticamente quando o dinheiro começou a entrar. Com dinheiro no bolso, a sua vida se transforma. Eu me lembro da vez em que Gene gastou uma fortuna com um casaco para a Diana Ross, e alguns dias depois Paul comprou uma luminária da Tiffany por 40 ou 50 mil dólares. Anos antes, Paul me procurou no escritório e ficou jogando conversa fora. Mais tarde, descobri que ele queria pedir cinco dólares emprestado para tomar um táxi para voltar para casa. Eu ouvia o que ele dizia e ele viu um furo na minha blusa. Eu me inclinei na cadeira e coloquei os pés na escrivaninha e havia um buraco no meu sapato. Era inverno, e quando ele viu o buraco no meu sapato, decidiu que não pediria os cinco dólares.

SEAN DELANEY: O KISS precisava de produto porque a próxima coisa grande que eles lançariam seriam os álbuns solo. Levaria um bom tempo, e eles precisavam lançar algo do KISS. O KISS sempre inundava o mercado, não podíamos demorar com o lançamento dos discos. Já tínhamos terminado o álbum solo do Gene, a parte da Inglaterra. De repente, recebi um telefonema de Bill [Aucoin] e de Neil Bogart. Eles queriam que a gente juntasse umas músicas para um álbum chamado *Double Platinum*. Eles nos enviaram as fitas de um quarto de polegada para organizarmos a sequência juntos. Então descobrimos uma coisa horrorosa. Quando gravamos as duas pistas na fita, as músicas ficavam totalmente diferentes. Uma ficava com um som forte e a outra totalmente baixa. Não era possível gravar as músicas nas duas pistas porque havia uma mudança muito grande no som. Tivemos de pedir que as fitas master fossem enviadas de Nova York para Londres, onde estávamos. Eu e o Mike Stone, engenheiro de som, estávamos no estúdio Trident. A recepcionista do KISS foi a portadora. As fitas tinham de ser levadas em mãos, porque eram as fitas master. Então, ela foi instruída a voar até Londres, deixar as fitas conosco, voltar imediatamente ao aeroporto e pegar o voo de volta. Ela não pôde nem passar o fim de semana em Londres. Mike e eu pegamos essas fitas e começamos a ouvi-las. Tente imaginar ouvir pelo telefone que, depois de ter trabalhado várias semanas praticamente sem deixar o estúdio, teria de preparar 21 faixas. E elas teriam de estar prontas em nove dias. Mike Stone e eu quase tivemos um colapso. Mas no fim conseguimos acabar a tempo.

SEAN DELANEY: A ideia era fazer com que as músicas tivessem um som melhor do que as gravações iniciais. Eu me lembro de "Hard Luck Woman". Durante a seleção, quando estávamos na mesa, tiramos a parte da bateria e quando eles entraram dissemos: "Cara, isso está o máximo! Podemos fazer a transmissão de uma parte para outra direto daqui. É o máximo!"

SEAN DELANEY: Descobrimos que cada produtor que trabalhou nos álbuns do KISS tinha tido procedimentos totalmente diferentes. Por exemplo, o Eddie Kramer gravou toda a bateria em mono. A fita do Bob Ezrin não podia ser mudada em nada por causa da maneira como ela foi gravada. Se houvesse eco ou se as cordas do baixo não tivessem sido tocadas adequadamente, nada poderia ser mudado. Tínhamos de encontrar um som comum. O padrão tinha de ser a fita do Bob Ezrin. Era a diferença entre tocar um CD hoje em comparação com um 45 polegadas, com as músicas em sequência; você ouve algo com um baita som digital no CD e depois passa para o som de um 45 polegadas. Essa era a diferença entre o som do Bob Ezrin e dos outros produtores.

CAROL KAYE: Eu tinha de ser uma agente publicitária muito criativa e sempre pensava em maneiras de manter o KISS na mídia. Decidi enviar as botas do KISS para uma turnê. Essas botas estão num museu e elas fizeram uma turnê pelo mundo. O KISS era tão poderoso [risadas] que as botas deles saíram em turnê sem eles!

DENNIS WOLOCH: A capa do álbum foi uma proeza técnica. Imprimimos a capa em plástico aluminizado Mylar. Poderíamos ter usado papel-alumínio, que teria dado um efeito de relevo muito melhor. Meu patrão, Howard [Marks], insistiu que fosse em Mylar porque é um material plástico. Infelizmente, quando ele é dobrado e esticado na tentativa de colocar o relevo, ele acaba voltando ao estado original liso. Portanto, não ficou um relevo muito destacado. Mas o lado positivo é que é o material mais brilhante que havia, bem prateado. Foi por isso que escolhemos o material. Foi uma grande proeza técnica. A gráfica ganhou prêmios por causa dessa capa.

PAUL STANLEY

Lançamento: 18 de setembro de 1978
BOB KULICK – guitarrista solo / STEVE BUSLOWE – baixista
DOUG KATSAROS – piano, cordas / RICHIE FONTANA – baterista
DAVE WITTMANN – engenheiro de som / MIKEL JAPP – compositor
CARMINE APPICE – baterista / PEPPY CASTRO – backing vocal
CAROL KAYE – agente publicitária

PAUL STANLEY: Se pudesse, eu daria seis estrelas. Acho que é um disco muito bom; as composições são ótimas. Era como se fosse um diário, porque aconteciam muitas coisas na minha vida e eu compunha sobre elas. Acho que as músicas são ótimas, é um álbum que veio do coração.

GENE SIMMONS: O álbum solo do Paul foi o mais próximo ao KISS, mas o disco solo de que mais gostei foi o do Ace. Achei que tinha muito mais o espírito de rock e gostei das guitarras nele. Eu prefiro quando Paul faz letras mais radicais, mas nele há muita coisa do tipo "o amor é isso, o amor blá-blá-blá", coisas como "Wouldn't you Like to Know Me?", "Hold Me". Quando Paul começa a ficar romântico, eu desligo. Mas como roqueiro ele é impecável. Portanto eu gosto dele desde que fique firme. Quando ele amolece, "Sinto falta de você, eu te amo", eu digo: "Seu fracote, cai fora!". Duas estrelas.

ACE FREHLEY: Eu daria cinco estrelas a Paul. Achei que o álbum solo de Paul foi o segundo melhor de todos.

PAUL STANLEY: Eu adoro o álbum. Vamos só dizer que ele é um pouco incompleto agora. Foi ótimo pelo que representa, e foi ótimo durante certo período, mas ele pede um número dois. Claro que existe essa possibilidade. No início, Ron Nevison ia produzir o meu álbum solo, mas no último minuto ele desistiu, porque estava trabalhando com os Babys. Ele estava muito atrasado e desistiu do disco.

PAUL STANLEY: Não acho que é uma boa ideia tentar criar vários tipos de música ao mesmo tempo. É preciso decidir por um e permanecer com ele. Eu poderia ter começado com um violão folk, mas há muitas outras pessoas que tocam muito melhor que eu. Não significa que, por eu não ter gravado nenhuma música folk, isso esteja fora da minha vida. Ainda posso me sentar num lugar e tocar o violão. É por isso que os álbuns solo são legais. A gente tem a chance de deixar esses tipos de baladas aflorarem.

BOB KULICK: O álbum solo era rock direto, e ele é bom nisso. As músicas tinham vários ritmos devido às várias influências que Paul sofreu. Elas foram tocadas melhor e com mais consistência pelo grupo de instrumentistas dele do que se fosse uma abordagem mais do estilo do KISS, que é mais duro, mais controlado.

STEVE BUSLOWE: Eu me lembro da primeira sessão em Nova York, em que fiquei muito impressionado com Paul. Ele tocava a guitarra com um amplificador Marshall e, até hoje, nunca vi alguém que tirasse o mesmo som de Paul daquela vez. Claro que o som era muito alto, mas Paul tinha um jeito imponente de tocar, que soava quase como uma orquestra.

STEVE BUSLOWE: Eu fiz duas sessões no Electric Lady Studios. A primeira foi em 22 de fevereiro de 1978. A segunda foi no dia 25. A primeira música que gravamos foi "Tonight You Belong to Me". Parece que fizemos tudo naquela noite, as sobreposições, etc. Eu lembro que Paul, Bob [Kulick], Richie [Fontana] e eu passamos muito tempo aprendendo as músicas. Tudo saiu tão facilmente. Paul produzia as sessões também. Eu me lembro de que ele me incentivou a tocar mais do que eu normalmente teria feito. Ele ouvia todas as sugestões e acatou várias.

BOB KULICK: Foi interessante porque Gene queria que eu tocasse no disco solo dele e fiquei entre os dois. Depois de eu ter terminado com Paul, Gene me enviou um recado dizendo: "Ouvi o que você tocou com Paul e achei que ficou bárbaro. Gostaria que você trabalhasse no meu disco. Espero que a gente se encontre logo". Conversei com Paul e ele me disse: "Eu acho que você não deve tocar no disco do Gene, porque você deixou suas impressões tão fortes no meu disco". Eu entendi o que ele dizia. Quando se tem um relacionamento artístico com as pessoas, às vezes, você tem de se curvar. Não era uma situação sem ganhadores. O que eu deveria fazer? Procurar Gene e dizer para ele se foder? Ou causar um problema entre eles ou ignorar um deles? Gene entendeu imediatamente e disse: "Olhe, se Paul não gostou da ideia, não tem importância, vamos deixar para a próxima vez". E foi assim que ficou. Houve um tempo em que eles achavam que eu era o Deus da guitarra. Acho que não durou muito tempo! [risadas]. Bem, pelo que eles estavam fazendo e pelo que toquei, foi perfeito, correto e fazia sentido. Eu era mais agressivo, mais melódico e mais vibrante do que Ace, mas ainda mantinha o mesmo clima.

BOB KULICK: A maior parte do álbum solo de Paul foi gravada ao vivo, o que foi ótimo, porque tudo foi tocado como se fosse uma banda. Fizemos metade do disco em Nova York e a outra metade em Los Angeles. A parte feita em Nova York foi muito rápida. A de Los Angeles parecia interminável. A diferença era só o nível de intensidade por sermos nova-iorquinos e trabalharmos em Nova York, num ritmo de Nova York. "Que horas são?" "Três da manhã." "Tudo bem", e ainda nos divertíamos. Los Angeles era assim: "Que horas vocês querem começar?". "Bem, eu vou nadar e depois devo dar uma passadinha na praia para almoçar; talvez às 16h ou 17h." Daí eu recebia um telefonema e era o seguinte: "Vamos aparecer às 19h". E eu ia às 19h; de repente era para 23h30 e depois: "Vamos sair para beber". Não fazíamos nada. Ficávamos dentro da piscina com hidromassagem [risadas]. Havia garotas no pedaço. Os rapazes estavam sempre com tesão. Os bateristas entravam e os bateristas saíam [risadas]. Paul sempre soube o que queria. Ele só tocava a música para nós. A gente se encontrou algumas vezes. Íamos para lá e ligávamos os instrumentos. A gente trabalhava bastante na música, revisava algumas partes e via se alguém podia acrescentar alguma coisa.

RICHIE FONTANA: Foi muito gostoso gravar as músicas do álbum de Paul. Ele sabia exatamente o que queria. Além disso, eu e todos os outros músicos, Bob Kulick [guitarra] e Steve Buslowe [baixo], gostamos muito do material que Paul tinha composto para o projeto. Foi ótimo ver Paul se exercitar criativamente, compondo músicas de uma natureza mais pessoal. Nós quatro ficamos em círculo no estúdio A do Electric Lady, fizemos a mixagem de tudo, ensaiamos as músicas lá mesmo e depois editamos na hora. Os canais básicos das quatro músicas em que toquei foram feitos em duas sessões, em dois dias separados. Gostei de tudo: "Tonight You Belong to Me" é um grande trabalho. "Ain't Quite Right" tem muita classe o tempo todo. "Move On" tem muita ginga. Eu adorei "Wouldn't You Like to Know Me?", pois é o tipo de música que eu curto: canções com melodia forte, com um poder pop à la Raspberries e Cheap Trick. Logo aquilo levou a mais sessões de trabalho. Pouco depois, Paul produziu algumas faixas para uma dupla pop rock, os Alessi Brothers, para quem ele chamou os mesmos músicos, o Bob Kulick, o Steve Buslowe e eu. Durante algum tempo, o Bruce Kulick também fez parte das coisas que rolaram naquela sessão.

CAROL KAYE: Tive o prazer de acompanhar Paul enquanto ele gravou o álbum no estúdio Electric Lady. Eu me lembro de Desmond Child and Rouge fazendo o backing vocal do álbum. Em minha opinião, ainda é um dos meus discos prediletos da época. O disco solo de Paul é um marco essencial do rock. O álbum passa pelo crivo do tempo. É poderoso, é emotivo. Ninguém esperava do Paul uma música como "Hold Me, Touch Me". É uma música linda, das mais sensíveis. É assim que Paul é. Ele é uma pessoa linda, sensível, surpreendente. Acho que o álbum solo dele capturou um tempo na vida dele. Na verdade, capturou a alma e a personalidade de Paul.

CAROL KAYE: Um dos pontos altos da minha carreira foi trabalhar com os álbuns solo do KISS. Aquilo foi uma coisa inédita. É incrível, mas a ansiedade foi crescendo até o lançamento dos discos. Preparamos um lindo kit de imprensa. Havia aquelas sacolas plásticas feitas com as imagens de cada álbum solo. Enviei os quatro álbuns solo dentro da sacola plástica à mídia e elas foram entregues em mãos, o que foi algo especial. Criou uma ótima impressão na mídia e conseguimos ótima cobertura.

TONIGHT YOU BELONG TO ME ★★★★★

PAUL STANLEY: Foi a faixa-mãe do meu álbum solo. É uma música que compus sobre alguém cujo nome não vou revelar, porque isso iria fazê-la muito feliz e talvez não seja o caso agora.

BOB KULICK: Aquele toque de "Tonight You Belong to Me" representa o coração e a alma de Paul. Foi dramático. Foi grande. Foi emocionante. Fiquei arrepiado com a música. Há momentos naquele disco que acho que são tão bons quanto o Led Zeppelin. Quando colocamos aquelas guitarras dando o ritmo em "Tonight You Belong to Me" [imita a abertura da música], nos olhamos e dissemos: "Se isso não é um puta som, não sei o que mais seria". Ele tinha consciência disso. Aquele foi o período de nossas vidas em que fomos os melhores amigos. Estávamos conectados musicalmente. O cara respeitava tudo o que eu fazia. Eu respeitava tudo o que ele fazia.

MOVE ON ★★★★★

PAUL STANLEY: Musicalmente, eu pensava em termos de algumas coisas do tipo Bad Company, o tipo de música triunfante, viril, sobre a vida. Naquele ponto, pensei que os backing vocals femininos ficariam ótimos. Eu tinha amizade com o pessoal do Desmond Child and Rouge. Elas eram uma das melhores bandas ao vivo que eu vira em Nova York. Todas se revezavam no papel de vocalista. O Desmond ficava no teclado. Era uma banda fabulosa. Ainda não consegui ouvir ninguém que cante como aquele pessoal. Eu telefonei e elas apareceram meia hora mais tarde. Foi bárbaro, pois eu era fã delas. A minha ideia era acrescentar mais tempero ao álbum.

MIKEL JAPP: Eu dei uma sugestão para Paul, tocando o começo de "Move On". De repente, descobrimos uma nova energia e lá estávamos nós, nos divertindo e, também, compondo. Ele adorou e eu também. Escrevemos pelo menos metade da música no fim daquele dia no estúdio SIR.

AIN'T QUITE RIGHT ★★★★★

MIKE JAPP: A primeira música que Paul e eu compusemos juntos foi uma ideia que eu tinha que se tornou "Ain't Quite Right". Nós nos encontramos pela primeira vez, nos estúdios de ensaio SIR, ligamos nossas guitarras e toquei a sugestão para ele. Ele adorou e continuamos a nos divertir, compondo. Praticamente terminamos "Ain't Quite Right" naquele dia. Trabalhamos várias horas e ambos nos sentimos bem e otimistas com o rumo das coisas, tanto com o sentimento da música quanto com a letra. Acho que o álbum solo de Paul tem ótimos vocais, materiais, instrumentistas e produção. E sendo o único compositor com o Paul, fiquei orgulhoso na época e mesmo agora, por ter feito parte dele.

PAUL STANLEY: Gosto muito dessa música. Há coisas no álbum que são questionáveis em termos de som. Mas o álbum é um bom reflexo de quem eu era e

PAUL STANLEY DE CARA LIMPA, TURNÊ NA EUROPA, MAIO DE 1976 (©KISS Catalog Ltd.)

de onde eu me encontrava naquela ocasião. Gostaria muito de ter trabalhado com um grande produtor naquele álbum, mas infelizmente nenhuma das pessoas com quem eu gostaria de ter trabalhado estava disponível. Depois de ter gravado o que eu achava que seriam as demos e tentar editá-las, percebi que elas seriam o álbum. Quando comecei a gravar com um coprodutor, as coisas não saíram tão bem quanto eu esperava, então comecei a fazer tudo à minha maneira. Eu queria fazer o álbum com Ron Nevison, mas ele estava trabalhando com os Babys. Ele era o tipo de produtor com quem eu gostaria de ter trabalhado.

STEVE BUSLOWE: Paul me pediu para substituir a parte do baixo que tinha sido gravada por um outro baixista na faixa "Ain't Quite Right". Tinha alguns slides de baixo que precisavam de muita manha e eu não conseguia capturar da maneira que Paul queria. Eu fiquei muito frustrado por não conseguir fazer aquilo direito e estava muito nervoso. Eu me lembro de que Paul chegou e tocou minha parte no baixo exatamente da maneira que ele queria. Embora ele mesmo pudesse ter tocado, acho que ele não quis me humilhar e me deu a chance de superar o problema. No fim, consegui chegar perto do que ele queria ouvir. Quando penso nessa experiência, fico muito emocionado. Lá estava Paul Stanley, que poderia contratar os músicos mais caros do mundo, e ele teve paciência de me permitir trabalhar aquela parte da música até acertar. Não vou me esquecer daquela sessão, pois ela provou ser uma peça importante para que eu me tornasse um bom músico de estúdio. Acho que isso tudo diz muito sobre a personalidade de Paul. Acho que ele é um cara de classe.

WOULDN'T YOU LIKE TO KNOW ME? ★★★★

PAUL STANLEY: A música tinha alguns toques dos Raspberries, alguns lances copiados deles. Também é um pouco de "Tonight" e um pouco de "Ecstasy" [músicas dos Raspberries]. É a minha homenagem aos Raspberries, que eram incríveis. Tudo o que fizeram, fizeram de uma maneira brilhante. Vi os Raspberries originais no Carnegie Hall. Depois o Eric [Carmen] saiu conosco e com Mike McBride e Scott McCarl, que mais tarde veio a ser um Raspberry.

BOB KULICK: Era uma música legal. Fizemos essa música em cinco minutos. "Tchãrã", e lá estava ela! Era óbvia! Ela é o que parece, direta ao ponto. Eu lembro que Paul tinha uma porção de guitarras e toda vez que eu usava uma guitarra diferente, tocava de maneira diferente, porque a guitarra era sentida de uma maneira diferente e soava diferente. Ela inspirava algo diferente.

TAKE ME AWAY (TOGETHER AS ONE) ★★★★★

PAUL STANLEY: "Take Me Away (Together as One)" começou com uma estrofe que o Mikel Japp já tinha. Mikel tinha uma dessas vozes rascantes, de cantor de blues, que a gente associa ao cenário de blues inglês. Eu criei o refrão e a letra. Foi mais um trabalho de arranjo, algo mais dinâmico e sinfônico. Às vezes, algumas músicas tendem a ter um som mais com uma aura de cinemascope. É como assistir a um filme em IMAX. Eu queria algo que tivesse um sentimento épico.

MIKEL JAPP: Eu toquei e cantei um trecho que eu já tinha de "Take Me Away (Together as One)" para Paul. Expliquei que era sobre uma garota que tinha conhecido na África do Sul, numa turnê quando estava com a banda Marmalade. Ele olhou para mim e disse: "É ótima, mas com as músicas que eu já tenho, mais o que fizemos hoje, já tenho o suficiente para o álbum". Pensei: "Tudo bem". Então começamos a trabalhar e terminamos "Ain't Quite Right" e "Move On" no telefone, eu em Los Angeles e Paul em Nova York. Paul fez as fitas demo das músicas em Nova York antes de realmente gravar o disco, e elas ficaram ótimas. Duas ou três semanas mais tarde, o telefone tocou, era Paul. "Oi, Mike, é o Paul. Lembra-se daquela última sugestão que você me mostrou no estúdio SIR?" Respondi que sim. Então ele disse: "Vou gravá-la e acho que compus o que faltava. A melodia ficou martelando na minha cabeça. Vamos ver os acordes". E foi assim que "Take Me Away (Together as One)" foi composta.

STEVE BUSLOWE: "Take Me Away" foi gravada no Record Plant, em Los Angeles, durante a primeira semana de julho de 1978. Ficamos aquela primeira semana toda gravando. Só completamos "Take Me Away" naquelas sessões. Eu estava emocionado por tocar com Carmine [Appice], pois tinha sido grande fã do Vanilla Fudge quando era pequeno. Entretanto, acho que a química daquela banda não foi o que tinha sido em Nova York.

CARMINE APPICE: Eu estava trabalhando para o Rod Stewart. Fazíamos várias turnês. Vim da Austrália e fui direto para o estúdio. Eu estava em outro fuso horário e desorientado e toquei cinco músicas. Eles só usaram uma das músicas em que toquei, não por causa da minha atuação, mas pelas músicas em si. Tudo foi feito em um só dia.

BOB KULICK: O estilo grandioso, exagerado, de tocar a bateria de Carmine foi um obstáculo para o que Paul andava fazendo, o rock mais direto do KISS. A bateria era tão alta que incomodava, mesmo usando fones de ouvido. No fim da música, o Carmine perguntou se poderia liberar e tocar solos para encher os espaços com percussão. Ele tocou em tudo, exceto na pia da cozinha. Fiquei ouvindo a fita depois de ele tocar e ele aparecia demais porque estava se exibindo. Depois que o Carmine saiu, todos se indagaram como faríamos a sobreposição na faixa, porque não havia uma boa noção de tempo. Poderíamos ter gravado a música de novo, no tempo em que fosse preciso, para encaixar aqueles solos de bateria. Era assim que as gravações aconteciam em Los Angeles. Tudo levava duas, três vezes a mais do que em Nova York, onde tudo era feito rapidamente. Paul pensou que eram fitas demo no princípio. Demo? Parece um disco! [risadas]

IT'S ALRIGHT ★★★★★

PAUL STANLEY: Eu gravei "It's Alright" em Los Angeles e fiz o vocal na Inglaterra, no Trident Studios. Fiz a mixagem do álbum no Trident. Eu achava que faltava uma música acelerada no álbum, uma música de rock pra botar e quebrar. Era "It's Alright".

HOLD ME, TOUCH ME (THINK OF ME WHEN WE'RE APART) ★★★★★

PAUL STANLEY: As boas músicas surgem facilmente. A letra era bem fácil e cheguei num ponto em que não conseguia fazer alguns versos. Decidi ficar no estúdio até sair alguma coisa. Mas a música foi escrita muito rapidamente. Eu até fiquei meio receoso quando a compus, pois parecia tão familiar, mas não saberia dizer com que ela se parecia. Uma boa música deve ter essa qualidade, parecer familiar. Uma música boa deve ser algo que você consiga cantar depois de ouvir metade dela, e esta é assim. Eu a adoro. Puxa, as mulheres adoram esse tipo de coisa e temos de agradar as mulheres. Sem as mulheres estaríamos perdidos. Em algum ponto, alguma mulher provavelmente vai fazer sexo ouvindo essa música e chegar ao orgasmo com ela. Em "Hold Me, Touch Me" aparece o que considero meu trabalho predileto com a guitarra.

GENE SIMMONS: Eu achei que "Hold Me, Touch Me" foi um ponto de partida bem corajoso para Paul, e é uma música muito bem composta. Hoje em dia, ela faria o mesmo sucesso.

DOUG KATSAROS: Paul me disse: "Tenho problemas para escrever baladas, sou um roqueiro". Então eu escrevi uma baladinha para ele e ele disse: "Isso é muito bonito, Doug, você me deu inspiração". Ele voltou para casa e retornou com "Hold Me, Touch Me". Achei que era uma música muito bonita, que se alinhava junto a "Beth". Paul ficou muito feliz por ter composto uma balada. Mas ele também foi tão generoso e maravilhoso ao me fazer sentir como se o tivesse ajudado muito. Ele disse: "Obrigado por escrever uma música que me inspirou a fazer uma ótima música". Paul sempre pensa nas outras pessoas. Ele é bem-educado, inteligente e sempre foi bom com as pessoas que o rodeiam. Sempre tive orgulho da qualidade do trabalho que ele fez naquela época e do tipo de pessoa que ele é. Foi divertido gravar aquela música. Ela foi feita à tarde. Ele a atirou em minhas mãos e disse: "Coloque uns belos acordes aí", e foi assim. Na verdade, colocamos sete canais com instrumentos de corda.

PEPPY CASTRO: Foi ótimo trabalhar no álbum solo de Paul. Paul se divertiu muito, curtiu muito. Eu cantei em várias músicas. "Hold Me, Touch Me" é tão bom quanto vários clássicos já compostos. Estava claro que Paul estava entrando naquela fase melódica na qual ele queria cantar, e não cantar gritando como nas faixas de rock pesado. Ele queria ser ouvido. Paul ficou tão bom nesse tipo de música que agora ele não só é um grande compositor, mas também um ótimo cantor. Ele é um dos grandes talentos dos últimos 25 anos. Paul nunca leva a fama, mas ele é um ótimo quebra-galhos, com uma ótima conta bancária [risadas]. Ele é tão criativo que não restou muita coisa para ele dar vazão àquilo de que gosta de fazer. Ele é um musicólogo. Eu estive numa banda chamada Balance, com Bob Kulick. Havia uma música no nosso primeiro álbum chamada "Falling in Love". Paul adorou a música e pediu para ele fazer o acompanhamento, e foi o que aconteceu. Ficou um acompanhamento sensual e bonito. Lá está ele, fazendo todo o acompanhamento comigo.

LOVE IN CHAINS ★★★★★
PAUL STANLEY: Eu praticamente tinha duas bandas no tempo em que estava no estúdio gravando meu álbum solo. Tinha a minha banda em Nova York, que gravou várias músicas, e tinha a banda de Los Angeles, que tinha uma com-

posição rítmica diferente, um baterista diferente e um baixista diferente. Em "Love in Chains", eu usei um instrumentista principal diferente, o Steve Lacey. Bob [Kulick] não estava disponível. Steve tinha um toque artístico selvagem que não era muito diferente do que o Bob fazia. Eu tinha o Craig Krampf na bateria. Craig fazia parte de uma banda chamada the Robbs.

GOODBYE ★★★★★

PAUL STANLEY: Eu também precisava de mais uma faixa no álbum. Todos apareceram: Bob, Craig Krampft, Eric Nelson. Todos estavam na sessão e eu disse: "Ainda não tenho a música" [risadas]. Disse-lhes: "Vão jantar e voltem em uma hora ou duas, que eu vou aprontar alguma coisa". E, quando eles apareceram, eu tinha escrito "Goodbye". Escrever sob pressão sempre foi ótimo! Às vezes, eu reservo tempo no estúdio sem ter nenhuma música, então trabalho sem parar com um ou dois dias de antecedência e componho alguma coisa. Esta seria a última música no álbum e eu queria fazer um apanhado geral. Era a respeito de coisas que nem sempre acabam da maneira que gostaríamos. Alguns relacionamentos não são para sempre; eles valem para o momento.

GENE SIMMONS

Lançamento: 18 de setembro de 1978
GENE SIMMONS / SEAN DELANEY – produtores / BOB SEGER – backing vocal
JOE PERRY – guitarrista / JANIS IAN – vocalista / RICK NIELSEN – guitarrista
RICHIE RANNO – guitarrista / MITCH WEISMANN – backing vocal
ALLAN SCHWARTZBERG – bateria / BILL LETTANG – baterista da demo
CAROL KAYE – agente publicitária, Press Office Ltd.

GENE SIMMONS: Havia tantas músicas por aí que o KISS nunca faria, porque as pessoas não adivinhariam de quem eram ou não acreditariam no sentimento delas. Naquela época, eu estava totalmente seduzido por poder, fama e riqueza e especialmente pelas mulheres. Comecei a sair com a Cher e fiquei completamente perdido. Eu sempre tinha sido tão certinho, nunca ficava alto, mas isso não significa que os meus sentidos não fossem atingidos por outras coisas. Uma hora, você está limpando as unhas do pé e tirando sujeira do umbigo e, na outra, está voando de Concorde com Charlton Heston sentado a seu lado, e as coisas são assim: "Ei, como é que você está?". Assim, você perde completamente a noção de quem você é, para onde está indo, e perde a noção da realidade. Assim, sob vários aspectos, o meu álbum solo é provavelmente o reflexo de um cara completamente desestruturado, que fazia de tudo. Eu daria uma estrela a ele.

PAUL STANLEY: Acho que o perigo no Gene é que ele, às vezes, fica mais envolvido com a embalagem ou com a impressão que algo cria do que com o que está realmente ali. Um elenco de milhares de artistas não faria muita diferença. Isto é, o que é que você tem? Esqueça a lista de trinta celebridades. Acho que ele ficou mais preocupado com a apresentação em vez de realmente compor suas melhores músicas. Acho que ele consegue compor muito melhor do que o que apareceu naquele álbum. Se cinco é a nota máxima, eu daria de um a dois.

ACE FREHLEY: Eu daria nota três a Gene.

GENE SIMMONS: Eu toquei guitarra no disco, e não o baixo. Na verdade, do jeito como as coisas são feitas em muitos discos do KISS, os instrumentos que você acha que são tocados pelos membros da banda podem não estar sendo tocados por eles; ou pelo menos não pelo membro da banda que você acha que está tocando o instrumento. Em "I Still Love You", do *Creatures of the Night*, é o Eric Carr que está tocando o baixo, só porque ele afinou a guitarra com um sentimento que eu talvez não conseguisse. Não nos preocupamos com os egos. Em "War Machine" sou eu na guitarra e no baixo. Portanto, nada dessas coisas é importante. No meu disco solo, eu toquei a guitarra, pois eu pensava que seria simples demais tocar somente o baixo. Não havia desafios. Assim, toquei a guitarra e encontrei um ótimo baixista, o Neil Jason. Há um monte de pessoas exóticas que aparecem nos discos, mas, na verdade, por causa da falta de tempo, houve mais pessoas que concordaram em aparecer no disco, mas que realmente não apareceram. Pessoas como John Lennon, David Bowie, Jerry Lee Lewis concordaram em aparecer no disco. Mas por causa da falta de tempo foi impossível. Nunca conversei com Paul McCartney, mas ouvi dizer que ele estava interessado em aparecer no álbum. O álbum estava quase pronto, mas eu tinha muito pouco tempo [dez dias] para gravar as partes dos convidados. Portanto, as pessoas que apareceram no álbum foram as que tiveram tempo disponível. Todos queriam estar presentes, foi incrível! Combinações estranhas de pessoas: Bob Seger, Joe Perry e Helen Reddy. Eu gosto dessa combinação porque deixa as pessoas zangadas. Eu prefiro quando as pessoas reagem. Isto é, eu queria os Bay City Rollers no disco, queria as pessoas que eram respeitadas e as pessoas que eram odiadas. Era mais importante, para mim, conseguir uma reação do público do que ter algo apático. Eu prefiro conseguir alguém que seja odiado a ouvir de alguém que o disco é só razoável. Pelo menos há mais sentimento. Na verdade, eu enviei uma equipe no Radio City Music Hall, para gravar o sapateado das Radio City Rockettes, mas não foi possível. Enviamos um caminhão móvel para o dono da Lassie, porque queríamos ter a Lassie no disco. Eu queria que Donny e Mary Osmond cantassem no disco. Queria que a Mary cantasse em dueto comigo em "Living in Sin". Claro que a família dela não quis nem ouvir falar nisso. Portanto poderia ter sido um disco muito mais estranho. Nunca conversei com o John Lennon em pessoa, só com a secretária dele. Todos estavam espalhados por todo o país. Era difícil que todos aparecessem, mas a secretária disse que ele estava a fim.

BOB SEGER: Sempre me senti em débito com Gene e disse que ficaria feliz em cantar no álbum solo dele. Muitas vezes, quando você é chamado para fazer este tipo de trabalho, você não está na cidade, ou está muito ocupado. Na época, eu estava gravando um álbum e estava em turnê. Era uma atrás da outra, durante longos oito anos. Eu estava sempre ocupado. Eu estava em Los Angeles quando Gene me pediu e eu disse: "Claro, cara!". Foi muito fácil. Eu disse: "O que você quer que eu faça?". Foi meio engraçado porque, em geral, eu é que mando outros caras fazerem o que eu quero. Foi gozado mudar de perspectiva uma vez [risadas].

GENE SIMMONS: Quando terminei de organizar o meu álbum solo, pensei que pudesse fazer qualquer coisa que quisesse. Botei todos no avião, a Cher, as crianças, os cachorros, os guarda-costas e assumimos o Manor Studios, em

Oxford, Inglaterra. Eu queria reunir todos os tipos de pessoas. Eu queria quebrar a barreira do que era considerado legal. O que reparei é que os fãs de rock pesado falam sobre o rock pesado, mas eles ouvem o rádio, eles escutam de tudo. Eles ouvem Abba e os Archies ao mesmo tempo em que escutam Led Zeppelin. Fui bem honesto ao dizer que eu era daquele jeito. Quando ouço uma música de B.J. Thomas, eu curto. Ao mesmo tempo, eu gostava dos Monkees, do Deep Purple e do Crazy World of Arthur Brown. Por que há essas barreiras? Tipo, se você gosta do Led Zeppelin, você não pode gostar de B.J. Thomas. Assim, a ideia do disco era encher o saco dos fãs do KISS e jogar na cara deles que, se eles eram unidimensionais, eu não queria ser.

JOE PERRY: Com o tempo, senti que havia um tipo de companheirismo entre nós [Aerosmith]. A gente se encontrava em Nova York e saía por aí em 1976, 77 e 78. Eles vinham para o estúdio, saíamos, íamos a festas. Chegamos a ser bons amigos. Gene não bebia, nem tomava drogas, mas nós tomávamos todas. Eu, Gene e Rick Nielsen [guitarrista do Cheap Trick] sempre íamos a um restaurante japonês de Nova York. Gene ia de terno, Rick se parecia com o Rick Nielsen e eu me parecia com um astro do rock. Estávamos sempre com o pé na estrada. Com mais frequência ainda, a gente se encontrava em Chicago, Nova York ou Los Angeles. Foi quando estávamos em Los Angeles que Gene me pediu para tocar no álbum solo dele. Eu morava no hotel Beverly Hills e ele ficava na casa de Cher. Fomos até a casa dela. Eles estavam na cama, de pijama, às oito da noite, o que era perfeitamente normal, porque tínhamos acabado de sair da cama. Gene me tocou por volta de vinte músicas. Ouvi algumas que achei bem boas. Toquei em "Radioactive". Achei que foi uma faixa boa, foi divertido. Ele sabia bem o que queria. Foi fácil. Foi uma das primeiras vezes em que me pediram para tocar em um álbum de uma outra pessoa. Eu devo ter tocado em outras músicas também. Foi no Cherokee Studios. Foi a primeira vez que me encontrei com o Rick Nielsen. Gene foi gentil e me enviou o disco de Ouro. Gene é um sujeito legal, um homem de negócios. Na verdade, se você ler os créditos nesse álbum solo para saber quem toca nele, é uma lista de "quem é quem" de Hollywood e do rock. Na época, ele morava com a Cher e tinha o Rin Tin Tin no álbum. Acho que o máximo a respeito disso foi que eu ouvi de Cheap Trick por meio de Jack Douglas, porque ele produzira o disco. Eu estava sentado em cima do tampo de vidro da máquina de fliperama e o Rick Nielsen entrou. Vejo aquele cara meio esquisitão. É difícil deixar de percebê-lo. Ele escreveu Cheap Trick nas pálpebras [risadas]. Sempre quis conhecê-lo. Ele estava meio perdido por estar na sessão. Acho que havia uns quatro outros guitarristas além de mim escalados para aquele dia. Quando ouvi a faixa, tive dificuldade em reconhecer se era eu mesmo tocando lá. Foi divertido! Eu fiquei lisonjeado por ter sido convidado por Gene.

RICK NIELSEN: Eu fiquei completamente deslumbrado por terem me pedido para tocar nesse disco, porque ele poderia ter escolhido qualquer pessoa.

MITCH WEISMANN: Gene disse à imprensa: "Eu tentei conseguir Paul McCartney e John Lennon para fazerem os meus backing vocals, mas eles não podiam, então eu peguei os próximos melhores", que eram eu e o Joe Pecorino. Ambos estivemos em *Beatlemania*. Eu e o Joe fomos ao estúdio e fizemos os backing vocals. Eu gostei muito das músicas que cantamos, eram tão Beatles. As composições eram ótimas. Eu, Joe, Gene e Eric Troyer, que mais tarde também cantou no *Double Fantasy* [de John Lennon], fizemos os backing vocals de "See You Tonite", "Mr. Make Believe" e "Always Near You/ Nowhere to Hide". Enquanto fazíamos a sessão, eu me lembro que George Martin [produtor dos Beatles] estava na sala ao lado produzindo *America*. Eu fiquei honrado em ver o KISS tocar "See You Tonite" em *Unplugged*. Eu vibrava em casa vendo os rapazes fazendo as harmonias que Gene e eu tínhamos criado no estúdio.

RICHIE RANNO: Voltando a 1975, eu estava em turnê com o Starz. Foi antes de lançarmos o nosso primeiro álbum. Sean Delaney estava conosco e ficamos um tempo a mais em Detroit, compondo as músicas. Uma noite, tive esse sonho bem realista, no qual Gene tinha feito um álbum solo e tocava. A capa do disco era só a cara dele, que ocupava a capa inteira. Era estranho por dois motivos. Antes de mais nada, o KISS vendia somente 50 mil a 100 mil cópias dos álbuns e ainda não era tão bem-sucedido, e o KISS era um grupo e não o tipo de banda de quem você esperasse álbuns solo. Eu contei o sonho ao Sean e foi isso. Claro que três anos depois eles realmente fizeram os álbuns solo. No início, eu não estava incluído no álbum de Gene. Na época, estava ocupado fazendo a preparação do álbum do Starz, *Coliseum Rock*. Quando eles estavam terminando, fazendo a mixagem do disco na Inglaterra, o Sean me telefonou e disse que eles não estavam satisfeitos com nenhum dos solos que o Joe Perry e o Jeff Baxter tinham feito em "Tunnel of Love". Gene tinha pedido o Nils Lofgren, mas o Sean disse: "Quero o Richie. Ele vai saber exatamente o que fazer e tirar tudo de letra". "Então, recebi o telefonema e fui ao Blue Rock Studios." Mike Stone era o engenheiro [do Queen]. Gene e Sean estavam lá e meio que me ajudaram enquanto eu gravava a faixa. Gene disse que queria que eu aparecesse para um tema do solo. Eu realmente não me lembro se isso aconteceu, mas todos pareciam felizes. No fim, Gene me deu um prêmio de Platina pelo álbum para decorar a minha parede.

SEAN DELANEY: Eu realmente fiquei deprimido quando descobri que não produziria o álbum solo de Peter. Uns dois dias depois, estou no escritório, Gene entra e diz: "Sean, você tem um tempinho para uma conversa?". Respondi que sim. E ele tinha uns álbuns debaixo do braço. Eram álbuns que eu tinha produzido: Piper, a banda de Billy Squier e Toby Bean. Gene ouvira todos aqueles álbuns e fez muitas perguntas. As dúvidas eram: "Como você fez isso?". Ele queria que eu explicasse a técnica de cada coisa. Era quase como se ele estivesse me sabatinando, se era o Sean que fizera aquilo ou o Mike Stone. Estou me lembrando disso agora. Fui eu que fiz essa parte. Mike fez a parte do áudio, mas era eu que ficava sentado ali e dizia: "Não, quero que aquela nota soe como uma coisa divina". E nós ficávamos por lá até conseguirmos o tal som. Depois disso, Gene me pediu para produzir o álbum solo dele e eu concordei. A experiência foi muito animada, Gene tinha todas aquelas músicas folk [risadas]. Não estou brincando, eu fiquei lá ouvindo a fita com esse material, e é tudo com violão, com aquele lado Beatles, coisas como "Mr. Make Believe". Ele deve ter umas setenta composições do tipo daquela. Gene e eu começamos com a pré-produção. Eu telefonei para todos os sujeitos que eu usei no álbum solo de Peter, de Elliot Randall a Allan Schwartzberg. Disse a Gene que queria gravar o álbum num lugar com que eu e o Mike Stone estivéssemos acostumados. Gene disse: "Quero ter vários convidados especiais". Assim o trabalho dele era arrumar os convidados especiais. O meu era com a música. Aqui estava o primeiro problema. Na vida de Gene e de Paul, a grande briga no KISS, o grande divisor, era entre os músicos e os personagens do espetáculo. Gene e Paul eram o espetáculo. Quando começamos a trabalhar com os personagens e a dramaticidade do KISS, Gene e Paul entraram na coisa de cabeça. Eles faziam a apresentação da mesma maneira todas as noites. Como se seguissem as linhas de um roteiro. Peter e Ace eram músicos. Em qualquer banda com que trabalhei eu posso ficar sentado e dizer: "Isso está em mi", e era só o que precisava ser dito. Ouve-se o ritmo, o baterista entra no ritmo correto, as guitarras na batida correta, as guitarras fazem o seu som e você já está improvisando. Ali está Gene, que de modo algum está no mesmo nível musical daqueles sujeitos. Gene não tocou baixo no álbum solo dele. Eu não me lembro dele tocando guitarra no disco. Gene podia tocar guitarra base para compor, mas ele não era guitarrista. Assim, por que você o colocaria tocando quando tinha guitarristas do calibre de Skunk Baxter ou Elliot Randall?

SEAN DELANEY: Eu disse a Gene: "Há duas maneiras de encarar o álbum solo. Na primeira, você pode fazê-lo como um 'Deus do Trovão', um álbum inteiro como ele, o demônio do mal. Ou pode-se fazê-lo da maneira que quiser". Ele realmente queria mostrar o seu outro lado ao mundo. A experiência maluca de trabalhar no álbum solo de Gene foi quando a gente viu os melhores músicos obedecendo a alguém que não tinha a mesma habilidade de tocar. Gene não gritava nem forçava as pessoas. Fazíamos os arranjos das músicas. Chegou ao ponto de eu cantar cada nota para todos que tocavam. Há uma disputa constante entre os músicos que são bons no palco e os músicos de estúdio no show business e a música. Levei todos para a Inglaterra. Eu usava um lugar chamado Manor. Chegamos lá uma manhã e Gene pregou um aviso dizendo: "Café da manhã às oito, estúdio às nove". Havia até pausas programadas, como se você estivesse dirigindo uma fábrica. Disse-lhe que os caras só estariam acordados à uma da tarde. Ninguém esbravejou. Mesmo assim, Gene tentava administrar as coisas como se fosse um negócio. Chegou a um ponto em que estávamos no grande salão de jantar –

porque ele tinha contratado um cozinheiro *cordon-bleu* que preparava todas as refeições lá mesmo –, o Mike Stone levantou-se e deu uma bronca em Gene por causa da maneira que ele tratava todos. Eu fiquei muito surpreso [risadas]. Ele disse coisas como: "Você é um filho da mãe! Você não tem a mínima consideração pelas pessoas! Veja a qualidade dos músicos que você reuniu aqui!". A partir daquilo, Gene mudou. De repente ele começou a participar de tudo e o projeto foi muito bom. Mas até aquele momento tinha sido uma loucura.

SEAN DELANEY: Nós quase conseguimos reunir os Beatles novamente no álbum. Eles foram espertos porque nós teríamos simplesmente mentido de cara lavada para eles. Se tivéssemos os Beatles reunidos lá, teríamos dado duro até as coisas darem certo, três ou quatro vezes. Gene fazia as ligações. Tínhamos respostas afirmativas de John, Paul e George. Ringo estragou tudo. Eu os colocaria cantando "Mr. Make Believe", "Always Near You/Nowhere to Hide", todas as que se pareciam com os Beatles. Já estava quase tudo certo quando Ringo disse não. Eles disseram que poderiam concordar, se nós não disséssemos a ninguém que eles estavam presentes, e dissemos: "Claro que não". Então o álbum seria: "Gene Simmons e os Beatles".

SEAN DELANEY: É um bom disco, mas não era o KISS. Acho que não há nenhuma faixa que seja ruim. Se você pegasse qualquer uma das faixas e fizesse um álbum completo com músicas parecidas com ela, era melhor chamá-la de algo como "Lenny Witz" e ter uma banda nova [risadas].

ALLAN SCHWARTZBERG: Foi muito divertido gravar o álbum solo de Gene. Foi feito em Manor, na Inglaterra. Cher estava lá com a família. Gostei da música "Radioactive". Uma grande produção, uma ótima música. Eu a tinha escolhido para um compacto simples e Cher também gostou muito dela. Eu também gostei do produtor Sean Delaney. Ele realmente caprichou na parte musical do álbum.

BILL LETTANG: Gene e eu arrasamos por causa de nossa paixão por filmes de terror. Eu toquei bateria nas fitas demo, em músicas como "Radioactive",

"Rotten to the Core", "Jellyroll", "See You Tonite", "Burnign Up with Fever", "Man of 1000 Faces", "See You in Your Dreams" e "True Confessions". Eu me lembro de tocar bateria e bater palmas na demo de "Radioactive", que está no conjunto da caixa do KISS.

SEAN DELANEY: Eu era totalmente contra o KISS fazer os álbuns solo porque sabia que aquilo, antes de tudo, significava competição. Haveria vitoriosos e perdedores e seria o fim do KISS. Quando você coloca as mãos em algum dos membros da sua banda e o ataca fisicamente, é o fim. Se você tocar com alguma outra pessoa, é o fim. Eu estava fora, em turnê com Starz ou Toby Beau, quando fui convocado para voltar a Nova York. Eu tinha de ir aos estúdios SIR em Manhattan porque o KISS estava começando a ensaiar para a turnê; cheguei e Peter tinha acabado de se levantar, pegou as baquetas e jogou-as, atingindo Gene com força na cabeça. Era uma briga prestes a explodir. Eu me lembro de ter gritado com toda a força: "Quando que essa merda toda começou?". Assumi e parei com tudo aquilo na hora.

SEAN DELANEY: Eu tive a ideia de colocar parte dos pôsteres do KISS dentro dos álbuns solo. Para conseguir o pôster inteiro do grupo, era preciso comprar os quatro álbuns solo. Minha ideia foi além dos pôsteres, eu queria dar um milhão de dólares. Havia quatro pôsteres e, se você os juntasse, haveria a palavra no meio, dizendo "vencedor". A pessoa ganharia um milhão, mas isso não foi possível por causa da loteria. A outra ideia que tive foi: "Rapazes, façam o álbum solo, mas usem os outros membros da banda no seu álbum. O KISS faz o álbum de Gene, são as músicas dele e a voz dele. Todos fazem o álbum de Ace". Mas isso não aconteceu. Na época, Howard Marks estava com os rapazes. Todos encaravam o álbum solo como o projeto mais sério da vida deles.

RADIOACTIVE ★★★★★

GENE SIMMONS: Há uma música chamada "Radioactive" no meu álbum solo, que a Cher acha que é boa. É a respeito dela. É algo de duplo sentido, uma música com estilo, com uma letra que fala dessa senhora que tem uma certa aura. Eu queria me aproximar mais dela, mas não conseguia porque ela não me deixava. Mas eu não posso me afastar porque não consigo me afastar. Cheguei ao ponto em que me sinto confortável em escrever sobre o relacionamento entre garotos e garotas, enquanto antes seria: "Ajoelhe-se e me obedeça".

SEAN DELANEY: Em "Radioactive", há algo bem estranho. Há uma velha lenda real. Você não deve usar a Tríade do Diabo na música. A Tríade do Diabo é uma progressão na qual você precisa tocar várias vezes e depois chegar a um tom repetindo treze vezes. Quando isso acontece, a mente humana não consegue processar mais, ela não sabe onde processar a música que está sendo ouvida. Qualquer música que você ouça, ela sempre volta ao refrão ou sai do verso. Se tocar uma Tríade do Diabo e só houver uma pessoa na sala, ela começa a se sentir mal. Essa ansiedade atingirá níveis em que ela vai ficar maluca, querendo sair do ambiente. Na parte inicial de "Radioactive" há uma Tríade do Diabo, mas eu a processo. Janis Ian faz o papel da freira e eu faço o papel de Satã na música. Eu digo [numa voz demoníaca]: "Sanctum! Sanctum!". Depois digo algumas palavras, que parecem estrangeiras, que significam: "A morte delas, nossas mortes, minha morte está neste ritual da noite sagrada".

BOB SEGER: Eu achei que "Radioactive" era ótima. Ainda tenho o álbum de Platina que Gene me deu. Está na parede do meu estúdio.

JANIS IAN: Eu canto a parte da freira na música "Radioactive". Foi uma parte difícil, há várias coisas em contraponto. Nós morávamos lado a lado em Nova York e foi gozado porque ele vivia dizendo: "Oi, Janis, sou o Gene". E eu dizia: "Oi, Gene", mas não tinha a mínima ideia de quem ele era. Um dia ele me parou no elevador e disse: "Sou o Gene Simmons", e eu disse: "Bom, como é que eu poderia saber disso, sem a maquiagem?". Foi engraçado. Então o meu amigo, Ron Frangipane, que fazia os arranjos para ele, estava discutindo com Gene quem deveria cantar a parte da freira. O meu nome foi mencionado e Gene ficou bem animado. Ele foi ótimo! Ele fez umas coisas bem legais. Ele me enviou um disco de Platina. Achei aquilo muito fofo, não é comum isso acontecer. Acho que quando você é membro de uma banda como o KISS, chega-se a um ponto no qual você quer realmente provar que você tem inteligência, e Gene é um cara ótimo! É tão fácil ficar estereotipado. Acho que deve ter sido realmente difícil fazer parte da banda. Muito mais difícil do que ser um solista. Porque mesmo trabalhando numa banda eu consigo ver até onde você está comprometido. Você tem de ser muito mais aberto do que quando você lida somente com a sua música.

BURNING UP WITH FEVER ★★★★★

GENE SIMMONS: "Burning up with Fever" foi um cruzamento da música de Jeff Beck "Rock Me Baby" e a escala de guitarra que Leslie West usou em "Mississippi Queen". Dona Summer cantou nessa faixa.

SEE YOU TONITE ★★★★★

GENE SIMMONS: "See You Tonite" remonta mais ou menos ao ano 1969. Eu ainda estava na escola e tocava num grupo de rock de verão. Era uma versão do Bullfrog Bheer com o Steve Coronel. Naquela época, eu e o Steve trocávamos algumas ideias. Uma delas tornou-se "She" e a outra "Goin' Blind", que era originalmente chamada de "Little Lady". "See You Tonite" foi composta muito rapidamente. Era uma daquelas músicas que foram escritas de uma forma linear, muito no estilo de corrente da consciência. Steve pensou que era uma música do *Beatles VI*, parece-se com uma daquelas músicas escrita pelos Beatles em 1966. Essas músicas surgem com mais facilidade para mim do que as músicas do KISS. Eu tenho de estar consciente quando componho para o KISS. É como se você não quisesse dirigir na estrada com os olhos fechados. Eu tenho de ficar com os olhos abertos para não sair da estrada. Um cara da minha altura, que parece ser capaz de derrubar prédios com um sopro, não se sente muito à vontade fazendo o tipo de música com o som dos Beatles. A música não tem refrão. "See You Tonite", "Deuce" e mesmo "Domino" não têm refrão. Esse tipo de música é mais difícil de compor. A imagem da música era tipo Romeu e Julieta. É sobre um cara de fora que está a fim de uma garota. Meu ponto de referência para a música é que ela surgiu numa época em que escrevi várias músicas do tipo dos Beatles: "See You Tonite", "Mr. Make Believe" e "Nowhere to Hide".

CAROL KAYE: "See you Tonite" é uma música incrível. Quem esperaria esse tipo de música de Gene Simmons? Os Beatles poderiam ter escrito essa música. Era tão boa quanto os Beatles.

TUNNEL OF LOVE ★★★★★

SEAN DELANEY: Em "Tunnel of Love" Gene estava sentado e eu estava com o Allan Schwartzberg cantando partes da bateria para ele [imita o padrão da bateria]; fiquei com ele até conseguir a melhor batida. Eu fazia esse tipo de coisa em todas as músicas. Você tinha de apaziguar Gene sem prejudicar a musicalidade.

TRUE CONFESSIONS ★★★★★

GENE SIMMONS: Essa música tem mais a ver com as necessidades que tenho, como pessoa, daqueles que tentam se relacionar comigo.

LIVING IN SIN ★★★★★

GENE SIMMONS: Howard Marks, nosso gerente comercial, veio com o verso "Living in sin at the Holiday Inn" (Vivendo em pecado no Holiday Inn). Achei uma ideia engraçada, o mote era que você fazia o show e depois fazia os bis quando voltava ao hotel. Peguei o fraseado que eu tinha originalmente de "Drive Me Wild", que no fim tornou-se "Rock'n' Roll All Nite", com Paul, e dei uma reciclada. Isso se tornou a peça central do "Living in Sin". Durante a gravação, a Cher e a filha dela, Chastity, ficaram ao fundo conversando no telefone, rindo e dizendo: "Em que quarto você está?".

ALWAYS NEAR YOU / NOWHERE TO HIDE ★★★★★

GENE SIMMONS: "Always Near You" e "Nowhere to Hide" eram duas coisas que existiam e que eu nunca tinha conseguido terminar. Então eu me lembrei de ter lido numa entrevista com Paul McCartney a respeito de algumas músicas do Beatles que foram justapostas, como "A Day in the Life", que era uma música de Lennon, e havia uma música de Paul e nenhum deles sabia como terminar. Então, acho que foi o Lennon que uniu as duas. De repente aconteceu: "Woke up got out of bed..." (Acordei, saí da cama...) e acontece esse clima diferente. Assim eu cheguei à conclusão de que não é preciso terminar uma ideia, de que uma música pode ser um pastiche. As músicas não têm de seguir um tipo de forma A, B, A, estrofe, refrão, passagem, refrão e solo. Pode haver fragmentos. Foi daí que a ideia surgiu.

MAN OF 1000 FACES ★★★★★

GENE SIMMONS: "Man of 1000 Faces" foi escrito a respeito de Lon Chaney Sr., o sujeito que criou o Fantasma da Ópera, embora em alguns aspectos ela também seja sobre mim. Eu estava assimilando algumas questões sobre mim, o fato de ter vindo de Israel e morar nos Estados Unidos, me vestir como britânico, pensar em ídiche, ser judeu, mas tendo um nome muito anglo-saxão. De subir ao palco como o Demônio e fora dele ser um outro cara. Sou essa dicotomia. Há mais que apenas um Gene e, de alguma maneira, todos eles fazem o que eu sou. A pergunta que me faço é: "Quem é o homem de mil caras?".

MR. MAKE BELIEVE ★★★★★

GENE SIMMONS: "Mr. Make Believe" é sobre toda essa fantasia de grandiosidade que as pessoas têm durante vários períodos na vida, de fazer crer que você é alguma outra pessoa desde quando você ainda brinca no tanque de areia até a hora em que está sentado no escritório, já adulto, e sonha de olhos abertos em ser um valentão ou um modelo ou qualquer outra coisa. Todos têm essas pessoas diferentes dentro de si.

SEE YOU IN YOUR DREAMS ★★★★★

GENE SIMMONS: "See You in Your Dreams" foi originalmente feita como demo, na qual tocávamos guitarras e cujos cantores do acompanhamento eram do Group with No Name, essa banda para a qual eu consegui um contrato com a Casablanca Records. A Katey Sagal estava na banda. Naquela época saímos juntos. Eu gostei da vibração e do som das meninas cantando o refrão e da guitarra cheia de sentimento tocada por mim. Eu me sentia mais solto e mais como o Joe Cocker, de *Mad Dogs and Englishmen*, do que algo no estilo dos Stones, que é uma sensibilidade mais típica do KISS. Quando o KISS a gravou, ela ficou com um som do KISS. Acho que ela perdeu qualidade. Não gostei da maneira que ficou com a banda, por isso eu a regravei no meu álbum solo. Quando a gravei de novo, tentei manter a mesma vibração. As mesmas garotas cantaram no acompanhamento. Rick Nielsen, do Cheap Trick, tocou o solo da guitarra. Ele fez uma coisa muito legal. Uma das primeiras melodias do solo dele é "When You Wish upon a Star".

WHEN YOU WISH UPON A STAR ★★★★★

GENE SIMMONS: Todas as imagens e sons norte-americanos tiveram um papel muito importante no meu desenvolvimento quando garoto. Eu fui ver *Pinóquio* e ouvi o Grilo Falante no fim do filme cantando "When You Wish upon a Star". Eu acreditei de verdade que ele estivesse cantando para mim. Ele dizia: "Ei, você, Gene, estou cantando para você. Todos os outros estão ouvindo, mas eu estou cantando para você. Quando você vê uma estrela cadente e faz um desejo, todos os seus sonhos se tornam realidade". Eu fiz essa música para mim. Sei que todos vão dizer: "Que bobagem". Eu achei que tinha de gravar essa música de qualquer maneira como homenagem, para retribuir ao Grilo Falante, porque todos os meus sonhos daquela época se tornaram realidade. Eu chorei durante a gravação. Me emocionei muito, a ponto de sentir um nó na garganta. Quando entrei na cabine de som e comecei a cantar a música, todas aquelas lembranças voltaram. De alguma maneira era a ligação com o garotinho. Quando ninguém está olhando, os brutos também choram. É uma melodia incrível. A letra tem mais verdade que a maior parte das letras religiosas, porque não exige nada de você. Ela só diz "acredite". Não é uma música para crianças, é uma música para Todos os Homens dentro de nós.

SEAN DELANEY: Quando ele veio para os Estados Unidos, na escola, eles pregaram um cartaz nele que dizia: "Se parece que estou perdido, aponte-me a direção certa". As primeiras palavras inglesas que Gene aprendeu foram as palavras do Grilo Falante "When You Wish...", e se você prestar atenção na versão de Gene, verá a voz dele entrar em colapso, porque naquela hora ele estava chorando. Eu não o deixei regravar o vocal.

ACE FREHLEY

Lançamento: 18 de setembro de 1978
EDDIE KRAMER – produtor / ANTON FIG – baterista independente
CAROL ROSS – presidente da Press Office Ltd.
CAROL KAYE – agente publicitária, Press Office Ltd.

ACE FREHLEY: Eu daria nota cinco. Paul e Gene são parcialmente responsáveis por eu ter feito um disco tão bárbaro, porque, imediatamente após nos separarmos para fazer o disco, eles realmente deixaram implícito para mim que eu não daria conta do recado. E quando as pessoas dizem que não posso fazer alguma coisa, eu dou duro para provar que elas estão erradas. Foi exatamente o que eu fiz. Toda a experiência da gravação foi um tipo de despertar em mim. Trabalhar com Anton Fig e Eddie Kramer, distante de algumas vibrações negativas que, às vezes, ficavam rondando um disco do KISS, meio que abriu meus olhos. Foi quando comecei a pensar que talvez fosse melhor me afastar daqueles sujeitos, porque muitas vezes a gente não se olhava nos olhos. Com certeza, havia muitos conflitos.

PAUL STANLEY: Eu daria uma nota próxima a três para o álbum solo do Ace porque pelo menos ele é honesto. Ace foi uma surpresa, porque, para ser honesto com você, não acreditei que ele pudesse fazer algo tão bom. Eu até me preocupei que ele não conseguiria fazer o álbum. Pensei que "Rip It Out" foi muito legal. Quando ouvi aquela música pensei: "Muito bem, Ace". É muito legal. Eu disse que parecia com uma música muito boa do KISS.

GENE SIMMONS: A razão de Ace vinha sendo embotada desde o começo, e digo isso com muita bondade. Eu me lembro claramente, mesmo quando éramos a banda no loft, que eu dizia: "Faça composições, você consegue cantar". Quando ele escreveu "Cold Gin", recebeu crédito total pela música, quando na verdade eu contribuí com a seção do meio e com a ponte e Paul fez os arranjos. Houve muita contribuição e pouco retorno em todas essas situações; tentávamos empurrar Ace para frente e, mesmo assim, ele se recusava. Ele dizia: "Não, eu não quero cantar isso, cantem vocês". Acredito que é mais fácil para Ace engolir a ideia

O GERENTE DE TURNÊ DO KISS, BILLY MILLER, COM ACE FREHLEY, JAPÃO, MARÇO DE 1977 (©KISS Catalog Ltd.)

de que, de alguma maneira, ele foi impedido por nós porque emocionalmente isso é uma coisa mais fácil de digerir. Bobagem. A verdade é que, quando Ace quis sair da banda, nós dissemos: "Fique na banda porque assim você também vai conseguir desenvolver uma carreira individual". Você pode ter tudo e sair-se bem também. Acho que ele nem conseguia distinguir o pé esquerdo do direito naquela época. Ainda acho que ele vive um pouco fora da realidade. Três estrelas.

ACE FREHLEY: Antes de fazer meu álbum solo, eu era muito resistente quanto a compor e cantar. O álbum solo realmente me retirou da concha e me deixou muito mais confiante em termos de ser cantor e guitarrista.

EDDIE KRAMER: Fizemos o álbum na mansão Colgate, em Connecticut. A mixagem foi no Plaza Sound. Editamos a gravação de algumas faixas lá também. Anton [Fig] é brilhante. Ele é um grande baterista. Foi muito divertido! O trabalho dele se destaca. Fizemos tanta coisa louca naquela mansão. Era assombrada, as pessoas morriam de medo de ficar lá. Eu tenho centenas de fotografias daquela sessão. Tenho uma fotografia de Ace usando uma máscara de Halloween perto de mim, cantando o acompanhamento comigo. Tenho fotografias da sala com todos os amplificadores. Cada sala tinha um som diferente. Tínhamos cerca de trinta amplificadores enfileirados. Íamos de um amplificador a outro, verificando qual era o melhor. Quero dizer, combinando os vários amplificadores e as cabines de som. Foi o máximo. Nós nos divertimos à beça. E a comida era o máximo! Tínhamos uma empresa que fazia a comida para nós; eu me lembro de toda a comida e do vinho. Cara, foi bom demais. Comíamos como loucos, tocávamos bem, gravávamos. Acertamos em cheio [risadas].

PETER CRISS: Ouvi o álbum de Ace quando ele apareceu e o tocou para mim. Disse-lhe: "'New York Groove' é um sucesso". E ele disse: "Cara, nem vem". Ele não acreditou em mim, mas foi um sucesso. Eu adorava tocá-la no palco. Era uma música ótima que combinava com ele.

EDDIE KRAMER: Os três discos solo dos outros rapazes foram todos para a privada e o do Ace foi o único que vendeu, porque ele tinha uma grande faixa: "New York Groove", que foi um achado. Um dia, eu e o meu ex-cunhado, que é engenheiro-assistente, estávamos selecionando músicas entre as fitas e encontramos essa e passamos a Ace. Fizemos os arranjos e, cara, ela se tornou um grande sucesso!

BILL AUCOIN: Os álbuns solo tinham como objetivo dar folga mútua aos rapazes. Deu-lhes independência. Houve energia renovada e empolgação. Todos queriam fazer suas próprias coisas. Embora estivessem todos separados, era como um novo KISS inteiro de novo. Nunca tivemos intenção de lançar os álbuns solo juntos. Achávamos que seriam lançados um a um. Eles não estavam se dando bem, começavam a demonstrar certo desgaste.

CAROL KAYE: O álbum solo de Ace é um ótimo disco. Por causa do sucesso de "New York Groove", o álbum solo de Ace recebeu muito mais atenção. O álbum surpreendeu a todos por ser tão bom. Com a reputação de Ace, não se esperava um disco tão bem-acabado. Musicalmente, foi um grande salto adiante. Surpreendeu a imprensa assim como o KISS. A "New York Groove" está sendo usada agora numa propaganda local para a cadeia de hotéis Marriott. Começou a aparecer em Nova York depois do 11 de setembro [canta a letra]: "I'm back, back in the New York Groove" (Estou de volta, de volta à curtição de Nova York).

CAROL ROSS: Fazer a publicidade para os álbuns solo foi uma coisa muito difícil. Uma boa parte da imprensa pedia para entrevistar Gene primeiro e depois Paul. Tentávamos arrumar um tempo igual para todos. Eu procurei as revistas de guitarra para Ace, as revistas de bateria para Peter, para todos receberem cobertura. Muitas vezes, os editores das revistas queriam que Paul desse as entrevistas. Quando eu finalmente reuni os editores interessados em conversar com o KISS, eles só queriam falar com Gene. Portanto, houve muita tensão, tive de usar muita diplomacia, fazer favores, e tive de lançar mão de muitos "jeitinhos".

CAROL KAYE: Quando os álbuns solo foram lançados, combinei com a *Trouser Press* de fazer uma fotografia com os bonecos do KISS, para uma peça sobre a banda. Ela apareceu em dezembro de 1978. O artigo foi chamado de "A estética do KISS". Discuti o layout com o editor Ira Robbins. Bem, o resultado não foi bem o que eu esperava e eu fiquei muito louca. As primeiras fotos mostravam os bonecos do KISS de pé com quatro bonecas Barbie. A cada sucessão de fotografias, os bonecos do KISS e as Barbies tiravam cada vez mais roupa, até que posicionaram os bonecos do KISS simulando atos sexuais com as Barbies peladas. Como agente publicitária eu não podia sempre controlar o resultado final. Gene achou muito engraçado. Quando eles viram, eles riram, não posso nem dizer o alívio que senti [risadas]. Eu já tinha começado a fazer a minha mala [risadas]. Pensei que seria despedida.

RIP IT OUT ★★★★★

ACE FREHLEY: É uma das minhas músicas prediletas desse disco. Eu a ouvi faz pouco tempo e ainda achei muito boa. Foi uma boa faixa. Minhas faixas, na maior parte do tempo, são feitas espontaneamente. Minhas versões ao vivo são, em geral, um pouco mais informais e livres.

FRACTURED MIRROR ★★★★★

ACE FREHLEY: É um clássico, veio assim do nada. É estranha. Parece que a maioria das músicas que escrevo surge na minha cabeça como se uns alienígenas as tivessem implantado ou algo assim. Quando penso nos três instrumentais que fizemos em "Fractured Mirror", gostaria de ter algum tipo de animação em computadores para eles, porque acho que se ajustariam perfeitamente.

PETER CRISS

Lançamento: 18 de setembro de 1978
VINI PONCIA – produtor / STAN PENRIDGE – compositor
SEAN DELANEY – compositor / ALLAN SCHWARTZBERG – bateria
BILL AUCOIN – empresário / CAROL KAYE – agente publicitária, Press Office Ltd.

PETER CRISS: Eu me daria nota cinco, não por ser meu ou por eu ser egoísta, mas porque na verdade, eu trabalhei muito. Eu e o Stan compusemos uma porrada e o Vini Poncia fez um trabalho bárbaro. Eu tinha acabado de ter um acidente de carro, todos meus dedos estavam quebrados. Quebrei a costela, tive afundamento dos ossos do crânio. Tive de fazer uma plástica. Eu toquei em todas as faixas muito bem, é isso aí, apesar de todas aquelas braçadeiras e esparadrapos em todos os dedos. Foi o meu bebê. Eu daria uma nota cinco ao meu bebê. Eu trabalhei muito, especialmente em "Don't You Let Me Down" e "Can't Stop the Rain". Havia instrumentos de sopro, fui totalmente soul. Eu fiz "Tossin' and Turnin'". Acho que até a minha pequena música autobiográfica, "Hooked on Rock'n'Roll", foi brilhante. Escrevi uma música a respeito da minha carreira. Se você ouvir a letra, é sobre a bateria, de como comecei, como prossegui [repete a letra], "I was vaccinated with a Victrola needle..." (Fui vacinado com uma agulha de vitrola...). É sobre a vida. Acho que os fãs vão adorar. "You Matter to Me" é uma grande música, embora eu não a tenha escrito. É uma música legal que tem muito sentimento [cantarola], "So you matter to me and that's why, that's why" (Então você é importante para mim, é por causa disso, é por causa disso). Tem um sentimento muito leve, legal. Acho que é uma canção legal. [Sobre os álbuns solo de Paul, Gene e Ace.] Eu daria a nota cinco para eles, pois sei que cada um deles colocou o máximo de energia possível. Eles deram duro. Todos queriam dar o melhor em termos de estarem no seu próprio habitat, seu próprio mundo e reino. Eu dou nota cinco por serem trabalhos feitos com amor.

ACE FREHLEY: Eu daria nota três para Peter.

PAUL STANLEY: Acho que o disco de Peter resume bastante qual era o problema com a banda, afinal de contas. Não consigo achar nada do álbum. Não posso dar nenhuma estrela a ele.

GENE SIMMONS: Zero. De todos os discos que fizemos sozinhos ou em grupo, acho que este mostrou que o cara que estava por trás dele não tinha a mínima noção do que fazer. Não só em termos de composições, mas também a respeito da direção e de quem ele é. Ironicamente, embora Peter não consiga realmente cantar – ele é surdo aos tons –, o timbre que sai da boca dele é provavelmente o meu predileto, aquela voz embriagada, mas ele não consegue controlá-la.

CAROL KAYE: O álbum solo de Peter foi totalmente inesperado. Foi a saída do KISS e aquilo confundiu muita gente da imprensa.

PETER CRISS: Tinha de ser: "Qual será o melhor álbum? Quem vai superar as vendas de qual álbum?". Foi assim que o ego, esse câncer, surgiu. Eu estava rodeado de pessoas que diziam: "Você não precisa desses fodidos, veja como você sabe fazer música". Quando voltamos a nos reunir, tínhamos de decidir quais músicas do álbum solo tocaríamos na turnê e isso causou muita decepção. Ainda acho que, embora fôssemos a única banda a partir para álbuns solo, [a ideia] foi um erro. A Casablanca tinha de conseguir Platina para todos para nos manter calados. 1978 foi a queda da banda. Foi perigoso. Fizemos aquele filme maluco. Depois do filme eu me envolvi num sério acidente de carro. Eu tinha um Porsche 928 e quase morri. Atravessei a janela do carro, quebrei o nariz, as mãos, algumas costelas, perdi a visão do olho direito, tive de fazer cirurgia plástica. Eles conseguiram manter o assunto fora dos jornais – veja só como a Casablanca Records era poderosa.

VINI PONCIA: Foi bem divertido fazer o álbum. Durante esse tempo, nossa concentração era no Peter, o cantor. Foi estabelecido que Peter faria canções que fossem emotivas, canções com as quais ele pudesse interagir. Ele tem muita espiritualidade dentro dele e ele é uma boa pessoa. O que o álbum fez foi principalmente dar uma chance a Peter de se relacionar com as suas raízes. Ele era capaz de fazer um pouco de rhythm-and-blues e coisas com blues, essas coisas que ele se acostumou a ouvir desde criança. Ele era capaz de mostrar ao mundo uma faceta diferente. Peter sempre teve um lado mais blues, mesmo quando ele cantava "Beth", sempre o blues ou um tom de rhythm-and-blues de branco está presente no que faz, portanto, o álbum de Peter refletiu isso.

STAN PENRIDGE: Durante a época em que o Lips estava junto, gravamos várias músicas minhas para a Kama Sutra Records. Essas primeiras gravações incluíam os originais de "Don't You Let Me Down", "Hooked on Rock'n'Roll", "Baby Driver", "That's the Kind of Sugar Papa Likes" e "I'm Gonna Love You", mas eu era o vocalista principal na época. As músicas de autoria de Sean [Delaney] foram gravadas no Electric Lady, em Nova York. Aquelas sessões eram muito caóticas. Deve-se dar muito crédito a Vini e Bobby por terem sido capazes de salvar essas gravações que usamos. As gravações de Los Angeles, entretanto, foram leves em comparação. Eu e Peter morávamos juntos, na época, em Los Angeles. Durante aquelas doze semanas, todos os dias, Rosie Licata, a guarda-costas-motorista-enfermeira, seja o que fosse de Peter, nos levava e nos buscava. Tínhamos sessões regulares de oito horas diariamente, cinco dias por semana... Porque o Vini estava produzindo um outro álbum no mesmo período.

SEAN DELANEY: Na banda, eu e Peter Criss éramos os melhores amigos. Eu simplesmente adoro a voz do Peter. Eu vinha escrevendo músicas para o álbum solo dele. Ele me disse: "Você é o único que entende minha voz. Você é meu

Svengali". Então, um dia, Peter volta de uma reunião importante com Glyn Johns, o cara que produziu Small Faces e Rod Stewart, e ele tinha recusado o serviço sem mais. A fita que continha as músicas feitas por ele e por Stan Penridge era muito ruim. Então o Peter voltou para mim e disse: "Sean, você poderia produzir o meu álbum?". Eu respondi: "Bem, eu não posso. Gene me pediu e fiz um acordo com ele. Peter ficou puto. Então, procurei Gene e disse-lhe que Peter estava tendo problemas porque as fitas demo dele eram merda pura e o Glyn Johns tinha recusado o trabalho. Gene não queria nenhuma publicidade negativa. Eu lhe disse que, se ele me autorizasse, eu poderia ir ao estúdio fazer uma fita demo de algumas músicas do Peter e aquilo o ajudaria a encontrar um produtor. Gene concordou e me autorizou a ir ao estúdio e trabalhar com Peter. Daí, eu reuni a minha equipe e fomos ao estúdio Electric Lady. Estou com alguns dos mais importantes especialistas em música lá e Peter está atrasado! Finalmente, Peter me telefona e diz: "Vou chegar aí em algumas horas". Eu disse: "Tire a bunda de onde você está e venha aqui já, agora mesmo!". Então, saí do estúdio e comecei a gravar. Eram minhas músicas, portanto comecei a gravá-las. "I Can't Stop the Rain", "Rock Me, Baby" e havia duas outras. Então, Peter chegou e estou tocando as coisas que nós estávamos repassando a ele. Ele diz aos sujeitos: "Companheiros, eu gostaria muito de agradecer-lhes, sou muito grato por vocês terem vindo me ajudar. E quero que vocês saibam que o seu trabalho será passado a um produtor de verdade e que ele vai fazer a coisa certa". Aqueles caras estavam literalmente saindo do estúdio. Eu suei tentando acalmar a raiva. Consegui acalmar todos. Parte de "I Can't Stop the Rain" é minha voz. Com Peter e eu, foi uma coisa quase íntima quando fizemos os vocais. Ele ficava lá, sentado num banquinho, e eu sentado num outro banquinho perto dele e ele cantava para mim. Estamos repassando as músicas e estou quase pronto para começar a mixagem quando eu e Peter começamos uma enorme discussão. Então eu o mandei à merda. Disse: "Na verdade, cara, essas músicas são minhas, foda-se!". Paguei a sessão e continuei meus afazeres com o álbum solo de Gene. Depois, os álbuns estavam prontos. O de Gene foi o primeiro a ficar pronto. Não posso dizer nada a respeito do orçamento, porque não havia orçamento. Cada um dos rapazes dos álbuns solo era responsável pelo pagamento do seu próprio disco. Eles não receberam apoio financeiro da Casablanca. Então, um dia recebo um telefonema às três da manhã de Howard Marks [Glickman/Marks Company]. Ele quer saber os nomes dos músicos que trabalharam no álbum solo de Peter. Eu disse: "Por que você não liga para o produtor? Eu não sei quem são". Então, ele começou a listar as músicas que eu tinha feito, as duas que tinha composto e uma outra, "Easy Thing", que eu tinha reescrito quase que totalmente. Disse a Howard: "O que você está dizendo? Que a minha merda está no álbum solo?". Ele respondeu: "Bem, Sean, vamos colocar as coisas desta maneira. Você quer que eu diga a Neil Bogart que você é o cara que está impedindo o lançamento dos álbuns solo ao custo de milhões de dólares? Como você acha que ele vai se sentir sobre o álbum solo prestes a sair?". Ou seja, sofri uma chantagem para liberar aquelas músicas. Eles usaram três das minhas músicas. Usaram porque não conseguiram fazer nada melhor.

ALLAN SCHWARTZBERG: Fizemos aquelas sessões no Electric Lady, tinha muita droga correndo à solta. Eu me lembro de Peter sentado no chão ao lado da bateria enquanto eu tocava. Ele era muito simpático e parecia gostar do meu som. Não houve vibração negativa.

BILL AUCOIN: A questão dos álbuns solo foi um pouco confusa. O grupo Handleman, que é uma grande distribuidora, telefonou para Neil e encomendou um milhão de cópias de cada álbum! Neil ficou maluco. Então ele deu ordem para gravar mais um milhão e duzentos e cinquenta mil discos [risadas]. Agora estávamos com cinco milhões e duzentos e cinquenta mil discos gravados. Quando entrávamos numa loja de discos, parecia que a loja inteira era de discos do KISS. Isso não foi necessariamente bom, porque parecia que os álbuns solo não desovavam. Parecia que a pilha nunca diminuía. Depois, descobri que Neil mandou gravar mais um milhão e duzentos e cinquenta mil porque ele pensou: "Puxa, se uma só empresa vai fazer um pedido desses...". Portanto, havia tanto produto à disposição que tudo parecia um desastre completo. Mas, no final, todos ganharam discos de Platina.

YOU MATTER TO ME ★★★★★

VINI PONCIA: John Vastano estava na banda que eu produzi, chamada White Water. Ele tinha um cantor com um jeito muito blues e era compositor também. Ele sempre compunha aquelas músicas de rhythm-and-blues de branco que o Peter adorava. John trouxe a música e eu e o Michael Morgana adaptamos para o Peter. Peter conseguia cantar aquele tipo de música bem. Ele tem aquela voz grave do tipo de Rod Stewart/Joe Cocker. Ele não é um cantor tão bom quanto eles, mas com certeza tem a mesma ressonância emocional.

DYNASTY

Lançamento: 23 de maio de 1979
VINI PONCIA – produtor / JAY MESSINA – engenheiro de som
DESMOND CHILD – compositor / STAN PENRIDGE – compositor
ANTON FIG – baterista de estúdio / BILL AUCOIN – empresário
DENNIS WOLOCH – designer do álbum

PAUL STANLEY: Gosto do *Dynasty*. Gosto mais das músicas do que da produção, que foi deixada limpa demais. Perdemos um pouco do pé e perdemos um pouco da ousadia aqui e no *Unmasked*. O *Dynasty* foi um álbum da época em que Peter enfrentava muitos problemas. A banda também estava sendo vítima de vícios, compulsões e todos os tipos de elementos que a distraíam. De fato, esse álbum saiu em meio a toda essa confusão. As músicas eram melhores do que a maior parte da produção do álbum, mas isso era algo que sempre acontecia com a gente. Estávamos tateando no escuro e agarrando com nossas mãos a nossa estabilidade como banda. O álbum correria em águas mais calmas. Bill [Aucoin] achou que deveríamos atrair uma plateia mais ampla. A primeira pergunta é "por quê?", mas essa questão nunca foi respondida. A simples panaceia para a agressividade musical significa matar as guitarras e colocar mais o sintetizador [risadas]. Músicas como "Magic Touch" e mesmo "Sure Knows Something" tinham muito mais substância do que apareceu no disco. Mas, dito isso, ele nos deu nosso primeiro sucesso internacional ["I Was

O KISS SEM MÁSCARA NO ESTÚDIO. DA ESQUERDA PARA A DIREITA: PRODUTOR VINI PONCIA, PAUL STANLEY E GENE SIMMONS FAZENDO BACKING VOCALS, POR VOLTA DE 1980
(©KISS Catalog Ltd.)

Made for Lovin' You"]. Era um álbum de transição. Era um álbum que refletia muito bem o que éramos naquela época. Duas ou três estrelas.

GENE SIMMONS: Nós passamos para uma outra fase, com vários materiais diferentes, e pensávamos que não podíamos continuar fazendo a mesma coisa. Vamos injetar sangue novo na banda e ver se podemos levá-la um pouco adiante. Nesse ponto, ano após ano, éramos os reis do brinquedo e o máximo do Gallup, banda predileta e tudo o mais. Então, pensamos que não era suficiente ser apenas uma banda de rock, o que foi um grande erro, na verdade. Decidimos trazer um cara que tinha um ponto de vista totalmente diferente do nosso, que foi o nosso produtor Vini Poncia. Duas estrelas.

PETER CRISS: Três estrelas. As coisas estavam bem estremecidas. Pedi que Vini Poncia produzisse o álbum ou eu desistiria. Acho que isso criou uma mudança sólida. Ou ele vem ou eu me vou. É um bom álbum, não ótimo. Más vibrações. Eu estava quase saindo e aquilo ficava martelando a minha mente.

ACE FREHLEY: Gostei de trabalhar com o Vini [Poncia]. A única coisa de que não gostei nesse disco foi a saída do ritmo de rock para um ritmo disco ["I Was Made for Lovin' You"]. Tenho de admitir que foi um sucesso e foi uma música boa, mas não acho que ela tenha algo a ver com o KISS, além de Paul tê-la escrito e nós a termos cantado. Eu dou três estrelas e meia.

GENE SIMMONS: Acho que tanto o álbum *Dynasty* quanto o *Unmasked* foram equivocados, porque perdemos a nossa essência. Naquele ponto, tocávamos em estádios de beisebol e acreditávamos que nada pudesse dar errado; e, claro, todas aquelas coisas, como os brinquedos e outras coisas que surgiram, acho que perdemos o controle. Acho que perdemos a noção do que queríamos fazer. Era uma banda com guitarra e de repente começaram a aparecer sintetizadores no disco. Então, coisas diferentes, interessantes devem acontecer, mudanças de rumo são interessantes, mas não devem acontecer o tempo todo. Acho que foram discos equivocados. Gostei de uma ou duas faixas, mas acho que a maior parte era de coisas equivocadas. Fazíamos as coisas para aparecer. Por exemplo, "I Was Made for Lovin' You" foi um sucesso esmagador no mundo todo, mas não era KISS. Não tinha nada a ver com nossos corações ou nossas almas. Às vezes, fazemos algo do tipo só para provar às pessoas que podemos fazê-lo.

PAUL STANLEY: Ele [Vini Poncia] era realmente da velha escola, tinha um tipo de mentalidade dos anos 1960. Era um bom compositor e um homem ligado à música. Com esses álbuns, ele queria mudar um pouco o nosso caminho. Foi muito interessante. Eu não mudaria o disco, mas também não há nada que gostaria de fazer novamente.

VINI PONCIA: Estou no negócio há mais de trinta anos, fiz um disco que foi sucesso quando tinha dezesseis anos. Fiz discos campeões com todos os tipos imagináveis, rhythm-and-blues, pop. Da geração da qual vim, você faz todos os tipos de disco. O KISS sabia que eu tinha feito sucesso com pessoas como o Ringo Starr.

ACE FREHLEY: Vini é um grande produtor. Pode ser que ele não tenha capturado a essência da banda ao vivo, mas nós enveredávamos por caminhos novos com o Vini. Eu me sentia mais confiante como compositor. Eu e Vini [Poncia] nos dávamos bem. Ele confiava em mim como guitarrista e compositor. O sucesso do meu álbum solo fez com que Paul e Gene me levassem mais a sério. Também os deixou mais apreensivos. Eles sabiam que eu estava mais arrogante. Depois do sucesso do meu álbum solo, eu sabia que não precisava deles para ser um astro de rock. Eu poderia ter a minha própria banda. Na minha opinião, Gene Simmons é um bom músico e compositor, mas no ano 2002 Gene usou o baixo como um veículo para ser um homem de negócios, para promover a mercadoria KISS, deitar na cama e fazer centenas de outras coisas. Depois do sucesso do meu álbum solo, percebi que tinha capacidade de ser levado mais a sério como músico. Antes disso, eu me sentia muito frustrado com as minhas composições. Na maioria das vezes, os críticos escreviam sobre o show e não sobre a habilidade musical. Eu me considero um músico primeiro e depois um homem de espetáculos, e aquilo me frustrava. Inicialmente, esse foi um dos motivos pelos quais eu deixei o grupo, porque eu queria provar a todos que eu conseguiria carregar a banda sozinho, e foi o que fiz.

JAY MESSINA: O propósito de fazer um disco como o *Dynasty* foi para ficar um pouco mais musical, mais comercial e mais voltado aos vocais. É isso que o Vini [Poncia] trouxe ao cardápio. O álbum não foi errado, foi só um ponto de partida para eles. Mostrava um lado diferente do KISS. A banda gostava do Vini e o respeitava. Acho que eles ficaram livres para fazer algo um pouco mais musical, sofisticando um pouco as harmonias. Gene, Paul e Ace acolheram muita coisa que Vini tinha a oferecer. Vini me deu muita liberdade em termos de capturar os sons e apresentar os efeitos.

VINI PONCIA: A ideia geral do *Dynasty* era mostrar ao meio musical que esta banda conseguia escrever músicas melhores e fazer um álbum melhor do que tinham feito anteriormente do ponto de vista de composições. O KISS nunca tinha se aventurado a fazer algo diferente do convencional deles. Não é o caso de gravar um disco do KISS e dizer que deseja fazer um disco mais pop. Estilisticamente, vai ficar mais pop porque isso é o meu histórico, que vem dos dias em que trabalhava com o Phil Spector. Naquela época, Paul, que já tinha muito instinto pop, estava explorando. Era 1979 e a tendência musical se afastava do rock. A era da disco music já estava começando.

VINI PONCIA: Todos nos divertimos fazendo esse álbum. Trabalhar daquela maneira, dando mais ênfase aos ganchos e ritmos, desconstruindo as músicas, era novidade para Paul e Gene. Eles nunca estiveram numa situação em que tanta atenção fosse dada aos detalhes. Gene, Paul e Ace gostaram de todo o processo de desconstrução e reconstrução. Eles estavam aprendendo a ser produtores de discos. Eu, Paul e Gene estávamos envolvidos com as faixas básicas. Ace estava lá, trabalhando com elas, mas ele saía enquanto fazíamos os vocais e todo o acompanhamento. Gene e Paul estavam presentes em cada passo do processo.

ANTON FIG: Eu toquei no álbum solo de Ace e ele me recomendou para tocar no *Dynasty*, quando Peter não conseguisse. Ele tinha quebrado o braço ou algo assim. Foram dez dias para gravar todo o canal da bateria. Havia muita pressão e trabalhei sob a mira de um revólver. Mas batalhamos muito e tudo saiu bem. Também, acho que o *Dynasty* foi a última sessão feita no Electric Lady, onde eles ainda tinham a velha mesa de controle que o Jimmy Hendrix usava. Paul, Gene e Ace tocavam bem forte, com bastante convicção. Foi uma emoção. Eu me lembro que o Vini era muito metódico. Ele costumava ter uma longa lista de coisas, ideias e sobreposições e ele ia riscando os itens. Recebi 10 ou 15 mil dólares pelo *Dynasty*, e pelo *Unmasked* recebi 20 mil. Nada mal para dez dias de trabalho.

BILL AUCOIN: Por volta do período do *Dynasty*, a banda sentia que não estava sendo levada a sério como músicos. Começavam a se aborrecer por não serem reconhecidos, por causa da maquiagem. Rush poderia entrar num lugar e ser reconhecido, o Cheap Trick podia ser reconhecido, mas eles [o KISS] não podiam. Eles queriam ser conhecidos, eles queriam que as pessoas os reconhecessem quando entrassem em restaurantes ou festas. Eles não queriam ser uma banda para garotinhos, portanto me pediram para cortar o merchandising. E a única maneira de isso acontecer era tirar a maquiagem. Eu era contra todas aquelas coisas e isso foi o começo de um desentendimento entre mim e a banda.

BILL AUCOIN: Eles não vendiam mais tantos discos. Não conseguíamos público para os shows. Eles não conseguiam fazer dinheiro na estrada, só conseguiam pagar as nossas contas. Do outro lado, todas as pessoas começaram a trabalhar contra mim. As pessoas são pagas pelos artistas; sejam os gerentes de negócios ou advogados, na maior parte dos casos, eles eram os subordinados que sempre dizem amém. No meu caso, os gerentes de negócios do KISS, Howard [Marks] ou Carl [Glickman], estavam enviando o grupo para a morte. Howard chegou a trabalhar contra mim para assumir o grupo, o que ele admitiu mais tarde a outras pessoas e, no final, ele acabou conseguindo isso. O dinheiro manda e ele estava do lado do dinheiro. E também os advogados; os advogados diziam sim ao grupo a qualquer momento. Eu me lembro de um dia quando nosso advogado, Paul Marshall, estava ouvindo as fitas novas. Ele disse a Gene qual a faixa que ele achava que deveria ser o compacto simples. Quase enlouqueci. Se fosse hoje, eu teria entrado com um processo legal. Eu era jovem demais e ingênuo; quando saí da firma de advocacia, ele me apresentou uma carta dizendo que não era mais meu advogado e que agora eles representavam o KISS. Hoje eu teria dito: "Foda-se! Se você fizer isso eu vou te processar". Eu teria ido até o fim. Naqueles dias, mantínhamos a unidade e havia bastante dinheiro entrando. Tudo parecia estar caminhando bem e eu não queria abalar tudo. Houve muitas coisas que não tinham nada a ver com o KISS ou comigo. Tinha a ver com as pessoas que nos acercavam e que manipulavam a situação porque havia muito dinheiro. Foi meio triste para todos nós quando tudo o que queríamos fazer era ter sucesso e fazer com que ele durasse o tanto quanto possível.

DENNIS WOLOCH: Usamos o fotógrafo superastro Francesco Scavullo. A sessão de fotos foi no estúdio dele, na Third Avenue, em Nova York. Eu tinha um esboço na minha cabeça, que eram as quatro cabeças juntas, mais ou menos do tipo que fizemos depois com o *Creatures of the Night*, mas um pouco diferente. Eu expliquei isso para o Francesco, mas quando chegamos lá eles começaram a se mexer dizendo: "Olhe para cá, olhe para lá". Meu patrão se intrometia. Bill Aucoin sempre tinha seus palpites, e eu me sentei. Como diretor de arte, comecei a pensar: "O que estou fazendo aqui?". Finalmente, fui até o Francesco e os outros sujeitos e disse-lhes o que queria. Eles juntaram as cabeças, olhamos para eles. Eu disse: "Tudo bem, Francesco, tire a foto". Ele bateu a fotografia e ela se tornou a capa. Paul era o mais chato em relação ao rosto. Tínhamos as fotos em que eu sentia que todos os quatro pareciam ótimos, e Paul não gostava da aparência dele. Uma hora, ele gostava do rosto, mas não gostava do cabelo. Assim, tivemos de pegar o cabelo de outra fotografia ou um cabelo parcial e ajustá-lo na outra foto ou pegar a cabeça de uma outra foto. Foi um tipo de quebra-cabeça. Para essa capa, acho que dois rapazes são da mesma foto e Paul e mais alguém são de outra foto. E então, a foto de Paul tinha de ser montada em duas ou três partes. Conseguimos a capa com bastante facilidade e ainda tínhamos algumas horas pelo dia; a banda queria usar bem o dinheiro. Alguém teve a ideia de colocar a banda em camisas de força. Alguém tomou um táxi para o hospital Bellevue, foi até a enfermaria de doentes mentais e voltou com quatro camisas de força. Eles vestiram as camisas, nós enrolamos um fio que estava por lá no estúdio e tiramos várias fotografias dessa maneira também. As fotos com as camisas-de-força ficaram muito boas. Uma das fotografias foi usada para o pôster do álbum. O que nós fizemos, realmente, foi passar tinta com aerógrafo nas camisas de força, e parecia que eles estavam usando camisas de gola olímpica pretas, mas na verdade estavam com camisas de força.

I WAS MADE FOR LOVIN' YOU ★★★★★

PAUL STANLEY: Foi uma grande música, que fez sucesso no mundo todo. A disco music estava no auge. Eu ouvi o tipo de música e disse: "Isso é moleza". Portanto, foi uma coisa tipo brincadeira ou um desafio. Pensei: "Vou fazer uma música dessas". Assim, liguei a bateria eletrônica e escolhi o som [batida no ritmo de disco music] e compus "I Was Made for Lovin' You". É de fato uma música feita seguindo uma receita. Foi assim: "Vamos usar de tudo dos discos de dança, vamos utilizar todos os efeitos sonoros". Foi como se estivéssemos tentando provar a nós mesmos que não era tão difícil fazer sucesso se está disposto a realmente analisar algo e dissecá-lo. Não fazemos isso com muita frequência. O Desmond Child estava nessa e Vini também. O Desmond é um compositor brilhante e um grande talento. Ele tem essa fantástica capacidade de se reunir com alguém e concentrar-se no que estão fazendo.

DESMOND CHILD: Compor com o KISS foi algo que aconteceu por acidente. A primeira música que Paul e eu escrevemos juntos foi "I Was Made for Lovin' You". Eu estava me aventurando num estilo de música que combinava batidas dance com rock. Era o que eu estava fazendo no Desmond Child and Rouge. Pensei que seria legal tentar isso com o KISS. Estávamos no estúdio SIR e eles tinham alugado um piano de cauda. Eu me sentei e comecei a tocar os acordes da estrofe. Paul contribuiu com o refrão e compôs comigo. Depois continuou a compor com Vini. Adorei o disco. Paul é realmente um grande letrista, ele adora jogo de palavras, rimas internas e duplo sentido. Suas composições são diretas e inteligentes.

VINI PONCIA: Quando eles trouxeram "I Was Made for Lovin' You" para mim, uma estrofe já tinha sido composta. Eu compus o refrão. Terminei-o com a tradição do Brill Building. Várias dessas coisas que soam como influências pop nas músicas eram ideias de Paul, como "Sure Know Something". A ideia geral do *Dynasty* era mostrar ao meio musical que esta banda era capaz de compor músicas e fazer um álbum melhor do que o anterior. Não que "Sure Know Something" fosse melhor que "Detroit Rock City", mas naquela época essas músicas eram consideradas menores do ponto de vista de composição musical. O *Dynasty* foi um grande álbum do KISS. Mesmo se dizem que aquele disco era um álbum solo para Paul Stanley, algumas daquelas músicas, como "Magic Touch", são boas pelos padrões de hoje. Todos nos divertimos fazendo o disco. Eles gostaram do processo de destruir uma música para depois construí-la novamente. Eu gosto de *Dynasty* porque foi um primeiro passo para todos naquela área. Foi o primeiro álbum em que Paul e Gene se envolveram em algumas coisas embebidas em muito mercantilismo, mas que ainda tinham bastante emoção. O disco veio do coração.

ANTON FIG: No álbum, eu toquei exatamente da maneira como gostaria de tocar. Vini foi muito específico em "I Was Made for Lovin' You" porque esta foi uma das poucas músicas que foram gravadas com um metrônomo. E nós sobrepusemos os tons separadamente. Eu tive a ideia de colocar uns sons de tiro. Recebi bastante direção de Vini nesta música.

GENE SIMMONS: Eu não toquei baixo em "I Was Made for Lovin' You". Mas há muitas músicas em nosso histórico nas quais as pessoas acreditam que as pessoas que tocaram os instrumentos realmente tocaram. Não é verdade. Em "Almost Human" eu toquei a guitarra. Toquei guitarra em "Plaster Caster", "See You in Your Dreams". Toquei teclado em "Christine Sixteen". Há também outras músicas em que Paul tocava a parte do baixo – não é importante saber quem toca o instrumento.

PETER CRISS: Eu poderia mencionar um milhão de músicas nas quais Gene não tocou o baixo. Você não acreditaria no número de músicas em que Ace Frehley tocou o baixo. Você ficaria totalmente maluco. Quando você ler o meu livro você vai pensar: "Ele não tocou aqui, ele não tocou ali". Você não vai acreditar mesmo em todas as músicas que não contaram com a presença de Gene no baixo.

2000 MAN ★★★★★

ACE FREHLEY: É uma música dos Rolling Stones. Um amigo da gravadora onde eu costumava fazer as fitas demo veio com a sugestão de fazer o cover dessa música. Ele insistiu: "Tente". Assim eu fiz o improviso em um dia. É uma música espacial, com letra espacial, que combina com a minha personalidade. Parece que a música foi escrita para mim. Fala de computadores e esse tipo de coisas.

VINI PONCIA: Foi ideia de Ace fazer o cover dessa música dos Stones. Foi uma boa versão. Sabendo que o álbum ficaria um pouco ousado e um pouco convencional, Ace tentava manter um canal de comunicação aberto para os fãs do velho KISS. "2000 Man" é um verdadeiro rock selvagem do ponto de vista de Ace e também pela maneira com que ele tocou a guitarra.

SURE KNOW SOMETHING ★★★★★

PAUL STANLEY: É uma música boa e foi divertida. Vini e eu a compusemos e foi muito fácil fazê-la. A música também está no álbum *Unplugged*. "Sure Know Something", em especial, foi uma música perfeita em termos de nos mostrar. Não é comum que a essência de algo se perca em armadilhas, e "Sure Know

Something" sempre foi bastante simples. Tocar a música sem guitarras foi somente para mostrá-la um pouco melhor. Eu ainda gosto muito dela.

VINI PONCIA: "Sure Know Something" sempre foi a minha música predileta dentre as que escrevi com Paul. De vez em quando você escreve uma música em que a combinação de letra, acordes, melodia e ritmo sai de uma vez. É uma música com um ritmo incrível. Fácil de tocar, uma grande melodia, e no refrão Paul demonstra um pouco da influência de Rod Stewart. Na verdade, Paul criou o refrão. Ele estabeleceu o tom no qual ele queria que a música continuasse. Nós trocávamos ideias e havia várias sugestões. O produto final seria o resultado de nossa cooperação. Paul podia gritar rock'n'roll num dia e ser pop no outro. Paul pode criar "Sure Know Something", mas Ace jamais comporia algo parecido. Os instintos dele são muito mais para o rock puro.

DIRTY LIVIN' ★★★★★

PETER CRISS: Eu e o Stan Penridge a compusemos no início da década de 1970, imediatamente depois que o Chelsea se desmanchou. Aquela música estava adiante do tempo. Ela foi composta sobre Nova York e as drogas. Dei duro para deixá-la o máximo possível parecida com a demo. Assim como Ace, tive muitas dificuldades em colocar músicas minhas nos álbuns. Eu estava sempre batalhando para conseguir colocar alguma coisa no álbum. Eu levava cinco, seis, sete músicas, mas nenhuma parecia suficientemente boa. Daí, partíamos para brigas tão horríveis que eles tinham de colocar pelo menos uma. E quando eles finalmente me deixavam colocar a música, eles mexiam nela, faziam isso ou aquilo.

STAN PENRIDGE: "Dirty Livin'" foi uma outra música escrita nos tempos do Lips. Vini Poncia, durante a pré-produção do álbum solo de Peter, *Out of Control*, teve de vir para Nova York para fazer algumas demo comigo e com Peter. Ele acrescentou uma nova história na letra, mas a música permaneceu a mesma. Aquelas demos foram gravadas no ODO Studios, na rua 54, durante o mês de dezembro de 1979. Eu estive em algumas sessões de gravação do KISS. Nunca vi todos os membros na mesma sala, trabalhando ao mesmo tempo. Eu e Peter visitamos Vini enquanto ele gravava o canal do ritmo de "Dirty Livin'". Anton Fig tocava bateria na maior parte do álbum. Eu e Peter estávamos fazendo o álbum *Out of Control* na época.

VINI PONCIA: "Dirty Livin'" foi uma música que compus junto com Peter, depois de trabalhar no álbum solo dele. Peter disse: "Tenho de fazer algumas demos para o novo álbum do KISS. Você quer trabalhar comigo?". Esta foi a única música de Peter, dentre todas as apresentadas a Gene e a Paul, que eles aprovaram e que se ajustaria a um álbum do KISS. Por isso pensaram em me usar como produtor do álbum. Foi uma coisa forte e eles gostaram.

CHARISMA ★★★★★
GENE SIMMONS: "Charisma" originou-se de algo que o Howard Marks disse em Beverly Hills quando fazia troça de mim. Ele viu como as garotas sempre apareciam em cima de mim e como eu ficava à vontade falando de mim mesmo. Ele ficava o tempo todo dizendo: "O que é o meu carisma? Está no meu poder? É a minha fama? Sim, porque eu sou legal!". Ele fazia gracinhas para mim e eu dizia: "Não, Howard, isso é bom!". A introdução do começo de "Charisma" é "Simple Type" musicalmente, com um toque do meu riff em "Black Diamond".

MAGIC TOUCH ★★★★★
PAUL STANLEY: "Magic Touch" foi uma música incrível que infelizmente ficou uma merda quando foi gravada, o que aconteceu com muitas músicas do *Dynasty* e do *Unmasked*. "Magic Touch" é uma música muito poderosa, pesada, e ficou meio fraca. Devido à má interpretação, à maneira errada de cantá-la. Originalmente, os acordes de "Magic Touch" eram muito mais grandiosos. Era muito mais dançante. Estávamos lidando com um enfoque mais pop para nossas músicas ao trabalhar com Vini. Durante o *Unmasked* e o *Dynasty* eu tentava encontrar meu tom de voz como cantor. Eu certamente gostei de tudo o que fiz antes, mas queria fazer algo a mais. Queria ser capaz de cantar o que ouvia em minha cabeça, e eu ainda não tinha conseguido isso. Hoje seria difícil fazer essa música. Eu adoraria cantá-la. Mas na época eu era apenas um cantor principiante.

HARD TIMES ★★★★★

ACE FREHLEY: "Hard Times" é uma das minhas músicas prediletas dentre as que escrevi, porque a letra fala sobre quando eu costumava ir à escola e cabular aulas. Fui à escola de Ensino Médio durante cinco anos [risadas]. Eu frequentei o segundo ano durante dois anos, um ano eu só ficava em baladas [risadas] e não me lembro nem de metade das coisas que fiz.

X-RAY EYES ★★★★★

GENE SIMMONS: Esta música simplesmente aconteceu [canta parte da letra da música]. "I can see right through your lies, because I've got X-ray eyes" (Eu consigo ver todas as suas mentiras, pois eu tenho visão de raios X). Naqueles tempos, eu estava sempre no meu estúdio fazendo demo. Mesmo quando não havia material, eu me forçava a ir até lá e ver o que acontecia.

SAVE YOUR LOVE ★★★★★

ACE FREHLEY: Eu ouvi "Save Your Love" no outro dia. Quando estávamos preparando o *Psycho Circus*, Gene, muito esforçado, compunha uma música por dia. Quando fomos ao estúdio, ele me disse que tinha cerca de cem músicas. Eu não posso simplesmente dizer que quero compor uma música. Tenho de estar motivado, seja devido a algo que aconteceu, seja porque alguém diz alguma coisa que aciona o meu cérebro e acaba surgindo algo que pode ser um refrão ou o nome de uma música.

UNMASKED

Lançamento: 29 de maio de 1980
VINI PONCIA – produtor / JAY MESSINA – engenheiro de som
BILL AUCOIN – empresário / ANTON FIG – baterista de estúdio
TOM HARPER – baixista de estúdio / BOB KULICK – compositor
GERARD McMAHON – compositor / PEPPY CASTRO – compositor
VICTOR STABIN – artista da capa do álbum / DENNIS WOLOCH – designer gráfico

---

PAUL STANLEY: *Unmasked*? Eu daria uma estrela para ele. Uma música como "Tomorrow" é realmente uma música ótima, mas acho que o *Unmasked* é um álbum bem podre. É fraco. Várias daquelas músicas começavam muito mais dançantes e muito mais rock'n'roll. De alguma maneira, elas perderam muito da força na gravação em vinil. Vários dos primeiros álbuns não soam particularmente bons a meu ver, mas há um ditado: "Se ainda funciona, não conserte". Se alguma coisa ainda está funcionando, não questione. Em questão de som, muitas coisas nossas não soam tão bem para mim. Há músicas em *Unmasked* que são ótimas, que achei que receberam um arranjo e foram gravadas de uma maneira mais neutra e menos movimentada. Mas, novamente, você não deve amaldiçoar o passado. O conceito de vários filmes nos quais há viagem ao passado é que, se você voltar ao passado, não deve interferir, porque há uma reação em cadeia que vai afetar todas as coisas. Este é o meu sentimento em relação a tudo que fizemos. Se você mudar uma coisa, você muda tudo.

GENE SIMMONS: Uma estrela. Acho que uma banda e um álbum vão sempre além de músicas, somente. É direção e atitude e, se fossem somente músicas, então aquelas compilações K-Tel seriam o máximo porque há muitas músicas boas ali. Naquela época, Peter Criss estava mal. Ele começou a ter problemas muito cedo também. Na época do *Unmasked*, ele estava tão fora da realidade que tivemos de utilizar Anton Fig no álbum inteiro. Peter não tocou em nenhuma faixa.

ACE FREHLEY: Eu achei que as minhas músicas eram boas. Acho que Paul e Gene não ficaram muito entusiasmados com as coisas que eles fizeram ou com a produção delas. Você tem que ter claro na mente que naquela época a banda sofria um processo de transição. Peter estava saindo da banda. Todos estavam envolvidos em suas próprias coisas. Por exemplo, nas minhas músicas, fui eu que toquei o baixo. [risadas] Eu não deixei Gene tocar. Chegamos num ponto em que precisávamos ficar distantes uns dos outros. Acredito que Paul poderia ter mesmo tocado o baixo em algumas das músicas dele. O baixo não é muito difícil para um guitarrista solo. Gene tocava bem. Ele não era o tipo de baixista que diria: "Eu quero fazer isso". Sei que Keith Richards toca bastante baixo nos discos dos Stones. Mas Gene é um cara de talento. Eu daria três estrelas e meia ao álbum.

PAUL STANLEY: Não estávamos funcionando como uma banda. Peter não tocou no *Unmasked* nem no *Dynasty*. Na época do *Unmasked* ficou claro que ele não estava em condições de trabalhar. Claro que, por causa dos fãs, com frequência você pinta um cenário que não é verdadeiro e às vezes isso volta e te assombra. As pessoas têm a ideia de que você é uma versão cômica dos Beatles, na qual os quatro caras moram em casas interligadas ou dormem na mesma casa ou fazem tudo junto. E isso nunca ocorreu, de maneira alguma. Ninguém recebeu a mesma carga de trabalho, e ninguém teve quantidades iguais de músicas para serem trazidas ao grupo, nem as músicas tinham a mesma qualidade. Queríamos criar algo para os fãs que eles gostassem e que se ajustasse à imagem que tinham de nós, às vezes, disfarçando as dificuldades pessoais. Na época do *Unmasked*, ficou claro que [risadas] nenhum dos pneus estava totalmente cheio, mas um deles parecia bem murcho.

VINI PONCIA: O álbum *Unmasked* não teve o tipo de emoção de *Dynasty*. Não tinha aquele tipo de realidade e verossimilhança nele. Era como um esboço de outro álbum, portanto faltava a alma do *Dynasty*. Para mim, o problema com o álbum *Unmasked* foi a pressa. O álbum *Dynasty* foi muito bem planejado e bem calculado por se tratar de um novo empreendimento. Era uma direção nova para o KISS. Com o sucesso de *Dynasty*, eu achei que deveríamos gastar mais tempo no *Unmasked*. Não se esqueça: com Neil Bogart, quando você entrega um disco, as capas do álbum já estão prontas e na fábrica [risadas]. Portanto, terminamos na sexta e o álbum estava na praça na terça [risadas].

JAY MESSINA: *Destroyer* foi realmente muito bem produzido e tudo tinha um som selvagem e tempestuoso, enquanto o *Dynasty* e o *Unmasked* eram bonitinhos demais em termos de musicalidade, em detrimento da energia selvagem. Em vez de aumentar os amplificadores a dez, talvez eles estivessem no nove nesses discos.

VINI PONCIA: Por que fizemos músicas mais pop em *Unmasked*? Bem, era o tipo de música que Paul andava compondo. Não foi minha ideia entrar e modificar as coisas. Eles usavam a minha sensibilidade pop naquelas áreas e eu aproveitava algum talento na composição que Paul e Gene demonstravam nessa área. Paul e Gene nunca fizeram nada que não quisessem. Eles queriam descobrir se conseguiriam trabalhar na área pop e serem eficientes.

ANTON FIG: Eu me lembro de ensaiar para o *Unmasked*. Os ensaios consistiam, em grande parte, em compor as músicas e refazer os arranjos para elas. Não houve ensaios para eu conhecê-las. Eles também trabalhavam muito no ritmo. Levou cerca de uma semana ou dez dias no estúdio para fazer a parte da bateria. Houve discussão por eu me juntar ao KISS naquele estágio. Mas naquela época eu tinha uma banda chamada Spyder cujo empresário também era Bill Aucoin; nossa música "New Romance" estava nas paradas e não parecia ser a hora certa.

TOM HARPER: Os ensaios da pré-produção eram num estúdio no Queens. Foi lá que Vini e a banda trabalharam nos arranjos e selecionaram o material que acabou no álbum.

BILL AUCOIN: Há músicas ótimas nesses discos. Acho que o problema com eles é que a banda estava ficando cansada.

BILL AUCOIN: Eu acho que eles realmente queriam ser desmascarados naquele álbum. Paul e Gene, especialmente, já falavam durante algum tempo em tirar a maquiagem, mas nós os dissuadimos disso.

DENNIS WOLOCH: A capa do *Unmasked* foi feita por Victor Stabin; ele nunca tinha feito nada para músicos até aquele momento. Ele era um ótimo pintor. Eu adoro a capa, sem me importar com o conceito. Sei que teve o efeito de uma bomba, porque ela surgiu numa época estranha, quando a música não estava no auge. Acho que funcionou de uma ótima maneira.

VICTOR STABIN: Eu me orgulhei de fazer a capa. A agência publicitária Howard Marks me deu o roteiro e eu apareci com uns visuais. Paul, Gene e Ace passaram no meu estúdio e estavam envolvidos com o que estavam fazendo. Gene, com o seu histórico de gostar de quadrinhos, me passou algumas sugestões inteligentes e ótimas informações sobre a capa. Eu fiz os três painéis referentes à capa em 28 dias; trabalhei dia e noite com 23 pessoas, como Mark Samuels, Jose Rivero e Sherry Schneider. Faz pouco tempo, descobri que o KISS vendeu a pintura original do *Unmasked* num leilão oficial por 14 mil dólares.

IS THAT YOU? ★★★★★

GERARD MCMAHON: Uma das grandes experiências como compositor foi o KISS ter feito um dos meus primeiros covers. Eu me lembro de ter voltado para casa uma noite e na minha secretária eletrônica haver um recado de Vini Poncia dizendo: "Ouça só esta merda". Era uma gravação do KISS tocando "Is That You?". Eu tive a inspiração de escrever a música uma noite, bem tarde, num bar de hotel em Duluth, Minnesota, durante a turnê no Meio-Oeste. Depois da apresentação, eu estava sentado no bar bebendo uísque e veio uma garota vestida de couro preto, com algemas presas na cintura e um chicote no bolso traseiro! Depois de imaginar a noite cheia de aventuras que eu poderia ter, voltei para o quarto e escrevi a letra e a música de "Is That You?" sobre o meu interessante encontro com a dominadora.

SHANDI ★★★★★

PAUL STANLEY: "Shandi" foi um grande sucesso. Ouvi a música "Sandy", de Bruce Springsteen, no rádio, e gostei de algo na música, portanto foi daí que ela surgiu. Não foi um roubo. Não poderia ser "Sandy" porque Bruce já tinha a música com esse nome. Vini sugeriu o nome "Shandi". Naquela época havia uma cantora chamada Shandi Cinnamon. É uma ótima música com uma letra bem bolada. Eu gosto muito da música. Não sou louco pela gravação, mas, quando me sento e a toco, é uma música bem boa. Ela foi gravada numa época em que nós estávamos experimentando e, de alguma forma, ficamos meio perdidos. A coisa mais engraçada de "Shandi" foi estar no estúdio gravando uma música do KISS, para o álbum do KISS, e olhar ao meu redor e ver Tom Harper no baixo, Anton Fig na bateria e Holly Knight no teclado.

TOM HARPER: Eu fui o técnico de guitarra de Paul na turnê *Dynasty*, em 1979. Era a minha primeira grande turnê. O KISS já estivera no Record Plant durante um tempo, preparando as faixas básicas para o *Unmasked* com o produtor Vini Poncia. Eu me lembro de ter ficado impressionado com a música quando a tocaram pela primeira vez nos ensaios de pré-produção no Queens. Acho que o Vini foi responsável por encorajar os rapazes a explorar melhor o talento de composição do que no passado. "Shandi" foi um ponto de partida para as músicas que Paul tinha escrito anteriormente para o KISS. Vini é um produtor bem musical e também um grande cantor e compositor. Gene telefonou uma noite dizendo que não poderia estar presente no dia seguinte. Vini pegou uma cassete da bolsa com a demo de "Shandi" e disse: "Aprendam isso, vamos tocar amanhã". A faixa básica era somente os três: Paul, Anton Fig e eu. [Mais tarde Paul também tocou a guitarra principal, acho que Ace não participou de "Shandi."] Eu me lembro de ter ficado nervoso com a situação, o que era de se esperar, mas os rapazes me deixaram bem à vontade. Usei o meu querido baixo Gibson Thunderbird 1963 na faixa, e eu me lembro de ter ficado satisfeito com o som naquele dia. Gene apareceu na semana seguinte e ouviu a faixa com a minha participação no baixo. Ele acenou com a cabeça e disse: "Bom, vamos deixar assim". Gene, mais tarde, se referia a mim como "o cara que tocou baixo em 'Shandi'", toda vez que ele me via em público. Eu recebi um cheque de quinhentos dólares por aquela sessão.

PAUL STANLEY: Essa música não tem necessariamente o som do KISS. A entrada de Vini naquele ponto nos levava a uma direção na qual nós não nos sentíamos confortáveis. Mas, se todos formos honestos em relação a isso, ninguém fez altos protestos porque já tínhamos começado a perder o pé de toda a situação. Cada um estava mais envolvido com o seu mundo particular, amigos, prazeres e não queria se preocupar com a questão. Todos podiam dizer o que quisessem do *Dynasty* ou do *Unmasked* ou de Vini Poncia, mas, se houve algum protesto, foi muito sem convicção. Todos estavam mais envolvidos no seu próprio estrelato, riqueza e notoriedade do que estavam quando o KISS começou.

VINI PONCIA: "Shandi" foi realmente muito pop [risadas]. Isso me deixou nervoso. Foi engraçado porque o falecido, o grande Neil Bogart amava toda essa coisa pop que estávamos fazendo com o KISS porque sempre foi um cara orientado para os compactos simples. Neil jurou que aquele era um disco para chegar ao primeiro lugar na parada. Se essa música tivesse chegado ao primeiro lugar, quem pode saber o que teria acontecido? "Shandi" seria uma boa sequência para "I Was Made for Lovin' You" e, com isso, a música estabeleceria o KISS firmemente como constante nas paradas. Mas ela provavelmente era muito fora da curva e não parecia nada com o KISS. Se Paul tivesse a ideia de escrever uma música como "Shandi", nós nos sentaríamos e a escreveríamos. E seria uma música boa, pois Paul é um compositor muito talentoso e eu também [risadas]. Voltando ao tempo, caso você goste da música, ou mesmo se ela funcionou naquela época em particular, não se pode afirmar que não seja uma ótima música. Sei que eu e Paul ficamos muito animados com "Shandi", mas não tenho certeza se o resto do grupo também gostou. Quando se é membro de uma banda, não se diz essas coisas à gravadora: "Foda-se essa música". Pode ser que Ace tenha sentido algo do tipo. É a mesma coisa quando "I Was Made for Lovin' You" chegou ao Top 10. Ninguém reclamou. Mas, quando a música não se torna um sucesso, as portas ficam escancaradas para a crítica. Nada faz mais sucesso do que o sucesso.

TALK TO ME ★★★★★

ACE FREHLEY: "Talk to Me" fez certo sucesso na Europa. Eu não tocava a música há muito tempo. Ela foi criada muito rapidamente. Coloquei uma afinação especial na música, uma afinação em sol ou ré, do tipo que Keith Richards faria. Muitas vezes pego uma guitarra numa loja de penhores ou um mecanismo novo e ligo a minha guitarra para me inspirar a ter uma nova ideia para uma música. Faço isso de vez em quando. Compro uma guitarra, mesmo que não esteja cem por cento ligado nela, mas acho que, se eu a levar para casa e tocá-la, alguma coisa diferente vai acontecer, será o catalisador para a criação de uma música. Muitas vezes tenho ideias para músicas quando estou acordando, num estágio intermediário entre o sonho e o despertar. Acho que isso se chama estado Beta. O engraçado é que eu tenho ideias quando estou dirigindo e tenho de parar no acostamento da estrada e botar aquilo no papel.

NAKED CITY ★★★★★

GENE SIMMONS: Bob Kulick me tocou o riff para "Naked City". Ele disse: "Isto é horrível! Vou ter de reescrever". Eu falei: "Não, tem alguma coisa aí". Na época, eu estava preocupado com o fato de que Nova York realmente se parecia com aquele velho programa de TV *Cidade nua*. Muito da letra [cantarola] "Older women with younger men, looks like I'm in trouble again" (Mulheres mais velhas com homens mais jovens, parece que eu estou com problemas novamente) eram somente imagens das cidades [cantarola de novo]: "Lonely people and lovers at first sight" (Pessoas solitárias e amantes à primeira vista). Todos têm a sua história, há oito milhões de histórias "na cidade nua".

BOB KULICK: Escrevi a maior parte da música. Gene escreveu alguns versos. Peppy Castro contribuiu com um pouco da música e da melodia e o Vini fez a ponte. Alguém deveria regravar essa música. Para mim, o KISS estragou "Naked City". A fita demo tinha o som do KISS da pesada. E eles a transformaram nessa música pop. Ace nunca conseguiria tocar a frase da guitarra como eu tocava. Por eu ter feito parte da música, eles deveriam ter me deixado tocá-la. A música ficou comprometida quando Ace a tocou.

PEPPY CASTRO: Gene reinterpretou cada inspiração que tive para a música de acordo com a visão dele do que seria certo para o KISS. Acredito que esse álbum foi da fase pop e foi uma consequência natural para o crescimento da carreira deles. Eles já tinham levado tantas lavadas dos críticos por não serem tão hábeis como músicos ou cantores, o que na verdade era pura merda. É incrível conhecê-los e ver como são talentosos fora do gênero tradicional do KISS. Eles têm múltiplos talentos. O máximo é que nunca querem ser uma imitação do KISS. Então, ficam se reinventando.

WHAT MAKES THE WORLD GO 'ROUND ★★★★★

VINI PONCIA: Essa música tinha um dos refrões rhythm-and-blues mais "cantáveis", o que foi muito divertido. Com essa música, Paul teve a oportunidade de fazer coisas que nunca tinha feito em estúdio na vida dele: certo tipo de acompanhamento vocal; compor aquele tipo de música; fazer este tipo de disco. Foi também um bom exercício porque Paul é capaz de escrever vários gêneros de música muito bem. Acho que consegue isso porque é muito ligado à melodia. O *Dynasty* e o *Unmasked* deram ao KISS credibilidade como compositores.

PAUL STANLEY: Eu era amigo de Vini Poncia e também estava antenado nas coisas que ele fazia. Acho que foi daí que a música surgiu. Vini era excelente no que fazia. Acho que nós mudamos muito por causa disso.

TOMORROW ★★★★★
PAUL STANLEY: A música "Tomorrow" é legal. Na origem, ela era bem diferente. Era mais pesada e tinha muita guitarra. O fundo musical de Vini Poncia era um pouco diferente, mais bem acabado, um pouco mais pop. Assim, a música ficou um tanto diferente do que deveria ter ficado no início. Era uma música para guitarra. No fim acabou saindo com muito teclado. Ficou um pouco mais difuso, destilado, diluído.

VINI PONCIA: Paul e eu sentávamos numa sala para trocar ideias. Em geral, ele aparecia com algumas ou, se eu as tivesse, lhe mostrava tocando. Em suma, talvez a música não tenha funcionado num contexto de álbum do KISS porque deixou muitos fãs insatisfeitos. Mas também acho que deu uma turbinada na carreira deles.

TWO SIDES OF THE COIN ★★★★★
ACE FREHLEY: "Two Sides of the Coin" é uma boa música. Tinha uma ideia por trás dela, ela é bem poética. Na época, acho que eu não estava me dando muito bem com a minha esposa e estava saindo com uma outra pessoa, os dois lados da moeda. Ou poderiam ser duas namoradas, não sei [risadas]. Talvez a minha esposa não estivesse muito envolvida. Tínhamos um relacionamento muito aberto.

SHE'S SO EUROPEAN ★★★★★

GENE SIMMONS: Eu só me sentei e comecei a escrever uma música sobre essa garota fictícia que eu conheceria e com quem eu transaria frequente e repetidamente, de maneira que ela se acostumasse com isso. É sobre uma garota fictícia da Europa. Enfim, você sai em turnês e sempre pensa: "Como é que serão as garotas nessa turnê?". São sempre as garotas.

VINI PONCIA: Compor músicas com Gene era diferente. Ele tinha uma ideia como "She's so European". Não havia exposição da alma, era basicamente compor a melhor música possível. Mas, na verdade, não era preciso ter algum sentido.

EASY AS IT SEEMS ★★★★★

PAUL STANLEY: Eu estava na casa da minha namorada, acordei e comecei a cantar essa música. Pensava nos Spinners. Na verdade, eu nunca tinha encarado "Easy as it Seems" como uma música para nós, mas isso já tinha acontecido antes. Eu criava uma música e não tinha intenção de usá-la, como "Hard Luck Woman". Essa música não era para ser utilizada por nós, era uma coisa tipo Rod Stewart.

TORPEDO GIRL ★★★★★

ACE FREHLEY: Eu a ouvi no outro dia e fiquei no chão rindo. É uma coisa hilária, essa música é provavelmente a mais engraçada que já compus. Foi uma dessas músicas idiotas que decidi compor. Ela e "Rocket Ride". Quero que a minha personalidade transpareça no disco. Não me levo tão a sério quanto Gene e Paul. Essa é uma das coisas de que não gosto a respeito deles quando estou trabalhando. Eles se levam tão a sério! Vivo dizendo para eles pegarem mais leve. É só rock. Quando estou fora do palco, vou correndo para casa usando jeans e camiseta. Não quero ser reconhecido, não quero dar autógrafos. Quero ser só eu. Não quero que as pessoas me tratem de maneira especial. Só quero ser uma pessoa normal, trabalhar com computadores, compor músicas e me divertir.

VINI PONCIA: Quando Ace compôs uma música como "Torpedo Girl", ele só queria manter o elemento rock no álbum. Ele estava preocupado porque o álbum estava pop demais. Ele sempre quis compor músicas mais radicais. Ace tem uma boa cabeça e sabe o que quer. É comum sentar-se com Ace e aparecer alguma coisa irônica ou um pouco mais radical como "Torpedo Girl". Trabalhar com Ace é fácil, as coisas ficam muito bem definidas em questão do que ele está buscando.

YOU'RE ALL THAT I WANT ★★★★★

GENE SIMMONS: Convenci Paul a fazer a demo comigo enquanto estávamos em turnê em algum lugar do centro dos Estados Unidos. Eu e Paul fizemos essa demo na estrada, e a minha demo arrebentou com a versão que acabamos lançando. Ela parece mais com "Free".

MUSIC FROM "THE ELDER"

Lançamento: 16 de novembro de 1981
BOB EZRIN – produtor e compositor / BILL AUCOIN – empresário
ALLAN SCHWARTZBERG – baterista de estúdio / DENNIS WOLOCH – designer do álbum

---

PAUL STANLEY: Eu daria ao *The Elder* [risadas] um grande ponto de interrogação. Ele poderia merecer estrelas se fosse de outra banda. É sempre interessante para mim quando alguém diz: "Toque a guitarra e toque essas músicas, ou você é um homem morto". Eu provavelmente estaria morto porque eu não me lembro de nenhum caso desses. Foi uma coisa muito estranha para nós. Estávamos sendo empurrados para um caminho diferente, mas era tão estranho que acho que nenhum de nós realmente se lembra muito dele. De vez em quando tocamos esse tipo de música, mas nunca passamos de quatro ou cinco compassos. Acho que é um álbum esquisito no qual estávamos tentando fazer alguma coisa diferente para vermos aonde é que chegaríamos. É bom saber que as pessoas gostam dele. Quando eu o ouço, às vezes, começo a coçar a cabeça. É um pouco estranho e é razoável, mas eu não gostaria de fazer uma sequência.

GENE SIMMONS: Como um álbum do KISS eu daria zero. Como um disco ruim do Gênesis, eu daria duas estrelas. Não há muitas músicas no álbum e é um tanto pomposo desde o começo. Eu tenho a impressão de que a banda pensava: "Tudo bem, aqui está o nosso épico". Mas o épico é determinado pelas pessoas que ouvem, não é a banda que diz: "Aqui está o nosso épico". Estávamos começando a perder o pé. Na verdade, o disco foi feito para os críticos. Você nunca deve buscar o respeito, porque no dia em que os críticos e a sua mãe gostarem da mesma música, acabou-se. Imediatamente depois de *The Elder* estávamos tão chocados com a realidade que decidimos fazer um disco de rock pesado.

ACE FREHLEY: Duas estrelas. Poderia ter sido melhor se eles não tivessem cortado alguns dos meus solos. Em retrospectiva, a banda estava ficando cada vez mais distante. Peter saiu, Eric Carr entrou e eles trouxeram o Ezrin, que eu não achava adequado para aquele ponto da nossa carreira. Meus sentidos me diziam que devíamos fazer um disco de heavy metal e voltar às origens, mas Paul e Gene não concordavam comigo. Eles queriam fazer um álbum-conceito com o Ezrin e eu estava sempre contra o projeto inteiro. Mas meu voto foi vencido. Aqui estou eu numa das maiores bandas do mundo e me sinto como se tivessem me castrado porque não podiam ter ignorado o meu voto. Tinha sido dois contra um. Sem Peter para manter o equilíbrio, Paul e Gene podiam controlar o grupo. Quando percebi isso, fiquei muito desapontado com toda a situação e comecei a usar ainda mais drogas e álcool por estar realmente frustrado. Eu não tinha saída. Eu tinha os solos originais que tinham sido cortados. Eu diria que 40% a 50% dos solos de guitarra e sobreposições que fiz não foram utilizados por Bob Ezrin. Até agora não entendi por quê.

BOB EZRIN: Convoquei um grande número de pessoas para auxiliar na composição e gravação do *Music from "The Elder"*. Cheguei a trazer Lou Reed para escrever algumas letras para nós. Selecionamos e contratamos atores para lerem o diálogo. Contratei um especialista em música medieval para tocar os instrumentos de sopro que foram utilizados em "Fanfare". Recrutamos uma orquestra para "A World Without Heroes". Em suma, levamos o projeto a sério, a sério demais, parece. O projeto acabou sendo o álbum menos bem-sucedido do KISS e posso entender por quê. Descaracterizou completamente a banda e não foi uma boa ideia como ponto de partida.

GENE SIMMONS: Esse disco foi interessante, mas não acho que tenha a alma da banda. Pensei que seria um álbum à parte. Foi composto a partir de um conto que escrevi chamado "The Elder". Basicamente, seria material para colocar no palco, ligar os instrumentos e tocar. Essa era a essência. A essência da banda é que as músicas não são tão grandiosas quanto os arranjos. Penso que *The Elder* foi um exercício interessante para a criatividade, nada além disso.

ACE FREHLEY: Acho que foi um bom disco. Houve problemas comigo, Paul, Gene e Bob Ezrin porque muitas vezes eu estava gravando no estúdio da minha casa em Connecticut e eles estavam gravando no Canadá e algumas coisas não ficaram muito claras.

BOB EZRIN: Foi uma coisa horrível! Gene tinha essa história na cabeça, mas o desenvolvimento da história foi feito com a colaboração de outras pessoas. A ideia de fazer um álbum a partir dessa história e fazer um espetáculo no palco e todas as outras coisas foi algo que ele teve de assimilar. O resto da banda foi forçado a seguir junto. Ninguém pensou que a ideia era tão boa na época. Voltando atrás, eles tinham razão. Devido ao tempo e à banda com que estávamos trabalhando, não foi o veículo apropriado. O que tentamos fazer foi impossível para o KISS de 1981. Há certos momentos nele que são maravilhosos; com certeza, o tema, o conceito de um jovem contra o mundo e tudo o mais é bom. Há algumas músicas muito boas. "World Without Heroes" é um clássico, mas será que é um clássico do KISS? Essa é a questão. O que eu quero dizer é que não foi a coisa certa fazer aquele álbum com o KISS, naquela época. Foi uma época ruim para todos nós e éramos pessoas diferentes. Passei por problemas com drogas quando o álbum foi feito e isso contribuiu muito para o engano na concepção. Há grandes momentos, mas senti que eu não estava totalmente lá, ou estava, porém de forma distorcida.

PAUL STANLEY: Nós estávamos iludidos. Ficávamos animados da mesma maneira que uma pessoa drogada fica. Você se perde na bagunça [risadas]. Acho que fomos pegos com as roupas novas do imperador. Fomos pegos por algo que realmente não tinha lugar em nossas vidas. Mas, de novo, nos encontrávamos em um ponto, pessoalmente, individualmente e como grupo, em que estávamos nos tornando entediados e confortáveis com o nosso sucesso.

GENE SIMMONS: Eu me culpo. Eu realmente acreditava no ponto de vista. Eu sempre estava com um pé em Hollywood. Escrevi aquele conto e queria transformá-lo em filme. Ezrin disse que era uma grande ideia para um disco-conceito. Então, quando ergueram o espelho para eu ver o meu rosto, o pobre Gene iludido realmente comprou a ideia, totalmente. Eu pensava: "Sim, sou ótimo!". Eu me responsabilizo cem por cento por insistir no processo. Eu queria credibilidade, o que é muito idiota, quando se para para pensar nisso. Se você tem de tudo, e daí? Ace queria que tivesse mais rock. Quando as coisas não saíam à sua maneira, ele simplesmente desaparecia. Ele ficava em casa e recusava-se a aparecer. Tentávamos desesperadamente manter a banda unida e Ace tomou o partido, certo ou errado, de não acreditar no projeto. Portanto, ele simplesmente se tornou ausente.

PAUL STANLEY: *The Elder* é provavelmente o maior passo em falso de toda a nossa carreira musical. Tudo estava errado. Era pomposo, elaborado, metido e supérfluo. Era medíocre. Nós morávamos em casas bonitas. Eu acho que a banda estava perdendo o pé do que éramos feitos, de quem éramos e como éramos bons e especiais. *The Elder* saiu errado por vários motivos. Foi uma catástrofe relevante [risadas]. Ninguém pode ser responsabilizado totalmente ou isento. É o KISS, é nosso. Bob veio e disse: "Vamos fazer um álbum-conceito". Acreditamos que o Bob poderia nos salvar e nos colocar no eixo. Bill [Aucoin] também compartilhava dessa maneira de nos levar a um outro nível e achava que assim conseguiríamos impressionar pessoas que nunca tinham curtido a gente. Pensamos a mesma coisa. Como eu disse, estávamos iludidos.

BILL AUCOIN: A gravadora insistia por um álbum novo. Eles estavam cansados: "Puxa, temos de voltar e fazer um álbum novo? Não temos músicas". Tive uma reunião e Bob disse: "Que tal um álbum que tenha um enredo?". Por algum motivo, talvez porque Bob era brilhante, nós nos envolvemos nessa coisa mitológica e saímos dos eixos. Na verdade, todos estavam perdidos. Ninguém, àquela altura, iria contra o projeto, porque, pelo menos, estávamos indo na direção de um novo álbum. Foi uma época muito estranha porque estávamos todos perdidos. Depois daquilo, quando os rapazes vieram falar comigo e disseram: "Bem, esse álbum não funcionou e queremos tirar a maquiagem", foi o começo do fim para mim e também para eles.

GENE SIMMONS: Eu gosto do álbum. Eu realmente gosto de algumas das músicas. Acho que "Only You" é interessante. Eu gostaria de ter cantado "Odyssey". Eu estava programado para cantá-la, mas no último minuto Paul a cantou. Acho que poderia ter feito uma música mais do tipo dos Beatles, deixá-la menos no esquema de ópera. Ela foi composta por um cara chamado Tony Powers. Começamos tocando "I" e Eric [Carr] tinha acabado de entrar na banda e não conseguia dar o sentimento adequado. Tivemos de usar Allan Schwartzberg, que tocou no meu álbum solo. Eric não conseguiu o tom adequado e ficou mal por isso.

ACE FREHLEY: Não acho que *The Elder* seja um disco ruim. Só acho que ele não se parece com um disco do KISS. Para mim não é ruim, mas não é da maneira que o KISS está representado na minha cabeça e foi por isso que o achei ofensivo. A última vez que toquei *The Elder* estava no carro dirigindo para o Milbrook Studios porque eu estava produzindo um grupo. Estava ouvindo o disco e ganhei uma multa por ter ultrapassado a velocidade [risadas]. Então, arranquei a fita, joguei-a pela janela e disse: "Este é um álbum que me traz azar de todas as maneiras possíveis!".

BOB EZRIN: Há algumas músicas que gravamos numa sessão antes de fazer o *The Elder*. Fizemos quatro músicas e então nós as descartamos. Uma delas foi

"Carr Jam", que acabou aparecendo no álbum *Revenge*. Houve uma outra chamada "Sentimental Fool". Era uma coisa muito estranha [risadas], parece que não se ajustava ao KISS.

ALLAN SCHWARTZBERG: Gravei sobreposições de bateria em duas músicas do *The Elder* no estúdio de Ace, em Connecticut, "I" e "Odyssey". Eu me lembro que foi dose sobrepor a bateria em uma das músicas. Depois que terminei, Bob [Ezrin] disse: "Ótimo, agora vamos repetir cada nota que você acabou de tocar" [risadas]. Levamos horas fazendo isso. Qualquer músico fica incomodado quando não se dá crédito ao trabalho feito. Mas com o KISS dá para entender. Eles escolheram não me dar o crédito para que os fãs pensassem que era um dos seus ídolos tocando no álbum.

DENNIS WOLOCH: Foi um álbum muito diferente do KISS, portanto tinha que fazer uma capa de um álbum-conceito. Fui às compras, buscando cadeiras, mesas e acessórios durante uma semana. A primeira coisa que percebi foi que precisava de uma porta. Fizemos o desenho e ele foi aprovado, principalmente por Paul. Parecia que se tratava mais de uma criação dele do que dos outros. Por sinal, a mão que aparece na capa é a de Paul. Originalmente não era a dele. Tínhamos a mão de uma outra pessoa. Ele não gostou. Ele começou a sugerir que tinha mãos bonitas. Desistimos e fotografamos as mãos dele. Isso fez a porta aparecer na capa. Saí com uma máquina Polaroid, caminhei por Nova York procurando portas de igreja, pois elas têm uma aparência mais gótica. Aquela, em particular, estava numa igreja da rua 86 com a Park Avenue, na Igreja Metodista. Levei a foto a um lugar chamado Modelworks, que reproduzia modelos, e eles fizeram a porta. É só um pedaço da porta, com cerca de metade da altura normal. Ele também fez a aldrava. A capa interna foi uma foto tirada na rua 18, em Nova York, por um cara chamado David Spindel. Consegui aquela porta e as cadeiras num lugar chamado Newell Art Galleries. Eles têm várias antiguidades e coisas rústicas naquele lugar. Pelos problemas que enfrentei, não foi um trabalho ruim para uma capa de álbum.

FANFARE ★★★★★

BOB EZRIN: "Fanfare" era uma peça neoclássica que deveria estabelecer a atmosfera fantasia-heroica da história no *The Elder*. Para chegar a um efeito de outro mundo, decidimos usar instrumentos medievais, como matracas e charamelas. Eles criam um efeito sombrio, que dá uma atmosfera que nunca foi ouvida em discos de rock (talvez isso seja uma coisa positiva). Em suma, para mim, ela soa séria e pretensiosa demais.

JUST A BOY ★★★★★

PAUL STANLEY: "Just a Boy" foi só um equívoco [risadas]. Foi uma grande tentativa de fazer algo, mas talvez não tenha correspondido às expectativas. Tínhamos boas intenções com o *The Elder*. Foi parte da queda, só parte de um grande passo em falso, uma tentativa de fazer algo que não deveríamos estar fazendo. Não porque não seja válido, mas porque não era válido para nós. Quando se tem habilidade e talento como compositor, o que se produz em geral tem qualidade; talvez não fosse o que necessitávamos. É uma música decente, só que não tem nada a ver com o KISS. Deve ter o seu lugar em algum show que seja o oposto do álbum da banda. Cantar essa música foi um piquenique. Esse tipo de canção é fácil e foi feita porque, naquele momento, eu estava tentando encontrar a minha voz. Às vezes, cantar em falsete era fácil, quando eu ainda estava tentando cantar a voz plena.

BOB EZRIN: Assim que decidimos o tema e a linha de história do *Music from "The Elder"*, começamos a compor. Paul veio ao Canadá para me visitar e compor comigo. Eu e ele fomos num pequeno estúdio de gravação de quatro canais em Aurora, Ontário, onde ficamos zoneando uma tarde e viemos com a ideia para uma música chamada "Just a Boy". Acho que "Just a Boy" é uma música fenomenal. Ela pertence à Broadway, mas certamente não a um disco do KISS. Fizemos uma demo dela com Paul na guitarra e no baixo e eu na bateria e tocando órgão. A música foi muito dramática; pensando bem, melodramática. Ficamos muito orgulhosos de ter chegado à canção mais emblemática para o novo álbum-conceito. Ambos temos um lado teatral e passamos facilmente a compor o que era mais uma música para um show do que rock. Fizemos várias demos engraçadas – e provavelmente aquilo deveria ter terminado por lá. Mas levamos para Gene, que concordou que era "brilhante" e que estávamos a caminho de compor a nossa obra-prima.

ODYSSEY ★★★★★

PAUL STANLEY: Foi uma bela música quando ouvi Tony Powers, o compositor, cantá-la, porque era especial. Ela se ajustava muito bem ao estilo dele cantar. Quando eu a cantei, foi uma tragédia.

BOB EZRIN: Tony Powers compôs "Odyssey" de uma maneira bem franca. É estranho. Eu entendo a música completamente, mas, olhando para trás, rejeito o fato de o KISS ter cantado a música. Eu não sei aonde pretendíamos chegar com isso. Bem, nós tentamos.

ONLY YOU ★★★★★

GENE SIMMONS: Tivemos um dia de folga em Cleveland. Fui ao estúdio e praticamente compus a música no lugar. O primeiro acorde era em tom menor e a música ficava meio distorcida na gravação, mas finalmente ela foi gravada para *The Elder*. Mas Bob Ezrin a transformou e acrescentou um recheio de uma de minhas outras músicas. E então a versão original foi regravada por Doro Pesch, que gostou da minha fita demo original.

UNDER THE ROSE ★★★★★

GENE SIMMONS: Embora partes da letra e da música sejam minhas, Eric Carr compôs um bom pedaço de "Under the Rose". Ele criou o riff central da guitarra da música. Ezrin sugeriu algumas coisas e fez um novo arranjo para ela. Eric fez grande parte da música. Criei o nome e a maior parte da letra.

DARK LIGHT ★★★★★

ACE FREHLEY: "Dark Light" no início se chamava "Don't Run". Bob Ezrin e os outros rapazes não acharam que a minha letra era boa, então eles trouxeram Lou Reed para reescrevê-la porque todos gostaram da música.

BOB EZRIN: Eu toquei o baixo nessa música.

A WORLD WITHOUT HEROES ★★★★★

PAUL STANLEY: Tudo começou com uma música minha chamada "Every Little Bit of Your Heart". Mantivemos a estrofe e o sentimento a partir dessa música e Bob [Ezrin] deu uma grande mão no resto. Lou Reed escreveu a letra. Eu me lembro de ele aparecer e ler a letra para nós. Toquei o solo de guitarra na música; é um solo bem expressivo e emotivo. Naquela época, Ace não estava mais sempre por ali. Ace não aparecia em Toronto. Foi uma época ruim para Ace e a banda e havia trabalho a ser feito. Ace não concordava com a direção e, olhando para trás, ele tinha razão. Eu acredito que os nossos enganos são tão importantes quanto as vitórias para nos levar aonde chegamos. Não me arrependo de nada. Mais tarde isso nos serviu para abrir os olhos.

GENE SIMMONS: Eu não sou um grande fã de algumas das coisas líricas que Paul introduz. Tenho a tendência de me voltar ao tipo de letra dark, "aí vem o monstro", e Paul sempre pensa que isso é uma coisa meio caricatural. Cada um de nós tenta empurrar o outro na direção em que o outro tenta levar. Sempre adorei a melodia de "Every Little Bit of Your Heart". Como ela não foi gravada em disco, Paul a deixou de lado e foi trabalhar com outras coisas. Eu queria revisá-la. Eu gostava do padrão de acordes. Então a levei para [Bob] Ezrin e comecei a cantar um tipo diferente de melodia baseado naquilo. Bob trouxe Lou Reed. Nós mal o conhecíamos. Hoje, o Lou é um grande fã do disco. Lou escreveu algumas frases num pedaço de papel e imediatamente "A World Without Heroes" surgiu para mim. Eu disse: "Que tal isso?". Essa foi a maior contribuição de Lou para a música. Depois a letra foi feita por Bob, eu e Paul. O resto foi mais Bob e eu escrevendo a letra e Paul, a música. É por isso que nós quatro estamos nos créditos.

BOB EZRIN: Todos conhecem todos em Nova York, e o KISS e Lou Reed fazem parte do cenário musical de Nova York. Eu já tinha feito o álbum *Berlin* com Lou e o tinha apresentado para o trabalho com o álbum de Nils Löfgren e outras coisas. Lou ficou interessado na concepção do *The Elder* e criou várias letras que foram discutidas por telefone. Ele criava trechos de letras e tocava a fita para mim no telefone e começamos a trabalhar com o material no Canadá.

THE OATH ★★★★★

PAUL STANLEY: "The Oath" é um KISS de brincadeira, não é um KISS verdadeiro. Comparada a outras coisas do álbum, em termos de ser da pesada, ela é "Purple Haze". Ela é média. Não tenho nada de bom a dizer a respeito do *The Elder*. A gente ficou bem longe de acertar o alvo, não chegamos nem perto da área de pontuação. Alguns dos riffs usados em "The Oath" foram usados depois em "Keep Me Coming" e "I've Had Enough".

MR. BLACKWELL ★★★★★

GENE SIMMONS: Lou [Reed] chegou, eu escrevi a faixa e ele deu umas sugestões para a letra. Essa foi a contribuição dele. Depois, eu e Ezrin terminamos a música. Mas, musicalmente, a faixa é minha.

ESCAPE FROM THE ISLAND ★★★★★

ACE FREHLEY: Gravei a música em Montreal, no porão de Bob Ezrin. Eu me lembro claramente de eu, Eric Carr e Bob Ezrin improvisando no porão da casa dele. Bob tocou o baixo. Improvisamos durante meia hora até encontrarmos o tom adequado.

I ★★★★★

GENE SIMMONS: Eu compus "I" sozinho. Foi escrita quando estávamos organizando *The Elder* no estúdio de Ace, porque ele se recusava a trabalhar em outros lugares. Assim, enquanto estávamos na casa dele, tentávamos organizar o álbum baseado na minha história, *The Elder*. Bob [Ezrin] tinha um quadro-negro e ele tentava planejar a sequência da história. Ele calculava quando seria preciso uma música que definisse a história. Assim, comecei a improvisar algumas frases e ideias para a letra. "I" tornou-se semiautobiográfica [cantarola a letra]: "I don't need to get wasted, it only holds me down. I believe in me" (Eu não preciso ficar chapado, isso só me deixa devagar. Eu acredito em mim). Esse tem sido o meu lema. No final, Bob acrescentou algumas coisas, mudou um pouco a letra, mas basicamente eu compus a música.

KILLERS

Lançamento: outono de 1982
MICHAEL JAMES JACKSON – produtor
BOB KULICK – guitarrista solo de estúdio
ADAM MITCHELL – compositor / MIKEL JAPP – produtor

PAUL STANLEY: Eu daria uma ou duas estrelas. Estávamos tentando reconquistar nosso equilíbrio e sanidade depois de ter feito *The Elder*. Estávamos num ponto interessante da nossa carreira na época. Estávamos indo em direção ao *Creatures*. As coisas que estão no *Killers* foram basicamente um aquecimento. Ficávamos sentados dizendo que queríamos ser aquilo que o KISS sempre tinha sido e nos redirecionar para a essência do começo. Queremos ser aquilo que aparece com mais facilidade e com que nos sentimos mais confortáveis. Assim foram as primeiras músicas que escrevemos.

BOB KULICK: Naquela época, estava ficando mais difícil trabalhar com o KISS porque nada parecia bom para eles. Antes eles gostavam de tudo o que eu tocava, mas quando comecei a tocar músicas novas para o *Killers*, começaram a dizer "não toque isso, não toque aquilo". Acho que estavam chegando num ponto em que eles começaram a se criticar antes das coisas acontecerem. Não se tratava mais de sentir-se bem, era: "Como é que isso fica diante da competição? Como é que isso fica em comparação com o Eddie Van Halen e o Randy Rhoads?". Eles estavam começando a analisar tudo demais. Eu pensava: "Olhe, vocês não são uma banda tão boa. Parem de tentar competir com o Van Halen e o Ozzy. Tentem competir no nível em que estão, super-heróis que tocam coisas simples, legais. Não tentem ser algo que não são". E, claro, toda vez que tentavam fazer algo que eles não eram, como *The Elder*, simplesmente não funcionava. Quero dizer: "Seja sincero e você não vai levar porrada". Honestamente, meu comportamento era de que eu estava cansado por eles não conseguirem mais reconhecer algo que era bom. Eu disse: "Espere um pouco, eu faço isso para sobreviver, é um bom solo". E eles diziam: "Não". Foi uma situação muito ruim. Chegou a um ponto em que eu não queria mais estar lá.

BOB KULICK: Michael [James Jackson] foi como um tipo de juiz para aquele álbum porque Paul e Gene pareciam estar num cabo de guerra para determinar para onde a banda deveria ir. Isso não foi nada de muito diferente, mas é que, quando se está no limite da produção, as coisas ficam perdidas. Michael era uma pessoa objetiva que não necessariamente favorecia um ou outro. Nós nos divertíamos com o que fazíamos, mas me parecia, e talvez ele possa discordar de mim, que na época eu aparecia para tocar e eles estavam testando guitarristas ao mesmo tempo. Havia muita gente entrando e saindo. Estou falando de pessoas que vinham no meio das sessões [risadas] para os testes. Steve Farris [Mr. Mister], que fez o solo em *Creatures of the Night*, veio no meio da minha sessão porque eles o estavam testando [risadas]. O *Killers* e o *Creatures of the Night* foram basicamente feitos ao mesmo tempo. Assim, eles me fizeram voar de Nova York para fazer o *Killers*, do KISS, e depois eu voltei para fazer alguma coisa para o *Creatures*, mas eles nem tinham definido o que era e para quê [risadas]. Foi quando eu percebi Vinnie Cusano por lá. Um dia, ele estava sentado no estúdio e eu me lembro de ter perguntado a Paul quem ele era, e ele respondeu: "Estamos compondo com ele, e ele também toca guitarra". Então eu disse: "Bem, ele é bom?". Paul respondeu: "Muito bom". Eu prossegui: "Por que vocês não o pegam para a banda?". E ele respondeu: "Bem, a gente ainda não tem certeza de nada". Finalmente eu disse: "Vou ficando por aqui até vocês decidirem o que fazer". Eu tinha sugerido a meu irmão, Bruce, que eles poderiam ter uma pessoa na banda de uma maneira permanente porque na época eu tinha um contrato com a CBS para uma banda chamada Balance. E aquilo foi muito frustrante para mim, porque eu realmente gostaria de estar livre para ver o que aconteceria e não ficar fingindo que era Ace ou outra pessoa. No álbum *Killers*, houve uma pressão para fazer ou deixar de fazer algumas coisas. Eu toquei um pouco de base no álbum também. Mas a maior parte era de solos. Desse álbum, acho que "Nowhere to Run" foi ótima. Poderia ter sido melhor. Eu gostaria que ela tivesse o som que o *Creatures* teve.

PAUL STANLEY: Esse álbum surgiu depois de *The Elder* e estávamos num ponto em que o *The Elder* caía tão mal que parecia ter sido nocauteado pelo Mike

Tyson. Levamos um tempo tentando remover as teias de aranha de nossas cabeças e aquelas foram as primeiras músicas que compusemos. Foi como colocar os pés em chão firme novamente.

GENE SIMMONS: O *Killers* recebe uma estrela. É razoável. "Partners in Crime" era razoável, mas "Nowhere to Run" é uma música melhor. Eu também gosto de "Down on Your Knees".

MICHAEL JAMES JACKSON: Quando encontrei o KISS pela primeira vez, eu estava completando a produção de um disco para o Jesse Colin Young, ex--Youngbloods. A partir de Jesse Colin Young, um dos grandes ícones do folk--rock, até o KISS, não era só uma questão de salto em quantidade. Quando eu adentrei aquele universo, me senti um estranho no ninho, pois vinha de um lugar totalmente diferente musicalmente. Inicialmente eu tinha me concentrado no trabalho com compositores, cantores e bandas melódicas e nunca tinha realmente imaginado que produziria uma banda como o KISS. Nós engatinhamos depois do disco *The Elder* e, naquele ponto, musicalmente, minha impressão era de que eles estavam bem confusos. O KISS já tinha feito tanto sucesso que acho que foi uma grande decepção, principalmente para Gene, quando o *The Elder* não foi recebido com o mesmo entusiasmo. Em geral, também parecia que por vários motivos a carreira do KISS tinha se deteriorado. Naquela época, em relação à música, a maioria das grandes bandas de rock se inclinava para músicas mais melódicas. A minha resposta para o problema deles foi convencê-los a romper com o modelo antigo, aquele no qual eles se baseavam muito mais em comportamento e performance do que em melodia e músicas. Embora ninguém chegasse nem perto de igualar a extraordinária encenação ao vivo do KISS, também parecia claro que estava na hora de fazer um tipo diferente de disco. Sugeri que eles fossem para a Califórnia e trabalhassem em conjunto com alguns compositores diferentes para que isso trouxesse pontos de vista alternativos. Por algum motivo, que até me pegou de surpresa, eles foram muito receptivos à ideia. Eu também acho que eles estavam ansiosos para explorar outras alternativas, pois estava claro que a velha fórmula do KISS não funcionava mais.

MICHAEL JAMES JACKSON: A banda tinha uma obrigação contratual de fazer uma coletânea de músicas e isso se tornou o *Killers*. Quando fizemos nossa primeira reunião em Nova York, uma das primeiras músicas que eles tocaram para mim foi "Nowhere to Run". A banda parecia pensar que tudo estava bem da maneira como as coisas estavam. Gene também não achava que eles precisassem de um produtor. Então, ele vendia a ideia de que deveriam ser os próprios produtores. Paul tinha uma sensibilidade mais forte e melhor de que o que eles precisavam era de uma opinião externa. A carreira deles estava num momento decisivo e não havia dúvida de que precisavam de mudanças. Foi também uma experiência incomum pegar um voo noturno de um lado do país ao outro para uma reunião só para ouvir Gene dizer de uma maneira despreocupada que eles achavam que não precisavam de um produtor. Eu me lembro de ter vários comentários a respeito de "Nowhere to Run". Tinha um grande potencial. Assim que começamos a gravar, fizemos as mudanças necessárias e ela foi incluída no álbum *Killers*, do KISS. Também gravamos várias outras músicas que foram feitas coletivamente, como "Down on Your Knees", "I'm a Legend Tonight" e "Partners in Crime". Foi uma época muito agradável. Havia um grande esforço de todos nós para reconstruir alguma coisa, uma determinação para recuperar um sentimento real da identidade da banda, para restabelecer a que o KISS tinha vindo e colocar tudo isso na fita. Enquanto ainda estávamos em meio à preparação do *Killers*, também começamos a trabalhar com o *Creatures*. Gravávamos no Record Plant, em Los Angeles. Em determinado momento, o prazo final dos dois projetos estava tão em cima que eu dirigia os dois estúdios, lado a lado, ao mesmo tempo. Paul em um e Gene no outro. Pessoalmente, eu estava determinado a ajudá-los a retornar ao que eles queriam ser. O *Killers* foi um bom começo, mas acho que foi o *Creatures* que chegou lá.

I'M A LEGEND TONIGHT ★★★★★

ADAM MITCHELL: "I'm a Legend Tonight" e "Partners in Crime" foram escritas na minha casa em Hollywood Hills. Eu tinha equipamento de estúdio, um Tascam de dezesseis canais, gravador de uma polegada, com função eco e uma das primeiras baterias eletrônicas de Roger Linn. Eu e Paul, ou eu e Gene, selecionávamos as partes de nossa fita demo ali no estúdio, usando a bateria eletrônica, algumas guitarras e o baixo. "I'm a Legend Tonight" e "Partners in Crime" estavam entre as primeiras demos que gravamos. Também fizemos a do "Danger" no meu estúdio por volta da mesma época. Eu me lembro de que, quando terminamos, eu e Paul estávamos muito animados porque a demo tinha ficado ótima. Nós dois gostamos da demo mais do que o que ela resultou no final.

PAUL STANLEY: Acho que é vazia. Com certeza haverá fãs que dirão: "Como você pode dizer uma coisa dessas?". Eu sempre dei o melhor de mim, mas podemos olhar para o passado e perceber que há coisas feitas com boas intenções, mas que não conseguiram transmitir o que queríamos.

DOWN ON YOUR KNEES ★★★★★

PAUL STANLEY: Eu realmente não me lembro muito de como essa música surgiu, ou de como ela foi composta. A gente ficava buscando alguma coisa, tentando ver o que estávamos fazendo.

MIKEL JAPP: Bill Aucoin chegou batendo na minha porta uma noite e disse: "Quero que você telefone para Paul no hotel para compor juntos". Eu disse que tudo bem. Liguei para Paul, fui ao hotel e o encontrei tocando a guitarra e gravando uma ideia. Era tarde quando cheguei ao hotel. E quando terminamos de conversar era tarde demais para começar a compor. Então eu deixei uma fita com ele do começo de "Saint and Sinner" que eu e Gene tínhamos terminado. E no fim ela acabou ficando a versão semiacabada de "Down on Your Knees", que Bryan Adams e Paul terminaram. Não é do conhecimento público, mas eu toquei as guitarras em "Down on Your Knees".

NOWHERE TO RUN ★★★★★

PAUL STANLEY: "Nowhere to Run" foi escrita sobre alguém que eu tinha conhecido. Tivemos um relacionamento rápido, tórrido, depois ela rompeu comigo e voltou para alguém com quem se relacionava. De alguma maneira, compor a música foi um tipo de catarse, porque nunca conseguiria dizer aquelas coisas para ela. Consegui colocar isso numa música que fosse só para mim. É como uma carta que você não tem a mínima intenção de enviar, mas na qual você diz o que é preciso ser dito e lhe tira um peso do peito.

BOB KULICK: Ouça o solo em "Nowhere to Run" e aquele acúmulo de bends [de notas na guitarra]. Aquilo era eu, totalmente frustrado. "Você quer alguma coisa totalmente diferente? Bem, experimente isso." "Puxa, o que é isso?" – eles respondem. "Isso sou eu totalmente puto." A mesma coisa com "Partners in Crime". "Deixe-me arrumar um vibrato animado na guitarra. Você não consegue decidir por nenhuma nota que você toca, então vamos colocar alguns efeitos de tremolo. Que tal? Parece com o Eddie Van Halen?" Eu conseguia ver isso escrito na parede. Eles procuravam algo que não estava lá.

PARTNERS IN CRIME ★★★★★

PAUL STANLEY: Eu a odeio. Sempre voltamos para aquela desculpa de que estamos fazendo o possível. Mas o seu melhor possível nem sempre é tão bom quanto o seu melhor de qualquer dia em especial. Tudo no *Killers* era confuso. Foi uma boa tentativa de tentar nos liberar de *The Elder* e dos excessos de termos nos tornado astros do rock letárgicos, metidos a importantes.

CREATURES OF THE NIGHT

Lançamento: 25 de outubro de 1982
MICHAEL JAMES JACKSON – produtor / DAVE WITTMAN – engenheiro de som
RICHARD BOSWORTH – engenheiro assistente / ADAM MITCHELL – compositor
MIKEL JAPP – compositor / JIMMY HASLIP – baixista de estúdio
DENNIS WOLOCH – designer do álbum

GENE SIMMONS: O *Creatures* foi a banda percebendo que era melhor voltar ao que éramos sem nos preocupar tanto com o que nos rodeava. Prestamos atenção no som, no que compúnhamos. De muitas maneiras, parece-se com o *Revenge*, em que a banda estava realmente unida em termos de abordagem e todos tinham os pés fincados firmemente no chão. *Creatures* foi uma reação a *Killers* e aos discos anteriores a ele. Começamos a gravar aquelas quatro músicas para o *Killers* e o Eric Carr ficava dizendo: "Temos de tocar músicas mais pesadas, temos de voltar a ser uma banda de rock". O *Creatures* parece o KISS, mas é um grupo diferente, porque só temos dois membros recém-chegados. Michael James Jackson produziu o disco. Eu que coloquei o nome do meio "James". Até aquele momento ele era Michael Jackson e não se pode chamá-lo de Michael Jackson de modo algum. Foi Michael James Jackson que introduziu o Bryan Adams para a coautoria de algumas músicas. Ele introduziu várias pessoas para dar um agito nas coisas. Eu e Paul fomos os coprodutores. Fizemos muita coisa nele, a maneira como os microfones estavam arrumados, os arranjos, as músicas, portanto, foi um disco feito em equipe. Quatro estrelas e meia.

PAUL STANLEY: Eu daria cinco estrelas ao *Creatures*, se não for por outro motivo, por ele ter uma boa herança genética. É pesado, não as músicas, pesado em atitude e determinação. Foi um álbum no qual estávamos determinados a nos livrar de quaisquer remanescentes do que tínhamos feito em *The Elder*. *Creatures* era o álbum no qual eu queria tirar a maquiagem. Gene estava muito hesitante e com medo. Quem não arrisca, não petisca. Às vezes, você tem de arriscar para verificar de que estofo você é feito. Eu imaginei que, se não fizéssemos sucesso sem a maquiagem, não mereceríamos ser uma banda de qualquer maneira. Acho que o álbum foi ótimo. Éramos nós retomando o nosso objetivo. Tínhamos nos tornado complacentes, ricos e iludidos de tanto ouvir nossos amigos puxa-sacos. Depois de *The Elder*, percebemos o quanto confiávamos em nossos tacos. O álbum tem um objetivo. Nós sabíamos claramente o que queríamos como indivíduos e como um grupo.

MICHAEL JAMES JACKSON: A mudança do *Killers* para o *Creatures* foi o verdadeiro começo para redefinir o KISS. Por esse motivo, o som global e as músicas do *Creatures* têm um fio comum muito poderoso que corre por todo o disco. De todos os discos que fiz com a banda, pessoalmente, este é o meu predileto. Eu acredito que ele capturou verdadeiramente o sentimento do caráter da banda de uma maneira muito autêntica.

MICHAEL JAMES JACKSON: O disco *Creatures* foi designado para ser um tipo de projeto que daria à plateia do KISS algo em que acreditar novamente. Ele conseguiu alcançar isso porque confirmou que o KISS ainda estava vivo e conseguia ser melhor ainda que antes. Houve ainda muita conversa sobre a banda finalmente tirar a maquiagem ou não. Para muitas pessoas, isso foi visto como a última cartada da banda. Mas a questão essencial é que o rejuvenescimento da banda foi devido à qualidade da música. A composição deles tinha amadurecido e se desenvolvido tanto que, no fim, ficou claro que o KISS não sobreviveria ou sucumbiria dependendo do uso da maquiagem ou não. Tudo dependeria da qualidade dos seus discos.

DAVE WITTMAN: Eu realmente pensei que foi um álbum de passagem para eles. O material parecia muito mais legal do que qualquer coisa anterior do KISS. Este álbum demonstrou diversidade como nenhum antes tinha conseguido.

MICHAEL JAMES JACKSON: No começo do disco, antes mesmo de começarmos a gravar, eu e Gene saímos numa missão de busca e apreensão por Los Angeles atrás de uma ótima sala para a bateria. Finalmente, eu os levei para o Record One, onde acabamos gravando as faixas. Usei antigos microfones especiais na bateria e a própria sala do estúdio ficou bem coberta com todos os microfones. Niko Bolas, que também trabalhou como engenheiro de som, fez um grande trabalho. O resultado final foi excelente, e mais tarde foi melhorado pelo ótimo trabalho feito por Bob Clearmountain na mixagem, no Power Station, em Nova York.

MICHAEL JAMES JACKSON: Ace não participou do disco e por isso tivemos muitos outros guitarristas que fizeram testes e, na verdade, vários deles participaram em solos no disco. Por exemplo, na música "I Still Love You", o guitarrista que faz o solo é Robben Ford, com uma técnica tremenda. Os rapazes ficaram realmente pasmados com Robben. Steve Farris, da banda Mr. Mister, tocou o solo de "Creatures of the Night". Eu me lembro que trouxemos aproximadamente oito guitarristas diferentes e rejeitamos cerca de seis deles. Foi um processo longo e tedioso para achar o cara certo com o toque adequado. Bob Kulick também fez um ótimo trabalho em várias coisas. Aqueles dias eram muito loucos, mas nós estávamos motivados a fazer algo especial, algo que realmente valesse a pena, algo que durasse para sempre. A tecnologia também estava a todo vapor naquele momento. Bob Kulick tocou um grande solo em "Danger", mas acabamos por decidir que não estava no tom certo para Paul cantar, além de estar um pouco lento. Usamos protótipos de um equipamento novo, que nem mesmo estava disponível e, com a ajuda de nosso engenheiro, Dave Wittman, sampleamos a música inteira, modulada em um tom diferente e mais rápido. Assim, conseguimos manter o solo do Kulick numa das faixas do álbum, que tinha sido tocada em tom e velocidade diferentes. Naquela época, isso era bastante surpreendente. Em geral, os solos de guitarra eram um problema sério porque estava claro que Ace não estava muito a fim de tocar naquele disco.

VINNIE VINCENT: Tudo ainda era muito novo para mim. Eles ainda estavam selecionando vários guitarristas. A maneira como selecionavam era simplesmente pedir que viessem no estúdio e tocassem algumas músicas. Acho que isso fazia parte do processo de seleção e, num determinado momento, me pediram para tocar. Toquei e, como compúnhamos realmente bem juntos, acabei terminando o disco e no fim me juntei ao grupo. Eu era um garoto novo que entrou no grupo. Gravaram cinco das minhas músicas naquele álbum.

ADAM MITCHELL: Eu me envolvi com o KISS por causa do produtor deles, Michael James Jackson. Ele conhecia minhas músicas e sugeriu que, depois do passo em falso com *The Elder*, eles deveriam tentar trabalhar com outros compositores. Gene veio à minha casa antes e escrevemos algumas músicas que ficaram boas, embora não tivessem sido selecionadas para o disco. Paul gostou delas e, então, apareceu por aqui e as produzimos. Naquela época, estávamos saindo com duas modelos que eram companheiras de quarto. Assim, se não estivéssemos compondo, cantando, gravando, ou afinando as guitarras, estávamos no cinema ou em boates. Eu me lembro de ficar impressionado de ver como eles eram inacreditavelmente famosos. Não podíamos nem mesmo parar num sinal vermelho sem que alguém o reconhecesse.

VINNIE VINCENT: Quando conheci Ace, tive a impressão de que ele era um cara bem legal. A gente se deu muito bem e foi uma conversa muito rápida. Acho que nunca mais cruzei com ele. Acho que eu o conheci de verdade quando me juntei à banda. Ele me desejou boa sorte, dizendo: "Divirta-se e boa sorte". Foi assim. O que era realmente difícil para mim, [em substituir Ace] era tomar o lugar de alguém que os fãs adoravam. É muito duro ser uma pessoa nova no pedaço substituindo outra que, literalmente, é adorada por tantas pessoas. Eu não queria tomar o lugar de ninguém e só estava lá porque me pediram. Tinha esperanças de dar o meu melhor aos fãs e também esperava que eles ficassem satisfeitos comigo. Foi uma experiência nova e muito intensa, além de eu ter me divertido muito. Nós aprendemos muito e fizemos grandes turnês, grandes shows, como no Rio de Janeiro. No começo, os shows eram um pequeno aprendizado, porque eu ainda estava aprendendo as músicas para o show e era bem difícil, mas, conforme fomos nos conhecendo melhor e as turnês aconteciam, tudo melhorou.

JIMMY HASLIP: Eu tinha trabalhado com o produtor do KISS, Michael James Jackson, em uma sessão anterior com Robben Ford, que também tocou em *Creatures of the Night*. Michael me chamou e pediu que eu fosse até a Record Plant e tocasse baixo em várias músicas para o novo disco do KISS. Acho que a banda estava com alguns problemas de agenda e precisava terminar as faixas com rapidez. Uma das músicas que toquei foi "Danger". Gene estava lá comigo no estúdio e me ensinou os arranjos. Eu me sentia bastante desconfortável por estar lá, já que ele era o baixista. Mas Gene me deixou à vontade e gostou do que fiz.

MICHAEL JAMES JACKSON: Eu trouxe o Jimmy Haslip porque Gene estava com problemas em tocar uma parte do baixo. Aquela parte exigia muito mais musicalmente do Gene, então trouxe um baixista experiente que pudesse solucionar essa parte.

RICHARD BOSWORTH: Enquanto trabalhava com o KISS em *Creatures of the Night*, Paul soube que eu tinha trabalhado com algumas pessoas da máfia da música do sul da Califórnia, como Linda Ronstadt, Jackson Browne e os Eagles. Um dia, enquanto editávamos uma música, ele me pediu para aumentar o volume de sua guitarra nos seus fones. Assim eu aumentei um pouco e, depois de escutar, Paul disse [rindo]: "Richard, eu sou do KISS, não do Eagles. Quando digo que preciso escutar um pouco mais de guitarra, tem de ser bem alto!" [risadas].

DENNIS WOLOCH: Na verdade, o *Creatures* é a minha capa de álbum predileta dentre todas que eu fiz para o KISS, porque partiu de um conceito puro e simples e terminou sem muita interferência de outras pessoas. Foi toda feita com uma máquina fotográfica, com exceção dos olhos incandescentes, que tivemos de retocar. Claro que hoje em dia, com os computadores modernos, isso poderia ter sido feito com muito mais facilidade. Mas naquela época só tínhamos aerógrafos.

CREATURES OF THE NIGHT ★★★★★

PAUL STANLEY: "Creatures of the Night" representava uma retomada de nosso desejo e interesse de ser a banda que éramos no início e um retorno ao essencial para nós. Nós estávamos ricos, barrigudos e preguiçosos e ficamos encantados com a ideia de convencer nossos colegas de que éramos inteligentes, bons músicos e todas essas outras coisas que são veneno para nós. Fazer o *Creatures* foi uma maneira de declarar que estávamos de volta, não em termos comerciais, mas em termos de saber qual era a nossa e o que era importante para nós. E havia até mesmo uma grande demo de dezesseis pistas da "Creatures of the Night", que era praticamente idêntica à master. Aconteceu na casa de Adam Mitchell. Assim que começamos a compor as músicas, soubemos que aquilo era o começo do álbum. Para mim, isso é sempre importante. Quando a música está pronta, o resto é muito mais fácil. Para mim, o primeiro grupo de músicas marca a identidade e o tom do álbum.

ADAM MITCHELL: Depois que o álbum *Creatures* foi publicado, eu estava em casa, passando pelos canais da televisão, e vi um cara de um canal religioso sacudindo o álbum e berrando que aquela música tinha sido escrita pelo demônio. Pensei comigo, "Não, amigo, eu e Paul escrevemos isso lá na minha cozinha" [risos].

ADAM MITCHELL: "Creatures of the Night" e "Danger" foram compostas na minha casa e suas demos foram feitas no estúdio da minha casa em Hollywood. O álbum *Creatures* sempre teve um lugar especial no meu coração porque nos divertimos muito durante a gravação. Fiz um pouco do acompanhamento em "Danger" e "Creatures of the Night" e, nesta última música, também toquei o riff da parte central e do final.

MICHAEL JAMES JACKSON: "Creatures of the Night" foi composta por Paul e por Adam Mitchell, um dos compositores que eu tinha apresentado à banda. A música tinha uma personalidade tão grande que logo soubemos que seria o nome do álbum.

GENE SIMMONS: Eu não toquei baixo na música "Creatures of the Night". Lembro-me de um cara sentado tocando o baixo e eu disse: "Nossa, está ótimo! Vamos deixar assim".

SAINT AND SINNER ★★★★★
GENE SIMMONS: "Saint and Sinner" foi composta junto com Mikel Japp. Fui apresentado a ele e começamos a juntar algumas ideias. Lembro-me que ele criou o riff do refrão inicial e depois acrescentei a letra e a melodia.

MIKEL JAPP: Quando Gene e eu escrevemos "Saint and Sinner", tentamos vários outros nomes. Nós trabalhamos naquela música na minha casa, na casa de Diana Ross, entre sessões na Record Plant e mesmo por telefone. Nós nos divertíamos, tínhamos boas conversas, mas estávamos sempre concentrados no trabalho, ou seja, na música.

KEEP ME COMIN' ★★★★★
PAUL STANLEY: Adoro "Keep Me Comin'", que tem uma batida à Zeppelin. Foi a última música a ser editada para o *Creatures*. Foi editada na cidade de Nova York, no Media Sound. Acho que faltava somente uma música. O *Creatures* foi nossa tentativa de ser novamente uma banda barulhenta, pesada e, por não ter um termo mais adequado, uma banda de rock metálico.

ADAM MITCHELL: "Keep Me Comin'" foi composta no apartamento de Paul em Nova York. Estávamos sentados e eu observava a surpreendente coleção de guitarras. O nome da música foi ideia do Paul, mas ambos compartilhamos da letra.

ROCK AND ROLL HELL ★★★★★

GENE SIMMONS: "Rock and Roll Hell" começou com Bryan Adams e Jim Valiance. Fui apresentado a eles pelo nosso produtor. Naquela época, Bryan não tinha conseguido um grande sucesso, com exceção de "Let Me Take You Dancing", que chegou às paradas de disco music. A maior parte da música estava pronta. Minha contribuição foi mínima, talvez alguns arranjos e algumas mudanças na letra. Ela é uma música de Adams e Valiance. Os nomes deles deveriam ter ficado acima do meu.

DANGER ★★★★★

PAUL STANLEY: "Danger" era como uma música-irmã de "Creatures of the Night", que foi escrita por mim e Adam Mitchell. Ele era um piloto de carro de corrida e também fazia parte de um grupo chamado os Paupers, uma grande banda do Canadá nos anos 1960. Adam e eu escrevemos "Creatures of the Night" e "Danger" praticamente no mesmo período.

I LOVE IT LOUD ★★★★★

GENE SIMMONS: "I Love It Loud" foi uma música que comecei a escrever com Vinnie Vincent quando eu morava na casa de Diana [Ross], em Beverly Hills. Estávamos trabalhando na "Creatures of the Night" e eu disse que queria escrever algo com o mesmo som de "My Generation", algo que dissesse: "Aqui está quem sou eu e no que acredito". Comecei com os acordes na guitarra. Se você prestar atenção na guitarra, é na realidade "My Generation" sem ser um plágio. E a percussão eu tirei de uma antiga batida que Eric Carr fez. Gravei numa fita em loop e fiz uma demo em quatro canais. Eu tive a ideia do nome "I Love It Loud" e, então, Vinnie e eu escrevemos a letra. Gosto de algumas músicas que fazem sucesso com o público, mas outras não têm o mesmo impacto em mim. Parece que as pessoas adoram "I Love It Loud", mas, quando eu estava ocupado em escrevê-la, era só mais uma outra música. Nunca se sabe quando algo vai pegar. É pura especulação.

VINNIE VINCENT: "I Love It Loud" foi a primeira música que eu e Gene escrevemos juntos. Quando gravamos esse disco, eu ainda era novo na banda. O disco foi gravado num estúdio de Los Angeles chamado Record One, que era todo revestido de azulejos. A bateria fez um eco incrível naquele lugar, o melhor som de percussão que já ouvi. Foi a minha experiência predileta em gravadora por causa do estúdio e da experimentação que vivenciei naquela gravação. Eu tinha me juntado à banda fazia pouco tempo e foi uma emoção verdadeira. Em "I Love It Loud", Gene tinha um trecho da música que foi usado no começo, e eu escrevi a letra. Nós tivemos uma boa interação, falávamos o mesmo idioma e tínhamos a mesma abordagem.

MICHAEL JAMES JACKSON: Eu tinha uma técnica particular e usava um tipo de microfone especial para conseguir os sons da bateria. Trouxe um conjunto de bateria especial que não era de Eric e microfones de ótima qualidade, que foram usados para criar um grande som. Dispendeu-se muito trabalho para captar aquele som de bateria. Gene estava muito determinado a tentar recapturar o melhor do KISS. Havia uma atitude que realmente foi captada naquele disco. "I Love It Loud" era puro Gene. Eu nem consigo me lembrar de quantas pessoas botamos no estúdio para gravar o acompanhamento, mas eram muitas.

DAVE WITTMAN: Fiz o backing vocal em "I Love It Loud" e eu era um dentre muitos. Gene estava lá e nós pegamos um monte de gente. Então eu disse: "Ei, me deixa cantar, eu também quero participar desta gravação". Gene respondeu: "Suba aqui".

I STILL LOVE YOU ★★★★★

PAUL STANLEY: "I Still Love You" é menos pessoal do que muitos podem pensar. Talvez as pessoas pensem que foi por causa de alguém ou de certo período da minha vida, mas há músicas que são escritas puramente a partir de uma inspiração de um pensamento. Mas outras são inspiradas em certas pessoas. Odeio dizer, mas, quando escrevi "I Still Love You", eu estava em uma relação muito boa. Era mais Vinnie Vincent e eu inspirados no Zeppelin, que adoramos, e nas bandas que conseguiam tocar uma música com um ritmo único com grandes baterias, poderosas e majestosas, que poderiam destacar a voz de alguém.

KILLER ★★★★★

GENE SIMMONS: "Killer" começou com um trecho que Vinnie compôs sozinho e, depois, entrei e comecei a mudar, adicionando uma letra com um ponto de vista diferente. Mas foi Vinnie quem começou a música.

VINNIE VINCENT: Era uma boa música. A banda já estava gravando no Record Plant, em Los Angeles. Nós a compusemos enquanto o disco já estava sendo gravado. Acho que fui eu quem propôs a ideia. Gene foi acrescentando algumas coisas boas e a música foi crescendo. Ela foi terminada no estúdio.

MICHAEL JAMES JACKSON: Era mesmo uma música de Gene. Eu sempre fiquei muito satisfeito em ver como ela ficou no fim, com aquele efeito de piano no fundo, que continuou até o final.

WAR MACHINE ★★★★★

GENE SIMMONS: Eu tive um desses sintetizadores computadorizados de brinquedo que só tinha cinco notas. Eu comecei tocando nele e criei o riff no teclado. Se você tentar tocá-lo em uma guitarra, fica muito esquisito. Bryan Adams e Jim Vallance criaram os versos da música. "War Machine" foi o nome de Bryan, que agora é meu amigo, mas no começo, quando ele me conheceu, pensou que eu era um saco. Eu me lembro que, enquanto estávamos trabalhando no Record Plant, eu estava sempre ocupado no estacionamento com alguma garota que vinha me procurar, e houve um momento em que Bryan entrou no seu carro alugado e disse: "Bem, te vejo por aí". Ele começou a andar em volta do quarteirão e parava e dizia: "O que você está fazendo?". Eu estava ocupado transando com a garota no carro dela e ele dava a volta no quarteirão e parava a toda hora. Eu disse para ele: "Porra, quer dar o fora daqui? Sai daqui!".

LICK IT UP

Lançamento: 23 de setembro de 1983
MICHAEL JAMES JACKSON – produtor / DANNY GOLDBERG – consultor de criação
RICK DERRINGER – guitarrista de estúdio / DENNIS WOLOCH – designer do álbum

---

PAUL STANLEY: Eu daria quatro estrelas para o *Lick It Up*. O *Lick It Up* é um bom álbum, o *Creatures* é um ótimo álbum. Sempre acreditei que o *Lick It Up* era a prova de que as pessoas ouvem com os olhos. A resposta ao *Lick It Up* foi quatro vezes maior que a resposta ao *Creatures*. Acho que é simplesmente porque as pessoas estavam cansadas da imagem da banda e não conseguiam ouvir o que eles viam. É um álbum bem bom, mas não tem o mesmo nível do *Creatures of the Night*.

GENE SIMMONS: Naquela época da minha vida eu tinha mudado da Cher para a Diana Ross, então eu mergulhei na boemia. Foi o que aconteceu. Todos os dias da semana, eu ia para festas e encontrava pessoas que não tinham a mínima preocupação com o rock. Assim, tudo me incomodava, o pessoal da revista *People* e as capas dos tabloides, o que acaba afetando a sua sensibilidade. Assim eu daria duas estrelas para *Lick It Up*, embora eu ache que pelo menos nós não saímos do mundo da música novamente.

VINNIE VINCENT: Nós na verdade gravamos demo de quatro ou cinco músicas que mais tarde foram regravadas nesse álbum. Nós gravamos uma versão de "A Million to One".

MICHAEL JAMES JACKSON: O *Lick It Up* foi um disco muito especial. Como sempre, com o KISS havia prazos apertados que precisavam ser cumpridos. Para cumpri-los, simplesmente fizemos a mesma coisa que sempre fazíamos, que era "qualquer coisa a ser feita". Nós trabalhávamos seis dias por semana, do meio-dia até as duas ou três da manhã e o nosso único dia de folga se tornou um pontinho enevoado que passava rapidamente entre as sessões de trabalho. Para concluir o disco, por causa dos prazos apertados, nós acabamos usando dois estúdios diferentes simultaneamente. A diferença naquela época era que nós estávamos na cidade de Nova York e os estúdios se localizavam em partes distintas da cidade, então era um interminável vai e vem de táxis para conseguir terminar o trabalho. Quando se tem o envolvimento das pessoas certas, toda a incrível pressão dos prazos apertados pode despertar o melhor em cada um, e essa experiência não foi exceção. Nem Gene nem Paul deixaram a determinação de lado para fazer o melhor trabalho possível, sempre. *Lick It Up* teve a vantagem de ser o primeiro disco que a banda fez sem maquiagem, assim era claro que teria uma vida própria. Como um disco, acho que facilmente caminharia com os próprios pés, mesmo sem a interferência da retirada da maquiagem. A resposta do público e a frequência com que era tocado confirmaram tudo isso.

MICHAEL JAMES JACKSON: Duas músicas que se destacaram foram "Lick It Up" e "All Hell's Breakin' Loose". A ideia de gritar na letra do "All Hell's..." foi uma boa sugestão de Paul. Ambas tiveram uma boa aceitação no rádio e partiam do mesmo princípio das músicas tradicionais do KISS.

MICHAEL JAMES JACKSON: Havia algumas coisas que o Vinnie não conseguia tocar. Muitas vezes sua sensibilidade era melódica demais para o estilo da banda. Vinnie estava sempre lutando para encontrar o seu lugar no KISS, musical e pessoalmente. Seu objetivo final era, claro, agradar a Paul e a Gene, mas, devido às diferenças musicais, esta não era uma tarefa fácil. Ele ainda não tinha amadurecido seu lado artístico o bastante para entender como chegar no estilo deles. Frequentemente ele tocava solos que exibiam uma mão esquerda notável com um milhão de acordes, mas para produzir um grande efeito era essencial também essa aptidão na mão direita, que faltava nele, o que era um problema. Eu me lembro que trouxemos Rick Derringer para dar uma força. Esses momentos eram difíceis para Vinnie, mas a atitude que todos mantivemos era que a qualidade do disco sempre seria a prioridade e estaria acima do ego de qualquer pessoa.

PAUL STANLEY: O clipe de "Lick It Up" foi o primeiro que fizemos sem maquiagem. No fim nós esguichávamos um negócio nas bocas, acho que era só iogurte ou iogurte com queijo cottage. Era a ideia deles de alimento para a sobrevivência pós-holocausto nuclear.

VINNIE VINCENT: Nós fizemos várias tentativas para a capa do "Lick It Up", muitos cenários diferentes... sem maquiagem.

DENNIS WOLOCH: É o único álbum que eu editei e não estava presente na sessão de fotos. Acredito que eles sentiam que não precisavam de ninguém.

DANNY GOLDBERG: Eu era amigo de Gene e Paul e reatamos nosso contato no álbum *Lick It Up*. Eu quis ser o agente deles, mas eles não queriam chamar alguém de agente, então me denominaram consultor de criação. Eu fiz muito do que um agente faria no *Lick It Up* e no *Animalize*. O KISS estava em um péssimo momento comercial. Eles estavam no fundo do poço desde que começaram, em termos de vendas de discos e público nos shows. Naquele momento, a maquiagem era um clichê e não era mais um chamariz para a imprensa, não era mais uma novidade. Que eu me lembre, eu é que tive a ideia de que eles tirassem a maquiagem. Claro que foi algo que já tinham pensado. Gene brincou um pouco ao aparecer em fotografias com Cher com um lenço cobrindo o rosto. Eu os pressionei nessa questão. Eu me lembro de estar reunido com Gene, Paul e Howard Marks, o empresário comercial deles, dizendo: "Rapazes, vocês têm de fazer algo dramático! Não há nenhuma chance de voltar ao passado! Então vocês têm de seguir adiante". Não foi muito difícil convencê-los. Eles já tinham pensado que, um dia, tirariam a maquiagem. Eles eram espertos e conseguiram perceber que o que eu dizia era verdade. Num tempo relativamente curto, eles decidiram tirar a maquiagem. Acho que Paul, em particular, estava muito entusiasmado com a ideia. Para mim, Gene era o teatral, o gênio por trás da maquiagem, e Paul desejava ser aceito como um cantor, fazer parte do mundo real do rock e não só ser uma caricatura do rock. Isso liberou Paul, que agora poderia ser um cantor de rock normal, e funcionou completamente. Fizemos uma coletiva de imprensa ao vivo na MTV, na qual eles tiraram a maquiagem, o que foi a melhor maneira para o lançamento. Consegui que o clipe de "Lick It Up" fosse feito por Martin Kahane, que fez um trabalho muito bom. O clipe realmente trouxe a banda de volta. Eles estavam mesmo de volta. O *Lick It Up* praticamente dobrou ou triplicou aquilo que o álbum anterior tinha conseguido.

EXCITER ★★★★★

VINNIE VINCENT: Essa música se chamava originalmente "You". Mas aí eu disse: "Vamos chamá-la de 'Exciter'". Infelizmente, para mim há dois lados da moeda. Há um período bom e um período ruim para os álbuns que fiz para eles. Sim, os álbuns que fiz com eles eram ótimos, mas infelizmente a guitarra tocada neles não tinha nada a ver comigo. Eu realmente acho que o que o KISS queria era mais um instrumentista da velha escola que não interferisse em nada, ficasse sentado num canto quietinho e fizesse tudo o que era mandado. O amor deles pela guitarra se apoia no passado e eu amo aquilo também, mas sou um guitarrista de hoje e de amanhã. Falo pela minha guitarra, que é a minha voz. Eu sou aquela guitarra e aquela guitarra sou eu. Ver uma outra pessoa manipulando aquilo que foi feito com tanto amor e essa pessoa fode com tudo, isso deixou meu coração despedaçado. Não saiu com aquela beleza, da maneira que tinha sido criada.

RICK DERRINGER: Eu toquei em "Exciter" e fiz algumas coisas com eles. Eu os conheço desde o princípio e Gene e Paul ainda são bons amigos. Fiquei contente quando me pediram para tocar e, em termos de direção, simplesmente disseram: "Bote pra quebrar!".

VINNIE VINCENT: Não acho que Gene e Paul gostaram do que toquei em "Exciter", mas gostei, adorei. Acredito que foi uma das minhas melhores músicas e fiquei muito bravo porque nem fui avisado sobre o corte da minha parte, só depois da música pronta. Eu preferi a minha versão a aquilo que colocaram na gravação final. Mas considero Rick um grande guitarrista.

NOT FOR THE INNOCENT ★★★★★

GENE SIMMONS: "Not for the Innocent" começou com uma batida de guitarra que Vinnie me trouxe. Gosto muito dessa música. Havia um grupo chamado Hydra e o cantor principal deles não tinha nenhum dente. Um dos discos deles era o *No Rest for the Wicked*. Acho que era meio caricatural, mas tínhamos uma ideia de começar com algo negativo. Pensei em escrevermos algo como "Do Not Feed the Animals". Na verdade, é uma advertência muito forte, com uma negação no começo, e "Not for the Innocent" veio disso.

LICK IT UP ★★★★★
PAUL STANLEY: "Lick It Up" foi escrita pelo Vinnie e por mim na minha casa em Nova York. Antes de compormos, achei que era importante saber o que tínhamos em mente e também ter um plano. Às vezes nós simplesmente nos sentávamos e escrevíamos qualquer coisa que surgia na cabeça, mas naquele momento achei que precisávamos de uma expressão que pegasse e de um gancho memorável. Ficamos horas trocando ideias até chegarmos no "Lick It Up". Escrever a letra não foi tão difícil, já que sabíamos o que queríamos fazer.

VINNIE VINCENT: Lembro-me de ter dito para Paul: "Tenho uma grande ideia para uma música", e comecei a cantá-la. Acho que ele não se ligou, pois não parecia muito entusiasmado. Pensei comigo mesmo que achava que esta seria uma grande música para um compacto simples. Eu tinha o nome e a melodia e disse a Gene: "Tenho um sucesso aqui e acho que você deveria ouvir". Quando Gene ouviu a música, me respondeu: "Parece que é uma grande ideia, você deveria tocar para Paul". Retruquei: "Já toquei, mas acho que ele não curtiu". Toquei para Paul novamente cerca de uma semana depois e ele nem mesmo percebeu que já tinha rejeitado a minha ideia. Ele disse: "Ei, Vinnie, nós precisamos de uma música para um compacto simples". Então, falei: "Escuta, tenho uma grande ideia para o compacto simples", sem nem mesmo mencionar que eu tinha proposto a música uma semana antes e que ele tinha rejeitado. Perguntei o que ele achava [cantarola um trecho da melodia de "Lick It Up"] e ele achou uma excelente ideia. Então falei: "Chamei de 'Lick It Up'. O que você acha deste nome?". E ele disse: "É ótimo". E acabamos trabalhando com a música. Ele propôs algumas partes muito boas e assim aquela música se tornou "Lick It Up". Às vezes, você simplesmente não está no humor certo para ouvir algumas músicas, mas, aí, num outro dia, num outro momento, com outra lua você acha o máximo. Foi dessa forma que "Lick It Up" surgiu.

YOUNG AND WASTED ★★★★★

GENE SIMMONS: Era o nome de um artigo no *Soho Weekly News* que falava sobre ser jovem e perdido para o círculo social que girava em torno de museus e galerias de arte. Achei que a frase resumia muito bem uma geração inteira. Assim como "The Blank Generation", do Richard Hell, resumia uma atitude. Não eu, mas há um segmento da população que prefere estar perdido a estar vivo.

GIMME MORE ★★★★★

PAUL STANLEY: Eu me lembro que nós queríamos uma música que realmente fosse acelerada e um sucesso. Gostei de compor com Vinnie. Era sempre interessante compor com Vinnie, tanto as músicas quanto as letras, porque ele demonstrava uns pontos de vista bem expressivos nas letras, além de serem coisas que me estimulavam.

ALL HELL'S BREAKIN' LOOSE ★★★★★

PAUL STANLEY: Eric chegou com esta música que estava em acorde aberto. Ele estava muito orgulhoso da música, pois era em estilo Zeppelin. Eric criou a música inteira, mas eu interferi e mudei um pouco a batida. Aí Gene criou o refrão de "All Hell's Breakin' Loose". Eric era um cara muito sensível e ficou completamente arrasado ao ouvir o que ele acreditou ser a destruição da música dele. Eric odiou e eu não tenho muita certeza do que passou pela cabeça dele naquela hora. Ele tinha adorado a ideia de ter escrito uma música para o álbum. Eric sempre ficava mais frustrado pelo que ele não era do que animado pelo que ele era. Quando algo não era usado ou era mudado, ele sempre via o lado ruim das coisas. Eu me lembro que ele ficou de queixo caído quando ouviu o que tinha sido feito. Estou rindo enquanto digo isso porque o resultado era tão diferente do que ele tinha ouvido, mas a alternativa teria sido fazer algo que se transformaria num arremedo de outra coisa qualquer.

A MILLION TO ONE ★★★★★

PAUL STANLEY: Eu gosto desta música. Ela foi composta junto com Vinnie. Às vezes uma música pode ser quase boba, mas é o que eu sentia na ocasião.

MICHAEL JAMES JACKSON: Como compositor, o Vinnie tinha uma tendência meio melódica. Entre todas as músicas que Vinnie contribuiu para o álbum *Lick It Up*, esta acabou tendo um elemento melódico muito forte. Embora esta música não estivesse particularmente no estilo tradicional do KISS, no fim a banda acabou assumindo-a.

FITS LIKE A GLOVE ★★★★★
GENE SIMMONS: "Fits Like a Glove" começou com um trecho que eu toquei na guitarra. Então Vinnie se enfiou no meio. Nós a tocamos muito durante os anos 1980, mas nunca a tocamos muito bem ao vivo. Nós simplesmente não conseguíamos. Era uma passagem muito alta para eu cantar. Minha parte predileta da música está no meio, a parte que fala [recita a letra]: "When I go through her, it's just like a hot knife through butter..." (Quando eu entro nela, é como uma faca quente deslizando na manteiga...). Eu adoro esse tipo de besteira.

DANCE ALL OVER YOUR FACE ★★★★★
GENE SIMMONS: Eu tentei copiar uma parte de "Larger Than Life" para "Dance All Over Your Face". Acho que não deu muito certo. Às vezes, quando você compõe algo e descobre o acorde certo, você tenta colocá-lo de novo. Normalmente, você não consegue.

AND ON THE 8TH DAY ★★★★★
GENE SIMMONS: Vinnie era um cara muito talentoso. Eu chegava com um verso como: "On the 8th day God created rock'n'roll" (E no oitavo dia Deus criou o rock), e nos reuníamos e discutíamos a questão. Ele era realmente muito rápido nas ideias, além de contribuir também com as letras das músicas. As músicas que foram compostas para o álbum *Lick It Up* ficaram prontas bem rápido.

ANIMALIZE

Lançamento: 13 de setembro de 1984
MICHAEL JAMES JACKSON – produtor das faixas básicas
JEAN BEAUVOIR – baixo, backing vocal e compositor / BRUCE KULICK – guitarra
DESMOND CHILD – compositor / MITCH WEISSMAN – compositor
ALLAN SCHWARTZBERG – baterista de estúdio
DANNY GOLDBERG – consultor de criação / DENNIS WOLOCH – designer do álbum

---

PAUL STANLEY: Eu daria quatro estrelas para o *Animalize*. É um álbum melhor do que *Lick It Up*. Eu acho que "Heaven's on Fire" é muito boa. Eu assumi as rédeas nesse disco porque eu praticamente não tinha outra opção. Foi assim nos anos 1980, na maioria das vezes, ou eu assumia ou as coisas não ficavam prontas. Quando fomos gravar o *Animalize*, Gene tinha se comprometido a fazer um filme. Ele corria para o estúdio, gravava toda a sua parte nas faixas e ia embora. Então, ao escutar as músicas, vimos que a maioria era imprestável. Assim, tive de refazer as faixas e também gravar o resto do álbum. Foi meio cansativo, porque me largaram lá com uma porção de partes, algumas que precisaram ser jogadas fora e outras que precisaram ser reconstruídas. Me largaram sozinho fazendo o álbum do KISS. Tive total liberdade, mas também foi bem cansativo porque tudo foi jogado em cima de mim. Não tive nenhuma escolha, a não ser terminar o álbum.

GENE SIMMONS: Eu gostei um pouco mais do *Animalize* do que do *Lick It Up*. Eu daria uma nota A pelo esforço, mas daria duas estrelas, porque pelo menos nós estávamos tentando ser uma banda novamente. Mas estávamos sem maquiagem e eu não sabia quem eu era. Cada vez mais eu começava a parecer com Phyllis Duller. Durante o *Animalize*, eu estava lá para as faixas principais, mas naquele momento eu estava trabalhando no meu primeiro filme, *Fora de controle*. Paul e eu trabalhávamos em estúdios separados. Gravei os vocais e meu baixo na maior parte do disco e o resto ficou para Paul terminar. Tinha um obstáculo no nosso relacionamento. Paul estava muito chateado com todo o meu negócio em Hollywood, com Cher e Diana [Ross], com os filmes. Ele sentia que tudo isso prejudicava o KISS. Talvez ele tivesse razão, mas eu precisei fazer aquilo. Naquela época, achei que o *Animalize* e o *Asylum* foram discos razoáveis que cumpriram a sua obrigação: manter o KISS nas paradas. Nós tínhamos membros novos e tínhamos tirado nossa maquiagem. Você faz somente rock quando todo mundo está lá seguindo a escola de Yngwie [Malmsteen], tocando muitas notas sem se preocupar se elas são boas? Não fique parado, pegue uma nota e tente tirar vida dela enquanto você pode simplesmente dedilhar as cordas loucamente. Era a época de fazer acrobacias com a guitarra. Assim, o estilo daquele disco era um híbrido de: "Olha só quantas notas eu posso tocar" com algum conteúdo de rock.

DANNY GOLDBERG: O *Animalize* foi lançado logo depois do álbum *Lick It Up*. Paul ficou realmente concentrado, compondo um sucesso. "Heaven's on Fire" foi um dos maiores sucessos que eles tiveram e vendeu o KISS em níveis acima do disco de Platina. Aquele álbum completou o retorno deles e os negócios de shows ao vivo ficaram muito mais movimentados.

MICHAEL JAMES JACKSON: *Animalize* ficou bem-posicionado naquele momento para capitalizar com o impulso do *Creatures of the Night* e do *Lick It Up*. Tive problemas com a agenda por causa de um outro projeto e sabia que eu só poderia começar o disco, não conseguiria terminar. Assim, trabalhei com a banda na pré-produção em Nova York, selecionei e editei as partes da bateria para o disco e, quando essa parte acabou, infelizmente tive de sair.

PAUL STANLEY: Foi um desafio trabalhar com Mark St. John em *Animalize*. Apesar de toda a sua habilidade, Mark não conseguia tocar a mesma coisa duas vezes. Nós estávamos acostumados a ter solos que eram elaborados e às vezes até melhorados. Quando eu gravava com Mark, percebi que não tinha nenhuma linha. Era muito difícil conseguir algo que tivesse uma direção. Às vezes havia notas ou passagens que não ficavam muito boas, então, eu mesmo gravava pequenas partes e as juntava. Grande parte desses solos foi feita para Mark e foi bem difícil conseguir.

MARK ST. JOHN: Eu não era um fã do KISS nem nunca tive quaisquer dos álbuns deles. Eu cresci ouvindo jazz e música clássica e, na ocasião, ensinava numa loja de música. Fui ao teste do KISS quase que por acaso e me pediram para participar. Eu não preparei nada para o teste e não tinha nenhuma ideia de como eles eram. Nós tocamos uma versão country da "Stairway to Heaven". Na maior parte do tempo nós conversamos muito. No início, eles realmente não me queriam na banda e eu ia pegar o avião para voltar a Hollywood. Mas então eles disseram que queriam me ouvir novamente pela manhã. Eu tinha bebido muito na noite anterior, mesmo assim consegui driblar as pausas nas músicas e eles me contrataram.

MARK ST. JOHN: A gravação do álbum foi bem rápida. Nós terminamos em duas semanas [o trabalho de guitarra dele]. Eu tive muito treinamento, muitas aulas. Pra mim, o que é mais importante na música é a melodia. Muitos guitarristas só escutam outros guitarristas e, quando tocam, parecem com os outros guitarristas. Eu escuto instrumentos bem diversos, piano, saxofone e violino, e a maneira como as pausas são colocadas na escala musical fica diferente. Dessa maneira, você não toca como o próximo Van Halen, e isso é importante para mim, porque eu acho que tem de haver um elemento de originalidade. No princípio, eu consegui tocar o que queria porque Gene estava fazendo o filme dele, *Fora de controle*. Paul estava nas Bermudas com Lisa Hartman e Eric estava na Flórida. Dessa maneira, eu e o engenheiro de som nos divertimos por aproximadamente duas semanas. Então eles voltaram, ouviram tudo e detestaram porque tinha muita guitarra nas músicas. Eles apagaram tudo e tive de ficar preso a eles depois disso. Os canais das bases já tinham sido feitos por Paul e eu só cheguei e dobrei algumas partes, fiz umas inversões diferentes e ajustei o tom dos acordes. Depois toquei os solos. Eu fico contente que a banda tenha gostado disso e também que os fãs tenham gostado. Chegamos ao disco de Platina em cerca de duas semanas, enquanto dois ou três álbuns antes levaram anos para chegar ao disco de Ouro. Eu me senti bem com isso. Fiquei um pouco frustrado, mas tudo bem.

MARK ST. JOHN: Em primeiro lugar, nós mal nos conhecíamos, só estávamos juntos há seis semanas. Era muita pressão para Paul porque era a primeira vez que ele seria produtor de um disco do KISS. Eu sentia tanta pressão quanto ele. No final das sessões, antes de Gene sair para fazer o filme, eu toquei baixo em algumas músicas. Naquele momento Gene estava na gravadora Hit Factory, em Nova York, e Paul estava na Right Track. Toda hora eles pegavam o telefone e perguntavam: "Posso usar o Mark? Posso usar o Mark?". E então eu ficava circulando de táxi de um lado para o outro, de um estúdio para o outro, durante essas duas semanas. Mitch Weissman, o cara que se parece com Paul McCartney, tocou um pouco de guitarra e baixo no disco.

MARK ST. JOHN: Eric [Carr], que Deus o abençoe, foi um grande baterista, um cara legal. Saímos juntos, várias vezes, e ele me mostrou como Gene e Paul eram na verdade. Ele parecia muito frustrado porque estava sendo deixado meio de lado. Ele queria cantar ao vivo e sempre fazia pressão para isso. Já Gene era uma pessoa influente. Gene é uma pessoa difícil de se descrever, pois tem diferentes níveis de inteligência. A música é só uma pequena parte do que ele faz. É como um iceberg, tem só a pontinha pra fora, mas por baixo, escondida, está a parte maior. Paul dirige o show em relação às decisões e, quando nós fizemos o álbum, tudo teve de passar pelas suas mãos. Ele tem muitas responsabilidades. Eu estava sempre por perto em todas as decisões em relação ao álbum, mas sou só o cara de Hollywood, enquanto eles são os caras de Nova York. Foi difícil me ajustar ao jeito deles.

ALLAN SCHWARTZBERG: Eu fiz umas sobreposições na parte da bateria nas músicas do álbum *Animalize*. Eu acho que essas músicas precisavam de um empurrãozinho e que isso ajudou.

MARK ST. JOHN: Há duas músicas no *Animalize* nas quais eu não toquei: "Lonely is the Hunter" e "Murder in High Heels". Foi o Bruce [Kulick] que tocou guitarra nelas, pois ele é um guitarrista bem completo e também um cara muito legal. Gene estava num estúdio e Paul em outro. Eu não podia estar com eles nos dois estúdios ao mesmo tempo e o álbum tinha de ser concluído em poucos dias. Talvez Bruce tenha feito um trabalho melhor, não sei. Eu conheci Bruce quando estávamos prontos para sair numa turnê pela Europa. Nós estávamos ensaiando no SIR Studios quando ele chegou e eu tinha acabado de voltar da Califórnia, onde descobri que tinha artrite. Eles deveriam partir em duas semanas. Eles estavam sob pressão para cumprir dezessete shows no Reino Unido e precisavam de alguém para tocar. Eu tinha artrite reumatoide. Antes de me juntar à banda, tocava os concertos para violinos de Paganini na guitarra. Quando entrei para o grupo, nós só tocávamos coisas simples, como díades de dois acordes e coisas assim. Acredito que talvez a causa do meu problema fosse o clima ou o estresse. Eu sou um músico e era capaz de tocar com a banda, mas o difícil era lidar com as outras vinte e duas horas. Era do jeito deles o tempo todo ou "caia fora". Eu fui aos melhores médicos de Beverly Hills e nenhum deles sabia o que realmente acontecia comigo, até que fui num reumatologista que me disse que eu tinha artrite. Tentei continuar durante um ano, porém as juntas dos três dedos do meio da minha mão esquerda estavam inchadas, assim como minha rótula esquerda e meu tendão de aquiles. Tinha de caminhar com o auxílio de uma bengala e era sempre o último a entrar na limusine e no avião. Foi uma situação bem difícil, tanto para o KISS, como para mim. Era a maior turnê que eles fariam em dez anos. Era o melhor álbum deles e o guitarrista estava doente, com artrite. Todo dia eles me ligavam de uma cidade diferente para saber se eu estava pronto. Mas eu ainda não estava pronto para fazer uma turnê inteira. E, quando eles voltaram para o Estados Unidos, viajei com eles durante quatro ou cinco semanas e vi Bruce tocar. Eu até mesmo invadi o palco algumas vezes, mas não sabia se tocaria de novo. Foi meio engraçado, pois eu nunca ensaiei com a banda. E um dia eles disseram: "Você vai tocar hoje à noite, Mark", e eu respondi que tudo bem. Eu não sabia que músicas estávamos tocando, não conhecia os arranjos nem o tom. Fui simplesmente jogado lá na jaula do leão, diante de 12 mil pessoas, mas tudo deu certo. Então, ficou decidido que seguiríamos por caminhos diferentes. Foi difícil para eles, não dava pra continuar com dois guitarristas. Eles tinham de contar umas mentiras para o público, diziam que eu era Bruce e Bruce era eu. Foi melhor eu me despedir e deixar a banda quando eles estavam em Terre Haute, Indiana. Minha partida foi sem traumas, porque tinha sido por razões médicas. Eles fizeram o que tinha de ser feito. Se eu continuasse a tocar, provavelmente não estaria tocando hoje.

BRUCE KULICK: Quando o *Animalize* ficou pronto, Gene tinha se mudado para a Califórnia e vivia do jeito típico de Hollywood. Ele tentava entrar para aquele mundo e as atenções dele começaram a se dividir. Paul percebeu isso, mas só queria fazer música. Acredito que isso abalou Gene e a sua maneira de compor as músicas. Ele estava um pouco confuso, não sabia direito quem era e também estava sem a maquiagem. Além do mais, Paul era um cara atraente e as garotas o adoravam. Paul fez tudo sozinho e Gene nem ligou. Ele sabia que o parceiro dele tomaria as rédeas. Paul deve até ter se ressentido um pouco com isso, mas acho que ele também gostou da responsabilidade. Em *Animalize*, por exemplo, está escrito "produzido por Paul Stanley".

JEAN BEAUVOIR: Ao assistir à produção de Paul, percebi que ele tinha uma visão clara e meticulosa do que queria realizar. O rock carrega consigo a imagem de pessoas problemáticas, mas Paul nunca entrou nessa. É respeitável o fato de ele ser tão ponderado e ainda conseguir manter sua persona de astro do rock.

DENNIS WOLOCH: Não foi a minha capa predileta. A contracapa foi fotografada num porto de areia em Long Island, nas primeiras horas da manhã. Não é uma capa ruim, mas poderia ter ficado melhor. Se eu pudesse refazer, provavelmente teria feito coisas diferentes com as peles de animais e também teria usado a iluminação de outra maneira. Ficou meio monótona. A culpa foi minha, pois não orientei bem o fotógrafo.

I'VE HAD ENOUGH (INTO THE FIRE) ★★★★★

PAUL STANLEY: A música começava com um riff de guitarra. O Desmond começou a sugerir algumas ideias para a letra, então, ele se sentou, fechou os olhos, apertou o punho, balançou a cabeça para frente e para trás e começou a cantar coisas realmente boas, emotivas, descritivas e temáticas. E de lá fomos ao estúdio e a música ficou praticamente pronta. Eric Carr veio com a parte "Out of the cold, into the fire" (Fora do frio, dentro do fogo), que se tornou o refrão.

DESMOND CHILD: Paul e eu compomos músicas de maneiras totalmente diferentes. Eu normalmente perguntava: "Que tipo de música você quer compor?". Então nós simplesmente começávamos e as ideias iam surgindo. A gente deixava rolar.

HEAVEN'S ON FIRE ★★★★★

PAUL STANLEY: Eu me empenhava para ter simplicidade. Desmond e eu compusemos essa música na casa dele. Acho que muitas pessoas gostaram dessa música, porque eu a escutei em diversos álbuns com diferentes nomes. Quando eu ouvia a faixa, imaginava se ela não era muito simples, mas eu adorei.

DESMOND CHILD: Paul me ensinou sobre a simplicidade em criar o tom certo, como nós fizemos em "Heaven's on Fire". Todas as músicas que Paul e eu compusemos juntos apresentaram simplicidade, melodia e um pouco de ousadia. Elas são diretas, porém inteligentes.

MARK ST. JOHN: Eu me lembro de quando fizemos o vocal dessa música. Nós quatro tivemos de cantar um verso juntos no estúdio e depois, na edição, duplicamos esse trecho várias vezes, até que conseguimos algo que se parecia com trinta ou quarenta vozes juntas. Isso foi extremamente interessante. Aprendi muito sobre gravação com esses rapazes. Eu me lembro de que, quando fizemos o vídeo, eu estava no hospital e uma limusine veio me buscar. Eu vesti a roupa de lycra, calcei as botas, depois filmei por cerca de doze horas.

MITCH WEISSMAN: Eu estava no estúdio enquanto o KISS gravava *Animalize*. Paul cantou a letra de "Heaven's on Fire" uma vez só. Ele me perguntou: "Que tal?". E eu respondi: "Foi bom". Então ele me disse: "Acho que posso melhorar, vamos regravar". Assim, enquanto os técnicos rebobinavam a fita, Paul ficou fazendo os exercícios vocais, ficou modulando a voz. Então, eles começaram a rodar a fita gravando os exercícios de Paul. Quando ele terminou, a música continha essa parte que eles mantiveram. Foi um desses momentos mágicos.

BURN BITCH BURN ★★★★★

GENE SIMMONS: [Recita a letra] "When love rears its head I wanna get on your case, I wanna put my log in your fireplace" (Quando o amor ergue a cabeça eu não quero te dar sossego, quero colocar o meu tronco na sua lareira). A percepção do sexo é muito idiota diante de toda a dificuldade que tivemos para conseguir atribuir essa conotação sexual à música. É muito barulho por nada. Todos nós gostamos do resultado e os caras estão dispostos a brigar pela música. E as meninas farão qualquer coisa, nos torturarão, usarão batom e salto alto para atrair nosso interesse.

GET ALL YOU CAN TAKE ★★★★★

MITCH WEISSMAN: Foi um processo mais tranquilo e introspectivo escrever com Paul do que com Gene. Nós conversamos bastante sobre a ideia básica da "Get All You Can Take". Já havia cerca de trinta estrofes para essa música e eu continuava a escrever cada vez mais estrofes [risos]. Então, nós a editamos e cortamos uma parte. Paul pegou o som estridente que eu tinha feito para o riff e o transformou em algo mais forte, tipo Led Zeppelin. Depois compusemos o resto. Nós travamos na terceira linha do refrão e, então, telefonamos para a casa de Gene e conversamos os três juntos. Cada um de nós ficou num canto da casa: eu no banheiro, Paul na sala e Gene no quarto, gritando os versos um para o outro. Fiquei surpreso quando Paul disse: "Que porra de diferença isso faz?". Admirei a determinação com que ele disse isso.

MICHAEL JAMES JACKSON: A música tinha uma batida bem legal, ao estilo do Led Zeppelin. Embora eu estivesse envolvido apenas na edição do canal básico desta música, gostaria de dizer que Paul é um instrumentista com um ritmo extraordinário. Durante a edição desta faixa, sempre confiei em Paul para manter a batida legal com a bateria.

LONELY IS THE HUNTER ★★★★★

BRUCE KULICK: Eu fui lá para fazer algo fantasmagórico com a guitarra, tal como meu irmão fazia no KISS. Paul era o único ali. Ele me perguntou se eu tinha uma guitarra Floyd Rose, que eu tinha acabado de conseguir. Ele tocou algumas faixas para mim, como a "Heaven's on Fire". Ele queria me mostrar o clima do álbum. Foi muito rápido, divertido e sem nenhum estresse. Eu fiz o solo de "Lonely Is the Hunter" e também toquei guitarra em "Murder in High Heels".

UNDER THE GUN ★★★★★

DESMOND CHILD: Acho que começamos com uma dessas batidas repetidas na guitarra. Quando compusemos, eu estava ao piano e Paul, na guitarra.

PAUL STANLEY: Sou um crítico impiedoso das músicas que componho. Se não me impressionam, não são realmente boas. No final das contas, você tem que conviver consigo mesmo e com o que você faz. Eu também sou duro com a minha voz. Você pode exagerar tentando melhorar algo, buscar a perfeição e perder a alma da música.

THRILLS IN THE NIGHT ★★★★★

JEAN BEAUVOIR: Paul e eu nos tornamos amigos muito antes de compormos uma música juntos. Nós tínhamos algo em comum porque viemos de bandas escandalosas, como o KISS e os Plasmatics, mas de certo modo estávamos em lados opostos. Eu era um cara negro com um cabelo loiro com corte moicano, e ele era o que era. Mas de alguma maneira nós nos curtíamos como amigos e parceiros de criação. Ambos sentíamos que tínhamos mais a dizer do que esperavam de nós. "Thrills in the Night" foi escrita bem espontaneamente, quando estávamos sentados num sofá do apartamento de Paul. A música surgiu depressa. Na verdade, escrevemos a letra pelo telefone. Foi muito estranho [risadas]. Nós ficamos horas elaborando a letra pelo telefone. Eu acabei tocando o baixo no *Animalize* por acaso. Eu já tinha tocado baixo em "Thrills in the Night" numa demo simples de quatro canais e quisemos manter a mesma sensibilidade, então eu toquei baixo na gravação final.

GENE SIMMONS: Não fiquei chateado quando Jean Beauvoir tocou baixo no disco. Ele tinha uma melhor sensibilidade nas faixas em que tocou.

WHILE THE CITY SLEEPS ★★★★★

GENE SIMMONS: "While the City Sleeps" foi composta durante a minha fase de ator, quando trabalhava no filme *Fora de controle*. Paul na maior parte do tempo ficava no estúdio tentando organizar as coisas, e eu não dediquei tanto do meu tempo quanto deveria. Mitch Weissman me mostrou algumas mudanças nos acordes. Eu costumava ler a revista *TV Guide* inteira para obter ideias para os nomes das músicas e para as letras. Havia um filme chamado *While the City Sleeps*, que era sobre um misterioso assassinato nos anos 1950. A ideia principal era que havia pessoas que só viviam à noite. Não só lixeiros saem à noite, mas também malandros, ladrões, prostitutas e cafetões. É um mundo diferente.

MURDER IN HIGH HEELS ★★★★★

GENE SIMMONS: "Murder in High Heels" era o nome de um livro dos anos 1950. Eles costumavam chamar esses livros de pulp. "Murder in High Heels" parecia muito com um romance de Raymond Chandler. Um detetive com um cigarro pendurado na boca, sob uma luz fraca, refletindo [adota uma voz ameaçadora]: "Ela era uma assassina, uma assassina de verdade. Ela é uma assassina de sapatos de salto alto". Eu me lembro de me sentir atraído pelo nome. Eu sempre gostei da música "Rice Pudding", do grupo do Jeff Beck. Havia um trecho de guitarra na música que era semelhante à "Open My Eyes", do Nazz. Eu propus uma variação daquele riff.

MITCH WEISSMAN: Gene era o tipo de pessoa que lançava todo o tipo de ideia para ver se colava. Durante anos, Gene teve um livro onde colecionava frases. Uma dessas frases era "Murder in High Heels". Nós dois começamos a arranhar nossas guitarras e chegamos nessa batida legal. Fizemos várias tentativas e chegamos a uma letra legal. Até mesmo alguns versos bobos eram hilários. Foi assim que surgiu a música.

ASYLUM

Lançamento: 12 de setembro de 1985
DESMOND CHILD – compositor
JEAN BEAUVOIR – backing vocal, baixo, vocal, compositor
DENNIS WOLOCH – designer do álbum

PAUL STANLEY: Três estrelas. Foi uma tentativa de sequência do *Animalize*, mas acho que não ficou bom. Com exceção da "Tears Are Falling" e algumas outras faixas, acho que o resto foi um remexido de ideias passadas.

GENE SIMMONS: A capa do álbum ficou horrorosa. Eu provavelmente sinto a mesma coisa que senti com o álbum *Animalize*. Duas estrelas. Da mesma forma que o *Rock and Roll Over* e o *Love Gun* são álbuns-irmãos, nós tentávamos desesperadamente recuperar o que tínhamos sido nos anos 1970, mas não queríamos também ter o mesmo som daquela época. Por isso conseguimos um guitarrista mais acelerado e tentamos algumas coisas diferentes nas produções. Mas, quando o *Revenge* saiu, acho que nós paramos de brincar e deixamos as coisas serem como elas eram, sem tentar entender o que funcionava ou não.

BRUCE KULICK: O *Asylum* era a minha chance de decolar. Eu não me lembro muito da pré-produção, fora ter feito algumas composições com Paul. Mas Paul e Gene produziram o disco e trabalhei com cada um em coisas diferentes. Eu cheguei a trabalhar 21 dias seguidos no estúdio [risos]. Isso me deixou um pouco puto, mas, puxa, eu era o guitarrista do KISS, como é que podia reclamar?

BRUCE KULICK: Compor com Paul e Gene é interessante. Os dois são muito diferentes entre si e difíceis cada um a seu modo. Paul é sempre minucioso. Se estamos gravando e ele não se sente seguro, ele me deixa louco. Às vezes eu tinha de falar para Paul: "Acho que a música já está no ponto". Já Gene é mais ousado, ele vem com mil lances para ver o que cola. Às vezes eu sentia que Gene e eu tínhamos chegado à essência de uma música e então nós a perdíamos, porque ele queria experimentar de tudo. Então, mais uma vez, lá estava eu dando duro. Paul e Gene sempre competem entre si, porém acho isso saudável. Gene e Paul são como yin e yang, o mocinho e o bandido. E isso é muito valioso para eles. Às vezes, o potencial e a qualidade sofrem porque um cede para o outro, quando eles deveriam realmente comprar aquela briga. Eles competem, o que os faz se esforçarem para serem melhores.

DENNIS WOLOCH: A capa do *Asylum* surgiu quando Paul me mostrou uma capa de um álbum que ele tinha gostado, de um grupo chamado Motels. Era uma foto com sobreposição de tinta. Então eu tirei fotos deles e derramei tinta, até que alguém disse: "Acho que está legal". Para mim ficou boa, me fez lembrar de algo no estilo do Andy Warhol.

KING OF THE MOUNTAIN ★★★★★

PAUL STANLEY: "King of the Mountain" é uma faixa divertida. Mas para mim os anos 1980 foram sem muita profundidade. Eu simplesmente não acho que o *Asylum* se compare ao *Animalize*.

BRUCE KULICK: Eu tinha a atmosfera da estrofe. Eu toquei para Paul e nós começamos a brincar com isso, enquanto desenvolvíamos. Naquele momento, Paul propôs vários riffs, que transformamos em percussão para a bateria de Eric Carr. Então, Desmond Child entrou na coisa. Percebi por que o Paul usou em "Heaven's on Fire" e por que o Desmond acabou no Bon Jovi. O cara era muito criativo. Nós começamos a trabalhar juntos imediatamente. A música começou a tomar forma e, assim que eles tiveram o conceito de "King of the Mountain", a música ficou pronta.

ANY WAY YOU SLICE IT ★★★★★

GENE SIMMONS: Na ocasião, eu morava em Beverly Hills com Diana Ross. Do outro lado da rua vivia Howard Rice, engenheiro de som e compositor. Mais tarde, ele acabou escrevendo e produzindo "New Attitude", um grande sucesso para Patti LaBelle. Howard me mostrou alguns arranjos de que eu gostei muito. Então, me sentei e escrevi a letra e a melodia muito rapidamente.

WHO WANTS TO BE LONELY ★★★★★

PAUL STANLEY: Foi basicamente uma batida e um riff que achei que eram certos. Muitas músicas são reflexões de um período que exploramos e, às vezes, originam-se do nosso estado de coração e da alma. Jean [Beauvoir] e eu chegamos a um ponto em que achei que outra pessoa poderia fazer a ligação de tudo, e essa pessoa era Desmond Child. Jean e eu compusemos quase tudo, com exceção de um pouco da letra dos refrões.

DESMOND CHILD: Eu adoro essa música. Paul era amigo de Jean Beauvoir e nós a compusemos com ele. Paul queria fazer algo que tivesse um verdadeiro som de rhythm-and-blues.

JEAN BEAUVOIR: Para mim, foi incrível ver o KISS tocar uma música que ajudei a compor diante de milhares de pessoas. Eu senti que "Who Wants to Be Lonely" carregava uma forte emoção, que ainda sinto até hoje quando a ouço. Estou sendo franco. Ela aborda o medo que tantas pessoas têm de uma vida de solidão.

TRIAL BY FIRE ★★★★★

BRUCE KULICK: Eu dei para Gene uma demo com sugestão para uma música. Era bem simples, tinha um toque de AC/DC e Gene me respondeu imediatamente. No começo, ele tinha um nome diferente para a música – "Live Fast, Die Young" –, mas depois mudou de ideia.

I'M ALIVE ★★★★★

BRUCE KULICK: Paul e eu tínhamos a melodia para ela. Eu me lembro de Paul me mostrando a estrofe, aquele riff rápido. Antes que percebêssemos, tínhamos terminado a música. Foi realmente rápido. Paul tinha uma concepção diferente para a letra, que depois rejeitou. Foi por isso que trouxemos Desmond Child para escrever a letra.

LOVE'S A DEADLY WEAPON ★★★★★

GENE SIMMONS: "Love's a Deadly Weapon" foi uma música composta por Paul. Gravamos quatro músicas no estúdio da casa de Ace porque ele se recusou a vir até a cidade para gravar. Isso foi por volta de 1980. No meio da gravação, decidimos que Bob Ezrin deveria produzir nosso novo disco. Bob tinha a ideia de um disco de conceito. Bob pegou uma história minha chamada "The Elder" e assim o conceito do *The Elder* nasceu. E as músicas que foram gravadas no estúdio do Ace foram deixadas de lado. Quando começamos a trabalhar na gravação de outro disco de estúdio, eu me lembrei de partes de "Love's a Deadly Weapon". Meu estilo de compor é algo meio Frankenstein, pois eu junto um pedaço daqui, outro dali e crio algo novo. Eu me lembro de ter lido que os Beatles faziam desse modo, Lennon e McCartney juntavam pedaços das próprias músicas deles e assim surgiam novas músicas. Foi o que eu fiz com "Love's a Deadly Weapon".

TEARS ARE FALLING ★★★★★

PAUL STANLEY: Eu assistia à MTV e o Eurythmics tocava "Would I Lie to You?", que me fez lembrar do começo da música do Stevie Wonder "Uptight". Eu meio que tirei a minha interpretação daquele riff e criei a base da música. Eu também tinha terminado um namoro, e a música falava em olhar para uma pessoa e saber que tudo estava terminado e que ela estava mentindo.

BRUCE KULICK: Eu me lembro que Paul estava realmente entusiasmado com a demo. Ele até a tocou pelo telefone para mim e achei que tinha ficado legal. É uma música simples, porém muito cativante. Paul tocou todas as bases e então eu cheguei e havia um belo espaço para um solo, quase uma estrofe inteira. Gosto desses tipos de desafios, nos quais você pode desenvolver uma melodia e apenas criar algo que levante numa música. Essa é sempre a minha meta. E logo eu comecei a pensar em alguns solos, o jeito de iniciar. Acho que foi Paul que sugeriu tentar alguma coisa na parte harmônica porque ele sempre foi muito bom nisso. Eu coloquei alguns riffs bem chamativos. Fiquei muito satisfeito com o solo. Foi o ponto alto para mim, não só a gravação disso como o clipe que fizemos depois.

SECRETLY CRUEL ★★★★★

GENE SIMMONS: Essa é a história de uma garota que eu conheci de verdade. Ela tinha fotos minhas por toda parte na parede dela. Tinha também um cartaz de tamanho quase natural que ficava paralelo à cama dela. Portanto, o cartaz ficava bem ao lado da cama e tinha uma parte que ficava ressaltada no cartaz, um ponto num lugar bem estratégico. Imagina só o que ela fazia quando as luzes estavam apagadas. Assim, quando ninguém estava olhando, ela fazia algo indecente. Finalmente conheci essa garota depois de ver fotos e cartas. As cartas não mentiam. Então a música foi escrita por causa dela. Seu nome será mantido em segredo para proteger uma pessoa inocente. Mas na verdade ela não era tão inocente assim.

RADAR FOR LOVE ★★★★★
PAUL STANLEY: Tenho orgulho das minhas raízes e às vezes eu as mostro um pouco mais. Eu não me incomodo de fazer uma música que tem claramente uma ligação com outra, contanto que não seja plágio. A música tem só um pouco do estilo do Led Zeppelin.

DESMOND CHILD: Eu adorei tudo que fizemos. Acho tudo muito clássico. Paul é realmente um grande letrista, ele adora jogos de palavras, rimas internas e frases com duplo sentido. Sua maneira de escrever é direta e inteligente. Tudo isso foi muito útil para mim, para minhas composições com Aerosmith e Bon Jovi.

UH! ALL NIGHT ★★★★★
JEAN BEAUVOIR: "Uh! All Night" foi baseada em um ritmo. Eu me lembro de tocar um riff no baixo e então Paul começou a tocar um riff na guitarra. Nós normalmente improvisamos desse jeito até conseguirmos algo. Com "Uh! All Night" sentimos que tínhamos captado o momento. Desmond Child veio depois e ajudou com a letra. Ele era muito bom em nos ajudar a passar a essência do que tentávamos dizer da melhor maneira possível. Nós todos éramos solteiros, saíamos por aí e nos divertíamos com o sexo oposto, e a letra refletia isso com muita inteligência e senso de humor. Se as pessoas tinham de trabalhar durante todo o dia, pelo menos elas aguardavam com ansiedade o momento de "Uh!" a noite toda [risos]. Eu toquei o baixo no disco. Gene e Paul gostaram da batida que criei na demo e quiseram manter a mesma sensibilidade.

DESMOND CHILD: Eu adoro essa música. Acho que não foi o nome que surgiu primeiro, mas sim a ideia. Eu e Paul sempre criamos músicas, isso nunca foi problema. Paul sabe do que os fãs do KISS gostam e não gostam. Assim, as músicas que nós compomos estão sempre em um contexto de como uma música do KISS deve ser.

CRAZY NIGHTS

Lançamento: 21 de setembro de 1987
RON NEVISON – produtor / DIANE WARREN – compositora
ADAM MITCHELL – compositor / MITCH WEISSMAN – compositor
TOBY WRIGHT – assistente do engenheiro de som / DENNIS WOLOCH – designer do álbum

---

PAUL STANLEY: Eu daria três estrelas. Acredito que poderia ter sido um álbum melhor. Acho que ele tem certo tipo de som plastificado. Tínhamos material e possibilidades de fazer algo melhor do que saiu. No entanto, eu não me envergonho dele de maneira alguma. Tentei compor no teclado, especialmente em *Crazy Nights*, porque eu queria ver como isso mudaria minha maneira de compor.

BRUCE KULICK: Ron Nevison produziu esse disco e ele foi trazido como um cara especializado em canções. Ele trabalhou muito na área de gravação de trilhas sonoras na década de 1980, especialmente com artistas que ganharam muitos discos de Platina. Ele também era muito bom em colocar a música certa no rádio. Principalmente Paul estava a fim disso, queria muito ter um sucesso no rádio. Embora eu acredite que Nevison deixou uma grande música fora desse disco, "Sword & Stone", que foi descartada. Eu, Desmond e Paul compusemos essa música. Paul Dean, do Loverboy, fez um cover dela. Ela também está na trilha sonora de *Shocker*. Eu estava muito feliz por ter quatro coautores no álbum. Ron tinha certa visão pop para o disco, o que deixava Gene um pouco preocupado. Quando se trabalha com um produtor que é bom em gravar trilhas sonoras, o disco sai bem coeso. Este foi certamente um bom álbum rock pop de 1987. Acho que o *Crazy Nights* é um álbum pop muito bem-feito por nós. Eu gostei do fato de Nevison ter insistido para que todo solo que eu fizesse ficasse em destaque.

RON NEVISON: Anteriormente eu já tinha trabalhado com o Led Zeppelin, em *Physical Graffiti*, e com o Who, em *Quadrophenia*, como engenheiro de som, isso antes de 1975. Eu fiz os três primeiros trabalhos da gravadora Bad Company. Portanto, Paul [Stanley] já estava familiarizado com o meu trabalho desde os anos 1970. Comecei a fazer sucesso como produtor na CHR [Contemporary Hit Radio] naqueles dias, com compactos simples de grandes vendas. Produzi sucessos com os Babys, Dave Mason, Survivor. Depois, claro, o Heart; eu fiz dois compactos simples que chegaram ao primeiro lugar com eles, ótimos singles com Chicago e Ozzy Osbourne. Especialmente o Heart e o Ozzy. Em 1987, quando o KISS estava pronto para fazer um álbum, eles começaram a me procurar. Paul compunha com o Desmond Child e ele também queria fazer sucesso com uma música. Eles criaram uma grande balada, "Reason to Live". Achei que aquela música poderia ser um grande compacto simples. E "Crazy Crazy Nights" foi um grande sucesso na Inglaterra também. Nos Estados Unidos, o álbum *Crazy Nights* foi um disco de Platina Plus.

RON NEVISON: Naquela época, os astros de rock tinham de ser quase que arrastados para a parada de sucesso pop. Ser comercial era sinônimo de vender bem. Eu descobria músicas de bandas como o Heart e os Babys e fazia muito sucesso com elas. Paul era bem esperto e se acercava de tipos de coautores que o ajudariam a atingir o objetivo. Eu achei que tínhamos alguns bons singles no disco. Agora, analisando o passado, confesso que usei o sintetizador um pouco mais do que deveria. Mas eu sabia que eles tinham uma base de fãs que era realmente fanática e dedicada. Não queria que eles se zangassem, apesar de querer romper barreiras. Coloquei o que acontecia na música pop dos rádios em duas ou três músicas. O sintetizador acrescentou certa grandeza às músicas; ele só foi usado em três ou quatro músicas. "Crazy Crazy Nights" tem sintetizador no refrão. Hoje em dia, ouvindo a música novamente, eu teria mixado os sintetizadores um pouco mais.

RON NEVISON: Sempre havia a marca de Gene no rock do KISS, que era diferente da marca do Paul. Gene me enviava 25 músicas, dentre as quais havia três ou quatro boas. Paul me enviava três ou quatro e eram todas boas. Gene me enviava todas as composições, eu tinha de peneirar e ver o que sobrava. Paul me poupava esse trabalho [risadas]. Gene me enviava músicas como "Burn Bitch Burn" [cantarola a letra]: "I wanna put my log in your fireplace" (Quero colocar o meu tronco na sua lareira). Ambos têm uma marca diferente de rock, mas tudo funciona no KISS.

RON NEVISON: Gene não tinha o mesmo nível de Paul como cantor. Não acho que ele seja um letrista como Paul, mas não tenho dúvida de que ele tinha algo especial, de que ele se destacava dos outros. Se eu queria ter um sucesso pop com o KISS, então tinha de ser com Paul. Paul escrevia músicas com apelo mais comercial, músicas que pegavam como "Crazy Crazy Nights". Há várias músicas ótimas, como "My Way"; "Turn on the Night" foi uma música bem legal. Acho que as minhas músicas prediletas foram "Crazy Crazy Nights" e "Reason to Live". Há muitas músicas ótimas nesse disco. Paul também compunha com parceiros de sucesso. Gene compunha com Eric e Bruce e com certeza era bom. Foi ótimo trabalhar com Bruce Kulick e Eric Carr, eles foram incríveis! Foi uma grande banda, com certeza.

RON NEVISON: Foi um disco que não demandou muito esforço. Já tinha trabalhado com vários grupos que tinham compositores diferentes e cantores principais diferentes. Eles sempre me procuravam para dar uma força às músicas deles. Nada disso aconteceu com o KISS. Gene não ficava muito incomodado quando havia mais músicas de Paul do que as dele no disco. Ele aceitou tudo. É impossível existirem músicos mais profissionais. Isto é, Eric Carr era um tremendo baterista, que Deus o tenha. Bruce Kulick é um virtuoso, um fantástico guitarrista, ele consegue tocar de tudo. Além disso, é um cara maravilhoso.

RON NEVISON: Talvez o disco pareça ter um som brando demais, as pessoas esperam mais rock de um disco do KISS. Talvez esse tenha sido o meu equívoco. Corri o risco de deixá-lo mais pop. "Shot in the Dark", do Ozzy, do álbum *The Ultimate Sin*, fez sucesso um ano atrás. Eu ainda estava um pouco envolvido demais e pensei: "Que coisa, funcionou com todos os outros" [risadas]. Eu confiava nas músicas. O que eu tinha contra mim era o nome KISS em termos de música pop. Eles ouviam, mas não a consideravam um KISS legítimo. Foi um grande sucesso na Inglaterra porque eles não são preconceituosos lá; na Inglaterra, tudo é legal. David Cassidy poderia ser um astro na Inglaterra; eles não se importam que ele seja um ator de TV. Eles são o KISS, eles não podem ser astros pop. Eu estava lutando contra isso e pensei que poderia ser bem-sucedido. Portanto, em retrospecto, se eu tivesse feito um outro álbum deles, eu teria colocado mais rock. Sabendo o que sei agora, eu teria feito uma versão para o álbum e uma versão para o compacto simples que fossem mixadas de uma forma diferente somente para as rádios pop. Mas não foi isso que aconteceu. Acho que o disco ficou um pouco palatável demais. Se o disco explodisse com duas músicas nas paradas de compacto simples, teria causado mais danos do que causou por ter sido palatável [risadas].

ADAM MITCHELL: Eu acho que a coisa mais inesquecível na gravação de todo o disco *Crazy Nights* foi a maneira com que Bruce tocou no estúdio. Ele sempre vinha com ótimas sugestões e claro que, algumas vezes, quando outras pessoas também vinham com uma, por mais difícil que fosse, Bruce lidava com ela como se fosse fácil. Eu me lembro de ter pensado que, se eu fosse para casa e praticasse aquilo por duzentos anos, nem assim teria me saído tão bem.

ADAM MITCHELL: Um dos motivos de ser tão divertido trabalhar com o KISS é que todos na banda têm muito bom humor. Gene e Paul são bem engraçados e Eric é hilário. Eu não me lembro de nenhuma ocasião, especialmente no estúdio, em que as coisas tenham ficado tensas ou sérias demais. Cada um dos rapazes do grupo realmente contribui com algo especial; posso dizer que isso é a pura verdade; tive a oportunidade de observar isso de perto. Desde o começo, o que fez essa banda funcionar foi a química. Gene é uma figura fundamental; esse cara grandalhão, como é de se esperar, está sempre preocupado com o tamanho dele. Ele é sempre espalhafatoso. Paul tem ótimas ideias para as melodias. Eu me lembro de ter ficado muito impressionado com o modo como ele alcançava notas tão altas sem desafinar. Isto é, em turnês, nas gravações, nas fitas demo, ele tem uma voz totalmente à prova de balas!

TOBY WRIGHT: Eu trabalhei com o KISS no álbum *Crazy Nights* como assistente de Ron Nevison. Aquele disco foi uma loucura. Eram todas aquelas malucas guitarras de 1987. Ron tinha acabado de trabalhar com o Ozzy. O KISS tentava navegar nas mesmas águas. Eles fizeram um trabalho bem razoável, mas não ótimo.

DENNIS WOLOCH: Paul me sugeriu a ideia para a capa do álbum *Crazy Nights*. Ele me disse: "Quero que você tente fazer alguma coisa com fotografias num espelho quebrado". Achei uma péssima ideia. Achei que era um clichê, mas não consegui conversar com ele a esse respeito. Eu já recebi sugestões podres no passado que tive de desenvolver e acabaram ficando boas. Usei Walter Wick, este grande fotógrafo, excelente para solucionar problemas. Se eu disser a ele que eu quero rostos refletidos num espelho e que o espelho deve estar quebrado em mil pedacinhos, ele dá um jeito. Foi o que aconteceu. Não estávamos com a banda, tínhamos fotografias do grupo refletidas no espelho quebrado que estava no chão. Ficamos em pé em cima de um espelho enorme e batemos a foto mirando para baixo. As fotos iniciais tinham o espelho partido em bilhões de pedacinhos e os rostos deles refletidos um bilhão de vezes. Pedaços desiguais, bem recortados, que pareciam perigosos, e eu adorei o efeito. Mas Paul não gostou, justificando: "Mas não se pode ver o meu rosto". E ele insistiu que queria que todos os rostos tivessem o mesmo tamanho. Tive de voltar e arrumar pedaços idênticos de espelho quebrado, incliná-los e fazê-los refletir dois terços do rosto de Paul e dois terços do rosto de Gene.

CRAZY CRAZY NIGHTS ★★★★★

PAUL STANLEY: Eu estava fora uma noite com Adam [Mitchell], com quem às vezes componho, e disse: "Cara, 'Crazy Crazy Nights' é um ótimo nome", e ele concordou. Fui para casa, criei o refrão e telefonei para ele. Ele veio de manhã e compusemos juntos. Eu me canso das pessoas falarem em músicas que se tornaram hinos, porque há uma tentativa artificial de escrever uma dessas canções. Trata-se de uma coisa calculada, manipulada. Parece que todos eles e respectivas mães estão tentando escrever uma dessas músicas agora. Mas não se trata disso. Uma ou outra vez você pode conseguir escrever algo assim, mas não porque você ficou tentando.

ADAM MITCHELL: Fizemos a demo de "Crazy Crazy Nights" e 'I'll Fight Hell to Hold You" no Electric Lady, em Nova York. As duas fitas demo ficaram bárbaras porque tínhamos uma multidão maior cantando no backing do que aconteceu na gravação final. Isso foi escolha de Ron Nevison, não minha. Na demo, parecia que todo o estádio cantava junto e eu curti isso. Eu sempre gostei das letras dessas duas músicas e claro que "Crazy Crazy Nights" foi um grande sucesso no resto do mundo, em especial na Inglaterra.

I'LL FIGHT HELL TO HOLD YOU ★★★★★

PAUL STANLEY: Foi estranho como essa música aconteceu. Eu criei um riff. Bruce [Kulick] transformou o riff numa música e depois a música foi fragmentada.

BRUCE KULICK: Sei que Paul estava brincando com aquele riff que está na música, mas havia um ritmo totalmente diferente. Tentamos trabalhar com ele, mas não deu em nada. Então, um dia, eu fiz uma abordagem totalmente nova e mostrei a Paul, que adorou. Mais tarde, na mesma semana, eu estava conversando com Adam Mitchell e ele disse: "Trabalhamos naquela música ótima, 'I'll Fight Hell to Hold You'". Então eu disse: "É mesmo? Como foi?". E ele me descreveu a música e disse como era o riff. Eu respondi: "Que legal! É a coisa que eu tinha começado com Paul".

BANG BANG YOU ★★★★★

PAUL STANLEY: Algumas das faixas chegam a um limite perto demais do kitsch para mim. Mas é uma música engraçada. Ela funciona dentro do contexto da década de 1980.

DESMOND CHILD: Eu a adoro. Eu e Peter sempre fomos fãs da música de Sonny Bono "Bang Bang (My Baby Shot Me Down)". Acredito que essa música foi definitivamente influenciada por ela.

NO, NO, NO ★★★★★

GENE SIMMONS: "No, No, No" é um desses desastres. Bruce Kulick começou a brincar com um lick. Toda vez em que se planeja algo demais, há uma tendência de o tiro sair pela culatra. Tentávamos fazer uma música bem rápida, pois a moda era de músicas bem rápidas. A letra saiu com facilidade. A maior parte das mudanças de acordes foi criada por Bruce. Não é uma das minhas músicas prediletas. Ela apresenta aquele tipo de vibração muito elaborada na musicalidade.

HELL OR HIGH WATER ★★★★★
GENE SIMMONS: Essa música começou com Bruce Kulick. Ele criou um padrão de acordes de que eu gostei muito e o nome foi ideia dele também. Eu escrevi a letra e a melodia [cantarola a letra]: "Here I am all alone, been two days since you been gone" (Aqui estou eu completamente sozinho, faz dois dias que você partiu).

MY WAY ★★★★★
PAUL STANLEY: Isso surgiu no teclado. Como eu não sei tocar teclado, foi uma coisa interessante. Acho que músicas como "My Way" estão desnecessariamente em notas altas. Eu estava tão animado com a minha extensão vocal [risadas] que virou mais um tipo de desafio para ver se eu conseguia alcançar tons mais altos. Às vezes, quando canto notas mais altas, os cachorros saem correndo pelas ruas. Gosto das músicas de *Crazy Nights*; só acho que em questão de som elas poderiam ser melhores.

WHEN YOUR WALLS COME DOWN ★★★★★
BRUCE KULICK: Eu me lembro de que tinha algumas estrofes, umas coisas meio dançantes, do tipo Van Hallen. Paul gostou delas. Sentamos e trabalhamos a música. Eu não estava por perto quando ele terminou a música com Adam Mitchell.

REASON TO LIVE ★★★★★
PAUL STANLEY: Eu queria baladas no disco, mas as baladas são um tanto perigosas porque, quando se faz uma balada, você tem de fazer algo que não pareça piegas. Seja porque você está escrevendo uma balada ou por estar escrevendo uma canção sobre relacionamentos. Isso não quer dizer que você deva escrever

algo sobre ser infeliz ou ser incapaz de viver sem alguma pessoa. Então, nós nos sentimos muito felizes com essa.

DESMOND CHILD: Essa música foi criação minha. Era mais uma música para teclado. A contribuição de Paul foi com a letra. Ele escreveu a letra para a música, mas era mais o meu estilo do que o estilo do KISS.

GOOD GIRL GONE BAD ★★★★★

GENE SIMMONS: O presidente da gravadora [Mercury Records] na época era Davitt Sigerson, que tinha produzido os Bangles. Eu morava no apartamento de Shannon [Tweed]. Davitt e eu nos reuníamos e trocávamos ideias. Escrevemos a letra juntos, mas a melodia e a estrutura de acordes foram minhas. Eu andava meio perdido na época. Achava que tínhamos nos tornado uma banda pop. "Crazy Crazy Nights" foi um grande sucesso na Europa, mas nunca gostei dela. Também não gosto do disco. Nós nos tornamos parecidos com os nossos vídeos. Idiotas. Não tão bons quanto Bon Jovi, não tão bons quanto o Poison. Eles faziam versões melhores do que nós. Tinham uma aparência melhor, eram mais jovens e mais magros, escreviam canções melhores naquela veia pop. Quando se está no olho do furacão, você não tem consciência do que está acontecendo do lado de fora. Enquanto estávamos no processo, acreditávamos que estávamos fazendo as coisas corretas. Havia muito poucas opções. Não podíamos ultrapassar o Motörhead em sua praia. Não éramos tão clássicos quanto o Led Zeppelin. Não podíamos fazer a versão clássica do KISS sem Ace ou Peter. Assim, fizemos o melhor que pudemos com o que tínhamos.

TURN ON THE NIGHT ★★★★★

DIANE WARREN: Eu não tinha muitos sucessos ainda, mas Paul botava fé em mim. Paul tem uma boa sensibilidade pop. Ele é um cara de fazer canções. Ele é um bom compositor e gosta de boas canções. Eu me diverti muito compondo "Turn on the Night" com ele. Achei que faria mais sucesso do que aconteceu.

PAUL STANLEY: Eu já conhecia Diane antes de ela se tornar Diane Warren com letras maiúsculas [risadas]. Quando eu escrevia as músicas do *Crazy Nights*, eu queria muito compor uma música com ela. Diane apareceu com o nome e compusemos juntos. Ela fez uma boa parte da música.

THIEF IN THE NIGHT ★★★★★

GENE SIMMONS: Mitch Weissman, o sósia de Paul McCartney em *Beatlemania*, me mostrou um trecho com acordes. Eu gostei e sugeri algumas mudanças. A música foi escrita originalmente para Wendy O. Williams. Mais tarde ela a gravou.

MITCH WEISSMAN: "Thief in the Night" era uma ideia musical totalmente acabada. Então eu e Gene fizemos a letra. Gene tinha o nome e a ideia para a letra, que tinha um tom de filme *noir*. É uma música tipo livro de mistério.

SMASHES, TRASHES AND HITS

Lançamento: 14 de novembro de 1988
DESMOND CHILD – compositor

GENE SIMMONS: *Smashes, Trashes and Hits* foi remixado, mas nada foi regravado. Não gosto das duas músicas novas: "Let's Put the X in Sex" e "Rock Hard". Mas é interessante quando se faz alguma coisa sem uma perspectiva bem clara. Quando estávamos preparando o disco, dizíamos: "Puxa, que balanço!". Quando você é jovem e fica ouvindo esses trechos, pensa se as músicas vão resistir à passagem do tempo até perderem o significado. Mas, voltando atrás, agora você vê que esta é a medida certa. Será que vai funcionar daqui a dez anos? Para um fã novo, eu provavelmente daria uma cotação maior. Para o fã novo, três estrelas, para o fã antigo, uma ou duas.

PAUL STANLEY: *Double Platinum* saiu dez anos antes dele. Ficamos um bom tempo remixando, remasterizando, tirando o máximo de todas as músicas. A ideia era dar um polimento nas músicas e fazer a remixagem, mas nunca de mudar alguma coisa. Colocar Eric [Carr] cantando "Beth" foi espontâneo. Eric é um ótimo cantor. As duas músicas novas foram escritas três dias antes de entrarmos no estúdio. Acho que as músicas novas compostas para esse fim são um fiasco. Acho que elas são muito chatas. Mas, fora isso, é um ótimo álbum. Cinco estrelas.

BRUCE KULICK: Essa foi uma outra ótima coletânea de sucessos. Colocar Eric Carr cantando "Beth" foi uma tortura para ele. Foi uma facada e tanto em Peter, com certeza.

LET'S PUT THE X IN SEX ★★★★★

PAUL STANLEY: "X in Sex" acabou sendo uma versão de segunda classe do "Addicted to Love", de Robert Palmer. Naquela época, estávamos trabalhando com Desmond [Child] e Diane [Warren], que são compositores brilhantes. Acho que ultrapassamos uma linha perigosa para o kitsch.

BRUCE KULICK: Eu fiquei desapontado com a música porque tem o mesmo sabor de qualquer coisa que estivesse em voga no cenário musical da época. Nós a ensaiamos e a outra música nova, "(You Make Me) Rock Hard", e fizemos a gravação em Nova York. Gene não participou muito. Era uma dessas épocas em que Gene deixava Paul fazer alguma coisa, porque ele estava muito ocupado fazendo outras coisas. Foi engraçado! Quando tocávamos o "X in Sex" na turnê das convenções [do KISS] as pessoas enlouqueciam. Musicalmente falando, a música se origina de coisas que aconteciam no fim da década de 1980.

(YOU MAKE ME) ROCK HARD ★★★★★

DESMOND CHILD: Eu e Paul escrevemos a música com Diane Warren. Gosto dela. De certa maneira foi mais uma piada. Nós dizíamos: "Essa insinuação sexual não é óbvia? – Você me faz balançar muito?".

PAUL STANLEY: Não gosto nada dela. É muito elaborada e kitsch. Nem sei quem tocou nessa faixa. Não foi um dos nossos momentos mais brilhantes. Foi o auge da nossa preocupação com o que as outras pessoas estavam fazendo.

BRUCE KULICK: Paul ficou copiando o que era popular na época. Não dá para ter orgulho dessa música.

HOT IN THE SHADE

Lançamento: 17 de outubro de 1989
VINI PONCIA – compositor e assistente da produção / LARRY MAZER – empresário
ADAM MITCHELL – compositor / TOMMY THAYER – compositor

PAUL STANLEY: Foi um primeiro passo importante em direção ao retorno, sem recriar o que tinha sido feito antes, mas reforçando e nos redefinindo. É o que deveria ter sido feito em *Hot in the Shade*. Tínhamos de olhar e dizer: "Há alguma coisa que estamos fazendo ou há alguma coisa que vem acontecendo nos últimos quinze anos que deveríamos ter deixado para trás?". Vamos nos livrar dessas coisas e deixar a base com o rock e as guitarras, porque foi assim que começamos tudo, não vamos nos esquecer disso. *Hot in the Shade* é um álbum que volta ao que as pessoas consideram como o KISS tradicional. Ele é muito mais próximo a isso do que algumas das nossas coisas mais recentes.

GENE SIMMONS: *Hot in the Shade* foi uma boa tentativa. Para mim, as composições não ficaram satisfatórias. Eu estava ocupado fazendo filmes, mas aos poucos eu me dava conta de que não dá para fazer tudo. Já que não tínhamos tempo de elaborar bem o material, todos nós, separadamente, fizemos demos gravadas em 24 canais, depois, às vezes, tocávamos as demos dos outros. O que aconteceu foi naturalmente. Começamos a assimilar as demos e isso se tornou o nosso álbum. Eu daria duas estrelas.

BRUCE KULICK: *Hot in the Shade* foi o álbum do KISS de que menos gostei. Não havia ninguém no comando, tudo ficou acomodado e no fim a música sofreu com isso, embora eu ache que "Forever" é um enorme diamante que brilha nesse disco. Começamos fazendo demos em 24 canais. Não foi muito caro porque não estávamos em um estúdio muito sofisticado. Começou a acelerar quando dissemos: "Vamos sobrepor as demos". Na verdade, eu não gosto de fazer isso, mas entendo o processo. Começamos a trabalhar na música, acrescentando e substituindo coisas. Acho que deveríamos ter tido um produtor de fora que viesse e dissesse: "Vocês não precisam de quinze músicas e vocês não têm a mínima noção do que estão fazendo". Eric Carr ficou muito infeliz durante o processo desse disco. Há até mesmo uma ou duas músicas em que usamos a bateria eletrônica em vez dele na bateria e isso o incomodou. Acho que foi em uma das músicas do Gene. E eu não tive coragem de dizer o que gostaria. Eu realmente não fiquei satisfeito com o disco, embora houvesse alguns momentos brilhantes.

BRUCE KULICK: Com Gene e Paul produzindo os álbuns, eles pensaram que ninguém sabia mais sobre o KISS do que nós. Eles acharam que nós conhecíamos nosso mercado e parecia muito difícil conseguir superá-lo. Isso ficou muito claro. Funciona mais ou menos assim: podemos gastar um milhão de dólares e mesmo assim só vender X. Se gastássemos meio milhão de dólares e fizermos à nossa própria maneira, ainda venderíamos X. Será que é assim que deve ser feito? Quem sou eu para julgar. Se eu acho que a música e a banda sofreram? Até certo ponto, e não é porque os dois não sejam realmente talentosos ou capazes de fazer um bom trabalho. Mas você acaba cedendo mais, porque tem de lidar com os próprios membros do grupo. E em *Psycho Circus* eles trouxeram um produtor. Não havia maneira de superarmos aquele estresse todo sem um [Bruce] Fairbairn.

LARRY MAZER: Organizamos a turnê juntos e criamos o show do palco, a Esfinge da capa do álbum. Foi um dos maiores shows ao vivo que fizemos, incluindo a turnê do reencontro. Organizamos a turnê e depois fizemos uma reunião sobre as apresentações da abertura. Ace Frehley tinha lançado um disco e eu pensei que seria legal e ajudaria a vender mais entradas se tivéssemos Ace como convidado especial. Paul e Gene concordaram, mas ele recusou.

LARRY MAZER: Em trinta anos como empresário, essa foi a época em que eu mais me diverti dirigindo uma apresentação. Eu ria todos os dias. Eles foram os melhores clientes que já tive em nível de criatividade. Eu tive problemas com a questão do dinheiro, com Gene tudo era grana, grana, grana. Sempre tive esta política: primeiro que a coisa seja legal, depois o dinheiro. Tudo girava em torno da grana, e isso me incomodou. Foi assim que nós lançamos o disco *Revenge*, contratando um empresário, depois de estar na carreira por vinte anos, e tendo um cara lá, que ficava dando palpites radicais de como colocar a maquiagem no vídeo "Rise to It", e fazendo uma turnê pelos clubes. Vários artistas, Pat Benatar, Cheap Trick, Peter Frampton, brigaram por causa de várias coisas que eu gostaria de fazer. Em todos os anos em que trabalhei com o KISS, não houve uma sugestão que tivesse sido rejeitada por eles. Nenhuma.

RISE TO IT ★★★★★

PAUL STANLEY: *Hot in the Shade* é mais próximo às nossas raízes. É como mostrar onde tudo começou, com a guitarra slide e os blues. Blues verdadeiro, não o que os ingleses faziam quinze anos atrás, mas o blues original. Ela foi composta com Bob Halligan. Bob tinha grande parte da base para a música. Ela se adaptou bem. Parecia autêntica. Foi divertido fazer aquele pequeno trecho inicial com o dedal na guitarra.

BRUCE KULICK: Achei que "Rise to It" foi uma música forte para aquela época. Tinha um estilo de blues e era uma música para pegar. Tinha um nome malicioso, claro. Mas o vídeo com Gene e Paul colocando a maquiagem de novo me confundiu um pouco.

LARRY MALZER: Depois de "Forever", viemos com uma outra faixa de rock, "Rise to It". Desde que eu me envolvi com o KISS, os empresários se aproximavam de mim para que eu tentasse convencê-los a colocar a maquiagem novamente. Os empresários me telefonavam de repente e diziam: "O que custa colocar a maquiagem de volta?". O KISS vinha fazendo concertos regularmente, mas não negócios espetaculares. Conversamos a respeito, mas eu não acreditava no KISS colocando a maquiagem novamente. Disse-lhes: "Acho que seria o fim da linha", o que anos mais tarde seria o fim da linha [risadas]. Para mim, quando você faz umas coisas dessas está dizendo: "Bem, agora é o fim". Se você começar com isso, não há caminho de volta. Sempre combati a ideia, mas pensei que, por outro lado, havia toda uma geração de jovens que nunca chegaram a conhecer esse KISS. "Por que não fazemos algo que nos remeta de volta àquilo?" Foi assim que tivemos a concepção do vídeo "Rise to It", no qual Paul e Gene colocam a maquiagem de novo. Paul e Gene concordaram totalmente com aquilo, não foi difícil vender a sugestão. A ideia foi de colocar um trecho de flashback no vídeo, em que eles estavam maquiados e conversavam sobre a possibilidade de tirarem a maquiagem no futuro. No vídeo, Gene diz: "Não, isso nunca vai acontecer", e Paul diz: "Claro que pode acontecer, mas ainda assim seremos o KISS". Foi uma grande cena no vídeo. Houve muita cobertura da imprensa por causa dela. A música não se saiu tão bem. Voltei a falar com todas aquelas pessoas e disse: "Vejam, no fim das contas, ninguém se importa com esses caras de maquiagem, porque o vídeo não foi realmente um grande vídeo e a música não era uma grande música de rock". Portanto, isso me confirmou que aquele período tinha acabado.

BETRAYED ★★★★★

GENE SIMMONS: "Betrayed" começou com um riff. Tinha uma origem meio sexual. Então eu me lembrei de ter lido uma história sobre um cara que sentia que a vida lhe devia um favor e que ele sempre sentia que as coisas nunca fluíam muito bem. Felizmente, é uma música para cima. As coisas não são tão ruins, pelo menos você não está crucificado. Todo mundo sente em algum momento que foi traído pelo destino.

TOMMY THAYER: Eu me reuni com Gene e trabalhamos com os riffs, melodias cantaroladas, e então Gene escreveu a letra. Eu me lembro de ter trabalhado na melodia do refrão de "Betrayed". Eu já tinha composto com Gene antes, ele tinha produzido os dois álbuns do Black' N' Blue. Trabalhamos em várias composições para eles e eu me sentia à vontade com ele. Fizemos as demo no Fortress Studios, em Hollywood. Eu me lembro de que eu, Gene e Eric Carr editamos essas músicas, "Betrayed" e "The Street Giveth and the Street Taketh Away". Eric era um ótimo baterista. Eu realmente gostei de tocar com ele. É uma lembrança muito querida porque ele é uma das pessoas que eu adoro.

HIDE YOUR HEART ★★★★★

PAUL STANLEY: Eu me reuni com Holly Knight. A música surgiu bem rapidamente e então a Holly veio com o refrão e a melodia. Depois, fui para Nova

York e Desmond Child ajudou com a letra e parte da melodia. É realmente engraçado. Nós três compusemos juntos, mas nunca estávamos juntos. É fácil escrever músicas como essa. É sobre Nova York e as coisas que acontecem a todos nós. Talvez nem todos sejam atingidos, mas se envolvem em situações em que duas pessoas estão apaixonadas. Quando se começa a brincar com o orgulho das pessoas e seu coração, todo tipo de coisas terríveis pode acontecer.

DESMOND CHILD: "Hide your Heart" e "Heaven's on Fire" são as minhas músicas prediletas dentre as que escrevi com Paul. Paul tinha começado a música e ela se chamava "Bite Down Hard". Nós a compusemos junto com Holly Knight, que já tinha uma música com o mesmo nome, então nós mudamos o nome para "Hide Your Heart".

PRISONER OF LOVE ★★★★★

BRUCE KULICK: Gene transformou "Prisoner of Love" num shuffle, uma dança lenta de arrastar os pés, e ela não era assim. Isso foi muito frustrante para mim. Eu tinha uma coisa bem legal do tipo Def Leppard com a guitarra, como em "Domino", mas menos acelerada. Eu me lembro de que Gene se enfiou na garagem com o seu Rolls-Royce, num condomínio onde ele estava morando, e disse: "Bruce, acho que precisamos transformar isso num shuffle. E eu [faz uma expressão de dor]: "Oh, não!". Acho que funcionou até certo ponto, mas eu sempre estive satisfeito com a música.

READ MY BODY ★★★★★

PAUL STANLEY: Bob [Halligan] é um ótimo compositor. "Read My Body" é uma incursão ao rap. Nunca vou competir com o Ice-T, o Public Enemy ou o Tone Loc, mas é uma música legal, tem um bom refrão.

LOVE'S A SLAP IN THE FACE ★★★★★

GENE SIMMONS: "Love's a Slap in the Face" é a minha filosofia de amor. Quando você está apaixonado, é como se uma marreta o atingisse, seus chifres caem e você não se importa mais com o que as outras pessoas dizem, sua necessidade essencial está ali. Havia uma velha canção, cantada pelos Crystals, que o Phil Spector produziu, "He Hit Me (I felt like a Kiss)". É o tipo de imagem que eu buscava.

FOREVER ★★★★★

PAUL STANLEY: Muitas vezes, você pode confiar nos instintos. Se você sente lá dentro que tudo está bem, tudo está bem. "Forever" foi iniciada, mas não terminada porque não sabíamos muito bem como acabá-la. Michael [Bolton] tinha começado a compô-la e já que você começou a música com ele, você não quer terminar com outra pessoa. Eu estava junto com Vini Poncia, peguei a guitarra e ele disse: "O que é que você já tem pronto para o disco?". Eu toquei a estrofe e o refrão no violão. Ele falou: "Você está no caminho certo". Todos sabiam que era uma música boa. Os amigos são uma coisa, os compositores colaboradores são outra. Acho que nos tornamos amigos enquanto compúnhamos. Ou, pelo menos, tem-se uma amizade baseada em compor juntos. Compor junto é quase um ato religioso. É bem legal, porque você toca em uma parte do outro que as pessoas não conhecem. Você mostra ao outro uma parte de seu ponto de vista e de sua filosofia que muitas outras pessoas não conseguem enxergar. Você compartilha algo que é bem especial. Na verdade, é isso que está na base de uma amizade.

BRUCE KULICK: Meu solo tinha sido feito originalmente numa guitarra, na qual eu toquei a melodia de uma maneira bem doce. Às vezes, é muito fácil, quando você está na sala de controle, dizer: "Sabe de uma coisa, talvez não seja preciso fazer isso, talvez a gente possa tentar uma outra abordagem". Logo que Paul começou a falar de um solo de guitarra do tipo do Led Zeppelin acústico, eu disse: "Tudo bem, entendi, não é nada disso". Quando ele saiu e voltou para conseguir a faixa, eu já estava lá formulando ideias e já tinha 95% do solo pronto. É uma música importante, as pessoas a tocam em casamentos.

LARRY MALZER: Eu senti que "Forever" era uma música forte, que tinha potencial de sobreviver muito tempo. O KISS não tinha tido um sucesso nas paradas do Top 40 desde "I Was Made for Lovin'You". Eu queria uma música que pudesse atingir uma grande faixa. Fizemos um vídeo bonito com o Mark Rezyka.

A música foi um sucesso nas rádios de rock e depois chegou ao Top 40, atingindo o oitavo lugar na Billboard. Foi o primeiro compacto simples no Top 10 em vários anos. O sucesso de "Forever" revitalizou as vendas de entradas para a turnê *Hot in the Shade*. Nós montamos uma turnê imediatamente depois de "Hide Your Heart" surgir e os empresários não ficaram muito entusiasmados com a ideia. Então, voltamos atrás e decidimos esperar antes de sair em turnê. Depois do sucesso "Forever", fizemos as reservas para a turnê e foi incrível!

SILVER SPOON ★★★★★

PAUL STANLEY: Na música eu canto: "I always knew I would be somebody" (Sempre soube que seria alguém). Isso é verdade. Eu sempre botei na cabeça que seria alguém. Nunca me senti como se fosse outra pessoa. Eu estava turbinado pela crença de que eu chegaria ao sucesso. Eu sou um cara de sorte, que paga o aluguel e consegue tudo o que quer tocando guitarra. Sempre quis fazer isso. Tenho liberdade, posso fazer as coisas de minha própria maneira. Não devo satisfações a ninguém.

VINI PONCIA: "Silver Spoon" foi a nossa versão do tipo de música rock-pop que o Bon Jovi fazia naquela época. Paul queria se estabelecer no círculo de compositores bem-sucedidos na época, pessoas como Desmond Child, Holly Knight, Diane Warren. Ele se achava tão bom quanto eles. Ele queria que as pessoas soubessem que ele poderia escrever uma boa canção de rock com uma letra de qualidade e não só músicas sobre trepar. De "Silver Spoon" a "Sure Know Something", o que é bom nas músicas que compus com Paul é que elas têm trabalho de qualidade. Boa letra, melodias fortes.

CADILLAC DREAMS ★★★★★

GENE SIMMONS: "Cadillac Dreams" foi aquela coisa com um sabor pop, Nova York, R&B e dependendo do seu gosto podia ou não ter alcançado o objetivo. "Cadillac Dreams" nunca foi bem gravada pelo KISS. Minha fita demo é muito melhor. Vini Poncia me procurou com essa ideia. Quando ele era um garoto em Nova York, o símbolo do sucesso era um Cadillac. Se houvesse um velho prédio no gueto, mas se na frente tivesse um Cadillac, significava que as pessoas de dentro daquela moradia tinham conseguido sucesso. Os Cadillacs naqueles dias custavam sete mil dólares. Se a sua renda anual chegasse a sete mil dólares, era muito dinheiro. "Cadillac Dreams" era sobre o sonho americano: "Será que vou conseguir?". Mas a faixa nunca funcionou. Eu a escrevi com Vini Poncia. O estilo de composições da banda tentava pegar novas influências. O *Destroyer* obviamente soava diferente porque Bob Ezrin estava por perto. Quando o Vini Poncia estava por perto, as composições mudavam. Estávamos abertos a novas estéticas. No entanto, foi sempre com Ezrin que a banda se sentia como uma versão melhorada do KISS. Acho que *Creatures of the Night* foi bom e Michael James Jackson estava envolvido nele. Mas acho que ele tinha mais a ver com Paul e eu somente deixei as coisas rolarem. Ace não estava lá, nem para nos torturar, nem para nos manter presos ao estilo original de rock. Peter tinha se ido. Portanto, nossa tendência era ficarmos mais pesados e chegar aos extremos.

VINI PONCIA: Acho que a melhor música que já escrevi com Gene foi "Cadillac Dreams". Era uma música sobre um garoto que cresceu tendo o sonho de ter um Cadillac. Aquela música tocou o coração de Gene, diz como ele veio para os Estados Unidos e viveu o sonho. Era mais alguma coisa próxima com o que ele poderia se relacionar do que a composição de uma música como "She's So European".

KING OF HEARTS ★★★★★

VINI PONCIA: Naquela época, estávamos competindo com as músicas do Bon Jovi. Era o tipo de música que estabelecia o padrão do que acontecia no mundo do rock. Paul adorava as coisas do Bon Jovi, e adorava "Living on a Prayer". Nós achávamos que as grandes bandas de rock iam naquela direção e, se quiséssemos competir com elas em termos de presença no rádio, era preciso escrever músicas que tivessem o mesmo veio. E "King of Hearts" era exatamente assim.

BRUCE KULICK: Vini [Poncia] começou a escrever com Paul. Fiquei um pouco preocupado quando o Vini começou a se dedicar à composição de músicas, achando que ele não traria o som tradicional do KISS. Quando ouvi o nome de [Bob] Ezrin, fiquei feliz. A maior parte de *Hot in the Shade* era de demos. Acho que foi um álbum muito comprometido. Não tenho carinho especial pela maior parte das músicas. A introdução de Paul foi inteligente, mas, como música, ela não foi convincente. Paul estava desenvolvendo aquela coisa de Bon Jovi dos anos 1980, mas ainda não tinha aterrissado na era correta. Acredito que ele estava tateando no escuro para encontrar a direção certa. Eu não fiquei muito feliz com a maior parte das músicas de *Hot in the Shade*.

THE STREET GIVETH AND THE STREET TAKETH AWAY ★★★★★

TOMMY THAYER: Eu criei o riff da guitarra principal que está no refrão. Comecei a trabalhar com Gene nesse riff. Eu me lembro de ter ido à casa de Gene, ficar sentado à mesa da sala de jantar, trabalhando com essa melodia. Acho que primeiro nós estruturamos toda a música e depois Gene começou a trabalhar com a letra. Ele me telefonou alguns dias depois e estava bem animado, porque ele achou que tinha criado uma letra bem boa, da qual se orgulhava. Ele a comparou com as letras de Mick Jagger que falam das ruas. Foram essas coisas de que gostei no álbum *Hot in the Shade*, não eram só aquelas músicas que falam de bunda e peito, de que também gosto. As músicas falavam mais de experiências de vida.

YOU LOVE ME TO HATE YOU ★★★★★

DESMOND CHILD: Paul e eu a compusemos no Sunset Marquis. Eu já tinha composto "I Hate Myself for Loving You" para Joan Jett. São as mesmas palavras, só que redistribuídas.

SOMEWHERE BETWEEN HEAVEN AND HELL ★★★★★

GENE SIMMONS: Vini Poncia e eu nos encontramos e escrevemos quatro ou cinco músicas. Uma delas foi "Somewhere Between Heaven and Hell". O nome veio do Vini. Não achamos que o Vini deveria produzir o *Hot in the Shade*, embora ele tivesse feito um trabalho primoroso com o *Dynasty* e o *Unmasked*.

Foi um tipo diferente de KISS. Mais pop, mais dançante, mais R&B. Achamos que perdemos muito da personalidade que tínhamos. A demo da música é muito melhor do que o disco, muito mais pesada.

LITTLE CAESAR ★★★★★

GENE SIMMONS: A música tinha o mesmo nome da "Ain't That Peculiar", de Marvin Gaye, embora fosse uma outra canção. Eu disse: "Ela não pode se chamar assim. Diga alguns dos seus apelidos". Eric [Carr] disse: "Costumavam me chamar de Little Caesar (Pequeno César) quando eu era pequeno". Respondi: "Imagine só qual vai ser o nome da música?".

ADAM MITCHELL: Trabalhar com Eric [Carr] sempre foi ótimo. Eric foi uma das pessoas mais engraçadas que conheci. Era impossível ficar perto dele por mais de dois minutos sem cair na gargalhada. Ele fazia o Monty Python e muitos outros tipos de vozes malucas e tinha uma visão muito engraçada do mundo. Além do mais, era um grande baterista. O solo de bateria dele foi a minha parte predileta no show do KISS ao vivo. Trabalhei com Eric na "Little Caesar". Eric tinha várias facetas musicais que as pessoas desconhecem. Ele podia abrandar e ser bem funk, você pode ouvir um pouco dessa parte em "Little Caesar". Uma vez, durante a gravação em Nova York, fomos para um restaurante italiano e comemos muito alho, que começou a fazer efeito umas duas horas mais tarde quando estávamos no meio dos vocais. Cara, que mau hálito! Cantar juntos no mesmo microfone foi atroz!

BOOMERANG ★★★★★

BRUCE KULICK: Acho que eu estava alto quando compus isso. Eu tinha um riff rápido e charmoso e pensei: "Puxa, isso é demais". Era como um AC/DC acelerado. Essa música não caiu no gosto do Paul. Ele era contra esse tipo de coisa. Achei que aquela bateria rápida com bumbo duplo era adequada para aqueles tempos. Gene gostou muito. Quanto à letra, Gene tinha uma ideia de uma música sobre uma garota que vivia voltando para ele, como um bumerangue. Embora Paul não tenha gostado dela, precisávamos de uma música bem acelerada para o álbum.

REVENGE

Lançamento: 19 de maio de 1992
BOB EZRIN – produtor e compositor / LARRY MAZER – empresário
VINNIE VINCENT – compositor / DICK WAGNER – guitarrista de estúdio

GENE SIMMONS: Quatro estrelas e meia. *Revenge* é talvez o álbum que me trouxe mais satisfação. Eu trabalhava nele desde o *Creatures*. É um dos melhores discos do KISS porque Bob Ezrin trabalhou nele. Não sou um cara de ficar soltando elogios à toa. Não há ninguém como Bob em termos de direção. Ele é ótimo! Foi Bob que conseguiu tirar tudo de nós. Eu insisti na ideia de deixar Bob produzir uma música inicialmente ["God Gave Rock'n'Roll to You II"] porque o *The Elder* não tinha sido uma boa experiência. Bob não estava bem de saúde. Embora eu tenha gostado de algumas músicas naquele álbum, foi um disco com falhas e Bob não estava na melhor condição. Antes de começar a trabalhar conosco, eu queria ter certeza de que Bob estava bem. Acho que "God Gave Rock'n'Roll to You II" é uma das melhores coisas que já fizemos.

PAUL STANLEY: Cinco estrelas. Quando você para de desperdiçar tempo em coisas que não valem a pena, não é de surpreender que, de repente, você comece a criar músicas que valem a pena. Acho que muito disso tem origem em todos terem percebido como era bom pertencer a essa banda. Mas que também havia a responsabilidade de estar na banda e que não havia tempo para ficar zoneando. Se você quer sair e fazer outras coisas, tudo bem, mas isso dá menos tempo de qualidade para fazer o que supostamente é o mais importante. Acho que todos da banda ficaram muito mais concentrados. Não acho que isso tenha surgido por causa de nada especial, a não ser perceber que era possível Bruce Kulick tocar melhor. Nós podíamos compor melhor. Nós conseguiríamos fazer qualquer tipo de coisa. Eric Singer tocou muito bem e também mudou um pouco a química da banda, então tudo ficou com um clima bom.

PAUL STANLEY: Bob [Ezrin] fez um disco que é, sem dúvida, o melhor que fizemos, mas ele também fez o pior. Ele fez dois álbuns que são muito importantes para nós, um que nos ajudou a subir ao topo e [risadas] um que nos ajudou a rastejar até o fundo. Quando a gente conversou sobre a possibilidade de trabalhar com Bob, era importante descobrir quem era o Bob de agora, porque tínhamos certeza de quem nós éramos. Assim, nós nos encontramos com Bob e a reunião inicial foi muito boa. Primeiro, tínhamos de nos certificar de deixar bem claros os sentimentos que ficaram a respeito do *The Elder*. Para dizer a verdade, a única obscenidade que foi dita no estúdio [dessa vez] foi a palavra "Elder". Quando ela foi mencionada, todos se sentiram mal. Foi bom que Bob concordou com muita coisa, portanto foi só questão de descobrir que ajustes seriam necessários para fazer um ótimo álbum. Começamos passando cerca de três meses compondo, nos reunindo e jogando quase tudo fora. Você fica nessa esteira perpétua. Voltamos ao trabalho, compondo, revendo tudo, mais e mais. Lançar um bom álbum é fácil. Lançar um ótimo álbum é muito difícil!

PAUL STANLEY: É preciso se policiar para ver se você não está escrevendo "Filho de Strutter", ou alguma coisa parecida, e ao mesmo tempo você não quer negar suas verdadeiras raízes. Talvez o que tenha acontecido com *Revenge* é que não negamos o que somos. Nós o acolhemos, mas ao mesmo tempo quisemos ter certeza de não estar repetindo nada.

BOB EZRIN: Todos lamentávamos a perda da inocência que o rock parecia ter sofrido. Procurávamos no passado um KISS de primeira safra e o AC/DC dizia que aquele era o tipo de estilo de rock que a plateia buscava desesperadamente. Também foi o estilo que mais gostávamos de tocar, rock puro, pesado. Começamos com a intenção de compor aquele tipo de coisa. A partir do minuto em que iniciamos o projeto do *Revenge* foi quase como voltar no tempo. Retornamos aos nossos antigos papéis, começamos a contar as velhas piadas novamente, voltamos com as provocações da mesma maneira e revivemos muitos dos momentos que compartilhávamos em Nova York. Foi muito parecido com uma reunião de família. Além de trabalharmos juntos, éramos bons amigos, tínhamos nos perdido no caminho e o *The Elder* não nos ajudou. Na verdade, quatro anos depois do *The Elder*, Paul ainda estava muito zangado comigo. Eu não o culpo. Eu fiquei muito zangado comigo mesmo durante anos depois daquele período da minha vida, que foi horrível. Eu enfrentei um divórcio, tive problemas com drogas, eu não estava de bem com a vida. Nós estávamos de volta, os três saudáveis e bem dirigidos e funcionou.

VINNIE VINCENT: Eu me encontrei por acaso com Gene e Paul nos estúdios A&M e começamos a conversar. Foi bom vê-los novamente. Fazia muito tempo que não os via. Logo depois, recebi um telefonema de Gene perguntando se eu gostaria de compor para o disco *Revenge*. Achei uma ótima ideia. "Unholy" ficou ótima. Gostei muito de "I Just Wanna".

BRUCE KULICK: Gene estava muito concentrado no álbum *Revenge* e compôs ótimas coisas. Quando fomos preparar o *Revenge*, havia algumas músicas em que Paul só acrescentou a guitarra depois e não precisou tocar mais nada. Ezrin tentou obter o máximo de Paul. Ele tocou em "Domino". Paul, como guitarrista, consegue uma grande sensibilidade, especialmente para a música do KISS. Gosto mais de trabalhar com Paul do que com Gene em relação aos solos. Gene, às vezes, aparece com alguma coisa esdrúxula, mas Paul sabe o que quer. Apesar disso, muitas vezes, ele me deixava interferir e conseguíamos ótimas canções, como no solo acústico de "Forever". O disco *Carnival of Souls* foi um pouco mais alinhado e eu poderia ter tocado todas as partes de guitarra base. Não em todas as músicas. No *Animalize*, eu tenho certeza de que Paul tocou todas as partes da guitarra base. Há algumas músicas no *Asylum* em que Jean Beauvoir foi cocompositor, e há grande possibilidade de o Paul ter tocado todas as partes de base. Em algumas músicas, até Gene tocou a guitarra base. Como em *Hot in the Shade*, Gene tocou a guitarra base em "Cadillac Dreams" porque eu não gostei dela e disse: "Você tem mais afinidade com ela, então toque você". Toquei todas as guitarras em "Little Caesar", e o Eric tocou o baixo. Todos botavam a mão em tudo.

PAUL STANLEY: Eu me lembro de que Bob era muito duro com Bruce, o que na verdade foi uma coisa boa. Bruce entrava com os solos e Bob dizia: "Ainda não está bom". Acho que aquilo balançou Bruce e o fez esquecer um pouco as firulas técnicas em que ele confiava plenamente e procurar um pouco mais da emoção básica. Muitas coisas não eram típicas dele, mas com certeza foi de longe o melhor trabalho dele.

BRUCE KULICK: Antes de *Revenge*, nós passamos por aqueles álbuns pop para jovens. Só fazíamos muito rock da década de 1980. De repente, Bob Ezrin estava conosco e de repente os riffs foram ficando mais pesados. Dê uma olhada em "Tough Love", veja "Unholy", que sofreu milhares de mudanças. Então, de repente, tivemos uma discussão sobre a guitarra solo e foi assim: "Você tem de arrebentar". Eu disse: "Tudo bem". Entrei em ação, tirei alguns pedais de distorção, deixei o wah-wah funcionando de novo, e saiu bem pesado. Esse álbum é muito sincero, não havia concessão. Nele aconteceram coisas que não deveriam ter acontecido. Ezrin acabava com você, independentemente de quem você era. Tenho de admitir que ele pegou mais leve com Paul do que com Gene. Há uma faixa incrível que nunca entrou no *Revenge*. Chamava-se "Do You Wanna Touch Me Now". Paul tinha composto a música com o cara do Skid Row. Grande faixa, tinha um solo, mas nunca foi usada. Acho que Paul é mais chegado no Ezrin do que Gene. Quando digo que ele pegou leve com Paul, isso não quer dizer que deixava as coisas passarem. Mas com Gene ele dizia: "Isso é muito chato, esqueça!". Com Paul ele dizia: "Acho que isso não é legal". Então, dá para sentir uma pequena diferença na abordagem.

BRUCE KULICK: Editamos metade do disco e fizemos uma pausa para compor mais e ter mais músicas legais. Cada álbum do KISS deveria ter a mesma abordagem do *Revenge*. Os planetas estavam alinhados naquele disco. Foi um disco muito difícil para todos. Difícil para Eric Carr; foi estranho ouvir: "Quem vai tocar a bateria?". Mas a verdade é que todos barbarizaram e o resultado foi um ótimo disco. Eu me lembro de ter saído da mixagem do *Revenge* dizendo: "Não acredito que estou envolvido num álbum que me deixa quase que totalmente emocionado".

BRUCE KULICK: Sempre tive consciência do meu papel dentro do KISS como membro de uma equipe. Especialmente no começo, quando me juntei a eles, eu não queria dizer àqueles rapazes, que já tinham feito bastante sucesso, o que eles precisavam fazer. Com o correr do tempo dentro da banda, comecei a dar uns palpites. Em relação à criação, eu me lembro de ter tido algumas diferenças com Gene e Paul e justifiquei dizendo que estava tentando seguir os meus instintos. Não se tratava de uma disputa pelo poder. Eu disse: "Sei que vocês, rapazes, foram fodidos por vários outros guitarristas". Mas eu tinha de jogar duro – por exemplo, quando eu, Gene e Eric Carr compusemos "No, No, No", embora não fosse a melhor música do mundo, pelo menos havia uma música acelerada para o disco. Quando fomos preparar o *Revenge*, todos deixaram as luvas de pelica de lado e disseram o que precisava ser dito. Fomos bem diretos e honestos. Queríamos arrebentar. Eu não tinha nada a ver com Eric [Carr] estar doente. Acho que percebemos que tínhamos a oportunidade de agarrar o momento. A turnê *Hot in the Shade* provou muita coisa, então vamos fazer a diferença experimentando a água de Ezrin, que era como um professor muito rígido. Felizmente, todos entraram com o pé direito, apesar de a doença do Eric tumultuar a situação. O *Hot in the Shade* foi uma concessão de demo entre Gene e Paul, que não é a maneira de se fazer um ótimo disco, e *Crazy Nights* foi uma viagem total de Nevison; com o *Revenge* todos os elementos combinaram para criar mágica! É por isso que eu sempre fico entusiasmado quando falo do *Revenge*.

ERIC SINGER: Eu me senti abençoado e não falo por falar. Sou a única pessoa que se tornou membro do KISS que foi realmente um fã de primeira hora do KISS. Fiquei completamente na deles desde o primeiro dia. Meu primeiro relacionamento como KISS foi fazendo demo com Paul para o álbum *Hot in the Shade*. Eric Carr morava em Nova York, então Paul me telefonou e me pediu para tocar em algumas fitas demo. Eu tinha um bom relacionamento de trabalho com Paul, toquei a bateria na turnê solo dele. Para mim, foi uma progressão natural tocar no KISS. Uma coisa que percebi em bandas como o KISS é que, em geral, você trabalha com as mesmas pessoas durante vários anos e acaba se acomodando. Sabemos que tecnicamente qualquer músico pode vir e tocar partes da guitarra ou da bateria na música para a maioria das bandas. Mas trata-se de saber como você realmente se ajusta à química da banda.

ERIC SINGER: A primeira coisa que fiz no estúdio com o KISS foi "God Gave Rock'n'Roll to You". Foi a maneira de eles verem como a química e a vibração funcionariam com o Bob Ezrin novamente. Eu estava numa turnê com Alice

Cooper enquanto eles trabalhavam no *Revenge*. Eles tentaram trabalhar com outros bateristas de estúdio; Aynsley Dunbar foi um deles, mas não funcionou. Eu mal tinha chegado do aeroporto e, quando entrei no apartamento, Paul Stanley estava deixando um recado na minha secretária eletrônica. Peguei o telefone e Paul disse: "Precisamos da sua ajuda na gravação do nosso disco novo". A ideia original era que eu tocasse somente em metade das faixas e depois haveria um outro baterista que faria o resto. Fui direto para a casa do Gene e recebi uma fita com o material para estudar. Naquela mesma noite fui ao estúdio de ensaios com o Bruce e ele começou a me mostrar algumas das músicas. Ensaiamos três ou quatro dias e depois fomos ao estúdio e editamos as faixas de metade das músicas. Ezrin disse: "Vocês devem ficar com o Eric no disco inteiro, porque está claro que há química entre vocês". Eles sabiam que eu estava de partida numa turnê com o Alice Cooper. Ezrin disse que eles trabalhariam na sobreposição daquelas músicas e que, quando eu voltasse, nós terminaríamos o resto do *Revenge*.

LARRY MAZER: *Hot in the Shade* foi um disco bem-sucedido. Vendeu de 600 a 700 mil discos. Foi uma turnê bem-sucedida. Depois dela, nós nos reunimos e fizemos o que eu chamo de "Proclamação de Mazer", que é: "Agora temos de subir ao próximo patamar". Foi aí que a competição entre o Gene e o Paul surgiu e foi aí que perdi o meu emprego. Mesmo assim, fui bem-sucedido no fim. Pois desde o "I Love It Loud", que foi o último compacto simples lançado desde o último álbum com maquiagem, *Creatures of the Night*, o Gene nunca tinha tido uma música lançada como compacto simples. Isso nunca aconteceu na época da cara lavada, então eu disse: "Temos de trazer de volta o Príncipe das Trevas. É isso que os fãs do KISS querem". Quando fiz a minha primeira entrevista para ser o empresário deles, eu disse a eles: "Se eu assumir o cargo, aqui está o que deve acontecer. Gene, esqueça a Simmons Records, nada de ser empresário da Liza Minnelli, nada de mostrar a língua no palco, porque para mim as pessoas não ligam mais para isso. Com a maquiagem, tudo bem, mas sem a maquiagem, você fica parecendo um homem velho. Não dá para continuar com isso". Eles concordaram. Quando foi a hora do *Revenge*, eu disse: "Agora temos de levar as coisas para o próximo patamar. Vamos ressuscitar o

Príncipe das Trevas. Gene Simmons tem de voltar a ser membro do KISS". Ele tinha admitido em entrevistas que estava totalmente perdido, pois tinha sido ofuscado pelo sucesso. Durante aquele tempo, o Gene disse que o seu ego e o desejo de entrar na carreira cinematográfica e de dirigir uma gravadora realmente o afastaram da banda, que é o motivo pelo qual o Paul estava no comando naquela época. Gene quase se tornara um membro à parte do KISS. Então eu disse: "Gene, você tem de compor algumas músicas especiais". Se vocês prestarem atenção nas músicas que ele compôs para o *Hot in the Shade*, *Animalize* ou *Asylum*, elas são puro lixo. Ele me tocou as demos de "Unholy" e "Domino", que eu adorei. O próximo passo foi que tínhamos de fazer um álbum com um som incrível. Eu tinha uma série de restrições ao *Hot in the Shade*, que eles mesmos produziram porque queriam economizar dinheiro. Eles tinham um contrato enorme com a Mercury, mas eles só se preocupavam com a quantidade de dinheiro que colocariam nos bolsos. Assim, o *Hot in the Shade* foi produzido por eles próprios. Acho que na maior parte ele é mediano. Havia três músicas boas e doze músicas que eram uma merda. As três músicas foram lançadas em compactos simples. Eu disse: "Temos de fazer o *Destroyer, Parte Dois*. Cada música tem de ser especial. E precisamos de um som que seja contemporâneo". Eles tinham feito "God Gave Rock'n'Roll to You II", com Bob Ezrin. Eu disse: "Vamos contratar Ezrin para o álbum inteiro. Precisamos retomar a vibração do *Destroyer*". Fizemos uma reunião com Ezrin em Los Angeles e ele concordou com os termos. Fizemos o disco. Junto com *Destroyer* e *Love Gun*, acho que é o melhor álbum do KISS, em termos de músicas individuais, que eles lançaram.

LARRY MAZER: Eu disse aos rapazes: "Olhe, temos de começar com uma faixa com Gene e tem de ser uma faixa de metal para o rádio. Não tem a mínima importância se ele nunca foi tocado nas estações de rádio de AOR (Album Oriented Rock). Precisamos de um sucesso de metal no rádio para marcar o ritmo". Gene tinha mudado a imagem. Ele deixou o cabelo crescer, usava uma barbicha. Tinha começado a vestir trajes heavy metal no palco. Ele se parecia com o Príncipe das Trevas. Eu disse que tínhamos de começar com "Unholy". Então eu disse: "Depois, quero prosseguir com 'Domino'". Foi aí que percebi que tínhamos um problema com Paul. Embora Paul nunca admitisse, isso o incomodou, ele sempre tinha sido o líder do grupo. Gene que me chamou a atenção dizendo: "Temos de ter uma música do Paul em segundo lugar". Eu disse: "Por quê? Vamos pensar no assunto em casa". Ele continuou: "Não, temos de manter a paz". Eu escolhi o que achei a música mais pesada de Paul no álbum, "I Just Wanna". Quando terminamos a turnê na Europa, voltamos à Inglaterra e fizemos dois vídeos com um cara chamado Nick Morris, que tinha feito vários vídeos da banda Cinderella. Fizemos os vídeos e colocamos "Unholy", que se tornou uma grande música de metal e que fez sucesso no rádio. Para mim, foi um vídeo do mal, pois trouxe de volta a imagem de cara malvado de Gene Simmons. Depois fizemos "I Justa Wanna". Relembrando, acho que devia ter brigado com unhas e dentes. De volta ao lar, todos dizem até agora que deveríamos ter lançado "Domino" como o segundo compacto simples, o que é verdade. Mas eu pensei que "I Just Wanna" era um pouco mais forte. Não era a típica música pop de Paul Stanley. O vídeo ficou uma coisa meio radical. "I Justa Wanna" foi lançada e saiu-se razoavelmente bem nas rádios de rock. Depois chegou a hora do terceiro vídeo e saímos com "Domino". A música caiu no agrado de todos. Naquele momento, o disco vendia menos que *Hot in the Shade*. Ganhou o Ouro, mas não decolava. Até hoje, eu fico chocado pelo *Revenge* não ter ganhado nenhum disco de Platina. Disse aos rapazes: "Vamos de balada" – "Every Time I Look at You"; que eu achei que era tão forte quanto "Forever". Fizemos um vídeo incrível com Mark Rezyka. As despesas para promover um disco ao Top 40 são tão altas que acho que a Mercury internamente decidiu que "não gastaria mais dinheiro, achando que o álbum já deu o que tinha que dar. Não vamos gastar mais algumas centenas de milhares de dólares". Eu achei uma vergonha total que eles realmente não tenham dado apoio. Acho que a música é um arraso. Ficamos todos putos da vida, e isso iniciou um problema no relacionamento da banda com a Mercury. Também, ao mesmo tempo, eu passava pelos mesmos problemas com a banda Cinderella, pelo fato de o selo ter mudado de presidente e deixado de ser uma empresa mais caseira. Acho que isso realmente interferiu no Cinderella em *Heartbreak Station* e afetou o KISS no *Revenge*. O selo não quis apostar um pouco mais e foi vergonhoso!

LARRY MAZER: Eu sempre tento encontrar meios diferentes de lançar os discos. Tento achar lançamentos de eventos que só podem ser feitos com bandas grandes. Eu disse: "Olhe, vamos fazer algo inédito. Vamos fazer uma turnê de clubes". Reservei treze clubes de São Francisco a Nova York, inclusive o Trocadero, na Filadélfia, e o Troubadour, em Los Angeles.

LARRY MAZER: Eric Carr adoeceu e não ia melhorar. Acho que ninguém imaginava que ele morreria tão cedo. A banda tinha de prosseguir. Eles o colocaram no vídeo "God Gave Rock'n'Roll to You II" por respeito. Ficamos sentados horas na casa de Gene conversando sobre a situação. Eles estavam inconsoláveis. Eu disse: "Temos de seguir adiante". O movimento do *Hot in the Shade* era tão forte que eu sentia que tínhamos de lançar um disco novo, uma nova turnê. Estava claro que o Eric não teria forças para uma turnê. A decisão foi tomada, inclusive com o pessoal da direção, de substituí-lo. Sei que as pessoas vão enxergar isso como uma atitude de frieza, mas na verdade ele estava muito doente. Todos se sentiam mal. Eu me sinto mal ainda hoje, mas a decisão foi tomada sem que houvesse nenhuma intenção maldosa. Infelizmente o Eric não podia prosseguir e o KISS tinha de continuar. Eu sei que eles foram criticados, por vários anos, de serem insensíveis. Esta é a hora de dizer que foi uma decisão muito difícil, mas que tinha de ser tomada. Paul e Gene não devem de maneira alguma ser tratados como malvados diante da decisão.

ERIC SINGER: Foi uma época diferente, porque eu não era realmente membro do KISS. Todos sabiam que Eric Carr estava muito doente. Eu acho que eles pensavam que, se o Eric não melhorasse até o momento da turnê, eles teriam um baterista substituto para a ocasião. Eu me comportei como se fosse fazer o álbum como músico de estúdio, mas também percebi que, se a situação do Eric, infelizmente, piorasse, haveria grande chance de eles me pedirem para tocar bateria. Por mais horrível que pareça, a Terra não para de girar quando um de nós morre. Não digo isso por pouco caso, é só a realidade da vida. O KISS é uma dessas bandas de sobreviventes. Mesmo quando parece que estão se afogando, de alguma maneira eles são capazes de dar um jeito e continuar respirando. É assim que encaro a situação. Às vezes, as bandas têm de fazer uma escolha difícil.

ERIC SINGER: Acho que o *Revenge* é um disco bem produzido, bem escrito e bem executado. Acho que, se esse disco tivesse saído alguns anos antes, ele teria feito muito sucesso. Foi uma das poucas vezes em que os críticos e os fãs, ao mesmo tempo, gostaram e acolheram um disco do KISS. Na época, os críticos apoiavam o KISS. Acho que também havia uma referência ao velho KISS devido à nossa aparência da época, porque todos vestiam preto e usavam mais couro. Era uma aparência mais de acordo com a tendência da moda, um jeito mais durão. Acho que foi o melhor do Gene, com ou sem maquiagem.

LARRY MAZER: Fizemos a turnê, que era centrada na Estátua da Liberdade. A turnê não foi tão boa quanto *Hot in the Shade*. Eu acho que bandas como o KISS foram influenciadas pela coisa grunge do Nirvana. Isso influenciou a banda Cinderella, o Poison e o KISS também, embora eles fizessem um disco mais pesado. A turnê foi boa, mas não conseguiu o mesmo retorno de *Hot in the Shade*.

LARRY MAZER: Estávamos bolando a capa. Eu queria algo bem moderno. Meu herói de capas de álbum é Storm Thorgerson. Ele fez todas as capas para o Pink Floyd e o Led Zeppelin. Eu sabia que seria impossível consegui-lo para o KISS, ele nunca trabalharia para uma banda como o KISS. Hugh Syme era o Storm Thorgerson norte-americano. Ele tinha feito capas para o Rush e o Megadeth. Nós o trouxemos de avião para Los Angeles com a ideia de que queríamos algo pesado. A ideia era pegar a lateral de um navio de batalha com buracos de bala e os buracos estariam sangrando. Foi essa a capa do *Revenge*. A banda adorou. Ainda hoje, acho que é uma capa ótima, cheia de classe.

UNHOLY ★★★★★

GENE SIMMONS: A ideia de "Unholy" veio de uma música que o Adam Mitchell compôs e que a Doro Pesch gravou, chamada "Unholy Love". Adorei a palavra "Unholy". Eu criei a maior parte de "Unholy", inclusive o nome. Terminei a demo original e criei o refrão de "Unholy". Vinnie acrescentou um pouco da letra. Ele virou a música do avesso. Vinnie e eu escrevemos a letra juntos.

TAKE IT OFF ★★★★★

PAUL STANLEY: Eu queria compor uma música para os clubes de striptease, uma música que fosse boa para as dançarinas se despirem. "Lick It Up" era usada em clubes de striptease, mas não foi intencional. Pensei em escrever algo que fosse a celebração dos clubes de striptease e daquelas mulheres fantásticas com aquele andar maravilhoso. Era mais a minha homenagem àquelas mulheres de vida difícil dos clubes de striptease.

ERIC SINGER: Só não toquei nessa música. Estava ficando tarde quando fiz a gravação. Sabia que a minha bateria não estava das melhores. No dia seguinte eu estava de partida na turnê do Alice Cooper; o Ezrin sentiu que podia melhorar. Assim, o Kevin Valentine veio e tocou a bateria em "Take it Off".

TOUGH LOVE ★★★★★

BRUCE KULICK: Desperdiçamos muito tempo decidindo em que tom tocar "Tough Love". Como fui eu que tinha composto o riff principal, disse a Gene: "Você quer ouvir?". E Bob Ezrin disse: "Por que você não toca agora?". E foi o que fiz. Então ele me usou em algumas outras músicas como aquela. Toquei o baixo em "Every Time I Look at You". Também toquei o baixo em "Forever", do *Hot in the Shade*, e talvez em uma ou duas músicas do Paul daquele álbum. Eu faço uma puta imitação do Gene. Mas Gene é um grande baixista, muito criativo. Mas se o baixo acabasse em minhas mãos, eu faria a minha versão do Gene, usando certos fraseados e o ataque das notas. Acho que Gene não se importa muito com as claves quando toca música, o que é uma pena, pois eu acho que ele é muito criativo no baixo e ainda pode melhorar. Ele se preocupa com muitas outras coisas.

SPIT ★★★★★

GENE SIMMONS: Criei o nome "Spit" (cuspir), que veio do termo "swapping spit" (trocar saliva). Depois comecei a trabalhar com a ideia "It don't mean spit to me" (estou pouco ligando), que é uma outra maneira de dizer merda. Eu estava compondo com Scott Van Zen. Eu lhe disse: "Tenho uma ideia para 'Spit' e quero explorar uma velha música do Fleetwood Mac chamada 'Green Manalishi'". Tem um lick de guitarra bem no começo e todos param enquanto o cantor vocaliza. Então dei um trato numa velha música chamada "Mongoloid Man" (recita a letra): "I got no manners and I'm not too clean, I know what I like if you know what I mean" (Não sou muito educado, e não estou muito limpo, sei o que quero, se é que você me entende). Scott sentou-se na minha frente com a guitarra e eu cantei os riffs. Era só barulheira. Quando penso em termos de riffs de guitarra ou baixo, são só coisas barulhentas.

BRUCE KULICK: Fui eu que pensei em colocar um trecho do "Star-Spangled Banner" no solo de "Spit". Achava que tudo deveria ser bem radical e barulhento no álbum *Revenge*. Já que havia aquela paradinha na música, achei que dava certo colocar o trecho ali.

GOD GAVE ROCK'N'ROLL TO YOU II ★★★★★

BOB EZRIN: Em "God Gave Rock'n'Roll to You" estávamos ambos criando uma música para um filme muito legal [*Bill & Ted – Uma aventura fantástica*] e também tentando voltar a trabalhar juntos como uma equipe. Eu, Gene e Paul retomamos exatamente o mesmo ponto onde tínhamos parado em Nova York – mais como família do que como amigos – e de cara começamos a curtir o trabalho. Eric Carr batalhava contra aquela doença terrível e não conseguia mais tocar no disco, embora ele tenha aparecido para fazer os backing vocals. Eric Singer foi trazido para substituí-lo e era o primeiro trabalho que ele fazia com o KISS. No início, ele estava muito nervoso, mas logo se ajustou. Ele é um baterista formidável, simpático, um bom cara. Logo nos sentimos bem com ele e decidimos que aquele grupo – Eric, Bruce, Paul, Gene – e eu faríamos juntos um novo álbum do KISS. A parte mais dolorosa da sessão era quando Eric Carr chegava. Ele estava visivelmente debilitado pelas dificuldades que a doença impunha, mas estava de bom humor. Ele exibia a cicatriz no peito e se autointitulava como "o cara morto". A voz pura e aguda dele foi um elemento importante para a parte da quebra da música. Trouxe um senso de humanidade especial, e não posso deixar de ouvir essa parte sem ter a visão de seu rosto pendendo em direção ao microfone, cheio de alegria por estar vivo e por estar de volta ao estúdio novamente. Foi a última vez que o vi.

PAUL STANLEY: A gravadora Interscope Records nos perguntou se usaríamos essa música. A verdade sobre essa música é que ninguém tem lembrança da versão original, exceto pelo refrão. Se você prestar atenção na versão do Argent, não dá para saber de que porra de coisas a música está falando. Ela fala sobre flores, árvores e cobras. Eu disse ao selo que nós a usaríamos, mas teríamos de reescrever tudo. Eu me orgulho muito dessa faixa.

DOMINO ★★★★★

GENE SIMMONS: "Domino" aconteceu de uma maneira muito rápida. Eu me sentei e a compus quase de uma forma totalmente linear. "Domino" parece um cruzamento entre ZZ Top e alguma outra coisa. No início eu só tinha o nome. Criei o padrão dos acordes e depois cantarolei algumas melodias e por último criei a letra a partir da música. Não tive tempo de preparar uma fita demo para a música, então trouxe o Silent Rage para os rapazes, que estavam na minha gravadora, e mostrei o arranjo para eles. Disse quais seriam as partes e eles a gravaram. Na verdade, a versão que está no conjunto da caixa do KISS é a versão do Silent Rage, que é muito próxima da que o KISS gravou.

HEART OF CHROME ★★★★★

BRUCE KULICK: "Heart of Chrome" é uma ótima faixa. Eu e Gene estávamos pelejando para fazer uma música, "Chrome Heart". Nossa faixa não decolava e de repente Paul surgiu com "Heart of Chrome". No *Revenge* as apostas eram altas e estávamos mais abertos e diretos com tudo. Deixamos as luvas de pelica de lado.

PAUL STANLEY: A "Chrome Heart" era uma música de Jim Steinman, e é daí que vem o nome. Ela foi bem ajustada para "Heart of Chrome" em contraste com "Heart of Stone". Eu tenho muito orgulho dessa faixa. Gosto do arranjo e das diferentes partes. Tudo o que está no *Revenge* tem a assinatura de Bob Ezrin.

VINNIE VINCENT: Eu saí durante a composição de "Heart of Chrome", portanto não estava lá no estágio final. Acho que a música poderia ter ficado muito melhor.

THOU SHALT NOT ★★★★★

GENE SIMMONS: Eu me reuni com o Mark Damon, do Silent Rage, e disse: "Vamos escrever uma música parecida com o "I Don't Need No Doctor", do Humble Pie. Ela tem três acordes, lá, dó e ré, que também são os acordes da música "Rock Candy". Ficamos tentando ajustar o compasso da música. Sugeri algumas coisas em relação aos acordes, depois nos sentamos e fizemos a letra. Cheguei ao nome quando alguém me disse que tinha visto uma banda de garotas que era péssima e o nome era Thou Shalt Not. Imediatamente comentei: "Que nome ótimo para uma banda de garotas, mas mais ainda, que nome ótimo para uma música". Depois que cheguei no nome, o resto saiu fácil. Eu sempre tive uma visão muito contra essas figuras santificadas, sejam políticas, sejam religiosas. Os padres sempre apontam o dedo no seu nariz e dizem: "Não faça isso ou aquilo". Minha primeira pergunta é: "Quem morreu e o fez rei?". Assim, a ideia desse padre, supostamente conversando comigo [diz a letra]: "Kindly reconsider the sins of your past" (Por favor, arrependa-se dos pecados do passado). Eu respondi: "Mister you can kindly kiss my ass" (Por favor, o senhor pode beijar o meu cu). Sou o árbitro do meu próprio gosto. Não preciso chegar em alguém e ver se está tudo bem, se eu curto a vida. "Thou Shalt Not" é um gesto com o dedo indicador para alguém com um colarinho que pensa ser o meu juiz e o meu júri.

EVERY TIME I LOOK AT YOU ★★★★★

PAUL STANLEY: Adoro compor baladas. Adoro compor melodias inesquecíveis. Eu costumava tocar violão. Para mim, a simplicidade da música sempre foi mais importante do que a produção. "Every Time I Look at You" é uma ótima música. Às vezes, quando estou sem fazer nada em casa, eu a toco para alguém. Foi um exemplo claro de música correta na época errada. Quando a gravadora não quis dar a ela o que ela merecia, e quando ela não correspondeu às expectativas, percebi que há muitas coisas na vida que estão além do seu controle, e ela foi uma delas [risadas].

DICK WAGNER: Eu toquei um solo na música. Eu estava fora, em Los Angeles, e o KISS estava gravando. Bob [Ezrin] me chamou para tocar com eles. Acho que o Bruce tinha tentado tocar, mas não conseguiu chegar a nada que fosse suficientemente bom ou adequado.

PARALYZED ★★★★

GENE SIMMONS: Eu e o Bob Ezrin compusemos essa música juntos. A maior parte foi minha. Bob sugeriu o nome e parte da melodia. Bob me dirigia: "Tente isso". Eu prefiro a versão da demo à do álbum. Ficou mais parecida com o "Domino". Voz grave, uma coisa mais direta, uma coisa mais vomitada de dentro de você. Bob trouxe um rapper negro para a parte do rap. Na verdade, ele sentou-se e compôs o rap no meio da música e Bob tentou fazer com que todos cantassem o rap no meio da música e repetissem a letra do cara. Não funcionou.

I JUST WANNA ★★★★★

PAUL STANLEY: A semelhança da música com parte de "Summertime Blues" não foi consciente, mas fez parte da música de uma forma orgânica. Ela poderia facilmente ter virado algo como "Black Dog" ou "Green Manalishi", de Fleetwood Mac. A ideia era ter vocal e guitarra que dialogassem entre si. Eu adoro a música. Eu adoro o trecho "Wake up baby, don't you sleep" (Acorde, amor, não adormeça) em "I Just Wanna". Mas eu adoro quase tudo no *Revenge*. Foi ótimo estar no estúdio com o Bob [Ezrin].

BRUCE KULICK: Assim que eu a ouvi, pensei que eles pegaram a vibração de uma música do Who [o cover de Eddie Cochran] de "Summertime Blues" e a transformaram numa música bem legal do *Revenge*. Gostei do jogo de palavras do refrão. Parecia que Paul ia dizer "foda-se", mas ele não disse isso. Foi uma coisa bem inteligente. Tudo em *Revenge* está um passo à frente do *Hot in the Shade*.

CARR JAM 1981 ★★★★★

GENE SIMMONS: Eric, que Deus o tenha, era um cara bem estranho; embora ele tocasse bateria, ele tentava aprender a guitarra sozinho. Depois de seis meses, ele já conseguia se virar. Ele entrava nessas faixas tocando baixo, bateria e nas melodias em que era preciso cantarolar. Ele esforçou-se muito mais que Ace na época. Ela foi composta na época do *The Elder*. Foi um daqueles trechinhos que nunca são terminados. Tinha sido deixada de lado, incompleta. Bruce acrescentou guitarra e nós a incluímos em *Revenge* para homenagear o Eric.

BRUCE KULICK: Eu ouvi "Breakout", que estava no disco solo de Ace. Foi assim que veio a "Carr Jam". Eric e Ace improvisaram em cima disso e mais tarde ela se tornou uma música. Foi um pouco estranho fazer essa faixa. Também foi uma das primeiras coisas que gravei depois do funeral do Eric. Eu gostei de colocar um pouco da minha guitarra e de mostrar o trabalho do Eric na bateria.

ALIVE III
Lançamento: 18 de maio de 1993
EDDIE KRAMER – produtor / LARRY MAZER – empresário

PAUL STANLEY: Eu daria três estrelas. Tenho muito orgulho dele. Será que ele captura a mágica dos dois primeiros álbuns? Puxa, acho que *O Poderoso Chefão III* não consegue isso, mas, se viu *O Poderoso Chefão III*, você ainda diria que é um ótimo filme. Se você o colocar ao lado dos outros dois, ainda assim ele estará em ótima companhia. Acredito que no *Alive III* as músicas foram tocadas muito, muito bem. Acho que o desempenho foi ótimo e a atmosfera naquele álbum é fabulosa.

GENE SIMMONS: Três estrelas. O *Alive III* veio com uma formação diferente. Fica claro para mim que há uma melhor habilidade musical, cantamos melhor e as músicas têm um sentimento melhor. Mas não se pode negar que o rock é esse tipo de música primitiva que com frequência é mais amada por esse primitivismo e não pela maneira com que as músicas são executadas. Eu gosto de *Alive III* mas sei que ele não tem aquele tipo de inocência primordial que o *Alive!* tem.

LARRY MAZER: Durante a turnê *Revenge*, eu insinuei para eles que estava na hora de um novo álbum ao vivo. Já fazia 10 anos desde o *Alive II*. Disse: "Temos todo esse material novo. Vamos fazer o *Alive III*". Trouxemos Eddie Kramer, que tinha feito os dois primeiros álbuns ao vivo. Fizemos Mark Rezyka dirigir o que se tornou *KISS Konfidential* e filmamos e gravamos o *Alive III*. O disco recebeu o Ouro. Ninguém deu a mínima, o que me deixou puto da vida. Eu tinha interpretado erroneamente o que as pessoas queriam. Para mim estava na hora do *Alive III*. Ele foi lançado com uma turnê nacional promovendo autógrafos nos discos.

ERIC SINGER: Todos os outros discos do KISS sempre serão julgados tendo o *Alive!* como referência. O disco é uma referência, é imbatível. Analisando o *Alive III* agora, parte dele é legal; não gosto de outras partes. No momento, tenho uma abordagem diferente das músicas, toco de uma maneira mais simples e mais direta.

ERIC SINGER: Eles tentaram fazer tudo da mesma maneira dos outros dois álbuns, trabalhando com Eddie Kramer, gravando em Detroit, Cleveland e Indianápolis. Acho que os shows não foram muito bem gravados. O som poderia ter sido muito melhor se tivesse sido gravado de uma outra maneira.

EDDIE KRAMER: Acho que foi ideia do Paul de manter o aspecto histórico de nosso relacionamento. Eu fiquei honrado e muito satisfeito com isso. Ele foi gravado em Cleveland, Indianápolis e Detroit. O KISS tinha muito material nos arquivos que ainda poderia ser trabalhado. Eles queriam fazer um disco ao vivo, retornar e tentar recapturar algo das coisas que nós tínhamos feito juntos. Eles se encarregaram de dizer o que queriam fazer naquele disco. Houve muitos acertos para conseguirmos as coisas da maneira correta. Eu teria ficado satisfeito em deixar algum dos enganos. Não é uma questão de honestidade, é questão de preferência pessoal. Eu preferiria que eles tivessem me dado mais liberdade para agir: arrumar algumas notas aqui e ali, deixar a mixagem por minha conta em vez de tentar fazer algo que não deveria ter sido feito. Está perfeito demais. Um disco ao vivo deve ser um disco ao vivo. Para ser franco, acho que algumas sobreposições foram desnecessárias. É um disco bem razoável. Eu teria preferido algo mais espontâneo.

EDDIE KRAMER: No decorrer da existência da banda, Paul despontou como o líder musical mais forte no grupo, e é claro que acredito que todo o grupo melhorou em termos musicais durante esses quinze a vinte anos. Hoje em dia, eles são bons músicos. Acho que Paul tem um tipo de sensibilidade que Gene, Ace e Peter não têm. Tenho um ótimo relacionamento com a banda. Eu ainda gosto muito deles, apesar de toda aquela loucura. Deve ser por isso que eu ainda gosto deles [risadas].

BRUCE KULICK: Eu adoro o Eddie Kramer, mas tenho de admitir que houve muitos problemas com a gravação do canal da plateia e houve problemas com a maneira com que ele gravou certas coisas. Paul e Gene novamente criticaram muito as faixas ao vivo. Uma coisa eu posso dizer com certeza: a bateria, a maior parte do baixo, algumas das guitarras base e alguns vocais são das apresentações ao vivo. E muita coisa foi criada no estúdio. Eu estava junto na mesma corrida e não ia estragar nada. Muito menos com Eddie Kramer. Eddie é um ótimo amigo deles e é um cara muito respeitado. Eu não poderia dizer: "Como? Você está louco?". Eles queriam acertar. Tenho de admitir que tudo o que foi refeito de minha parte, foi feito numa gravação só, como se estivesse sendo feito ao vivo. Eu me lembro que tinha de consertar a primeira nota de "Forever", a nota ré menor; eu simplesmente abaixei o tom. Eu, de minha parte, tentava fazer as coisas com as mínimas mudanças possíveis, sem brigar com eles. Sei que Paul teve de refazer alguns dos raps novamente porque eles não saíram direito. Com certeza, ele refez alguns vocais. Dá para perceber.

ERIC SINGER: Que fique registrado: todo o álbum *Frampton Comes Alive!* foi feito no estúdio. A maior parte das pessoas não sabe disso. A maioria não está nem aí. Mesmo assim é um ótimo disco. Em *Alive III*, a bateria foi gravada totalmente ao vivo. Foi feita a sobreposição em partes em que houve um acorde ruim ou a linha vocal não estava adequada. Em minha opinião, se você vai soltar um disco ao vivo, você deve gravar o máximo de shows possível e selecionar as melhores versões de cada música. Deixe os erros. Tenho umas gravações dos shows do KISS de 1992, quando saímos pela primeira vez em turnê pelos clubes, que tem um som melhor do que o *Alive III*. Gosto do som dessas gravações informais. Acho que têm um som sincero, selvagem.

MTV UNPLUGGED
Lançamento: 12 de março de 1996
DANNY GOLDBERG – presidente da Mercury Records

PAUL STANLEY: Eu daria ao álbum três estrelas. Fiquei muito satisfeito com ele. O objetivo daquele álbum não foi o de provar nada a alguém ou de ganhar adeptos. Fomos nós, na verdade, fazendo aquilo por nós, mostrando como as músicas eram boas. Ele foi feito durante as convenções do KISS. Tantas músicas foram compostas em violões, feitas de uma maneira muito mais simples do que quando tocadas. A filosofia sempre tinha sido esta: se não sair bem no violão, é uma porcaria de música [risadas]. "Sure Know Something" é uma das minhas músicas prediletas nesse álbum. *Unplugged* foi o lugar perfeito para mostrar nossas músicas.

ACE FREHLEY: Eu só trabalhei com algumas músicas. Foi muito legal. Eu me diverti tocando "Beth" no acústico. Eric [Singer] e eu nos tornamos amigos bem próximos. Não gosto de dar nota ao meu próprio trabalho porque nunca acho que estou tocando tão bem assim. O que posso dizer é que a minha música predileta do KISS é "Deuce". A que menos gosto é "I Was Made for Lovin' You" [risadas].

GENE SIMMONS: Eu daria três estrelas e meia. Eu gosto bastante desse álbum. Por quê? Novamente, a linguagem é um fator limitador e a música é uma ligação emocional, ou você fica ligado ou não.

PETER CRISS: Eu daria quatro estrelas. Embora eu não tenha tocado em muitas músicas, eles conseguiram pegar muito bem a parte acústica, sem os eletrônicos. Aquela noite foi um momento mágico para mim. Senti imediatamente quando eu e Ace saímos que era aquilo, aquilo era a porra a ser feita. Eu me senti envaidecido, tive medo, mas me senti à vontade. Eu sentia que todas as noites da minha vida deveriam ser daquele jeito. Foi fantástico!

ERIC SINGER: Foi um dos trabalhos mais legais que eu fiz com a banda. Finalmente mostramos ao público que sem a maquiagem, sem a fumaça e os espelhos conseguíamos tocar e cantar de uma maneira decente. A MTV soube de todo o agito das convenções do KISS e apareceu em uma das convenções em Detroit para conferir. Depois decidiram que queriam fazer alguma coisa conosco.

BRUCE KULICK: O show *Unplugged* fez com que eles passassem as coisas a limpo e fizessem as pazes com Ace e Peter, o que era muito aguardado, especialmente porque Ace e Peter não faziam o sucesso que eles gostariam de ter. E mesmo que o KISS ainda conseguisse sobreviver comigo e com o Eric, ainda gerava muitos lucros comparado com os outros dois. Chegaram a um ponto em que eles teriam de conversar. Os problemas que ocorriam nos bastidores entre eles não eram exatamente um segredo. Sei que todos batalharam muito para fazer do show *Unplugged* um grande evento. De fato, foi muito, muito especial. Os ensaios foram um pouco estranhos, mas todos fizeram o máximo para deixarem os outros à vontade. O show em si foi o máximo! Fiquei muito nervoso sabendo que milhões de pessoas estariam me assistindo na MTV, mas eu também confiava que tocaria bem. Como sou perfeccionista, eu queria tocar com todo o meu sentimento. No *Unplugged* o espetáculo era para mostrar que o KISS não era só bombas, volume alto, pirotecnias e amplificadores ao máximo. Nós quatro sabíamos tocar, e havia todos aqueles clássicos. Selecionamos material interessante também. A maior parte das apresentações no *Unplugged* foi comigo e Eric na banda. Acho que arrebentamos nas músicas, tudo ficou ótimo. Todos queríamos fazer um show diferente. Quando tocamos usando violões nas convenções do KISS, aprendi mais músicas do KISS do que em todos os outros anos. E isso porque os jovens gritavam, pedindo músicas, eu observava Paul e Gene lutando para conseguir atender aos pedidos e eu conseguia ir atrás porque pego as coisas com facilidade. Logo eu me vejo dizendo: "Isso é o máximo, a gente precisa fazer isso. Temos de pegar alguma coisa do seu álbum solo, Paul". Adorei, finalmente, fazer uma música tipo Beatles com uma canção do Gene, "See You Tonite", e tocar "World Without Heroes" com Paul tocando o solo. Foi aí que a formação do KISS em que eu estava funcionou como uma banda. E na verdade, quando todos contribuem e a discussão está aberta para todos dizerem a que vieram e trazerem ideias, todos se beneficiam, especialmente os fãs. Eu vi Gene e Paul irem às convenções, tentando apresentar quaisquer músicas do KISS que os fãs pedissem. Foi muito engraçado. Aqueles dois caras que não tomavam drogas, e então não lhes seria difícil cantar de repente "Love Theme from Kiss" [risadas]. E eu na minha: "Que é isso?".

ERIC SINGER: Foi uma experiência legal. Acho que o show foi muito bom. Durante a passagem do som, estávamos muito bem, melhor do que na hora da apresentação. Para mim, Gene parecia estar muito nervoso, porque os ensaios com os quatro rapazes da banda original foram um pouco estremecidos e tensos a semana toda. Acho que Peter e Ace deram o máximo na ocasião e fizeram um bom trabalho. Do meu ponto de vista pessoal, como fã do KISS desde a década de 1970, tocar com os quatro rapazes da banda original no show foi uma experiência muito legal.

DANNY GOLDBERG: Quando eu entrei na Mercury, o KISS já tinha o show do *Unplugged* em fita. Alex Coletti, que trabalhava na MTV, admirava muito o KISS e convenceu a MTV a fazer o *KISS Unplugged*. Quando chegou a hora de conseguirmos o direito para lançar o disco, tivemos resistência por parte da MTV. Achavam que era a imagem errada para o *Unplugged*. Com a passagem do tempo, o KISS entrava e saía da moda e, naquela época, eles estavam fora da moda. Eu tive de chamar Tom Freston, da MTV, e me humilhar. Disse: "Acabei de começar neste emprego, não faça isso comigo", e ele concordou. Eles deixaram soltar o disco e tudo foi razoável. Foi como a retomada do período *Lick It Up*, mas ao contrário. Já tinha dado o que tinha para dar. Estava na hora de colocar a maquiagem de volta. Não é preciso ser um gênio para pensar nisso. Eu defendi essa ideia, bati na tecla da teoria de que era a única coisa que faria qualquer diferença. Não me surpreendi com o sucesso. Já tinha trabalhado com eles e segui o caminho de como essas coisas acontecem tradicionalmente. Eu sabia que dessa maneira a coisa iria adiante, e foi assim. A passagem do tempo foi muito favorável ao KISS, porque agora lhe dava esse status de lenda. O disco *Psycho Circus* não se saiu muito bem. O catálogo todo teve melhor desempenho e vendemos alguns discos. O grande sucesso veio com o show ao vivo. Além dos Rolling Stones, a banda que mais arrebenta em turnês é o KISS.

DANNY GOLDBERG: Eu fiz nosso selo contratar o Ken Sunshine. Ele é o relações-públicas de Barbra Streisand e Leonardo DiCaprio. Ele cria oportunidades para fazer notícia e obter uma crítica de um disco ou uma foto na *Rolling Stone*. Queríamos tentar algo dramático. Ele teve a ideia da reunião do KISS na coletiva de imprensa no porta-aviões Intrepid.

YOU WANTED THE BEST, YOU GOT THE BEST!!
Lançamento: 25 de junho de 1996

PAUL STANLEY: Há muita coisa que gravamos de concertos, inclusive algumas coisas que não tinham sido usadas no primeiro álbum ao vivo. Gravamos alguns shows com esse objetivo. De fato, eu estava no estúdio, organizando esse álbum, e foi realmente legal descobrir algumas faixas que ninguém tinha ouvido e que eram boas. "Room Service" e "Two Timer" são as melhores, são legais. Esse álbum é quase como uma amostragem. O objetivo desse álbum é para alguns dos fãs novos que não conhecem a história completa da banda ou que não conhecem o catálogo inteiro. Se você não tem o cardápio completo, aqui está uma amostra de cada prato. Tenho de ouvi-lo novamente antes de dizer quantas estrelas vou dar.

GENE SIMMONS: Três estrelas. As gravadoras têm um ponto de vista interessante, que nem sempre se alinha com o dos fãs. Os fãs sempre dizem: "Sabe, eu estou com vocês há trinta anos. Para que eu preciso de um outro disco com os maiores sucessos?". Bem, porque você não é uma gravadora e porque há fãs novos a cada ano. Eu, pessoalmente, compro álbuns com as melhores músicas dos Temptations e do Sweet, embora já tenham sido lançados uns dez. Essas pessoas, que não são fãs necessariamente, não querem comprar todos os discos, eles querem uma seleção de todas as músicas. A verdade é que os fãs vêm e vão. A gente sempre tenta colocar coisas novas. Três músicas vieram de um show em Wildwood. "Two Timer" costumava ser tocada junto com "Let Me Know", e é assim que ela está neste disco. Mais tarde fizemos "Let Me Know", com aquele riff que acabou parando no fim da "She". Originalmente, acrescentamos essa parte quando nós a tocávamos em clubes... Depois da versão à capela, vinha o riff. Mudamos essa parte para o final da "She".

PETER CRISS: Achei bom lançarmos alguma coisa, pois não tivemos tempo de lançar nada na época da turnê do reencontro. Paul e Gene tiveram a ideia. Claro que vou dar nota cinco [risadas] porque muita coisa é legal. Novamente, foi uma ideia muito boa, que funcionou, e recebi um disco de Ouro por causa dele. Foi divertido.

CARNIVAL OF SOULS
Lançamento: 28 de outubro de 1997
TOBY WRIGHT – coprodutor / CURT CUOMO – compositor
TOMMY THAYER – compositor

GENE SIMMONS: Nós basicamente dissemos: "Vamos acreditar que essa banda é novinha em folha". Naquela altura, nós tínhamos perdido a esperança de nos reunirmos novamente com Ace e Peter. Então pensamos: "Vamos esquecer todas as regras, esquecer o KISS, esquecer de tudo. Vamos tentar fazer com que o Eric e o Bruce se sintam em casa". Em minha opinião, foi um disco muito corajoso e não me arrependo.

PAUL STANLEY: Eu era totalmente contra fazer aquele tipo de álbum, mas há momentos na banda quando alguém tem que ceder ou concordar com alguém, porque essa pessoa tem uma opinião mais forte sobre alguma coisa. Aquele álbum foi ideia do Gene, que acreditava que deveríamos fazê-lo. Nunca acreditei que o mundo precisasse de um Soundgarden, Metallica ou Alice in Chains de segunda classe. Foi uma tentativa muito elaborada de fazer algo que eu achava ser um grande erro. Duas estrelas.

BRUCE KULICK: *Revenge* foi um grande caminho para um disco, mas ainda tinha muitos elementos do KISS clássico em si, e isso devido ao Bob Ezrin. Ele esteve um pouco envolvido no começo do disco. E o KISS estava sempre olhando ao redor, para ver o que estava acontecendo, e percebeu que algumas das bandas que estavam se dando realmente bem, das quais eles gostavam e que também foram influenciadas pelo KISS – Soundgarden e Alice in Chains –, eram como o *Revenge*, mas ainda mais pesadas. De repente, queríamos ficar mais pesados.

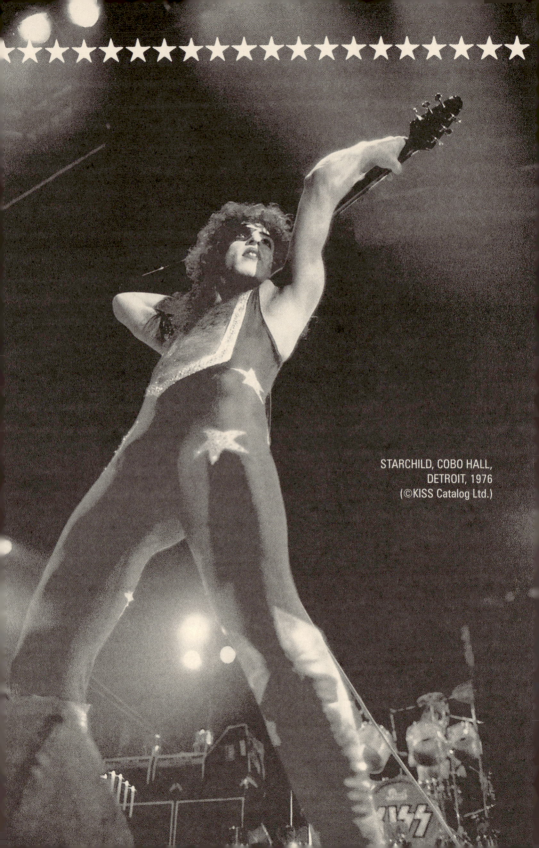

STARCHILD, COBO HALL, DETROIT, 1976
(©KISS Catalog Ltd.)

Lembro do Paul chegando com algumas músicas que eram pop e o Ezrin disse: "Não, esta não é a direção correta". Paul veio com umas coisas do tipo do Pink Floyd, era estranho. Gene claramente tinha algumas ideias novas do que "I Walk Alone" e "Childhood's End" se tornariam. Ficamos brincando com essas coisas no mínimo durante um ano a um ano e meio antes de gravar um álbum. Fiquei muito ansioso com isso: "Se vocês querem riffs, vou sentar em meu estúdio e gravar uma centena de riffs pesados". Daí, comecei a brincar com os riffs e as batidas. Usei a afinação em ré menor, o que criou uma vibração nova. Eu estava familiarizado com aquele tom do Led Zeppelin. "I Walk Alone" está daquela maneira para ficar com um tom de Zeppelin. Não foi intencional fazer assim ou assado. O Zeppelin e o Black Sabbath faziam coisas daquele tipo. Mas, de repente, nós nos concentramos em um monte de coisas sombrias. Paul, claro, estranhou muito, mas ele entrou de cabeça. Toby [Wright], nosso produtor, estava lá para passar a vibração. Toby estava por perto desde os dias de trabalho com Nevison, no *Crazy Nights*. Novamente, Paul quis tê-lo por perto por causa da vibração. Toby não é Ezrin e tampouco Nevison, mas é óbvio que era capaz de nos ajudar a continuar com aquela vibração, que agora não tenho tanta certeza de ter sido a coisa certa. Gosto muito do disco, embora haja partes dele que eu sinto que poderiam ter sido melhores. Gosto mais de algumas demos minhas. Paul e eu trabalhamos bem duro nas demos e não era um disco para sair por aí dizendo que eu estava 99 por cento feliz com ele. Toquei baixo em muitas das músicas de Paul: "Jungle", "Rain", "It Never Goes Away" e "I Will Be There". Eu queria realmente que Gene tocasse o máximo de baixo que pudesse.

TOBY WRIGHT: O KISS me parece uma banda que não teve medo de tentar e de usar um tipo diferente de som. Uma banda que não estava com medo de ultrapassar os limites. Procuravam alguém que estivesse fazendo sucesso na época. Acho que Gene tinha essa coisa meio desalinhada em mente: "Nós temos de entrar nessa de música mais dark". Então, foi por isso que, muito provavelmente, ele me contratou, por causa de minha experiência e convivência com o Alice in Chains e a música dark. Eles não queriam compor um disco alegre do KISS. A época era das coisas dark, bagunçadas. Eu, Gene e Paul discutimos a respeito do direcionamento do álbum quando ouvimos as demos. Comentei o que pensava a respeito. Sou uma pessoa muito direta. Não vou lhes dizer que está tudo bem se a coisa não está bem. Acharei uma maneira eloquente, criativa e construtiva de dizer: "Olhe, eu acho que isso precisa ser mudado". O som que eu estava colocando naquele tempo era um som um pouco diferente, em especial para o KISS. Até então, tinha feito três ou quatro discos do Alice in Chains e, talvez, um do Wallflowers.

TOBY WRIGHT: Gene queria mudar o direcionamento da banda e ser mais moderno. Isso aconteceu antes da turnê de reencontro deles. O KISS, na opinião pública, não estava se saindo tão bem naquele momento. O mundo musical de imagem pertencia ao Nirvana e à música grunge, que era um movimento bem amplo. Eu e Gene tínhamos discussões em que ele dizia: "Quero ser como o Billy Corgan!" [Smashing Pumpkins]. Tivemos um pequeno desentendimento e eu lhe disse que não. "Você não quer ser como o Billy Corgan, você mesmo já é uma lenda. Seria muito bom se você fosse fiel a si mesmo. Você mesmo pode abrir seu caminho, não é preciso seguir o Billy Corgan porque ele está no topo das paradas". Meu ponto de vista era: "Sejamos criativos sendo nós mesmos". Ele perguntou: "Bom, e se os fãs não gostarem disso?". Respondi: "Você não pode controlar o gosto das pessoas" [risadas], e ele sabe disso. Apenas peguei as ideias deles e as moldei num padrão mais moderno. Estavam procurando algo um pouco mais dark, mais radical, raivoso.

TOBY WRIGHT: O KISS tinha um pouco de receio de ampliar os limites de seu som. Eles queriam voltar ao topo, portanto Gene tentava se modernizar. Já Paul era a favor das boas músicas. Ele é um profissional completo. Embora do jeito que é, está pronto para cantar qualquer coisa que se peça, tentar qualquer coisa que se queira, se isso estiver de conformidade com o seu interior. Às vezes, fazia com que ele cantasse mais forte.

TOBY WRIGHT: Aquele disco foi mais uma apresentação do Bruce e do Toby. Paul sempre tocava suas próprias guitarras e cantava todas as suas partes e Gene tocava seu baixo e cantava suas músicas. Em geral estava envolvido em todo o trabalho de guitarras e na sua direção, que na época ditava o som como estrutura musical, em como você orquestra as guitarras. É um disco denso, embasado. Aquele era o meu conceito e do Bruce, em termos de como as guitarras soariam.

BRUCE KULICK: No álbum *Carnival of Souls*, nós ampliamos os limites. O que digo para todos é: "Se você adorou o disco, maravilha!". Então você pode me dizer que eu realmente contribuí muito com ele. Mas se você odiou o álbum, não me culpe porque eu tenho mais composições conjuntas no álbum e porque cantei uma canção. De algum modo, "I Walk Alone" foi mais parecido com o KISS do que todo o resto do disco. Achava esquisito as pessoas dizerem que o *Carnival of Souls* era parecido com um álbum solo meu. Ouçam *Audio Dog* e vocês verão que não é meu disco solo.

ERIC SINGER: Muitas vezes criamos laços emocionais com certos discos. Às vezes, o que se deve fazer é abstrair-se e olhar as coisas subjetivamente. É óbvio que o disco é bem executado. Era o KISS em épocas estranhas, se arriscando. É claro que todos nós escutávamos o Alice in Chains, o Soundgarden e o STP. Se fosse o álbum de qualquer outra banda, eu diria que é um disco bem legal. Mas eu o ouço e penso: "Não é o KISS". É muito rock, mas sem o roll. Dou crédito à banda por ter se arriscado e tentado fazer algo diferente. Para mim, é uma versão moderna do *The Elder*, quinze anos mais tarde [risadas]. Saiu do caminho batido, fez uma curva à esquerda e, quando chegaram lá, descobriram que o caminho não levava aonde queriam chegar. Então, fazem outra curva e voltam à estrada principal. O KISS voltou às raízes e, no final, à maquiagem.

ERIC SINGER: Não importa o que as pessoas pensem, no final das contas, tudo gira ao redor das músicas. Não importa quem toca ou quem compõe, o que interessa é se a música é boa ou não. Gene costuma me dizer: "Não me importa se quem a compôs foi um idiota de um encanador, uma música boa é boa e pronto". O que importa é a equipe e não cada indivíduo. A soma é maior do que as partes.

CURT CUOMO: Este foi o primeiro álbum do KISS no qual trabalhei. Eu o chamei de seu álbum "dark". Ele não foi muito popular entre o KISSarmy. Mas acho que é um disco bem bom, que não teve medo de penetrar em algumas questões íntimas nos recantos obscuros de nossas psiques.

TOBY WRIGHT: Ele não foi lançado logo porque o KISS fez sua turnê de maquiagem. No final, o disco vazou. Sei que estava na internet. Foi um dos discos mais copiados antes da gravadora tê-lo lançado. Bem no final das sessões sabíamos que havia a possibilidade de o KISS sair em turnê de maquiagem. Começaram a falar a respeito no final do disco. Não era uma conversa pessoal: "Será que devemos?". Era mais um anúncio para todos, para qualquer um que estivesse por lá: "Ei, acho que poderíamos fazer essa coisa de maquiagem, não seria divertido?". Eu disse: "Não, cara, isso é um passo errado, não faça isso" [risadas], porque eu sabia que isso custaria o emprego do Bruce e do Eric [risadas]. Lembro-me de ter perguntado ao Gene: "Então, esse disco vai sair, ou vai ter que esperar?". Ele me disse que sairia, que eles fariam uma turnê do KISS e talvez incorporassem algumas das músicas, mas isso jamais aconteceu. O álbum acabou saindo anos mais tarde.

BRUCE KULICK: Aquele álbum estava fadado a ser como o *The Elder II*, por causa da turnê do reencontro. A gravadora destruiu qualquer chance que aquele disco poderia ter. Eles o enterraram por não terem lhe dado um empurrão.

BRUCE KULICK: Foi quando estávamos mixando o disco que Gene e Paul nos contaram que eles iriam à turnê do reencontro com Ace e Peter. Sempre achei que um dia isso aconteceria. Percebi que isso poderia ser o final dos meus dias na banda, mas, pelo menos, eles estavam sendo positivos na maneira de encarar a coisa. O que me incomodou um pouco foi o fato de o disco não ser lançado durante um longo tempo. Então ele foi pirateado e aquilo me incomodou ainda mais. Eric [Singer] e eu costumávamos discutir a respeito da possibilidade ou não do reencontro do KISS. Eu sabia que ele aconteceria e Eric achava que jamais aconteceria.

ERIC SINGER: Estávamos produzindo o disco *Carnival of Souls* e, dois dias antes de terminá-lo, Gene e Paul decidiram fazer uma reunião e disseram apenas:

"Vamos fazer uma turnê de reencontro com Ace e Peter". Foi assim. Para mim, eu sabia que era o início do fim.

TOBY WRIGHT: Em meu íntimo, acho que artisticamente falando o disco está um pouco fora de foco. Do ponto de vista de som, é excelente, musicalmente, ele é o que é. Se você gosta dele, tudo bem, se não gosta, não gosta e pronto. Gostaria de ter tido mais tempo para trabalhar em algumas músicas, mas eu me lembro que foi tudo muito rápido. "Bom, aqui estão as músicas, vamos lá." Não tínhamos muito tempo para ficar lá, olhar as músicas e pensar: "Será que estas são as melhores?". Gene sempre tem prazos. Então ele disse: "Apronte as músicas e depois vamos sair em turnê" [risadas]. Tenho muito orgulho do disco. Definitivamente, é um disco diferente para o KISS. Tenho orgulho de ter feito aquele disco, que foi diferente de muitos modos. Era meio de vanguarda. Não é um disco padrão do KISS.

TOMMY THAYER: Eu andava por lá durante as sessões. Não é um fato muito conhecido, mas nós filmamos a gravação do disco inteiro em vídeo, do início ao fim. Temos horas de filmagem. É algo jamais feito antes, talvez algum dia as pessoas assistam. Também há um pouco de gravação das sessões do *Psycho Circus*.

HATE ★★★★★
BRUCE KULICK: Gene a mostrou para mim e o Eric num ensaio. Nós adoramos o riff e a atacamos de cara. Eu contribuí com um riff da ponte durante o ensaio. Toby completou o resto de primeira. Toby é um cara supertalentoso, mas ele queria se afirmar perante o KISS. Tenho umas mixagens menos acabadas do *Carnival of Souls* que acho que agradariam mais os fãs do KISS. Pareciam mais diretas.

RAIN ★★★★★
TOBY WRIGHT: Essa música saiu da sessão de composição do Curt Cuomo. Era maravilhosa e ainda é hoje em dia [risadas].

BRUCE KULICK: Eu estava fazendo experiências com assinatura em tempo 7/4. Estava trabalhando muito com as cordas desafinadas, em que as cordas mais graves estão com a afinação para baixo. Eu tinha a batida e aquele riff e me lembro de tê-lo tocado para Curt Cuomo e Paul. Paul me disse que gostava. Fizemos o arranjo e ele compôs a melodia. No final Toby a mixou de maneira muito estranha, bloqueando todas as guitarras e fazendo com que soasse esquisito, mas é uma faixa legal.

CURT CUOMO: Adoro esse riff que o Bruce criou. Era dark, pesado, uma monstruosidade estranha quanto ao tempo e que decolou a partir daí. Era superlegal trabalhar com Paul porque ele tem a voz tão poderosa. Ele tem um grande alcance e também a habilidade de cantar com dinamismo.

MASTER & SLAVE ★★★★★

BRUCE KULICK: Na verdade, compus a ponte/refrão para a música, aquela vibração toda. Nós trabalhamos muito na música porque, se você observar, ela só tinha duas partes, o riff e a ponte. Gene ajudou a fazer o arranjo da música, embora não tenha ajudado a compô-la. Pode ter sido sugestão dele deixar as estrofes morrerem no nada, só o baixo. Já que a música de certa forma era muito repetitiva, a dinâmica a teria ajudado a ficar mais interessante. E tem um puta grito do Paul também.

CURT CUOMO: Lembro de ter composto uma melodia tipo riff e tê-la mostrado ao Paul e ao Bruce. Foi um pouco alterada para se tornar o motivo principal da música e o resto saiu dali.

CHILDHOOD'S END ★★★★★

GENE SIMMONS: *Childhood's End* era um romance de Arthur C. Clarke a respeito dos últimos estágios de evolução, quando nos tornamos entidades espirituais. Deixamos os corpos e nos tornamos fontes de energia, e esses seres elementares nos ajudam em nossa jornada. Da mesma forma que o nascimento e a morte, é uma transição turbulenta e os seres humanos têm uma tendência de resistir a mudanças. Sempre adorei a noção do final da infância; agora é hora de crescer. "Childhood's End" não fala de nenhuma pessoa de verdade. É apenas uma espécie de niilismo do rock. Roqueiros aniquilando-se a si mesmos. É uma noção muito romântica. Eu me pergunto como seria ter um amigo com quem tivesse crescido e que se tornasse um astro do rock e [recitando a letra] "I read in the *New York Times* that you passed away, you blew your mind, but you were always my friend" (Li no *New York Times* que você morreu, você estourou os miolos, mas sempre foi meu amigo).

BRUCE KULICK: Um dos motivos de eu ter tido nove cocompositores no álbum foi que eu não queria deixar nada de fora. Eu estava com eles cara a cara o tempo todo e eles estavam contentes por causa disso. Eu contribuí muito e tive muitas ideias. Lembro de Gene indo ao estúdio com as demos. Ele queria rever todas as fitas das coisas que havia composto. Eu disse: "Quero ir também". Ele respondeu: "Tudo bem". Então eu apareci e ele estava tocando uma ideia para o refrão de "Childhood's End". Eu comentei: "Isso é bom demais". Mais tarde, ele tocou as estrofes da música. Percebi que as duas coisas se completavam. Então, em essência, eu não escrevi o refrão, mas estive um pouco envolvido em algumas das coisas que fizemos com as estrofes, mas na verdade tudo junto deu muito certo. E, de repente, nós tínhamos essa música tão forte.

TOMMY THAYER: O refrão muda e a melodia era algo que eu tinha mostrado para Gene dois ou três anos antes. Naquela época, eles estavam trabalhando no *Carnival of Souls* e Gene a descartou. Ele trabalhou com Bruce Kulick no resto da música, nas estrofes e nas outras partes.

GENE SIMMONS: Todos da banda odiaram a ideia das crianças cantando no disco. Acharam que era muita apelação. É engraçado: quando Ezrin quis fazer isso, não acharam brega. Mas eu adorei ouvir as crianças cantando junto, especialmente por conter aquele tipo de inocência.

TOBY WRIGHT: Ficamos remoendo e remoendo os conceitos. Normalmente, converso com meus artistas querendo saber: "Qual é o conceito do seu disco?". Quando obtivemos o conceito de Gene sobre aquela música, ele não conseguia explicá-lo bem para mim. Mas aí nós entramos no estúdio e tudo virou uma história envolvente. Ele queria crianças e parquinhos, que nos remetiam ao passado, um tipo de vibração musical com uma boa batida e muito cenário com aura.

I WILL BE THERE ★★★★★

PAUL STANLEY: Compus a música num instrumento muito estranho que tinha ganhado de presente, algo entre um saltério e uma guitarra diferente. Acho que tinha três ou quatro cordas. Afinei o instrumento e criei a música baseado nisso. Eu e Bruce introduzimos os violões, um pouco de tambor indiano, um pouco de tablas e coisas do gênero. A letra foi fácil de escrever, uma vez que me concentrei no tema, que era a ligação entre meu filho e eu.

BRUCE KULICK: Paul é um astro do rock, ponto final. Mas ter um filho realmente faz com que se tenha os pés no chão. Ele queria escrever algo para o filho, Evan. Acho legal ele escrever uma canção de amor; ele tinha muitos sentimentos a relatar sobre sua carne e seu sangue. Lembro que, quando Paul e Curt estavam desenvolvendo a parte acústica de doze cordas, eu tive algumas ideias para a ponte.

CURT CUOMO: Durante uma sessão de composição com Paul, ele pegou um estranho instrumento de cordas que não sei muito bem o que era. Ele começou a tocá-lo e surgiram uns estranhos sons mágicos. Assim nasceu esta bela e melancólica música. Esta música foi composta para o seu filho, Evan. É claro que ela pode se aplicar a qualquer um de nós. É uma música formidável com um tema universal.

TOBY WRIGHT: Era uma música muito pessoal. Eu pedi que demonstrassem emoção. Tinha a opinião de que os ouvintes podem ouvir tudo o que queremos dizer e sentir quando você canta uma canção. Tinha essa convicção desde o início. Paul o sentiu com tanta intensidade. Era inegável. Tinha de estar no disco.

JUNGLE ★★★★★

BRUCE KULICK: Assim que tivemos a atmosfera para "Jungle", eu soube que seria uma faixa bem forte. Lembro-me de tocar a demo para Michael James Jackson, o produtor que trabalhou no *Lick It Up*, e ele disse: "É realmente fantástica". E assim foi. Foi um grande sucesso no rádio. Fiquei realmente orgulhoso por termos feito algo fora de série, que também era acessível.

CURT CUOMO: Bruce apareceu com um riff de arrebentar. Lembro que pensei que o riff era exagerado e que justapor uma melodia iria aperfeiçoá-lo, colocar notas longas, fantasmagóricas. Foi assim que surgiram as estrofes. Lembro de estarmos desenvolvendo a letra tarde da noite na casa do Paul. Valeu o esforço, já que foi lançado como um compacto simples do álbum e acabaria ganhando o Metal Edge de 1997, da competição Reader's Choice, como a Música do Ano. Foi uma das minhas músicas prediletas, feita em parceria com Paul e Bruce.

TOBY WRIGHT: "Jungle" é uma música extraordinária. Se você a ouve num sistema muito potente, colocamos umas coisas surpreendentes nela, 808 e tablas. Oito-zero-oito é um grande estrondo que vem dos utilitários, quando você está de saco cheio em algum lugar de Orange County. [risadas] Você ouve os carros passando com seus velhos sistemas de alto-falantes e o carro vibra; é um desses tipos de sons. Existe um monte de longos 808, djembes, que são tambores africanos, e tablas, que parecem baterias falantes [imita o som]. Na "Jungle", o Justin Walden programou alguns loops de percussão usando essas coisas. Eu mesmo toquei alguns loops no estúdio naquele instrumento.

IN MY HEAD ★★★★★

GENE SIMMONS: "In My Head" foi composta durante o período em que Scott Van Zen e eu trocamos muitas ideias. Scott ficava sentado e eu dedilhava uns sons na guitarra. Ou então ele entrava e, sem querer, eu ouvia algo como som de fundo [imita parte de fundo de uma guitarra], que era a introdução do fundo. Eu perguntava imediatamente: "Que porra é essa? Gosto muito". Aí o tom e a introdução do fundo passaram a ser o estribilho de "In My Head". Escrevi a letra, que não me agradou tanto assim, daí eu a passei para o Jamie St. James e ele a refinou.

IT NEVER GOES AWAY ★★★★★

BRUCE KULICK: "It Never Goes Away" foi um daqueles primeiros riffs dark que Paul apresentou para Curt [Cuomo] e eu manipularmos. Eu lembro de ter reduzido o ritmo. Paul já tinha grande parte da música pronta, mas ela não soava bem. Eu costumava chamar a música de "Black Sabbath", porque ela era dark e triste. É uma viagem. Nela eu toco um solo numa guitarra de doze cordas.

CURT CUOMO: É um comentário formidável de como ficamos desejando coisas que parecemos não ter e das quais realmente não precisamos. Conta como a constante busca por poder e "objetos" nunca acaba. Na superfície, ela pode parecer uma música negativa, mas na realidade a música serve como observação e fornece uma compreensão íntima que pode levar a uma mudança positiva.

SEDUCTION OF THE INNOCENT ★★★★★

GENE SIMMONS: "Seduction of the Innocent" vem de um livro escrito pelo Dr. Frederic Wertham. Foi a razão pela qual surgiu a entidade Comics Code. Ele era um tipo de moralista majoritário conservador. A ideia do livro era que revistas em quadrinhos eram más, pois ensinavam coisas erradas às crianças. O Batman era gay porque ele tinha o Robin, seu protegido, um jovem rapaz vivendo com ele, o que era suspeito. Um homem rico e um protegido que não era casado. E a Mulher Maravilha era sapatão. Todas essas noções a respeito de super-heróis. "Por que essas pessoas crescidas andam por aí vestindo fantasias e leggings?". Ele era contra a violência nos quadrinhos. Havia uma companhia de quadrinhos chamada EC que foi à falência por causa da pressão do governo. Eles também eram responsáveis pela revista *Mad*, que sobreviveu. Eles criaram uma entidade de Código de Quadrinhos, que era um grupo autopoliciado de pessoa ligadas aos quadrinhos que asseguravam que os quadrinhos não fossem muito radicais e ofensivos. Eu sempre adorei o nome "Seduction of the Innocent", que era surpreendente por sua abrangência, sentido e profundidade. Comecei a ouvir mais e mais histórias de padres católicos molestando crianças; isso aconteceu há alguns anos. Me pareceu bom escrever uma música a respeito disso. Quando Scott Van Zen estava por perto, eu comecei a cantarolar algumas coisas para ele, dizendo: "O que aconteceria se você tentasse tocar como o guitarrista de jazz Wes Montgomery?". Ele tinha o estilo de tocar duas notas ao mesmo tempo e sempre em oitavas. Então, parecia que duas guitarras estavam sendo tocadas. Eu me lembrei da minha infância, quando havia a música chamada "My Girl Gave Me Chocolate Ice Cream", que era uma música muito simples, baseada num acorde. No meio da música, eu não conseguia pensar em nada para fazer, então continuei a tocar um acorde em sol e a cantarolar uma melodia do Oriente Médio, porque sou do Oriente Médio. Tentei aquela melodia em "Seduction of the Innocent" e a música surgiu como num passe de mágica [recita a letra] "Like a vulture circling overhead..." (Como uma ave de rapina circulando em cima de nossas cabeças...). Esses foram os crimes mais horrendos. Foi uma música muito importante para mim; de alguma forma, foi uma música não realizada da época de infância. Tinha catorze anos quando a compus, e finalmente ouvir a melodia foi formidável.

I CONFESS ★★★★★

GENE SIMMONS: Conheci esse cara, Ken Tamplin, que é um cara reconvertido a religioso. Trocamos algumas ideias e eu lhe falei a respeito do velho filme de Montgomey Clift ao qual assisti e cujo nome era *I Confess*, a respeito de um reverendo que cometera um crime. A ideia era que, se você está num confessionário dizendo seus pecados a um padre, para quem esse padre, que ouve todas as confissões, confessa? Pensei: "Vamos esquecer a coisa da confissão, vamos manter a ideia de eu mesmo, que sou eu? Posso ser totalmente imaculado?" [cantarola a letra]. "When I look inside the mirror, it's my face that's looking back at me. My father, all he left me was his name" (Quando olho no espelho, é o meu rosto que está refletido. Tudo o que meu pai me deixou foi o seu nome). Todo tipo dessas ideias francas. A música era sobre eu ser totalmente honesto, não ter nada escondido debaixo do tapete sobre garotas, sobre quem eu sou, de onde vim, no que acredito, tudo isso.

IN THE MIRROR ★★★★★

BRUCE KULICK: Outro riff legal do tipo Hendrix. Paul teve uma boa resposta a ele. Tinha essa parte meio etérea, com uma parte rítmica difícil de 5/4.

CURT CUOMO: Outra música que adoro conceitualmente. É a respeito de olharmos honestamente para nós mesmos. Parece algo do tipo de música "caia na real". Ela pergunta: "Quem é você? Você gosta do que vê quando se olha no espelho?".

I WALK ALONE ★★★★★

BRUCE KULICK: Não conseguimos controlar totalmente "I Walk Alone". Fiquei tentando mexer nela e comecei a desenvolver progressões e sessões de acordes em sentido inverso. Então, de repente, passei para Gene uma parte diferente, na qual a melodia teria funcionado, e ele notou que a música se encaixou.

PSYCHO CIRCUS

Lançamento: 22 de setembro de 1998
BRUCE FAIRBAIRN – produtor / MIKE PLOTNIKOFF – engenheiro de som
CURT CUOMO – compositor / DANNY GOLDBERG – presidente da Mercury Records

---

PAUL STANLEY: Acho que é um álbum espetacular. O *Psycho Circus* está alinhado com aquilo que há de melhor em nós. Podem existir partes das quais não tenha tanto orgulho. Mas quanto ao álbum em geral e à minha contribuição nele, estou muito satisfeito. Bob [Ezrin] e eu, às vezes, conversamos que talvez ele pudesse ter sido envolvido. Teria sido bárbaro! Eu daria quatro estrelas ao álbum. Minha reclamação é um pouco com as coisas menos convencionais, que eram o foco e a loucura do Bruce Fairbairn. Bruce era um cara formidável, mas não tinha a menor ideia do que o KISS era. Não sei por que motivo ele se metia em tudo que Gene fazia. Foi muito ruim, porque, quando eu aparecia com algumas músicas, ou ele nem ligava ou dizia: "São bárbaras!", e aí tentava modificá-las até transformá-las em algo totalmente diferente. Acho que há muitos elementos nesse álbum que deram completamente errado. Briguei por cada centímetro de minha integridade no álbum.

GENE SIMMONS: Gosto muito de algumas músicas – "Psycho Circus", "Within" e "You Wanted the Best". Há melodias em número suficiente para dizer que a banda realizou alguma coisa. Acho que é um dos melhores álbuns. Comprei discos dos Rolling Stones a vida inteira e os mais antigos são melhores do que os mais novos. Não sei o que te dizer. Tem a ver com o espírito. Algumas das melodias no *Psycho Circus* poderiam ter sido encontradas nos discos mais antigos do KISS. Três estrelas.

ACE FREHLEY: Três estrelas. Acredito que seja um bom álbum. Uma das coisas que talvez não seja legal a respeito do álbum é o fato de o Peter e eu não termos realmente tocado no disco. Teria adorado tocar. Depois de termos terminado a turnê, tiramos um tempo de folga. Eles [Paul e Gene] começaram a trabalhar em muitas músicas e eu nem fiquei bravo até descobrir que o disco fora gravado. Ainda estava trabalhando em casa em alguns solos meus. Acho que isso é o que faltou no disco, que eu e Peter nos envolvêssemos em várias faixas.

MIKE PLOTNIKOFF: O motivo pelo qual Ace e Peter não tocaram muito no álbum *Psycho Circus* foi uma decisão tomada pelo Bruce [Fairbairn]. Embora Gene e Paul quisessem se apresentar como a banda original no disco, quando Bruce ouviu Ace e Peter tocarem na pré-produção, pensou em fazer o tipo de disco que ele queria fazer e Ace e Peter não se encaixavam como instrumentistas. Kevin Valentine tocou a bateria em todas as músicas, exceto em "Into the Void". Ele era um baterista sensacional. Gene, Paul e Kevin traçaram todas as faixas básicas. Ace tocou na "Into the Void" e fez alguns solos de guitarra, ou talvez uns dois.

BRUCE FAIRBAIRN: Até o momento em que comecei a trabalhar com a banda, eu era um fã passivo do KISS. Era fã porque eles eram tão abusados. Gostava de muitas das melodias. Como produtor, acho que o KISS não era conhecido pelas composições nem pela musicalidade de suas canções, embora haja grandes músicas que apareciam de vez em quando. Eram mais conhecidos pelo seu espetáculo no palco e como uma banda ao vivo. *Destroyer* era o meu predileto. Mas agora sou um fã de carteirinha, peguei a doença.

BRUCE FAIRBAIRN: Fiquei realmente ansioso em fazer o disco do KISS porque, como banda, eles são uma lenda. Tentei mergulhar no mundo KISS antes de começar a fazer o disco. Os rapazes e eu tínhamos pontos de vista iguais em relação ao modo de fazer o disco. Você se adapta aos diferentes personagens da banda; cada um tem um estilo diferente de trabalho. Se você for um bom produtor, você entende isso logo de cara e daí as coisas correm bem. Pois afinal você está fazendo um disco do KISS, você não está fazendo um disco do Bruce Fairbairn interpretado pelo KISS.

BRUCE FAIRBAIRN: Gene e Paul tiveram uma atitude e tanto. Disseram: "Esse disco é seu, Faibairn, ou você se enforca com ele, ou você faz um disco formidável. Nós não vamos colocar obstáculos a não ser que nos vejamos indo para o buraco a 200 km/h". Eles apoiaram totalmente todos os aspectos da produção. Eu tinha o sentimento de que Gene sabia o que eu ia fazer antes de eu fazê-lo. Como ele mesmo era produtor, tinha confiança no que eu fazia até o ponto de poder relaxar e pensar em outras coisas, compor, cantar. Houve ocasiões em que Gene e Paul apresentaram propostas. Tinham ideias muito boas. Às vezes, quando eu chegava, Gene estava à mesa de controle e os alto-falantes estavam ligados no máximo. Ele ficava lá, apertando os botões e se divertindo, em completo transe. Era ótimo! Após se fartar, ele dizia: "Ah! Estava precisando disso, foi demais!" [risadas].

BRUCE FAIRBAIRN: Não queríamos fazer um álbum conceitual, em que tudo tinha de estar relacionado com um conceito. Mas olhamos para o álbum de uma maneira consciente e dissemos: "Seja bem-vindo ao show". Então, a primeira música é "Within". Já que você está aqui e passou pela porta, vamos te levar nessa viagem. Depois de "Within", a coisa fica mais solta em termos de apresentação de músicas; são apenas histórias. Mas então, no final, você esteve nessa jornada e questiona alguma coisa a respeito das letras: "Você voou sem asas? Você escutou? Você viu?". Então o círculo se fecha no disco, mais do ponto de vista de letra do que musical, embora seja um tipo de melodia espacial ["Journey of 1000 Years"]. Poderíamos ter feito um disco com um som mais antigo do KISS, ou poderíamos ter feito um disco criativo de 1999. Nenhum deles teria dado certo. Tínhamos de encontrar o ponto certo e escolher as músicas de acordo.

BRUCE FAIRBAIRN: Aconteceram algumas situações com a sobreposição de mixagens no disco, em que as coisas poderiam ter continuado indefinidamente e ter ficado cada vez maior. "Journey of 1000 Years" é um desses tipos de música que você pode ficar mexendo muito. Parte do trabalho que tenho como produtor é saber quando puxar a tomada e dizer: "Olhem, chega. Se vocês acrescentarem mais alguma coisa nessa música, vocês vão estragá-la".

MIKE PLOTNIKOFF: Paul e Gene são ótimos cantores. Eram muito profissionais, acertavam o vocal da primeira vez. Eram bons no que faziam. Paul tocou a maior parte das guitarras base no disco. Ele é um grande guitarrista base. Ele também tocou um pouco da guitarra solo. Tommy Thayer tocou no disco. Ele é um instrumentista formidável. Pelo fato de ser tão fã do KISS, ele tocou no estilo do Ace. Ele toca como Ace. Tenho certeza de que temos um pouco do Tommy na guitarra em cada faixa.

MIKE PLOTNIKOFF: Gravamos dezenove músicas para o disco, dez foram inseridas. Algumas músicas foram passadas para o lado B. A maior parte das músicas que ficaram de fora era do Gene e algumas eram bem boas, "I Wanna Rule the World" e "I Am Yours". Eram no estilo dos Beatles, estilo balada. Outras músicas do Gene eram "Rear View", "Sweet and Dirty" e "Carnival of Souls". Há também uma música do Paul que não entrou no disco, "Body and Soul". Gene tinha músicas sobrando em quantidade suficiente para um álbum duplo. Bruce ficou numa saia justa para escolher as músicas que iriam para o disco. Ele precisava selecionar de uma maneira neutra, era preciso haver o mesmo número de músicas do Gene e do Paul no disco.

BRUCE FAIRBAIRN: Gene tinha três ou quatro fitas com melodias. Por outro lado, Paul tinha algumas ideias. Ace tinha umas três ou quatro coisas desenvolvidas. Peter também tinha algumas coisas. Paul compõe sob pressão. Suas melhores composições foram feitas quando estava contra a parede, aí ele vinha com coisas do tipo "Psycho Circus". Já Ace gosta de rever o que está fazendo. Adora tudo porque ele é o Ás. Muitas são boas num outro contexto. Mas era preciso tentar achar as músicas certas do Ace para o disco, que realmente o colocassem em evidência.

ACE FREHLEY: Quando componho, não fico pensando muito a esse respeito. Não esquento muito com a letra. Às vezes, fico sem compor uma música durante um ou dois meses. Gene Simmons me disse que ele apresentou cem músicas para o *Psycho Circus* e que eles usaram quatro. Para mim, isso é uma loucura. Se começo algo e acho que não vai dar em nada, não desperdiço meu tempo terminando. Em minha opinião, Gene não sabe a diferença entre uma música boa e uma ruim, porque, se você compõe uma centena de músicas e não sabe qual é melhor que a outra, isso não faz o menor sentido para mim.

MIKE PLOTNIKOFF: Gene e Paul eram muito sérios e tentavam terminar o disco. Trabalhamos bem juntos, não houve tensão. Paul só aparecia quando tinha partes a executar. Gene era o único que ficava lá o tempo todo, era o primeiro a chegar e o último a sair. Parecia que Gene e Paul se davam bem com Bruce. Tinham um bom relacionamento. Em termos de tomar decisões, do meu ponto de vista, Bruce sempre ficava do lado do Gene e não do Paul. Paul comentava coisas quando Bruce não estava por perto, o que demonstrava insatisfação com as decisões de produção tomadas por Bruce.

MIKE PLOTNIKOFF: Ace estava sentado ao meu lado, tocando um solo de uma das músicas do Paul. Eu estava olhando para o outro lado, para o controle da fita que eu estava colocando no disco. Bruce estava atrás. Ace e Paul estavam sentados no sofá. Eu continuei a buscar o solo correto para o disco. Então, um pouco mais tarde, eu toquei a fita novamente, mas nada aconteceu. Fiquei preocupado de ter apagado parte das faixas sem querer. Mas o que realmente aconteceu foi que Ace adormeceu no meio do solo de guitarra [risadas]. Bruce teve que lhe dar um tapa nas costas para acordá-lo [risadas]. E logo depois disso ele conseguiu fazê-lo.

MIKE PLOTNIKOFF: Sei que Bruce [Fairbairn] curtiu mesmo trabalhar com o KISS. Ele gostou muito do Gene e o respeitava; gostou do Paul também. Bruce mencionou estar surpreso com a quantidade de músicas compostas por eles antes de termos iniciado o disco e com a rapidez com que eles traziam material novo. Era mais ou menos assim: "Preciso de material novo", e no dia seguinte Gene ou Paul traziam uma música nova que poderia ser utilizada. Ele ficou impressionado com a capacidade deles de compor.

BRUCE FAIRBAIRN: Discos são como fotos: você expõe um período do desenvolvimento musical de uma banda. Olho para o *Psycho Circus* como uma foto verdadeira de onde a banda estava musicalmente naquele momento.

DANNY GOLBERG: Considerava o *Psycho Circus* um disco bem razoável, mas que não fizemos o máximo com ele. É um negócio totalmente diferente. Com as turnês, às vezes, vendemos nostalgia. As pessoas querem ouvir "Rock And Roll All Nite", querem ver Gene Simmons cuspir fogo. Querem ver Paul saltando pelo palco. Querem dizer que viram o KISS. Mas há 25, trinta álbuns que você pode comprar com todas aquelas músicas neles. Para vender um disco novo, é preciso ter um sucesso. É assim que funciona. Eles não tinham músicas de sucesso no álbum, tinham músicas bem boas, mas nenhuma virou sucesso. Então, se as pessoas estivessem interessadas no KISS, seria mais provável que comprassem um disco antigo. A mesma coisa acontece com os Rolling Stones. Os discos recentes dos Rolling Stones não se saíram bem, mas as turnês tinham enorme sucesso. A mesmíssima situação.

PSYCHO CIRCUS ★★★★★

PAUL STANLEY: Para mim a parte mais difícil de compor para um álbum é compor a primeira música, captar o tema e achar o direcionamento para o álbum. Não é de surpreender que a primeira música composta para o álbum acaba sendo a primeira música do álbum. Torna-se a assinatura do disco. "Psycho Circus" era eu querendo criar o poder e a atmosfera que eu acho que existia em *Destroyer*. Quando cheguei para fazer a demo, chamei Bob Ezrin e pedi que viesse comigo, pois Bob havia originalmente sido escolhido para produzir aquele álbum. Nós queríamos muito, mas muito mesmo que ele fizesse aquele álbum. Ficamos muito desapontados quanto ele disse que não podia por causa dos compromissos. Telefonei e perguntei se ele poderia ajudar com a demo, mas ele não podia. Enquanto eu estava no estúdio trabalhando, na maior parte do tempo, pensava: "O que Bob faria?" [rindo]. Quando terminei e toquei em meu carro para Bob, ele sorriu de orelha a orelha. Quando terminou, eu lhe disse: "Tentei imaginar o que você teria feito". Ele sorriu e respondeu: "Você conseguiu".

CURT CUOMO: Eu ia lá no Paul para compor com a mesma frequência que ele vinha em casa para compor e gravar em meu estúdio. Nós nos reuníamos com bastante frequência e tínhamos essas sessões de criação. Certa vez, eu estava na

SESSÃO DE AUTÓGRAFOS DO KISS, TOWER RECORDS, LOS ANGELES, CALIFÓRNIA, NOVEMBRO DE 2001 (foto de Jay Gilbert)

cozinha preparando café e Paul estava na outra sala, tocando. Estava testando diferentes riffs na guitarra e de repente um riff em particular me chamou a atenção. Eu comecei imediatamente a ouvir a melodia nele. Então, corri para o estúdio e comecei a cantar por cima do riff. Assim nasceu o refrão de "Psycho Circus". Foi muito emocionante vê-lo abrindo o caminho até chegar a ser o número um das paradas de rock mainstream da *Billboard* e ganhar uma indicação no Grammy pela Melhor Apresentação de Rock. Também foi empolgante ver o álbum, *Psycho Circus*, ganhar o Ouro em cinco semanas. Paul teve uma apresentação vocal soberba naquela música.

BRUCE FAIRBAIRN: Eu me lembro de ter entrado no carro de Paul e ouvir a demo dele. Não tínhamos uma abertura para o disco. Ele disse: "Veja! É isto!". Ele aumentou até dez, e nós dois ficamos sentados lá, olhando um para o outro, e começamos a rir porque, realmente, era aquilo.

WITHIN ★★★★★

GENE SIMMONS: Eu a criei enquanto estava trabalhando num pequeno estúdio de oito canais. A música foi composta enquanto eu me divertia com o baixo. Do ponto de vista de letra, a ideia da música veio de uma faixa de George Harrison, "Within You, Without You". Nunca me envolvi muito com a espiritualidade. Mas sentei e tentei escrever algo muito mental, o significado disso nem sei te dizer hoje em dia. Mas pareceu adequado.

BRUCE FAIRBAIRN: Minha música predileta no disco é "Within". Ela sempre me prendeu. É uma letra muito envolvente. Eu gosto da atmosfera dela, é bem densa. Aquele som estranho e pesado de guitarra que entra; foi tão empolgante quando o incluímos à música no estúdio.

MIKE PLOTNIKOFF: Gene trouxe uma demo de "Within". Acabamos pegando aquele reverso da demo e colocando no disco.

I PLEDGE ALLEGIANCE TO THE STATE OF ROCK & ROLL ★★★★★

PAUL STANLEY: Eu tive a ideia para essa música na casa do Curt Cuomo e a desenvolvi. Não consegui achar o direcionamento final. No final das contas, fui ver a Holly Knight e ela acertou em cheio. "Pledge Allegiance" é uma música maravilhosa. Tudo o que posso dizer é que as minhas músicas nesse álbum são bárbaras. Pode ser questão de opinião, mas eu também digo quando as minhas músicas não estão boas. As músicas que aparecem nesse álbum saíram do jeito que eu quis.

MIKE PLOTNIKOFF: Bruce voltou para casa em Vancouver quando gravamos "Pledge Allegiance". Era Paul e eu.

INTO THE VOID ★★★★★

ACE FREHLEY: Achava que essa música era uma das mais fortes que já apresentei para a banda. Eu a compus com o meu amigo Karl Cochran, que tocou baixo para mim em minha última turnê solo. Ele compôs o riff e eu basicamente fiz o arranjo, mudei alguns acordes e compus a ponte, escrevi a letra inteira. Quando apresentei a música para a banda e decidimos que ela viraria uma faixa, Paul ajudou no arranjo para dar mais vida à música. Disse: "Vamos abrir e deixar um bordão de medida, deixá-la mais arejada". Ele também sugeriu aquela parte de guitarra aguda que passa pelo refrão. Acho que foi um bom gancho.

PETER CRISS: Eu me lembro de ter ido à casa do Ace no domingo de manhã. Ele me chamou para ficarmos à toa juntos. De todas as músicas, gostei dessa. Ace veio com uma conversa do tipo: "Você não tem nenhuma música sua no álbum, venha aqui e vamos brincar juntos com a minha melodia, pois eu adoro o jeito que você toca bateria". E isso foi um puta elogio!

MIKE PLOTNIKOFF: Foi difícil de conseguir uma música boa do Ace. Estávamos quase terminando as sobreposições de mixagens e Bruce continuava a insistir com Ace para ouvir músicas. As primeiras três músicas que Ace tocou para Bruce eram horríveis! Tive que sair da sala porque comecei a rir [risadas]. Finalmente, Ace apresentou uma música boa com "Into the Void". Gene e Paul o ajudaram com a faixa. Eu era o maior fã adulto do KISS. "Into the Void" é uma de minhas músicas prediletas no disco porque todos tocaram nela, ela foi gravada ao vivo. Alguém disse que o "Into the Void" foi uma das primeiras vezes em quaisquer de seus discos em que o KISS gravou todos os canais juntos de uma só vez no estúdio. Demos um tempo de folga para que eles tivessem tempo de ensaiar. Foi ótimo de se ver. Não levou tanto tempo para conseguirem gravar a música. Passamos um dia fazendo as bases das faixas e depois as sobreposições de mixagem. Todos estavam empolgados, todos se davam bem. Estavam contentes porque tudo dava certo. Portanto, trabalhar com eles no estúdio para fazer a "Into the Void", enquanto todos eles estavam reunidos no estúdio, foi demais. Deu para perceber que Peter perdera grande parte de sua agilidade. Ele apenas precisaria praticar um pouco, pois ainda era hábil. Ace tocava um pouco duro. Gosto do estilo do Ace como guitarrista. Ele precisou tentar algumas vezes antes de conseguir nível de gravação. Tecnicamente, ele não é o melhor guitarrista, mas ele foi ótimo em relação à sensibilidade e quanto a trazer boas ideias. Se tivéssemos que prensar o álbum somente com os quatro membros originais do KISS, teria levado um ano.

BRUCE FAIRBAIRN: O motivo de termos selecionado essa música do Ace foi o fato de ela ter o espírito do KISS.

WE ARE ONE ★★★★★

GENE SIMMONS: Estou sempre pensando na banda quando componho. É bem difícil compor o fundamental, músicas que marquem o caminho e que digam: "Isto é KISS". Gosto da ideia de "um por todos, todos por um". Então me surgiu uma frase: "Somos um". Não consegui ajustá-la muito para a banda, porque a faixa soava meio tipo Beatles. Peguei o Silent Rage para fazer a demo da música original e eu cantei em cima dela. Preferi minha versão original àquela que o KISS fez na gravação final. A nossa era muito mais elaborada e mais arranjada. Eu via imagens de um comercial de Coca-Cola [canta: "I'd like to teach the world to sing" (Eu gostaria de ensinar o mundo a cantar)] e todas aquelas pessoas de raças diferentes cantando [recita a letra] que passavam esta ideia: "Everywhere I go, everyone I see, I see my face looking back at me. You are me, I am you" (Em qualquer lugar que eu vá, todos que vejo, vejo o meu rosto refletido olhando para mim. Você é eu, eu sou você).

BRUCE FAIRBAIRN: "We Are One" é uma faceta da composição de Gene que ninguém ouve realmente. Gene tem músicas como essa que são realmente melódicas e criativas, mas elas nunca vêm à luz num disco do KISS. Eu lhe disse: "Gostaria de ver um lado diferente do Demon, você está sempre fazendo esse tipo de coisas [imita um som demoníaco]. E se você tentasse dar aos fãs do KISS uma visão rápida dos outros tipos de música que você compõe?". Decidimos que faríamos isso com a "We Are One" para mostrar às pessoas seu outro lado. É uma música para os fãs e uma música para todos eles juntos.

YOU WANTED THE BEST ★★★★★

GENE SIMMONS: "You Wanted the Best" originalmente chamava-se "Just Give Me Love". A abertura da música com a bateria foi tirada do "Let's Twist Again", do Chubby Checker. Foi um dos primeiros discos que comprei, eu era fã do Chubby Checker. Virei campeão do Twist. Então, dei a música para Bruce Fairbairn e reescrevi o refrão para "You Wanted the Best". Parecia com uma daquelas de orquestra das quais gosto tanto. A estrofe fala da luta interna da banda ao longo dos anos. O que eu queria era ter os rapazes originais da banda cantando as estrofes para frente e para trás, verso a verso. Muito mais do que foi feito no disco. Como Sonny e Cher.

BRUCE FAIRBAIRN: Todos eles tiveram de vir e cantar esses versos como se estivessem putos uns com os outros. E conversando com Peter eu disse que ele tinha que parecer puto da vida. Ele respondeu: "Bom, consigo fazer isso. Veja só".

RAISE YOUR GLASSES ★★★★★

PAUL STANLEY: "Raise your Glasses" foi criada com facilidade. A única coisa que foi mais difícil foi juntar a letra com as estrofes em particular. Holly [Knight] pegou tudo muito rápido e ajudou muito.

BRUCE FAIRBAIRN: Primeiro, nós pensamos que "Raise your Glasses" fosse um nome muito batido. Pensamos em várias possibilidades, mas sempre voltávamos para "Raise Your Glasses" porque é um daqueles sentimentos. Poderia ser num bar, um brinde para você. É um brinde e uma comemoração.

I FINALLY FOUND MY WAY ★★★★★

PAUL STANLEY: Compus esta música com Bob Ezrin. Bob apareceu e nós comentamos que Peter precisava de uma balada e tanto para cantar no disco. Então, ele veio ao estúdio e a compôs. Para mim, era apenas uma questão de compor uma música que fosse boa para a voz de Peter. Ele tem uma voz inconfundível. Ela foi composta especialmente para ele. Quando ele canta, qualquer um reconhecerá imediatamente que é a voz do cara que cantou "Beth", então é melhor que seja boa.

MIKE PLOTNIKOFF: Bob Ezrin estava no estúdio tocando um teclado Fender Rhodes na "I Finally Found My Way", uma música que ele compôs com Paul. Com esses dois megaprodutores no mesmo estúdio, eu podia sentir que havia uma tensão no ar. Talvez pelo fato de Bob ter produzido alguns dos melhores discos do KISS, acho que Bruce [Fairbairn] se sentiu preocupado: "Será que o Bob vai criticar o que estou fazendo?". Paul cantou a harmonia na ponte para o apoio vocal de Peter, porque às vezes era difícil para ele cantar afinado. Levou algum tempo para conseguirmos um bom vocal do Peter. Deu um pouco de trabalho. Mas finalmente nós conseguimos dele um vocal formidável. Ele tem uma voz maravilhosa, aquela voz um pouco rouca. Ele ficou muito animado e quis cantá-la. Todos pensaram que esta música seria a continuação de "Beth". Era a opinião de todos no estúdio.

BRUCE FAIRBAIRN: Eu cheguei a ponto de chorar, às vezes, ouvindo Peter cantar, aquela maneira com que ele pegou a letra e a interpretou de maneira tão pessoal, a maneira como ele a cantou, se superando na música. Foi um momento muito especial para mim.

DREAMIN' ★★★★★

PAUL STANLEY: Compus "Dreamin'" com o Bruce [Kulick]. Tive a ideia de "Dreamin'" quando estávamos editando as demos em vinte e quatro canais e o Bruce estava lá me ajudando. Ele é um grande amigo e um compositor e tanto. Não consigo tocar tudo sozinho e é muito mais fácil ter alguém que seja tão bom quanto você para ajudar. Os trechos de "Dreamin'" estavam basicamente sendo juntados no estúdio enquanto eu fazia as demos. Era como um quebra-cabeça em que há pedaços-chave faltando para juntar tudo. Havia apenas ligações de acordes que não estavam presentes porque ela foi composta tão espontaneamente e depressa. E Bruce estava lá e arrumou as partes que faltavam e conseguiu juntar tudo. Foi o que ele fez. Então eu continuei e escrevi a letra e compus a melodia.

JOURNEY OF 1000 YEARS ★★★★★

GENE SIMMONS: Floyd Mutrux e eu estávamos desenvolvendo um filme do KISS. Ele propôs uma frase: "É a jornada de mil anos", que eu pensei que era o mesmo tipo de sentimento de "Saímos para ver o Mágico na estrada de tijolos amarelos". O filme nunca deu certo, mas nunca me esqueci da frase. Quando estava compondo para o *Psycho Circus*, me surgiram uns padrões de acordes de que eu gostei, mas empaquei na melodia do refrão e os acordes de uma música antiga que compus, chamada "You're My Reason for Living". Era uma música que jamais fora gravada pelo KISS, era considerada muito parecida com o estilo dos Beatles. Eu retomei aqueles acordes e reescrevi a letra.

BRUCE FAIRBAIRN: O verdadeiro KISS é aquilo, todas aquelas cordas gravadas, com eles tocando o tema do "Psycho Circus" na guitarra. Qualquer outro que tentasse repetir aquilo não seria aceito, porque pareceria brega demais. Percebemos que, se não fizéssemos bem-feito, ficaria banal. Foi muito empolgante ver todos aqueles instrumentistas de cordas tocando o tema. Era a melodia do Paul de "Psycho Circus" que estávamos trazendo de volta no contexto de uma das músicas de Gene. Foi uma coisa e tanto!

★★★★★★ AGRADECIMENTOS

David Leaf e Ken Sharp desejam agradecer às seguintes pessoas, por sua amizade, incentivo e apoio:

John Ackler, Denny Anderson, Diana Aronson, Peter Arquette, Bill Baker, Matt Beighley, Scott Bergstein, Rodney Bingenheimer, John Bionelli, Joseph Bongiovi, Gary Borress, Mike Brandvold/KISSonline, Jim "The Bull" Bullotta, Chris Camiolo, Gilda Caserta, Michael Corby, Dave Cunningham, Eva Easton, John Ford, Mark Ford, Barb Gilbert, Jay Gilbert, Julian Gill, Curt Gooch, Ken Gullic, Geoff Hanson, Matt Hautau/Signatures, Louis Hirshorn, Jeremy Holiday, Jay Jacobs, Brooke Jarden, Tom Jermann, Carol Kaye, Elliot Kendall, ao KISSarmy, Mike Kobayashi, Harvey Kubernik, Bob Laird, David Lang, Robbie Leff, Greg Loescher, Janet Macoska, Melissa Madden, Dennis Martin, Dan Matovina, Bill May, Brian McEvoy, Doe McGhee, Joe Merante, Peter Oreckinto, Ken Patrick, Mark Perkins, Brian Rademacher, Mike Rinaldi, Bruce Roper, Steven Rosen, Ritchie Rubini, Jack Sawyers, Cody Schneiders, Dale Sherman, J. R. Smalling, David Snowden, Daniel Soiseth, Trina Jane Stasiak, Tom Stewart, Dave Streicher, Jeff Suhs, Tim Sullivan, Jeff Tamarkin, Tommy Thayer, Todd Trombetta, Jaan Uhelszki, Jacques van Gool, Joop van Pelt, Kathleen Wagner, Tim Wargo, Chris White/KISS Asylum e Michael Wolf.

Muitos agradecimentos a nosso agente, Mike Harriot, por sua crença inabalável em nosso projeto, e ao nosso editor, Dan Ambrosio, por ter levado esse projeto adiante.

Ken também gostaria de agradecer especialmente a Terri Sharp pelo apoio e por não ter perdido a fé.

Ken deseja agradecer a sua família por nunca ter pedido que abaixasse o som da música do KISS:

Minha mãe, Carol Sharp, Jim Sharp, Margie Sharp, Carol Paula Sharp, Larry Sharp e meu querido basset hound, Herman.

Ken oferece um estádio iluminado com isqueiros Bic para aquelas pessoas que, de maneira simpática, concordaram em ser entrevistadas para este projeto: Ian Anderson, Giuseppe Andrews, Mark Anthony, Carmine Appice, Rod Argent, Bill Aucoin, Kevin Bacon, Joseph Barbera, Jean Beauvoir, Joyce Bogart, Jim Bonfanti, Jon Bon Jovi, Richard Bosworth, Ron Boutwell, Don Brewer, Joel Brodsky, Michael Bruce, Steve Buslowe, Jonathan Cain, Captain & Tennile, Eric Carmen, Peppy Castro, Paul Chavarria, Desmond Child, Dave Clark, Maria Contessa, Alice Cooper, Steve Coronel, Stan Cornyn, Fin Costello, Jayne County, Peter Criss, Curt Cuomo, Roger Daltrey, Dave Davies, Paul Dean, James DeBello, Sean Delaney, Rick Derringer, Buck Dharma, Frank Dimino, Mike Dirnt, Carl V. Dupré, John Entwistle, Bob Ezrin, Bruce Fairbairn, John Fannon, Anton Fig, Richie Fontana, Kim Fowley, Peter Frampton, Ace Frehley, Ian Gillan, Steve Gerber, Danny Goldberg, Bob Gruen, Rob Halford, William Hanna, Tom Harper, Larry Harris, John Harte, Jimmy Haslip, Dave Hill, Dave Hlubeck, Noddy Holder, Steve Howe, Mark Hudson, Ian Hunter, Janis Ian, Michael James Jackson, Mikel Japp, Ron Johnsen, John Paul Jorres, Doug Katsaros, Carol Kaye, Kenny Kerner, Eddie Kramer, Lenny Kravitz, Robby Krieger, Harvey Kubernick, Bob Kulick, Bruce Kulick, Jim Lea, Geddy Lee, Stan Lee, Ron Leejack, Julian Lennon, Bill Lettang, Alex Lifeson, Barry Mann, Ray Manzarek, Brian May, Larry Mazer, Gerard McMahon, Jay Messina, Brett Michaels, Billy Miller, Adam Mitchell, Lee Neaves, Ron Nevison, Rick Nielsen, Ted Nugent, John Oates, Ozzy Osbourne, Brooke Ostrander, Stan Penridge, Joe Perry, Cynthia Plaster Caster, Mike Plotnikoff, Vini Poncia, Don Powell, Dee Dee Ramone, Joey Ramone, Johnny Ramone, Marky Ramone, Richie Ranno, Bruce Redoute, Adam Rifkin, Paul Rodgers, Al Ross, Carol Ross, Mark St. John, Hank Schmel, Allan Schwartzberg, Norman Seeff, Bob Seger, George Sewitt, Kim Simmonds, Gene Simmons,

Eric Singer, Nikki Sixx, Neil Smith, Rick Springfield, Bill Squier, Victor Stabin, Paul Stanley, Ringo Starr, Corky Stasiak, Tim Sullivan, Sylvain Sylvain, Tommy Thayer, Pete Townshend, Stephanie Tudor, Jaan Uhelszki, Kathy Valentine, Frankie Valli, Vinnie Vincent, Dick Wagner, Diane Warren, Mitch Weissman, Tom Werman, Paul Westerberg, Brad Whitford, Brian Wilson, Nancy Wilson, Richie Wise, Dave Wittman, Dennis Woloch, Roy Wood, Angus Young, James Young e Tony Zarrella.

E, por último, ao KISS – Paul Stanley, Gene Simmons, Ace Frehley e Peter Criss – nossa eterna gratidão por compartilhar conosco suas memórias.

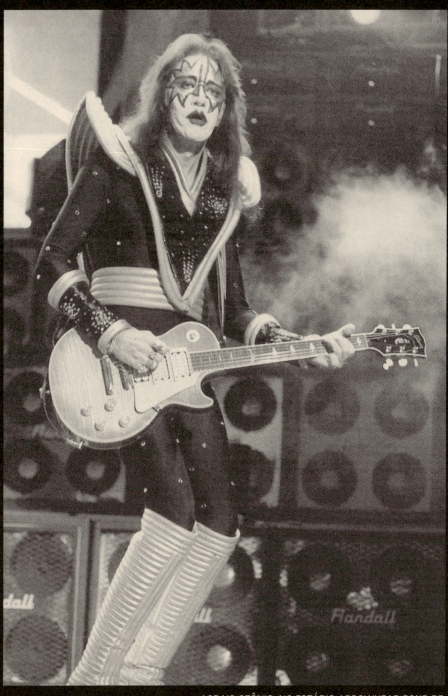

ACE NO OZÔNIO, NO ESTÁDIO ARROWHEAD POND DE ANAHEIM, CALIFÓRNIA, 18 DE MARÇO DE 2000
(foto de Terri Sharp)

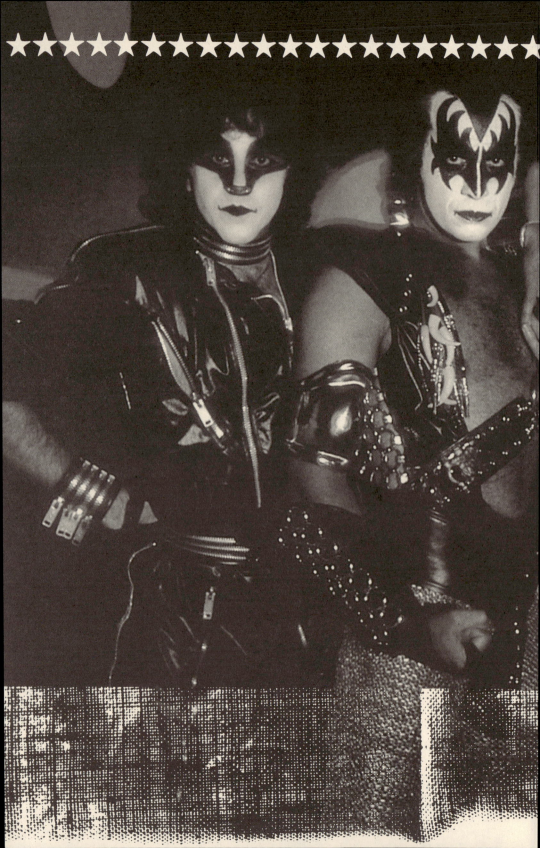